wisu-texte

Prof. Dr. Dr. Robert Weimar
Universität Siegen

Dr. Peter Schimikowski
Oberregierungsrat in Bonn

Bürgerliches Recht

2., überarbeitete Auflage

Werner-Verlag

1. Auflage 1981
2. Auflage 1986

CIP-Kurztitelaufnahme der Deutschen Bibliothek

Weimar, Robert:
Bürgerliches Recht / Robert Weimar ; Peter Schimikowski.
— 2., überarb. Aufl. —
Düsseldorf : Werner, 1986.
  (wisu-Texte)
  ISBN 3-8041-4018-1

NE: Schimikowski, Peter:

ISSN 0340-7276

ISB N 3-8041-4018-1

Archiv-Nr.: 738/2-10.86
Bestell-Nr.: 40181

Vorwort zur 2. Auflage

Die Neuauflage berücksichtigt die zwischenzeitlichen Gesetzesänderungen sowie neueres Schrifttum und wichtige Rechtsprechung, soweit dies der Zweck des Buches, Studienanfänger in die Grundlagen des bürgerlichen Rechts einzuführen, erforderlich erscheinen läßt.

Die Auswahl des Stoffes und das didaktische Konzept des Bandes haben wir beibehalten. Die freundliche Aufnahme der 1. Auflage hat uns darin bestärkt, daß wir nicht zu weit, aber doch auch nicht zu knapp ausgeholt haben.

Für ihre Mitarbeit sei Frau Heidrun Becker und den Herren Assessoren Georg Geitzhaus und Dietmar Heß, Universität Siegen, herzlich gedankt.

Siegen und Bonn, im Sommer 1986

Robert Weimar
Peter Schimikowski

Vorwort zur 1. Auflage

Dieses Buch ist ein Lern- und Arbeitsbuch in erster Linie für Studenten der Wirtschaftswissenschaften; der Jura-Student kann es — als Einführungslektüre — ebenfalls benutzen.

Das bürgerliche Recht ist heute in seinen vermögensrechtlich wesentlichen Teilen (BGB I-III) Bestandteil des wirtschaftswissenschaftlichen Studiums an allen Hochschulen der Bundesrepublik; es gehört zu den Kernfächern des wirtschaftswissenschaftlichen Grundstudiums. Im Vordergrund stehen die wirtschaftlich bedeutsamen Rechtsinstitute.

Dem Studenten bereitet das bürgerliche Recht erheblichen Kummer. Kaum etwas scheint für ihn schwieriger zu sein als das Verstehen der gesetzlichen Regelungen und insbesondere ihrer Zusammenhänge. Hier möchte das Buch dem Anfänger helfen. Es eröffnet ihm den *Zugang* zum bürgerlichen Recht und vermittelt das *notwendige Grundwissen*. Da er auf möglichst einfache Weise in die Grundbegriffe und Grundzusammenhänge eingeführt werden soll, wird der Rechtsstoff durch zahlreiche *Beispiele* aufgelockert. Damit erhält der Student eine anschauliche Orientierung und eine sichere Lernhilfe. Die größeren Abschnitte enthalten am Ende einzelne Hinweise auf wichtige Literatur und Rechtsprechung, die eine Ergänzung des behandelten Stoffes ermöglichen. Die den Abschnitten angefügten *Kontrollfragen* muß der Student selbständig zu beantworten suchen; anhand der am Schluß des Buches zusammengestellten Antworten kann er überprüfen, ob und inwieweit er richtig liegt. Das Buch gibt ihm darüber hinaus die notwendigen Hinweise auch zur Bearbeitung von *Klausuren im Examen*.

Bei allem jedoch erscheint eines besonders wichtig: daß die an Fällen und Fragen geübte „juristische Technik" nicht dazu führen darf, den Blick für die Verantwortung der Rechtspraxis und den komplexen Vorgang juristischen Entscheidens zu verstellen. Auch der Anfänger muß daher den Stoff bereits im Hinblick auf die Spannungen zwischen Recht und Wirklichkeit differenziert überdenken lernen.

Für kritische Durchsicht des Manuskripts ist zu danken den Herren Assessor *Rüdiger Matyssek* und Rechtsreferendar *Thomas Krall*. Gedankt sei auch Herrn Dipl.-Kfm. *Gerhard Wortmann* für seine Hinweise und die Betreuung des Manuskripts bei der technischen Fertigstellung.

Siegen, im Sommersemester 1981

Robert Weimar
Peter Schimikowski

Inhalt

Einführung

I. Das bürgerliche Recht

Das bürgerliche Recht ist im BGB und in einigen sachnahen Nebengesetzen (z. B. AGBG, AbzG) niedergelegt. Es regelt Rechtsbeziehungen, die ein Privatmann regelmäßig eingehen kann. Es ist das für jedermann geltende Recht — im Gegensatz zu speziell geregelten Rechtsgebieten, die für bestimmte Personengruppen und Sachbereiche gelten (z. B. Handels-, Versicherungs-, Gewerbe-, Landwirtschaftsrecht).

Das bürgerliche Recht gehört zum *Privatrecht (Zivilrecht).* Üblicherweise trennt man die Gesamtrechtsordnung in drei Bereiche: (1) Privatrecht, (2) öffentliches Recht, (3) Strafrecht (dieses führt — obwohl öffentliches Recht — weitgehend ein „Eigenleben"). Gegenstand des Privatrechts ist die Regelung privater Interessen und ihres Ausgleichs. Bereitet die Abgrenzung des Privatrechts vom Strafrecht keine Schwierigkeiten, kann die Trennung des Privatrechts von den Bereichen des öffentlichen Rechts manchmal nicht ganz einfach sein.

Allerdings dürfen wir hier getrost auf eine nähere Erörterung dieser Frage verzichten, da sie in den Privatrechtsfällen, wie sie in diesem Buch im Vordergrund stehen, nicht auftaucht, auch dort nicht, wo verfahrensrechtliche Regelungen (ZPO, KO, ZVG) ausnahmsweise einmal eine Rolle spielen. Im übrigen sei der Leser auf das in der Reihe „wisu-Texte" erschienene Buch von *Kloepfer/Malorny,* Öffentliches Recht, 3. Aufl. 1984 (S. 2 ff.), verwiesen, das die Abgrenzungsfragen im wesentlichen behandelt.

Mit einem Ausschnitt des Privatrechts — nämlich den ersten drei Büchern des BGB — beschäftigen wir uns im folgenden; dabei wird auf Nebengesetze und andere Regelungen (z. B. HGB, AktG, GmbHG) nur hingewiesen, soweit dies für das Verständnis der rechtlichen Zusammenhänge sinnvoll erscheint.

II. Die Arbeit am Rechtsfall

Juristisches Arbeiten besteht vorwiegend in der Rechtsfindung. Der Jurist hat festzustellen, ob einem bestimmten *Sachverhalt* bestimmte *Rechtsfolgen* zugerechnet werden können. Der Jurist arbeitet dabei — wie wir immer wieder sehen werden — *entscheidungsorientiert.*

> **Beispiel:** Rechtsfolge der Verletzung bestimmter Rechtsgüter kann eine Schadensersatzpflicht sein, Rechtsfolge des Abschlusses eines Kaufvertrags ist die Lieferungspflicht des Verkäufers, die Zahlungspflicht des Käufers.

Um *Rechtsfolgen* im Einzelfall feststellen zu können (die Feststellung von *Tatsachen* erübrigt sich für den Studenten, da er es mit einem gegebenen — unstreitigen — Sachverhalt zu tun hat), bedarf es der Auffindung und Sichtung *entscheidungsrelevanter Rechtssätze.* Diese können sich ergeben (1) aus *Gesetzen* (dazu zählen die von den Gesetzgebungsorganen erlassenen förmlichen Gesetze, die Rechtsverordnungen, die Satzungen von dazu ermächtigten Hoheitsträgern), (2) aus *Gewohnheitsrecht* (das durch langdauernde, gleichförmige und als rechtsverbindlich gewollte Übung entsteht),

(3) aus *Rechtsgeschäften* (vgl. dazu Rdnr. 60 ff.; 106 ff.). Von Bedeutung sind darüber hinaus Entscheidungen der Gerichte, insbesondere *höchstrichterliche Entscheidungen* („Präjudizien", „Richterrecht"), aber auch *anwaltlich geprägtes Recht*.

Sind die möglicherweise „einschlägigen" Rechtssätze gefunden, bedarf es einer näheren Auswahl: Es ist im Einzelfall zu prüfen, ob der betreffende Sachverhalt der Rechtsnorm zugeordnet, ob er unter sie *subsumiert* werden kann. Ist dies möglich, kann die Rechtsfolge, die der Rechtssatz vorsieht, für den konkreten Fall festgestellt werden.

> **Beispiel:** A stiehlt den Pkw des B; er verkauft und übergibt ihn unter Aushändigung gefälschter Wagenpapiere an C. B verlangt den Wagen von C heraus.
> 1. Schritt: Einschlägiger Rechtssatz (Anspruchsnorm) könnte § 985* sein: „Der Eigentümer kann vom Besitzer die Herausgabe der Sache verlangen".
> 2. Schritt: C ist Besitzer des Pkw, B dessen Eigentümer geblieben, da C wegen § 935 (Diebstahl des Pkw) das Eigentum nicht gutgläubig von A erwerben konnte (hier ist also die Heranziehung einer weiteren Norm erforderlich).
> 3. Schritt: Da der Rechtssatz auf den Sachverhalt „paßt", muß C den Wagen an B herausgeben (Rechtsfolge).

Da in den verwendeten Begriffen gewisse (semantische) Unschärfen nicht völlig ausgeschlossen werden können, sind nicht selten verschiedene Verständnismöglichkeiten des Rechtssatzes eröffnet; er bedarf dann der *Auslegung*. Zum Teil verwendet das Gesetz (bewußt) Begriffe von generalklauselartiger Weite, die der Rechtsanwender erst „konkretisieren" muß.

> **Beispiele:** a) Ein Rechtsgeschäft, das gegen die guten Sitten verstößt, ist nichtig (§ 138). b) Der Schuldner ist verpflichtet, die Leistung so zu bewirken, wie Treu und Glauben mit Rücksicht auf die Verkehrssitte es erfordern (§ 242).

Bei der Auslegung ist regelmäßig vom *Wortlaut* auszugehen (*grammatische* Auslegung). Oft ist der Wortsinn jedoch aus dem Sprachgebrauch des täglichen Lebens nicht zu ermitteln, insbesondere dann nicht, wenn Begriffe spezifisch „juristisch" verwendet werden.

> **Beispiele:** Eigentum, Schaden, Einwilligung.

Es bedarf dann der Auslegung mit Blick auf den *Gesetzeszweck (teleologische* Auslegung). Dabei ist zu berücksichtigen, daß ein Gesetz oft eine Vielzahl von Zwecken verfolgt.

> **Beispiel:** Einzelne Vorschriften des Kaufrechts bezwecken den Schutz des Käufers (insbesondere gilt dies für Vorschriften, die in Nebengesetzen — AbzG, AGBG — niedergelegt sind), andere den Schutz des Verkäufers. — Ein Gesetz kann im übrigen auch Nah- und Fernziele (rechtspolitischer Art) gleichzeitig verfolgen.

Ein wichtiger Anhaltspunkt bei der Auslegung kann der *systematische Zusammenhang* sein; die einzelne Vorschrift muß aus dem Zusammenhang der rechtlichen Gesamtregelung interpretiert werden.

> **Beispiel:** Der systematischen Stellung von Miete und Pacht im Schuldrecht — und nicht im Sachenrecht — läßt sich entnehmen, daß das Gesetz dem Mieter oder Pächter keine jedermann gegenüber wirkenden Rechte, sondern nur schuldrechtliche Ansprüche einräumt (dazu näher Rdnr. 6).

---

* §§ ohne Angabe des Gesetzes sind solche des BGB.

Auch die *Entstehungsgeschichte* einer Rechtsnorm kann helfen, ihren Sinn und Zweck zu erhellen. Dazu ist in erster Linie auf die Gesetzesmaterialien zurückzugreifen (bei neueren Gesetzen: Bundestagsdrucksachen, Ausschußberichte usw.).

Ist trotz aller Auslegungsversuche *kein Rechtssatz* für den zu entscheidenden Fall *passend,* ist der Rechtsfall auf der Grundlage, daß ein Rechtssatz fehlt, (dennoch) zu entscheiden. Ein geltend gemachter Anspruch, für den ein ihn tragender Rechtssatz fehlt, kann selbstverständlich keinen Erfolg haben. Gerade solche Fälle kommen aber in der Praxis häufig vor.

III. Die Arbeit mit diesem Buch

Die vorliegende Einführung in das bürgerliche Recht orientiert sich im wesentlichen am Aufbau des BGB; sie gliedert sich in (1) den *Allgemeinen Teil des BGB,* (2) das *Schuldrecht* (Allgemeiner und Besonderer Teil) und (3) das *Sachenrecht.* Die einzelnen Abschnitte sind so gestaltet, daß sie i. d. R. einzeln — vorlesungsbegleitend — durchgearbeitet werden können, ohne daß eine Lektüre des Gesamttexts unmittelbar notwendig ist; soweit dabei der Leser auf die Kenntnis weitergehender Ausführungen in anderen Abschnitten nicht verzichten kann, wird jeweils vor- oder zurückverwiesen.

Am Ende eines jeden Abschnitts ist eine kleine *Literaturübersicht* zusammengestellt. Das Spektrum zur Verfügung stehender Literatur ist damit selbstverständlich nicht annähernd erfaßt; dies ist auch nicht beabsichtigt. Vielmehr ist jeweils nur eine Auswahl getroffen, die sowohl kürzere Lehrbücher bzw. Grundrisse berücksichtigt, die für Anfänger geeignet sind (z. B. *Brox, Diederichsen*), als auch solche Darstellungen, die weiteren Ansprüchen gerecht werden (z. B. *Medicus*). Dem Leser wird empfohlen, wenigstens eines der zu den einzelnen Gebieten angegebenen Lehrbücher zur Hand zu nehmen und — zumindest auszugsweise — begleitend zu studieren; dabei ist eine Scheu auch vor Lehrbüchern größeren Umfangs (*Larenz, Baur*) nicht angebracht, da diese den Rechtsstoff *eingehend und dennoch gut verständlich* behandeln. Soweit bestimmte Rechtsprechungshinweise gegeben werden, sollten diese ebenfalls zur Vertiefung einzelner Fragen nachgearbeitet werden.

Im Anschluß an die Literaturhinweise findet der Leser i. d. R. einige *Kontrollfragen.* Diese erschöpfen den behandelten Stoff nicht; soweit der Leser beim Versuch der Beantwortung „hakt", helfen ihm die *Antworten zu den Kontrollfragen* (S. 276 ff.), an denen er seinen Wissensstand kontrollieren kann. Soweit die Fragen und Fälle über das im Text Behandelte gelegentlich hinausgehen, sind sie durch weitere Gesetzeslektüre und entsprechendes Nachdenken zu lösen. Es ist ratsam, die Beschäftigung mit den Kontrollfragen in Abständen zu wiederholen, um Lücken und Vergessenes aufzuspüren. Empfohlen sei vor allem ein Durcharbeiten auch der Fälle im „Grundkurs" von *Diederichsen* sowie der Fallbücher von *Weimar,* die speziell auf die Situation der Erstsemester zugeschnitten sind (vgl. unten IV).

IV. Literaturauswahl

1. **Allgemeine Studienliteratur:** *Köbler*, Das Studium des Rechts, 3. Aufl. 1983; *Theisen*, Wissenschaftliches Arbeiten, 1984.

2. **Gesamtdarstellungen:** *Bähr*, Grundzüge des Bürgerlichen Rechts, 5. Aufl. 1984; *Beuthien/Hadding/Lüderitz/Medicus/Wolf*, Studienkommentar zum BGB, 2. Aufl. 1979; *Diederichsen*, Grundkurs im BGB in Fragen und Fällen, 3. Aufl. 1984; *Jauernig* (Hrsg.), Bürgerliches Gesetzbuch, 3. Aufl. 1984; *Kaiser*, Bürgerliches Recht, 1984; *Medicus*, Bürgerliches Recht, 12. Aufl. 1984; *Musielak*, Grundkurs BGB, 1986; *Schulte*, Grundkurs im BGB, Bd. I, 2. Aufl. 1985; *ders.*, Grundkurs im BGB, Bd. II, 2. Aufl. 1985; *Schwab*, Einführung in das Zivilrecht, 6. Aufl. 1985; *Westermann*, Grundbegriffe des BGB, 11. Aufl. 1983.

3. **Allg. Teil:** *Brox*, Allgemeiner Teil des Bürgerlichen Gesetzbuches, 9. Aufl. 1985; *Diederichsen*, Der Allgemeine Teil des BGB für Studienanfänger, 5. Aufl. 1984; *Eisenhardt*, Allgemeiner Teil des BGB, 2. Aufl. 1980; *Hübner*, Allgemeiner Teil des BGB, 1984; *Köhler*, BGB Allgemeiner Teil, 18. Aufl. 1983; *Larenz*, Allgemeiner Teil des deutschen Bürgerlichen Rechts, 6. Aufl. 1983; *Löwisch*, Allgemeiner Teil des BGB, 4. Aufl. 1982; *Medicus*, Allgemeiner Teil des BGB, 2. Aufl. 1985; *Pawlowski*, Allgemeiner Teil des BGB, 2. Aufl. 1983; *Rüthers*, Allgemeiner Teil des BGB, 5. Aufl. 1984; *Schwerdtner*, Allgemeiner Teil des BGB, 1982; *W. Weimar/R. Weimar*, Fälle aus dem Allgemeinen Teil des BGB, 2. Aufl. 1980; *Westermann*, BGB Allgemeiner Teil, 5. Aufl. 1983.

4. **Schuldrecht — Allg. Teil:** *Brox*, Allgemeines Schuldrecht, 13. Aufl. 1985; *Esser/Schmidt*, Schuldrecht Bd. I, Allgemeiner Teil, 6. Aufl. 1984; *Larenz*, Lehrbuch des Schuldrechts, Bd. I: Allgemeiner Teil, 13. Aufl. 1982; *Löwisch*, Schuldrecht Allgemeiner Teil, 2. Aufl. 1982; *Medicus*, Schuldrecht I, Allgemeiner Teil, 3. Aufl. 1986; *R. Weimar*, Fälle aus dem Schuldrecht — Allgemeiner Teil des Schuldrechts —, 3. Aufl. 1986; *Westermann*, BGB Schuldrecht, Allgemeiner Teil, 3. Aufl. 1981.

5. **Schuldrecht — Bes. Teil:** *Brox*, Besonderes Schuldrecht, 12. Aufl. 1985; *Emmerich*, BGB — Schuldrecht, Besonderer Teil, 4. Aufl. 1985; *Esser/Weyers*, Schuldrecht Bd. II, Besonderer Teil, 6. Aufl. 1984; *Fikentscher*, Schuldrecht, 7. Aufl. 1985; *Larenz*, Lehrbuch des Schuldrechts, Bd. II: Besonderer Teil, 13. Aufl. 1986; *Medicus*, Schuldrecht II, Besonderer Teil, 2. Aufl. 1986; *W. Weimar/R. Weimar*, Fälle aus dem Schuldrecht — Einzelne Schuldverhältnisse —, 2. Aufl. 1979.

6. **Sachenrecht:** *Baur*, Lehrbuch des Sachenrechts, 13. Aufl. 1985; *Harms*, Sachenrecht, 4. Aufl. 1983; *Schwab*, Sachenrecht, 20. Aufl. 1985; *Stoll*, Grundriß des Sachenrechts, 1983; *R. Weimar*, Fälle aus dem Sachenrecht — Recht der beweglichen Sachen —, 2. Aufl. 1986; *W. Weimar/R. Weimar*, Fälle aus dem Sachenrecht — Recht der unbeweglichen Sachen —, 2. Aufl. 1980; *Westermann*, BGB Sachenrecht, 7. Aufl. 1984; *M. Wolf*, Sachenrecht, 6 Aufl. 1985.

7. **Klausurentechnik:** *Diederichsen*, Die BGB-Klausur, 6. Aufl. 1984; *Fabricius*, Der Rechtsfall im Privatrecht, 4. Aufl. 1984; *Hanau/Schilken*, Die bürgerlich-rechtlichen Ansprüche, 1986; *Hattenhauer*, 75 Klausuren aus dem BGB mit Lösungsskizzen, 5. Aufl. 1984; *Herberger*, Zivilrechtliche Klausurentechnik, 1985; *Pleyer*, Sammlung privatrechtlicher Fälle, 11. Aufl. 1984; *Werner*, Fälle mit Lösungen für Anfänger im Bürgerlichen Recht, 4. Aufl. 1984.

A. Allgemeiner Teil des BGB

I. Bedeutung des Allgemeinen Teils

Im 1. Buch des BGB (Allgemeiner Teil) wird für alle Gebiete des Privatrechts bedeut- **1**
samer Rechtsstoff — Begriffe, Definitionen, übergreifende Rechtssätze — vorab behandelt („vor die Klammer gezogen"). Vorschriften über die Geschäftsfähigkeit
(§§ 104 ff.), den Vertragsabschluß (§§ 145 ff.), die Stellvertretung (§§ 164 ff.) oder
Willensmängel (§§ 116 ff.) sind von allgemeiner Bedeutung; so kommen Vertragsab-
schlüsse, Willensmängel und andere im Allgemeinen Teil geregelte Tatbestände im
Schuldrecht gleichermaßen wie im Sachen-, Familien- und Erbrecht vor. Aufbaumä-
ßig geht das BGB vom Allgemeinen zum Besonderen; während z.B. die Voraussetzungen für das Zustandekommen von Verträgen im Allgemeinen Teil festgelegt sind
(Rdnr. 106 ff.), behandelt das BGB die Ausgestaltung einzelner Vertragstypen erst in
seinen übrigen Teilen, insbesondere im Besonderen Teil des Schuldrechts (§§ 433 ff.).
Rechtsfragen aus dem Allgemeinen Teil werden daher meist im Zusammenhang mit
Fragen aus den übrigen Teilen des BGB bedeutsam.

Literaturhinweise:

Brox, Allgemeiner Teil, Rdnr. 36—45.
Canaris, Systemdenken und Systembegriff in der Jurisprudenz, entwickelt am Beispiel des deutschen
Privatrechts, 2. Aufl. 1983.

II. Subjektive Rechte

1. Begriff des subjektiven Rechts

1.1 Subjektives und objektives Recht

Das subjektive Recht ist eine dem Berechtigten vom objektiven Recht (Rechtsordnung) **2**
verliehene Rechtsposition. Neben den von der Privatrechtsordnung gewährleisteten
Rechten gibt es subjektive Rechte, die das öffentliche Recht verleiht. Deshalb spricht
man im bürgerlichen Recht auch − genauer − von *subjektiven Privatrechten*. Ein
subjektives Privatrecht ist z. B. der Zahlungsanspruch der Verkäufers, das Eigentum,
das Persönlichkeitsrecht oder etwa das Recht der Mitglieder eines Vereins, an den
Vereinswahlen teilzunehmen. Dagegen ist ein subjektives öffentliches Recht z. B. das
Recht, an Bundestagswahlen teilzunehmen, oder der Anspruch auf Erteilung einer
beantragten Baugenehmigung. Das subjektive öffentliche Recht richtet sich regelmäßig
gegen den Staat.

1.2 Subjektives Recht und Anspruch

a) Besteht ein Recht darin, von einer Person ein bestimmtes Verhalten verlangen zu **3**
können (§ 194 I), so handelt es sich um einen Anspruch. Ein Anspruch ist entweder

auf ein Tun oder auf ein Unterlassen oder auf beides gerichtet; er kann auf Vertrag oder Gesetz beruhen. Die Person, gegen die der Anspruch gerichtet ist, heißt *Schuldner*; ihr Unterworfensein unter den Anspruch nennt man *Verpflichtung (Schuld, Verbindlichkeit).*

4 b) Der Anspruchsberechtigte wird als *Gläubiger* bezeichnet. Von den Ansprüchen sind die Gestaltungsrechte (dazu Rdnr. 8, 9) zu unterscheiden. Ihre Ausübung führt unmittelbar zu einer Rechtswirkung — insbesondere zur Begründung, Übertragung, Änderung oder Aufhebung von Rechten.

> **Beispiel:** A hat an B ein Haus veräußert, sich aber auf drei Jahre ein Rückkaufsrecht vorbehalten. Hier kann A von B kraft des Rückkaufsrechts zunächst weder ein Tun noch ein Unterlassen fordern. A hat also keinen „Anspruch" gegen B, und B ist daher auch nicht der „Schuldner" des A. Wohl ist A berechtigt, binnen drei Jahren durch einseitige Erklärung seinerseits zu „bestimmen", daß B ihm das Haus zurückgewähren muß. Gibt A diese Erklärung ab (Ausübung des Gestaltungsrechts), so erwächst ihm damit ein Anspruch gegen B, gerichtet auf Übereignung des Hauses (dazu Rdnr. 428). Erst dann also ist B „Schuldner", während er vorher als „Gestaltungsgegner" gebunden ist, d. h. den in der Ausübung des Gestaltungsrechts liegenden Eingriff in seinen Rechtsbereich hinnehmen und gelten lassen muß, ohne sich weigern zu können.

Gestaltungsrecht → Anspruch

2. Arten der Rechte

2.1 Personen- und Vermögensrechte

5 Rechte sind Personen- oder Vermögensrechte oder beides zugleich. Sie sind *Personenrechte,* soweit sie ihrer Art nach überwiegend nichtwirtschaftlichen Interessen zu dienen bestimmt sind (z. B. Persönlichkeitsrechte; vgl. Rdnr. 576). Anderenfalls sind sie *Vermögensrechte* (z. B. dingliche Rechte; vgl. Rdnr. 606). Als Mischtypen erweisen sich *Immaterialgüterrechte* (z. B. Patent- und Urheberrechte).

2.2 Relative und absolute Rechte

6 a) Rechte sind *relative* Rechte, wenn sie nur gegen einzelne bestimmte Personen wirken. Sie sind *absolute* Rechte, wenn sie gegen jedermann wirken.

> **Beispiele:** a) V verkauft an K einen Pkw. Hier entsteht für K ein relatives Recht: Er kann nur von V (und von keinem anderen) verlangen, daß ihm der Wagen übereignet wird. Auch die Kaufpreisforderung des V ist ein relatives Recht: V kann nur von K den Kaufpreis verlangen. b) D entwendet den Pkw des E. Hier ist E berechtigt, von jedem, der den Wagen in Besitz hat, Herausgabe zu verlangen (§ 985; s. Rdnr. 777).

7 b) Bei schuldhafter Verletzung eines absoluten Rechts hat der Berechtigte einen *Schadensersatzanspruch* aus § 823 I (s. Rdnr. 573); relative Rechte sind dagegen nicht nach § 823 I geschützt. Die Voraussetzungen und Folgen der Verletzung relativer Rechte durch den Schuldner sind im Allgemeinen Teil des Schuldrechts geregelt (§§ 276 ff., 325 ff.; s. Rdnr. 312 ff.).

2.3 Gestaltungsrechte

a) Ein Gestaltungsrecht ist dadurch gekennzeichnet, daß einer bestimmten Person das **8** Recht zusteht, durch einseitigen Gestaltungsakt ein Rechtsverhältnis zwischen ihr und einer anderen Person entweder zustande zu bringen oder inhaltlich näher zu bestimmen, es zu ändern oder aufzuheben (vgl. dazu bereits Rdnr. 4). Die Zustimmung des anderen Teils ist nicht erforderlich. Die Ausübung der Gestaltungsrechte erfolgt i. d. R. durch empfangsbedürftige Willenserklärung (dazu Rdnr. 85 ff.). Gestaltungsrechte sind regelmäßig nicht selbständig übertragbar.

> **Beispiele:** a) V hat an K einen gebrauchten Pkw verkauft, ihm dabei aber verschwiegen, daß es sich um einen Unfallwagen handelt. K kann wegen arglistiger Täuschung nach § 123 I anfechten. Die Anfechtungserklärung hat gegenüber V zu erfolgen (§ 143 I). Mit erfolgter Anfechtung ist das Geschäft als von Anfang an nichtig anzusehen (§ 142 I).
> b) A wird wegen Diebstahls von Arbeitsmaterial fristlos entlassen. Darin liegt eine Kündigung aus wichtigem Grund (§ 626). Mit dem Zugang der Kündigung ist das Arbeitsverhältnis − bei Anhörung des Betriebsrats (zwingend; vgl. § 102 I 3 BetrVG) − beendet. Die Gestaltungswirkung tritt für die Zukunft ein, ist also in zeitlicher Hinsicht von Fall a) verschieden.

b) Gestaltungsrechte können sich aus entsprechenden vertraglichen Vereinbarungen **9** oder aus dem Gesetz ergeben.

> **Beispiele:** Vorkaufs- und Rückkaufsrecht (vgl. Rdnr. 4), Wahlrecht gem. § 262, Leistungsbestimmung gem. §§ 315 ff., Wahlrecht zwischen verschiedenen Anspruchsmöglichkeiten (vgl. §§ 325, 326, 462, 634 I 3), Rücktrittsrecht (§§ 346 ff.), Anfechtungs- und Kündigungsrecht (vgl. Beispiele oben Rdnr. 8), Widerrufsrecht gem. § 530.

2.4 Einreden

a) *Einrede* ist das Recht, die Erfüllung eines Anspruchs zu verweigern; sie gibt ein *Lei-* **10** *stungsverweigerungsrecht* (vgl. §§ 222 I, 273 I, 320 I, 478 I). Der Anspruch erlischt nicht, er ist nur nicht durchsetzbar, bleibt aber erfüllbar. Das nach Verjährung Geleistete kann nicht zurückgefordert werden (§§ 222 II, 813 I 2). Die Einrede ist ein *Gegenrecht*. Der Anspruch ist so lange durchsetzbar, als der Schuldner sich auf die Einrede nicht beruft (keine Beachtung von Amts wegen). Anders verhält es sich bei sog. *Einwendungen*; sie sind *von Amts wegen* zu beachten.

> **Beispiel:** Die Stundungseinrede hemmt den Anspruch. Daß aber die Vertragspartner Stundung vereinbart hatten, wird nur berücksichtigt, wenn der Schuldner sich darauf beruft (Einrede). Anders z. B. bei Nichtigkeitsgründen, wie etwa der Geschäftsunfähigkeit (§§ 104, 105 I) oder der Mißachtung gesetzlicher Formvorschriften (§§ 125 S. 1, 313 S. 1): hier genügt das tatsächliche Vorliegen der entsprechenden Umstände (Einwendung).

b) Hinsichtlich der Wirkung unterscheidet man *dauernde und aufschiebende* Einre- **11** den. Wichtigster Fall einer dauernden Einrede ist die Verjährungseinrede; nur aufschiebende Wirkung hat dagegen die Einrede des nichterfüllten Vertrags (§ 320) und die Einrede der Vorausklage bei der Bürgschaft (§ 771).

c) Möglich ist, daß der Anspruchsberechtigte gegenüber den Einreden des Verpflichteten Gegeneinreden (Replik) und der Verpflichtete wiederum Gegeneinreden (Duplik) geltend macht.

d) Bei den Einwendungen sind ihrer Wirkung nach *rechtshindernde* (z. B. §§ 105 I,

117 I) und *rechtsvernichtende* Einwendungen (z. B. §§ 142 I, 362 I, 389) zu unterscheiden.

3. Die Durchsetzbarkeit von Ansprüchen und ihre Grenzen

3.1 Allgemeines zum Anspruchsbegriff

12 Die wichtigste Ausprägung des Anspruchs ist die *Forderung* (vgl. §§ 194, 241); darüber hinaus gibt es weitere Anspruchsarten (vgl. §§ 194 II), insbesondere — wie § 221 sagt — sog. *dingliche* Ansprüche (§§ 985, 1004 u. v. a.; vgl. etwa Rdnr. 777). Mit dem Begriff „Anspruch" wird sowohl die materielle Berechtigung selbst wie die Möglichkeit ihrer Durchsetzung umschrieben. Der Anspruch dient der Herstellung oder Wahrung eines bestimmten Zustands, z. B. der Abwehr von Eigentumsstörungen. „Anspruch" ist nicht identisch mit „subjektivem Recht" (s. Rdnr. 3).

3.2 Grenzen der Durchsetzbarkeit

3.2.1 Verjährung

13 a) Ansprüche können durch Zeitablauf grundsätzlich verjähren (§ 194 I); Ausnahmen: §§ 194 II, 758, 898, 924, 2042. Andere Rechte (Persönlichkeits-, Herrschafts-, Mitwirkungs-, Gestaltungsrechte usw.) verjähren nicht als solche, es verjähren aber die aus ihnen hervorgehenden (unselbständigen) Ansprüche.

b) Die *Dauer* der Verjährungsfrist ist nicht bei allen Ansprüchen einheitlich (§§ 196, 197, 638, 558, 606, 477 I, 852 I).

Der Beginn der Verjährungsfrist ist in der Regel mit der Anspruchsentstehung bzw. bei Unterlassungsansprüchen mit der Zuwiderhandlung anzusetzen (§ 198); zur Anspruchsentstehung ist die Fälligkeit erforderlich (h. M.). Besonderheiten gelten für den Fall der Abhängigkeit der Anspruchsentstehung von einer Kündigung oder Anfechtung (§§ 199, 200). Die Verjährung kann gehemmt bzw. unterbrochen sein (§§ 202 ff.; 206 f.; 208 ff.; lesen!).

c) Verjährung ist kein Erlöschensgrund, sondern *Einrede* (§ 221 I; s. o. Rdnr. 10). Hat der Käufer trotz Verjährung der Kaufpreisforderung gezahlt, so hat er seine (fortbestehende) Schuld i. S. des § 362 I getilgt. Der Anspruch wirkt trotz Geltendmachung der Verjährungseinrede als rechtlicher Grund, der einer Rückforderung aus ungerechtfertigter Bereicherung (dazu Rdnr. 552 ff.) entgegensteht (§§ 813 I 2, 222 II; vgl. auch Rdnr. 10).

3.2.2 Unzulässige Rechtsausübung

14 Das Gesetz verbietet die *schikanöse* Rechtsausübung (§ 226), wenngleich in *dieser* Vorschrift nur in äußerst engen Grenzen: Die Ausübung des Rechts muß den alleinigen Zweck haben, einem anderen Schaden zuzufügen (Rechtsfolge: Schadensersatzpflicht gem. § 823 II i. V. m. § 226).

Darüber hinaus ist eine Rechtsausübung unzulässig, wenn sie gegen die *guten Sitten* (§ 826; dazu Rdnr. 587) oder gegen *Treu und Glauben* (§ 242; dazu Rdnr. 253 ff.)

verstößt (vgl. auch BGHZ 71, S. 86). Treu und Glauben begrenzen die Ausübung der Rechte (vgl. dazu Rdnr. 258 ff.); auch ist eine *Verwirkung* von Rechten möglich (dazu Rdnr. 261, 299). Im übrigen enthalten zahlreiche andere Vorschriften des BGB ein Verbot des Rechtsmißbrauchs (vgl. z. B. §§ 320 II, 459 I 2, 906 I, 997 II).

3.3 Eigenmächtige Durchsetzung

Die Durchsetzung von Ansprüchen ist grundsätzlich nur mit staatlicher Hilfe möglich. Eigenmächtige Rechtsdurchsetzung und Unrechtsabwehr sind lediglich in Ausnahmesituationen gestattet.

3.3.1 Notwehr

Die *Voraussetzungen* der Notwehr (§ 227) sind eng umschrieben: **15**

a) *Angriff:* Dieser setzt eine menschliche (!) Handlung voraus (zum Tierangriff s. Rdnr. 17). Der Angreifer braucht weder das Bewußtsein der Rechtswidrigkeit zu haben noch muß er schuldhaft handeln. Von „Handlung" kann nicht gesprochen werden, wenn sich z. B. das Fahrzeug eines bewußtlos gewordenen Kraftfahrers ungesteuert fortbewegt (str.).

b) *Rechtswidrigkeit des Angriffs:* Der Angriff muß sich gegen ein rechtlich geschütztes Interesse richten (z. B. Eigentum, Freiheit, Gesundheit, Ehre).

> **Beispiele:** a) A entwendet dem B dessen Geldbörse. b) Gestattet und daher nicht rechtswidrig ist die Entziehung insbesondere nach vollstreckungsrechtlichen Vorschriften: §§ 758, 808 ff., 883 ff., 897 ZPO, 150 ZVG, 98 StPO.

c) *Gegenwärtigkeit des Angriffs:* Sie ist gegeben vom Beginn oder unmittelbaren Bevorstehen des Angriffs bis zu seiner tatsächlichen Beendigung.

d) Grenze der Notwehrausübung ist die *Erforderlichkeit* der Abwehrhandlung. Es **16** muß das mildeste Verteidigungsmittel gewählt werden. Das Maß der rechtlich zulässigen Verteidigung bestimmt sich nach der objektiv gegebenen Sachlage. Stets sind auch drohender Schaden und der Unrechtsgehalt der Angreiferhandlung zu berücksichtigen (Verhältnismäßigkeitserfordernis). Notwehrexzeß ist rechtswidrig.

> **Beispiel:** Der gehbehinderte E darf — auch wenn eine andere Abhilfemöglichkeit nicht gegeben ist — die seine Kirschen „mausenden" Kinder nicht vom Baum „herunterschießen".

Wer irrtümlich eine Notwehrlage annimmt (sog. *Putativnotwehr;* dazu BGH NJW 1976, S. 41), handelt rechtswidrig, macht sich allerdings nur bei Verschulden ersatzpflichtig. Notwehr ist auch zugunsten Dritter zulässig (*Nothilfe*).

3.3.2 Notstand

a) Während § 227 die Unrechtsabwehr ermöglicht, läßt § 228 das überwiegende Inter- **17** esse vorgehen: geringer- oder u. U. auch gleichwertige Güter müssen gegenüber anderen zurückstehen. Die Notstandssituation wird hier anders als bei § 227 durch eine Sache herbeigeführt (*Verteidigungsnotstand*, § 228).

> **Beispiele:** Tierangriff; das ungenügend gesicherte, wegrollende Fahrzeug.

Voraussetzungen der zulässigen Verteidigungshandlung sind wie bei der Notwehr Erforderlichkeit und Verhältnismäßigkeit. Selbstverschuldete Notstandslage führt zur Schadensersatzpflicht (§ 228 S. 2).

18 b) § 904 erfaßt die Fälle, in denen zur Gefahrenabwehr auf fremde Sachen eingewirkt wird, aus denen selbst die Gefahr nicht herrührt (*Angriffsnotstand*).

> **Beispiel:** Verwendung fremder Baumaterialien zur Eindämmung von Hochwasser.

Der Eigentümer kann von dem Einwirkenden Ausgleich verlangen (§ 904 S. 2).

c) Eine Rechtfertigung nach § 34 StGB bleibt unberührt.

3.3.3 Selbsthilfe

19 Voraussetzungen erlaubter Selbsthilfe sind: eigener privatrechtlicher Anspruch (nicht notwendig auch seine Fälligkeit, § 916 ZPO), Gefahr der Vereitelung oder wesentlichen Erschwerung der Anspruchsdurchsetzung ohne sofortigen Zugriff und nicht rechtzeitige Erreichbarkeit hoheitlicher Hilfe. Die zulässigen Selbsthilfehandlungen ergeben sich aus § 229. § 230 beschreibt die Grenzen des Selbsthilferechts.

Literaturhinweise:

Brox, Allgemeiner Teil, Rdnr. 559–583, 607–653.
Diederichsen, Allgemeiner Teil, Rdnr. 86–130, 168–190.
Larenz, Allgemeiner Teil, §§ 12–15.
Raiser, JZ 1961, S. 465 ff. (zur Lehre vom subjektiven Recht im deutschen Zivilrecht)
Weimar, Das BGB in Fällen, Bd. 1, Fälle zu §§ 226–231; Bd. 3a, Fall zu § 904.

Kontrollfragen:

1. Was ist ein „subjektives Recht", was versteht man unter „Anspruch"?
2. Welcher Unterschied besteht zwischen einem absoluten und einem relativen Recht?
3. Ist das Anfechtungsrecht nach §§ 119, 123 ein Gestaltungsrecht?
4. Gibt der Verstoß gegen Treu und Glauben (§ 242) eine Einrede oder begründet er eine Einwendung?
5. In welchen Fällen ist das Verbot der unzulässigen Rechtsausübung gesetzlich bestimmt?
6. Nennen Sie die Voraussetzungen zulässiger Notwehr.
7. Was unterscheidet § 228 und § 904?

Anworten zu den Kontrollfragen finden Sie auf S. 276.

III. Rechtsgegenstände und Gegenstandsverbindungen

1. Rechtsgegenstände

1.1 Gegenstands- und Sachbegriff

20 a) Rechtsgegenstände sind Objekte von Herrschaftsrechten. Gegenstände solcher Rechte sind zunächst *Sachen*. Sachen i. S. des BGB sind nur *körperliche Gegenstände*

(§ 90). Doch ordnet das Gesetz auch bestimmte *Rechte* (unkörperliche Gegenstände; dazu Rdnr. 36) den Sachen wenigstens insoweit zu, als es sie in manchen Fällen zu „Bestandteilen" von Sachen rechnet (§ 96).

> **Beispiel:** Ein Wegerecht, mit dem ein Grundstück zugunsten eines benachbarten Grundstücks belastet ist, gilt als Bestandteil des letzteren, also als Sache.

Keine Sachen sind: Personen und ihre Körperbestandteile (anders nach Trennung vom Körper), der menschliche Leichnam (str.), der elektrische Strom und gewisse Urkunden, bei denen ihre Substanz nur wegen des Inhalts, der verbrieft wird, rechtlich in Betracht kommt (vgl. § 952).

> **Beispiel:** Werden Orderpapiere verpfändet, sieht das Gesetz darin keine Verpfändung von Sachen, sondern eine Verpfändung von Rechten (§ 1292).

Der Begriff Sache ist wichtig für Rechte *an* Sachen (§§ 903 ff.), für den Besitz (§§ 854 ff.), aber auch für ein sich auf eine Sache beziehendes Verhalten (z. B. §§ 433 I 1, 535 S. 1, 631 II).

b) Eine weitere Gruppe von Rechtsgegenständen bilden die *unkörperlichen Güter* — **21** soweit sie nicht ausnahmsweise als Sachbestandteile gelten — und *typisierte Vermögenskomplexe,* die zugleich Sachen und unkörperliche Güter umfassen.

> **Beispiel:** Ein Unternehmen kann man z. B. verkaufen oder verpachten, es kann aber grundsätzlich nicht Objekt eines einheitlichen Herrschaftsrechts sein. Entsprechend § 1048 wird allerdings der Nießbrauch an einem Unternehmen für zulässig gehalten. Im übrigen ist eine einheitliche Verfügung über das Unternehmen (z. B. Übereignung) nicht möglich. Es müssen vielmehr die Einzelgegenstände des Unternehmens veräußert werden. Gem. § 823 I wird das Unternehmen als objektivierter Tätigkeitsbereich geschützt (Recht am eingerichteten und ausgeübten Gewerbebetrieb, dazu Rdnr. 577); auch im Aktien- und Wettbewerbsrecht ist das Unternehmen als selbständiges Rechtsobjekt anerkannt (§§ 15 ff. AktG, 1, 22 GWB).

1.2 Arten von Sachen

Das BGB unterscheidet bewegliche und unbewegliche Sachen (Grundstücke).

1.2.1 Bewegliche Sachen

a) Bewegliche Sachen (Fahrnis, Mobilien) sind alle Sachen mit Ausnahme der Grund- **22** stücke und Grundstücksbestandteile.

> **Beispiel:** Ein Camping-Haus auf einem dafür bestimmten öffentlichen Platz ist, mag es mit dem Grund und Boden auch fest verbunden sein, nicht Grundstücksbestandteil (§ 95 I), sondern bleibt eine „bewegliche" Sache.

Die Bezeichnung einer Sache als „bewegliche" wird maßgeblich durch die Verkehrsanschauung bestimmt. Gleiches gilt für den Kreis der Bestandteile (dazu Rdnr. 27 ff.) bei beweglichen Sachen.

> **Beispiele:** Die eingelassenen Bretter eines Bücherschranks sind Bestandteil des Schrankes, auch wenn sie leicht herausgenommen werden können; die Bücher sind es nicht. Ein Sack Weizen ist nach der Verkehrsanschauung eine (einzige) Sache.

b) Unter den beweglichen Sachen sind manche Arten rechtlich ausgezeichnet, z. B. Geld und Kostbarkeiten (bedeutsam für §§ 935 II, 372, 702), Schiffe (bedeutsam für

§§ 929a; 8, 24 ff., 76 ff. SchiffsRG — Schiffshypothek bei bestimmten eingetragenen Schiffen —), Luftfahrzeuge (bedeutsam für §§ 1 ff., 24 ff. LuftfzRG — Registerpfandrecht —).

1.2.2 Grundstücke

23   Die Bestimmung der Grundstückseinheiten hängt von der Überlieferung und dem im Grundbuch ausgewiesenen Willen des Grundstückeigentümers ab (§ 890).

Für Grundstücke gibt es zahlreiche Sonderregeln, die sich vor allem im Sachenrecht finden (§§ 925, 1113; vgl. auch 1821, 2113 usw.).
Landwirtschaftliche Grundstücke sind rechtlich besonders ausgestaltet (bedeutsam für §§ 98, 582—585, 591 f., 593 f., 998).

1.2.3 Vertretbare und verbrauchbare Sachen

24   a) *Vertretbar* (fungibel) sind Sachen, die im Verkehr nur als Stücke einer gewissen Gattung in Betracht kommen. Oft werden sie deshalb beim Abschluß von Rechtsgeschäften nur nach Art und Menge bestimmt (§ 91 : Zahl, Maß oder Gewicht). Den Beteiligten ist es unbenommen, eine Sache, die im Verkehr als vertretbar gilt, doch als individuell ausgezeichnete Sache, d. h. als unvertretbare Sache, zu behandeln (und umgekehrt). Nicht vertretbar sind z. B. Sonderanfertigungen (Maßanzüge etc.). Der Unterschied ist bedeutsam bei der Schadensersatzpflicht (§ 249). Bei unvertretbaren Sachen kommt nämlich keine Naturalherstellung, sondern Geldersatz in Frage. Die Klassifikation ist ferner bedeutsam z. B. beim Darlehn (§ 607), beim Werklieferungsvertrag (§ 651 I 2) und bei Sachen, die ein Gesellschafter in die Gesellschaft einbringt (§ 706 II).

25   b) *Verbrauchbar* sind Sachen, die durch ihren bestimmungsgemäßen Gebrauch verbraucht, d. h. zerstört oder schnell abgenutzt werden. Ihnen sind alle Sachen gleichgestellt, deren bestimmungsgemäßer Gebrauch darin besteht, daß sie veräußert werden (§ 92). Die meisten verbrauchbaren Sachen sind vertretbar. Wichtig ist die Unterscheidung beim Nießbrauch (§ 1030). Die Nutzungsberechtigung erstreckt sich bei verbrauchbaren Sachen außer auf den Gebrauch auch auf den Verbrauch (§§ 1030, 92, 99 f.).

1.2.4 Sachgesamtheit

26   Häufig werden mehrere — vor allem bewegliche — Sachen zu einer Einheit — einer Sachgesamtheit — verbunden. Was zu einer solchen Gesamtheit gehört, wird durch die Verkehrssitte festgelegt.

> **Beispiele:** Ein Landgut, das aus verschiedenen Grundstückseinheiten besteht; eine Bibliothek; ein Warenlager.

Eine Sachgesamtheit wird schuldrechtlich wie eine einzige Sache behandelt, unterliegt aber einer Reihe von Sonderregeln. Auch sachenrechtlich wird ihre Einheit wenigstens in einigen Beziehungen anerkannt.

Beispiele: a) Eine Bibliothek kann im ganzen verkauft, nicht dagegen als solche übereignet werden. An jedem Buch besteht hier gesondertes Eigentum. Die Bibliothek als eine Mehrheit von Büchern ist nicht Gegenstand eines an ihr selbst bestehenden Eigentumsrechts. Das Eigentum besteht an den je äußerlich gesonderten Einzelstücken.
b) Auch ein Warenlager ist eine Sachgesamtheit, so daß nur eine Übereignung der Einzelsachen möglich ist.
c) Wird eine Tonne Weizen verkauft, so handelt es sich nicht um eine Mehrheit von Sachen (Weizenkörner), sondern um eine einzige Sache. Hier sind die natürlichen Einheiten (Weizenkörner) für den Rechtsverkehr bedeutungslos. Die Weizenmenge kann daher nicht nur verkauft, sondern auch als solche übereignet werden. Bei Mengensachen genügt oft die Bezeichnung mit Sammelnamen.

2. Gegenstandsverbindungen

2.1 Bestandteile und ihre Merkmale

a) Von den Bestandteilen einer Sache gelten als *wesentlich* alle, die sich von der Sache nicht trennen lassen, ohne daß sie selbst zerstört oder in ihrem Wesen verändert wird (§ 93). Alle anderen Bestandteile sind nichtwesentliche Bestandteile. **27**

b) Sofern sie überhaupt zu den Bestandteilen des Grundstücks gehören, gelten alle Gegenstände, die mit dem Erdboden eines Grundstücks fest verbunden oder in ein darauf errichtetes Gebäude zu dessen Herstellung eingefügt sind, als wesentlich (§ 94). Ob sie sich von dem Grundstück trennen lassen, ohne daß sie selbst oder die übrigen Teile zerstört oder in ihrem Wesen verändert werden, ist unerheblich. **28**

c) Wesentliche Bestandteile sind *sonderrechtsunfähig*. Verfügungen über sie sind ohne dingliche Wirkung (Ausnahme: Pfändungspfandrecht an stehenden und hängenden Früchten eines Grundstücks; vgl. § 810 ZPO).

Beispiel: A liefert B für dessen Betrieb Maschinen und behält sich das Eigentum an ihnen bis zur Vollzahlung des Kaufpreises vor. B baut die Maschinen ein. Hier ist der Eigentumsvorbehalt von dem Augenblick an unwirksam, in dem die Maschinen in den Betrieb dauernd eingefügt sind und damit zu „wesentlichen" Bestandteilen des Betriebsgebäudes werden. Dagegen würde die Einfügung in den Betrieb nicht einen Verkauf der Maschinen hindern. Denn der Verkauf als solcher hat nur schuldrechtliche Wirkung, und diese wird durch die Eigenart der wesentlichen Bestandteile nicht berührt.

Im übrigen können die Beteiligten über jeden nichtwesentlichen Bestandteil verfügen, ohne ihn zuvor von der Sacheinheit ablösen zu müssen.

d) *Grundstücksbestandteil* ist zunächst der innerhalb der Grundstücksgrenzen liegende Erdboden sowie alle Gegenstände, die mit dem Boden fest verbunden sind, insbesondere Baulichkeiten, die in ihm „fundamentiert" sind (§ 94 I). **30**

e) Doch sind als Bestandteile auszuscheiden (§ 95 I) sämtliche Gegenstände, die mit dem Erdboden nur zu einem vorübergehenden Zweck verbunden sind, sowie Gebäude und sonstige „Werke", die jemand auf einem fremden Grundstück kraft eines ihm daran zustehenden beschränkten dinglichen Rechts, insbesondere einer Grunddienstbarkeit (Rdnr. 771 f.), eines Nießbrauchs (Rdnr. 770), eines Erbbaurechts (Rdnr. 776) errichtet hat, selbst wenn die Verbindung zu einem dauernden Zweck geschah (sog. *Scheinbestandteile*; dazu BGHZ 23, S. 57).

f) Grundstücksbestandteile sind ferner bei einem Gebäude, das als Grundstücksbe- **31** standteil gilt, alle Sachen, die in das Gebäude zu dessen Herstellung eingefügt sind: Sie sind Bestandteile des Gebäudes, in das sie eingefügt sind (§ 94 II). Mittelbar sind sie auch Bestandteile des Grundstücks, auf dem das Gebäude steht. *Ausnahme:* Sachen, die in ein Gebäude nur zu einem vorübergehenden Zweck eingefügt sind, gelten nicht als Bestandteile des Gebäudes (§ 95 II), also auch nicht des Grundstücks, zu dem das Gebäude gehört. Sie können also wie bewegliche Sachen veräußert werden.

Eine Sache ist in ein Gebäude „eingefügt", wenn und solange sie mit dem Gebäude verbunden ist. Daß die Verbindung „fest" ist, wird nicht gefordert. Eine Sache ist in ein Gebäude „zu dessen Herstellung" eingefügt, wenn nach der Verkehrsanschauung anzunehmen ist, daß sie zu dem Gebäude gehört und mangels entgegenstehender Vereinbarung üblicherweise, z. B. bei einer Veräußerung oder Vermietung des Gebäudes, in ihm verbleiben soll.

> **Beispiel:** Eine Heizung wird in ein Gebäude „zu dessen Herstellung" eingefügt, da ohne Heizung — in unseren Breiten — ein Gebäude nicht als fertiggestellt anzusehen ist; das „Einfügen" setzt dabei mehr als das bloße Verbringen auf das Grundstück voraus, aber weniger als die in § 94 I geforderte feste Verbindung.

Nur zu einem „vorübergehenden Zweck" eingefügt ist eine Sache, wenn im Einzelfall anzunehmen ist, daß die Absicht des Einfügenden dahin ging, sie (z. B. bei einer Veräußerung oder Vermietung des Gebäudes) aus dem Gebäude wieder zu entfernen.

g) Schließlich ist Grundstücksbestandteil jedes Recht, das mit dem Eigentum am Grundstück verbunden ist (§ 96; i. d. R. wesentlicher Bestandteil, z. B. § 1103 I).

2.2 Zubehör

32   a) Eine Sache ist Zubehör, wenn sie, ohne Bestandteil der Hauptsache zu sein, ihrer Art nach dazu bestimmt ist, dem wirtschaftlichen Zweck der Hauptsache zu dienen, und in einer dieser Bestimmung entsprechenden räumlichen Beziehung zu ihr steht (§ 97 I 1).

b) Bestandteile der Hauptsache können nicht Zubehör sein. Zubehör verlangt eine *eigene* Sache oder einen *Sachinbegriff*.

Grundstücke können nicht Zubehör sein, sondern nur Zubehör *haben*. Ob eine Sache dazu bestimmt ist, dem wirtschaftlichen Zweck einer anderen Sache zu dienen, hängt von der Verkehrsanschauung ab.

c) Bei Landgütern (§ 98 Nr. 2) wird die Frage, ob eine Sache dazu bestimmt ist, dem wirtschaftlichen Zweck des Gutes zu dienen, vom Gesetz bejaht hinsichtlich des für die Wirtschaft bestimmten Geräts und Viehs, der landwirtschaftlichen Erzeugnisse des Gutes, soweit sie zur Fortsetzung der Wirtschaft bis zu der Zeit erforderlich sind, zu der ähnliche Erzeugnisse voraussichtlich gewonnen werden, des vorhandenen, auf dem Gut gewonnenen Düngers (vgl. jedoch § 97 I 2).

d) Eine ähnliche Vorschrift gilt bei Gebäuden, die für einen gewerblichen Betrieb dauernd eingerichtet sind. Maschinen und sonstige Gerätschaften, die für den Gewerbebetrieb in dem Gebäude bestimmt sind, sind damit auch dem wirtschaftlichen Zweck des Gebäudes selbst zu dienen bestimmt, es sei denn, daß die Verkehrsanschauung ihnen die Zubehöreigenschaft abspricht (§ 98 Nr. 1, 97 I 2).

33   e) Zubehör kann grundsätzlich ohne die Hauptsache übereignet werden. Es ist rechtlich *selbständig*. Im Zweifel jedoch gilt, daß das Zubehör das rechtliche Schicksal der Hauptsache teilt (§§ 314, 926, 1031). Gegenbeweis bleibt zulässig.

> **Beispiele:** a) A veräußert sein Hotel an K. In diesem Fall ist das Inventar als Zubehör auch ohne ersichtliche Erwähnung mitverkauft (§ 314); der Erwerber erlangt das Eigentum am Inventar mit dem Eigentum am Hotelgrundstück (§ 926). b) E hat sein Betriebsgrundstück mit einer Hypothek belastet. Hier erfaßt die Hypothekenhaftung auch die als Zubehör dem Betriebsgrundstück dienenden Maschinen (§ 1120).

2.3 Früchte

Früchte sind Unterarten von Nutzungen. Der Nutzungsbegriff ist z. B. in §§ 953 ff., 581 I 1, 1030 I von Bedeutung. Nutzungen sind Gebrauchsvorteile und Früchte. Wir unterscheiden *Sachfrüchte (natürliche* Früchte) und *Rechtsfrüchte (juristische* Früchte). *Unmittelbare* Sachfrüchte (§ 99 I) sind entweder organisch aus der Muttersache entstanden oder bei bestimmungsgemäßer Ausbeute gewonnen. **34**

> **Beispiele:** Milch, Wolle (vom Schaf), Obst sind *Erzeugnisse*, desgleichen Bodenprodukte (Pflanzen). Bestimmungsgemäße Ausbeute liegt z. B. vor bei Abtragen von Steinen aus einem Steinbruch, nicht dagegen, wenn eine unter einem Acker befindliche Schicht Kies entfernt wird (denn Bestimmung des Ackers ist es, Feldfrüchte zu tragen).

Mittelbare Sachfrüchte (§ 99 III) sind Gegenleistungen für Gebrauchsüberlassung und Fruchtziehungsgestattung (z. B. Miet- oder Pachtzins). Unmittelbare Rechtsfrucht (§ 99 II) ist z. B. die Jagdbeute aus Jagdrechten, die Ernte bei gepachtetem Land; mittelbare Rechtsfrucht (§ 99 III) ist z. B. der Mietzins aus Untervermietung (§ 549).

2.4 Nutzungen

Der Begriff der Nutzungen ist weiter als der der Früchte. Er umfaßt außer ihnen alle Vorteile, die der bloße Gebrauch des Gegenstands — im Gegensatz zu der Fruchtziehung einerseits und zum Verbrauch andererseits — gewährt (§ 100). Die rechtliche Bedeutung des Nutzungsbegriffs zeigt sich z. B. auch darin, daß beim Kauf die Nutzungen der Kaufsache bis zur Übergabe dem Verkäufer verbleiben (§ 446 I). **35**

3. Rechte

Rechte sind *unkörperliche Gegenstände*, die einem Rechtssubjekt zugeordnet werden können. Das subjektive Recht ist eine Befugnis, die dem einzelnen durch die Rechtsordnung verliehen ist. Es ist im System des BGB der juristische Funktionsbegriff schlechthin, wird jedoch zunehmend durch soziale und öffentlichrechtliche Pflichtbindung eingeschränkt. Nur insoweit ist das subjektive Recht als Gestaltungsmittel privater Initiative anzuerkennen. Zu den Arten der Rechte vgl. Rdnr. 5 ff. **36**

4. Vermögen

4.1 Begriff

Die Vermögensrechte, die einer Person zustehen, werden in bestimmten Fällen als eine Einheit angesehen, die man *Vermögen* nennt. Das Vermögen ist eine Rechtsgesamtheit; der Begriff umschreibt die *Summe aller geldwerten Rechte* einer Person. **37**

Das Vermögen kann im Wege einer Gesamtrechtsnachfolge auf einen anderen übergehen (§ 1922). Ferner kann das Vermögen als Einheit im Konkurs für die Gläubiger des Gemeinschuldners mit Beschlag belegt werden. Im BGB ist das Vermögen aber kein einheitlicher Gegenstand, der als solcher Gegenstand einer Verfügung sein kann. Es gibt unter Lebenden nur die rechtsgeschäftliche Nachfolge in einzelne Rechte oder Rechtsverhältnisse; das Vermögen als solches ist nicht übertragbar. Von großer wirtschaftlicher Bedeutung ist das Vermögen als *Haftungsobjekt*. Das gesamte (pfändbare) Vermögen steht bei einer Geldforderung dem Gläubigerzugriff offen. Rechtlich verselbständigt ist das einem Stiftungszweck gewidmete Vermögen (§§ 80 ff.).

4.2 Sondervermögen

38 Das Vermögen einer Person kann weitere Einheiten (Sondervermögen) enthalten.

> **Beispiele:** Im Vermögen des Erben A stellen dessen Privatvermögen und der Nachlaß des Erblassers B je ein Sondervermögen dar. Trotz Zugehörigkeit des Nachlasses des B zum Vermögen des A wird der Nachlaß als eine getrennte Einheit behandelt. Das ist bedeutsam z. B. in folgenden Fällen:
> a) Wenn A stirbt und von C beerbt wird, während B für seinen Nachlaß D zum Nacherben berufen hat, geht das Privatvermögen des A als solches durch Gesamtrechtsnachfolge auf C über, während der Nachlaß des B durch eine besondere Gesamtrechtsnachfolge an D fällt (§ 2139). b) Ist der Nachlaß des B überschuldet, kann er Gegenstand eines Sonderkonkurses sein (§ 214 KO).

Ist das Vermögen einer Person in mehrere Sondervermögen geteilt und erwirbt der Vermögensinhaber ein Recht, wird dieser Erwerb meist einem Sondervermögen zugewiesen. Häufig findet sich die Regelung, daß, wenn ein Gegenstand eines Sondervermögens veräußert wird, die Gegenleistung kraft Gesetzes in eben dieses Vermögen fällt (Surrogationsprinzip; vgl. z. B. §§ 718 II, 2041, 2111 I).

Literaturhinweise:

Brox, Allgemeiner Teil, Rdnr. 746–783.
Diederichsen, Allgemeiner Teil, Rdnr. 136–167.
Larenz, Allgemeiner Teil, § 16, 17.
Spyridakis, Zur Problematik der Sachbestandteile, 1966.
Weimar, Das BGB in Fällen, Bd. 1, Fälle zu §§ 93–103.

OLG Karlsruhe NJW–RR 1986, S. 19 (zum Begriff „wesentlicher Bestandteil").

Kontrollfragen:

1. Was sind vertretbare, was unvertretbare Sachen?
2. Was ist bei einer Sachgesamtheit in schuldrechtlicher und sachenrechtlicher Hinsicht zu beachten?
3. Ist das Dach eines Hauses wesentlicher Bestandteil des Grundstücks, auf dem das Haus steht?
4. Kann Eigentum an Zubehör selbständig übertragen werden?
5. In welcher Hinsicht ist das Vermögen einheitlicher Gegenstand, in welcher nicht?

Antworten zu den Kontrollfragen finden Sie auf S. 276 f.

IV. Rechtssubjekte

1. Rechtsfähigkeit natürlicher Personen

a) Wer fähig ist, Inhaber eines Rechtes oder Träger einer Pflicht zu sein, ist rechtsfähig. Rechtsfähig ist ohne Ausnahme *jeder lebende Mensch* (§ 1). Die Rechtsfähigkeit beginnt mit der Vollendung der Geburt und endet mit dem Tod. Auch *juristische Personen* (dazu Rdnr. 42) sind rechtsfähig. Es können ihnen Rechte zustehen und sie können eigene Verpflichtungen haben.

39

b) Die Rechtsfähigkeit wird nicht dadurch beeinträchtigt, daß eine Person die Geschäftsfähigkeit (Rdnr. 47 ff.) — d. h. die Fähigkeit, Rechtsgeschäfte selbständig und in eigenem Namen abzuschließen — nur beschränkt besitzt oder sie ihr ganz fehlt. Für die Rechtsfähigkeit kommt es nur darauf an, ob jemand „Inhaber" eines Rechtes bzw. „Träger" einer Pflicht sein kann.

c) Die ungeborene Leibesfrucht ist nicht rechtsfähig, aber für den Fall der Lebendgeburt in verschiedener Hinsicht rechtlich geschützt (vgl. §§ 331 II, 844 II 2, 1777 II, 1923 II, 2043 I, 2108 I).

40

> **Beispiel:** Die schwangere A erleidet einen Verkehrsunfall. Das Kind kommt aus diesem Grund mit einem erheblichen Gesundheitsschaden zur Welt. Wegen der vorgeburtlichen Schädigung hat das Kind Schadensersatzansprüche; die Entstehung der Ansprüche kann allerdings erst mit dem Zeitpunkt der Erlangung der Rechtsfähigkeit angenommen werden (und nicht mit dem Zeitpunkt der Schadenszufügung); vgl. BGHZ 58, S. 48.

d) Im Prozeßrecht entspricht der Rechtsfähigkeit die *Parteifähigkeit*, d. h. die Fähigkeit, Kläger oder Beklagter zu sein. Dabei ist die Ausnahme zu beachten, daß Gewerkschaften — obgleich nicht eingetragene und damit nichtrechtsfähige Vereine (vgl. Rdnr. 42) — angesichts ihrer Bedeutung (die auch vom GG anerkannt ist, vgl. Art. 9 III GG) auch vor den Zivilgerichten als parteifähig anerkannt sind.

41

2. Juristische Personen und ihre Bedeutung

2.1 Juristische Personen des Privatrechts

a) Die juristische Person dient als rechtstechnisches Mittel, um Personen oder Vermögenswerte im Rechtsverkehr als selbständige Einheit zusammenzufassen. Man unterscheidet juristische Personen des Privatrechts und solche des öffentlichen Rechts (dazu Rdnr. 44). Für erstere ist ein privatrechtlicher Gründungsakt (Gründungsvertrag, Stiftungsgeschäft) erforderlich. Die Zugehörigkeit des einzelnen beruht auf einem privatrechtlichen Willensakt (Gründungsteilnahme bzw. Beitritt).

42

b) Im BGB sind von den juristischen Personen des Privatrechts nur die *Vereine* (als Zusammenfassung von Personen, §§ 21 ff.) und *Stiftungen* (als Zusammenfassung von Gegenständen, §§ 80 ff.) geregelt. AG und GmbH sind in Spezialgesetzen geregelt. OHG und KG, deren Regelung sich im HGB findet, sind keine juristischen Personen, diesen jedoch stark angenähert. Die *Gesellschaft des bürgerlichen Rechts* ist ein nichtrechtsfähiger Zusammenschluß von Personen (§ 705); auf den *nicht eingetragenen* (und daher nichtrechtsfähigen) *Verein* (dazu Rdnr. 44) sind die Vorschriften über die Gesellschaft i. d. R. entsprechend anzuwenden (§ 54 S. 1).

43   c) Der Zusammenschluß mehrerer Personen zu einer juristischen Person hat zur Folge, daß eine eigene Rechtspersönlichkeit entsteht, die selbst Träger von Rechten und Pflichten ist (statt der einzelnen Personen). Die juristische Person tritt nach außen als selbständige Einheit auf.

2.2 Juristische Personen des öffentlichen Rechts

44   Juristische Personen des öffentlichen Rechts sind einmal die *Körperschaften* des öffentlichen Rechts. Es werden Gebietskörperschaften (z. B. Gemeinden, Kreise), Personalkörperschaften (z. B. Ärztekammern) und Realkörperschaften (z. B. Wasserverbände, IHK, Betriebskörperschaften) unterschieden. Zum anderen gibt es *Anstalten* des öffentlichen Rechts, die dadurch gekennzeichnet sind, daß es keine Mitglieder, sondern (nur) Benutzer gibt. Es wird zwischen rechtsfähigen (z. B. Bundesbank, BfA, ARD, ZDF) und nichtrechtsfähigen (z. B. Schulen, Museen) Anstalten unterschieden. Zu den juristischen Personen des öffentlichen Rechts zählen auch die *Stiftungen* des öffentlichen Rechts. *Sondervermögen des Bundes* (Bundespost und -bahn) nehmen selbständig am Rechtsverkehr teil, sind aber keine juristischen Personen.

2.3 Rechtsfähigkeit juristischer Personen

45   Rechtsfähigkeit kommt der juristischen Person erst zu, wenn sie als solche *entstanden* ist (vgl. § 21 BGB, §§ 36 ff. AktG, §§ 11, 13 GmbHG).

> **Beispiel:** E setzt einen nicht eingetragenen Verein zum Erben ein. Da der Verein nicht ins Vereinsregister eingetragen ist, ist er nicht rechtsfähig. Das Testament ist jedoch dahin auszulegen, daß die Mitglieder des Vereins Erben werden sollen mit der Bestimmung, daß das Zugewendete Vereinsvermögen sein soll (vgl. § 2084).

46   Die Rechtsfähigkeit juristischer Personen ist von praktischer Bedeutung insbesondere für die *Haftung*. Hat die juristische Person die Rechtsfähigkeit erlangt, so ist nur sie Träger der in ihrem Namen begründeten Verbindlichkeiten; die am Zusammenschluß beteiligten Personen haften dann grundsätzlich nicht. Liegt Rechtsfähigkeit nicht vor, so haften grundsätzlich die am Zusammenschluß beteiligten Personen selbst. Die Rechtsprechung hat vielfach jedoch eine Haftungsbeschränkung dergestalt angenommen, daß beim nichtwirtschaftlichen Verein ohne Rechtsfähigkeit im Ergebnis jedes Mitglied nur mit seinem Anteil am Vereinsvermögen haftet. Die nach dem Gesetz bestehende unbeschränkte Haftung (vgl. §§ 714, 709, 427, 54 S. 1) entfällt hier infolge einer unterstellten Beschränkung der Vertretungsmacht. − Zur „Durchgriffshaftung" bei juristischen Personen vgl. BGHZ 61, S. 384.

Literaturhinweise:

Brecher, Das Unternehmen als Rechtsgegenstand, 1953.
Brox, Allgemeiner Teil, Rdnr. 654−666, 680−726.
Larenz, Allgemeiner Teil, §§ 5, 9−11.
Rittner, Die werdende juristische Person, 1973.
Serick, Rechtsform und Realität juristischer Personen, 1955.
Weimar, Das BGB in Fällen, Bd. 1, Fälle zu §§ 1−89.
Westermann, Allgemeiner Teil, §§ 1, 2, 5, 6.

BGHZ 50, S. 325 ff. (zur Parteifähigkeit der Gewerkschaften).

Kontrollfragen:

1. Was unterscheidet die Rechtsfähigkeit natürlicher und juristischer Personen hinsichtlich ihrer Entstehung?

2. A, B und C haben eine GmbH gegründet und sind deren Geschäftsführer. Sie wollen ein Grundstück für die GmbH erwerben; wer wird im Grundbuch als Eigentümer eingetragen? Wie wäre es, wenn für den Zusammenschluß die Rechtsform der bürgerlichrechtlichen Gesellschaft oder der OHG gewählt worden wäre?

Antworten zu den Kontrollfragen finden Sie auf S. 277.

V. Geschäftsfähigkeit und ihre Arten

1. Geschäftsunfähigkeit

1.1 Personenkreis

a) Ein Rechtsgeschäft kann wirksam nicht vornehmen, wer geschäftsunfähig ist. Zu   **47** diesem Personenkreis gehören: *Kinder* bis zum vollendeten 7. Lebensjahr (§ 104 Nr. 1; die Zunahme der intellektuellen Fähigkeiten ist also unerheblich), Personen, die wegen Geisteskrankheit *entmündigt* sind (§ 104 Nr. 3), und Personen, die, ohne entmündigt zu sein, *geisteskrank* sind, vorausgesetzt, daß die Krankheit ihnen die „Willensfreiheit" nimmt und nicht ihrer Natur nach bloß vorübergehend ist (§ 104 Nr. 2).

b) Zu beachten ist, daß Personen, die wegen Geisteskrankheit entmündigt sind, geschäftsunfähig während der gesamten Dauer ihrer Entmündigung sind, ohne Rücksicht auf eine etwaige Besserung ihres Zustands. Dagegen ist ein Mensch im Alter von mehr als sieben Jahren, der geistig gestört, aber nicht entmündigt ist, nur in dem Zeitraum geschäftsunfähig, in dem die Geisteskrankheit seine Entschließungsfreiheit ausschließt; geschäftsunfähig ist er also, wenn die geistige Störung anfallsweise auftritt, jeweils nur für diesen Zeitraum, während er im übrigen — in sog. lichten Momenten — nicht geschäftsunfähig ist. Geschäftsunfähige werden auf Kosten ihrer Geschäftspartner geschützt. Den guten Glauben an die Geschäftsfähigkeit belohnt das BGB nicht (vgl. aber BGH NJW 1951, S. 402: Wechsel- und Scheckveräußerung).

1.2 Rechtsfolgen

a) Rechtsgeschäfte, die ein Geschäftsunfähiger vornimmt, sind *nichtig* (§ 105 I). Es   **48** kommt nicht darauf an, ob sie „lästig" für ihn sind oder ihm lediglich einen rechtlichen Vorteil bringen, ob er sie gegen den Willen seines gesetzlichen Vertreters oder mit dessen Zustimmung vorgenommen hat, ob seine Geschäftsunfähigkeit dem Vertragspartner bekannt oder unbekannt war.

b) Der *gesetzliche Vertreter* (Eltern, Elternteil, Vormund, Pfleger) kann Rechtsgeschäfte im Namen des Geschäftsunfähigen vornehmen. Ausgeschlossen ist Vertretung bei Eheschließung und Testamentserrichtung (§§ 13 EheG, 2064). Ein von einem Geschäftsunfähigen vorgenommenes Rechtsgeschäft bleibt auch dann nichtig, wenn er nachträglich die Geschäftsfähigkeit erlangt (s. aber § 115 I), und dies selbst dann, wenn er das Geschäft nunmehr aus freien Stücken akzeptiert: will er es zur Geltung bringen, muß er es *neu vornehmen* (§ 141 I). Von der Vornahme eines Rechtsgeschäfts sind außer den Geschäftsunfähigen auch Personen ausgeschlossen, die bewußtlos oder vorübergehend geistig gestört sind, vorausgesetzt, daß die Störung ihnen die „Willensfreiheit" nimmt (§ 105 II), z. B. sinnlos Betrunkene.

2. Beschränkte Geschäftsfähigkeit

2.1 Personenkreis

49   Unter Einschränkungen kann Rechtsgeschäfte wirksam vornehmen, wer beschränkt geschäftsfähig ist. Dies sind *Minderjährige, die das 7., aber nicht das 18. Lebensjahr vollendet haben* (§ 106), *Personen, die wegen Geistesschwäche, Verschwendung, Trunksucht oder Rauschgiftsucht entmündigt sind* (§ 114), sowie *Personen, die unter vorläufige Vormundschaft gestellt sind* (§ 114 i. V. m. § 1906).

Die Beschränkung der Geschäftsfähigkeit der Minderjährigen bleibt — wenn man davon absieht, daß sie nach vollendetem 16. Lebensjahr testamentsmündig werden (§ 2229 I) — vom Beginn des 8. Lebensjahres bis zum Eintritt der Volljährigkeit (Vollendung des 18. Lebensjahres) unverändert; der Siebzehnjährige ist, da er nicht für volljährig erklärt werden kann, in der Geschäftsfähigkeit ebenso beschränkt wie der Achtjährige. Desgleichen dauert die Beschränkung der Geschäftsfähigkeit Entmündigter oder unter vorläufige Vormundschaft gestellter Personen bis zur Aufhebung der Entmündigung oder vorläufigen Vormundschaft ungeachtet einer Änderung ihres Zustands an (vgl. aber § 115).

2.2 Rechtsfolgen

50   Rechtsgeschäfte beschränkt Geschäftsfähiger werden anders als Rechtsgeschäfte Geschäftsunfähiger, Bewußtloser und von einer vorübergehenden Geistesstörung befallener Personen jeweils danach unterschiedlich behandelt, ob es sich um gewinnbringende (lukrative) oder um lästige (oneröse) Rechtsgeschäfte handelt, und je nachdem, ob die lästigen Rechtsgeschäfte Verträge oder einseitige Rechtsgeschäfte sind.

a) Ein *gewinnbringendes* Rechtsgeschäft kann ein beschränkt Geschäftsfähiger für sich allein, also *ohne Zustimmung des gesetzlichen Vertreters* und sogar *gegen dessen Widerspruch* wirksam vornehmen (§ 107).

Gewinnbringend ist aber ein Geschäft nur dann, wenn es dem beschränkt Geschäftsfähigen *lediglich einen rechtlichen Vorteil bringt*; dagegen gilt es als lästig, wenn mit dem Vorteil irgendein rechtsgeschäftlicher Nachteil verbunden ist, mag auch wirtschaftlich der Vorteil überwiegen (dazu kritisch *Stürner*, AcP 173, S. 402 ff.).

Beispiele: a) Der achtjährige E erhält von seinem Onkel ein Mietshaus geschenkt. Hier ist die Schenkung – auch wenn die Eltern dem Geschäft widersprochen hatten – wirksam. Denn sie ist ja „gewinnbringend". Freilich bringt sie dem E auch erhebliche Lasten, z. B. durch die Grundsteuer. Diese Lasten sind hier aber nicht relevant, denn sie sind nicht „rechtsgeschäftliche" Folge der Schenkung. b) Wirksam ist es rechtlich, wenn E einen seiner Schuldner gegen den Willen seiner Eltern mahnt, nicht aber auch, wenn er ihm kündigt. Denn die Mahnung bringt rechtlich nur Vorteil, die Kündigung bringt rechtlich auch Nachteil. c) Unwirksam ist es, wenn E eine ihm angefallene Millionenerbschaft gegen den Willen seiner Eltern annimmt. Denn damit übernimmt er auch die Erbschaftslasten, und daß diese viel geringer sind als der Wert des

Nachlasses, ändert nichts. d) Unwirksam ist die Bezahlung von Schulden und die Leistungsannahme (h. M.) gegen den elterlichen Willen. Freilich erzielt E in beiden Fällen rechtsgeschäftlichen Gewinn: dort wird er von seinen Schulden frei, hier bekommt er Geld. Daneben hat er aber in beiden Fällen auch rechtsgeschäftliche Nachteile: dort verliert er sein Geld, hier erlischt seine Forderung. e) Nicht lediglich vorteilhaft für den Minderjährigen sind ferner z. B. zinslose Darlehn (Rückzahlungspflicht), die unentgeltliche Verwahrung (Aufwendungsersatz-, u. U. Schadensersatzpflicht, §§ 693 f.).

Neutrale Geschäfte, die die vermögensrechtlichen Interessen des Minderjährigen nicht berühren, sind *nicht zustimmungsbedürftig.*

> **Beispiele:** Die Willenserklärung, die ein Minderjähriger als Vertreter eines anderen abgibt, verpflichtet ihn nicht, bringt also keinen Nachteil. Gleiches gilt für die aufgrund einer Ermächtigung abgegebene Willenserklärung oder für eine Verfügung als Nichtberechtigter (Veräußerung des geliehenen Fahrrads an einen gutgläubigen Dritten).

b) Einen *lästigen Vertrag* kann ein beschränkt Geschäftsfähiger nur mit Zustimmung **51** des gesetzlichen Vertreters abschließen, ohne Rücksicht darauf, ob der Geschäftspartner gewußt hat oder hätte wissen müssen, daß er es mit einer beschränkt geschäftsfähigen Person zu tun hatte; die Zustimmung kann entweder im voraus oder nachträglich erklärt werden (§§ 107, 108 I); ersterenfalls heißt sie *Einwilligung,* letzterenfalls *Genehmigung* (§§ 183, 184). Hat der gesetzliche Vertreter dem lästigen Vertrag im voraus zugestimmt, so ist der Vertrag von Anfang an gültig. Die Einwilligung kann als *spezielle* oder als *generelle* erteilt sein.

> **Beispiel:** Vater V erteilt seinem 16jährigen Sohn S im Einverständnis mit dessen Mutter die Einwilligung zu einer Reise. Damit sind alle mit der Reise zusammenhängenden Geschäfte umfaßt. Im Zweifel ist eine enge Auslegung geboten (vgl. BGHZ 47, S. 359).

Dagegen ist der Vertrag, wenn es an einer solchen vorausgehenden Zustimmung fehlt, *schwebend unwirksam;* er wird erst nachträglich – mit Rückwirkung – wirksam, wenn der gesetzliche Vertreter ihn genehmigt (§§ 108 I, 184 I).

aa) Der gesetzliche Vertreter kann, wenn er sich im Interesse des beschränkt Geschäftsfähigen für den **52** Abschluß eines lästigen Vertrags entschieden hat, den eigentlichen Vertragsabschluß dem beschränkt Geschäftsfähigen überlassen; er braucht nicht, wie der gesetzliche Vertreter eines Geschäftsunfähigen, an dessen Stelle zu handeln. Ob der gesetzliche Vertreter dem lästigen Vertrag zustimmt oder seine Zustimmung verweigert, steht in seinem Belieben; er kann sogar so lange, wie der Vertrag noch nicht abgeschlossen ist, die bereits erteilte Zustimmung und ebenso ihre Verweigerung beliebig widerrufen (§ 183); erst wenn der Vertrag abgeschlossen ist, sind diese Erklärungen unwiderruflich. Keine von ihnen bedarf einer Form, auch wenn der Vertrag, dem die Zustimmung gilt, formbedürftig ist (§ 182 II), und beide können sowohl gegenüber dem Geschäftspartner wie — freilich mit einer unten zu besprechenden Ausnahme (Rdnr. 53) — auch gegenüber dem beschränkt Geschäftsfähigen abgegeben werden (§ 182 I). Gleiches gilt für den Widerruf dieser Erklärungen; doch ist anzunehmen, daß der gesetzliche Vertreter, der eine gegenüber dem Geschäftspartner erklärte Zustimmung gegenüber dem beschränkt Geschäftsfähigen widerruft, hiervon dem Geschäftspartner Anzeige machen muß (entspr. § 170).

bb) Daß die Zustimmung immer nur auf einzelne bestimmte Rechtsgeschäfte zu richten ist, ist nicht vorgeschrieben; sie kann vielmehr auch eine ganze Reihe von Geschäften umfassen. Andererseits darf sie aber nicht völlig allgemein gehalten sein, so daß sie auch Geschäfte umfaßt, die der gesetzliche Vertreter nicht kennt und deren Tragweite er nicht einschätzen kann.

cc) Ein Termin, bis zu dem der gesetzliche Vertreter einem lästigen Vertrag, dem er nicht im voraus **53** zugestimmt hat, seine nachträgliche Zustimmung spätestens erteilen müßte, ist gesetzlich nicht bestimmt. Doch kann der Geschäftspartner ihn jederzeit zu einer Erklärung über seine nachträgliche Zustimmung auffordern. Eine solche Aufforderung hat eine doppelte Wirkung: erstens wird jede Erklärung über die Zustimmung, die der gesetzliche Vertreter etwa in der Zeit zwischen dem Abschluß des Vertrags und dem Empfang der Aufforderung dem beschränkt Geschäftsfähigen gegenüber abgegeben hat, unwirksam, und auch in der Folgezeit kann eine solche Erklärung nicht mehr bindend gegenüber dem beschränkt Geschäftsfähigen, sondern nur noch gegenüber dem Geschäftspartner abgegeben werden; zweitens wird kraft Gesetzes angenommen, daß der gesetzliche Vertreter, wenn er nicht binnen zwei Wochen nach Empfang der Aufforderung seine Zustimmung erklärt, die Zustimmung verweigere (§ 108 II). In der Schwebezeit kann der Partner den Vertrag beliebig widerrufen (§ 109 I). Doch gilt dies nicht, wenn er bei Abschluß des Vertrags gewußt hat, daß er es mit einem beschränkt Geschäftsfähigen zu tun hatte (§ 109 II); in diesem Fall hat der Partner ein Widerrufsrecht nur unter der Voraussetzung, daß der beschränkt Geschäftsfähige wahrheitswidrig behauptet hat, der gesetzliche Vertreter habe im voraus seine Zustimmung zu dem Vertrag gegeben, und daß der Partner selbst die Unrichtigkeit dieser Behauptung beim Vertragsabschluß nicht gekannt hat; dagegen ist er, wenn diese Voraussetzung nicht erfüllt ist, während der Schwebezeit an den Vertrag (einseitig) gebunden, und nur der gesetzliche Vertreter kann ihn aus dieser Gebundenheit entlassen.

54   c) Ausnahmsweise kann ein beschränkt Geschäftsfähiger lästige Verträge abschließen, wenn er die ihm vertraglich obliegende Leistung mit Mitteln bewirkt, die ihm von seinem gesetzlichen Vertreter oder mit dessen Zustimmung von einem Dritten überlassen sind, wobei die Überlassung gerade zum Zweck jener Leistung oder zu freier Verfügung erfolgt sein muß (§ 110, „*Taschengeldparagraph*").

55   d) Bei bestimmten lästigen Verträgen bedarf die Zustimmung des gesetzlichen Vertreters, mag sie im voraus oder nachträglich erteilt werden, der Genehmigung des Vormundschaftsgerichts. Zu der Frage, welche Verträge dies sind, sei hier nur darauf hingewiesen, daß die Genehmigung des Vormundschaftsgerichts namentlich bei Verkauf und Übereignung von Grundstücken, der Aufnahme von Darlehn und Übernahme von Bürgschaften erforderlich ist (§§ 1821 Nr. 1, 2, 1822 Nr. 8, 10, 1643 I).

56   e) Wird ein beschränkt Geschäftsfähiger unbeschränkt geschäftsfähig, so bleiben die lästigen Verträge, die er ohne Zustimmung seines gesetzlichen Vertreters abgeschlossen hat, schwebend unwirksam. Doch kommt jetzt *nachträgliche Zustimmung* mit der Maßgabe in Betracht, daß sie von dem nunmehr unbeschränkt Geschäftsfähigen selbst und nicht mehr vom gesetzlichen Vertreter erteilt wird (§ 108 III), ferner daß sie der Genehmigung durch das Vormundschaftsgericht nicht bedarf (§ 1829 III) und einzig und allein gegenüber dem Geschäftspartner zu erklären ist.

57   f) Ein *lästiges einseitiges Rechtsgeschäft* kann eine beschränkt geschäftsfähige Person nur mit Zustimmung ihres gesetzlichen Vertreters vornehmen. Die Zustimmung kann nur im voraus erklärt werden, ist also immer *Einwilligung*, nicht *Genehmigung* (§ 111).

3. Handels- und Arbeitsmündigkeit

58   a) Ein beschränkt Geschäftsfähiger, der *ermächtigt* ist, ein *Erwerbsgeschäft* selbständig zu betreiben oder in ein *Arbeitsverhältnis* zu treten, gilt in einem gewissen Bereich als *unbeschränkt geschäftsfähig* und kann innerhalb dieses Bereichs auch lästige Rechtsgeschäfte — Verträge wie einseitige Geschäfte — ohne Zustimmung des gesetzlichen Vertreters vornehmen (§§ 112, 113).

b) Die Ermächtigung muß im voraus erteilt sein; zuständig ist beim Betrieb eines Erwerbsgeschäfts der gesetzliche Vertreter mit Genehmigung des Vormundschaftsgerichts, beim Eintritt in ein Arbeitsverhältnis der gesetzliche Vertreter allein; ist der gesetzliche Vertreter ein Vormund, so kann die Ermächtigung zum Eintritt in ein Arbeitsverhältnis, falls er selbst sie verweigert, auf Antrag durch das Vormundschaftsgericht ersetzt werden (§§ 112 I, 113 I, III).

c) Ist die Ermächtigung erteilt, so gilt die beschränkt geschäftsfähige Person als *partiell unbeschränkt geschäftsfähig*: beim Betrieb eines Erwerbsgeschäfts für alle Rechtsgeschäfte, die der Geschäftsbetrieb mit sich bringt, beim Eintritt in ein Arbeitsverhältnis für alle Rechtsgeschäfte, die die Eingehung oder Aufhebung eines Arbeitsverhältnisses der gestatteten Art oder die Erfüllung der sich aus einem solchen Verhältnis ergebenden Verpflichtungen betreffen, — jedoch hier wie dort mit Ausnahme solcher Geschäfte, zu denen der gesetzliche Vertreter der Genehmigung des Vormundschaftsgerichts bedarf (§§ 112 I, 113 I).

d) Die Ermächtigung zum Betrieb eines *Erwerbsgeschäfts* gilt immer nur für einen *bestimmten* Betrieb. Dagegen kann die Ermächtigung zum Eintritt in ein *Arbeitsverhältnis* auch *allgemein* gefaßt sein; ja es spricht sogar die Vermutung dafür, daß die Ermächtigung zum Eintritt in ein bestimmtes Arbeitsverhältnis die Ermächtigung zum Eintritt in andere Arbeitsverhältnisse der gleichen Art in sich schließt (§ 113 IV).

e) Die Ermächtigung zum Betrieb eines Erwerbsgeschäfts kann der gesetzliche Vertreter mit Genehmigung des Vormundschaftsgerichts, die Ermächtigung zum Eintritt in ein Arbeitsverhältnis kann er allein zurücknehmen (§§ 112 II, 113 II).

f) Bei einem auf *unwirksamem Vertrag,* aber auf *faktischer Eingliederung* beruhen- **59** den Arbeitsverhältnis (s. dazu Rdnr. 118) wird der Minderjährige nicht verpflichtet, hat jedoch einen Lohnanspruch für geleistete Arbeit. Ist er aufgrund unwirksamen Vertrags in eine *vollzogene Gesellschaft* aufgenommen, stehen ihm Rechte wegen erbrachter Leistungen zu, Pflichten treffen ihn nicht.

Literaturhinweise:

Brox, Allgemeiner Teil, Rdnr. 222–251.
Larenz, Allgemeiner Teil, § 6 I–III.
Stürner, AcP 173, S. 402 ff. (zum lediglich rechtlichen Vorteil).
Weimar, Das BGB in Fällen, Bd. 1, Fälle zu §§ 104–115.
BGHZ 78, S. 32 (zum Erwerb von Wohnungseigentum durch einen Minderjährigen).

Kontrollfragen:

1. A hat im Zustand der Volltrunkenheit (Blutalkoholgehalt 3,5 ‰) einen Vertrag über die Lieferung eines Lexikons unterschrieben. Als er wieder nüchtern wird, ist er — vom Verkäufer daraufhin angesprochen — damit einverstanden, daß das Geschäft gelten soll. Ist der Vertragsabschluß gültig?
2. Die 16jährige T will durch eine Schönheitsoperation ihre Stupsnase korrigieren lassen. Kann sie das ohne elterliche Einwilligung?

Antworten zu den Kontrollfragen finden Sie auf S. 277 f.

VI. Rechtsgeschäfte

1. Begriff und Abgrenzung

60 a) Eine private Willensäußerung, durch die jemand den Eintritt einer Rechtswirkung bestimmt, nennt man *Willenserklärung* (s. auch Rdnr. 70 ff.).

Es muß der Entschluß bekundet werden, durch die Äußerung den Eintritt einer Rechtswirkung herbeiführen zu wollen; der Erklärende braucht nicht den „rechtlichen" Aspekt der Wirkung zu kennen; vielmehr genügt es, daß er als tatsächliche Wirkung will, daß die von ihm bestimmte Rechtswirkung eintritt. Der entscheidende Faktor, der eine Rechtswirkung endgültig schafft, ist bei den Willenserklärungen — neben dem erklärten Willen der Beteiligten — das Gesetz, das sozusagen instrumental in Anspruch genommen wird.

61 b) *Rechtsgeschäft* ist der Gesamttatbestand, der vorliegen muß, damit die beabsichtigte Rechtsfolge eintreten kann. Es gibt Rechtsgeschäfte, die außer einer Willenserklärung noch andere Bestandteile enthalten (z. B. Eigentumsaufgabe nach § 959), und solche, bei deren Vornahme nicht nur Privatpersonen, sondern auch Behörden beteiligt sind (z. B. Eheschließung).

Zu dem Gesamttatbestand des Rechtsgeschäfts kann auch eine weitere Willenserklärung gehören; das ist beim *Vertrag* der Fall. Den Rechtsgeschäften gleichgestellt sind *fiktive Rechtsgeschäfte*. Hierher gehört namentlich der Fall, daß jemand zur Abgabe einer Willenserklärung verurteilt wird: die Willenserklärung „gilt als abgegeben", sobald das entsprechende Urteil Rechtskraft erlangt hat (§ 894 ZPO).

> **Beispiel:** K hat den V auf Auflassung und Übergabe des von ihm gekauften Grundstücks verklagt. V ist inzwischen rechtskräftig verurteilt. Hier gilt die Auflassungserklärung des V als abgegeben; dagegen gilt nicht auch die Übergabe als erfolgt, da diese keine Willenserklärung, sondern ein Vorgang tatsächlicher Art ist.

62 c) Von den Rechtsgeschäften zu unterscheiden sind die *Rechtshandlungen*. Zu diesen gehören alle Handlungen, die eine Rechtswirkung erstreben oder erreichen, auch wenn sie nicht rechtsgeschäftlicher Art sind. Jedes Rechtsgeschäft ist also Rechtshandlung, nicht aber umgekehrt jede Rechtshandlung ein Rechtsgeschäft. Zu den Rechtshandlungen gehören *Realakte* und *geschäftsähnliche Handlungen*.

> **Beispiele:** a) A nimmt für seine Jagd den B als Treiber an. Dies ist ein Rechtsgeschäft, also auch eine Rechtshandlung. A verfehlt auf der Jagd aus Ungeschicklichkeit einen Hasen und trifft dafür den B. Dies ist eine Rechtshandlung (str.), weil sie die Rechtswirkung hervorbringt, daß A den B entschädigen muß. b) A schnitzt aus Holz des B eine Madonna (vgl. § 950; Rdnr. 655). c) A findet im Park den Brillantring der B (vgl. § 965).

63 d) Die geltenden Vorschriften über Rechtsgeschäfte können grundsätzlich nicht auf Vorgänge angewendet werden, die einen „geschäftsähnlichen" Charakter haben. Namentlich gilt das für gewisse Aufforderungen und Anzeigen, die keine Rechtsgeschäfte sind, weil der Wille ihres Urhebers nicht auf eine Rechtswirkung gerichtet zu sein braucht; dennoch stehen sie den Rechtsgeschäften oft so nahe, daß sie in vielen Beziehungen *ähnlich* wie sie zu behandeln sind (vgl. z. B. Anzeige nach § 478, Mahnung nach § 284, Fristsetzung nach § 326, Mitteilung der Bevollmächtigung nach § 171, Anzeige der Forderungsabtretung nach § 409).

2. Auslegung der Rechtsgeschäfte

2.1 Gewöhnliche Auslegung

Willenserklärungen bedürfen der Auslegung, wenn sie ihrem Inhalt nach zweifelhaft **64** sind.

a) Maßgebend ist zunächst der gewöhnliche, u. U. auch der nur zwischen den Geschäftspartnern *übliche Sprachgebrauch,* ferner *Zeit und Ort der Erklärung.* Diese Art der Auslegung ist aber nur so lange angemessen, als nicht zweifelhaft ist, ob man durch sie den wirklichen Willen des Erklärenden erfährt. Sobald ein solcher Zweifel auftaucht, ist die auszulegende Erklärung zugleich im Zusammenhang mit den Begleitumständen zu betrachten. Dabei ist insbesondere der *Zweck,* der mit dem Rechtsgeschäft verfolgt wird, ferner die *Vorverhandlungen,* die dem Rechtsgeschäft vorausgingen, zu berücksichtigen. Zieht man diese Umstände heran, stellt man nicht selten eine Bedeutung der Erklärung fest, die von dem Sinn abweicht, der ihr bei ausschließlicher Berücksichtigung des gewöhnlichen Sprachgebrauchs beigelegt werden müßte: es ist alsdann lediglich dieser durch Auslegung ermittelte Sinn maßgebend (§§ 133, 157).

b) Die Auslegung darf bei empfangsbedürftigen Willenserklärungen (Rdnr. 85 ff.) **65** grundsätzlich nur Umstände berücksichtigen, die dem Empfänger beim Zugang der Erklärung *erkennbar* waren.

Gibt ein Partner eine empfangsbedürftige Willenserklärung durch eine Mittelsperson ab, ist für die Auslegung der Erklärung allein die Art und Weise maßgebend, in der der Übermittler die Erklärung mitteilt, während es nicht darauf ankommt, mit welchem Inhalt der Partner selbst sie dem Übermittler anvertraut hat; denn nur die erste Gestaltung wird dem Empfänger erkennbar. Dies gilt aber nur, wenn die Mittelsperson nicht als Vertreter des Partners, sondern lediglich als Übermittlungsbote auftritt (vgl. zur Unterscheidung von der Vertretung unten Rdnr. 156). Auch gilt dies nur so weit, als die Aufgabenstellung des Übermittlers nach dem erkennbaren Willen des Partners reicht. Keine fremde, sondern eine eigene Erklärung gibt der Übermittler ab, wenn er eine schriftliche Erklärung, die er einfach abzuliefern hat, in der Zwischenzeit verfälscht oder ihr eigenmächtig einen völlig neuen Inhalt gibt.

c) Auslegung kommt auch bei formbedürftigen Rechtsgeschäften in Betracht. Die **66** Folge ist, daß formlose Willenserklärungen, die ein Partner bei Vornahme solcher Rechtsgeschäfte abgibt, zwar nicht die formgerecht abgegebene Willenserklärung dieses Partners abändern oder ergänzen, wohl aber zur Auslegung der Erklärung verwendet werden können. Dagegen ist Auslegung nicht gerechtfertigt, wo das Gesetz eine rechtsgeschäftliche Bestimmung nur dann für gültig erklärt, wenn sie ausdrücklich getroffen ist. Denn eine solche Bestimmung kann als eine ausdrückliche nur gelten, wenn sie sich aus den Willensäußerungen des Partners schon nach dem gewöhnlichen Sprachgebrauch und nicht erst bei Berücksichtigung der Nebenumstände ergibt.

d) Das Gesetz stellt für Einzelfälle eine Reihe von *Auslegungsregeln* auf (vgl. §§ 314, **67** 364 II, 455); diese sind heranzuziehen, wenn alle Bemühungen um Auslegung der Willenserklärung scheitern.

> **Beispiel:** A hat sein Gasthaus an B verkauft, ohne dabei des Inventars zu gedenken. Hier ist zunächst auf alle Nebenumstände des Falles Rücksicht zu nehmen: Hat B das Inventar berück-

sichtigt, als er sich das Gasthaus ansah? Ist der Preis, den B zu zahlen hat, so hoch, daß er offenbar auch ein Entgelt für das Inventar darstellt, oder ist das Gegenteil der Fall? Hat A gewußt, daß B ein eigenes vollständiges Inventar besaß, oder war es B bekannt, daß A ein neues Gasthaus eröffnen und sein altes Inventar in ihm verwenden wollte usw.? Lassen sich diese Fragen nicht beantworten, gilt das Inventar nach § 314 als mitverkauft.

Führt die Auslegung der Erklärung zu keinem Ergebnis und fehlt es auch an einer Auslegungsregel, ist das Geschäft unwirksam.

> **Beispiel:** A, der mehrere Hypotheken an verschiedenen Häusern des B besitzt, will sie sämtlich kündigen, verschreibt sich aber bei der Kündigung und spricht nur von „seiner Hypothek" in der Einzahl. Hier ist zunächst zu untersuchen, ob B nicht aus mit A geführten Vorverhandlungen erkennen konnte, wie A die Kündigung verstanden hatte. Bleibt diese Prüfung ergebnislos, so ist die Kündigung wirkungslos.

68 e) Es zeigt sich, daß das BGB bei der Auslegung der Rechtsgeschäfte nicht darauf ausgeht, unbedingt den wahren Willen, der den rechtsgeschäftlichen Äußerungen der Beteiligten zugrunde liegt, zu ermitteln (vgl. BGH WM 1977, S. 819).

aa) Bei Würdigung rechtsgeschäftlicher Willensäußerungen geht es nicht bloß um deren Urheber und seine Belange, sondern auch um Interessen von Personen, die durch die Äußerung betroffen werden. Maßgebend ist daher nicht, was ein Partner ungeäußert will, sondern was als sein Wille aus seinem für die anderen Beteiligten erkennbaren Verhalten hervortritt; maßgebend ist der *objektive Erklärungswert* (BGHZ 36, S. 30). So kann eine Willensäußerung ohne Wirkung bleiben, wenn sie den Willen des Erklärenden nicht oder nicht hinreichend deutlich erkennbar macht. Sie kann andererseits zwar eine Wirkung haben, aber eine andere, als die, die ihr Urheber wollte, wenn seine Äußerung in einem anderen als von ihm gewollten Sinn verstanden werden konnte. Hier führt die Auslegung der Willensäußerung klar zu einer Änderung ihres intendierten Inhalts.

bb) Das BGB folgt demnach dem *Erklärungsprinzip*. Merke: Jeder mag sein Wort so einrichten, daß es seinen wahren Willen kundtut; versäumt er dies, wird er — grundsätzlich — wider Willen beim Wort genommen (er hat freilich u. U. die Möglichkeit, seine Erklärung nach § 119 I anzufechten, dazu Rdnr. 137 ff.).

> **Beispiel:** V bietet seinen gebrauchten Pkw schriftlich dem K für 8000 DM zum Kauf an. In Wirklichkeit wollte er 8200 DM erlösen. Soweit sonst keine gegenteiligen Umstände vorliegen, muß K auf den (nicht vorhandenen) Willen des V schließen, für 8000 DM verkaufen zu wollen.

Die Auslegung ist danach am *Empfängerhorizont* zu orientieren, wenn der Erklärungsempfänger schutzwürdig ist (wenn er den anderen — wahren — Willen nicht kennen konnte).

2.2 Ergänzende Auslegung

69 Stellt sich heraus, daß ein bestimmter Punkt des Rechtsgeschäfts *unbewußt* oder *bewußt* (ausgenommen der Fall, daß die getroffene Regelung als abschließende gedacht war) von den Geschäftspartnern *nicht geregelt* oder *falsch berücksichtigt* wurde, so kann diese Lücke durch *ergänzende Auslegung* geschlossen werden.

a) Die Lückenfüllung erfolgt durch Ermittlung dessen, was vereinbart worden wäre, wenn der nicht oder nicht richtig bedachte Umstand — unter Beachtung von Treu und Glauben sowie der Verkehrssitte — berücksichtigt worden wäre (vgl. § 157). Dieser *hypothetische* Wille ist nicht ohne Zugrundelegung der aus dem Vertrag ersichtlichen Wertungen der Partner zu ermitteln (vgl. BGH NJW 1978, S. 695).

b) Das Gesetz selbst stellt vereinzelt vertragsergänzende dispositive Regeln auf (vgl. §§ 459, 462); davon kann der Richter nur abweichen, wenn im Einzelfall diese Regeln nicht „passen". Beim Gesellschaftsvertrag (dazu Rdnr. 535) macht die Rechtsprechung eine Ausnahme, indem sie der ergänzenden Vertragsauslegung den Vorrang vor dem — heute veralteten — Gesetzesrecht einräumt.

3. Arten des Rechtsgeschäfts

3.1 Willenserklärungen

a) Bei der Mehrzahl der Rechtsgeschäfte wird die Willenserklärung (s. auch Rdnr. 60) **70** in der erkennbaren Absicht abgegeben, den geäußerten Willen einem anderen kundzutun. Bei Rechtsgeschäften, die dieser Voraussetzung entsprechen, handelt es sich um *ausdrücklich* abgegebene Willenserklärungen.

b) Den Gegensatz bilden Willensäußerungen, die ohne solche Absicht abgegeben werden, sei es, daß es dem Äußernden gleichgültig ist, ob jemand seinen Willen erfährt, sei es, daß er sogar wünscht, sein Wille möge Dritten verborgen bleiben: der Äußernde verhält sich so, daß er seinen Willensentschluß anderen nur unabsichtlich zu erkennen gibt. Hier handelt es sich um *stillschweigende* oder *konkludente* Willenserklärungen.

> **Beispiele:** a) A nimmt die ihm durch Testament angefallene Erbschaft an, ohne daß jemand davon etwas erfahren soll. b) A verschenkt das ihm von einer Buchhandlung zur Ansicht übersandte Buch und nimmt damit die Verkaufs- und Übereignungsofferte der Buchhandlung an.

c) *Merke: Schweigen* bedeutet i. d. R. *nicht* Zustimmung. Rechtsfolgen an das Schweigen knüpft das HGB (vgl. §§ 346, 362 I, 377 II HGB; vgl. aber auch §§ 416 II 2 496 S. 2, 516 II 2). Praktisch wichtig sind hier gerade die nicht ausdrücklich geregelten Fälle: wenn der Schweigende nach Treu und Glauben nur zur Äußerung seines abweichenden Willens verpflichtet ist, steht sein Schweigen einer Willenserklärung gleich. Beim *kaufmännischen Bestätigungsschreiben* gilt Schweigen gewohnheitsrechtlich i. d. R. als *Zustimmung,* und zwar grundsätzlich auch dann, wenn das Bestätigungsschreiben von den zuvor getroffenen Vereinbarungen abweicht (im einzelnen Rdnr. 116). Schweigen wird in manchen Fällen vom Gesetz als *Ablehnung* fingiert (vgl. §§ 108 II 2, 177 II 2, 415 II 2, 458 I 2, Rdnr. 115).

d) Die meisten Willenserklärungen sind rechtswirksam nur, wenn sie an eine bestimm- **71** te Person gerichtet sind und an diese auch tatsächlich gelangen. Man nennt sie deshalb *empfangsbedürftig.* Das Gesetz sagt, die Erklärung sei „gegenüber einem anderen" abzugeben (§ 130 I, III); Ausnahme: § 151 S. 1. In manchen Fällen ist erforderlich, die Erklärung an eine Behörde (Gericht) oder nach Wahl des Erklärenden entweder an eine Behörde oder an eine Privatperson zu richten (z. B. §§ 1945 I; 875 I 2, 876 S. 3).

> **Beispiel:** In einem an B gerichteten Schreiben bietet A günstig einen Restposten Wein an. Die Offerte ist unwirksam, wenn der Brief dem B nicht zugeht, weil z. B. die Absendung unterbleibt oder der Brief auf der Post verlorengeht.

3.2 Verträge

72 a) Bei zahlreichen Rechtsgeschäften müssen mindestens zwei Personen als sich gegenüberstehende Partner mitwirken; beide müssen Willenserklärungen abgeben, die inhaltlich aufeinander bezogen sind und konsensual ineinandergreifen. Solche Rechtsgeschäfte nennt man *Verträge*; alle übrigen Rechtsgeschäfte sind *einseitige Rechtsgeschäfte*.

> **Beispiel:** G will auf eine Forderung gegen S sowie auf ein Pfandrecht, das C ihm zur Sicherung einer Forderung bestellt hat, verzichten. Hier muß G zu dem Verzicht auf die Forderung die Zustimmung des S einholen, während zum Verzicht auf das Pfandrecht seine alleinige Erklärung genügt (§§ 397, 1255). Der Verzicht auf die Forderung erfolgt also durch Vertrag, der Verzicht auf das Pfandrecht durch einseitiges Rechtsgeschäft.

b) Die Mitwirkung einer Mehrheit von Personen kann aber auch bei einem einseitigen Rechtsgeschäft erforderlich sein. Diese Partner stehen sich dann jedoch nicht als „Gegenpartner" gegenüber.

> **Beispiel:** A gründet mit sechs weiteren Personen einen Verein. Das Errichtungsgeschäft ist einseitig, denn die Beteiligten sind Mitpartner, nicht Gegenpartner.

c) Das Gesetz stellt manche Sonderregeln für einseitige Rechtsgeschäfte auf, die einem anderen gegen dessen Willen lästig werden können (§§ 108, 111; 177, 180, 182). Trifft diese Voraussetzung nicht zu, sind einseitige Rechtsgeschäfte den Verträgen gleichzustellen (str.).

> **Beispiel:** Einseitiges Rechtsgeschäft der ersten Art ist etwa die Kündigung. Einseitiges Rechtsgeschäft der zweiten Art ist die Auslobung (§ 657), die Ausstellung eines Inhaberpapiers (§ 793).

3.3 Verpflichtung und Verfügung

73 Zielt ein Rechtsgeschäft darauf ab, ein Vermögensrecht zum Nachteil des Rechtsinhabers abzuändern, so handelt es sich um eine Verfügung.

a) Unter dem Begriff Verfügung versteht man jede *Veräußerung* bzw. *Übertragung, Belastung, Aufhebung* oder *inhaltliche Änderung* (nicht die bloße Inhaltserweiterung) eines Rechts. Keine Verfügung ist der Erwerb eines Rechts (h. M.).

> **Beispiele:** Die Übereignung einer Sache (Rdnr. 632 ff.), die Zession (Abtretung) einer Forderung (Rdnr. 354 ff.) ist Veräußerung bzw. Übertragung; die Belastung von Grundeigentum kann durch Hypothekenbestellung (Rdnr. 722 ff.) erfolgen, die Aufhebung einer Forderung durch Erlaß (Rdnr. 295). In allen diesen Fällen handelt es sich um Verfügungen.

b) Keine Verfügungen sind der Verbrauch einer Sache sowie hoheitliche Maßnahmen (wie z. B. die Beschlagnahme, Pfändung oder der Zuschlag im Zwangsversteigerungsverfahren) und Willenserklärungen, durch die der Erklärende sich lediglich zu einer Leistung verpflichtet. Insbesondere gilt dies für den Verkauf einer Sache; wenn jemand eine Sache verkauft, „verfügt" er damit noch nicht über die Sache (genauer: über das Eigentum an der Sache), sondern verpflichtet sich nur, eine solche Verfügung vorzunehmen, nämlich die Sache dem Käufer zu übereignen (§ 433); der Verkauf bereitet also eine Verfügung über die Sache nur vor, ist aber selbst keine Verfügung. „Veräußerung" ist notwendig Verfügung. Der Verkauf einer Sache ist also keine „Veräußerung"; nicht dadurch, daß jemand eine Sache verkauft — d. h. daß er sie dem Käufer in Zukunft zu übereignen verspricht —, „veräußert" er sie, sondern allein dadurch, daß er sie in Erfüllung seines Versprechens dem Erwerber übereignet (§§ 929 ff.; Rdnr. 612).

> **Beispiel:** Es ist eine Verfügung, wenn A ein dingliches Wegerecht an seinem Grundstück zugunsten des B bestellt („Belastung des Grundstücks", genauer: Belastung des Eigentums an dem Grundstück), nicht aber, wenn er sich bloß schuldrechtlich verpflichtet, B den Durchgang über das Grundstück zu gestatten, oder wenn er ihm die Bestellung eines dinglichen Wegerechts erst verspricht.

c) Besonderheiten: Eine *Verfügung von Todes wegen* ist ein Rechtsgeschäft, das erst **74** mit dem Tod des Urhebers wirksam werden soll; von *letztwilliger Verfügung* ist die Rede bei einer Verfügung von Todes wegen, die ihr Urheber frei zu widerrufen befugt ist. Keine Rechtsgeschäfte sind „Verfügungen", die im Wege der Zwangsvollstreckung oder Arrestvollziehung erfolgen (§§ 135 I 2, 883 II 2), und einstweilige Verfügungen des Gerichts (§§ 885 I 1, 899 II 2).

d) Verfügungen als solche verpflichten nicht; sie wirken nicht schuldrechtlich, son- **75** dern dinglich („dingliche" Einwirkung also auch auf Forderungsrechte, z. B. Zession, Verpfändung einer Forderung). Zu beachten ist aber, daß *Vergleich* und *Erlaß* nicht nur dinglich, sondern auch schuldrechtlich wirken (Doppelnatur; vgl. Rdnr. 295, 531). Während der Schuldvertrag die *Verpflichtung* zu einer Leistung hervorbringt, ist die Verfügung grundsätzlich *abstrakt* in der Hinsicht, daß sie unabhängig davon wirksam ist, ob mit der Verfügung ein Anspruch erfüllt wurde und ob der Verfügungsempfänger einen Rechtsgrund zum Behalten hat; ist die Verfügung eine Leistung, so ist freilich ein Rechtsgrund (i. d. R. ein Schuldvertrag) notwendig, damit der Verfügungsempfänger nicht bereicherungsrechtlichen Ansprüchen ausgesetzt ist (Rdnr. 552 ff.).

e) *Verfügungsberechtigt* ist, wer befugt ist, im eigenen Namen und selbständig über **76** ein bestimmtes Recht zu verfügen, sei es in eigener Person, sei es durch einen Vertreter. Man spricht insoweit von „Verfügungsmacht". Verfügungsberechtigt ist — vorbehaltlich der später zu besprechenden Verfügungsbeschränkungen (Rdnr. 79 ff.) — zunächst der Inhaber des Rechts. Daneben ist verfügungsberechtigt, wer von dem Rechtsinhaber ermächtigt ist, im eigenen Namen über das Recht zu verfügen (vgl. § 185 I), oder wem das Gesetz Verfügungsbefugnis einräumt.

> **Beispiele:** a) A ermächtigt B, eine ihm gegen C zustehende Forderung einzuziehen (*Einziehungsermächtigung* ist Einwilligung zur Verfügung, vgl. BGH NJW 1958, S. 338).
> b) *Konkursverwalter* (§ 6 II KO) und *Testamentsvollstrecker* (§ 2205) haben eine gesetzlich zugewiesene Verfügungsbefugnis.

Trifft jemand über ein Recht eine Verfügung, ohne verfügungsberechtigt zu sein, so **77** ist die Verfügung grundsätzlich *schwebend unwirksam*, kann aber nachträglich rückwirkend *geheilt* werden.

Heilung ist erstens dadurch möglich, daß der Verfügungsberechtigte die Verfügung (nachträglich) genehmigt (§ 185 II).

> **Beispiel:** A veräußert die dem E im Urlaub abhanden gekommene Kamera an B (§ 935). Hier kommt Genehmigung seitens des E in Betracht. Eine Frist für die Genehmigung ist nicht vorgeschrieben; selbst dadurch, daß der Verfügungsberechtigte von dem „Erwerber" ausdrücklich aufgefordert wird, sich über seine Genehmigung zu erklären, wird ihm (anders als in dem Fall, wo der lästige Vertrag eines beschränkt Geschäftsfähigen vom gesetzlichen Vertreter zu genehmigen ist, vgl. Rdnr. 51) eine gesetzlich relevante Frist nicht gesetzt. Hat der Genehmigende vor der Genehmigung über das Recht bereits anderweitig verfügt, so wird die Wirksamkeit dieser eigenen Verfügung durch die Genehmigung der fremden Verfügung nicht beeinträchtigt; dasselbe gilt, wenn vor der Genehmigung „Verfügungen" über das Recht im Wege der Zwangsvollstreckung oder der Arrestvollziehung oder durch den Konkursverwalter erfolgt sind (§ 184 II).

78   Heilung ist zweitens möglich, wenn der Verfügende die Verfügungsmacht nachträglich erwirbt oder wenn er von dem Verfügungsberechtigten beerbt wird und dieser für die Nachlaßverbindlichkeiten unbeschränkt haftet (§ 185 II 1). Bei mehreren Verfügungen, die miteinander nicht im Einklang stehen, wird nur die erste Verfügung wirksam (§ 185 II 2).

> **Beispiele:** V hat einen Pkw, der dem Eigentümer E gestohlen war, nacheinander durch Besitzkonstitut (§ 930) an K 1 und K 2 veräußert. Hier hat V keine Verfügungsmacht über den Pkw; insbesondere gewähren ihm die „Vorschriften zugunsten derjenigen, die Rechte von einem Nichtberechtigten herleiten", eine solche Verfügungsmacht nicht (§§ 932, 933, 935). Beide Verfügungen des V sind schwebend unwirksam; weder K 1 noch K 2 ist Eigentümer des Pkw geworden; das Eigentum ist vielmehr bei E verblieben. Nun genehmigt E gegen eine Abfindung die Veräußerung an K 2 und nachträglich auch die an K 1. Hier ist die Veräußerung an K 2 gültig, während die an K 1 endgültig unwirksam (nichtig) ist. Hat E sich mit V gegen Abfindung dahin geeinigt, daß V selbst den Pkw behalten soll, so wird die Veräußerung an K 1 gültig, während die an K 2 nichtig ist. Verfügungen des Nichtberechtigten können in Ausnahmefällen ohne Zustimmung des Berechtigten wirksam sein (vgl. insbes. § 932; dazu unten Rdnr. 643 ff.).

3.4   Absolute und relative Verfügungsverbote

79   Wir unterscheiden absolute und relative Verfügungsverbote (das Gesetz spricht in §§ 135, 136 von „Veräußerungsverboten").

a) *Absolute* Verfügungsverbote dienen dem Schutz der Allgemeinheit und wirken daher gegenüber jedermann. Verstöße dagegen haben die Nichtigkeit des Rechtsgeschäfts gem. § 134 zur Folge. Praktisch sind absolute Verfügungsverbote äußerst selten (vgl. z. B. §§ 399, 1365, 1369).

80   b) Gesetzliche Vorschriften, die *relative* Verfügungsverbote enthalten (§ 135), sind — abgesehen von § 1124 — im BGB nicht auffindbar. Von praktischem Belang ist daher nur § 136, dessen Regelungsgegenstand das durch behördliche Anordnung (insbesondere in Form eines Gerichtsbeschlusses) ergangene Verfügungsverbot ist.

> **Beispiele:** Pfändungsbeschluß (§ 829 I 2 ZPO), Zwangsversteigerungsanordnung (§§ 20 I, 23 I ZVG), einstweilige Verfügung (§§ 935, 938 II ZPO), Sicherungsmaßnahme im Konkursverfahren (§ 106 I 3 KO).

81   aa) Relative Verfügungsverbote (Verfügungsbeschränkungen) heben die Verfügungsberechtigung nicht völlig auf; es bleibt vielmehr eine *beschränkte* Verfügungsmacht bestehen. Rechtsfolge des relativen Verfügungsverbots ist, daß keine Verfügung zum

Nachteil des durch das Verbot Geschützten gestattet ist und die verbotswidrige Verfügung nur dem Geschützten gegenüber („relativ") unwirksam ist.

> **Beispiel:** G hat dem S durch einstweilige Verfügung verbieten lassen, eine Vase zu veräußern, da er selbst einen vertraglichen Anspruch darauf geltend macht (§ 938 II ZPO). Wenn S dennoch an D übergibt und übereignet, ist D gegenüber allen Personen Eigentümer, nur nicht gegenüber G.

bb) Der Grundsatz der Unwirksamkeit der Verfügung gegenüber dem durch das Verfügungsverbot Geschützten ist in Ausnahmefällen durchbrochen. Wichtigster Fall ist der, daß in entsprechender Anwendung der Vorschriften zugunsten derjenigen, die Rechte von einem Nichtberechtigten herleiten, die Verfügung als wirksam zu behandeln ist (§ 135 II).

> **Beispiel:** S übergibt und übereignet die von G gekaufte Vase (vgl. Beispiel Rdnr. 81) trotz des erwirkten Verfügungsverbots an D. Wußte der D vom Verfügungsverbot nichts und war es ihm auch infolge grober Fahrlässigkeit nicht unbekannt, so erwirbt er Eigentum (§§ 136, 135 II i. V. m. § 932).

c) Sobald das Verfügungsverbot entfällt, lebt die Verfügungsberechtigung unverkürzt **83** wieder auf.

> **Beispiel:** Die Konkurseröffnung beschränkt die Verfügungsbefugnis des Gemeinschuldners (§§ 6, 7 KO); beachte, daß die h. M. hierin ein für die Zwecke des Konkurses absolutes und nicht nur — wie es der Wortlaut des § 7 KO nahegelegt — ein relatives Verfügungsverbot sieht; wenn der Konkurs beendet ist, ist auch die Verfügungsmacht im alten Umfang wieder vorhanden.

d) Die Verfügungsmacht über ein veräußerliches Recht kann durch Rechtsgeschäft **84** nicht beschränkt oder ausgeschlossen werden (§ 137 S. 1; Durchbrechung dieses Grundsatzes in § 399). Dagegen sind Rechtsgeschäfte zulässig, durch die sich jemand (schuldrechtlich) verpflichtet, von einer ihm gesetzlich zustehenden Verfügungsmacht keinen oder nur einen beschränkten Gebrauch zu machen (§ 137 S. 2); nimmt er nach Abschluß eines solchen Rechtsgeschäfts eine Verfügung, die mit jener Verpflichtung in Widerspruch steht, dennoch vor, so ist die Verfügung gültig, er selbst aber regelmäßig schadensersatzpflichtig.

> **Beispiel:** A hat bei der Erbauseinandersetzung mit seinen Geschwistern das elterliche Haus übernommen und sich dabei verpflichtet, das Haus nicht zu veräußern. Er hält die Zusage jedoch nicht und veräußert wenig später das Haus. Hier ist die Veräußerung wirksam, aber A ist seinen Geschwistern im Schadensfall ersatzpflichtig. Haben die Geschwister, als sie von Veräußerungsabsichten erfuhren, ein gerichtliches Verfügungsverbot gegen A erwirkt, ist die Rechtslage anders. Dann ist durch das gerichtliche Verbot dem A eine Veräußerung untersagt; demgemäß ist die Veräußerung nunmehr gegenüber den Geschwistern (relativ) unwirksam, wenn der Erwerber das Veräußerungsverbot gekannt hat oder es im Grundbuch eingetragen ist (§§ 136, 135 II, 892 I 2).

4. Zugang und Form der Willenserklärungen

4.1 Empfangsbedürftige Willenserklärungen

a) Empfangsbedürftige Willenserklärungen sind solche, die an einen Empfänger zu **85** richten sind. Dazu ist erforderlich, daß dieser bei mündlicher Erklärung *angeredet* wird, während eine schriftliche Erklärung ihm zum Durchlesen *vorgezeigt* oder *übergeben* oder an ihn *abgesendet* werden muß.

> **Beispiel:** A hat an B einen Antrag zu einem Vertragsabschluß gerichtet. B schreibt eine Postkarte an A, auf der er die Annahme erklärt, macht sie postfertig, läßt sie aber auf seinem Schreibtisch liegen, weil er sich die Sache noch einmal überlegen will; die Mutter des B sieht die Karte und bringt sie alsbald zum Briefkasten; B nimmt an, die Karte sei bei Reinigung seines Arbeitszimmers verschwunden. Hier liegt eine wirksame Annahmeerklärung des B nicht vor; denn die Karte war nicht von ihm, sondern von seiner Mutter an A „gerichtet". Daß man schriftlichen Zusendungen nicht ansehen kann, wer sie abgesandt hat, fällt i. d. R. in den Risikobereich des Empfängers (a. M. befürwortet Anfechtung gem. § 119 I).

86 b) Eine empfangsbedürftige Willenserklärung muß aber nicht nur an den Empfänger „gerichtet" werden, sie muß ihm auch *zugehen* (§ 130 I, III).

aa) Eine Erklärung *unter Abwesenden* ist dem Empfänger zugegangen, wenn sie ihm in verkehrsüblicher Art zu sofortiger Kenntnisnahme nahegebracht wird, ohne daß es darauf ankommt, ob er von der Gelegenheit, die Erklärung kennenzulernen, Gebrauch macht oder ob er — vielleicht ohne sein Verschulden — gar nicht erst dazu imstande gewesen ist. Damit ist die bloße *Möglichkeit der Kenntnisnahme* notwendig, aber auch ausreichend (vgl. BGHZ 67, S. 271).

> **Beispiel:** M kündigt brieflich seinen Mietvertrag mit V. Die Kündigung hatte bis zum dritten Werktag auf das Ende des übernächsten Monats zu erfolgen. Hier muß sein Schreiben am dritten Werktag nicht bloß an V abgesandt, sondern auch bei ihm angekommen sein. Die Kündigung ist also unwirksam, wenn das Schreiben des M trotz rechtzeitiger Absendung ihm erst nach dem dritten Werktag zugeht. Dagegen schadet es nicht, wenn V die Annahme des rechtzeitig bei ihm eintreffenden Briefes verweigert oder etwa den Zugang durch Wohnungswechsel ohne Bekanntgabe der neuen Anschrift zu verhindern sucht. — Einwurf in den Briefkasten des V genügt; es spielt keine Rolle, wann der Kasten geleert wird oder ob vor der Leerung durch V der Briefkasten aufgebrochen und der Brief gestohlen wird.

Grundsatz: Bei (verkörperten) Willenserklärungen unter Abwesenden ist ausreichend, daß die Erklärung in den Bereich des Empfängers gelangt und von ihm Kenntnisnahme erwartet werden kann. Entscheidend ist die Verkehrsüblichkeit.

> **Beispiel:** Kein Zugang i. S. des § 130, wenn M den Brief nachts um 23.30 Uhr einwirft oder der Freundin des V auf der Straße übergibt.

87 bb) Gesetzlich geregelt ist die Frage des Zugangs nur unter Abwesenden. Bei verkörperten Willenserklärungen ist der Zugang *unter Anwesenden* indes einfach zu bestimmen: Es kommt auf den tatsächlichen Empfang des die Erklärung enthaltenden Schriftstücks durch den Adressaten an. Bei nichtverkörperten Willenserklärungen (dem gesprochenen Wort) wird von der h. M. gefordert, daß die Erklärung *akustisch richtig vernommen* wird. Dagegen ist — weil risikogerechter — zumindest dann, wenn der Erklärende keinen Zweifel daran haben konnte, daß seine Worte richtig und vollständig vernommen wurden, die Erklärung als wirksam anzusehen.

> **Beispiele:** a) Vermieter V ist plötzlich schwerhörig geworden, was sein Mieter M nicht weiß und auch nicht wissen konnte. M kündigt dem V mündlich mit lauter Stimme: Zugang liegt vor, auch wenn V den M mißversteht. b) M weiß, daß V schwerhörig ist, er kündigt mit leiser Stimme. V versteht, daß M sich mit der geforderten Mieterhöhung einverstanden erklärt: die Kündigung ist unwirksam.

88 cc) Eine besondere Art, den Zugang schriftlicher Willenserklärungen an den Empfänger herbeizuführen, ist die *Zustellung*. Die Zustellung muß durch Vermittlung eines Gerichtsvollziehers geschehen und unterliegt denselben Regeln wie eine Zustellung im Zivilprozeß (§ 132 I); befindet sich der Erklärende in einer nicht auf Fahrlässigkeit beruhenden Unkenntnis über die Person, an die er seine Erklärung zu richten hat, oder ist der Aufenthalt dieser Person unbekannt, so kann die Zustellung aufgrund einer Bewilligung des Amtsgerichts nach den für die öffentliche Zustellung einer Ladung geltenden Vorschriften der Zivilprozeßordnung, d. h. durch Bekanntmachung in der Zeitung und Anheftung an der Gerichtstafel, geschehen (§§ 204 ZPO, 132 II).

Auch im Fall der Zustellung ist es gleichgültig, ob der Empfänger von der Erklärung tatsächlich Kenntnis erlangt.

dd) Bei einem *geschäftsunfähigen* Empfänger muß die Erklärung seinem gesetzlichen Vertreter zugehen (§ 131 I). Gleiches gilt, wenn der Empfänger *beschränkt geschäftsfähig* ist, es sei denn, daß die Erklärung ihm lediglich einen rechtlichen Vorteil bringt oder daß der gesetzliche Vertreter in den Zugang an ihn im voraus eingewilligt hat (§ 131 II). **89**

Dagegen ist bei einem Empfänger, der bewußtlos oder nur vorübergehend geistig gestört ist, der Zugang, falls er in der *verkehrsüblichen* Form erfolgt, wirksam.

> **Beispiel:** Die mündliche Kündigung gegenüber dem sinnlos betrunkenen V ist unwirksam, da verkehrsunübliche Art des Zugangs vorliegt.

ee) Da eine empfangsbedürftige Willenserklärung erst mit dem Zugang wirksam wird, kann sie von dem Erklärenden so lange frei *widerrufen* werden, als der Zugang noch nicht erfolgt ist. Da aber auch der Widerruf empfangsbedürftig ist, ist er nur gültig, wenn er dem Empfänger spätestens zugleich mit der zu widerrufenden Erklärung zugeht (§ 130 I). **90**

ff) Daraus, daß eine empfangsbedürftige Willenserklärung erst mit dem Zugang wirksam wird, darf nicht gefolgert werden, daß sie von selbst hinfällig wird, wenn der Erklärende in der Zeit zwischen der Abgabe und dem Zugang der Erklärung stirbt oder geschäftsunfähig wird (§ 130 II). **91**

gg) Im Einzelfall kann eine empfangsbedürftige Willenserklärung, die dem Empfänger nicht ordnungsgemäß zugegangen ist, wirksam werden, wenn dieser sie als rechtswirksam unverzüglich anerkennt. **92**

4.2 Formfreiheit und Formzwang

Es gilt das Prinzip der Formfreiheit der Rechtsgeschäfte. Demnach ist es grundsätzlich nicht erforderlich, daß das Geschäft beurkundet oder vor Zeugen vorgenommen wird. **93**

a) Zahlreiche Rechtsgeschäfte unterliegen jedoch einem *gesetzlichen Formzwang*.

aa) Ist für ein Rechtsgeschäft ein gesetzlicher Formzwang eingeführt, so ist es *nichtig*, wenn der vorgeschriebenen Form nicht genügt wird (§ 125 S. 1). Dies gilt grundsätzlich selbst dann, wenn der Formfehler gering ist und es wider Treu und Glauben erscheint, daß ein Partner nur wegen des Formmangels das Geschäft nicht gelten läßt.

> **Beispiele:** a) A, der den Schaden aus der Vertragsnichtigkeit zu tragen hätte, hat das Formerfordernis gekannt, sich aber nicht durchsetzen können: Hier ist allenfalls ein Ersatzanspruch aus § 826 gegen den Geschäftspartner möglich.

b) A ist von B über die Formbedürftigkeit arglistig getäuscht worden: In diesem Fall wird der Vertrag als nach § 242 wirksam behandelt (BGH NJW 1983, S. 863; a. M. will den Getäuschten entscheiden lassen).

c) A und B haben die vorgeschriebene Form aus fahrlässiger Unkenntnis nicht eingehalten: Hier ist ein Abweichen von § 125 S. 1 nur dann zulässig, falls es nach § 242 ein untragbares Ergebnis wäre, wenn der Vertrag unausgeführt bliebe. Derartige Fallgestaltungen sind selten; so wird selbst in dem Fall, daß derjenige, der sich auf die Formnichtigkeit beruft, allein fahrlässig den Formmangel herbeigeführt hat, § 242 nicht angewandt. Zum Teil wird statt dessen eine Haftung der fahrlässig handelnden Partei aus culpa in contrahendo (dazu Rdnr. 195) bejaht.

94   bb) Bei Verstößen gegen einzelne Formvorschriften ist das Rechtsgeschäft zwar nichtig, aber *heilbar* (z. B. § 518), in anderen Fällen wird die Wirksamkeit nur abgeschwächt (z. B. § 566), wieder andere Formvorschriften lassen die Wirksamkeit des Rechtsgeschäfts unangetastet und verschaffen sich in anderer Weise Geltung (z. B. § 2120 S. 2: „auf Verlangen" öffentlich beglaubigte Form).

95   cc) Der Formzwang erstreckt sich auf das Rechtsgeschäft als Ganzes. Die Form muß die Gesamtheit des Rechtsgeschäfts mit Einschluß selbst der unwichtigsten Nebenbestimmungen umfassen und jede dieser Äußerungen vollständig zum Ausdruck bringen. Genügt ein Rechtsgeschäft nur zu einem Teil der vorgeschriebenen Form, so ist nicht nur der formlose Teil, sondern das ganze Rechtsgeschäft unwirksam, es sei denn, daß anzunehmen ist, die Vertragsbeteiligten würden das Geschäft auch ohne den unwirksamen Teil gewollt haben (§ 139).

Wichtige Ausnahme hiervon ist, daß bei gewissen Verträgen nur die Erklärungen desjenigen Partners formbedürftig sind, der unter dem Vertragsabschluß zu leiden hat; der Formzwang gilt für Erklärungen dieses Partners nur insoweit, als sie ihm nachteilig sind.

> **Beispiel:** V hat einen ihm gehörenden Selbstbedienungsladen, der schon bisher vermietet war, nach Ablauf des letzten Mietverhältnisses schriftlich an M auf zehn Jahre neu vermietet. Zur Höhe des Mietzinses heißt es in dem Schriftstück: „Mietzins wie mündlich vereinbart". Hier ist der Mietvertrag nur auf unbestimmte Zeit gültig (§ 566 S. 2); denn da der Text des Vertrags wegen des Mietzinses lediglich auf eine mündliche Vereinbarung hinweist, gibt er die Willensäußerungen, die für den Abschluß des Mietvertrags notwendig sind, nur unvollständig wieder; somit genügt der Mietvertrag nicht dem Schriftformerfordernis. Die Formulierung „Mietzins wie bisher" hingegen bedeutet lediglich, daß die Vereinbarungen selbst unvollständig waren. Eine inhaltliche Unvollständigkeit dieser Art ist aber unschädlich. Daran ist selbst dann festzuhalten, wenn der „bisherige" Mietzins auch zwischen V und dem früheren Mieter nur mündlich vereinbart und wenn der frühere Mieter kein anderer als M selbst gewesen ist; denn auch hier bleibt es dabei, daß die Beteiligten für das neue zehnjährige Mietverhältnis keinen neuen Mietzins vereinbaren, sondern den bisherigen Mietzins beibehalten wollten; dies gibt das von den Partnern aufgesetzte Schriftstück vollständig wieder.

96   b) Neben dem gesetzlichen gibt es — bei schuldrechtlichen Geschäften — einen *gewillkürten* Formzwang. Er beruht auf einer rechtsgeschäftlichen Bestimmung der Beteiligten. Es gelten für ihn im Zweifel dieselben Regeln wie für den gesetzlichen Formzwang. Insbesondere ist bestimmt, daß ein den gewillkürten Formvorschriften nicht entsprechendes Rechtsgeschäft im Zweifel *nichtig* ist (§§ 125 S. 2, 154 II).

aa) Gewillkürter Formzwang liegt nur vor, wenn die Geschäftspartner die Einhaltung bestimmter Formen bei Vornahme eines Rechtsgeschäfts für notwendig erklären, nicht schon, wenn sie solche Formen aus freien Stücken dabei nur tatsächlich befolgen.

bb) Die nachträgliche Änderung oder Aufhebung eines Rechtsgeschäfts, für das ein gewillkürter Formzwang eingeführt ist, unterliegt diesem Formzwang nicht, selbst wenn die Partner in dem Rechtsgeschäft ausdrücklich das Gegenteil bestimmt haben. Denn sie sind stets in der Lage, den willkürlich eingeführten Formzwang ebenso willkürlich formlos wieder zu beseitigen.

> **Beispiele:** a) Die Stadt V hat an den Sportverein S einen Fußballplatz durch notariellen Vertrag auf fünf Jahre verpachtet. In dem Vertrag heißt es in § 20: „Abänderungen dieses Vertrags sind nur gültig, wenn sie notariell beurkundet sind". Nach Ablauf eines Jahres setzen V und S den Pachtzins mündlich um 10 % herab. Hier ist die Herabsetzung gültig, mögen die Partner, als sie sie vornahmen, § 20 vergessen oder unbeachtet gelassen haben. Durch die Tatsache, daß sie den Vertrag mündlich geändert haben, haben sie § 20 für diesen Fall jedenfalls außer Kraft gesetzt (vgl. BGHZ 66, S. 378). b) K bestellt bei V einen fabrikneuen Pkw. Im Bestellformular heißt es: „Ein Vertrag kommt nur zustande, wenn der Verkäufer (V) innerhalb von 8 Wochen den Antrag schriftlich annimmt". V liefert den Neuwagen nach vier Wochen. K zahlt den Kaufpreis und nimmt den Wagen ab, ohne daß jemals schriftliche Annahme erfolgt ist. Neben der konkludenten Annahmeerklärung seitens des V liegt hier ein konkludent erklärter Verzicht auf Einhaltung der Schriftform vor, da das Geschäft nach dem erkennbaren Willen des V und des K Bestand haben soll.

5. Bedingte und befristete Geschäfte

5.1 Begriff der Bedingung

Eine Bedingung liegt vor, wenn die Rechtswirkung, auf die ein Geschäft abzielt, nicht allein von der Erfüllung der gesetzlichen Voraussetzungen, sondern außerdem vom Eintritt eines willkürlich bestimmten, objektiv ungewissen künftigen Ereignisses ganz oder teilweise abhängen soll. **97**

5.2 Arten der Bedingung

a) Bedingungen sind entweder *aufschiebend (Suspensivbedingung)* oder *auflösend* **98** *(Resolutivbedingung)*. Eine Suspensivbedingung liegt vor, wenn die Rechtswirkung, auf die das Rechtsgeschäft abzielt, erst dann eintreten soll, wenn die Bedingung eintritt; kennzeichnend für die Resolutivbedingung ist, daß bei Eintritt der Bedingung die Rechtswirkung, auf die das Geschäft abzielt, entfallen soll.

b) Keine echte Bedingung liegt vor, wenn die Geschäftspartner die Wirkung eines **99** Rechtsgeschäfts vom Eintritt eines in der Zukunft gewissen oder unmöglichen oder eines vergangenen oder gegenwärtigen Ereignisses abhängig machen.

> **Beispiel:** A verspricht dem B, ihm während der Dauer seines Studiums monatlich 800 DM zu zahlen, unter der Bedingung, daß B die Mutter des A im Alter unterhält. Diese war bereits am Vortag, ohne daß A und B dies wußten, verstorben.

Ebenso verhält es sich, wenn die Geschäftspartner die Wirkung eines Rechtsgeschäfts von dem Eintritt eines zukünftigen Ereignisses abhängig machen, von dem diese Wirkung schon kraft Gesetzes abhängig ist (*gesetzliche* Bedingung).

> **Beispiel:** A setzt den B unter der Bedingung zu seinem Erben ein, daß dieser ihn überlebt.

5.3 Bedingungsfeindliche Geschäfte

100   Einige Geschäfte sind bedingungsfeindlich, insbesondere die Aufrechnung (§ 388; Rdnr. 289), die Auflassung (§ 925; Rdnr. 704), die Eheschließung (§ 13 II EheG), die Erbschaftsannahme (§ 1947).

Doch folgt daraus nicht, daß im übrigen bei Geschäften stets Bedingungen zugefügt werden können. Namentlich bei einseitigen Rechtsgeschäften − Kündigung, Anfechtung usw. − ist zu prüfen, ob sich nicht die Unzulässigkeit von Bedingungen bereits aus dem Zweck, laufende Rechtsverhältnisse endgültig zu regeln, auch ohne gesetzliche Anordnung ergibt (vgl. etwa BGH WM 1973, S. 694).

> **Beispiel:** Nichtig ist die Kündigung einer Wohnung durch den Mieter unter der Bedingung, daß er eine andere Wohnung findet. Nichtig ist auch die Anfechtung eines Rechtsgeschäfts etwa mit dem Zusatz: „Die Anfechtung soll nur gelten, wenn ich dadurch nicht in einen Prozeß verwickelt werde."

5.4 Bedingung und Anwartschaftsrecht

101   Solange eine aufschiebende Bedingung noch nicht eingetreten, ihr Eintritt aber noch möglich ist, besteht ein Schwebezustand. Das bedeutet, daß der bedingt Berechtigte das ihm bei Eintritt der Bedingung zugedachte Recht noch nicht erworben hat.

a) Er hat jedoch eine *Anwartschaft* auf das Recht (vgl. dazu Rdnr. 673) und kann, wenn das Vollrecht veräußerlich ist, die Anwartschaft veräußern. Der Anwartschaftsberechtigte kann privatrechtlich keine Sicherheitsleistung fordern (vgl. aber §§ 67 KO, 916 II, 936 ZPO). Ist die Bedingung eingetreten, so ist damit aus dem bisherigen Anwartschaftsrecht das Vollrecht entstanden (§ 158 I).

102   b) Das Vollrecht ist nur eine Umbildung des Anwartschaftsrechts. Dies zeigt sich in folgender Hinsicht: Hat eine Person, gegen die das Vollrecht wirksam ist, dieses in der Schwebezeit schuldhaft beeinträchtigt, so ist sie nunmehr dem Berechtigten zum Schadensersatz verpflichtet; das gleiche gilt, wenn sie in der Schwebezeit die Entstehung des Vollrechts vereitelt hat (§ 160 I). War das bedingte Rechtsgeschäft, auf dem das Anwartschaftsrecht beruhte, eine Verfügung und hat der Urheber dieser bedingten Verfügung über das von ihr betroffene Recht noch vor Eintritt der Bedingung nachträglich ein zweites Mal verfügt, so wird bei Eintritt der Bedingung die zweite Verfügung von selbst unwirksam, soweit sie die erste Verfügung beeinträchtigt; das gleiche gilt für Verfügungen, die jenes Recht bis zum Eintritt der Bedingung im Wege der Zwangsvollstreckung oder der Arrestvollziehung treffen (§ 161 I; dabei finden einschränkend die Regeln zugunsten derjenigen, die Rechte von einem Nichtberechtigten herleiten, Anwendung; § 161 III). Schließlich kommt es vor, daß das Vollrecht nach Eintritt der Bedingung, auch was seine übrigen Wirkungen angeht, so behandelt wird, als habe es der Berechtigte bereits bei der Begründung der Anwartschaft beanspruchen können. Doch greift eine solche Rückbeziehung nur dann ein, wenn sie dem erkennbaren Partnerwillen entspricht. Sie gilt nur schuldrechtlich, nicht dinglich (§ 159).

> **Beispiel:** A hat einen ihm gehörenden angeblichen Picasso, der zur Zeit bei B in Baden-Baden ausgestellt ist, zuerst an C und gleich darauf an D verkauft und ihn beiden Käufern dadurch übereignet, daß er seinen Herausgabeanspruch gegen B zuerst an C und dann an D abtrat (§ 931; dazu Rdnr. 640). C hat sich aber auf den Kauf und die Übereignung nur unter der Bedingung eingelassen, daß der Sachverständige E die Echtheit des Bildes bestätigen werde, während D dem Erwerb unbedingt zugestimmt hat. Nunmehr erklärt E das Bild für echt. Hier hat C den Vorrang vor D. Er und nicht D ist Eigentümer des Bildes. Doch ist dabei vorausgesetzt, daß D, als er das Bild erwarb, die vorausgegangene bedingte Übereignung gekannt oder grob fahrlässig nicht gekannt hat; anderenfalls schützt ihn nach den Regeln zugunsten derjenigen, die Rechte von einem Nichtberechtigten herleiten, sein guter Glaube (§§ 934, 161 III).

c) Die für die aufschiebenden Bedingungen geltenden Vorschriften sind entsprechend auch auf die *auflösenden* Bedingungen anwendbar. Solange die auflösende Bedingung nicht eingetreten ist, besteht auch hier ein Schwebezustand. Tritt die Bedingung ein, so verliert der auflösend bedingt Berechtigte von nun ab sein bisheriges Recht (§ 158 II). **103**

aa) Daß der Geschäftspartner schon vorher ein aufschiebend bedingtes Gegenrecht besaß, wird — zusammengefaßt — in folgenden Fällen relevant: Hat der Inhaber des auflösend bedingten Rechts während des Schwebezustands schuldhaft das aufschiebend bedingte Recht des Partners beeinträchtigt, so ist er ihm zum Schadensersatz verpflichtet (§ 160 I). Hat er während des Schwebezustands über sein Recht verfügt oder ist in dieser Zeit eine Pfändung oder Beschlagnahme dieses Rechts erfolgt, so ist die entsprechende Verfügung — wenn nicht § 161 III greift — insoweit unwirksam, als sie das aufschiebend bedingte Recht des Partners beeinträchtigt oder vereitelt (§ 161 II; vgl. oben Rdnr. 102). Eine allgemeine Rückbeziehung des Rechtsverlusts tritt ein, wenn sie vereinbart ist, hat aber bloß schuldrechtliche Wirkung (§ 159).

bb) Wird der Eintritt der Bedingung unmöglich, so ist das Recht des bisher auflösend bedingt Berechtigten nunmehr unbedingt geworden. Mit diesem „Ausfall" der Bedingung, d. h. wenn feststeht, daß die Bedingung nicht mehr eintreten kann, endet der bisherige Schwebezustand. Bei Kauf unter auflösender Bedingung der Nichteignung der Kaufsache fällt die Bedingung aus, wenn sich der Käufer nicht innerhalb angemessener Frist über die Eignung erklärt.

d) In gewissen Fällen wird eine Bedingung gesetzlich als eingetreten behandelt, obschon sie in Wahrheit nicht erfüllt ist — dann nämlich, wenn der Eintritt von dem Partner, zu dessen Nachteil sie gereicht, wider Treu und Glauben verhindert wird; umgekehrt: in gewissen Fällen wird eine Bedingung gesetzlich als nicht eingetreten behandelt, obschon sie in Wahrheit eingetreten ist — wenn nämlich der Eintritt von dem Partner, zu dessen Vorteil sie gereicht, wider Treu und Glauben herbeigeführt ist (§ 162 I, II). **104**

> **Beispiel:** K hat von V ein Haus unter der Bedingung gekauft, daß C, der das Haus auf 10 Jahre gemietet hat, in die Aufhebung des Mietvertrags einwilligt; C ist auch anfänglich dazu bereit, verweigert aber schließlich seine Einwilligung, nachdem K, den der Kauf reut, ihm für diesen Fall einen „Mietzuschuß" von 1000 DM jährlich zugesagt hat. Hier gilt die Bedingung als erfüllt; K muß also das Haus nehmen und den Kaufpreis zahlen.

5.5 Befristung

105   Befristung bedeutet, daß die Wirkung eines Rechtsgeschäfts durch eine in dem Geschäft selbst getroffene Bestimmung ganz oder teilweise von dem Herankommen eines Termins abhängig ist.

a) Ist es ungewiß, ob der Termin erreicht wird, ist die Befristung zugleich eine Bedingung. Wie bei den Bedingungen sind auch bei den Befristungen aufschiebende und auflösende zu unterscheiden.

b) Merke: Keine Befristung im Rechtssinne liegt vor, wenn jemand rechtsgeschäftlich eine Forderung begründet, die sofort entsteht, aber erst nach Ablauf eines Zeitraums fällig werden soll; eine solche Forderung ist nicht befristet, sondern „betagt" (z. B. Stundung). § 813 II gilt nur für betagte, nicht für befristete Forderungen (Rdnr. 552).

c) Rechtsgeschäfte, die eine Bedingung nicht zulassen, lassen auch eine Befristung nicht zu (z. B. § 925). Die Befristung wird auch sonst ähnlich behandelt wie eine Bedingung (vgl. § 163). Bei einem aufschiebend befristeten Rechtserwerb hat der Berechtigte, solange der Termin nicht herangekommen ist, das befristete Recht noch nicht erworben, sondern besitzt nur ein Anwartschaftsrecht, das ihm im Fall der Gefährdung möglicherweise einen Anspruch auf Sicherstellung gibt; erst wenn der Termin da ist, fällt das volle Recht ihm zu. Umgekehrt: Bei auflösend befristetem Rechtserwerb hat der Berechtigte, solange der Termin nicht erreicht ist, das befristete Recht; aber ein anderer steht ihm gegenüber, der schon jetzt die Anwartschaft darauf besitzt, daß mit dem Herankommen des Termins jenes Recht zu seinen Gunsten erlischt, und der bei Gefahr möglicherweise Sicherstellung seiner Anwartschaft verlangen kann; und wenn der Termin gekommen ist, erlischt das Recht sofort, ohne daß es erst eines Verzichts des Berechtigten oder einer Übertragung des Rechts bedarf.

d) Die Regeln, wie sie oben für aufschiebend bzw. auflösend bedingte Rechte dargestellt sind, gelten auch, wenn der Inhaber eines aufschiebend befristeten Rechts vor dem Termin durch Verfügungen oder durch schuldhafte Handlungen tatsächlicher Art geschädigt wird oder wenn umgekehrt der Inhaber eines auflösend befristeten Rechts durch eigene Verfügungen oder schuldhafte Handlungen seinen Partner schädigt.

Literaturhinweise:

Brox, Allgemeiner Teil, Rdnr. 69–167, 252–272, 430–452.
Jauernig, § 125 Anm. 7 (zu § 125 und Treu und Glauben).
Köhler, Allgemeiner Teil, §§ 12, 13, 21.
Larenz, Allgemeiner Teil, § 21 II (zum Zugangsproblem).
Lüderitz, Auslegung von Rechtsgeschäften, 1966.
Weimar, Das BGB in Fällen, Bd. 1, Fälle zu §§ 125–131, 133, 135–137, 157–163.

Kontrollfragen:

1. Was unterscheidet Willenserklärung und Rechtshandlung?
2. Was wird mit der gewöhnlichen Auslegung eines Rechtsgeschäfts festgestellt, wozu dient die ergänzende Vertragsauslegung?
3. Worin besteht die unterschiedliche Wirkung von Verpflichtung und Verfügung?
4. In welchen Fällen ist die Verfügung eines anderen als des Rechtsinhabers wirksam?
5. G hat eine Forderung gegen S; beide hatten vereinbart, daß die Abtretung der Forderung an einen Dritten ausgeschlossen sein sollte. Ist eine solche Vereinbarung rechtlich zulässig? Wenn ja, welche Wirkung hat das vereinbarte Abtretungsverbot?

6. Ist für die Wirksamkeit einer telefonisch abgegebenen Willenserklärung Voraussetzung, daß der Erklärungsempfänger sie akustisch richtig versteht?

7. Wie ist der Inhaber eines aufschiebend bedingten Rechts gegen Beeinträchtigungen dieses Rechts geschützt?

Antworten zu den Kontrollfragen finden Sie auf S. 278.

VII. Der Vertrag

1. Abschluß des Vertrags

1.1 Angebot und Annahme

1.1.1 Angebot und Aufforderung zur Abgabe eines Angebots

a) Werden zwei Willenserklärungen abgegeben, die inhaltlich in einer Weise konsensual sind, daß sie auf den Abschluß eines Vertrags gerichtet sind, so heißt die zuerst abgegebene Erklärung *Angebot (Antrag, Offerte),* die zuletzt abgegebene *Annahme.*

106

b) Ein Vertrag kommt durch Annahme der Offerte zustande; sobald der Geschäftspartner angenommen hat, bedarf es einer Rückäußerung nicht mehr. Demgemäß ist von dem Antrag die bloße „freibleibende" *Einladung zum Vertragsabschluß* zu unterscheiden, die lediglich zur Abgabe von Vertragsangeboten auffordern will. Hier kommt der Vertrag nicht schon zustande, wenn der Geschäftspartner dem Vorschlag zustimmt (obwohl hierdurch festgestellt scheint, daß beide Partner über den Vertragsabschluß einig sind), sondern es ist noch die Rückäußerung des Einladenden erforderlich, daß er mit der Erklärung des anderen einverstanden sei; unterbleibt die Rückäußerung, ist der Vertragsabschluß gescheitert. Merke: Bei der Aufforderung zur Abgabe eines Angebots hat die Rolle des Offerenten nicht der Auffordernde, sondern der Aufgeforderte; sofern er der Aufforderung nachkommt, ist er der Offerent, dessen Vertragsangebot der andere nun annehmen kann.

> **Beispiele:** Kfz-Händler A stellt einen älteren Jaguar in folgender Weise zum Verkauf vor: a) durch Zusendung gedruckter Verzeichnisse, in denen neben Fahrzeugen anderen Typs auch der Jaguar unter Angabe des Preises enthalten ist; b) durch Postkarte ohne Preisangabe; c) ebenfalls durch Postkarte, jedoch mit Preisangabe und dem Vermerk „ohne Obligo"; d) wiederum durch Postkarte unter Preisangabe, jedoch ohne solchen Vermerk. Hier liegt ein rechtswirksamer Antrag nur im letzten Fall vor. Eine nur unverbindliche Aufforderung ist im Fall a) gegeben, da A das Verzeichnis an verschiedene Kunden verschickt hat, der Jaguar aber nicht mehrfach rechtsverbindlich angeboten werden soll. Im Fall b) liegt keine Offerte vor, weil ein Jaguar üblicherweise nicht ohne Vereinbarung des Preises „verkauft" wird. Kein Antrag zum Vertragsabschluß ist auch im Fall c) anzunehmen, da „ohne Obligo" soviel bedeutet wie „freibleibend".

1.1.2 Annahme des Angebots

a) Der Antragsempfänger muß die Annahme erkennbar in der Absicht äußern, den Vertrag durch Annahme der Offerte zustande zu bringen, so daß es einer weiteren

107

Äußerung von keinem Partner mehr bedarf. Zu unterscheiden von der „Annahme" ist daher eine unverbindliche Zustimmung zu dem Antrag, die nichts anderes beinhaltet, als daß der Antragsempfänger zu weiteren Verhandlungen bereit ist. Aus der annahmefähigen Offerte erlangt der Empfänger ein Gestaltungsrecht: die Annahme ist Ausübung dieses Rechts.

> **Beispiele:** a) A bietet sein Haus unter genauer Angabe seiner Bedingungen dem B brieflich zur Miete an; B, der die Wohnung schon früher besichtigt hat, antwortet: „Ich nehme gern die Wohnung zum nächstmöglichen Termin". Hier liegt Annahme vor. b) Hat B seiner Antwort noch die Worte hinzugefügt: „Morgen komme ich zu Ihnen und sehe mir die Wohnung noch ein letztes Mal genau an", so will er sich die endgültige Entscheidung noch vorbehalten.

108   b) Antrag und Annahme müssen inhaltlich konsensual sein.

aa) Die Annahme darf also keine Erweiterungen, Einschränkungen oder sonstige inhaltliche Änderungen enthalten. Eine Annahme, die von dieser Regel abweicht, gilt als Ablehnung des Antrags, verbunden mit einem neuen Antrag (*Gegenantrag,* § 150 II). Bei Eingang einer solchen Erklärung kann also der Offerent die Vertragsverhandlungen abbrechen oder aber den Vertrag durch Zustimmung zu den Änderungsvorschlägen zustande bringen.

bb) Läßt der Antrag eine „differenzierende Annahme" zu (vgl. BGH JZ 1977, S. 602), ist die Abweichung vom Angebot nicht als neuer Antrag zu werten, sondern führt einen Vertragsabschluß herbei.

> **Beispiel:** A bietet B einen gebrauchten Mercedes und einen BMW an, jeweils mit Preisangabe. B antwortet, er sei einverstanden, nur der BMW sei zu teuer. Hier hat B, da er beschränkt annehmen konnte, den Vertragsgegenstand konkretisiert; insoweit liegt wirksame Annahme vor. A kann darin nicht den Gegenantrag sehen, daß B einen Kaufvertrag über den Mercedes zum genannten Preis abschließen will (§ 150 II).

109   c) Antrag und Annahme sind grundsätzlich *empfangsbedürftig* (§§ 145, 146).

aa) Der Antrag ist vom Antragenden an den anderen Partner, die Annahme von diesem an den Antragsteller zu richten.

bb) Für die Annahme gelten jedoch Ausnahmen, wenn der Antragsteller auf eine an ihn zu richtende Annahmeerklärung verzichtet hat oder wenn eine solche Annahmeerklärung nach der Verkehrssitte auch ohne einen derartigen Verzicht gar nicht zu erwarten ist (§ 151). In diesen Fällen genügt es, daß der andere Partner die Annahme des Antrags lediglich äußert. *Merke:* Der Geschäftspartner muß die Annahme auch in diesen Fällen „äußern"; es muß aus seinem Verhalten hervorgehen, daß er den Vertrag auch seinerseits zustande bringen will (vgl. BGH WM 1977, S. 1019). Es genügt also nicht, daß er sich dem Antrag gegenüber passiv verhält. Nicht erforderlich ist aber, daß die Äußerung der Annahme gerade durch eine Erklärung geschieht oder gar an den Antragsteller gerichtet ist und ihm zugeht. Es ist also möglich, daß der Antragsteller nicht nur nichts von der Annahme erfährt, sondern daß der andere Partner ihm nicht einmal Gelegenheit gibt, sich der Annahme zu vergewissern.

> **Beispiele:** a) A schickt seine Diplomarbeit dem B zum Einbinden zu. B antwortet nicht, sondern bindet die Arbeit sofort ein. Eine Äußerung des B war hier nur im Ablehnungsfall zu erwarten. Daher ist der Antrag des A angenommen, sobald B mit dem Einbinden beginnt.
> b) R bestellt beim Inhaber G des Gasthofs in S für einen bestimmten Tag ein Zimmer. G antwortet nicht, trägt aber den R in die Gästeliste ein und hält ein bestimmtes Zimmer für den von R genannten Tag frei: Ein Vertrag ist damit zustande gekommen.

cc) Weitere Ausnahme: Wird ein Vertrag notariell beurkundet, ohne daß beide Partner gleichzeitig anwesend sind, wird, falls nichts anderes bestimmt ist, die Annahme sofort mit der Beurkundung wirksam; ob und wann die Annahme dem Antragsteller zugeht, ist ohne Belang (§ 152).

d) Die Annahme ist *fristgebunden*. Der Antragsteller kann die Frist in seinem Antrag beliebig festsetzen (§§ 148, 151). **110**

aa) Fehlt eine Festsetzung, ist bei der Annahme durch empfangsbedürftige Willenserklärung wie folgt zu unterscheiden: Ist der Antrag einem Anwesenden gemacht, kann die Annahme nur sofort geschehen. Als anwesend gilt der Antragsempfänger auch dann, wenn ihm der Antrag von Person zu Person telefonisch zugeht (§ 147 I). Ist der Antrag einem Abwesenden gemacht, kann die Annahme bis zu dem Zeitpunkt geschehen, in dem der Antragsteller den Eingang der Antwort unter regelmäßigen Umständen erwarten darf (§ 147 II). Es ist also nicht erforderlich, daß der Antragsempfänger das Annahmeschreiben „sofort" absendet. Zu den „regelmäßigen Umständen" gehört es, daß der Antragsempfänger den Antrag erst prüft, ehe er ihn annimmt; zwischen Empfang des Antrags und Absendung der Annahme ist also eine Überlegungsfrist eingeräumt. *Merke:* Nur darauf, wann die Annahme beim Antragsteller eintrifft, kommt es an, nicht darauf, wann sie abgesandt wurde.

bb) Die Annahme durch nicht empfangsbedürftige Äußerung kann nur binnen einer Frist erfolgen, die „nach den Umständen" zu bestimmen ist (§ 151 S. 2). Ob der Antrag einem Anwesenden oder einem Abwesenden gemacht wurde, ist hier nicht entscheidend.

cc) War eine dem Antragsteller erst nach Ablauf der Annahmefrist zugegangene Annahmeerklärung vom Antragsempfänger in einer Weise zugesandt, daß sie bei regelmäßiger Beförderung dem Antragsteller rechtzeitig zugegangen sein würde und mußte der Antragsteller dies erkennen, so hat er dem Antragsempfänger spätestens unverzüglich nach Empfang der Erklärung die Verspätung anzuzeigen. Verzögert er die Absendung der Anzeige, gilt die Annahme als nicht verspätet (§ 149). Die Annahmefrist wird also in diesem Fall bis zum Eingang der Annahmeerklärung verlängert. **111**

1.1.3 Erlöschen und Widerruf des Angebots

a) Erklärt der Antragsempfänger die Annahme des Antrags nicht innerhalb der Annahmefrist, verliert der Antrag die Annahmefähigkeit und erlischt (§ 146). **112**

aa) Eine Annahme *nach* Ablauf der Annahmefrist bringt also den Vertrag nicht zustande. Eine solche Annahmerklärung ist aber nicht völlig unwirksam, sie gilt vielmehr als *neuer Antrag* des Antragsempfängers an den Antragsteller (§ 150 I). Es steht also im Belieben des letzteren, auf die verspätete Annahme einzugehen und damit den Vertrag zustande zu bringen.

bb) Mitunter erlischt der Antrag schon *vor* Ablauf der Annahmefrist: Wenn der Antragsempfänger den Antrag noch innerhalb der Annahmefrist ablehnt, kann der abgelehnte Antrag nicht mehr rechtswirksam angenommen werden; die Ablehnung geschieht durch empfangsbedürftige Willenserklärung des Antragsempfängers gegenüber dem Antragsteller (§ 146). Stirbt der Antragsteller während der Annahmefrist, aber noch vor der Annahme, oder wird er geschäftsunfähig, dann erlischt der Antrag **113** nur, wenn dies erkennbar dem Willen des Antragstellers entspricht (§ 153). Stirbt in dieser Zeit der Antragsempfänger, so ist zu prüfen, ob der Antrag als an die Erben gerichtet angesehen werden kann; wird der Empfänger geschäftsunfähig, kann ggf. der gesetzliche Vertreter annehmen.

114   b) Der Antrag wie die Ablehnung und regelmäßig auch die Annahme des Antrags können so lange frei *widerrufen* werden, als die Erklärung dem anderen Partner noch nicht zugegangen ist, vorausgesetzt, daß es dem Widerrufenden gelingt, dem Partner den Widerruf spätestens zugleich mit der zu widerrufenden Erklärung zugehen zu lassen. Dagegen ist ein späterer Widerruf unzulässig, es sei denn, daß der Antragsteller sich das Recht eines solchen nachträglichen Widerrufs vorbehalten oder dem Antragsempfänger eingeräumt hat. Anders steht es mit der nicht empfangsbedürftigen Annahme: sie ist sofort wirksam und unwiderruflich, es sei denn, daß der Antragsteller dem Antragsempfänger ein Widerrufsrecht zugestanden hat.

c) Soll ein Vertragsabschluß im Wege der Versteigerung erfolgen (§ 156), so liegt in der Veranstaltung selbst keine Offerte, sondern eine unverbindliche Einladung an das Publikum, Gebote zu machen. Gibt nun jemand ein Gebot ab, so liegt darin ein Antrag zum Vertragsabschluß, den der Versteigerer nach Belieben durch Erteilung des Zuschlags annehmen oder durch Verweigerung des Zuschlags ablehnen kann. Sobald der Zuschlag erteilt wird, ist der (schuldrechtliche) Vertrag zustande gekommen. Jedes in der Versteigerung abgegebene Gebot verliert seine Verbindlichkeit, sobald ein höheres Gebot abgegeben wird oder die Versteigerung ohne Erteilung des Zuschlags endet.

1.1.4 Vertragsabschluß und Schweigen im Rechtsverkehr

115   a) Das Schweigen eines Beteiligten kann im Rechtsverkehr verschiedene Wirkungen entfalten. Es kann *Zustimmung* bedeuten bei der Schuldübernahme (§ 416 I 2), beim Kauf auf Probe (§ 496 S. 2), bei der Schenkung (§ 516 II 2); es kann aber auch als *Ablehnung der Genehmigung* gelten (§§ 108 II 2, 177 II 2, 415 II 2) oder als *Annahme eines Antrags* bzw. als *Genehmigung* (§§ 362, 75 h, 91 a HGB).

116   b) Bedeutsam ist, daß Schweigen auf ein *kaufmännisches Bestätigungsschreiben* als *Zustimmung* gewertet werden kann; freilich ist dies auch im kaufmännischen Geschäftsverkehr die Ausnahme. Die widerspruchslose Hinnahme eines Schreibens, das einen abgeschlossenen Vertrag mit Ergänzungen bzw. Abänderungen oder einen in Wahrheit noch nicht wirksamen Vertrag „bestätigt", führt unter bestimmten Voraussetzungen dazu, daß der Vertrag als mit dem (abweichenden) Inhalt des Bestätigungsschreibens abgeschlossen gilt. Erforderlich ist *Redlichkeit des Absenders* des Bestätigungsschreibens, d. h. der (behauptete) Vertragsabschluß muß eindeutig und korrekt wiedergegeben sein; Abweichungen vom Vereinbarten bzw. von den Vorverhandlungen sind nur erlaubt, soweit der Absender annehmen darf, daß der Empfänger sie billigt. Das Schreiben muß *unmittelbar nach Abschluß der Vertragsverhandlungen abgesandt* worden sein. Der Empfänger muß *Kaufmann* sein oder *wie ein solcher in größerem Umfang am Wirtschaftsleben teilnehmen*, der Absender braucht nicht Kaufmann zu sein, muß aber ähnlich einem solchen am Wirtschaftsleben teilnehmen. Schließlich darf *kein Widerspruch* erfolgt sein, der nur berücksichtigt wird, wenn er unverzüglich − d. h. bis maximal drei Tage nach Eingang des Bestätigungsschreibens − erhoben wird.

> **Beispiel:** E, Eigentümer eines kleinen Warenhauses, bestellt bei L telefonisch 50 Anzüge des Herstellers H. Tags darauf sendet L ein Schreiben, in dem er bestätigt, daß er zu einem bestimmten Termin die Anzüge des Herstellers X liefern werde. Widerspricht E nicht unverzüglich, so gelten die Anzüge des X als Kaufgegenstand (vgl. BGHZ 40, S. 42).

1.2 Faktische Vertragsverhältnisse

Unter dem Stichwort „faktische Vertragsverhältnisse" wird die Möglichkeit der Be- **117**
gründung vertraglicher Bindungen und Rechte ohne Rechtsgeschäft auf der Grundlage tatsächlicher Gegebenheiten behandelt; praktische Bedeutung erlangt dies in zwei-
erlei Hinsicht:

a) Zum einen wird versucht, die Beanspruchung von Leistungen im Massenverkehr als
faktische Vertragsverhältnisse (man spricht auch von *sozialtypischem Verhalten*) in
den Griff zu bekommen.

> **Beispiel:** Wenn jemand in eine Straßenbahn einsteigt oder auf einen bewachten Parkplatz
> fährt, so erfolgt die Annahme des Angebots zur Straßenbahn- bzw. Parkplatzbenutzung — so
> die h. A. – durch sozialtypisches Verhalten, und zwar auch dann, wenn der Benutzer eine
> vertragliche Bindung ausdrücklich ablehnt.

Dieser „Kunstgriff" erweist sich indes als durchaus entbehrlich, da die Inanspruch-
nahme einer Leistung in aller Regel als konkludente Annahmeerklärung angesehen
werden darf; die entgegenstehende — einen Vertragsabschluß ablehnende — Erklärung ist unbeachtlich, da derjenige, der die Leistung in Anspruch nimmt, sich damit
in Widerspruch zu seinem eigenen Verhalten setzt (vgl. Rdnr. 260).

b) Praktische Bedeutung erlangt die Lehre vom „faktischen Vertragsverhältnis" noch **118**
in folgenden Fällen: Wenn ein *Dienstvertrag nichtig*, aber *vollzogen* ist, d. h. Dienste
geleistet sind, dann ist die Nichtigkeit nur Grund einer „Auflösung" des Vertragsverhältnisses für die Zukunft. Bei der *vollzogenen fehlerhaften Gesellschaft* (BGB-
Gesellschaft, OHG, KG) führt die Nichtigkeit der Beteiligungserklärung nur dazu,
daß für die Zukunft Verpflichtungen entfallen; für nicht voll Geschäftsfähige gilt,
daß sie von Verpflichtungen ganz freigestellt sind, erworbene Rechte jedoch geltend
machen können (s. oben Rdnr. 59). Sinn und Zweck dieser Konstruktion ist die Bewältigung von Schwierigkeiten der Rückabwicklung vollzogener Dauerschuldverhältnisse (vgl. dazu noch unten Rdnr. 472). Dabei bleibt die — wenn auch fehlerhafte —
Willenseinigung der Partner Grundlage des (faktischen) Vertragsverhältnisses.

2. Dissens

2.1 Offener Dissens

a) Jede Willenserklärung muß einen bestimmten *Mindestinhalt* haben. Wollen **119**
Geschäftspartner einen Vertrag abschließen, müssen sie über den Mindestinhalt *überein-
stimmende Erklärungen* abgeben. Der wesentliche Vertragsinhalt muß zumindest
bestimmbar sein; fehlt es hieran, so ist nach allgemeinen Grundsätzen ein Vertrag nicht
zustande gekommen. Dagegen schadet es nicht, wenn sie über andere mit ihrem Vertrag
zusammenhängende, aber nicht zu dessen Mindestinhalt gehörende Punkte zu einer
Einigung nicht gelangen.

> **Beispiel:** Student S will sich von seiner Freundin F 1000 DM borgen und erhält auch das Geld
> tatsächlich von ihr. Die F hat das Geld nur gegeben, weil sie es als selbstverständlich ansah,
> daß er es mit den zur Zeit üblichen 8 % verzinsen müsse und sie es mit einmonatiger Kündi-
> gungsfrist zurückfordern könne. Dagegen hat S es umgekehrt für selbstverständlich gehalten,
> daß er seiner Freundin keine Zinsen zu zahlen brauche und ihm eine 6monatige Kündigungs-
> frist zustehe; doch haben S und F sich über beide Punkte nicht ausgesprochen; jeder sah seine

eigene Meinung als „selbstverständlich" an. Hier ist ein gültiger Vertrag zustande gekommen. Freilich ist die Einigung unvollständig. Doch gehören die Streitpunkte nicht zum Mindestinhalt eines Darlehnsvertrags. Die Lücke, die der Darlehnsvertrag aufweist, ist dem Gesetz entsprechend dahin auszufüllen, daß S keine Zinsen zu zahlen hat und die Kündigungsfrist drei Monate beträgt (§ 609).

120   b) Die Vertragspartner müssen sich auch über solche — nicht notwendig objektiv wesentliche — Punkte einigen, über die während der Verhandlungen auch nur eine Seite eine Vereinbarung gefordert hat. Kann eine Einigung nicht erzielt werden, so liegt ein *Einigungsmangel (Dissens)* vor; der Vertrag gilt im Zweifel als nicht abgeschlossen (§ 154 I 1).

121   c) Oft verhandeln die Geschäftspartner über die einzelnen Punkte, die den Mindestinhalt des Vertrags bilden, getrennt und stellen, wenn sie sich über einen Punkt geeinigt haben, dies schriftlich fest (Punktation). Doch ist solche „Stückeinigung" nicht verbindlich; jeder Partner kann also von ihr abgehen, bis sich beide auch über den letzten Punkt geeinigt haben (§ 154 I 2).

> **Beispiel:** V will wegen Geschäftsaufgabe sein Warenlager an K verkaufen; beide stellen deshalb ein Inventar des Lagers auf, vereinbaren für jeden Posten des Inventars der Reihe nach den Preis und schreiben die Vereinbarung nieder; als eben der Preis des letzten Postens festgestellt werden soll, verlangt V nachträglich eine Preiserhöhung für einige bereits erledigte Posten, was K als verspätet zurückweist. Hier ist der Verkauf nicht zustande gekommen. Denn solange nicht auch der letzte Inventarposten erledigt ist, stellt die Vereinbarung zwischen V und K eine bloße Vorverhandlung dar, die für beide Beteiligten unverbindlich ist.

2.2   Versteckter Dissens

122   Haben sich die Geschäftspartner über einen Punkt, über den nach einer von ihnen selbst getroffenen Bestimmung eine Vereinbarung getroffen werden sollte, in Wirklichkeit nicht geeinigt, glauben sie aber irrtümlich, der Vertrag sei zustande gekommen, dann soll trotz der fehlenden Vereinbarung der Vertrag Geltung haben, sofern anzunehmen ist, daß er auch ohne eine Bestimmung über diesen Punkt abgeschlossen sein würde (§ 155).

> **Beispiele:** a) Die Ärzte A und B wollen eine gemeinsame Praxis gründen; ein jeder setzt seine Bedingungen schriftlich auf; dann liest jeder die Bedingungen des anderen durch, und beide erklären schließlich: „Also, die Sache ist abgemacht". Später stellt sich heraus, daß als Termin für die Gewinnverteilung im Entwurf von A der Monat März, im Entwurf von B aber Juni angegeben war. Hier ist der Vertrag zustande gekommen, obwohl die Partner sich über einen Punkt, über den beide eine Vereinbarung treffen wollten, nicht geeinigt haben. Denn beide haben diesen Punkt irrtümlich übersehen und gemeint, der Vertrag sei abgeschlossen. Außerdem ist anzunehmen, daß sie den Vertrag auch ohne eine Vereinbarung über den Punkt abgeschlossen haben würden. Im Streitfall kann der Richter die Lücke dadurch ausfüllen, daß die Gewinnverteilung an dem früheren der von den Beteiligten vorgeschlagenen Termine, also im März, vorzunehmen ist. Dieser Termin kommt dem vom Gesetz bestimmten (Gewinnverteilung gleich nach Schluß des Geschäftsjahrs, § 721 II) am nächsten.
> b) A bietet B mündlich seinen altersschwachen Pkw für 1.900 DM zum Kauf an. B mißversteht den A dahingehend, daß dieser 900 DM fordere, und nimmt das Angebot an. Hier ist ein Vertrag nicht zustande gekommen; zwar glauben beide, einig geworden zu sein, doch haben sie sich über einen objektiv wesentlichen Vertragspunkt (Kaufpreis) gerade nicht geeinigt.

123   Wer den Einigungsmangel verschuldet, haftet nach den Grundsätzen der culpa in con-

S. 279

trahendo (dazu Rdnr. 195); bei beiderseitigem Verschulden ist § 254 anzuwenden (h. M.).

Literaturhinweise:

Brox, Allgemeiner Teil, Rdnr. 168—203, 205—221.
Simitis, Die faktischen Vertragsverhältnisse, 1957.
Weimar, Das BGB in Fällen, Bd. 1, Fälle zu §§ 145—157.
BGH NJW 1981, S. 43 f. (zum Schweigen als Vertragsannahme).

Kontrollfragen:

1. A geht in einen Selbstbedienungsladen, nimmt dort eine im Regal ausliegende Tube Zahnpasta, zahlt an der Kasse. Wann ist ein Vertrag zustande gekommen?
2. Nennen Sie die Voraussetzungen, unter denen Schweigen auf ein Bestätigungsschreiben die Bedeutung einer Zustimmung erlangt.
3. Was unterscheidet offenen und versteckten Dissens?

Antworten zu den Kontrollfragen finden Sie auf S. 279.

VIII. Fehlerhaftigkeit von Rechtsgeschäften

1. Arten der Fehlerhaftigkeit

1.1 Nichtigkeit kraft Gesetzes

a) Das Gesetz ordnet in einer Reihe von Bestimmungen die Nichtigkeit des Rechtsgeschäfts an.

124

> **Beispiele:** a) Wenn der unerkannt geisteskranke A dem B ein Geschenk macht, ist das Rechtsgeschäft unwirksam (wenngleich es nicht ganz ohne rechtliche Wirkungen ist: B ist zur Rückgabe des Empfangenen verpflichtet, soweit er dadurch bereichert ist, §§ 105 I, 812). b) Wenn V an M eine Wohnung mündlich auf zehn Jahre vermietet, ist der Mietvertrag zwar nicht auf zehn Jahre, aber doch auf unbestimmte Zeit gültig (§ 566). Das Rechtsgeschäft ist also nicht unwirksam, aber auch nicht vollinhaltlich wirksam.

Nichtigkeit bedeutet, daß das Rechtsgeschäft *von Anfang an* keine rechtsgeschäftlichen Wirkungen hat. Niemand erwirbt oder verliert ein Recht durch das Geschäft, wird rechtsgeschäftlich mit Pflichten belastet oder von solchen befreit. Die Nichtigkeit braucht von den Beteiligten nicht besonders geltend gemacht zu werden (Berücksichtigung auch von Amts wegen). Sie wirkt gegen jedermann (*absolut*), also nicht bloß gegenüber dem Beteiligten, der das Rechtsgeschäft vorgenommen, sondern auch gegenüber dem anderen Beteiligten und jedem beliebigen Dritten. Ob und inwieweit das nichtige Rechtsgeschäft etwa nichtrechtsgeschäftliche Wirkungen hat, ist für die einzelnen Arten dieser Geschäfte verschieden bestimmt (vgl. z. B. §§ 122, 307).

b) Ein nichtiges Rechtsgeschäft wird durch bloßen Zeitablauf nicht geheilt. Es ist also dauernd nichtig. *Heilung* der Nichtigkeit kommt bei Formmängeln durch Erfüllung in Frage (§§ 313, S. 2, 518 II, 766 S. 2). — Die Nichtigkeit eines Rechtsgeschäfts bleibt

125

auch dann bestehen, wenn die Beteiligten das Geschäft als gültig bestätigen. Beachte aber: Meist ist die Bestätigung als erneute Vornahme des Geschäfts zu betrachten (§ 141 I). Der Bestätigung kommt keine Rückwirkung zu. Ein nichtiges, aber gültig bestätigtes Geschäft (§ 141 I) ist wirksam erst von der Bestätigung ab. Allerdings wird dieser Grundsatz nur bei einseitigen Geschäften streng durchgeführt. Bei Verträgen dagegen sollen die Geschäftspartner im Zweifel verpflichtet sein, einander zu gewähren, was sie erlangt hätten, wenn das Geschäft von Anfang an gültig gewesen wäre (§ 141 II); insoweit kommt der Bestätigung schuldrechtlich (nicht dinglich) eine Art Rückwirkung zu.

c) Die Nichtigkeit eines Rechtsgeschäfts kann unter Umständen durch eine *Umdeutung* (Konversion) wesentlich abgeschwächt werden. Voraussetzung ist, daß das nichtige Geschäft den Erfordernissen eines anderen Geschäfts entspricht und anzunehmen ist, die Geschäftspartner würden bei Kenntnis der Nichtigkeit das letztere Geschäft gewollt haben: Ist diese Voraussetzung gegeben, gilt statt des ersteren (nichtigen) Geschäfts das letztere (§ 140).

126   d) Die Nichtigkeit ergreift das Geschäft als Ganzes, auch wenn die Gründe, auf denen sie beruht, bloß einen Teil des Geschäfts betreffen; nur wenn anzunehmen ist, daß die Beteiligten den Teil, der von den Nichtigkeitsgründen nicht betroffen ist, auch ohne den nichtigen Teil akzeptiert haben würden, bleibt das Geschäft im übrigen wirksam (§ 139).

1.2 Anfechtbarkeit

127   Eine im Vergleich zur Nichtigkeit kraft Gesetzes andere Art der Fehlerhaftigkeit eines Rechtsgeschäfts liegt vor, wenn die Nichtigkeit sich erst als Folge der Anfechtung ergibt. Ein anfechtbares, noch nicht angefochtenes Rechtsgeschäft ist voll wirksam.

128   a) Anfechtungsberechtigt ist nur der Geschäftspartner, der das Rechtsgeschäft vorgenommen hat (vgl. §§ 119, 120). Die Anfechtung ist ein einseitiges Rechtsgeschäft. Sie muß vorbehaltlos (unbedingt) erfolgen. Im übrigen unterliegt sie den für Rechtsgeschäfte geltenden allgemeinen Vorschriften; demnach kann es geschehen, daß sie selbst wieder angefochten wird. Die Anfechtung ist empfangsbedürftig (§ 143 I), auch dann, wenn das Rechtsgeschäft, gegen das sie sich richtet, selbst nicht empfangsbedürftig ist.

b) Anfechtungsgegner ist beim Vertrag der andere Teil, bei einseitigen empfangsbedürftigen Rechtsgeschäften der Erklärungsempfänger, bei einseitigen nicht empfangsbedürftigen Rechtsgeschäften derjenige, der daraus unmittelbar einen rechtlichen Vorteil erlangt (§ 143 II—IV).

129   c) Die Anfechtung muß in den Fällen der §§ 119, 120 unverzüglich erklärt werden. Zu beachten sind bestimmte Ausschlußfristen (vgl. §§ 121 II, 124 III, 1954 IV). Wird die Anfechtungsfrist versäumt, erlischt das Anfechtungsrecht. Die Anfechtung ist ausgeschlossen, wenn der Anfechtungsberechtigte das Geschäft in Kenntnis seines Anfechtungsrechts bestätigt, d. h. als gültig anerkennt. Die Bestätigung eines anfechtbaren Geschäfts erfolgt anders als die eines nichtigen durch einseitiges Rechtsgeschäft des Anfechtungsberechtigten und bedarf keiner Form, auch wenn das Geschäft selbst formbedürftig ist (§ 144 I, II).

d) Die wirksam erklärte Anfechtung ist unwiderruflich; nicht einmal mit Zustimmung des anderen Partners oder, wenn dieser ihr widerspricht und sie für unbegründet erklärt, kann der Anfechtende sie rückgängig machen.

e) Ist die Anfechtung erfolgt, wird das Geschäft so angesehen, als sei es *von Anfang an nichtig;* die Anfechtung wirkt also zurück auf den Zeitpunkt der Vornahme des angefochtenen Rechtsgeschäfts (§ 142 I).   **130**

> **Beispiel:** K hat von V einen gebrauchten Pkw erworben. Bei Kaufabschluß hatte es V unterlassen, den K darüber aufzuklären, daß es sich um einen Unfallwagen handelt. K weigert sich, unter Berufung auf sein Anfechtungsrecht (§ 123 I), den Kaufpreis zu zahlen. Solange K sich auf ein Anfechtungsrecht nur „beruft", aber unklar läßt, ob er die Anfechtung endgültig aussprechen will, ist der Kauf des Pkw zwar anfechtbar, aber nicht etwa schon nichtig. Sieht man von der Möglichkeit des K, den Kaufvertrag einredeweise zu wandeln (§ 459 I), hier einmal ab, so ergibt sich: die Weigerung des K ist gerechtfertigt, sobald er den Kauf tatsächlich anficht. Denn dann ist der Kauf rückwirkend unwirksam (nichtig). Gleiches gilt für die Übereignung, wenn sie angefochten wird.

f) Wer weiß oder wissen muß, daß ein Geschäft zwar noch nicht angefochten, aber anfechtbar ist, wird, wenn die Anfechtung erfolgt, so behandelt, als habe er die Nichtigkeit des Geschäfts schon damals gekannt oder kennen müssen (§ 142 II); das ist von Bedeutung etwa für den Fall, daß aufgrund einer Weiterverfügung vor der Anfechtung die Frage eines Erwerbs vom Nichtberechtigten aufzuwerfen ist (s. Rdnr. 644).

1.3 Relative Unwirksamkeit

Ein Rechtsgeschäft ist relativ unwirksam, wenn ihm die Rechtswirksamkeit insoweit versagt ist, als diese bestimmten Personen nachteilig wäre. Hauptfälle: §§ 135, 136, 883 II, 888, 1126. Die Wirksamkeit des Geschäfts wird also zugunsten des Berechtigten ausgeschlossen oder abgeschwächt (vgl. Rdnr. 81). Die relative Unwirksamkeit eines Geschäfts kann geheilt werden, insbesondere dadurch, daß die Personen, denen gegenüber die Unwirksamkeit besteht, das Geschäft genehmigen; die Genehmigung ist empfangsbedürftige, einseitige Erklärung und wirkt zurück (§§ 182 ff.).   **131**

2. Willensmängel

2.1 Begriff und Bedeutung

Ein Willensmangel liegt vor, wenn zwischen dem rechtsgeschäftlich geäußerten und dem wirklichen, aber nicht geäußerten Willen des Erklärenden inhaltlich eine Divergenz besteht.   **132**

Das BGB berücksichtigt ausschließlich die im folgenden behandelten Fälle von Willensmängeln und erklärt das betreffende Rechtsgeschäft entweder kraft Gesetzes für nichtig oder läßt es anfechtbar sein.

2.2 Nichtigkeit wegen Willensmängeln

a) Wer eine Willenserklärung abgibt und sich insgeheim vorbehält, das Erklärte nicht zu wollen, dessen Erklärung ist nichtig, wenn dem Erklärungsempfänger der Vorbe-   **133** halt bekannt ist (§ 116 S. 2); ist der Vorbehalt dem anderen unbekannt, so ist die Erklärung trotz des Vorbehalts wirksam (§ 116 S. 1).

134 b) Wird eine Erklärung abgegeben, die nicht ernstlich gemeint ist und von der der Erklärende erwartet, daß sie als nicht ernstlich gemeint erkannt wird (*Scherzerklärung*), so ist Nichtigkeit die Rechtsfolge (§ 118). Anders als beim geheimen Vorbehalt geht der Erklärende davon aus, daß die Nichternstlichkeit bekannt ist. Der auf die Gültigkeit der Erklärung Vertrauende ist (nur) durch § 122 geschützt.

135 c) Praktisch sehr bedeutsam ist die Nichtigkeit sog. *Scheingeschäfte* (§ 117 I). Ein Scheingeschäft ist anzunehmen, wenn die Beteiligten ihr Ziel durch den bloßen Schein eines wirksamen Rechtsgeschäfts erreichen wollen. Im Einzelfall ergeben sich Probleme im Zusammenhang mit der rechtlichen Behandlung von Strohmanngeschäften.

> **Beispiel:** V verkauft an K ein seltenes Buch zu einem geradezu astronomischen Preis. In Wirklichkeit ist V nicht Eigentümer des Buches, das ihm nur vom Antiquar W überlassen wurde mit der Maßgabe, es zu verkaufen; W wollte mit der Forderung des überhöhten Preises nicht seinen guten Ruf aufs Spiel setzen: kein Scheingeschäft i. S. des § 117, da die abgegebenen Erklärungen (Angebot und Annahme) ja durchaus Rechtswirkung entfalten sollen: Vertragspartner des K ist V.

d) Verdeckt das Scheingeschäft ein anderes, so ist das verdeckte Rechtsgeschäft wirksam (§ 117 II).

> **Beispiel:** A übereignet dem B schenkungsweise Wertpapiere, vereinbart aber zum Schein mit ihm, um die Schenkungsteuer zu sparen, daß er ihm die Papiere verkaufe. Hier ist der Kaufvertrag gem. § 117 I nichtig, die Schenkung hingegen gültig.

136 e) Als gesetzliche Tatbestände nur potentieller Nichtigkeit wegen Willensmängeln werden *Handlungs-* und *Erklärungsirrtum* behandelt. Erst die erfolgte Anfechtung, nicht schon der Irrtum als solcher, macht hier das Rechtsgeschäft nichtig (s. Rdnr. 127 u. 141)

> **Beispiele:** a) A ist bei einer Versteigerung; er schläft im Sitzen ein. Im Schlaf zuckt seine Hand etwas hoch, was der Auktionator als Gebot wertet. Es fehlt am Handlungswillen; allerdings greift i. d. R. § 105 II ein.
> b) A ist wieder auf einer Versteigerung; er schläft diesmal nicht, sondern begrüßt winkend seinen Freund. Auch dies sieht der Auktionator als Gebot. Hier wird § 118 angewandt (str.; a. M. bejaht nur eine Anfechtungsmöglichkeit nach § 119 I).

2.3 Anfechtbarkeit wegen Irrtums

137 Drei Irrtumstatbestände sind in § 119 geregelt, einer in § 120. § 119 I erfaßt zwei Irrtumsfälle bei der Willensäußerung, § 119 II den Irrtum bei der Willensbildung.

a) Irrtumsfälle nach § 119 I sind der *Inhaltsirrtum* (1. Alt.) und der *Erklärungsirrtum* (2. Alt.).

> **Beispiele:** a) B, gebürtig und wohnhaft in Passau, besucht Ostfriesland. In einer Gaststätte bestellt er — nach Speisekarte — „Ostfriesische Bohnensuppe". Er weiß nicht, daß darunter in Branntwein eingelegte Rosinen verstanden werden: Inhaltsirrtum gem. § 119 I 1. Alt., da zwar das gewollte „Erklärungszeichen" gesetzt wurde, dieses jedoch etwas anderes als das Erklärte meint (hier wird nicht nur einer bestimmten Sache eine andere Eigenschaft zugeschrieben — dann Fall des § 119 II —, sondern es handelt sich um einen von der Identität her anderen Gegenstand der Bestellung).

b) K sucht per Zeitungsannonce einen Pkw. V bietet schriftlich seinen Wagen zum Kauf an, er verschreibt sich jedoch bei der Preisangabe (13.000 DM statt 15.000 DM): Erklärungsirrtum gem. § 119 I 2. Alt., da ein anderes Erklärungszeichen als das gewollte gesetzt wird.

Zu unterscheiden ist die Behandlung des *Rechtsfolge-* und des *Kalkulationsirrtums*. Der Rechtsfolgeirrtum unterfällt § 119 I nur, wenn die Rechtsfolge in die Erklärung selbst aufgenommen wurde. Beim Kalkulationsirrtum stimmen Wille und Erklärung überein, so daß allenfalls § 119 II oder die Grundsätze vom „Fehlen der Geschäftsgrundlage" (dazu Rdnr. 148) anwendbar sind.

b) § 119 II enthält einen Spezialfall des — ansonsten unbeachtlichen — *Motivirrtums*. **138** Anfechtungsgrund ist ein Irrtum über eine verkehrswesentliche Eigenschaft der Person oder der Sache. Als verkehrswesentlich werden solche Eigenschaften angesehen, die den Wert unmittelbar wesentlich zu bestimmen pflegen.

> **Beispiele:** a) K kauft ein „goldenes" Amulett, das aber nur vergoldet ist, für 800 DM: Eigenschaftsirrtum i. S. des § 119 II.
> b) A kauft ein Amulett, das er für eine ganz seltene mittelamerikanische Arbeit hält, für 500 DM; er erfährt später, daß der Wert des Amuletts allenfalls 150 DM beträgt: kein Eigenschaftsirrtum, da Irrtum über den Wert und nicht über einen wertbildenen Faktor.

Bei § 119 II ist zu beachten, daß dessen Anwendbarkeit durch Spezialvorschriften, **139** insbesondere durch §§ 459 ff., 1298, ausgeschlossen sein kann (BGHZ 34, S. 32).

> **Beispiel:** K ersteht bei V einen Pkw, der sich sehr rasch als fahruntüchtig erweist. Hier schließt das Gewährleistungsrecht (§§ 459 ff.) grundsätzlich die Anfechtung nach § 119 II aus (dazu unten Rdnr. 405), allerdings nur dann, wenn Gewährleistungsansprüche begründet sind; dies wäre z. B. nicht der Fall, wenn der Wagen ein Jahr älter wäre, als (ohne Zusicherung) beim Verkauf angegeben, und die Eignung zum gewöhnlichen oder vertraglich vorausgesetzten Gebrauch dadurch nicht beeinträchtigt würde.

Unanwendbar ist § 119 II ferner bei spekulativem Geschäft.

> **Beispiel:** K kauft ein Bild, das er für ein Original hält, zu einem Spottpreis; es ist jedoch, wie sich herausstellt, eine Kopie. Kein Anfechtungsgrund, da die Echtheit des Bildes dem K angesichts des Preises zweifelhaft sein mußte.

c) Eine rechtsgeschäftliche Willenserklärung, die ihr Urheber durch eine Mittelsper- **140** son ausrichten läßt, ist anfechtbar, wenn sie durch einen Fehler dieser Person unrichtig übermittelt wird, vorausgesetzt, daß der Erklärende, falls er denselben Fehler irrtümlich selbst begangen hätte, nach § 119 anfechten könnte (§ 120).

> **Beispiel:** A läßt durch seinen Boten B dem C einen gebrauchten Pkw zum Preis von 5.000 DM anbieten. Die Zahlungsfrist soll vier Wochen betragen, während B eine einmonatige Frist einräumt. Hier kann A nicht anfechten, weil es „bei verständiger Würdigung des Falles" (§ 119 I) auf diesen kleinen Unterschied nicht ankommt.

Unerheblich ist, ob den Erklärenden an dem vom Mittelsmann begangenen Fehler ein Verschulden trifft. Beachte: § 120 betrifft nur den Fall der *unbewußt* unrichtigen Übermittlung (zu Fällen bewußten Abweichens unten Rdnr. 157).

d) Irrtumsfolge ist die Anfechtbarkeit des Rechtsgeschäfts. Liegt ein Anfechtungs- **141** grund vor und ist die Anfechtungserklärung (§ 143) fristgerecht erfolgt (§ 121), so wird das Geschäft *rückwirkend vernichtet* (§ 142); bei Dauerschuldverhältnissen wird indes vielfach nur eine Auflösung für die Zukunft in Betracht kommen (vgl. dazu Rdnr. 311). Der Anfechtende ist schadensersatzpflichtig nach § 122 I, nicht jedoch bei Evidenz des Anfechtungsgrunds (§ 122 II). Die Ersatzpflicht nach § 122 I kann gemildert oder ausgeschlossen sein, wenn der andere Teil den Irrtum des Anfechtenden veranlaßt hat (entspr. § 254; vgl. BGH NJW 1969, S. 1380).

2.4   Anfechtbarkeit wegen arglistiger Täuschung und widerrechtlicher Drohung

142   a) Eine Willenserklärung ist ferner anfechtbar, wenn ihr Urheber zu ihrer Abgabe durch arglistige Täuschung bestimmt worden ist (§ 123 I). Eine arglistige Täuschung liegt vor bei *bewußtem Veranlassen oder Aufrechterhalten eines Irrtums durch Vorspiegeln falscher oder Unterdrücken wahrer Tatsachen.*

> **Beispiel:** K kauft bei V einen gebrauchten Mercedes. V verschweigt, daß es sich dabei um ein Unfallfahrzeug handelt. K kann anfechten, da V die ihm obliegende Aufklärungspflicht verletzte (beachte: Aufklärungspflicht besteht für alle Umstände, die für den Kaufentschluß erkennbar relevant sein können).

143   Bei Erklärungen, die „gegenüber einem anderen" abzugeben waren, ist weiter vorausgesetzt, daß die Täuschung gerade von diesem anderen verübt oder daß sie ihm als Täuschung seitens eines Dritten wenigstens bei Zugang der Erklärung bekannt oder nur aus Fahrlässigkeit unbekannt gewesen ist (§ 123 II 1); eine Ausnahme gilt, wenn aus der anzufechtenden Erklärung ein Recht unmittelbar für einen Dritten erwächst: dann genügt es, wenn auch nur der Dritte die Täuschung gekannt hat oder hätte kennen müssen (§ 123 II 2). Dritter i. S. des § 123 II ist nicht, wer Vertrauensperson des Erklärungsempfängers ist (vgl. BGHZ 20, S. 39; BGH NJW 1978, S. 2144).

> **Beispiele:** Vertreter; Verkäufer im Verhältnis zur finanzierenden Bank beim B-Geschäft (dazu Rdnr. 418 f.).

144   b) Anfechten kann seine Erklärung nach § 123 I ebenfalls, wer zur Abgabe einer Willenserklärung widerrechtlich durch Drohung bestimmt worden ist. Unter Drohung ist die — vom Bedrohten ernstgenommene — *Inaussichtstellung eines Übels* zu verstehen. Die Frage der Widerrechtlichkeit ist an *Mittel* und *Zweck* der Drohung zu orientieren.

> **Beispiele:** a) Der als gewaltsam berüchtigte G verlangt von D die Gewährung eines Darlehns mit den Worten: „Sonst gibt's ein Unglück". Ängstlich erklärt sich D bereit. Er kann seine Erklärung anfechten gem. § 123 I (Widerrechtlichkeit des Mittels). b) Droht G dem D (nur) mit einer Anzeige wegen „Schwarzfernsehens", so kann D ebenfalls anfechten. Der Einsatz des Druckmittels zum intendierten Zweck ist unangemessen und daher widerrechtlich.

Drohender kann der Empfänger der Willenserklärung sein wie auch jeder Dritte, d. h. § 123 II gilt hier nicht.

145   c) Voraussetzung der Anfechtbarkeit wegen Täuschung oder Drohung ist deren *Ursächlichkeit* für die Abgabe der Willenserklärung; Mitveranlassung ist ausreichend.

146   d) Rechtsfolge der Anfechtung nach § 123 I ist die rückwirkende Vernichtung des schuldrechtlichen wie auch des *dinglichen* Rechtsgeschäfts, wenn z. B. die Drohung auch für das Erfüllungsgeschäft kausal war (s. a. Rdnr. 613).

e) Die Anfechtungserklärung muß binnen Jahresfrist erfolgen (§ 124 I); häufig daneben bestehende Ansprüche etwa aus culpa in contrahendo (vgl. Rdnr. 195) werden davon nicht betroffen. Das ist insbesondere dann von Bedeutung, wenn jemand einen

Irrtum erregt und er diesen kennt oder kennen mußte, so daß ihn daraus eine Pflicht zur Aufklärung trifft, deren Verletzung Ansprüche aus culpa in contrahendo begründet.

2.5 Sonderprobleme: falsa demonstratio und Geschäftsgrundlage

a) Unter dem Term *falsa demonstratio* sind solche Fälle zusammengefaßt, in denen Wille und Erklärung divergieren, jedoch eine *Auslegung* der empfangsbedürftigen Willenserklärung *entgegen dem Wortlaut,* aber *im Sinne des von den Parteien übereinstimmend Gewollten*, vorgenommen werden kann. Die unrichtige Bezeichnung schadet dann nicht.

147

> **Beispiel:** G und K einigen sich über den Verkauf eines bestimmten Grundstücks des G. Bei der Auflassungserklärung setzen sie jedoch irrtümlich die Flurstücksbezeichnung eines anderen Grundstücks des G ein. Hier ist eine rechtswirksame Auflassung nur desjenigen Grundstücks vereinbart, auf das sich der beiderseitige Wille erstreckt; für den von den Erklärungen umschriebenen Gegenstand liegt nur der Schein einer Einigung vor. G und K haben nur eine falsche Bezeichnung des gemeinsam Gewollten gewählt und dieses Gewollte auch als von ihnen gemeint „erklärt" (zuletzt BGHZ 87, S. 152).

b) Unter *Geschäftsgrundlage* versteht man einen Umstand, den mindestens ein Partner bewußt oder unbewußt bei Vertragsabschluß voraussetzte und der ihm von solcher Wichtigkeit war, daß er den Vertrag nicht oder anders abgeschlossen hätte, wenn ihm bewußt gewesen wäre, daß die Existenz des Umstands fraglich war. Hier kann eine *Anpassung* des Schuldverhältnisses an die Wirklichkeit verlangt werden, wenn die Abweichung der Realität von dem bei Vertragsabschluß Vorgestellten schwerwiegend ist und der andere Vertragsteil sich auf eine Berücksichtigung des Umstands bei Vertragsabschluß redlicherweise hätte einlassen müssen. Die Lehre von der Geschäftsgrundlage findet aber nur Anwendung, wenn alle anderen „Abhilfemöglichkeiten" (Auslegung, Anwendbarkeit des § 119 II usw.) versagen.

148

> **Beispiel:** V verkauft an K seinen Pkw für 8.000 DM. Bei der Preisbildung hatten sie einverständlich die S-Liste zugrunde gelegt. Diese enthielt jedoch einen Schreibfehler bei der Angabe des Listenpreises für Wagen vom Typ und Baujahr des Wagens des V. Richtig hätte es heißen müssen: 8.800 DM. Da § 119 II nicht greift, kommt nur eine Anpassung des Vertrags oder ein Rücktritt in Betracht.

Die Anpassung ist daran auszurichten, was die Vertragspartner bei richtiger Kenntnis der Fakten vereinbart hätten (praktisch also erfolgt eine ergänzende Vertragsauslegung, vgl. Rdnr. 69).

3. Verbotene Rechtsgeschäfte

Zahlreiche Rechtsgeschäfte unterliegen einem rechtlichen Verbot. Nur wenige Verbote sind bürgerlichrechtlicher Art. Verbote fallen meistens in den Bereich des öffentlichen Rechts. Andere Verbote gehören zwar in das bürgerliche Recht, haben aber nur ein beschränktes Anwendungsgebiet und werden deshalb, soweit überhaupt, erst später, namentlich im Recht der Schuldverhältnisse zu erwähnen sein (§§ 276 II, 310, 312 I). Hier sollen nur folgende drei Verbotsgruppen betrachtet werden:

149

3.1 Sittenwidrige Rechtsgeschäfte

150 Dieses Verbot trifft kraft Gesetzes alle Rechtsgeschäfte, die gegen die *guten Sitten* verstoßen (§ 138 I).

a) Sittenwidrig handelt, wer — so die gängige Formulierung — gegen das *Anstandsgefühl aller billig und gerecht Denkenden* verstößt. Das Recht fordert die Orientierung an Grundgeboten elementarer Sittlichkeit, wobei die Grundwerte der Rechtsordnung, insbesondere die im GG niedergelegten, Bedeutung erlangen; auf diese Weise wirken auch Grundrechte auf die Gestaltung schuldrechtlicher Beziehungen ein.

151 b) Ein Rechtsgeschäft kann seinem Inhalt, seinen Motiven oder Zwecken nach sittenwidrig sein.

> **Beispiele:** a) A und B vereinbaren, daß B beim Einbruch des A in die D-Bank gegen ein Entgelt von 1.500 DM Schmiere stehen soll: Sittenwidrigkeit des Inhalts des Rechtsgeschäfts.
> b) A verkauft B ein Gift, damit dieser seine Frau umbringen kann: Sittenwidrigkeit des Geschäfts wegen des verfolgten Zwecks.

c) Kenntnis der Sittenwidrigkeit ist nicht erforderlich; folgt die Sittenwidrigkeit jedoch erst aus besonderen Umständen (Zwecke, Motive), so müssen diese den Beteiligten bekannt sein oder die Unkenntnis muß auf grober Fahrlässigkeit beruhen.

> **Beispiele:** a) A kauft bei B Rattengift, um seine Frau zu ermorden. B hat von dem Mordplan keine Ahnung und auch keinen Anlaß zu einer derartigen Vermutung: Das Geschäft ist nicht sittenwidrig. b) Gastwirt G verpflichtet sich, als Gegenleistung für ein Darlehn gegenüber der B-Brauerei über 30 Jahre hinweg den Bierbedarf nur bei B zu einem überhöhten Preis zu beziehen: Sittenwidrigkeit liegt auch dann vor, wenn G und B das Geschäft für „billig und gerecht" halten, da die Umstände erkennbar waren, aus denen sich die ungebührliche Beschränkung der wirtschaftlichen Handlungsfreiheit und damit die Sittenwidrigkeit ergab (sog. Knebelungsvertrag).

152 d) Rechtsfolge des Verstoßes gegen die guten Sitten ist die Nichtigkeit des Verpflichtungsgeschäfts, nicht jedoch — grundsätzlich — des Erfüllungsgeschäfts (anders bei § 138 II), das i. d. R. wertneutral ist (anders, wenn der Sittenverstoß gerade in der Änderung der dinglichen Rechtslage liegt; dazu noch Rdnr. 613).

3.2 Wuchergeschäfte

153 a) Verboten sind auch Rechtsgeschäfte, die durch folgende Merkmale gekennzeichnet sind (vgl. § 138 II): Leichtsinn, Unerfahrenheit oder Not des einen Beteiligten und vorsätzliche Ausbeutung dieser Lage durch den anderen zu dessen eigenen Gunsten oder zugunsten eines Dritten, wobei ein auffälliges Mißverhältnis von Leistung und Gegenleistung gegeben sein muß.

> **Beispiel:** H, ein „Lebenslänglicher", wird nach 15 Jahren begnadigt. B gibt ihm ein größeres Darlehn, das monatlich mit 8 % zu verzinsen ist: auffällig hohes Mißverhältnis von Leistung und Gegenleistung und ggf. Ausnutzen der schwierigen Finanzlage sowie der dekompensierten Geschäftserfahrenheit des Haftentlassenen.

Gleichgültig ist, ob die Leistung des Wucherers in der Gewährung von Kredit (*Kreditwucher*) oder etwa in dem An- oder Verkauf von Sachen (*Sachwucher*) besteht. — Zum *wucherähnlichen* Geschäft nach § 138 I s. BGH NJW 1984, S. 2292.

b) Nach der Rechtsprechung kann beim *Wucherdarlehn* ein auffälliges Mißverhältnis von Leistung und Gegenleistung schon dann angenommen werden, wenn der Effektivzins 30 % jährlich beträgt und damit beträchtlich über dem marktüblichen Zinssatz liegt. Auch eine Mietpreisgestaltung kann wucherisch sein.

> **Beispiel:** T arbeitet illegal in der Bundesrepublik. Für einen Schlafplatz, den er mit 15 anderen Arbeitern in einer Baracke teilen muß, werden 350 DM von ihm verlangt: Mietwucher. Die Mietzinsvereinbarung ist wegen Verstoßes gegen §§ 302 a I Nr. 1 a StGB, 5 I WiStG nichtig (gem. § 134), wird aber durch die zulässige Vereinbarung ersetzt.

c) Bei Vorliegen der Voraussetzungen des § 138 II ist das Verpflichtungsgeschäft wie auch das Erfüllungsgeschäft des Bewucherten (nicht das des Wucherers) nichtig (h. M.). Das Wucherdarlehn kann jedoch nicht früher zurückgefordert werden, als dies bei Gültigkeit des Geschäfts der Fall wäre.

3.3 Verfügungsverbote

Diese Verbote werden zum Teil — wie bei Sittenwidrigkeit und Wucher — kraft Gesetzes, zum Teil erst durch Anordnung einer Behörde (Gericht) wirksam (vgl. dazu im einzelnen Rdnr. 79 ff.).

154

Literaturhinweise:

Bender, NJW 1980, S. 1129 ff. (zum Wucherdarlehn).
Braun, JuS 1979, S. 692 ff. (zum Wegfall der Geschäftsgrundlage).
Brox, Allgemeiner Teil, Rdnr. 273–429.
Harenberg, NJW 1981, S. 99 f. (zum Wucherdarlehn).
Köhler, Allgemeiner Teil, §§ 14, 20, 22.
Lessmann, JuS 1969, S. 478 ff. (zur Irrtumsanfechtung nach § 119).
Sack, NJW 1985, S. 761 ff. (zum Begriff der „guten Sitten").
Weimar, Das BGB in Fällen, Bd. 1, Fälle zu §§ 116–124, 135–138.

BGH JuS 1978, S. 418 (zur falsa demonstratio).
BGH JuS 1985, S. 987 (zum Wegfall der Geschäftsgrundlage).
BGH JuS 1979, S. 663 (zum Verhältnis §§ 459 ff. zu § 119 II).
BGH JuS 1979, S. 740 (zu §§ 123, 124 und Ansprüchen aus culpa in contrahendo).

Kontrollfragen:

1. A mietet in einem Hotel in der S-Straße in Mainz ein Zimmer, um den Rosenmontagszug, der normalerweise dort vorbeigeführt wird, zu betrachten. Ein solcher „Fensterplatz" ist von Zuschauern begehrt und nur gegen hohes Entgelt zu haben. Wegen starker Schneefälle wird die abschüssige S-Straße für den Umzug unpassierbar. A muß hinaus auf die Straße, um etwas zu sehen. Muß er dennoch den (hohen) Mietzins zahlen?

2. B gibt dem einfältigen S ein Darlehn, das mit monatlich 10 % zu verzinsen ist. Ist das (gesamte) Geschäft nichtig?

3. S ist Geschäftsmann und stark verschuldet. Die B-Bank gewährt ihm ein Darlehn, vereinbart aber mit ihm, daß S der B-Bank sämtliche Forderungen (einschließlich der künftigen) gegen seine Kunden abtritt, damit die B-Bank (zum Nachteil der — zahlreichen — anderen Gläubiger des S) besonders abgesichert ist. Ist das Geschäft rechtlich in Ordnung?

Antworten zu den Kontrollfragen finden Sie auf S. 279.

IX. Vertretung

1. Voraussetzungen und Abgrenzung der Vertretung

1.1 Grundsituationen der Vertretung

155   a) Bei der Vertretung sind mindestens zwei Personen beteiligt, von denen die eine *Vertretener* (Geschäftsherr), die andere *Vertreter* genannt wird. Regelmäßig tritt ihnen ein Dritter gegenüber; es gibt allerdings Fälle, in denen die Rolle des Dritten entweder vom Vertreter oder vom Geschäftsherrn übernommen wird (vgl. § 181). Vertretung kann einmal bei der Abgabe, zum anderen auch beim Empfang von Willenserklärungen gegeben sein.

b) Die Vertretung ist Abgabe bzw. Empfang einer Erklärung *im Namen des Vertretenen* (§ 164 I; *Offenheitsgrundsatz*). Die Erklärung kann ausdrücklich im fremden Namen erfolgen oder entgegengenommen werden; die Stellung als Vertreter kann sich aber auch aus den Umständen ergeben.

> **Beispiel:** Derjenige, der für einen Gewerbebetrieb auftritt, handelt i. d. R. namens des Inhabers.

c) Rechtsfolge fehlender Offenlegung des Vertretungsverhältnisses ist, daß keine Fremdwirkung eintritt (§ 164 II; Ausnahme z. B.: § 1357 I 2). Der Handelnde muß sich als Selbstpartner behandeln lassen (s. Rdnr. 159).

1.2 Botenstellung

156   a) Der Bote gibt eine Willensäußerung so ab, daß sowohl die von ihm vorgebrachte Willensäußerung als Erklärung eines anderen wie der von ihm geäußerte Wille als Wille eines anderen gelten soll. Kennzeichen der Botenstellung ist, daß keine eigene, sondern eine *fremde* Willenserklärung übermittelt wird. Der Bote hat im Gegensatz zum Vertreter keinen Handlungsspielraum. Beschränkte Geschäftsfähigkeit erscheint entgegen h. M. erforderlich (entspr. § 165).

157   b) Bei *wissentlicher* Falschübermittlung einer Erklärung durch den Boten (Erklärungsbote) ist § 120 unanwendbar (vgl. oben Rdnr. 140); die Erklärung wirkt nicht gegen den vermeintlichen Absender. Hat der Bote eine empfangene Erklärung unrichtig weitervermittelt (Empfangsbote), so ist die darauf erfolgte Erklärung anfechtbar.

> **Beispiel:** V erklärt dem (Empfangs-) Boten B: „Ich verkaufe den Wagen für 8.000 DM.“ B geht zu K und sagt: „V will für 7.800 DM verkaufen.“ K erklärt daraufhin die Annahme des Angebots: Ein Vertrag ist zwar zustande gekommen, aber nach § 119 I (Inhaltsirrtum) anfechtbar, falls Irrtum objektiv und subjektiv erheblich ist.

c) Wer ohne Botenstellung eine Willenserklärung für den Erklärungsempfänger entgegennimmt, ist nicht Empfangsbote, er wird aber u. U. als Erklärungsbote des Absenders tätig.

1.3 Handeln unter fremdem Namen

158   Beim Handeln unter fremdem Namen sind zwei Fragen zu unterscheiden: 1) Wird der Handelnde oder der Namensträger Vertragspartner? 2) Ist der Vertrag wirksam oder genehmigungsfähig? Die Frage, wer Vertragspartner wird, richtet sich danach, ob bei der Erklärung die Person des Handelnden oder die des Namensträgers im Vordergrund steht. Das ist durch Auslegung unter Berücksichtigung der Interessenlage zu ermitteln. Ist der Name gleichgültig, so ist nur der Handelnde berechtigt und verpflichtet. Der Namensträger kann das Geschäft nicht durch Genehmigung nach § 177 an sich ziehen (dazu näher Rdnr. 184). Das ist bei Geschäften unter persönlich Anwesenden die Regel. Bei schriftlichen oder telefonischen Geschäftsabschlüssen wird dagegen der Vertragspartner mit dem Namensträger abschließen wollen, da der Name dann das einzige Individualisierungsmerkmal ist. Hier ist der Vertrag schwebend unwirksam, und der Namensträger kann genehmigen (vgl. BGHZ 45, S. 195). Erweckt der Vertreter den Anschein, er sei der Vertretene, sind die Vorschriften über die Vertretung entsprechend anzuwenden.

1.4 Abgrenzungsgesichtspunkte

a) Entstehen Zweifel darüber, ob jemand eine Willenserklärung als Vertreter oder als Bote eines anderen oder aber als Selbstpartner abgegeben hat, so muß aus dem ganzen Sachverhalt ermittelt werden, wie sein Verhalten zu deuten ist; d. h. es kommt auf das *nach außen erkennbare Auftreten* an (h. M.). **159**

b) Läßt sich nicht feststellen, ob jemand eine Willenserklärung als Vertreter, Bote oder Selbstpartner abgegeben hat, so kommt sein geheimer Wille, nicht als Selbstpartner zu handeln, nicht in Betracht (§ 164 II). Er ist in diesem Fall als Geschäftspartner zu behandeln (Eigengeschäft). Die gewollte Fremdwirkung des Handelns muß also erkennbar hervortreten, anderenfalls fehlt überhaupt ein Vertretungstatbestand. Ist es jedoch dem anderen Vertragspartner gleichgültig, mit wem er das Geschäft abschließt, so treten auch ohne Offenkundigkeit die Rechtswirkungen bei der Person ein, für die es abgeschlossen wurde (*Geschäft für den, den es angeht;* vgl. BGH NJW 1955, S. 587). Bei Bargeschäften (nicht Kreditkauf) erwirbt der Hintermann unmittelbar z. B. das Eigentum (kein „Durchgangserwerb", str.); jedoch keine Vertretung im Besitz, so daß Besitzübergang nach § 855 oder §§ 868, 181 erfolgt.

c) Ob eine Willenserklärung, die gegenüber einer bestimmten Person abgegeben wird, sich an diese als Vertreter eines anderen oder als Bote eines anderen oder als Selbstpartner wendet, ist durch Auslegung zu ermitteln (vgl. § 164 III).

2. Arten der Vertretung

Die Vertretung ist verschieden geregelt, je nachdem, ob sie auf einer Vollmacht oder auf gesetzlicher Vertretungsmacht beruht oder ohne Vertretungsmacht ausgeübt wird. Demgemäß lassen sich unterscheiden: Bevollmächtigter, gesetzlicher Vertreter und Vertreter ohne Vertretungsmacht. **160**

2.1 Vertretung kraft Vollmacht

2.1.1 Erteilung der Vollmacht

a) Vollmacht wird regelmäßig durch empfangsbedürftige Willenserklärung des Geschäftsherrn begründet (*Vollmachtserteilung, Bevollmächtigung*). **161** aa) Meist nimmt der Geschäftsherr sie gegenüber dem zu Bevollmächtigenden vor; die Vollmacht wirkt dann gegenüber jedermann (§ 167 I 1. Alt.). Weniger häufig gibt der Geschäftsherr die Erklärung, daß er jemandem Vollmacht erteile, gegenüber einem Dritten ab; sie wirkt dann nur im Verhältnis zu diesem Dritten (§ 167 I 2. Alt.).

bb) Vollmachtserteilung ist einseitiges empfangsbedürftiges Rechtsgeschäft, wird also mit Zugang rechtswirksam; unerheblich ist, ob der Vertreter oder der Dritte, dem gegenüber sie vorgenommen wird, sie annimmt.

> **Beispiel:** V will verreisen und läßt seinem Mieter M sagen, er gebe ihm für die Zeit seiner Abwesenheit Vollmacht in allen Mietangelegenheiten; M lehnt sofort ärgerlich ab; ein anderer Mieter, der hiervon erfährt, richtet daraufhin eine für V bestimmte Kündigung an M. Die Erklärung ist für und gegen V wirksam, auch wenn M die Entgegennahme der Kündigung verweigert.

162   cc) Die Vollmachtserteilung ist *formfrei,* selbst wenn die weiteren Rechtsgeschäfte, zu deren Vornahme der Vertreter bevollmächtigt ist, formbedürftig sind (§ 167 II); sie kann demnach mündlich — auch stillschweigend — erfolgen (anders z. B. bei §§ 1945 III, 12 II HGB, 80 ZPO).

> **Beispiele:** a) Wenn V seinen Hausmeister mündlich bevollmächtigt, das Haus zu verkaufen, ist die Vollmacht gültig, obschon der Hausverkauf notarieller Beurkundung bedarf (§ 313). b) Anders ist es bei unwiderruflicher Bevollmächtigung, da hiermit die Form des § 313 umgangen würde.

Der Geschäftsherr stellt vielfach dem Vertreter eine *Vollmachtsurkunde* aus. Bei einseitigen empfangsbedürftigen Rechtsgeschäften, die der Vertreter vornehmen soll, empfiehlt sich eine solche Urkunde. Der Dritte, dem gegenüber das Geschäft vorzunehmen ist, kann es nämlich zurückweisen, wenn der Vertreter ihm nicht eine Vollmachtsurkunde vorlegt; doch muß der Dritte dies unverzüglich tun und dabei den Grund der Zurückweisung angeben. Das Zurückweisungsrecht entfällt, wenn der Geschäftsherr die Vollmacht dem Dritten schriftlich oder mündlich angezeigt hatte. Öffentliche Beglaubigung ist nicht erforderlich: eine Privaturkunde genügt (§ 174).

> **Beispiel:** M wohnt bei V zur Miete; V hat A mündlich bevollmächtigt, ihn in allen Mietangelegenheiten zu vertreten. Nun kündigt A dem M die Wohnung fristlos wegen fortgesetzten ruhestörenden Lärms: unwirksam, wenn M die Kündigung mangels Vorlegung einer Vollmachtsurkunde sofort zurückweist. Daß M bisher A immer als Vertreter des V anerkannt und sogar den eigenen Mietvertrag über ihn abgeschlossen hat, ändert nichts.

163   b) Eine zweite Art der Vollmachtsbegründung beruht auf einer bloßen *Vollmachtsanzeige* des Geschäftsherrn.

aa) Bei der Vollmachtsanzeige teilt der Geschäftsherr entweder einem Dritten mit, er habe dem Vertreter Vollmacht erteilt, oder macht dies öffentlich bekannt oder händigt dem Vertreter eine Vollmachtsurkunde aus, die dieser einem Dritten vorlegt (§§ 171 I, 172 I). Der Kundgebungsakt entfaltet einen Rechtsschein wirksamer Bevollmächtigung.

> **Beispiel:** V händigt M die Vollmachtsurkunde aus, ohne ihm wirklich Vollmacht erteilen zu wollen und ohne ihm auch schon vorher Vollmacht erteilt zu haben; er will ihm die Vollmacht erst erteilen, wenn er abreist, ihm aber die Vollmachtsurkunde schon im voraus geben, weil er weiß, daß er bei Antritt der Reise solche Dinge leicht vergißt. Hier hat M Vollmacht schon dann, wenn er die ihm ausgehändigte Urkunde einem Dritten vorlegt, obschon die Vollmacht ihm in Wirklichkeit noch nicht „erteilt" ist.

bb) Die Vollmachtsanzeige wirkt, wenn sie durch öffentliche Bekanntmachung erfolgt, für und gegen jedermann; anderenfalls ist sie wirksam nur für und gegen den Dritten, dem der Geschäftsherr die Vollmachtserteilung anzeigt oder dem der Vertreter die Vollmachtsurkunde vorlegt (§§ 171 I, 172 I).

cc) Die Vollmachtsanzeige ist ebenso empfangs- und ebensowenig annahme- oder formbedürftig wie die Vollmachtserteilung.

dd) Da die Vollmachtsanzeige nur eine Tatsachenmitteilung enthält, ist sie kein Rechtsgeschäft. Sie ist aber entsprechend einem solchen zu behandeln; sie kann also z. B. wegen Irrtums angefochten werden, allerdings wegen § 171 nicht mit Rückwirkung.

c) Für einen bestimmten engen Kreis von Handlungen, die, ohne eine Vollmachtserteilung oder auch nur eine Vollmachtsanzeige notwendig zu enthalten, aber mit einer Vollmachtserteilung sehr häufig verbunden sind, ist bestimmt, daß sie ähnlich vollmachtsbegründend wirken wie Vollmachtserteilung und Vollmachtsanzeige. Hierher gehört die Vollmacht des Überbringers einer Quittung (§ 370) und die Vollmacht derer, die in einem Kaufmannsladen oder offenen Warenlager angestellt sind (§ 56 HGB). Vollmachten, die in dieser Art an einen Vertrauenstatbestand (Rechtsschein) anknüpfen, sind rechtsscheinbezogene gesetzliche Vollmachten. **164**

2.1.2 Duldungs- und Anscheinsvollmacht

In Ausnahmefällen treten die Rechtswirkungen der Bevollmächtigung auch ohne Vollmachtserteilung ein (vgl. BGH LM § 167 Nr. 13; BGH WM 1977, S. 1169): **165**

a) Tritt ein Dritter für den Vertretenen auf und duldet dieser das, so wird die fehlende Vollmacht durch einen *Vertrauenstatbestand* ersetzt (h. M.; a. M.: Vollmachtserteilung durch konkludentes Handeln); der Vertretene wird rechtsgeschäftlich verpflichtet und berechtigt. Man spricht hier von *Duldungsvollmacht.*

b) Bei der sog. *Anscheinsvollmacht* kennt der Vertretene das Auftreten des Dritten nicht, er hätte es aber kennen und verhindern können; aufgrund des Rechtsscheins wird der Vertretene aus dem Geschäft verpflichtet und berechtigt (h. M.; a. M.: reine Fiktion, keine Bindung, nur Haftung aus culpa in contrahendo; Rdnr. 195).

> **Beispiel:** A, Angestellter des Autohauses S, ist nur für Verwaltungstätigkeiten eingestellt; Verkäufe von Autos darf er nicht tätigen. Dennoch ist es mehrfach vorgekommen, daß A, wenn gerade von den Verkäufern niemand da war, für das Autohaus Verträge mit schnell entschlossenen Gebrauchtwagenkäufern abschloß. Dem Inhaber des Autohauses, E, ist davon nichts bekannt geworden, da er monatelang nicht im Betrieb war: Anscheinsvollmacht und damit rechtsgeschäftliche Bindung des E.

2.1.3 Rechtswirkungen der Vollmacht

Ein von einem Bevollmächtigten vorgenommenes Rechtsgeschäft wird nicht für dessen Person, sondern *für und gegen den Geschäftsherrn* wirksam (§ 164 I, III). **166**

a) Erforderlich ist zumindest *beschränkte Geschäftsfähigkeit* des Bevollmächtigten (§ 165). Die einem beschränkt Geschäftsfähigen erteilte Prokura (§§ 48 ff. HGB) ist also wirksam. Bei Handelsgeschäften (§ 343 HGB), die ein Vertreter abschließt, ist die Kaufmannseigenschaft des Geschäftsherrn notwendig, während es auf die Kaufmannseigenschaft des Bevollmächtigten nicht ankommt.

167 b) Die *Formen des Rechtsgeschäfts* muß der *Bevollmächtigte* beobachten, nicht der Geschäftsherr. Deshalb genügt es, daß der Bevollmächtigte mit seinem Namen unterzeichnet, sofern nur erkennbar ist, daß er im Namen eines anderen handelt. *Merke:* Der Bevollmächtigte darf den Vertrag auch mit dem Namen des Geschäftsherrn unterschreiben, wenn die Vertretungsmacht dazu ausreicht. Das Gesetz fordert nur die „eigenhändige" Unterschrift dessen, der die Erklärung abgibt (§ 126), nicht aber, daß die Unterschrift mit dem eigenen Namen des Erklärenden zu leisten ist. Daß es die „Eigenhändigkeit" der Unterschrift betont, schließt die Unterschrift durch einen Vertreter nicht aus.

168 c) Hängt die Wirkung eines Rechtsgeschäfts davon ab, daß ein Geschäftspartner einen bestimmten Umstand gekannt hat oder hätte kennen müssen, so ist das *Kennen* oder *Kennenmüssen* allein des *Bevollmächtigten* entscheidend; nur wenn der Bevollmächtigte nach bestimmten Weisungen des Geschäftsherrn gehandelt hat, kommt auch das Kennen oder Kennenmüssen des Geschäftsherrn in Betracht (§ 166 II).

> **Beispiel:** A bevollmächtigt B, bei C eine beliebige Vase für etwa 200 DM zu kaufen. B kauft im Namen des A bei C für 100 DM eine Vase, die einen Sprung hat. Hier darf A, wenn B den Sprung beim Kaufabschluß bemerkt hatte, die Vase nicht zurückweisen, auch wenn er selbst von dem Sprung erst nach Kaufabschluß Kenntnis hat gewinnen können (§ 460); wohl aber kann er sie zurückweisen, wenn der Sprung für B nicht erkennbar war, mag er auch selbst früher die Vase gesehen und dabei ihre Schadhaftigkeit bemerkt haben.

169 d) Für die Frage nach dem Vorliegen von *Willensmängeln* kommt es ausschließlich auf die Person des *Bevollmächtigten* an. Aber: der Irrtum des Bevollmächtigten ist unerheblich, wenn der Geschäftsherr die Tatsachen, auf die der Irrtum des Bevollmächtigten sich bezog, seinerseits richtig erkannt hat, vorausgesetzt, daß die vom Bevollmächtigten verkannten, vom Geschäftsherrn aber erkannten Tatsachen in den Rahmen der dem Bevollmächtigten vom Geschäftsherrn gegebenen Weisungen fielen (§ 166 II).

170 e) Die Rechte aus einem vom Vertreter wirksam getätigten Rechtsgeschäft fallen dem Geschäftsherrn zu, und zwar sofort, also ohne daß er von seinem Rechtserwerb etwas erfahren muß. Ebenso wird durch die Pflichten, die das Rechtsgeschäft begründet, nicht der Bevollmächtigte persönlich belastet; *Schuldner ist allein der Geschäftsherr.*

> **Beispiel:** A hat im Namen und kraft Vollmacht des B von C eine Wohnung gemietet. Das Mietverhältnis soll am 1. März beginnen, der Mietzins in Höhe von monatlich 800 DM im voraus bezahlt werden; B schickt die 800 DM an A, damit dieser sie an C abführe. A behält aber das Geld für sich. Hier kann C von A nicht Auszahlung der 800 DM verlangen; denn sein Schuldner ist nicht A, sondern B.

2.1.4 Umfang der Vertretungsmacht

171 Es fragt sich, welchen Umfang die Vollmacht jeweils hat, d. h. auf welchen Kreis von Rechtsgeschäften sie sich im Einzelfall erstreckt.

a) Beruht die Vollmacht auf einer *Vollmachtserteilung,* wird ihr Umfang von dem Geschäftsherrn bestimmt. Die Frage nach dem Vollmachtsumfang ist oft eine Ausle-

gungsfrage. Wir haben dabei zwischen dem Fall, daß die Vollmachtserteilung gegenüber dem Bevollmächtigten, und dem Fall, daß sie gegenüber einem Dritten stattge-
funden hat, zu unterscheiden.

aa) Im ersten Fall ist zunächst maßgebend, was der Geschäftsherr bei der Vollmachtserteilung gegenüber dem Bevollmächtigten geäußert hat; auch Nebenumstände, soweit sie dem Bevollmächtigten erkennbar gewesen sind, können beachtlich sein.

bb) Im zweiten Fall ist entscheidend, was der Geschäftsherr bei der Vollmachtserteilung gegenüber dem Dritten geäußert hat. Andere Umstände werden nur berücksichtigt, wenn sie in dem entscheidenden Zeitpunkt dem Dritten bekannt oder erkennbar
gewesen sind, während es auf Kennen oder Kennenmüssen des Bevollmächtigten nicht
ankommt.

b) Die Frage, ob ein Bevollmächtigter seine Vollmacht auf einen anderen übertragen, richtiger: ob er
im Namen des Geschäftsherrn einem anderen Untervollmacht erteilen kann, ist nur zu bejahen, wenn
der Geschäftsherr die Erteilung der Untervollmacht erlaubt oder sie als verkehrsüblich angesehen
werden kann.

c) Beruht die Vollmacht auf einer *Vollmachtsanzeige*, so gelten die obigen Ausführungen entspre- **172**
chend. Maßgebend für die Bestimmung des Vollmachtsumfangs ist demnach, was aus der dem Dritten gemachten Mitteilung oder aus der öffentlichen Bekanntmachung oder aus der dem Dritten vorge-
legten Vollmachtsurkunde als „Vollmachtswille" des Geschäftsherrn zu entnehmen ist, sowie alle
Umstände, die, erkennbar für den Dritten, sonst noch für die Auslegung der Vollmachtsanzeige in
Betracht kommen. Dagegen bleiben Dinge, die nur dem Bevollmächtigten bekannt sein konnten, unberücksichtigt. Der Dritte ist also durch eine Vollmachtsanzeige sicherer gestellt als bei einer Vollmachtserteilung.

2.1.5 Verbot des Insichgeschäfts

Für den Bevollmächtigten gilt die Sonderregel, daß er im Namen des Geschäftsherrn **173**
einen Vertrag weder mit sich selbst als Vertragspartner noch mit sich selbst als Vertreter eines Dritten abschließen kann, es sei denn, daß entweder der Geschäftsherr ihm
den Vertragsabschluß mit sich selbst erlaubt hatte oder der Vertragsabschluß ausschließlich in der Erfüllung einer Verbindlichkeit besteht (§ 181). Eine entsprechende
Regel gilt für einseitige Rechtsgeschäfte, die von dem Bevollmächtigten oder gegenüber ihm vorgenommen werden.

> **Beispiel:** Wenn M, der zugleich Mieter und Hausmeister im Mietshaus des V ist, von V Voll-
> macht zur Verwaltung des Hauses besitzt, kann er trotzdem seinen eigenen Mietzins nicht än-
> dern, er kann sich selbst nicht kündigen usw. Dagegen kann er seinen eigenen fälligen Mietzins
> ohne weiteres an sich selbst zahlen, d. h. er kann einseitig bestimmen, daß gewisse vor ihm lie-
> gende Geldscheine, die bisher ihm gehörten, in das Eigentum des V übergehen und daß damit
> seine Mietschuld gegenüber V in Höhe dieser „Zahlung" erlischt.

Sinn und Zweck des § 181 ist es, Interessenkollisionen zu verhindern. Daraus folgt aber,
daß trotz Beteiligung des Vertreters auf beiden Seiten des Geschäfts dieses wirksam sein
kann, wenn nach der Natur des Rechtsgeschäfts eine Interessenkollision generell-
abstrakt ausscheidet (h. M.). Doch gilt § 181 z. B. für den geschäftsführenden Alleinge-
sellschafter einer GmbH (§ 35 IV GmbHG).

2.1.6 Erlöschen der Vollmacht

174 a) Den Erklärungen, die der Geschäftsherr bei Erteilung der Vollmacht abgibt, ist — ggf. in Verbindung mit der Verkehrssitte — regelmäßig zu entnehmen, daß die Vollmacht mit dem Eintritt gewisser Tatsachen ein Ende haben soll. Treten diese Tatsachen ein, erlischt die Vollmacht, ohne daß der Geschäftsherr dies noch besonders erklären müßte (§ 168 S. 1).

> **Beispiele:** a) Die Vollmacht gilt einem Einzelgeschäft oder ist nur auf bestimmte Zeit erteilt.
> b) A stellt folgende Vollmacht aus: „Ich bevollmächtige meinen Hausverwalter H zum Einziehen der Mieten meines Hauses". Hier ist die Vollmacht „kausal" zu verstehen; sie soll nur gelten, solange H Hausverwalter bei A ist.

175 Außerdem erlischt die Vollmacht dadurch, daß der Geschäftsherr sie widerruft, auch wenn er sich bei Begründung der Vollmacht ein Widerrufsrecht nicht vorbehalten hat. Der Widerruf ist jederzeit statthaft und bedarf keiner Begründung (§ 168 S. 2); er ist ein empfangsbedürftiges, einseitiges, formfreies Rechtsgeschäft und kann sowohl gegenüber dem Bevollmächtigten wie gegenüber jedem Dritten — in diesem Fall freilich nur mit Wirkung für und gegen den Dritten — erklärt werden. Es kann aber bei Begründung der Vollmacht die Widerruflichkeit eingeschränkt werden. Eine solche Bestimmung wird oft „stillschweigend" getroffen, wenn die Vollmacht „kausal" für die Dauer eines anderen Rechtsverhältnisses begründet worden ist und der Geschäftsherr dieses Rechtsverhältnis nicht einseitig aufheben kann.

176 b) Ist eine Vollmacht erloschen, verliert sie ihre Wirksamkeit sofort, ohne daß es darauf ankommt, ob der Dritte, dem gegenüber die Vollmacht wirksam sein soll, das Erlöschen erfahren hat. Doch wird dieser Grundsatz nur bei Vollmachten, die auf einer Vollmachtserteilung gegenüber dem Vollmachtnehmer beruhen, streng durchgeführt. Ausnahmen gelten für die Fälle der Vollmachtserteilung gegenüber einem Dritten und der Vollmachtsanzeige; hier verliert die Vollmacht ihre Wirkung gegenüber diesem Dritten erst dann, wenn der Geschäftsherr das Erlöschen der Vollmacht gerade dem Dritten mitteilt oder die Vollmachtsanzeige ihm gegenüber zurücknimmt (§§ 170, 171 II). Ähnliches gilt für den Fall öffentlich bekanntgemachter Vollmachtsanzeige (§ 171 II). Die Vollmacht, die auf Vorlegung einer Vollmachtsurkunde seitens des Vollmachtnehmers beruht, verliert ihre Wirksamkeit erst dann, wenn die Urkunde dem Geschäftsherrn zurückgegeben oder für kraftlos erklärt wird (§ 172 II; zur Kraftloserklärung vgl. § 176). Diese Ausnahmen entfallen, wenn der Dritte bei Vornahme eines Rechtsgeschäfts zwischen ihm und dem Vollmachtnehmer das Erlöschen der Vollmacht gekannt hat oder hätte kennen müssen (§ 173).

2.1.7 Sonderproblem: Mittelbare Vertretung und Treuhandverhältnis

177 a) Häufig kommt es vor, daß jemand ein Rechtsgeschäft, das seine Interessen berührt, weder in eigener Person noch durch einen in seinem Namen handelnden Vertreter vornehmen will, sondern die Vornahme einem anderen überläßt, der dabei selbst als Geschäftspartner auftritt. Der andere soll zwar im Interesse („für Rechnung") des Geschäftsherrn, aber im eigenen Namen handeln. Hier spricht man von *mittelbarer* oder *indirekter* („verdeckter") *Vertretung*. Der Beteiligte, der das Interesse des Geschäftsherrn im eigenen Namen wahrnimmt, wird als mittelbarer oder indirekter Vertreter, bei Vorliegen eines Treuhandverhältnisses als *Treuhänder* bezeichnet. In beiden Fällen liegt ein fremdbezogenes Handeln im *eigenen* Namen vor. Ein eigentliches Treuhandverhältnis entsteht, wenn jemand (Treugeber) einem anderen (Treuhänder) ein Recht, z. B. das Eigentum an einer Sache oder eine Forderung, überträgt mit der schuldrechtlichen Abrede, daß der Treuhänder das Recht nur vereinbarungsgemäß ausüben darf. Da der mittelbare Vertreter (Treuhänder) das ihm übertragene Geschäft im eigenen Namen vornimmt, sind sowohl die Voraussetzungen wie die Rechtswirkungen des Geschäfts grundsätzlich al'lein auf seine Person bezogen (vgl. aber § 392 II HGB); er hat aber Anspruch gegen den Auftraggeber auf Befreiung von den Verbindlichkeiten (z. B. aus Geschäftsbesorgungsvertrag, §§ 675, 670).

b) Es ist nicht erforderlich, daß er sich dem Dritten, gegenüber dem er das Geschäft vornimmt, als mittelbarer Vertreter bzw. Treuhänder zu erkennen gibt. Dies gilt auch dann, wenn er weiß, daß seine Beziehungen zu dem Geschäftsherrn dem Dritten nicht gleichgültig sind.

> **Beispiel:** A will einen entmieteten Häuserblock als Abbruchsobjekt erwerben, um dort ein Einkaufs-Center zu errichten. Nun würden, wenn dieser Plan bekannt wird, die jetzigen Eigentümer der Häuser sehr hohe Kaufpreisforderungen stellen; denn jedes dieser Häuser hat für A im Zusammenhang mit seinem Vorhaben einen größeren Wert als bei Einzelveräußerung; deshalb betraut A mit dem Erwerb der Häuser drei Makler, die getrennt in eigenem Namen auftreten, aber verschweigen sollen, daß A hinter ihnen steht.

c) Der Geschäftsherr kann, wenn es sich um die Verfügung über ein ihm zustehendes **178** Recht handelt, das Recht als solches auf den Treuhänder übertragen, um ihn dadurch in den Stand zu setzen, nach außen im eigenen Namen über das Recht zu verfügen. Der Treuhänder ist dann *Inhaber* des Rechts und kann es ausüben. Die Verfügung des Treuhänders über das Recht darf aber nur im Rahmen des vereinbarten Zwecks vorgenommen werden (*fiduziarische* Rechtsübertragung). Soll das Treugut eine Forderung des Treunehmers gegen den Treugeber sichern, spricht man von *Sicherungstreuhand* (Hauptfall: Sicherungsübereignung, s. Rdnr. 662 ff.). Als weiterer Weg, dem Treuhänder die Verfügung über ein Recht des Geschäftsherrn zu ermöglichen, kommt in Betracht, den Treuhänder zu ermächtigen, über das Recht im eigenen Namen zu verfügen (*Verwaltungstreuhand*; Hauptfall: *Inkassozession, Rdnr. 365*).

d) Die Rechte, die aus dem Geschäft entstehen, sind Rechte des Treuhänders; dem Geschäftsherrn fallen sie erst zu, wenn der Treuhänder sie auf ihn überträgt. Bei Forderungsrechten kann der Treuhänder, wie wir später sehen werden, mit dem Geschäftspartner vereinbaren, daß sie für den Geschäftsherrn unmittelbar entstehen (§ 328; s. Rdnr. 346 ff.).

> **Beispiel:** A kann im obigen Fall also nicht von den Verkäufern die Übereignung der Häuser fordern, sondern dieser Anspruch steht zunächst nur den Maklern, einem jeden bezüglich des gerade von ihm gekauften Hauses, zu. A kann allerdings die Übertragung der Auflassungsansprüche verlangen (zumindest aus § 667). Das gilt aber nur im Innenverhältnis zwischen A und den Maklern; dagegen geht es die Verkäufer nichts an.

2.1.8 Das Verhältnis Vollmachtgeber — Bevollmächtigter

Bisher haben wir das *Außenverhältnis* der Vollmacht erörtert, also die Frage, ob je- **179** mand für einen anderen eine Vollmacht gegenüber Dritten besitzt und wie weit diese Vollmacht gegenüber Dritten geht. Den Gegensatz zu dem Außenverhältnis bildet das

Innenverhältnis zwischen dem Geschäftsherrn und dem Bevollmächtigten. Von diesem Verhältnis hängt vor allem die Frage ab, ob und in welcher Art der Bevollmächtigte von der ihm erteilten Vollmacht Gebrauch machen darf und Gebrauch zu machen hat.

a) Für das Innenverhältnis stellt das Gesetz nur eine einzige Regel auf: Der Bevollmächtigte hat nach dem Erlöschen der Vollmacht die ihm etwa erteilte Vollmachtsurkunde dem Vollmachtgeber zurückzugeben; ein Zurückbehaltungsrecht an ihr steht ihm nicht zu (§ 175).

b) Im übrigen sind die besonderen schuldrechtlichen Beziehungen zwischen Vollmachtgeber und Bevollmächtigtem maßgebend, und diese können sehr verschieden sein; es kann zwischen beiden ein Auftrags-, ein Dienst-, ein Gesellschafts-, ein Pachtverhältnis usw. bestehen. Hiernach handelt der Bevollmächtigte im Innenverhältnis gegenüber dem Geschäftsherrn pflichtwidrig (und ist u. U. Schadensersatzforderungen ausgesetzt), wenn er ein Rechtsgeschäft mit einem Dritten vornimmt, das ihm im Innenverhältnis untersagt ist, im Außenverhältnis aber von der Vollmacht gedeckt ist; umgekehrt kann der Geschäftsherr im Innenverhältnis seine Pflichten gegenüber dem Bevollmächtigten verletzen, wenn er entgegen vertraglicher Abmachung die Vollmacht widerruft, wozu er im Außenverhältnis befugt ist.

2.2 Gesetzliche Vertretungsmacht

2.2.1 Unterschied zur Vollmacht und Arten

180 Die gesetzliche Vertretungsmacht ist von der Vollmacht zu unterscheiden:

a) Ihre Begründung kann unmittelbar durch *Gesetz* geschehen.

> **Beispiel:** Elterliche Gewalt, § 1629.

Sie kann aber auch erst durch *gerichtliche Anordnung* erfolgen.

> **Beispiele:** Vormundschaft, § 1793; Pflegschaft, § 1909.

Gegenüber dem gesetzlich bestimmten Umfang dieser Vertretungsmacht kommt es auf den Willen des Vertretenen — anders als bei der Vollmacht — nicht an: die gesetzliche Vertretungsmacht besteht auch gegen den Willen des Vertretenen.

b) Die gesetzlichen Vertreter sind teils echte Vertreter (z. B. Eltern usw.), teils besitzen sie als *Organe* einer juristischen Person die Stellung von gesetzlichen Vertretern (z. B. Vorstand der AG oder des eingetragenen Vereins, Geschäftsführer der GmbH). Das Handeln der Organe gilt als eigenes Handeln der juristischen Person. Organschaft reicht weiter als Stellvertretung (vgl. § 31).

Die sog. *Parteien kraft Amtes* (z. B. Konkursverwalter, Nachlaßverwalter) handeln im eigenen Namen für ein Sondervermögen. Sie sind nicht Vertreter. Die Vertretungsregeln sollten aber entsprechend angewandt werden (str.).

2.2.2 Umfang

181 Der Umfang der gesetzlichen Vertretungsmacht ist für die einzelnen Arten gesetzlicher Vertreter verschieden geregelt. Allgemein gilt, daß der gesetzliche Vertreter ge-

genüber sich selbst (als Geschäftspartner) oder als Vertreter eines Dritten Rechtsgeschäfte nur in ähnlich beschränkter Art vornehmen kann wie ein Bevollmächtigter
(§ 181). Die Prokura (§§ 48 ff. HGB) ist keine gesetzliche Vertretungsmacht; sie wird
rechtsgeschäftlich erteilt; ihr Umfang ist dagegen gesetzlich bestimmt.

2.2.3 Wirkungen

Die Wirkungen der gesetzlichen Vertretungsmacht sind nicht anders als bei der Voll- **182**
macht, nur kommt es auf das Kennen, Kennenmüssen oder einen Willensmangel des
Vertretenen nicht an (§ 166 I).

> **Beispiel:** K bittet seinen Vormund V, Inhaberpapiere für ihn zu kaufen, von denen er weiß,
> daß sie gestohlen sind, während V in gutem Glauben ist. § 166 I hindert hier nicht, daß K, wenn
> V die Bitte erfüllt, Eigentümer der Papiere wird (str.; u. U. ist § 166 II entsprechend anzuwen-
> den).

Das Erlöschen der gesetzlichen Vertretungsmacht ist für die verschiedenen Arten der
gesetzlichen Vertretung nicht einheitlich geregelt. Einen Schutz Dritter, die von dem
Erlöschen ohne ihr Verschulden keine Kenntnis hatten, gibt es nur beschränkt (§§ 68,
1357 II).

Merke: Zwischen Außen- und Innenverhältnis ist hier ebenso zu unterscheiden wie bei
der Vollmacht.

> **Beispiel:** Wenn die Eltern für ihren minderjährigen Sohn mit dessen Geld ein Grundstück of-
> fensichtlich um 50.000 DM zu teuer erwerben, ist der Ankauf für den Sohn verbindlich. Die
> Eltern sind aber schadensersatzpflichtig (§§ 1664, 277).

2.3 Vertretung ohne Vertretungsmacht

2.3.1 Begriff

Vertretung ohne Vertretungsmacht liegt vor, wenn ein Rechtsgeschäft von oder ge- **183**
genüber einem Vertreter vorgenommen wird, der keine Vertretungsmacht hat bzw.
mit dem vorgenommenen Rechtsgeschäft die Grenzen der Vertretungsmacht überschreitet. Sonderregeln gelten für den Fall, daß ein gesetzlicher Vertreter ein Rechtsgeschäft ohne die erforderliche Zustimmung des Gegenvormunds oder des Vormundschaftsgerichts abschließt (§§ 1829–1832, 1643 I).

Die Vertretungsmacht fehlt, wenn sie nicht wirksam erteilt, überschritten oder erloschen ist und Rechtsscheinstatbestände (oben Rdnr. 165) nicht greifen.

2.3.2 Rechtswirkungen

a) Hat jemand als Vertreter eines anderen einen Vertrag abgeschlossen, ohne hierzu **184**
Vertretungsmacht zu besitzen, so ist der Vertrag *schwebend unwirksam.* Der Vertretene kann den Vertrag *genehmigen* (§ 177 I); solange die Genehmigung nicht erfolgt ist,
kann der andere Partner den Vertrag *widerrufen,* es sei denn, daß ihm bei Abschluß
des Vertrags der Mangel der Vertretungsmacht bekannt gewesen ist (§ 178). Während
des Schwebezustands können sowohl der Vertretene wie der Vertreter weder die Er-

füllung des Vertrags fordern noch zur Erfüllung gezwungen werden: der Vertretene nicht, weil der Vertreter zum Abschluß des Vertrags keine Vertretungsmacht besaß, der Vertreter nicht, weil er den Vertrag nicht in eigenem Namen abgeschlossen hat.

185 b) Hat der Vertretene den Vertrag genehmigt, dann wird der Vertrag so behandelt, wie wenn der Vertreter von Anfang an Vertretungsmacht gehabt hätte (§ 184 I). Der Vertrag ist also für und gegen den Vertretenen wirksam, für und gegen den Vertreter unwirksam (§ 177 I, 164 I). Solange die Genehmigung weder erklärt noch verweigert ist, kann der andere Partner den (bindenden) Schwebezustand beenden, und zwar nach § 178 durch Widerruf oder nach § 177 II durch erfolglose Aufforderung, sobald die Genehmigung als verweigert gilt (§ 177 II 2: Ablauf der Zweiwochenfrist).

Hat der Vertretene es abgelehnt, den Vertrag zu genehmigen, ohne daß zuvor der andere Partner ihn widerrufen hat, oder gilt die Genehmigung als verweigert (§ 177 II 2), dann ist der Vertrag endgültig unwirksam.

186 c) Hat der Vertreter die Genehmigung verweigert oder gilt sie als verweigert (177 II 2), ergibt sich folgende Situation: Der Vertreter ist gegenüber dem anderen Partner kraft Gesetzes persönlich haftbar. Und zwar haftet er ihm nach dessen Wahl entweder auf Erfüllung (u. U. Gegenleistungspflicht!), wie wenn der Vertreter den Vertrag im eigenen Namen geschlossen hätte, oder auf Ersatz des Schadens, den der andere Partner dadurch erleidet, daß der Vertrag nicht zustande gekommen ist (§ 179 I). Nur wenn der Vertreter den Mangel der Vertretungsmacht nicht gekannt hat, haftet er lediglich für den Vertrauensschaden des anderen Partners, für den Schaden also, den dieser dadurch erleidet, daß er auf die Gültigkeit des Vertrags vertraut (z. B. Vertragskosten), bis zur Grenze des Erfüllungsinteresses (§ 179 II).

Die Haftung des Vertreters (§ 179 I oder II) entfällt, wenn der andere Partner bei Abschluß des Vertrags den Mangel der Vertretungsmacht gekannt hat oder hätte kennen müssen oder wenn der Vertreter nur beschränkt geschäftsfähig war und ohne die Zustimmung seines gesetzlichen Vertreters gehandelt hat (§ 179 III). Die Haftung entfällt ferner bei Widerruf (§ 178) oder wenn der Vertrag schon aus anderem Grund unwirksam ist (z. B. § 125).

187 d) Die Vorschriften über Verträge finden auf einseitige empfangsbedürftige Rechtsgeschäfte, die gegenüber dem anderen Partner vorzunehmen sind (z. B. Kündigung), entsprechende Anwendung nur dann, wenn der andere die von dem Vertreter behauptete Vertretungsmacht nicht bei der Vornahme des Rechtsgeschäfts beanstandet hat oder damit einverstanden war, daß der Vertreter ohne Vertretungsmacht handelte (§ 180 S. 2), bzw. — bei einseitigen Rechtsgeschäften, die gegenüber dem Vertreter vorgenommen worden sind — wenn der Vertreter mit der Vornahme einverstanden war (§ 180 S. 3). Im übrigen sind die Vorschriften über Verträge auf einseitige Rechtsgeschäfte unanwendbar (§ 180 S. 1). Der Vertretene kann sie also nicht genehmigen, und der Vertreter ist aus § 179 I, II nicht haftbar.

> **Beispiel:** A kündigt namens des Vermieters B, aber ohne Vertretungsmacht, dem Mieter C dessen Wohnung. C schweigt auf die Kündigung, weil er in entschuldbarem Irrtum glaubt, B habe A zu der Kündigung bevollmächtigt. Hier kann B die Kündigung genehmigen, und zwar auch nach Ablauf der Kündigungsfrist. Solange B nicht genehmigt, kann C die Kündigung nachträglich zurückweisen, und zwar auch dann, wenn er sich A gegenüber mit der Kündigung einverstanden erklärt hatte.

3. Mißbrauch der Vertretungsmacht

a) Der Grundsatz, daß die Vertretungsmacht (Außenverhältnis) von Beschränkungen **188** im Verhältnis Vollmachtgeber − Bevollmächtigter unbeeinflußt bleibt, ist durchbrochen, soweit der Dritte *weiß* (a. M. läßt Wissenmüssen genügen), *daß der Vertreter im Innenverhältnis pflichtwidrig handelt* und der Vertreter sich der Überschreitung der Vertretungsmacht bewußt ist. Liegen diese Voraussetzungen vor, so wird der Vertretene nicht gebunden, kann aber genehmigen (vgl. oben Rdnr. 184). Bei allein dem anderen Geschäftspartner erkennbarem Mißbrauch der Vertretungsmacht − begründete Zweifel genügen − kommt zwar das Geschäft mit dem Vertretenen zustande, doch kann diesem die Einrede der Arglist (§ 242) zustehen.

b) Handeln Vertreter und Dritter einverständlich zusammen, um den Vertretenen zu schädigen (*Kollusion*), sind die §§ 177 ff. anwendbar, nach a. M. ist der Vertrag gem. § 138 nichtig.

> **Beispiel:** V, Vertreter des Textilherstellers H, schließt mit dem Inhaber E eines Warenhauses Verträge, die äußerst günstige Konditionen für E enthalten, da beide darüber einig sind, daß der steinreiche H ruhig etwas „bluten" dürfe.

Literaturhinweise:

Brox, Allgemeiner Teil, Rdnr. 464−558.
Coing, Die Treuhand kraft privaten Rechtsgeschäfts, 1973.
Frotz, Verkehrsschutz im Vertretungsrecht, 1973.
Köhler, Allgemeiner Teil, § 18.
Lieb, JuS 1967, S. 106 ff. (zum Handeln unter fremdem Namen).
Müller-Freienfels, Die Vertretung beim Rechtsgeschäft, 1955.
Prölss, JuS 1985, S. 577 ff. (zur Vertretung ohne Vertretungsmacht).
Prölss, JuS 1986, S. 169 ff. (zur Haftung bei Vertretung ohne Vertretungsmacht).
Schimikowski, JA 1986, S. 345 ff. (zur Eigenhaftung des Vertreters).
Siebenhaar, AcP 162, S. 354 ff. (zum Vertreter des Vertreters).
Weimar, Das BGB in Fällen, Bd. 1, Fälle zu §§ 164−181.
Westermann, Allgemeiner Teil, §§ 17, 18.

BGHZ 68, S. 391 (zur mehrstufigen Vertretung).

Kontrollfragen:

1. A, Vorstand des X-Vereins e. V., schafft für das Vereinshaus bei V eine Bar aus Teakholz an, obgleich erst kurz zuvor eine Mitgliederversammlung beschlossen hatte, daß auf eine Bar vorläufig verzichtet werden sollte. Ist ein Vertrag zwischen V und dem Verein zustande gekommen?

2. Wen treffen die Rechte und Pflichten aus einem Treuhandgeschäft?

Antworten zu den Kontrollfragen finden Sie auf S. 280.

B. Schuldrecht — Allgemeiner Teil

I. Schuldrecht und Schuldverhältnis im allgemeinen

189 Die *Funktion* des Schuldrechts liegt wesentlich in der Ermöglichung des Güterumsatzes. Das Schuldrecht liefert die rechtlichen Instrumente für die Befriedigung materieller und immaterieller Bedürfnisse sowie für den Ausgleich wirtschaftlich divergenter Interessen. Es erfüllt seine Aufgaben, indem es in erster Linie eine Vertragsordnung bereitstellt (Beschreibung bestimmter Vertragstypen im Besonderen Teil des Schuldrechts, wesentliche Bestimmung von Inhalt und Grenzen der Vertragsfreiheit und von Voraussetzungen und Folgen der Leistungsstörungen im Schuldverhältnis), aber auch — außervertraglich — den Ausgleich ungerechtfertigter Vermögensverschiebungen (§§ 812 ff.; 677 ff.) sowie den Personen- und Güterschutz regelt (§§ 823 ff.).

Im Vordergrund steht dabei das *Schuldverhältnis* als Gesamtheit der sich aus der zwischen mindestens zwei Personen bestehenden rechtlichen Verbindung ergebenden Rechte und Pflichten. Als einzelne Leistungsbeziehung umschreibt der Begriff Schuldverhältnis auch die aus der konkreten Sonderverbindung folgenden Rechte und Pflichten (Forderungsrecht und Leistungspflicht; § 241). In diesem Rahmen intendiert das Schuldrecht prinzipiell die Vorbereitung einer Änderung der — im Sachenrecht festgelegten — Güterzuordnung. Das Schuldrecht trägt daher „dynamischen" Charakter, während die sachenrechtliche Ordnung eher „statische" Züge aufweist.

Das Schuldrecht ist der strukturell einschneidend richterrechtlich „fortgeschriebene" Teil der Privatrechtsordnung; es ist auch anwaltsjuristisch besonders geprägt.

II. Begründung von Schuldverhältnissen

1. Gründe und Arten der Entstehung von Schuldverhältnissen

1.1 Rechtsgeschäftliche Entstehung

190 a) Schuldverhältnisse können durch rechtsgeschäftliches Handeln entstehen, und zwar sowohl durch *einseitiges Rechtsgeschäft* als auch — typischerweise — durch *Vertrag* (vgl. § 305). Die Begründung durch einseitiges Rechtsgeschäft ist nur in den gesetzlich festgelegten Fällen möglich (z. B. §§ 81, 657 ff.; 784, 793 ff.).

191 b) Die Verträge des Schuldrechts sind in bestimmter Hinsicht von den zu ihrer Erfüllung notwendigen Absprachen und Handlungen verschieden.

aa) So wird zwischen *Verpflichtungs*- und *Verfügungsverträgen* differenziert (vgl. dazu bereits Rdnr. 73—75); erstere sind Schuldverträge, sie schaffen die Verbindlichkeit. Verfügungsverträge sind abstrakt, d. h. losgelöst vom schuldrechtlichen Grundverhältnis und regelmäßig sachenrechtlich strukturiert (z. B. §§ 929, 873, 1204). Verpflichtungsgeschäfte sind nur in einigen Fällen abstrakt (z. B. §§ 780, 781, 784, 793). Außer im Sachenrecht gibt es Verfügungsverträge auch im Schuldrecht, z. B. Erlaß (§ 397), Zession (§§ 398 ff.), Schuldübernahme (§§ 414 ff.).

bb) Weiter werden *entgeltliche* (Kauf-, Mietvertrag usw.) und *unentgeltliche* Verträge (Schenkung, Gefälligkeitsgeschäfte) unterschieden.

cc) Nach den aus dem Vertrag sich ergebenden Verpflichtungen lassen sich unterscheiden: 1. *gegenseitige*, 2. *unvollkommen zweiseitig verpflichtende* und 3. *einseitig verpflichtende* Verträge.

> **Beispiele:** a) Kauf (§ 433) ist gegenseitiger Vertrag deshalb, weil der eine Vertragsteil eine Leistung gerade deshalb verspricht, weil auch der andere sich zu einer Leistung verpflichtet. Zu diesem Vertragstyp gehören alle Austauschverträge.
>
> b) Auftrag (§ 662) ist unvollkommen zweiseitiger Vertrag deshalb, weil zwar nur der Beauftragte verpflichtet ist, im Einzelfall aber auch der Auftraggeber verpflichtet sein kann (z. B. Aufwendungsersatzpflicht des Auftraggebers, § 670), ohne daß jedoch diese Leistung (wie etwa ein „Entgelt") mit der Leistungspflicht des Beauftragten in einer Austauschverknüpfung steht.
>
> c) Schenkung (§ 516) und Bürgschaft (§ 765) sind dagegen einseitig verpflichtende Verträge, weil hier immer nur ein Vertragspartner verpflichtet ist.

dd) Es gibt ferner *formlose* und *formgebundene* Verträge (vgl. zur Formgebundenheit z. B. §§ 566, 581, 761, 766, 780, 781, 793, 518, 311, 313) sowie *Konsensual-* und *Realverträge* (bei letzteren soll noch ein „reales" Moment hinzutreten; vgl. jedoch unten Rdnr. 469).

ee) Von erheblicher Bedeutung ist die Unterscheidung zwischen Verträgen, die auf *einmalige*, und solchen, die auf *dauernde* Leistungen gerichtet sind: sog. *Dauerschuldverhältnisse*, z. B. Miete (§ 535), Arbeitsvertrag (§ 611); besondere Ausprägung: Sukzessivlieferungsvertrag (z.B. Bierlieferungsvertrag), Wiederkehrschuldverhältnis (z. B. Energielieferungsvertrag). Bei Dauerverträgen ist die einseitige Auflösung des Vertrags nur begrenzt möglich (dazu Rdnr. 311).

1.2 Gesetzliche Entstehung

Kraft Gesetzes entstehen Schuldverhältnisse vor allem in Fällen sog. unerlaubter Handlung (§§ 823 ff.; Rdnr. 573 ff.), ungerechtfertigter Bereicherung (§§ 812 ff.; Rdnr. 552 ff.), einer Gemeinschaft nach Bruchteilen (§§ 741 ff.; Rdnr. 548 ff.), der Geschäftsführung ohne Auftrag (§§ 677 ff.; Rdnr. 504 ff.), der Einbringung von Sachen beim Gastwirt (§§ 701 ff.; Rdnr. 519). Ferner besteht ein gesetzliches Schuldverhältnis z. B. zwischen Eigentümer und Besitzer (§§ 987 ff.; Rdnr. 785 ff.), Eigentümer und Pfandgläubiger (§§ 1215 ff.; Rdnr. 695), zwischen Finder und Verlierer (§§ 965 ff.; Rdnr. 659); auch aus familien- und erbrechtlichen Tatbeständen können sich gesetzliche Schuldverhältnisse ergeben (vgl. §§ 1360, 1361, 1569 ff., 1601 ff., 2303 ff., 2147 ff.).   **192**

1.3 Sozialer Kontakt

Unter sozialem Kontakt versteht man die *Anbahnung von Vertragsverhandlungen*. Dieser Tatbestand begründet eine schuldrechtliche Sonderverbindung, aus der sich Schutz-, Fürsorge- und Erhaltungspflichten ergeben. Eine solche Sonderverbindung kann z. B. schon mit dem Betreten eines Geschäftshauses, auch ohne Kaufabsicht, entstehen. Sozialer Kontakt liegt auch vor, wenn jemand zur Verwirklichung eines   **193** bestimmten Zwecks Rechtsgüter dem Einfluß eines anderen anvertraut. Auch bei sog. Gefälligkeitsverhältnissen (dazu unten Rdnr. 500) wird man – entgegen der noch zurückhaltenden Rechtsprechung – Schutzpflichten aus sozialem Kontakt anerkennen müssen.

2. Abschluß und Gestaltung schuldrechtlicher Verträge

2.1 Grundsatz der Vertragsfreiheit

194   a) Vertragsfreiheit bedeutet, daß man im Rahmen der gesetzlichen Grenzen Verträge abschließen, ändern und aufheben kann. Der Grundsatz der Vertragsfreiheit beinhaltet vor allem *Abschluß-* und *inhaltliche Gestaltungsfreiheit*; er stellt eine Konkretisierung der allgemeinen Handlungsfreiheit (Art. 2 I GG) dar.

b) Die Abschlußfreiheit ist vielfach durchbrochen (z. B. durch Abschlußzwang). Man unterscheidet *unmittelbaren* und *mittelbaren Abschlußzwang*. Unmittelbaren Abschlußzwang gibt es z. B. nach §§ 453, 459 HGB. Mittelbarer Abschlußzwang besteht z. B. nach §§ 25 ff., 35 GWB sowie dort, wo die Ablehnung des Vertragsabschlusses gegen § 826 verstößt (insb. bei mißbräuchlicher Ausnutzung einer Monopolstellung, Rdnr. 587). Ein Sonderfall ist der gesetzliche Eintritt in bestehende Vertragsverhältnisse (Beispiel: Übereignung vertreibt den Mieter nicht, § 571).

c) Die Inhaltsfreiheit ist insbesondere im Sachenrecht durchbrochen. Dort herrscht *Typenzwang*. Zwingende — nicht abdingbare — (Schutz-) Vorschriften schränken auch sonst die Vertragsfreiheit ein (z. B. AbzG, AGBG; § 138 usw.).

d) Der Glaube an die Erreichbarkeit von „Austauschgerechtigkeit" durch freies Spiel von Angebot und Nachfrage ist heute der Erkenntnis der Unvollkommenheit des Marktes gewichen. Eine Aufgabe des Rechts ist es daher, Mißbräuche der Vertragsfreiheit zu verhindern.

2.2 Vertragsanbahnung

195   Schon mit der Aufnahme geschäftlicher Verhandlungen werden die Möglichkeiten der Einflußnahme auf Rechts- und Lebensgüter des jeweils anderen Geschäftspartners erhöht. Da es sich nicht um zufälligen, sondern um einen gezielten Kontakt handelt, entstehen bestimmte Schutzpflichten; der vorvertragliche Kontakt begründet ein gesetzliches Schuldverhältnis (vgl. dazu bereits Rdnr. 193). Aus der Verletzung der jeweils konkret zu bestimmenden Pflichten entstehen Schadensersatzansprüche (*culpa in contrahendo*).

> **Beispiel:** A betritt einen Supermarkt, um sich einmal „umzuschauen". Kurz nach dem Betreten der Geschäftsräume fällt ein Waschmittelkarton, der in einem Regal gelagert ist, auf A herab und verletzt ihn: Schadensersatzanspruch wegen Verletzung vorvertraglicher Sorgfaltspflichten.

Auch ein Dritter (z. B. der Vertreter eines Geschäftspartners) kann aus culpa in contrahendo haften, wenn er am Geschäftsabschluß ein eigenes wirtschaftliches Interesse hat oder wenn er eine besondere Vertrauensstellung genießt (BGH NJW 1983, S. 2696).

2.3 Allgemeine Geschäftsbedingungen

2.3.1 Bedeutung und Charakter der Allgemeinen Geschäftsbedingungen

Mit der Verwendung von Allgemeinen Geschäftsbedingungen (AGB) nimmt ein Vertragspartner eine dominante Vertragsgestaltung vor; der andere erklärt sich mit der Verwendung nur einverstanden. Es handelt sich bei den AGB nicht um Rechtsnormen, vielmehr gehören sie zur Vertragsordnung. Die AGB dienen der Vereinfachung und Rationalisierung des Geschäftsverkehrs und sind heute kaum noch entbehrlich. Ihre Verwendung birgt aber auch die Gefahr des Mißbrauchs; es bedarf daher der Kontrolle, die durch das AGBG und — wo dies keine Anwendung findet — durch Grundsätze, die von Rechtsprechung und Lehre entwickelt worden sind, gewährleistet wird. **196**

2.3.2 Anwendungsbereich des AGBG

a) § 1 AGBG enthält eine *Definition* des Begriffs der AGB. Danach sind AGB alle für eine Vielzahl von Verträgen vorformulierten Vertragsbedingungen, die ein Vertragspartner (Verwender) dem anderen bei Abschluß eines Vertrags stellt (§ 1 I 1 AGBG); die Klausel darf nicht im Einzelfall ausgehandelt sein (§ 1 II AGBG). **197**

> **Beispiel:** Die Klausel ist nicht „gestellt", wenn die Partner anhand konkreter Vorschläge ernsthaft über die Änderung oder Ergänzung der betreffenden Klausel verhandeln.

b) Bezüglich sog. *Umgehungsgeschäfte* (§ 7 AGBG) erfährt der Anwendungsbereich des AGBG eine Erweiterung. Nicht anwendbar ist das AGBG, soweit Vereinbarungen auf dem Gebiet des Arbeits-, Erb-, Familien- oder Gesellschaftsrechts vorliegen (§ 23 I AGBG).

2.3.3 Einbeziehung der AGB in den Vertrag

a) Die AGB gelten nur dann, wenn sie insgesamt *Vertragsbestandteil* geworden sind (§ 2 AGBG). Es muß eine *Einbeziehungsvereinbarung* vorliegen. **198**

aa) Die Einbeziehung setzt einen *ausdrücklichen Hinweis* auf die AGB voraus; ausnahmsweise kann auch ein deutlich sichtbarer Aushang am Ort des Vertragsabschlusses genügen (§ 2 I Nr. 1 AGBG); weitere Bereichsausnahmen s. § 24 AGBG (Rdnr. 202).

> **Beispiel:** Die AGB des Eigentümers und Aufstellers der Warenautomaten im Bahnhofsgebäude werden Bestandteil des Vertrags mit dem Käufer, wenn sie deutlich sichtbar aushängen.

Der Vertragspartner muß mit der Geltung der AGB *einverstanden* sein; dazu genügt eine konkludente Erklärung.

bb) Zur Einigung muß hinzukommen, daß der Verwender der AGB dem Vertragspartner vor dessen Annahmeerklärung die *Möglichkeit verschafft, in zumutbarer Weise von den AGB Kenntnis zu nehmen* (§ 2 I Nr. 2 AGBG). Es ist also unerheblich, ob der Vertragspartner die AGB tatsächlich liest, es braucht ihm die Kenntnisnahme nur in zumutbarer Weise ermöglicht zu werden. Die AGB müssen für einen Durchschnittskunden mühelos lesbar sein, also ein Mindestmaß an Übersichtlichkeit und einen im Verhältnis zur Bedeutung des Geschäfts vertretbaren Umfang aufweisen.

> **Beispiel:** Bei wirtschaftlich bedeutsamen Geschäften mag es angehen, daß der Umfang der AGB einige engbedruckte Seiten ausmacht, beim einfachen Geschäft des täglichen Lebens kann dies jedoch nicht hingenommen werden.

cc) § 2 AGBG ist unanwendbar, wenn die Voraussetzungen des § 23 II Nr. 1 AGBG (betreffend Tarife und Beförderungsbedingungen, die nach dem PersonenbeförderungsG genehmigt sind) oder des § 24 AGBG (Verwendung von AGB gegenüber Kaufleuten oder juristischen Personen des öffentlichen Rechts) vorliegen. Die Einbeziehung in den Vertrag zwischen *Kaufleuten* ist nach allgemeinen Vorschriften unter Berücksichtigung der von der Rechtsprechung entwickelten Grundsätze zu beurteilen. Danach ist auch bei Kaufleuten eine Einigung über die Verwendung der AGB nötig; diese kann aber konkludent erfolgen. Es ist eine „stillschweigende Unterwerfung" möglich.

> **Beispiele:** a) Bei *ständiger Geschäftsbeziehung* werden regelmäßig verwendete AGB Vertragsbestandteil, wenn der Vertragspartner nicht widerspricht. b) Die Verwendung der AGB kann auch *branchenüblich* sein (z. B. bei Bank-, Versicherungs- oder Transportgeschäften); Voraussetzung der Wirksamkeit der AGB ist, daß der Vertragspartner mit den AGB rechnen mußte, daß er nicht typischerweise branchenunkundig ist, daß er in der Lage ist, sich vom Text der AGB ohne weiteres Kenntnis zu verschaffen, und daß die Geltung der AGB nicht ausdrücklich ausgeschlossen worden ist.

199   b) Einzelne Klauseln werden nicht Vertragsbestandteil, wenn sie so *überraschend* sind, daß der Vertragspartner nicht mit ihnen rechnen mußte (§ 3 AGBG). Das gilt insbesondere für Klauseln, die ihrem äußeren Erscheinungsbild nach ungewöhnlich sind, also etwa an versteckter Stelle untergebracht sind. Erhebliche Abweichungen des Inhalts der Klausel von den Erwartungen des Kunden bei Vertragsabschluß sind im Rahmen des § 3 AGBG oder wenigstens nach § 9 AGBG (Inhaltskontrolle; vgl. unten Rdnr. 202) zu behandeln.

> **Beispiel:** In den Bedingungen zu einem Versicherungsvertrag sind in der Vereinbarung über Haftungsfreistellung die im Straßenverkehr häufigsten Unfallursachen ausgenommen: besonders ungewöhnlich, daher nicht Vertragsbestandteil (vgl. LG Frankfurt VersR 1977, S. 351; str.).

200   Einzelne AGB werden auch dann nicht Vertragsbestandteil, wenn *Individualvereinbarungen* vorliegen (z. B. Abbedingung von Schriftformklauseln). Diese gehen den AGB vor (§ 4 AGBG).

2.3.4 Auslegung und Inhaltskontrolle

201   a) Unklar formulierte AGB werden *gegen den Verwender ausgelegt* (§ 5 AGBG). Eine Unklarheit liegt schon dann vor, wenn sich nach durchschnittlichem Verständnis Zweifel bei der Auslegung ergeben können.

b) Die *Inhaltskontrolle* der AGB ist geregelt in §§ 8—11 AGBG; die allgemeinen Vorschriften (z. B. § 138) gelten nur ergänzend.

aa) Eine Inhaltskontrolle erfolgt nur, soweit dispositives Recht abgeändert oder ergänzt wird (§ 8 ABGB); Leistungsbeschreibungen und die Festsetzung der Höhe eines Entgelts sind also nicht Gegenstand der Inhaltskontrolle.

202   bb) Der Umfang der Inhaltskontrolle bestimmt sich nach §§ 9—11 AGBG. Die §§ 10 und 11 AGBG enthalten einen Katalog unwirksamer Klauseln; sie gelten nicht bei

Verwendung von AGB gegenüber Kaufleuten und juristischen Personen des öffentlichen Rechts (§ 24 Nr. 1 u. 2 AGBG) sowie in den in § 23 II Nr. 2—6 AGBG aufgeführten Fällen. § 11 AGBG enthält einen Katalog von Klauselverboten; die aufgeführten Klauseln sind unwirksam, ohne daß es einer Wertung im Einzelfall bedarf.

> **Beispiel:** Eine Klausel, die den Ausschluß der Haftung für grobe Fahrlässigkeit enthält, ist unwirksam (§ 11 Nr. 7 AGBG).

§ 10 AGBG enthält ebenfalls Klauselverbote, jedoch verwendet das Gesetz unbestimmte Rechtsbegriffe; es ist also eine Wertung notwendig.

> **Beispiel:** Unwirksam ist die Vereinbarung eines Rechts des Verwenders der AGB, sich ohne sachlich gerechtfertigten und im Vertrag angegebenen Grund von seiner Leistungspflicht zu lösen (§ 10 Nr. 3 1. Halbs. AGBG). Hier ist zu klären, wann ein „sachlich gerechtfertigter Grund" im Einzelfall vorliegt.

§ 9 I AGBG bestimmt, daß AGB unwirksam sind, wenn sie den Vertragspartner unangemessen entgegen Treu und Glauben benachteiligen. § 9 II AGBG erläutert die in § 9 I AGBG enthaltenen Voraussetzungen: wenn eine Klausel mit wesentlichen Grundgedanken der gesetzlichen Regelung, von der abgewichen wird, nicht vereinbar ist oder wesentliche Pflichten, die sich aus der Natur des Vertrags ergeben, derart eingeschränkt werden, daß die Erreichung des Vertragszwecks gefährdet ist, dann liegen die Voraussetzungen des § 9 I AGBG vor.

cc) Im *kaufmännischen Verkehr* gelten die §§ 10, 11 AGBG nicht, wohl aber § 9 AGBG; insbesondere können so die Tatbestände der §§ 10, 11 AGBG über § 9 AGBG Berücksichtigung finden (§ 24 S. 2 AGBG).

dd) Die §§ 13 ff. AGBG enthalten ein spezifisches Verfahren zur Kontrolle der AGB (Unterlassungsklage von Verbraucher- und Wirtschaftsverbänden).

2.3.5 Rechtsfolgen der Unwirksamkeit

Ist eine Klausel unwirksam, so tritt an deren Stelle die gesetzliche Regelung, von der abgewichen werden sollte (§ 6 II AGBG). Der Bestand des Vertrags bleibt grundsätzlich unberührt (§ 6 I AGBG), außer die Aufrechterhaltung des Vertrags bedeutete — trotz der Änderung gem. § 6 II AGBG — eine unzumutbare Härte für einen Vertragspartner (§ 6 III AGBG). **203**

2.4 Bestimmung der Leistung

Als besondere Ausgestaltung des Schuldverhältnisses kennt das Gesetz die Bestimmung der Leistung *durch einen der Vertragspartner* (§§ 315, 316) oder *durch einen Dritten* (§§ 317 ff.). **204**

a) Das Recht zur Bestimmung der Leistung durch einen der Geschäftspartner muß vertraglich vereinbart sein. Bestimmungsmaßstab ist bei Individualvereinbarungen im Zweifel (§ 315 I), bei Festlegung in AGB′ stets (sonst Verstoß gegen § 9 I, II Nr. 1 AGBG) billiges Ermessen, wobei maßgebend ist die jeweils angemessene Leistung (abhängig von der Interessenlage der Vertragspartner und der Berücksichtigung des in vergleichbaren Fällen Üblichen). Wer zur Bestimmung berechtigt ist, ergibt sich aus der Vereinbarung, sonst steht sie demjenigen zu, der die Gegenleistung zu fordern hat

(§ 316). Ist die Bestimmung vorgenommen und erweist sie sich als unbillig, so ist das Bestimmungsrecht verbraucht, und die Leistungsbestimmung erfolgt durch rechtsgestaltendes Urteil (§ 315 III). Die Bestimmungserklärung (§ 315 II) ist einseitige, empfangsbedürftige, rechtsgestaltende, unwiderrufliche, stets formlos gültige Erklärung des Berechtigten gegenüber dem anderen Partner.

Beispiele: a) Lieferungsvereinbarung „Preis freibleibend". b) Lieferung „auf Abruf".

205   b) Die Regelungen über die Bestimmung der Leistung durch Dritte (§§ 317 ff.) entsprechen im wesentlichen denen der §§ 315 f. Die Ersetzung der Leistungsbestimmung durch Urteil setzt jedoch offenbare Unbilligkeit voraus (§ 319 I); Leistungsbestimmungen „nach freiem Belieben" sind auch bei offenbarer Unbilligkeit grundsätzlich verbindlich (§ 319 II). Häufig ist die Leistungsbestimmung durch Dritte in Form sog. *Schiedsgutachterverträge*. Für die Abgrenzung zum Schiedsvertrag gem. § 1025 ZPO ist entscheidend, ob eine abschließende Entscheidung des Rechtsstreits beabsichtigt ist (dann Schiedsvertrag). Zu unterscheiden ist zwischen eigentlichem Schiedsgutachtervertrag (gerichtet nur auf Beschaffung des notwendigen Tatsachenmaterials; keine Billigkeitsentscheidung, §§ 317 ff. nur entsprechend anwendbar) und uneigentlichem Schiedsgutachtervertrag (§§ 317 ff.); der uneigentliche Schiedsgutachtervertrag ist auf Ergänzung des Willens der Vertragspartner gerichtet.

Literaturhinweise:

Brox, Allgemeines Schuldrecht, Rdnr. 21–72.
v. Hippel, BB 1985, S. 1629 ff. (zur Kontrolle von AGB).
Köhler, Allgemeiner Teil, § 23.
Larenz, Schuldrecht I, §§ 1, 4, 6.
Medicus, Schuldrecht I, §§ 1–14, 21.

Kontrollfragen:

1. Welche typischen Entstehungstatbestände bei Schuldverhältnissen kennen Sie?
2. Ist das AGBG anzuwenden, wenn die Deutsche Bundespost Partner eines privatrechtlichen Vertrags ist und die AGB hinnimmt?

Antworten zu den Kontrollfragen finden Sie auf S. 280.

III. Schuldverhältnis und Leistung

1. Gegenstand und Inhalt der Leistung

1.1 Stückschuld und Gattungsschuld

206   In der Praxis des Warenverkehrs spielt die Gattungsschuld eine überragende Rolle. Dennoch geht das BGB von der Stückschuld als Regelfall aus und enthält nur wenige Sondervorschriften über die Gattungsschuld (z. B. §§ 279, 243).

a) Bei der *Stückschuld* ist der Leistungsgegenstand *individuell bezeichnet,* bei der *Gattungsschuld* erfolgt die Bestimmung (zunächst) nur *nach Art und Gattung* (und weiter nach Stückzahl, Menge etc.). Die Merkmale der Gattung, aus der zu leisten ist, richten sich nach der Vereinbarung der Vertragspartner.

> **Beispiele:** a) A verkauft an B den gebrauchten Pkw, Marke XY, Typ Z, unter Angabe des Kilometerstands und der Fahrgestellnummer: Stückschuld. b) C verkauft an D 5000 Holzschrauben mit Kreuzschlitz, 40 mm Länge: Gattungsschuld.

b) Bei der Gattungsschuld ist der Schuldner nur gehalten, Sachen von *mittlerer Art und Güte* zu leisten (§ 243 I; vgl. auch § 360 HGB). Er bleibt so lange zur Leistung verpflichtet, als er sie durch Verschaffen der erforderlichen Stücke zu erbringen imstande ist (*Beschaffungsschuld,* § 279). Bei der Stückschuld dagegen wird bei zufälligem Untergang der Schuldner von seiner Leistungspflicht frei (§ 275). **207**

> **Beispiele:** a) Durch einen Brand werden die Fabrikationsräume, Bestände usw. des C vor Lieferung der vertraglich zugesagten Holzschrauben zerstört: die Leistungspflicht bleibt unberührt (§ 279). b) Läßt der Käufer das gekaufte Fahrzeug nach Vertragsabschluß (aber ohne daß übereignet worden ist) noch beim Verkäufer stehen und wird es dort durch einen vom Verkäufer unverschuldeten Brand zerstört, so erlischt die Leistungspflicht des Verkäufers (§ 275).

c) Die Gattungsschuld erfährt eine *Konkretisierung* zur Stückschuld, wenn der Schuldner das zur Leistung seinerseits Erforderliche getan hat (§ 243 II). Ob dies der Fall ist, bestimmt sich danach, ob eine Bring-, Schick- oder Holschuld vereinbart ist. Bei der *Bringschuld* hat der Schuldner das seinerseits Erforderliche getan mit dem Hinbringen der Sache zum Gläubiger und dem Anbieten (§ 294), bei der Schickschuld muß die Sache abgeschickt sein, bei der Holschuld genügt die Aussonderung und Bereitstellung der Sache, wobei der Gläubiger zum Abholen aufzufordern ist. Folge der Konkretisierung ist der *Übergang der Gefahr zufälligen Untergangs der Sache* auf den Gläubiger (§ 275). Auch wenn der Gläubiger in Verzug mit der Annahme ist (dazu Rdnr. 339), geht die Leistungsgefahr auf diesen über (§ 300 II; i.d.R. greift schon § 275 ein). **208**

d) Die Gattungsschuld kann auch *Vorratsschuld* („beschränkte Gattungsschuld") sein, wenn der Schuldner aus einem genau umschriebenen Vorrat eine bestimmte Menge auswählen soll. **209**

> **Beispiel:** A kauft 20 Tonnen Bananen aus der Fracht der „Bavaria", die in diesem Jahr Anfang Dezember in Hamburg eintreffen soll.

Für die Auswahl gilt § 243 I. Die Besonderheit der Vorratsschuld besteht darin, daß bei Vernichtung des Vorrats der Schuldner frei wird (§ 275); es besteht also keine Beschaffungspflicht wie beim Normalfall der Gattungsschuld. Geht nur ein Teil des Vorrats unter, hat der Lieferant seine Kunden anteilsmäßig zu befriedigen (§ 242; h. M.).

1.2 Wahlschuld

a) Bei der Wahlschuld wird nicht irgendein Gegenstand, sondern — nach Wahl des Gläubigers oder Schuldners — einer von mehreren Gegenständen geschuldet (einheitlicher Anspruch mit alternativem Inhalt). **210**

Beispiele: a) A vereinbart mit H, daß dem A im Hotel des H vom 1.–15. Mai ein Zimmer mit Südlage mietweise überlassen wird: beschränkte Gattungsschuld. b) Vermietet H für die genannte Zeit dem A entweder Zimmer Nr. 204 oder 206, liegt eine Wahlschuld vor. c) Theaterabonnement: Wahlschuld.

Eine Wahlschuld liegt nach h. M. auch vor, falls eine Unterschiedlichkeit nur hinsichtlich der Leistungsmodalitäten (Zeit, Ort) besteht.

b) Die Erklärung der Wahl ist empfangsbedürftige Willenserklärung (§ 130). Ist nicht vereinbart, welcher der Vertragspartner wählen darf, ist der Schuldner wahlberechtigt (§ 262; zur verzögerlichen Wahl vgl. § 264). Bei nachträglicher Unmöglichkeit der Erfüllung der Leistungspflicht gilt, daß erst bei (zufälligem) Untergang aller zur Auswahl stehenden Leistungsgegenstände der Schuldner frei wird (§ 275, vgl. aber auch § 265). Wenn die Wahl getroffen ist, erfolgt damit eine „Konkretisierung" zur Stückschuld (§ 263 II).

1.3 Ersetzungsbefugnis

1.3.1 Ersetzungsbefugnis des Schuldners

211 Ersetzungsbefugnis des Schuldners bedeutet, daß der Schuldner berechtigt ist, anstelle der geschuldeten Leistung (es wird nur *eine* Leistung geschuldet) eine andere Leistung mit schuldtilgender Wirkung zu erbringen.

Beispiel: Autohändler A verkauft an K einen Neuwagen zum Preis von 25.000 DM. Das gebrauchte Fahrzeug des K wird in Anrechnung auf den Kaufpreis zu einem Preis von 5.000 DM in Zahlung genommen: Ersetzungsbefugnis des K, der nicht den Gebrauchtwagen, sondern nur den Kaufpreis schuldet, diesen aber teilweise durch Hingabe seines Gebrauchtwagens (Mehrwertsteuer!) oder eben in voller Höhe durch Zahlung tilgen kann (BGHZ 46, S. 338; s. auch BGH NJW 1978, S. 1482).

Ersetzungsbefugnisse in Form von AGB (insbesondere als Leistungsänderungsvorbehalte) sind nur begrenzt zulässig (vgl. § 10 Nr. 4 AGBG). In zahlreichen Fällen ist dem Schuldner gesetzlich eine Ersetzungsbefugnis eingeräumt (vgl. §§ 244 I, 251 II, 528 I 2, 775 II, 1973 II 2, 2170 II 2).

1.3.2 Ersetzungsbefugnis des Gläubigers

212 Eine Ersetzungsbefugnis des Gläubigers liegt vor, wenn zwar nur *eine* Leistung geschuldet wird, der Gläubiger aber das Recht haben soll, eine andere — meist vorher festgelegte — Leistung anstelle der geschuldeten zu fordern. Gesetzliche Fälle: §§ 249 S. 2, 280 II, 843 III, 915.

2. Geldschulden

2.1 Geld und Zinsen

2.1.1 Besonderheiten der Geldschuld

213 a) Geld als Leistungsgegenstand ist von besonderer Bedeutung im Zahlungsverkehr. Die Währungsverfassung (vgl. dazu das WährungsG) bestimmt, was als *gesetzliches Zahlungsmittel* anerkannt ist. Dieses Zahlungsmittel („Geldzeichen", d. h. Bankno-

ten und Münzen) ist Leistungsgegenstand bei der Geldschuld. Grundsätzlich gilt, daß eine Geldschuld im Inlandsverkehr als Schuld in Inlandswährung vermutet wird, sogar dann, wenn sie in ausländischer Währung ausgedrückt ist (§ 244 I; anders, wenn sog. Fremdwährungsschuld vereinbart ist, z. B. bei Devisenkauf). Die Geldschuld verpflichtet den Schuldner zur Übereignung der vereinbarten Menge von Geldzeichen an den Gläubiger bzw. zur Einzahlung oder Überweisung des Betrags auf ein Konto des Gläubigers.

b) Die Regeln über Gattungsschuld und Sachmängel passen für die Geldschuld nicht. Es ist nicht in „mittlerer Art und Güte" zu leisten, sondern eine bestimmte Geldsumme in gültiger Währung. Der *Gefahrübergang* durch Konkretisierung ist in § 270 abweichend von § 243 II (dazu Rdnr. 208) geregelt. Für einen Mangel an Geld hat der Schuldner immer einzustehen: Zahlungsunfähigkeit befreit ihn nicht (§ 279).

c) Der Gläubiger trägt die Gefahr eines möglichen Währungsverfalls, er kann nur den **214** Nennbetrag fordern: die Geldschuld ist *Nennbetragsschuld* (Summenschuld). Das bloße Sinken der Kaufkraft ist daher unerheblich. Das Geldentwertungsrisiko ist für langfristige Verträge geradezu typisch.

2.1.2 Zinsen

Zins ist Entgelt für Kapitalnutzung. Voraussetzung der Entstehung (nicht des Fortbe- **215** stands) der Zinsschuld ist eine wirksame Kapitalschuld. Gesetzliche Verzinsungspflichten begründen die §§ 288, 291; 452; 641 II; 256; 668; 698; 819, 820; 849 usw. Der gesetzliche Zinssatz beträgt bei Nichtkaufleuten 4 % (§ 246), bei Kaufleuten 5 % (§ 352 HGB); bei Verzugszinsen kann ein höherer Zinssatz als Schadensersatz geltend gemacht werden (§ 288 I 2). Grundsätzlich ist der Zinssatz frei vereinbar (Grenze: § 138; dazu Rdnr. 150 ff.).

2.2 Wertsicherungsklauseln

Die Vereinbarung einer Wertsicherung (Wertsicherungsklausel) bezweckt, das Risiko **216** des Kaufkraftschwunds vom Gläubiger auf den Schuldner abzuwälzen. Solche Vereinbarungen sind durch Mißtrauen gegenüber der Währung veranlaßt.

> **Beispiele:** a) Vereinbarung einer *Sachschuld* (u. U. als Wahlschuld neben der Geldschuld bzw. Vereinbarung einer Ersetzungsbefugnis). b) *Berechnungsklausel:* die Geldschuld wird nach dem Goldpreis, nach dem Preis bestimmter Waren oder nach dem Kurs einer Fremdwährung berechnet oder mit dem Lebenshaltungsindex verknüpft. c) Vereinbarung der Zahlung in einer fremden („vertrauenswürdigen") Währung: *Fremdwährungsschuld.* d) *Spannungsklausel:* hier wird die Anpassung eines Arbeitslohns oder Ruhegehalts an der jeweiligen Höhe der vergleichbaren Beamten- oder Angestelltengehälter orientiert. e) *Preisgleitklausel:* Sicherung des Unternehmers gegen unerwartete Erhöhung der Selbstkosten: hier wird vereinbart, daß der Gesamtpreis sich im selben Verhältnis ändern soll wie ein bestimmtes Kostenelement. f) Wertsicherungsfunktion kann auch eine *Bestimmungsklausel* nach §§ 315 ff. erfüllen.

Der Gesetzgeber hat vielfach die Verwendung von Wertsicherungsklauseln für *genehmigungsbedürf-* **217** *tig* erklärt (vgl. § 3 WährungsG). Eine Klausel ist genehmigungsbedürftig, wenn sie den Schuldbetrag unmittelbar durch eine andersartige (vertragsfremde) Bezugsgröße fest „bestimmt", so daß sich bei Änderung der Vergleichsgröße der Schuldbetrag automatisch ändert. Bis zur Erteilung einer Genehmigung ist die Klausel schwebend unwirksam; die erteilte Genehmigung wirkt auf den Zeitpunkt des Vertragsabschlusses zurück (§ 184).

Es gibt auch genehmigungsunfähige Klauseln. Nicht genehmigungsfähig sind insbesondere Wertsicherungsklauseln bei Zahlungsverpflichtungen aus dem Geld- und Kapitalverkehr und in Miet- und Pachtverträgen mit geringerer Laufzeit als zehn Jahre (vgl. die Bundesbankgrundsätze für die Genehmigung von Währungsklauseln).

Fehlt die Genehmigungsfähigkeit, sind die Partner i. d. R. zum Abschluß einer zulässigen Klausel verpflichtet (§ 242), wenn nicht die Aufrechterhaltung mit genehmigungsfreiem Inhalt möglich ist.

Genehmigungsfrei ist eine Wertsicherungsklausel, wenn bei Eintritt bestimmter Voraussetzungen der Schuldbetrag neu festgesetzt werden soll, ohne daß das Ausmaß der Änderung bindend festgelegt ist (also keine „Anpassungsautomatik").

3. Ausgleich von Interessen

3.1 Die Schadensersatzpflicht

3.1.1 Grundgedanken des Schadensersatzrechts

218 Was als Schadensersatz geschuldet wird, bestimmt sich nach dem Ausgleichsgedanken. Dieser setzt primär eine Orientierung am Interesse des Geschädigten voraus.

3.1.2 Haftungstatbestände, Zurechnungskriterien und Haftungsbegrenzung

219 a) Die Schadensersatzpflicht ergibt sich aus zahlreichen Vorschriften des BGB. Aber auch andere Gesetze enthalten schadensersatzrechtliche Anspruchsnormen.

> **Beispiele:** a) §§ 823 I, II, 325, 326, 280, 286; b) §§ 7 StVG, 33 LuftVG, 25 ff. AtomG u. a.

Die Vorschriften der §§ 249 ff. sind keine Anspruchsgrundlagen; sie bestimmen vielmehr Art, Inhalt und Umfang der Schadensersatzleistung (vgl. dazu Rdnr. 233), setzen eine Schadensersatzverpflichtung also voraus.

220 b) Voraussetzung der Ersatzpflicht ist grundsätzlich, daß das schädigende Verhalten *rechtswidrig* und *schuldhaft* ist (z. B. bei § 823).

aa) Die Verletzung eines in § 823 I geschützten Rechtsgutes ist grundsätzlich rechtswidrig (Rdnr. 580). Das schädigende Verhalten kann ausnahmsweise gerechtfertigt sein (Rechtfertigungsgrund). Die Tatbestandsmäßigkeit *indiziert* im allgemeinen die Rechtswidrigkeit. *Rechtfertigungsgründe* sind z. B. Notwehr, Notstand und Selbsthilferecht (dazu bereits Rdnr. 15—19), daneben berechtigte Geschäftsführung ohne Auftrag (dazu Rdnr. 505), Wahrnehmung berechtiger Interessen (§ 193 StGB), Einwilligung des Verletzten.

> **Beispiele:** a) Frau F ist an Gebärmutterhalskrebs erkrankt. Zur Therapie erhält sie Röntgentiefbestrahlungen und eine Radiumeinlage. Folge der Behandlung sind Strahlenschäden. Eine Aufklärung über mögliche Strahlenschäden erfolgte nicht. Haftung des behandelnden Arztes für unvermeidliche Behandlungsfolgen (ordnungsgemäße Durchführung der Therapie vorausgesetzt) ist nur ausgeschlossen, wenn der Patient eingewilligt hat *und* über Art, Bedeutung und Folgen des Eingriffs in Grundzügen aufgeklärt worden ist. b) Bei einem Fußballspiel stürmt A allein mit dem Ball am Fuß auf das gegnerische Tor zu. Torwart T wirft sich ihm entgegen und wird vom gestreckten Bein des A verletzt. Hier fragt sich, ob eine konkludente Einwilligung des T allein schon in der Teilnahme an einer kampfbetonten Sportart gesehen werden kann. Dies ist zu

verneinen, die Annahme einer „Einwilligung" in derartigen Fällen käme wohl einer Fiktion gleich; eher greift hier der Gesichtspunkt des venire contra factum proprium (Verbot, sich mit seinem Verhalten in Widerspruch zu setzen; vgl. Rdnr. 260). T hat hier keinen Ersatzanspruch (u. U. können hier auch die Gesichtspunkte des Handelns auf eigene Gefahr oder des sozial-adäquaten Verhaltens herangezogen werden).

bb) Neben der Tatbestandsmäßigkeit und der Rechtswidrigkeit ist *Verschulden* erforderlich. Ohne Verschulden haftet der Handelnde nur dann, wenn ein besonderer *Vertrauenstatbestand* geschaffen wurde (vgl. z. B. §§ 122, 179), wenn vertraglich die Leistungserfüllung unabhängig von verschuldeter Unmöglichkeit zugesagt wurde *(Garantie)*, und in den Fällen sog. *Gefährdungshaftung* (vgl. z. B. § 833 S. 1). Das Verschuldensprinzip ist dadurch gekennzeichnet, daß der Schuldner Vorsatz und Fahrlässigkeit zu vertreten hat (§ 276).   **221**

Vorsatz gibt es in verschiedenen Erscheinungsformen: als direkten oder als Eventualvorsatz (in letzterem Fall ist der Erfolgseintritt unerwünscht, wird aber in Kauf genommen). Vorsätzliche Begehungsweise verlangt Verbotskenntnis; ein fahrlässiger Irrtum über das Verbotensein des Tuns begründet demnach (nur) einen Fahrlässigkeitsvorwurf (BGH NJW 1965, S. 963.)   **222**

Fahrlässige Handlungsweise liegt vor, wenn die im Verkehr erforderliche Sorgfalt außer acht gelassen wird (§ 276 I 2). Von grober Fahrlässigkeit (z. B. § 932 II) spricht das Gesetz, wenn die verkehrserforderliche Sorgfalt in besonders schwerem Maße außer acht gelassen wird. Schließlich gibt es Sorgfalt in eigenen Angelegenheiten (z. B. §§ 690, 708), die jedoch nicht von der Haftung wegen grober Fahrlässigkeit befreit (§ 277); zur Beschränkung der Haftung auf grobe Fahrlässigkeit vgl. z. B. §§ 300 I, 521, 599, 680, 968.   **223**

Vorsatz und Fahrlässigkeit hat nur zu vertreten, wer *schuldfähig (deliktsfähig)* ist (§§ 276 I 3, 827, 828). Nicht deliktsfähig sind Kinder, die nicht das 7. Lebensjahr vollendet haben, und Personen, die im Zeitpunkt der Schadenszufügung unzurechnungsfähig i. S. des § 827 waren. Personen, die das 7. Lebensjahr vollendet haben, aber noch nicht volljährig sind, sind nur bedingt deliktsfähig. Hier muß im Einzelfall ermittelt werden, ob der Jugendliche nach seiner geistigen Entwicklung in der Lage war, das Unrecht seines Verhaltens und die allgemeine Verpflichtung zur Ersatzleistung zu erkennen (anders bei der Billigkeitshaftung nach § 829).   **224**

c) Unter bestimmten Voraussetzungen muß auch für *fremdes* Verschulden gehaftet werden.   **225**

aa) Im Rahmen von Schuldverhältnissen muß der Schuldner für verschuldetes Fehlverhalten seines *Erfüllungsgehilfen* und seines *gesetzlichen Vertreters* einstehen (§ 278). Voraussetzung ist ein bestehendes Schuldverhältnis (nicht notwendig also Vertrag). Erfüllungsgehilfe ist, wer mit Willen des Schuldners bei der Erfüllung einer diesem obliegenden Verbindlichkeit tätig wird. Darüber hinaus ist derjenige Erfüllungsgehilfe, dem — ohne daß der Schuldner sich seiner als Gehilfe bedienen will — eine dem Vertragszweck entsprechende Pflicht oder allgemeine Obhuts-, Sorgfalts- und Rücksichtspflichten obliegen.

Das Fehlverhalten, für das der Schuldner einzustehen hat, muß in Erfüllung der Verbindlichkeit erfolgen (innerer Zusammenhang mit dem geschuldeten Verhalten oder der Leistung).   **226**

Beispiele: a) Hersteller H und Unternehmer U schließen einen Kaufvertrag über eine Maschine. H liefert die Maschine an U, der sie in seine Fabrikationsanlage einbaut. Das von H gelieferte Stück hat einen Konstruktionsfehler, der zu Schäden an den anderen Anlagen führt. Das fehlerhafte Verhalten — hier: eines Konstrukteurs — liegt zwar zeitlich vor der Erfüllungshandlung, wirkt sich aber in oder nach diesem Zeitpunkt aus: innerer Zusammenhang. b) Klinikangestellte vergißt, Bügeleisen abzustellen, und verursacht Brand, so daß Patient Hustenanfall erleidet, der den Operationserfolg zunichte macht: Handeln nicht zur Erfüllung, sondern nur „bei Gelegenheit" der Erfüllung; jedoch Haftung der Angestellten aus § 823 I (dazu Rdnr. 574).

§ 278 ist selbst keine Anspruchsgrundlage, sondern regelt nur die Verschuldenszurechnung (i. S. des Vertretenmüssens), setzt also einen Haftungstatbestand voraus.

bb) Der Schuldner hat auch für Verschulden des gesetzlichen Vertreters (§§ 1626 ff., 1793 ff. usw.) nach § 278 einzustehen.

227   cc) Juristische Personen müssen für Verschulden ihrer Organe einstehen (*Organhaftung*, § 31; keine Anspruchsnorm!). Die juristische Person (§ 31 gilt nicht nur für den Verein!) haftet für alle in Ausführung der ihren Organen zustehenden Verrichtungen vorgenommenen Handlungen, die zum Schadensersatz verpflichten (also nicht nur für unerlaubte Handlungen der Organe). Hat das Organ seine Vertretungsmacht überschritten, kann neben seiner persönlichen Haftung (§ 179) die juristische Person u. U. aus culpa in contrahendo (vgl. Rdnr. 195) ersatzpflichtig sein.

228   d) Die Haftung des Schuldners kann begrenzt oder gemildert sein.

aa) *Gesetzliche Haftungsbeschränkungen* finden sich in zahlreichen Vorschriften (vgl. Rdnr. 223); *Haftungshöchstgrenzen* kennt z. B. § 12 StVG. Daneben sind *rechtsgeschäftliche Haftungsbeschränkungen* möglich; unzulässig ist der Haftungsausschluß für vorsätzliches Verhalten des Schuldners (§ 276 II, nicht aber für Vorsatz des Erfüllungsgehilfen, § 278 S. 2) und — soweit das AGBG Anwendung findet — auch die Vereinbarung des Haftungsausschlusses für grobe Fahrlässigkeit (§ 11 Nr. 7 AGBG); bestimmte Gefährdungshaftungen sind nicht oder nur in Grenzen abdingbar (vgl. § 702 a).

229   bb) Ansprüche aus Vertrag und unerlaubter Handlung können nebeneinander gegeben sein (Anspruchskonkurrenz). Dabei schließt eine mildere vertragsrechtliche Regelung weiterreichende Ansprüche aus unerlaubter Handlung aus. Auch gesetzliche Haftungsmilderungen (Rdnr. 223; nicht Haftungsbegrenzungen, z. B. § 12 StVG) beschränken gleichartige Ansprüche aus unerlaubter Handlung. Im Umfang vertraglicher Freizeichnungsklauseln sind auch deliktische Ansprüche ausgeschlossen.

230   cc) Eine Haftungsmilderung tritt auch ein bei sog. *schadensgeneigter Arbeit*. Eine solche Tätigkeit liegt vor, wenn die vom Arbeitnehmer zu leistende Tätigkeit ihrer Art nach ein hohes Schadensrisiko in sich birgt (z. B. Führen von Bagger, Sattelschlepper, Kran, Hantieren mit gefährlichen Chemikalien; jedoch nicht ohne weiteres Führen eines gewöhnlichen Kfz, str.). Hier ist die Haftung des Arbeitnehmers gegenüber dem Arbeitgeber für leichte und normale Fahrlässigkeit regelmäßig ausgeschlossen, während er für Vorsatz und grobe Fahrlässigkeit einzustehen hat (BAG NJW 1983, S. 1693). Schädigt der Arbeitnehmer einen betriebsfremden Dritten, hat er einen Anspruch auf Freistellung von allen Schadensersatzansprüchen, soweit er nach den genannten Grundsätzen gegenüber dem Arbeitgeber nicht haften würde. Gleiches gilt (bei Sachschäden), wenn der Arbeitnehmer einen Arbeitskollegen schädigt.

dd) *Mitwirkendes Verschulden* (§ 254 I) wird haftungsmildernd berücksichtigt. Dies **231** setzt voraus, daß ein vorwerfbares Verhalten des Geschädigten vorliegt, das für den Schadenseintritt mitursächlich ist. Die *unterlassene Warnung* vor der Gefahr eines höheren Schadens (§ 254 II 1 1. Alt.) und unterlassene Abwehr oder Minderung des Schadens (§ 254 II 1 2. Alt.) können bei der Schadensbemessung ebenfalls haftungs- mildernd berücksichtigt werden. Die Haftungsmilderung kann bis zum Ausschluß der Haftung führen (ausschließliches Selbstverschulden).

Auch das Einstehenmüssen für Dritte im Rahmen bestehender Schuldverhältnisse **232** (§ 278) kann als Mitverschulden relevant sein (§ 254 II 2), nicht jedoch ohne Rück- sicht auf eine Sonderverbindung, weil dies dazu führen müßte, daß der Geschädigte strenger als der Schädiger haftet (a. M.: § 254 II 2 sei nur Rechtsfolgenverweisung, so daß es auf eine nach § 278 erforderliche Sonderverbindung nicht ankomme).

3.1.3 Schadensbegriff und Arten des Schadensersatzes

a) Das Gesetz sagt zum Schadensbegriff nichts, es regelt nur die Abwicklung **233** (§§ 249 ff.). Schaden ist der Unterschied zweier Güterlagen: Die durch das schädigen- de Ereignis beeinträchtigte Güterlage ist mit der unter Ausschaltung dieses Ereignisses gedachten Güterlage zu vergleichen. Zu unterscheiden ist *Vermögens-* und *Nichtver- mögensschaden.* Ein Vermögensschaden kann bestehen in der Beeinträchtigung eines vermögenswerten Gutes und in der Verminderung des Vermögens im ganzen. Auch bei der Verletzung eines Lebensguts (immaterielles Gut), wie etwa der Gesundheit, kann als Folge ein Vermögensschaden entstehen (z. B. Kosten für Arzt, Kranken- haus, Arznei). Ein Nichtvermögensschaden ist ein Schaden, der durch Verletzung im- materieller Güter entsteht und selbst keine Vermögensminderung darstellt (z. B. kör- perliche Schmerzen, Minderung von Heiratschancen). Bei immateriellen Schäden ist die Herstellung des früheren Zustands, d. h. des Zustands, der ohne das schädigende Ereignis bestehen würde, durch *Geldersatz* nicht möglich. Es kommt nur eine *billige Entschädigung in Geld* in Betracht, und zwar nach § 253 nur in den durch das Gesetz bestimmten Fällen (z. B. Schmerzensgeld, § 847; richterrechtlich auch bei schweren Verletzungen des Persönlichkeitsrechts, § 823 I, vgl. Rdnr. 603).

Es gibt im wesentlichen zwei Möglichkeiten, Schadensersatz zu leisten: Der Schädiger stellt den Zustand tatsächlich her, der ohne das schädigende Ereignis bestehen würde, oder er zahlt Ausgleich in Geld.

> **Beispiele:** a) Wenn jemand den Pkw eines anderen beschädigt hat, läßt er ihn reparieren (*Na- turalherstellung*). b) Der Schädiger leistet für die Beschädigung des Pkw *Schadensersatz in Geld.* Außerdem ersetzt er den entstandenen merkantilen Minderwert des Wagens.

b) Die Schadensersatzleistung durch Naturalherstellung ist der Regelfall (§ 249 S. 1). **234** Nach §§ 249—251 bestimmt sich, ob der Geschädigte im Einzelfall statt der Natural- herstellung Geldersatz fordern kann und ob der Schädiger seine Ersatzpflicht durch Geldzahlung zu erfüllen vermag. Das BGB geht hier einen differenzierten Weg, bei dem Zumutbarkeitsgesichtspunkte die entscheidende Rolle spielen. Im einzelnen gilt:

aa) Bei Verletzung einer Person sowie bei Beschädigung einer Sache kann der Gläubi- ger den für die Naturalherstellung erforderlichen Geldbetrag fordern (§ 249 S. 2). Der Gläubiger kann dem Schuldner zur Herstellung eine angemessene Frist mit der Erklä- rung bestimmen, daß er nach Fristablauf die Naturalherstellung ablehne; nach fruchtlosem Fristablauf kann er Geldersatz verlangen, nicht mehr Naturalherstellung (§ 250).

bb) Soweit die Naturalherstellung nicht möglich oder zur Entschädigung des Gläubigers nicht genügend ist, hat der Schuldner Geldersatz zu leisten (§ 251 I). Der Schuldner kann jedoch wiederum Schadensersatz in Geld leisten, wenn die Naturalherstellung nur mit unverhältnismäßigen Aufwendungen möglich ist (§ 251 II).

cc) Bei immateriellen Schäden kommt nach § 253 (s. dazu oben Rdnr. 233) Geldentschädigung in Betracht und, soweit möglich, Naturalherstellung (z. B. Widerruf bei ehrverletzender Äußerung).

c) Ersetzt verlangt werden kann i. d. R. nur der eigentliche Schaden des Gläubigers. Ausnahmsweise kann auch ein Drittschaden geltend gemacht werden (s. dazu Rdnr. 249).

235 d) Der Schadensbegriff ist unter Gesichtspunkten wie „normativer Schaden", „Vorhaltekosten", „Kommerzialisierungsgedanke" vielfach erweitert worden.

aa) Beim *normativen Schaden,* der mehr als bloße wirtschaftliche Einbuße („natürlicher Schaden") ist, wird neben dem Ausgleichszweck der Sanktionsgedanke berücksichtigt. Als ersatzfähig werden danach auch Schäden angesehen, die für den Geschädigten als Vermögenseinbuße nicht spürbar, die aber insofern objektiv feststellbar sind, als ein Gut geschädigt ist, das gegen Geld erworben werden kann.

> **Beispiele:** a) Arbeitnehmer A wird verletzt und ist zeitweilig arbeitsunfähig. Grundsätzlich liegt hier ein Vermögensschaden nicht vor, solange der Lohn weitergezahlt wird; mit dem normativen Schadensbegriff kommt man dennoch zu einem Ersatzanspruch des A (den der Arbeitgeber nach § 4 LohnfortzahlungsG bzw. aus abgetretenem Recht geltend machen kann).
> b) Hausfrau H wird bei einem von S verschuldeten Unfall verletzt und kann ihre häuslichen Arbeiten nicht mehr verrichten. Hier wird ein eigener Anspruch der H anerkannt, und zwar unabhängig davon, ob eine Haushaltshilfe eingestellt wurde oder Familienangehörige die Haushaltsführung übernommen haben.

236 bb) *Vorhaltekosten* sind Kosten, die z. B. durch Bereitstellung von Reservefahrzeugen zur Überbrückung von Ausfällen entstanden sind. Obgleich die Aufwendungen vor dem Schadenseintritt gemacht werden, ist die Ersatzfähigkeit von Vorhaltekosten heute grundsätzlich anerkannt.

> **Beispiele:** a) Kosten der GEMA (Überwachungsorganisation zur Wahrung von Urheberrechten) sind ersatzfähig. b) Kosten für Kapazitätsreserven (z. B. Reservefahrzeuge): erstattungsfähiger Schaden. c) Kosten für Maßnahmen zur Verhinderung von Ladendiebstählen: Zahlung der Fangprämie kann vom Schädiger verlangt werden, nicht dagegen auch Kosten für Überwachungsanlagen und ebensowenig Bearbeitungsgebühren (BGHZ 75, S. 234).

237 cc) Unter dem Gesichtspunkt der *Kommerzialisierung* werden auch solche Beeinträchtigungen als materieller Schaden erfaßt, die zwar nicht unmittelbar vermögensmindernd wirken, aber nach heutigem Verständnis eine Entschädigungspflicht begründen.

> **Beispiel:** A hat bei der Firma N-Reisen eine Pauschal-Reise nach Ibiza gebucht. Als er dort ankommt, ist „sein" Zimmer noch belegt; Ursache ist eine Fehlplanung der Firma N. A muß sich für eine Zeit von fünf Tagen mühselig ein anderes freies Zimmer suchen; die Suche dauert volle zwei Tage, während der A keine Zeit zum Genuß irgendwelcher Urlaubsfreuden findet. Da der Urlaub „erkauft" ist, nimmt die h. M. hier einen Vermögensschaden an. — Gleiches wird

für vertane Freizeit diskutiert; hier überwiegt aber noch die Ansicht, daß es sich um einen immateriellen Schaden handele. Anders bei „standardisierten" Genüssen und Vorteilen wie Theater- und Konzertbesuch: diese sind — wie der Urlaub — nach allgemeinen Kriterien einschätzbar, ihre Beeinträchtigung damit schadensrechtlich nicht mehr unbeachtlich.

3.1.4 Verursachung und Zurechnung des Schadens

a) Ein Schadensersatzanspruch setzt voraus, daß der Schädiger zunächst eine Rechtspflicht oder ein geschütztes Rechtsgut verletzt hat. **238**

> **Beispiel:** A verschuldet mit einem von B gemieteten Pkw einen Unfall, bei dem der Wagen beschädigt wird. Damit verletzt er seine Vertragspflicht als Mieter (Rdnr. 451) und ein Rechtsgut, nämlich das Eigentum des B (§ 823 I; Rdnr. 574).

b) Das Verhalten des Schädigers muß für diese Verletzung ursächlich sein. *Ursächlich ist jedes Ereignis, das nicht hinweggedacht werden kann, ohne daß der eingetretene Erfolg entfiele.* Man spricht von *haftungsbegründender* Kausalität, wenn man den ursächlichen Zusammenhang zwischen dem schädigenden Verhalten (Verletzungshandlung) und der daraus resultierenden Verletzung der Rechtspflicht oder des Rechtsguts meint. Soweit aus dieser Verletzung ein Schaden entsteht (vgl. § 823 I: „. . . zum Ersatz des daraus — d. h. aus der Rechtsgutsverletzung — entstehenden Schadens verpflichtet"), wird diese Verursachung als *haftungsausfüllende* Kausalität bezeichnet.

c) Im Hinblick auf die Ursächlichkeit von Ereignissen für die Schadensentstehung wäre es allerdings häufig ein unannehmbares Ergebnis, jedes Ereignis als gleichwertig ursächlich anzusehen. **239**

> **Beispiel:** A erleidet einen durch B verursachten Verkehrsunfall; nach Einlieferung in die Klinik wird er dort von einem Geistesgestörten erschossen. Der Unfall ist für die Tötung des A zwar kausal, doch wäre es unbillig, die Tötungsfolge dem B zuzurechnen.

aa) Um eine uferlose Haftung zu vermeiden, kann nicht jedes Ereignis als gleichwertige Handlungsfolge angesehen werden. Die Ursächlichkeit bedarf daher für die Haftungsfrage einer Einschränkung. Ein Ereignis soll als Handlungsfolge nur dann berücksichtigt werden, wenn es eine *adäquate* (angemessene) Folge darstellt. Das ist der Fall, wenn das Ereignis im allgemeinen und nicht nur unter besonders eigenartigen, unwahrscheinlichen und nach dem gewöhnlichen Verlauf der Dinge außer Betracht zu lassenden Umständen geeignet ist, einen Erfolg dieser Art herbeizuführen (Adäquanzformel). Es geht hier also um eine Bewertung, nicht um Feststellung von Kausalität. Die objektive rechtliche Zurechnung von Handlungsfolgen soll sinnvoll abgegrenzt werden.

> **Beispiele:** a) Wenn A nach dem von B verursachten Unfall verletzt in die Klinik transportiert wird, auf dem Weg aber Opfer eines weiteren Verkehrsunfalls wird, an dessen Folgen er trotz mehrerer Operationen stirbt, so ist auch der durch diesen Unfall dem A entstandene Schaden B zuzurechnen: adäquate Verursachung (bedeutsam auch für Ansprüche mittelbar Geschädigter, §§ 844, 845; dazu Rdnr. 602). b) G überfährt den Fußgänger S, der verletzt liegenbleibt. Anschließend begeht G Fahrerflucht. Die Verletzungen des S verschlimmern sich noch infolge unsachgemäßer Behandlung durch „Hilfe" leistende Passanten: auch hier ist Adäquanz noch nicht ausgeschlossen.

bb) Die Adäquanzformel gilt sowohl für die haftungsbegründende wie für die haftungsausfüllende Kausalität. Soweit es um Verschuldenshaftung geht (z. B. Vertragsverletzung, unerlaubte Handlung gem. § 823), hat die Adäquanz allerdings nur begrenzte Bedeutung im Bereich der Haftungsbegründung, weil das insoweit notwendige Verschulden als Korrektiv wirkt; in den Fällen der Gefährdungshaftung (z. B. § 7 StVG) ist sie jedoch als Mittel der Haftungseingrenzung unverzichtbar.

d) Da nach der Adäquanzformel nur ganz unwahrscheinliche Folgen von der Ersatzpflicht ausgenommen sind, ist sie allein nicht geeignet, die zurechenbaren Folgen des schädigenden Verhaltens sachgerecht zu begrenzen. Als weitere Voraussetzung der Schadensersatzpflicht sind daher der Schutzzweck der verletzten Pflicht (Norm) und der Rechtswidrigkeitszusammenhang zu beachten.

240   aa) Der Ersatz adäquat verursachter Schäden ist dann ungerechtfertigt, wenn sie außerhalb des Schutzzwecks der Norm liegen. Daß nur solche Schäden zu ersetzen sind, die innerhalb des Bereichs der verletzten Norm liegen, erscheint evident. Andere Schäden sind keine Schäden i. S. dieser Norm, also nur dann zu ersetzen, wenn andere („einschlägige") Normen eingreifen. Unter dem Stichwort *Schutzzweck der Norm* wird daher der Haftungszusammenhang bei adäquat ursächlich herbeigeführten Schäden weiter eingegrenzt. Der Handelnde haftet nur für solche Folgen seines schädigenden Verhaltens, die vom Schutzzweck der Norm umfaßt sind. Die verletzte Norm muß also ihrem Zweck nach gegen Schädigungen gerade auch der eingetretenen Art schützen.

> **Beispiele:** a) Im Rahmen eines Anspruchs aus § 823 II ist nur derjenige Schaden zu ersetzen, dessen Eintritt das verletzte Schutzgesetz verhindern will: A verstößt gegen Bestimmungen des LebensmittelG; infolgedessen erkrankt B, der verdorbene Lebensmittel zu sich nimmt; in der Folge muß B krankheitsbedingt alle geschäftlichen Termine absagen und erleidet einen erheblichen Verdienstausfall. LebensmittelG ist Schutzgesetz i. S. des § 823 II; geschützt ist zwar die Gesundheit (insoweit also Ersatzpflicht aus § 823 II), nicht aber das allgemeine Vermögensinteresse (kein Ersatz des entgangenen Gewinns aus § 823 II). Den entgangenen Gewinn kann B aber nach §§ 823 I, 842 als adäquate Folge der Gesundheitsverletzung ersetzt verlangen.
> b) Der Schutzzweckgedanke gilt auch bei § 823 I; so liegen z. B. Nebenklagekosten im Strafverfahren wegen Körperverletzung nicht innerhalb des Normzwecks von § 823 I. Insoweit liegt kein Schaden i. S. des § 823 I vor (vgl. BGHZ 24, S. 266).

241   bb) Der *Rechtswidrigkeitszusammenhang* bezeichnet ein Merkmal, das zum normadäquaten Schadenseintritt hinzukommen muß, um die Haftung für die Folgen einer unerlaubten Handlung zu begründen. Er betrifft nicht den normrelevanten Schaden selbst, sondern berücksichtigt zusätzlich, ob er in normerheblicher Weise *entstanden* ist.

> **Beispiel:** Dem A ist die Fahrerlaubnis entzogen und ein Fahrverbot auferlegt worden; dennoch fährt er mit seinem Pkw. Er kollidiert mit dem Fahrzeug des S, weil dieser unachtsam gefahren war. S wird schwer verletzt. Dem A fällt keinerlei Schuld an dem Unfall zur Last. S hat keine Ansprüche aus §§ 823 I, II, 847 gegen A. Zwar hat der Entzug der Fahrerlaubnis den Sinn, den A vom Straßenverkehr fernzuhalten, und hätte dieser das Fahrverbot beachtet, so wäre der Unfall nicht geschehen; eine Schadensersatzpflicht des A aus § 823 I, II besteht indes nur dann, wenn sein konkretes Verhalten verkehrswidrig war; dies aber ist nicht der Fall. Unberührt bleibt dagegen eine Haftung aus § 7 StVG: Gefährdungshaftung, die keinen Rechtswidrigkeitszusammenhang voraussetzt, die aber dem S nicht zu einem Schmerzensgeld verhilft.

e) Beruft sich der Schädiger darauf, ein rechtmäßiges Verhalten hätte gleichermaßen   **242**
zum Schadenseintritt geführt (sog. *rechtmäßiges Alternativverhalten*), so ist damit
wiederum der Rechtswidrigkeitszusammenhang angesprochen. Dabei geht es nicht
um die nach dem Normzweck zu beurteilende Frage, ob der Schaden normrelevant
ist. Es kommt hier vielmehr darauf an, ob die Art und Weise der Herbeiführung des
Schadens normerheblich ist: ob auch gerade sie durch die verletzte Norm (Pflicht)
verhindert werden soll.

> **Beispiel:** F überholt mit seinem Pkw den Radfahrer R mit zu geringem Seitenabstand; R
> kommt zu Fall. Zum Sturz des R wäre es aber auch dann gekommen, wenn der F ordnungsge-
> mäß gefahren wäre, da der R völlig betrunken war und im Zeitpunkt des Vorbeifahrens des F
> heftig ins Schlingern geraten war. Rechtswidrigkeitszusammenhang ist nach den vorgenann-
> ten Kriterien zu bejahen (vgl. näher *Lange*, Schadensersatzrecht, 1979, § 4 XII).

Die Terminologie ist uneinheitlich; zum Teil wird das rechtmäßige Alternativverhalten auch als Fall der „hypothetischen Kausalität" oder der „Reserveursache" (vgl.
Rdnr. 244—248) behandelt.

3.1.5 Schadensberechnung

a) Auszugehen ist von der *konkreten* Berechnungsweise, d. h. es kommt auf die tat-   **243**
sächliche Vermögensminderung bzw. auf die tatsächlich unterbliebene Vermögens-
mehrung (entgangener Gewinn, § 252) an.

b) Daneben wird — bei Kaufleuten — die *abstrakte* Berechnungsweise für zulässig er-
achtet. Diese vermeidet, daß der Geschädigte u. U. Geschäftsinterna offenlegen muß,
und verringert zudem das Beweisrisiko: Aus der eingetretenen Rechtsgutsverletzung
wird auf die Realisierung bestimmter Folgeschäden geschlossen (typisierende Betrachtungsweise). Diese kann durch Vorbringen von Tatsachen, die die ernsthafte Möglichkeit eines untypischen Geschehensverlaufs nahelegen, entkräftet werden, so daß nunmehr konkrete Berechnung zu erfolgen hat.

Soweit darüber hinaus eine *abstrakt-normative* Berechnungsweise angenommen wird,
wird damit die Lösung von Fällen angesprochen, in denen eine Vermögenseinbuße
nicht ohne weiteres feststellbar ist (vgl. dazu bereits oben Stichwort „normativer
Schaden", Rdnr. 235).

> **Beispiel:** S beschädigt schuldhaft den Pkw des G. G ist Kfz-Schlosser und repariert den Wagen
> selbst. Er verlangt von S die fiktiven Reparaturkosten, die bei Ausführung der Arbeiten in ei-
> ner Werkstatt angefallen wären, einschließlich der auf diesen (fiktiven) Betrag entfallenden
> Mehrwertsteuer. Inwieweit hier vom Grundsatz der Subjektbezogenheit des Schadensersatzes
> (dazu unten Rdnr. 249) abgewichen werden darf, ist eine Frage wertender (normativer) Be-
> trachtung. Daß G selbst repariert, entlastet S nicht; G kann die im Reparaturgewerbe üblichen
> Kosten einschließlich Mehrwertsteuer fordern. Hat G eine eigene Werkstatt, stehen ihm aber
> nur seine Selbstkosten (zuzüglich Gemeinkosten) zu; er kann dann nicht die höheren Kosten
> anderer Werkstätten verlangen (vgl. BGH NJW 1983, S. 2815).

c) Bei der Schadensberechnung sind verschiedene Faktoren schadensmindernd zu be-   **244**
rücksichtigen; zu nennen sind insbesondere die Reserveursache und die Vorteilsausgleichung.

aa) Bei der *Reserveursache* geht es um die Frage, ob bei hypothetischer Vermögenslage auch die auf ein anderes Ereignis zurückzuführende Vermögensentwicklung zu berücksichtigen ist (deshalb spricht man auch von *hypothetischer Kausalität)*. Folgende Gesichtspunkte sind von maßgeblicher Bedeutung:

245   Die Reserveursache ist ohne Bedeutung für den Schadensersatzanspruch, wenn sie selbst einen Ersatzanspruch des Geschädigten ausgelöst hätte. Grund: Der Geschädigte würde leer ausgehen, weil ihm der Anspruch gegen den „Reserveverursacher" entgeht (Schaden ist vorher schon eingetreten).

> **Beispiel:** A zerschlägt die Scheibe im Wohnzimmer des E. Noch am gleichen Abend ereignet sich infolge schuldhaft falscher Handhabung seines Gasofens durch D im Haus eine Gasexplosion, durch die sämtliche Fenster im Haus, auch die in der Wohnung des E, zerstört werden. Da das Fenster, das A zerschlagen hatte, ebenfalls durch die Explosion zerstört worden wäre, liegt ein meßbarer Schaden des E, den dieser gegenüber A geltend machen könnte, eigentlich nicht vor. Da E aber — wäre das Fenster noch unversehrt gewesen — Ansprüche gegen den D hätte geltend machen können, bleibt der Anspruch gegen den A von der (durch D gesetzten) Reserveursache unberührt.

246   Als allgemeine Regel kann festgehalten werden, daß eine Reserveursache bei Objektschäden (also bei zeitlich früheren — „unmittelbaren" — Schäden) nicht beachtet wird, anders hingegen bei Vermögensfolgeschäden (zeitlich spätere — „mittelbare" — Schäden). Grund: Der später eintretende Schaden (Vermögensfolgeschaden) kann nur unter Berücksichtigung später eintretender Umstände richtig ermittelt werden (h. M.; vgl. dazu *Staudinger/Medicus*, BGB, 12 Aufl. 1983, § 249 Rdnr. 104).

247   bb) Unter *Vorteilsausgleichung* wird die schadensmindernde Berücksichtigung eines durch das Schadensereignis eingetretenen Vorteils, insbesondere der Leistung eines Dritten, verstanden.

Folgende Grundsätze sind zu beachten: Die Leistung Dritter bleibt unberücksichtigt, wenn sie einen gesetzlichen Forderungsübergang auslöst (vgl. §§ 1542 RVO, 67 VVG). Hier erlangt der Geschädigte keinen Vorteil. Voraussetzung schadensmindernder Berücksichtigung ist, daß der Vorteil adäquat kausal durch das schadensstiftende Ereignis verursacht wurde, daß die Vorteilsausgleichung dem Zweck des Schadensausgleichs nicht widerspricht, daß die Anrechnung des Vorteils dem Geschädigten zumutbar ist und den Schädiger nicht unbillig entlastet.

248   Auf der Grundlage dieser Überlegungen haben sich im wesentlichen folgende *Fallgruppen* herausgebildet:

Freiwillige Leistungen Dritter werden nicht angerechnet, es sei denn, diese sollten nach der Zweckbestimmung dem Schädiger zugute kommen (§ 267).

> **Beispiel:** Mieter M zieht aus, ohne die vertraglich vereinbarten und notwendigen Schönheitsreparaturen durchzuführen. Der nachfolgende Mieter D renoviert die Wohnung auf eigene Kosten. Eigentümer E kann dennoch Schadensersatz verlangen. Die Leistung des D wird nicht angerechnet (BGHZ 49, S. 61; str.).

Was der Geschädigte ohnehin als Vorteil erlangt hätte, wird ebenfalls nicht schadensmindernd berücksichtigt.

> **Beispiel:** Die Erbschaft, die E als Erbe nach der Tötung des Erblassers T durch S erhält, wird nicht angerechnet (dies gilt nur für den Stammwert, nicht auch für die Erträge aus der Erbschaft; vgl. § 844 II; dazu BGHZ 8, S. 328).

Ansprüche des Geschädigten, die dieser „erkauft" hatte, werden nicht angerechnet.

> **Beispiel:** Ansprüche gegen Versicherungen und vertragliche Ansprüche auf Lohnfortzahlung bleiben unbeachtlich, da diese Ansprüche nicht zu einer Entlastung des Schädigers bestimmt sind (vgl. BGHZ 43, S. 381).

Erträge aus eigener Tätigkeit des Geschädigten finden — auch soweit sie die Schadensminderungspflicht nach § 254 II 1 übersteigen — grundsätzlich keine Berücksichtigung. Anrechnungsfähig ist dagegen ein mühe- und risikoloser Gewinn, der ohne Eintritt des Schadensereignisses nicht erzielt worden wäre.

3.1.6 Die Ersatzberechtigung

a) Ersatzberechtigt ist im Normalfall der Vertragspartner, der durch unerlaubte Handlung Geschädigte (beachte aber die Durchbrechungen in §§ 844, 845) und der Begünstigte bei einem Vertrag zugunsten Dritter oder mit Schutzwirkung für Dritte (*Grundsatz der Subjektbezogenheit des Schadens*). **249**

b) Davon macht die *Drittschadensliquidation* eine Ausnahme. Erfaßt sind diejenigen Fallkonstellationen, in denen typischerweise der Anspruchsberechtigte, bei dem der haftungsbegründende Tatbestand eintrat, keinen eigenen Schaden hat, der Dritte, bei dem der Schaden sich realisierte, aber keinen Anspruch geltend machen kann. Es handelt sich also um Fälle der *Schadensverlagerung,* bei denen aufgrund besonderer — für den Schädiger zufälliger — Umstände der Schaden nicht beim Ersatzberechtigten, sondern bei einem Dritten eintritt. In derartigen Fällen darf der Ersatzberechtigte ausnahmsweise den Schaden des Dritten geltend machen, vorausgesetzt natürlich, daß das Schadensrisiko sich für den Schädiger dadurch nicht erhöht, sondern eben nur verlagert.

> **Beispiele:** a) V schließt mit A einen Vertrag, ohne offenzulegen, daß er B vertritt; im Schadensfall kann V den Schaden des Hintermanns B geltend machen (mittelbare Stellvertretung, Treuhand). b) A wird gegenüber B von seiner Leistungspflicht frei (§ 275), da — ohne Verschulden des A — die Sache beim Transport durch den selbständigen Transporteur X zerstört wird. Käufer B hat keine vertraglichen Ansprüche gegen X und auch keine aus Delikt (er ist noch nicht Eigentümer der Sache). Hier kann A den Schaden des B gegenüber X geltend machen (Fall obligatorischer Entlastung aufgrund einer Gefahrtragungsregel: § 447; BGHZ 40, S. 100).

3.2 Aufwendungsersatz und Wegnahmerecht

3.2.1 Der Ersatz von Aufwendungen

Wie Aufwendungen zu ersetzen sind, regelt das BGB nur in §§ 256, 257. Wann sie zu ersetzen sind, bestimmt sich nach Vertrag oder Gesetz. Zum Begriff: Aufwendungen sind *freiwillig erbrachte Vermögensminderungen,* mithin keine Schäden. Wenn die Aufwendung im fremden Interesse geschieht, kann i. d. R. Ersatz verlangt werden (vgl. §§ 670, 683, 693, 970, 1648, 1835, 1978 III, 2125, 2218). **250**

a) Ersatz „in Natur" kann — wegen § 256 — nicht gefordert werden, auch wenn der Ersatzberechtigte nicht Geld, sondern andere Vermögenswerte aufwendet.

> **Beispiel:** A verwahrt und versorgt während des Urlaubs seines Nachbarn N dessen Hund. Später verlangt er als Ersatz, daß N seinen (des A) Hund während seiner Urlaubszeit versorgt: nur Aufwendungsersatz in Geld gerechtfertigt (§ 693) und Zinsanspruch gem. §§ 256, 246.

b) Soweit der Ersatzberechtigte eine Verbindlichkeit einging, kann er verlangen, von dieser befreit zu werden (§ 257).

> **Beispiel:** Student A mietet im eigenen Namen für sich und einen befreundeten Kommilitonen, den K, eine Semesterwohnung, nachdem K den Wunsch nach Wohnungsgemeinschaft mit A geäußert hatte. Hier kann A von K anteilige Befreiung von der Mietzinsverbindlichkeit fordern (§§ 670, 257).

3.2.2 Das Wegnahmerecht

251   Das Wegnahmerecht gibt die Befugnis zur Wegnahme von „Einrichtungen" durch den Herausgabepflichtigen (vgl. §§ 500 S. 2, § 547 a I, 601 II 2, 997, 1049 II, 1216, 2125). Die Ausübung des Wegnahmerechts verpflichtet dazu, die Sache wieder in den „vorigen Stand" zu bringen (§ 258 S. 1).

> **Beispiele:** a) Mieter M hat in der gesamten Wohnung die alten Gardinenleisten entfernt und neue angebracht. Beim Auszug darf er die neuen Leisten entfernen, muß die alten aber wieder anbringen (§ 258 S. 1). b) Ist M schon ausgezogen und will er sein Wegnahmerecht erst jetzt ausüben, gibt ihm § 258 S. 2 einen Anspruch auf Duldung der Wegnahme: der Vermieter muß die Wegnahme der Einrichtung — bei entsprechender Sicherheitsleistung — gestatten (§§ 258 S. 2, 232). — Der Vermieter kann das Wegnahmerecht durch Zahlung einer angemessenen Entschädigung abwenden (§ 547 a II).

Ist die Wiederherstellung des ursprünglichen Zustands der Sache nicht oder nur unter unverhältnismäßig großem Aufwand möglich, so ist Geldersatz zu leisten.

3.3 Rechenschafts- und Auskunftspflicht

252   Die Bestimmungen der §§ 259—261 setzen eine durch Vertrag oder Gesetz bereits begründete Pflicht zur Rechenschaft oder Rechenschaftslegung voraus. Sie regeln nur Inhalt und Umfang dieser Pflicht. Zweck des Auskunfts- oder Rechenschaftsanspruchs ist die Unterrichtung des Berechtigen eines Hauptanspruchs (gerichtet auf Herausgabe, Schadensersatz etc.).

a) *Rechenschaftspflichtig* ist, wer fremde Angelegenheiten oder solche besorgt, die zugleich eigene und fremde sind. Gesetzliche Beispiele: §§ 666, 681, 687 II, 713, 1214 I, 1698, 1840, 1890, 2218 II. Gem. § 259 I sind in derartigen Fällen Rechnungen und ggf. Belege vorzulegen.

b) *Bestandsverzeichnisse* sind vorzulegen, wenn ein Inbegriff von Gegenständen (z. B. Sachgesamtheit; siehe Rdnr. 26) herauszugeben oder über den Bestand eines solchen Inbegriffs Auskunft zu erteilen ist (Auskunftspflicht, § 260); als Inbegriff von Gegenständen wird jede Mehrheit von Vermögensgegenständen, Sachen, Rechten und Forderungen verstanden, die nicht einzeln bezeichnet werden können (z. B.: Unternehmen, Bibliothek). — Sind begründete Zweifel an der Ordnungsgemäßheit der Auskunftserteilung gegeben, so kann der Verpflichtete zur eidesstattlichen Versicherung herangezogen werden (§§ 259 II, 260 II, 261).

3.4 Treu und Glauben

3.4.1 Bedeutung und Inhalt

a) Der Rechtsgedanke von Treu und Glauben beherrscht die gesamte Rechtsordnung **253** und enthält ein rechtsethisches Prinzip, das in §§ 157, 162, 242, 320 II, 815 BGB, 9 I AGBG positiviert ist. Die grundlegende Vorschrift ist § 242; sie stellt zwingendes Recht dar und ist nicht abdingbar. § 242 ist keine Anspruchsnorm, kann aber für eine solche von Bedeutung sein (BGH NJW 1984, S. 730).

b) Die *inhaltliche Konkretisierung* ist an der Ansicht „aller billig und gerecht Denken- **254** den" (übliche Formel) auszurichten. In erster Linie ist auf die — ausdrücklich im Gesetz aufgeführte — Verkehrssitte abzustellen. Gleichfalls von Belang sind die von der Rechtsgemeinschaft anerkannten allgemeinen Werte. Insbesondere finden so auch die in den Grundrechten positivierten Wertentscheidungen in das Privatrecht Eingang (mittelbare Drittwirkung der Grundrechte; BVerfGE 7, S. 198). — § 242 verlangt eine umfassende Interessenabwägung im Einzelfall.

c) Der *Anwendungsbereich* des § 242 ist gegenüber anderen Vorschriften — etwa **255** §§ 134, 138, 157, 826 usw. — abzugrenzen. Wichtig ist vor allem die Abgrenzung zur Gute-Sitten-Klausel des § 138 I. Diese Vorschrift stellt engere Anforderungen als § 242; mit dem Sittenverstoß ist auch ein Verstoß gegen Treu und Glauben gegeben, umgekehrt gilt dies nicht in jedem Fall.

3.4.2 Art und Weise der Leistung

Treu und Glauben bestimmen — neben §§ 243—274 — die Art und Weise der Lei- **256** stung (Hauptleistungspflicht), also die Frage, wie der Schuldner seine Verpflichtung zu erfüllen hat. Grundgedanke ist, daß die Erfüllung nicht nur den „Buchstaben" des Schuldverhältnisses, sondern auch den Leistungs- und Zweckinhalt der Verpflichtung zu berücksichtigen hat.

> **Beispiel:** Die Erfüllung der Leistungspflicht darf nicht an einem unpassenden Ort oder zur Unzeit geschehen. Hier kann der Schuldner die Leistung des Gläubigers ablehnen, ohne in Annahmeverzug (Rdnr. 339) zu geraten.

Gleichermaßen können Einschränkungen des Gläubigerrechts geboten sein (dazu Rdnr. 258). Man kann von einer allgemeinen Pflicht zur Rücksichtnahme der Vertragspartner sprechen.

3.4.3 Erweiterung des Anspruchsinhalts

Nach § 242 kann das einzelne Schuldverhältnis durch *Nebenpflichten* ergänzt werden. **257** Man unterscheidet selbständige und unselbständige Nebenpflichten. Selbständig sind solche Pflichten, die einen Eigenzweck haben; sie geben dem Berechtigten — neben Ansprüchen aus positiver Forderungsverletzung (Rdnr. 335) oder culpa in contrahendo im Falle ihrer schuldhaften Verletzung (vgl. dazu Rdnr. 195) — einen entsprechenden Erfüllungsanspruch (z. B. Auskunftspflicht). Unselbständige Nebenpflichten dienen nur der Sicherung der Hauptpflicht und der Abwicklung des Schuldverhältnisses (z. B. Aufklärungspflicht); ihre Verletzung vermag nur Ansprüche aus positiver Forderungsverletzung oder culpa in contrahendo auszulösen.

Nebenpflichten sind *Aufklärungs-, Mitwirkungs-, Obhuts-/Sicherungs-* sowie *Fürsorge-* und *Treuepflichten.*

> **Beispiele:** a) Jeden Vertragspartner trifft eine Aufklärungspflicht hinsichtlich solcher Umstände, die für das Zustandekommen und die Abwicklung des Vertrags von Belang sind. b) Gläubiger und Schuldner müssen sich so verhalten, daß Rechtsgüter des Vertragspartners nicht verletzt werden. So hat der „veranstaltende" Fußballverein alles für die Sicherheit der Besucher Notwendige zu veranlassen (Schutzpflichten). c) Vor Vertragsabschluß muß der Verkäufer z. B. auf typische Gefahren, die vom Kaufgegenstand ausgehen, hinweisen (Aufklärungspflicht); er muß etwa beim Kauf einer Maschine (u. U.) einer Instruktionspflicht genügen, indem er z. B. eine (vollständige) Betriebsanleitung beifügt. d) Die Vertragspartner haben alles zu unterlassen, was das Erreichen des Vertragszwecks in Frage stellen könnte (Leistungstreuepflicht; vgl. BGH NJW 1983, S. 998).

3.4.4 Beschränkung und Wegfall des Anspruchs

258 Der Grundsatz von Treu und Glauben kann zu einer Beschränkung oder zum Wegfall des Gläubigerrechts führen. Bedeutsame Gesichtspunkte sind hier: Unredliches Vorverhalten, widersprüchliches Verhalten, Verwirkung und Wegfall der Geschäftsgrundlage.

a) Von *unzulässiger Rechtsausübung (Rechtsmißbrauch, Rechtsüberschreitung)* spricht man, wenn ein „an sich" gegebenes Recht oder eine Rechtslage in Widerspruch zu § 242 in Anspruch genommen wird. Verschulden ist hierbei nicht erforderlich, es genügt der objektive Verstoß gegen Treu und Glauben. Rechtsfolge unzulässiger Rechtsausübung ist, daß das Recht nicht mehr besteht.

> **Beispiele:** a) Unzulässige Rechtsausübung liegt vor, wenn ein schutzwürdiges Eigeninteresse des Berechtigten fehlt, etwa wenn aus Willkür gekündigt wird. b) Unzulässig ist die Rechtsausübung auch dann, wenn der Berechtigte den Leistungsgegenstand alsbald an den Schuldner (etwa aus ungerechtfertigter Bereicherung) zurückgewähren muß. c) Bei grob unbilligen und der Gerechtigkeit widerstreitenden Härten für den Schuldner kann die Rechtsausübung ebenfalls unzulässig sein. Auch der Gläubiger darf nicht rücksichtslos und aus übermäßigem Eigennutz handeln. d) Wichtiger Fall: beim finanzierten Abzahlungskauf kann der Abzahlungskäufer dem Kreditgeber die Einwendungen entgegenhalten, die ihm wegen Nicht- oder Schlechtleistung gegen den Abzahlungsverkäufer zustehen, wenn Kauf- und Kreditvertrag eine Einheit darstellen (dazu näher Rdnr. 418 ff.).

259 b) Eine Rechtsposition darf auch dann nicht geltend gemacht werden, wenn sie durch *unredliches früheres Verhalten* begründet worden ist (im Grunde liegt ein Fall unzulässiger Rechtsausübung vor). Dabei ist arglistiges oder vorwerfbares Verhalten nicht vorausgesetzt; es genügt die objektive Pflichtwidrigkeit.

> **Beispiel:** Kündigung eines Vertrags wegen rückständiger Zahlungen, wobei die Rückstände durch ein Verhalten des Kündigenden selbst verursacht worden sind.

260 c) Die Vertragspartner dürfen sich nicht zu eigenem Verhalten in Widerspruch setzen (sog. *venire contra factum proprium*). Voraussetzung für die Anwendung dieses Grundsatzes ist die Schaffung eines Vertrauenstatbestands oder der Eintritt sonstiger Umstände, die das Verhalten als treuwidrig erscheinen lassen.

> **Beispiel:** Wer an einer gefährlichen Sportart teilnimmt, kann keinen Schadensersatz fordern, wenn er bei regelgerechtem Verhalten eines Mitspielers dennoch verletzt wird (BGHZ 63, S. 145; vgl. dazu auch Rdnr. 220).

d) Der Gläubiger darf nicht über einen längeren Zeitraum hinweg den Eindruck er- **261**
wecken, der Schuldner brauche mit der Geltendmachung einer bestimmten Forderung
nicht mehr zu rechnen; in diesem Fall ist die Rechtsausübung unzulässig, wenn sich
der Vertragspartner auf weitere Untätigkeit des Gläubigers eingestellt hat und die Leistung ihm nicht mehr zumutbar ist (*Verwirkung*; dazu Rdnr. 299).

e) Auf dem Rechtsgedanken von Treu und Glauben fußt auch die Lehre vom *Wegfall* **262**
der Geschäftsgrundlage (Rdnr. 148). Auch hier erfolgt eine Anpassung dessen, was
der Gläubiger zu fordern berechtigt ist, u. U. entfällt der Anspruch in vollem Umfang.

3.5 Leistungsverweigerungsrecht

3.5.1 Die Einrede des nichterfüllten Vertrags

§ 320 I bringt zum Ausdruck, daß beim gegenseitigen Vertrag die Position des jeweils **263**
forderungsberechtigten Teils beschränkt ist: er kann nur Leistung *Zug um Zug* verlangen und ist gleichermaßen zur Erfüllung seiner Leistungspflichten angehalten (vgl.
§ 322 I). Anderes ergibt sich bei Vorleistungspflichten des einen Partners; derartiges
kann vereinbart werden oder sich aus dem Gesetz ergeben (vgl. §§ 551, 614, 641). —
§ 320 I ist auch bei unvollständiger und mangelhafter Erfüllung der Leistungspflichten anwendbar (wenngleich nur begrenzt, vgl. § 320 II).

3.5.2 Das Zurückbehaltungsrecht

Der Schuldner darf die von ihm zu erbringende Leistung so lange zurückhalten, bis **264**
die ihm gebührende Leistung bewirkt wird, vorausgesetzt, beide Leistungsverpflichtungen entstammen demselben rechtlichen Verhältnis (Konnexität) und der Anspruch
gegen den Gläubiger ist fällig (§ 273 I).

a) Der Unterschied zu § 320 I besteht darin, daß beim gegenseitigen Vertrag Leistung
und Gegenleistung von vornherein derart verknüpft sind, daß jeder zur Leistung verpflichtet ist, wenn die Gegenleistung erbracht wird; § 273 dagegen regelt die Fälle, in
denen die Ansprüche zwar auf demselben rechtlichen Verhältnis beruhen, aber nicht
wechselseitig „einer um des anderen willen" begründet wurden.

> **Beispiel:** Der Auftraggeber kann Erfüllung der Pflichten aus § 667 fordern, der Beauftragte
> die Rechte aus § 670 geltend machen; beide Ansprüche sind unabhängig voneinander und ent-
> springen nur dem gleichen rechtlichen Verhältnis: nicht § 320 I, sondern § 273 I gegeben.

b) Das Zurückbehaltungsrecht muß als Einrede geltend gemacht werden (vgl. Rdnr. **265**
10). Die Ausübung ist durch Sicherheitsleistung abwendbar (§ 273 III).

c) Die Geltendmachung des Zurückbehaltungsrechts gem. § 273 erfordert zunächst **266**
Gegenseitigkeit der Forderungen, d. h. die Leistung wird zurückgehalten wegen eines
gegen den Gläubiger bestehenden Anspruchs. Dieser muß aus dem gleichen rechtlichen Verhältnis stammen (*Konnexität*). Dabei ist keine rechtlich enge Abhängigkeit
von Leistung und Gegenleistung (s. Rdnr. 264) und auch kein institutionell einheitliches Rechtsverhältnis (s. Beispiel Rdnr. 264) notwendig. Ausreichend, aber auch erforderlich, ist ein *natürlicher und wirtschaftlicher Zusammenhang der Leistungen*

(„innerlich zusammenhängendes, einheitliches Lebensverhältnis"; gesetzlicher Fall: § 273 II), so daß eine einseitige Leistungsdurchsetzung als treuwidrig erschiene.

> **Beispiel:** A und B stehen in laufender Geschäftsbeziehung; es bestehen mehrere Verträge. Im Hinblick auf die Nichterfüllung eines Vertrags seitens des A verweigert B seinerseits die Leistung aus einem der anderen Verträge: Konnexität zu bejahen.

267   d) Erforderlich ist ferner die *Fälligkeit des Gegenanspruchs,* wobei es genügt, daß der Gegenanspruch bis zum Zeitpunkt der Erbringung der geschuldeten Leistung entstanden und fällig geworden ist (anders beim Zurückbehaltungsrecht gem. § 1000, dazu Rdnr. 269); kein Zurückbehaltungsrecht ist möglich bei bedingten und künftigen Ansprüchen. — Ein Zurückbehaltungsrecht bei inzwischen verjährter Gegenforderung ist nur gegeben, wenn der Anspruch vor dem Zeitpunkt des Verjährungseintritts der Gegenforderung entstanden ist (entspr. § 390 S. 2).

268   e) Die Geltendmachung des Zurückbehaltungsrechts kann ausgeschlossen sein aufgrund Gesetzes (§§ 175, 556 II, 580, 581 II), aufgrund rechtsgeschäftlicher Vereinbarung (insbes. Vorleistungspflicht des einen Teils; wichtige Schranke: § 11 Nr. 2 AGBG), wegen § 242 (die Verweigerung einer hochwertigen Leistung zur Durchsetzung einer geringwertigen kann unzulässige Rechtsausübung sein) und aufgrund der Natur des Schuldverhältnisses (z. B. bei gesetzlichen Unterhaltsansprüchen).

269   f) *Sonderfälle* des Zurückbehaltungsrechts sind in §§ 273 II, 1000 geregelt; vgl. ferner §§ 369 ff. HGB.

aa) Nach § 273 II ist ein Zurückbehaltungsrecht gegeben, wenn der Schuldner auf den herauszugebenden Gegenstand Verwendungen gemacht hat oder ihm durch diesen ein Schaden entstand; die Sache darf jedoch nicht durch vorsätzliche unerlaubte Handlung erlangt sein.

> **Beispiel:** A ist von dem ihm zugelaufenen Hund gebissen worden und mußte den Arzt aufsuchen: Zurückbehaltungsrecht am Hund.

bb) Beim Zurückbehaltungsrecht aus § 1000 bedarf es nicht der Fälligkeit des Anspruchs, beim kaufmännischen Zurückbehaltungsrecht gem. §§ 369 ff. HGB nicht der Konnexität. Das kaufmännische Zurückbehaltungsrecht gewährt Befriedigung nach Art eines Pfandrechts (§ 371 HGB).

3.6 Vertragsstrafe

270   a) Die Vertragsstrafe (Geld oder andere Leistung, §§ 339, 342) wird versprochen für den Fall unterbleibender oder nicht gehöriger Erfüllung einer Verbindlichkeit (§§ 340, 341); sie dient der Sicherung der Erfüllung und ist ein Zeichen überlegener Verhandlungsmacht des Gläubigers.

aa) Die praktische Bedeutung ist erheblich; insbesondere wird die Zahlung einer Vertragsstrafe oft vereinbart, wenn der zu erwartende Schaden schwer nachweisbar oder bezifferbar ist. Das Vertragsstrafeversprechen begründet i. d. R. eine akzessorische Nebenverbindlichkeit (vgl. aber § 343 !!).

bb) Voraussetzung der Verwirkung der Vertragsstrafe (§ 339) ist die vertragliche Abrede der Strafe (i. d. R. Individualabrede; vgl. § 11 Nr. 6 AGBG), das Bestehen der Hauptverbindlichkeit (bei unwirksamer, gekündigter usw. Hauptverpflichtung greift

§ 339 nicht ein), Verletzung der gesicherten Verpflichtung und Vertretenmüssen der Pflichtverletzung (vgl. §§ 276, 278).

cc) Das Verhältnis der Vertragsstrafe zu Erfüllungs- und Schadensersatzansprüchen regeln §§ 340, 341. Schutz gegen überhöhte Vertragsstrafen gewährt § 343: Der Schuldner kann u. U. Herabsetzung durch Gerichtsurteil erreichen. Die Vorschrift des § 343 ist als Schuldnerschutzvorschrift zwingend (nicht abdingbar); sie gilt nicht für Vollkaufleute (§§ 348, 351 HGB). Im übrigen ist sie auch auf selbständige Strafversprechen (Rdnr. 271) anwendbar.

b) Neben dem unselbständigen Vertragsstrafeversprechen (§§ 339 ff.) gibt es auch **271** selbständige Strafversprechen; hier ist die Verpflichtung zur Erfüllung des Strafversprechens nicht vom Bestehen einer Hauptverpflichtung abhängig. Die Abrede über pauschalierten Schadensersatz ist kein Vertragsstrafeversprechen. Aus Inhalt und Zweck der Abrede kann sich jedoch ergeben, daß die Schadensersatzpauschale in Wahrheit eine Vertragsstrafe darstellt (beachte: die — häufige — Vereinbarung in AGB ist gegenüber Nichtkaufleuten nur im Rahmen des § 11 Nr. 5 AGBG zulässig); bei überhöhten Schadenspauschalierungen ist eine Herabsetzung gem. § 343 nicht möglich (h. M.; bedenklich).

4. Ort und Zeit der Erfüllung

4.1 Erfüllungsort

a) Der Schuldner hat grundsätzlich an dem Ort zu erfüllen, an dem sich zur Zeit der **272** Entstehung der Verbindlichkeit sein Wohn- oder Geschäftssitz befand (§ 269 I, II). Sonderregeln sind z. B. in §§ 261 I, 374 I enthalten.

b) Eine Ausnahme bilden *Geldschulden*: der Schuldner muß sie auf seine Kosten und **273** Gefahr an den Wohnort des Gläubigers übersenden („qualifizierte Schickschuld").

aa) Gemeint ist dabei nicht der Ort, an dem der Gläubiger zur Zeit der Entstehung der Verbindlichkeit gewohnt hat, sondern sein jeweiliger Wohnort; wenn also der Gläubiger nach Begründung seines Forderungsrechts umzieht, so kann er die Übersendung des Geldes an den neuen Wohnort verlangen. Ist die Forderung im Gewerbebetrieb des Gläubigers entstanden, so tritt an die Stelle seines Wohnsitzes der Ort seiner gewerblichen Niederlassung (§ 270 I-III). Ungeachtet dieser Regel bleibt aber auch für Geldschulden der eigentliche Erfüllungsort da, wo der Schuldner bei Entstehung der Schulden seinen Wohnsitz oder seine gewerbliche Niederlassung hatte (§ 270 IV).

bb) Der Schuldner muß das Geld auf seine Gefahr und Kosten an den Wohnsitz des Gläubigers übersenden. Will er nicht in Verzug geraten, muß er es rechtzeitig einzahlen. Diese Pflicht muß er dort erfüllen, wo er zur maßgebenden Zeit wohnte oder seine gewerbliche Niederlassung hatte. Dieser letztere Erfüllungsort und nicht der Ort, wohin der Schuldner das Geld zu senden hat, ist bestimmend für die Auslegung des Rechtsgeschäfts, auf dem die Verpflichtung des Schuldners beruht, für den Gerichtsstand bei einer Klage, die der Gläubiger gegen den Schuldner auf Erfüllung der Verpflichtung erhebt usw. Dem entspricht es, daß für die Frage, ob ein Schuldner rechtzeitig gezahlt hat, nicht die Zeit, zu der das Geld beim Gläubiger ankommt, sondern die Zeit, zu der der Schuldner das Geld absendet, maßgebend ist.

cc) Vorausgesetzt ist jeweils, daß nicht aus der Natur der Forderung, der Verkehrssitte, den Bestimmungen der Partner oder einer gesetzlichen Sonderregel etwas Abweichendes folgt.

4.2 Erfüllungszeit

274   a) Die Erfüllungszeit ist der Zeitpunkt, an dem der Gläubiger die geschuldete Leistung fordern darf. Die Forderung ist dann *fällig* geworden.

aa) Im allgemeinen ist eine Forderung sofort fällig, nachdem sie begründet ist (§ 271 I). Jedoch wird oft eine rechtsgeschäftliche *Erfüllungsfrist* oder ein *Erfüllungstermin* festgesetzt. Im Zweifel gelten indes Erfüllungsfrist wie Erfüllungstermin nur zugunsten des Schuldners: der Gläubiger darf also die Leistung nicht vor Ablauf der Erfüllungsfrist oder vor dem Erfüllungstermin fordern; der Schuldner kann die Leistung aber schon früher bewirken (§ 271 II).

bb) Die Erfüllungszeit einer Forderung kann nachträglich hinausgeschoben werden (*Stundung)*. Dazu ist regelmäßig eine Vereinbarung zwischen Gläubiger und Schuldner erforderlich.

275   b) Nichteinhaltung der Erfüllungszeit führt zum *Schuldnerverzug* (§§ 284, 285); beim *absoluten Fixgeschäft* ist *objektive Unmöglichkeit* die Folge (vgl. dazu Rdnr. 312 ff.).

> **Beispiel:** A bestellt bei dem Gastwirt B ein Zimmer für den 31. Mai, und B sagt es ihm zu. Hier ist im Zweifel, wenn B aus irgendwelchen Gründen diesen Vertrag am 31. Mai nicht erfüllt, die Erfüllung unmöglich geworden; die Leistung außerhalb der bestimmten Zeit ist keine Erfüllung mehr.

Beim *einfachen Fixgeschäft* (§ 361) ist die Erfüllungszeit ebenfalls wesentlich; der Bestand des Geschäfts soll *grundsätzlich* davon abhängen. Rechtsfolge der Nichterfüllung ist das Wahlrecht des Gläubigers zwischen Rücktritt, Erfüllung, Verzugsschaden und Schadensersatz wegen Nichterfüllung. Geringfügige Überschreitungen der Leistungszeit sind jedoch u. U. unerheblich (§ 242). Zum Fixhandelskauf vgl. § 376 HGB (lesen!).

Literaturhinweise:

Brox, Allgemeines Schuldrecht, Rdnr. 73–160, 315–363.
Esser/Schmidt, Schuldrecht AT, § 30 II (zu Grundgedanken des Schadensrechts).
Gernhuber, JuS 1983, S. 764 ff. (zu § 242).
Hermann Lange, JuS 1978, S. 649 ff. (zur Vorteilsausgleichung).
Littbarski, JZ 1981, S. 8 ff. (zum Wegfall der Geschäftsgrundlage).
Medicus, Schuldrecht I, §§ 16–22, 29, 30, 39, 52–60.
Medicus, JuS 1979, S. 233 ff. (zum normativen Schaden).
Eike Schmidt, JuS 1980, S. 637 ff. (zum Begriff des Vermögensschadens).
Willms/Wahlig, BB 1978, S. 973 ff. (zur Genehmigungsfähigkeit von Wertsicherungsklauseln).

BGH JuS 1976, S. 119 (zu Kaufpreisschwund und Dauerschuldverhältnis).
BGHZ 63, S. 140 (Einwilligung in die Verletzung, venire contra factum proprium).
BGHZ 24, S. 21 (Rechtswidrigkeit und verkehrsrichtiges Verhalten).
BGH JuS 1978, S. 564 (zur Ersatzfähigkeit von Vorhaltekosten).
BGH JuS 1979, S. 61 (zur Gebrauchsmöglichkeit als vermögenswertem Gut).
BGH VersR 1980, S. 378 (zum Schadensbegriff).
BGH JuS 1980, S. 146 (zur Ersatzfähigkeit der Fangprämie).
BGH JuS 1979, S. 589 (zu § 254 II 2 und § 278).
BGH JR 1981, S. 14 ff. (zum Begriff des Vermögensschadens).
BAG NJW 1983, S. 1693 f. (zur Haftung bei gefahrengeneigter Arbeit).

Kontrollfragen:

1. Welches sind — in Stichworten — die Voraussetzungen der Zurechnung der Folgen eines schadensstiftenden Ereignisses?

2. Wofür muß der Schuldner einstehen (Haftungsmaßstab)?

3. Was ist ein Vermögensschaden? In welcher Hinsicht ist dieser Begriff erweitert worden?

4. In welcher Hinsicht sind die Terme Adäquanz, Schutzzweck der Norm, Rechtswidrigkeitszusammenhang und rechtmäßiges Alternativverhalten bedeutsam?

5. A gibt B eine Schreibmaschine in Verwahrung, die er von M geliehen hatte. Kann A Schadensersatzansprüche gegen B geltend machen, wenn dieser die Maschine fahrlässig beschädigt?

6. K hat bei V einen neuen Wagen bestellt. Wenige Tage nach der Bestellung läßt er den V wissen, er wolle „mit der Sache" nichts mehr zu tun haben, er werde den Pkw, falls er geliefert werde, nicht abnehmen. Diese Äußerungen werden noch mehrfach schriftlich und mündlich wiederholt. Rechtslage?

7. Ist die „Nichterfüllung des Vertrags" prozeßtechnisch eine Einrede oder eine Einwendung?

Antworten zu den Kontrollfragen finden Sie auf S. 280 f.

IV. Beendigung der Schuldverhältnisse

1. Erfüllung

1.1 Begriff und Voraussetzungen

a) Erfüllung ist Erbringung der geschuldeten Leistung. Die Erfüllung besteht je nach ihrem Gegenstand beispielsweise in der Überweisung von Geld, in der Übereignung von Sachen, in der Überlassung von Sachen zum Gebrauch, in der Leistung von Diensten, in bloßen Unterlassungen. — Erfolgseintritt durch Zufall ist keine Leistungsbewirkung. **276**

b) Für die Erfüllung genügt es, daß die Leistung als solche bewirkt wird (*reale Leistungsbewirkung*, h.M.), einer besonderen Einigung über die zu erfüllende Verbindlichkeit bedarf es nicht (so aber die überholte *Vertragstheorie*); a.M. fordert, Leistung müsse in der Absicht vorgenommen werden, eine Schuld zu tilgen (*finale Leistungsbewirkung*).

c) Zu erfüllen ist regelmäßig gegenüber demjenigen, der zur Verfügung über die Forderung zuständig ist. **277**

aa) Häufig wird jemand ermächtigt, die geschuldete Leistung im eigenen Namen anzunehmen, ohne im übrigen über die Forderung verfügen zu können (*Empfangszuständigkeit*). Ein solcher Erfüllungsempfänger ist nicht etwa Mitgläubiger neben dem eigentlichen Gläubiger; denn er kann die Leistung zwar annehmen, nicht aber beispielsweise kündigen oder sie einklagen. — Gesetzliche Empfangsermächtigung: § 370 (Rdnr. 382).

bb) Die Leistung kann ferner an solche Dritte erfolgen, die ein eigenes Gläubigerrecht haben (§ 328), oder an solche, die vertraglich als Leistungsempfänger benannt wurden; dabei ist zu beachten, daß bei Leistung an eine Bank als „Zahlstelle" der Gläubiger selbst (und nicht etwa die Bank) Leistungsempfänger ist (dies ist von Bedeutung für Ansprüche aus ungerechtfertigter Bereicherung, dazu vgl. Rdnr. 555).

cc) Wird die Erfüllung gegenüber einer zur Empfangnahme der geschuldeten Leistung nicht zuständigen Person vorgenommen, so ist die Erfüllung als solche unwirksam. Der Mangel kann aber durch *Genehmigung* geheilt werden (§ 362 II).

> **Beispiel:** A will sein Haus verkaufen und verhandelt darüber mit B. C, der in dem Haus zur Miete wohnt, zahlt in der Annahme, daß die Verhandlung zum Abschluß gelangt und B Eigentümer des Hauses geworden sei, den Mietzins an B. Hier bewirkt diese Zahlung keine Erfüllung der Mietzinsforderung des A. Denn die Forderung steht A zu, und B konnte nicht über sie verfügen, also nicht die Erfüllung annehmen. Dagegen wird die Erfüllung wirksam, wenn B die von C gezahlte Summe an A überweist oder A die Zahlung genehmigt.

278 d) Hat der Schuldner nicht in Person zu leisten, kann jeder beliebige Dritte die Leistung für den Schuldner vornehmen. Dabei sind zwei Grundsituationen zu unterscheiden:

aa) Im allgemeinen ist der Gläubiger berechtigt, die Leistung des Dritten anzunehmen, und, solange der Schuldner nicht widerspricht, ist er sogar dazu verpflichtet (§ 267). Nicht der Dritte, wohl aber der Schuldner hat ein Recht darauf, daß der Gläubiger die Leistung des Dritten nicht ablehnt: nicht gegenüber dem Dritten, sondern gegenüber dem Schuldner gerät der Gläubiger also in Annahmeverzug (Rdnr. 339), wenn er das Angebot des Dritten zurückweist.

bb) Ganz anders ist die Rechtslage, wenn der Gläubiger wegen seiner Forderung bereits die Zwangsvollstreckung in einen dem Schuldner gehörenden Gegenstand zu betreiben begonnen hat, an dem einem Dritten ein beschränktes Recht zusteht oder der sich im Besitz eines Dritten befindet, und der Dritte nun Gefahr läuft, durch die Zwangsvollstreckung sein Recht an dem Gegenstand oder seinen Besitz zu verlieren. Hier gilt zunächst die Besonderheit, daß der Gläubiger ein Erfüllungsangebot des Dritten selbst dann annehmen muß, wenn der Schuldner widerspricht, und daß er, falls er das Angebot ablehnt, nicht bloß gegenüber dem Schuldner, sondern auch gegenüber dem Dritten in Annahmeverzug gerät (§ 268 I). Der Dritte kann hier also auf der Annahme seines Angebots aus eigenem Recht bestehen. Außerdem wird insoweit, als der Dritte die Forderung des Gläubigers erfüllt, der Schuldner nicht befreit. Vielmehr geht die Forderung kraft Gesetzes auf den Dritten über; der Übergang kann aber nicht zum Nachteil des Gläubigers geltend gemacht werden (§ 268 III).

> **Beispiel:** A schuldet dem B 300.000 DM und bestellt ihm zur Sicherung die erste Hypothek an seinem Haus; das Haus ist mit einer zweiten Hypothek zugunsten des C belastet und D mietweise überlassen. Hier können, sobald B wegen seiner Forderung das Haus zur Zwangsversteigerung bringt, sowohl C wie D die Bezahlung der 300.000 DM B aufdrängen, auch wenn A widerspricht; denn wenn sie B nicht befriedigen, würde ja die Zwangsversteigerung ihren Fortgang nehmen und die Gefahr bestehen, daß C bei der Versteigerung mit seiner zweiten Hypothek ganz oder teilweise ausfiele und daß D seinen Mietbesitz durch Kündigung seitens des Erstehers verlieren könnte. Nimmt B die Zahlung des C an, geht seine Forderung mit der Hypothek auf C über, so daß diesem außer der zweiten auch die erste Hypothek zusteht.

279 e) Als Erfüllung gilt nur eine Leistung, die der Forderung nach Inhalt und Umfang vollständig entspricht. Die Beweislast hierfür trifft den Schuldner. Hat dagegen der Gläubiger die Leistung als Erfüllung angenommen, hat er zu beweisen, daß die Leistung unvollständig oder mangelhaft ist oder sonst mit seiner Forderung nicht übereinstimmt (§ 363).

Eine *Teilerfüllung* kann der Gläubiger zurückweisen (§ 266). Das gilt auch, wenn die **280**
Forderung teilbar ist.

> **Beispiel:** A hat an B Waren zum Preis von 20.000 DM geliefert. Von dem Kaufpreis will B nur
> 19.000 DM wegen eines angeblichen Mindergewichts der Ware zahlen. Hier kann der A die
> ganze Zahlung zurückweisen, vorausgesetzt, daß der Abzug, den B gemacht hat, ungerecht-
> fertigt war. Damit trägt B das Kostenrisiko im Zahlungsprozeß des A.

f) Hat ein Schuldner an den Gläubiger eine Mehrheit von Leistungen zu bewirken, die sich durch **281**
Schuldgrund oder Fälligkeitszeit unterscheiden, im übrigen aber gleichartig sind, wird eine Leistung,
die nicht zur Tilgung aller Schulden ausreicht, folgendermaßen verrechnet: Zunächst wird die fällige
Schuld, unter mehreren fälligen Schulden die für den Gläubiger weniger sichere, unter mehreren
gleich sicheren Schulden die dem Schuldner lästigere, unter mehreren gleich lästigen Schulden die äl-
tere und bei gleichem Alter jede Schuld verhältnismäßig getilgt (§ 366 II). Diese Rangfolge gilt nur,
wenn der Schuldner keine Bestimmung trifft.

Hat der Schuldner an seinen Gläubiger nur eine Forderung, die aus Hauptleistung, Zinsen und Kosten
besteht, zu tilgen, wird eine Leistung, die nicht zur Tilgung der ganzen Schuld ausreicht, zunächst auf
die Kosten, dann auf die Zinsen und erst zuletzt auf die Hauptleistung angerechnet (§ 367 I). Der
Schuldner hat hier kein Bestimmungsrecht. Nimmt der Schuldner eine Bestimmung vor, kann der
Gläubiger die Annahme ablehnen (§ 367 II).

g) Der Gläubiger ist verpflichtet, auf Verlangen gegen Empfang der Leistung eine **282**
Quittung zu erteilen.

aa) Lehnt er dies ab, kann der Schuldner die Leistung zurückbehalten (§ 368). War
über die Forderung ein Schuldschein ausgestellt, kann der Schuldner Rückgabe des
Scheins oder, wenn der Gläubiger behauptet, hierzu außerstande zu sein, anstelle der
Quittung ein öffentlich beglaubigtes Anerkenntnis fordern, daß die Schuld erloschen
sei (§ 371).

bb) Die Quittung beweist die Erfüllung, jedoch ist der Gegenbeweis, daß die Erfüllung tatsächlich nicht erfolgt ist, statthaft. Hat der Gläubiger über eine Leistung des
Schuldners eine Quittung ausgestellt, so gilt deren Überbringer als ermächtigt, die
Leistung zu empfangen, es sei denn, daß die dem Leistenden bekannten Umstände
der Annahme einer solchen Ermächtigung entgegenstehen (§ 370). Voraussetzung ist
hier, daß die Quittung echt ist. § 370 gilt nach h. M. auch dann nicht, wenn die Quittung dem Gläubiger abhanden gekommen ist.

> **Beispiel:** A hat über ausgeführte Malerarbeiten für B Rechnungen mit Quittung ausgestellt;
> die Aktentasche, in der sich die quittierten Rechnungen befanden, hat er in der U-Bahn liegen
> gelassen. D hat sie dort an sich genommen und die Rechnungsbeträge von B eingezogen. Hier
> ist B durch die Zahlung an D nicht befreit.

h) Soweit eine Forderung erfüllt wird, *erlischt* sie (§ 362 I). Ausnahmsweise kommt es **283**
aber vor, daß eine Forderung durch die Erfüllung nicht erlischt, sondern nur auf einen neuen Gläubiger übergeht (vgl. z. B. §§ 268 III, 426 II, 774 I).

1.2 Leistung an Erfüllungs Statt

284   a) Erbringt der Schuldner eine andere als die geschuldete Leistung, wird dadurch die Erfüllung (Rdnr. 276—283) ersetzt, wenn der Gläubiger die Leistung als Erfüllung annimmt (§ 364 I). Die Ersatzerfüllung ist damit Erfüllung der ursprünglichen, aber abgeänderten Schuld.

> **Beispiel:** Überweisung auf ein Girokonto ist Leistung an Erfüllungs Statt (Gläubiger hat Forderung gegen die Bank statt Barzahlung); der Gläubiger erteilt die Einwilligung hierzu im voraus (konkludent) durch Kontoeröffnung.

Ist die Ersatzleistung mit einem Mangel behaftet, so muß der Leistende dafür wie ein Verkäufer aufkommen (§ 365).

> **Beispiel:** A hat B eine Schreibmaschine verkauft, veranlaßt ihn aber, da ihm die Schreibmaschinen ausgegangen sind, an Erfüllungs Statt ein Kopiergerät anzunehmen; nachträglich wird festgestellt, daß das Gerät, ohne daß dies für A oder B erkennbar war, an erheblichen Mängeln leidet. Hier kann B das Gerät behalten und Preisminderung fordern; er kann aber ebenso das Gerät zurückgeben und sein Wandlungsrecht durchsetzen, also auf Lieferung der Schreibmaschine bestehen, weil die ursprüngliche Forderung wiederherzustellen ist (§§ 365, 467).

285   b) Von der Leistung an Erfüllungs Statt ist die Leistung *erfüllungshalber* zu unterscheiden. Auch sie soll dem Gläubiger für die geschuldete Leistung einen Ersatz gewähren, unterscheidet sich aber von der Leistung an Erfüllungs Statt dadurch, daß sie ein Äquivalent nur dann darstellt, wenn es dem Gläubiger gelingt, sich aus der Leistung zu befriedigen. Er ist in der Regel gehalten, den Versuch zu machen, die Leistung zu seiner Befriedigung zu verwenden, und darf erst dann, wenn dieser Versuch mißlingt, auf seine Forderung zurückgreifen.

> **Beispiele:** Forderungsabtretung statt Zahlung, Scheckhingabe (ohne Scheckkarte), Wechselakzept. Rechtsfolge: die alte Schuld bleibt hier bestehen, es handelt sich um einen bloßen Tilgungsversuch.

2. Hinterlegung und Selbsthilfeverkauf

2.1 Voraussetzungen der Hinterlegung

286   Eine Forderung erlischt insoweit, als der geschuldete Gegenstand für den Gläubiger rechtmäßig unwiderruflich hinterlegt wird. Hinterlegungsfähig sind Geld, Wertpapiere und Kostbarkeiten. Wichtiger Hinterlegungsgrund: Gläubigerverzug (Rdnr. 339; s. näher § 372).

2.2 Wirkungen der Hinterlegung

287   a) Solange der Schuldner zur Rücknahme der Hinterlegung befugt ist (§ 376 I), besteht die Forderung fort (vgl. § 378), allerdings in abgeschwächter Form (vgl. § 379). Der Schuldner kann die Erfüllung der Forderung verweigern und den Gläubiger auf die hinterlegten Gegenstände verweisen. Auch braucht er keine Zinsen zu zahlen und für nicht gezogene Nutzungen keinen Ersatz zu leisten (§ 379 II). Der Gläubiger trägt die Gefahr des zufälligen Untergangs der hinterlegten Sachen (§ 379 II). Ihm fallen auch die Kosten der Hinterlegung zur Last (§ 381).

b) Ist der Schuldner nur gegen eine Gegenleistung des Gläubigers zu leisten verpflichtet, so kann der Schuldner bei der Hinterlegung bestimmen, daß die Hinterlegungsstelle an den Gläubiger nur dann leisten darf, wenn die Gegenleistung vorgenommen wird (§ 373; Anwendungsfälle: §§ 255, 273, 320, 368, 371).

c) Hat der Schuldner das Recht zur Rücknahme der Hinterlegung verloren (§ 376), ist die Forderung ebenso erloschen, wie wenn der Schuldner sie zur Zeit der Hinterlegung pflichtgemäß erfüllt hätte (§ 378). Der Gläubiger muß selbstverständlich die Kosten der Hinterlegung auch in diesem Fall tragen (§ 381).

Hat umgekehrt der Schuldner die Hinterlegung zurückgenommen, sind die Folgen der Hinterlegung rückwirkend aufgehoben; die Kosten der Hinterlegung muß der Schuldner tragen (§§ 379 III, 381).

d) War die Hinterlegung unrechtmäßig, besteht das Schuldverhältnis fort. Die schuldbefreiende Wirkung tritt nicht ein.

2.3 Der Selbsthilfeverkauf

a) Eine Forderung erlischt insoweit, als der geschuldete Gegenstand durch rechtmäßigen Selbsthilfeverkauf veräußert und der Erlös für den Gläubiger unwiderruflich hinterlegt wird. Hauptfall: Bei einer Schuld, die auf Leistung einer nicht hinterlegungsfähigen Sache geht, ist der Gläubiger in Annahmeverzug (Rdnr. 339) geraten. **288**

Beispiel: Unbestellt übersandte Ware, die trotz Aufforderung (§ 295) nicht abgeholt wird.

b) Der Selbsthilfeverkauf darf vom Schuldner regelmäßig nur im Wege öffentlicher Versteigerung durch einen Gerichtsvollzieher oder einen amtlich bestellten Versteigerer vorgenommen werden (§§ 383 I, III). Bei marktgängigen Sachen kann er auch freihändig geschehen, jedoch nur zum laufenden Preis und nur durch einen zu solchen Verkäufen öffentlich ermächtigten Handelsmakler (§§ 93 ff. HGB) oder durch einen amtlich bestellten Versteigerer (§ 385). Im Verhältnis zwischen dem Dritten, der den Schuldgegenstand aufgrund des Selbsthilfeverkaufs ersteht, dem Schuldner (Verkäufer) und dem Gläubiger wirkt der Selbsthilfeverkauf wie ein gewöhnlicher Kaufvertrag, den der Dritte mit dem Schuldner (Verkäufer) ohne Rücksicht auf den Gläubiger abschließt; der Selbsthilfeverkauf wird vom Schuldner in eigenem Namen auf Rechnung des Gläubigers vorgenommen. Der Gläubiger wird demnach dem Dritten gegenüber weder berechtigt noch verpflichtet. Ob der Verkauf im Verhältnis zwischen dem Schuldner und dem Gläubiger gerechtfertigt war, ist für den Dritten als Käufer gleichgültig.

c) Der Schuldner ist zunächst befugt, den Verkaufserlös — d. h. den von dem Dritten gebotenen Kaufpreis nach Abzug der Versteigerungskosten (vgl. § 386) — für den Gläubiger öffentlich zu hinterlegen (§ 383). Tut er dies, wird er so behandelt, als sei er dem Gläubiger gegenüber von vornherein nicht zur Leistung des (verkauften) Gegenstands, sondern nur zur Leistung des Verkaufserlöses verpflichtet gewesen. Bei unrechtmäßigem Selbsthilfeverkauf bleibt das Schuldverhältnis bestehen. — Sondervorschriften enthalten §§ 373, 374 HGB.

3. Aufrechnung

3.1 Voraussetzungen der Aufrechnung

Eine Forderung erlischt insoweit, als mit ihr oder gegen sie wirksam aufgerechnet wird. **289**

a) Die Aufrechnung setzt zunächst voraus die *Gegenseitigkeit* der Forderungen; dem Aufrechnenden muß eine Gegenforderung gegen den Aufrechnungsgegner, den Inhaber der Hauptforderung, zustehen (§ 387). Jedoch muß im Fall der Abtretung einer Forderung der Neugläubiger es sich in gewissem Umfang gefallen lassen, daß sein Schuldner Forderungen zur Aufrechnung bringt, die nicht gegen ihn, sondern gegen den Altgläubiger gerichtet sind (§ 406).

b) Erforderlich ist ferner *Gleichartigkeit* der Forderungen; Haupt- und Gegenforderung müssen auf einen gleichartigen Gegenstand gerichtet sein, beide müssen also regelmäßig auf eine Geldzahlung gehen (§ 387). Dagegen schadet es nicht, wenn sie zu verschiedenen Zeiten und an verschiedenen Orten zu erfüllen sind; nur dann, wenn die Gegenforderung an einem bestimmten Ort zu einer bestimmten Zeit erfüllt werden muß, darf die Hauptforderung nicht auf einen anderen Leistungsort abgestellt sein (§§ 387, 391).

c) Weitere Voraussetzung ist die *Wirksamkeit der Forderungen*; Haupt- und Gegenforderung müssen *bestehen*, dürfen also z. B. nicht durch Erfüllung erloschen sein.

d) Schließlich ist die *Fälligkeit* der Gegenforderung erforderlich, während es bei der Hauptforderung genügt, daß deren Inhaber die Annahme der ihm zustehenden Leistung nicht verweigern darf; d. h. Hauptforderung muß erfüllbar sein.

> **Beispiel:** A hat laut Vertrag von 1984 an B 10.000 DM, zahlbar „spätestens am 1. Mai 86", zu leisten, während er von B laut Vertrag von 1985 10.000 DM „zahlbar am 1. März 86" zu fordern berechtigt ist. Hier kann A die Aufrechnung beispielsweise schon am 1. März erklären, während dies dem B erst am 1. Mai 86 möglich gewesen wäre.

290   **e)** Gleichgültig ist es, ob die aufzurechnenden Forderungen in rechtlichem Zusammenhang stehen; nur für die Behandlung der Aufrechnung im Prozeß ist dies von Belang (§§ 145 III, 302 ZPO).

f) Wenn die Gegenforderung kleiner als die Hauptforderung ist, muß der Gläubiger sich eine *Teilaufrechnung* gefallen lassen, während er eine Teilerfüllung zurückzuweisen befugt ist.

3.2 Ausschluß der Aufrechnung

291   **a)** Einreden gegen die Gegenforderung schließen die Aufrechnung aus. Dieselbe Einrede, die den Aufrechnenden dauernd oder vorübergehend hindert, Erfüllung seiner Forderung zu verlangen, hindert ihn auch daran, sich im Wege der Aufrechnung einen Erfüllungsersatz zu verschaffen (§ 390 S. 1). Eine Ausnahme gilt für die Einrede der Verjährung. Mit einer verjährten Forderung kann aufgerechnet werden, wenn der Aufrechnende befugt gewesen wäre, sie schon vor Ablauf der Verjährungsfrist aufzurechnen (§ 390 S. 2). Einreden gegen die Hauptforderung hindern die Aufrechnung nicht.

b) Ausgeschlossen ist die Aufrechnung ferner gegen Forderungen aus vorsätzlicher unerlaubter Handlung (§ 393) und gegen andere Forderungen insoweit, als sie einer Pfändung nicht unterworfen sind (§ 394); weitere Aufrechnungsverbote s. §§ 391 II, 392, 395.

3.3 Aufrechnungserklärung

292   Die Aufrechnung erfolgt durch einseitige empfangsbedürftige Willenserklärung (§ 388 S. 1). Die Erklärung darf nicht durch Bedingungen oder Befristungen beschränkt werden (§ 388 S. 2). Doch ist damit die Eventualaufrechnung nicht ausgeschlossen, d. h. die Erklärung, der Gläubiger wolle seine Forderung nur für den Fall, daß eine vom Schuldner geltend gemachte Forderung zu Recht bestehe, aufrechnen. Hier handelt es sich nicht um eine rechtsgeschäftliche Bedingung, sondern um eine gesetzliche Voraussetzung der Aufrechnung.

3.4 Rechtsfolgen der Aufrechnung

Sobald die Aufrechnung wirksam ist, sind beide Forderungen, soweit sie sich decken, rückwirkend — bezogen auf den Zeitpunkt, von dem ab der Aufrechnende die Aufrechnung zu erklären befugt war (§ 389) — aufgehoben. Die Folge ist, daß beispielsweise Zinsansprüche hinsichtlich der beiden Forderungen mit dem Zeitpunkt entfallen, auf den die Wirkung der Aufrechnung zurückbezogen wird; etwaige Verzugsfolgen nach diesem Zeitpunkt werden wieder aufgehoben. Hat der eine Geschäftspartner wegen Nichterfüllung einer dem anderen Partner obliegenden Leistung den Rücktritt erklärt, so wird die Rücktrittserklärung durch eine von dem anderen Partner erklärte Aufrechnung nur dann hinfällig, wenn die Aufrechnungserklärung unverzüglich auf die Rücktrittserklärung folgt (§ 357). Der frühere Vertragsinhalt lebt wieder auf.

293

3.5 Mehrheit aufrechenbarer Forderungen

Werden bei einer Mehrheit aufrechenbarer Forderungen nicht sämtliche Forderungen voll aufgerechnet, so kann der Aufrechnende zunächst die Vorzugsfrage entscheiden, wie er will; wenn aber der Gegner unverzüglich widerspricht, hat es bei der gesetzlichen Entscheidung sein Bewenden (§§ 366 II, 396 I). Ein Schuldner, der erfüllt, darf bei der Erfüllung die Vorzugsfrage abweichend von den gesetzlichen Regeln entscheiden; dagegen hat ein Gläubiger, der aufrechnet, das gleiche Recht nicht.

294

4. Erlöschen von Ansprüchen aus sonstigen Gründen

4.1 Erlaß und negatives Schuldanerkenntnis

a) Eine Forderung erlischt, wenn der Gläubiger auf sie verzichtet und der Schuldner einverstanden ist (*Erlaß*, § 397 I). Erlaß ist also Vertrag.

295

> **Beispiel:** A schreibt seinem Schuldner B, daß er ihm die Schuld erlasse und zugleich auf das von B für die Schuld bestellte Pfandrecht verzichte; B erwidert umgehend, daß er dankend annehme; dieser Brief geht auf der Post verloren. Hier ist der Schulderlaß unwirksam, der Verzicht auf das Pfandrecht wirksam. Denn der Verzicht auf das Pfandrecht kann vom Gläubiger einseitig erklärt werden (§ 1255), der Verzicht auf die Forderung nicht; das Ausbleiben der Annahmeerklärung des B ist also für ersteren Verzicht unschädlich, während es letzteren Verzicht unwirksam macht, falls nicht den Umständen nach konkludente Annahme vorliegt.

b) Der Schulderlaß kann auch in der Weise erklärt werden, daß der Gläubiger durch Vertrag mit dem Schuldner anerkennt, daß die Schuld nicht bestehe (*negatives Schuldanerkenntnis*, § 397 II).

c) Erlaß und negatives Schuldanerkenntnis sind Unterarten des *Verzichts*. Der Erlaßvertrag — gleich in welcher Ausprägung — enthält eine Verfügung über ein Forderungsrecht. Vgl. die Erlaßverbote bei Unterhaltsansprüchen: §§ 1360a, 1614.

4.2 Konfusion

Gläubigerrecht und Schuldnerpflicht können in einer Person zusammentreffen (Konfusion); damit erlischt die Forderung.

296

> **Beispiel:** Der Schuldner beerbt den Gläubiger, oder der Gläubiger tritt die Forderung an den Schuldner ab.

4.3 Schuldersetzung

297   a) Eine Schuldersetzung (Novation) liegt vor, soweit an die Stelle einer Forderung vereinbarungsgemäß eine andere tritt; insoweit erlischt die ursprüngliche Forderung. Am Vertragsabschluß muß auf der einen Seite derjenige, dem die Verfügungsmacht über die alte Forderung zusteht, auf der anderen Seite der Schuldner der neuen Forderung teilnehmen. Der Schuldner der alten Forderung braucht nur teilzunehmen, wenn er zugleich der neue Schuldner ist.

Die Schuldersetzung ist nicht selten eine Leistung an Erfüllungs Statt auf die alte Forderung.

> **Beispiele:** a) Aufhebung eines Kaufvertrags unter Umwandlung des geschuldeten Kaufpreises in ein Darlehn. b) Kontokorrentverkehr: hier gehen die Einzelforderungen der Geschäftspartner unter, wenn der Kaufmann am Jahresende den Saldo feststellt und der Kunde ihn bestätigt (§ 355 HGB). Wichtig: Bei fehlerhafter Saldoberechnung hat der benachteiligte Partner einen Bereicherungsanspruch gem. § 812 II. c) Erteilung eines Schuldversprechens oder Schuldanerkenntnisses aufgrund gewöhnlicher Abrechnung (§ 782; dazu Rdnr. 526): keine schuldersetzende Wirkung. d) S. auch BGH NJW 1986, S. 1490.

b) Von der Schuldersetzung zu unterscheiden ist die *Schuldbekräftigung (Schuldkonstitut)*. Diese besteht darin, daß eine neue Forderung nicht an die Stelle der alten Forderung, sondern neben sie gesetzt und daß vereinbart wird, durch Befriedigung des Gläubigers wegen der einen Forderung solle auch die andere Forderung aufgehoben sein. Ob die Begründung einer neuen Forderung zum Zweck der Schuldersetzung oder nur zur Schuldbekräftigung erfolgt, läßt sich nur im Einzelfall entscheiden; doch ist im Zweifel das letztere anzunehmen (§ 364 II).

4.4 Zweckerreichung

298   a) Ein Schuldverhältnis kann auch ohne Erfüllung durch Zweckerreichung seinen Leistungsinhalt verlieren. Zweckerreichung liegt vor, wenn der geschuldete Erfolg auf andere Weise eingetreten ist, bevor der Schuldner seinerseits leistet. Das Gläubigerinteresse entfällt, der Zweck des Schuldverhältnisses ist erreicht.

> **Beispiele:** a) A bleibt mit seinem Wagen auf freier Strecke liegen. Er geht zur nächsten Werkstatt und vereinbart dort mit dem Inhaber B, daß der Wagen abgeschleppt wird. Bevor das Abschleppfahrzeug eintrifft, geht A nochmals zu seinem Wagen und macht einen Startversuch; der Motor springt wieder an. A setzt daraufhin die Fahrt fort. B kann keine Erfüllungshandlung mehr vornehmen. b) A bestellt ein Auto beim Händler; vor Lieferung erhält er einen gleichen Wagen von seinem Vater zum bestandenen Examen geschenkt. Hier bleibt die Zahlungs- und Abnahmepflicht hinsichtlich des bestellten Wagens bestehen. c) K unterliegt einem mit W vereinbarten Konkurrenzverbot. Gibt nun W seinen Geschäftsbetrieb auf, entfällt für K das Konkurrenzverbot. Hier ist der Zweck nicht mehr erreichbar.

b) Das BGB sagt zur Zweckerreichung — außer in § 726 — nichts. Praktisch geht es hier um die Frage nach Aufwendungs- und/oder Vergütungsansprüchen des anderen Teils. Die h. M. hält die strikte Anwendung des § 323 (Rdnr. 323) — keinerlei Anspruch des Schuldners — für unbillig und gibt einen Anspruch auf Ersatz der Aufwendungen, die zur Ausführung des Vertrags erbracht wurden; man spricht von nutzlos erbrachtem Leistungsaufwand; der Anspruch wird hergeleitet aus den Grundgedanken der §§ 122, 307 (str.; a. M. begreift Vorbereitungsmaßnahmen bereits als

Teilleistung). Abgelehnt wird dagegen ein Anspruch auf den aus dem Vertrag erzielbaren Gewinn (dazu näher *Münchener Kommentar − Emmerich*, 2. Aufl. 1985, Rdnr. 75 ff. vor § 275).

4.5 Verwirkung

Wird ein Recht längere Zeit nicht ausgeübt (z. B. Kündigungsrecht aus wichtigem Grund) und mußte der andere Partner daraus entnehmen, daß von dem Recht kein Gebrauch (mehr) gemacht werde, so wird das Recht als verwirkt angesehen. Dabei müssen besondere Umstände die verspätete Geltendmachung als Verstoß gegen Treu und Glauben erscheinen lassen. Auch vor Ablauf der Verjährungsfrist (Rdnr. 13) kann daher der Fall eintreten, daß ein Recht nicht mehr geltend gemacht werden kann: das verwirkte Recht erlischt.

299

5. Rücktritt

5.1 Vertragliches Rücktrittsrecht

Ein auf einem Vertrag beruhender Anspruch erlischt als solcher, wenn einer der Vertragspartner von einem ihm vertraglich eingeräumten Rücktrittsrecht (sog. *Rücktrittsvorbehalt*, beachte § 10 Nr. 3 AGBG) Gebrauch macht.

300

a) Rücktritt bedeutet *rückwirkende schuldrechtliche Umwandlung des vertraglichen Schuldverhältnisses in ein gesetzliches Abwicklungsverhältnis*. Im Unterschied dazu *beendet* die Kündigung das Schuldverhältnis für die Zukunft (vgl. dazu Rdnr. 307); beim Rücktritt *verändert* sich der Rechtsgrund: §§ 812 ff. (Rdnr. 552 ff.) sind nicht anwendbar. Rücktritt ist kein Erlöschenstatbestand (str.).

b) Das Rücktrittsrecht greift auch dann, wenn einer oder beide Vertragspartner die ihnen aus dem Vertrag erwachsenen Verpflichtungen bereits erfüllt haben. Das Rücktrittsrecht verbleibt dem Berechtigten auch dann, wenn er einen Gegenstand, den er aufgrund des Vertrags von dem Geschäftspartner empfangen, vor der Rücktrittserklärung in Gebrauch genommen und dadurch abgenutzt, an einen Dritten unter Rückübertragungsverpflichtung veräußert oder zu dessen Gunsten belastet hat oder wenn der Gegenstand bei ihm oder dem Dritten durch Zufall untergegangen ist (§ 350). Dagegen geht es verloren (*Rücktrittsausschluß*), wenn der Berechtigte, sein gesetzlicher Vertreter oder Gehilfe den Gegenstand schuldhaft verschlechtert oder die Herausgabe des Gegenstands an den Geschäftspartner schuldhaft unmöglich gemacht oder den Gegenstand durch Verarbeitung wesentlich umgestaltet haben (§§ 351, 352). Bei Verfügungen der Berechtigten über den empfangenen Gegenstand gilt § 353.

c) Der Rücktritt erfolgt *formlos* durch einseitige empfangsbedürftige (unbedingte) Erklärung des Berechtigten (§ 349).

301

d) Durch den Rücktritt gehen die beiderseitigen vertraglichen Leistungspflichten als solche unter. Soweit die Forderungen bereits erfüllt sind, haben beide Partner gegenseitig herauszugeben, was sie empfangen haben (§ 346 S. 1). Was der eine Partner dem anderen in Erfüllung des Vertrags geleistet hat, verbleibt auch nach erklärtem Rücktritt zunächst im Vermögen des Empfängers: Rücktritt bedeutet nicht, daß das Geleistete kraft Gesetzes an den Leistenden zurückfällt, sondern nur, daß der Empfänger verpflichtet ist, das Geleistete an den Leistenden zurückzugeben. Der Rücktritt wirkt also nur „obligatorisch" und nicht dinglich (vgl. § 346 S. 1).

> **Beispiel:** A hat sein Hausgrundstück an B verkauft und aufgelassen; Umschreibung im Grundbuch auf den Namen des B ist erfolgt; nun ist aber A nach Vertrag ein Jahr lang zum Rücktritt von dem Vertrag gegen Zahlung von 5.000 DM befugt und macht von diesem Recht Gebrauch. Hier bleibt das Hausgrundstück trotz des erklärten Rücktritts im Eigentum des B, bis er es an A zurückübereignet.

302 e) Da der Rücktritt das Schuldverhältnis rückwirkend verändert, müssen die Geschäftspartner auch die Nutzungen vergüten, die sie seit Empfang tatsächlich gezogen haben oder nach den Regeln ordnungsmäßiger Wirtschaft hätten ziehen müssen. Geld ist vom Tag des Empfangs ab mit 4 % zu verzinsen (§§ 347 S. 2 u. 3, 987).

f) Hat einer der Partner das Empfangene seit dem Empfang schuldhaft verschlechtert oder zerstört oder sich die Rückgabe in anderer Art schuldhaft unmöglich gemacht, ist er, falls nicht infolge seines Verhaltens der Rücktritt ganz ausgeschlossen ist, dem anderen schadensersatzpflichtig (§§ 347 S. 1, 989).

> **Beispiele:** a) A hat an B ein Haus unter Rücktrittsvorbehalt verkauft, übergeben und aufgelassen; als er später von seinem Rücktrittsrecht Gebrauch macht und die Rückgabe des Hauses fordert, stellt sich heraus, daß B das Haus inzwischen an C veräußert hat und dieser sich weigert, es A oder B zurückzugeben. Hier hat B sich die Herausgabe des Hauses an A schuldhaft unmöglich gemacht und ist deshalb, ohne daß es darauf ankommt, ob die Veräußerung des Hauses an C vor oder nach der Rücktrittserklärung geschehen ist, schadensersatzpflichtig.
> b) Steht das Rücktrittsrecht dem Käufer B zu und erklärt B den Rücktritt vom Vertrag erst, nachdem er das Haus an C veräußert hatte, so ist seine Rücktrittserklärung unwirksam.
> c) Wenn B, als er das Haus an C veräußerte, den Rücktritt vom Vertrag bereits erklärt hatte, bleibt seine Rücktrittserklärung wirksam; doch ist er A schadensersatzpflichtig.

g) Die Herausgabe des Empfangenen sowie die sonstigen Leistungen, die die Partner einander nach den vorstehenden Regeln schulden, sind Zug um Zug zu bewirken nach den für die Erfüllung eines gegenseitigen Vertrags geltenden Regeln (§ 348).

h) Der einmal erklärte Rücktritt ist unwiderruflich. Der Berechtigte kann auf sein Rücktrittsrecht einseitig verzichten (str.).

5.2 Gesetzliches Rücktrittsrecht

303 Eine Forderung erlischt, wenn sie auf einem Vertrag beruht und einer der Vertragspartner das ihm gesetzlich zustehende Rücktrittsrecht ausübt.

Hauptfall: Leistungsverzug bei gegenseitigen Verträgen (s. Rdnr. 333). Auf das gesetzliche Rücktrittsrecht sind im allgemeinen die für das vertragliche Rücktrittsrecht geltenden Regeln entsprechend anzuwenden (§§ 286 II, 327 S. 1).

6. Beendigung des Schuldverhältnisses durch sonstige Gründe

6.1 Aufhebungsvertrag

304 Der Aufhebungsvertrag ist ein (neuer) Vertrag, mit dem die Partner gemeinsam über das gesamte Schuldverhältnis verfügen (h. M.). Inhalt der Vereinbarung ist, daß der Vertrag als nicht abgeschlossen behandelt werden soll (z. B. bei Verträgen, die auf einmalige Leistung gerichtet sind, und bei noch nicht begonnenen Dauerschuldverhältnissen) oder daß von einem bestimmten Zeitpunkt an keine Leistungspflichten mehr entstehen sollen (z. B. bei bereits begonnenen Dauerschuldverhältnissen). Abzugrenzen davon sind solche Vereinbarungen, mit denen das alte Schuldverhältnis aufgehoben und ein neues an dessen Stelle gesetzt werden soll (Novation, dazu Rdnr. 297); praktisch ist nur von Belang, daß bei erfolglosem Versuch der Neubegründung das ursprüngliche Schuldverhältnis nicht untergeht.

6.2 Kündigung und Widerruf

6.2.1 Arten der Kündigung

Die Kündigung ist als *Beendigungskündigung* eine Erklärung zur Beendigung des **305** Schuldverhältnisses oder der daraus fließenden Leistungsverpflichtungen. Gesetzlich geregelte Fälle mit Besonderheiten: §§ 649, 671, 712 II. Daneben gibt es die sog. *Änderungskündigung,* die ebenfalls das Schuldverhältnis beendet, gleichzeitig aber einen Antrag auf Abschluß des Vertrags zu geänderten Bedingungen enthält (str.). Eine *Teilkündigung* läßt demgegenüber den Vertrag grundsätzlich unangetastet und will nur die Änderung einzelner Bestimmungen erreichen, was nur mit Zustimmung des Partners möglich ist. — Als Sonderform der Kündigung gibt es die *Fälligkeitskündigung* (§§ 609, 247).

6.2.2 Rechtsnatur und Wirkung der Kündigung

a) Die Kündigung ist einseitige empfangsbedürftige Willenserklärung. Sie kann — **306** wenn dies vereinbart oder gesetzlich bestimmt ist (z. B. § 564 a) — formgebunden sein; der Verstoß gegen die Formgebundenheit macht die Kündigung nichtig (§ 125). Ausnahmsweise kann eine *Begründung* der Kündigung erforderlich sein (vgl. § 564 a I 2); ein Verstoß gegen die Begründungspflicht macht die Kündigung nicht unwirksam (vgl. aber die Konsequenzen gem. §§ 564 b III, 556 a I 3). Außerhalb des Mietrechts ist die Angabe von Gründen nur erforderlich, wenn eine entsprechende Vereinbarung der Partner oder etwa § 242 dies fordert. Liegt eine Vereinbarung vor, so ist die Kündigung ohne Begründung unwirksam, in anderen Fällen begründet dies u. U. eine Schadensersatzpflicht, läßt die Wirksamkeit der Kündigung aber unberührt.

b) Die Kündigung entfaltet Wirkung nur für die Zukunft, sie beeinträchtigt bereits **307** entstandene Pflichten nicht, begründet aber neue Pflichten (Abwicklungspflichten; z. B. Pflicht zur Rückgabe der Mietsache). Verstöße gegen Abwicklungspflichten geben dem anderen Partner Ansprüche auf Schadensersatz z. B. wegen Verzugs (dazu Rdnr. 329).

Eine Kündigung unter Verstoß gegen besondere Fürsorgepflichten oder eine Kündigung zur Unzeit (§§ 627 II, 671 II, 712 II, 723 II) macht den Kündigenden schadensersatzpflichtig.

6.2.3 Formen der Kündigung

Bei den Beendigungskündigungen unterscheidet man ordentliche und außerordentliche Kündigung. **308**

a) Die *ordentliche* Kündigung ist, soweit fristgemäß erklärt, grundsätzlich ohne weiteres wirksam. Das Gesetz hat aus Gründen des Sozialschutzes vielfach die Bestimmung der Fristen der privaten Gestaltung durch die Beteiligten entzogen (vgl. §§ 565 III, 565 a I, II, 622 I 2, III, V, 624). – Eine rechtzeitig erklärte, aber die Kündigungsfrist (irrtümlich) verkürzende Kündigung kann gem. § 140 umgedeutet werden in eine Kündigung zum vereinbarten oder gesetzlichen Termin.

309 b) Die *außerordentliche* Kündigung ist als fristgebundene zulässig etwa nach §§ 549 I 2, 567 S. 1, 569 I 1, 570 S. 1. Als fristlose Kündigung ist sie zugelassen aus wichtigem Grund (z. B. in §§ 542, 544, 553 ff., 605, 626, 723).

aa) Ein wichtiger Grund wird zur Kündigung von Rechtsverhältnissen verlangt, die von längerer Dauer sind und die ein persönliches Zusammenarbeiten und daher gutes Einvernehmen erfordern.

bb) Ein wichtiger Grund liegt vor, wenn eine Fortsetzung des Schuldverhältnisses selbst für die Dauer der vereinbarten oder gesetzlichen Kündigungsfrist unzumutbar ist.

cc) Wird eine außerordentliche Kündigung ausgesprochen und liegt ein wichtiger Grund nicht vor, so kann sie — nach dem Willen des Kündigenden — u. U. in eine ordentliche umgedeutet werden (§ 140; vgl. aber § 11 II KSchG).

6.2.4 Der Widerruf

310 Der Widerruf beendet Schuldverhältnisse nur ausnahmsweise (vgl. §§ 610, 671 I, 790). Ansonsten wird damit etwas anderes bezeichnet, nämlich die Rücknahme einer Willenserklärung (§§ 109, 130, 168, 2253 ff.) bzw. ein besonderes Rücktrittsrecht (§ 530).

6.3 Beendigung von Dauerschuldverhältnissen

311 Dauerschuldverhältnisse (Rdnr. 191) enden mit ihrer vollständigen Erfüllung durch Erreichen eines vereinbarten Endtermins oder durch Kündigung (praktisch wichtigster Fall). Als Form der Kündigung kommt — auch hier — ordentliche und außerordentliche Kündigung in Betracht.

Mit dem Ende der Dauerschuldverhältnisse können noch Abwicklungspflichten entstehen; bestehende Forderungen (rückständige Leistungspflichten usw.) bleiben erhalten.

Literaturhinweise:

Brox, Allgemeines Schuldrecht, Rdnr. 162–214.
Gernhuber, Die Erfüllung und ihre Surrogate, 1983.
Larenz, Schuldrecht I, §§ 18, 19.
Medicus, Schuldrecht I, §§ 23–27, 37 III 1, 46 II 1, III, 47–51.

Kontrollfragen:

1. Worin besteht die Rechtswirkung der Ausstellung einer Quittung?
2. Hindert die Anfechtbarkeit der Gegenforderung die Aufrechnung?
3. Was ist ein Dauerschuldverhältnis und wie endet es?

Antworten zu den Kontrollfragen finden Sie auf S. 281 f.

V. Leistungsstörungen im Schuldverhältnis

1. Unmöglichkeit der Leistung

1.1 Arten der Unmöglichkeit

Bei einer Leistung, die nicht erbringbar ist, spricht man von Unmöglichkeit der Leistung. Eine Leistung kann generell unmöglich (*objektive* Unmöglichkeit, vgl. § 275 II: „Unmöglichkeit") oder nur dem Schuldner unmöglich sein, von anderen Personen jedoch durchaus vorgenommen werden (*subjektive* Unmöglichkeit, vgl. § 275 II: „Unvermögen des Schuldners zur Leistung"). **312**

a) *Objektive Unmöglichkeit* ist gegeben, wenn die geschuldete Leistung aus tatsächlichen oder rechtlichen Gründen überhaupt nicht, auch nicht von einem Dritten, erbracht werden kann. Im Einzelfall kann die Abgrenzung zum subjektiven Unvermögen manchmal unsicher sein.

> **Beispiel:** V verkauft seinen Pkw an K. Zum Zeitpunkt des Vertragsabschlusses ist der Wagen — was beiden unbekannt ist — von D gestohlen. Hier wird angenommen, daß die Wahrscheinlichkeit des Leistungserfolgs so gering ist, daß im Ergebnis objektive Unmöglichkeit bestehe. Bedenklich, da der Eintritt des Leistungserfolgs zwar offen, aber eben nicht ausgeschlossen ist, so daß subjektives Unvermögen vorliegt (str.).

b) Der Unmöglichkeit zunächst gleichgestellt sind solche Fälle, in denen die Leistung zwar erbringbar, aber für den Schuldner mit so erheblichen Aufwendungen verbunden ist, daß die Leistung unzumutbar ist.

> **Beispiel:** A hat die von B zu liefernde Präzisionswaage bei Anlieferung (Verladen auf ein Schiff) unglücklicherweise in den Rhein fallen gelassen. Hier ist Leistungsgrenze erreicht: unverhältnismäßiger Beschaffungsaufwand zumindest bei wiederholt erfolglosen Bergungsarbeiten. An die Stelle der starren Rechtsfolgen der Unmöglichkeit treten die Regeln über die geänderte Geschäftsgrundlage (dazu Rdnr. 148).

c) Unmöglichkeit der Leistung liegt auch vor, wenn nach der Art der vereinbarten Leistung eine bestimmte Leistungszeit so wesentlich ist, daß bei Nichteinhaltung der Zeit trotz späterer Leistung diese als unmöglich geworden gilt (absolutes Fixgeschäft; s. dazu Rdnr. 275).

> **Beispiel:** Fenstermiete für Rosenmontagszug. Überlassung des Fensterplatzes erst nach Rosenmontag begründet nicht Verzug: es gilt Unmöglichkeitsrecht (zum Verzug s. Rdnr. 329 ff.).

d) Entweder ist die Leistung erst unmöglich, nachdem die auf sie gerichtete Forderung bereits begründet war (*nachträgliche* Unmöglichkeit), oder sie war schon unmöglich, als die Forderung begründet werden sollte (*anfängliche* oder *ursprüngliche* Unmöglichkeit). Das BGB befaßt sich nur unvollständig mit der Unmöglichkeit der Leistung (§§ 306—308, 275—282, 323—325); die anfängliche subjektive Unmöglichkeit ist im Gesetz nicht behandelt. Zum Teil sind Vorschriften über die Unmöglichkeit der Leistung (§§ 306—308, 323—325) auf vertraglich intendierte Verpflichtungen beschränkt. **313**

> **Beispiele:** a) Der verkaufte Pkw war schon vor Kaufabschluß durch Demonstranten zerstört worden: anfängliche Unmöglichkeit. b) Der geschuldete Pkw ist nach Kaufabschluß vernichtet worden: nachträgliche Unmöglichkeit. c) Wird der Pkw in den Fällen a) und b) nicht zerstört, sondern vom Verkäufer z. B. an einen Dritten übereignet, so liegt im Fall a) ursprüngliche subjektive Unmöglichkeit, im Fall b) nachträgliche subjektive Unmöglichkeit vor. Denn in beiden Fällen kann ein anderer als der Schuldner (nämlich der Dritte) leisten. Man spricht auch von anfänglichem bzw. nachträglichem Unvermögen des Schuldners zur Leistung.

Da objektive wie subjektive Unmöglichkeit von Anfang an bestehen oder aber nachträglich eintreten kann, ergeben sich vier mögliche Grundsituationen (dazu im einzelnen Rdnr. 314 ff.) für die rechtliche Beurteilung.

1.2 Ursprüngliche objektive Unmöglichkeit

314   War die Unmöglichkeit schon bei Vertragsabschluß vorhanden, so entfällt der Anspruch auf die Leistung und der Anspruch des Geschäftspartners auf die Gegenleistung schon deshalb, weil in diesem Fall der Vertrag in vollem Umfang *nichtig* ist (§ 306).

> **Beispiel:** Das verkaufte Pferd ist bereits vor Vertragsabschluß vom Blitz erschlagen.

Wer die Unmöglichkeit bei Vertragsabschluß kennt oder kennen muß, ist dem Vertragspartner zum Ersatz des negativen Interesses (Vertrauensschaden) verpflichtet (§ 307 I 1). Der Vertrauensschaden wird nur bis zur Höhe des Erfüllungsschadens ersetzt. Ausgeschlossen ist die Ersatzpflicht, wenn der Vertragspartner die Unmöglichkeit kennt oder kennen muß (§ 307 I 2). Eine Ausnahme von § 306 ergibt sich aus §§ 437, 440).

> **Beispiel:** V verkauft an K eine bereits durch Zahlung erloschene Forderung: Vertrag gültig; V haftet auf Schadensersatz wegen Nichterfüllung (§§ 440 I, 325).

1.3 Ursprüngliche subjektive Unmöglichkeit

315   Die ursprüngliche subjektive Unmöglichkeit ist im Gesetz nicht geregelt. Anfängliches Unvermögen des Schuldners macht das Rechtsgeschäft jedoch *nicht nichtig* nach § 306. Den Schuldner, der die Leistung nicht erbringen kann, trifft eine *Schadensersatzpflicht*, und zwar auch *ohne Verschulden*. Der Schuldner übernimmt mit seiner Verpflichtung zur Leistung auch die Haftung für seine Leistungsfähigkeit (*Garantiehaftung*). Der Gläubiger soll darauf vertrauen können, daß eine an sich mögliche Leistung vom Schuldner auch tatsächlich erbracht wird. Daher haftet der Schuldner bei anfänglichem Unvermögen aus dem Gesichtspunkt der Garantie, und zwar auf das Erfüllungsinteresse; d. h. der Gläubiger ist so zu stellen, wie wenn der Schuldner erfüllt hätte. Liegt jedoch der Umstand, auf dem das anfängliche Unvermögen des Schuldners beruht, außerhalb seines Einflußbereichs, kann eine Haftungsmilderung geboten sein: Garantiehaftung nur für Leistungshindernisse aus eigenem Bereich.

1.4 Nachträgliche Unmöglichkeit

316   Ist die Unmöglichkeit erst nach der Entstehung des Schuldverhältnisses eingetreten, liegt entweder objektive Unmöglichkeit oder subjektives Unvermögen (oben Rdnr. 312) vor. Das Gesetz behandelt beide Fallgruppen gleich (§ 275 II), so daß sich ihre getrennte Darstellung erübrigt. Die Rechtsfolgen richten sich danach, ob die Unmöglichkeit vom Schuldner zu vertreten ist oder nicht.

1.4.1 Vom Schuldner nicht zu vertretendes Unmöglichwerden

317   a) Wird eine Leistung (auch eine solche im gegenseitigen Vertrag) unmöglich, ohne daß den Schuldner daran ein Verschulden trifft, so wird der Schuldner *frei* (§ 275 I).

Bei unverschuldetem Unmöglichwerden soll er nicht an seiner Leistungspflicht festgehalten werden. Dieses Risiko trägt grundsätzlich der Gläubiger (*Leistungsgefahr*).

> **Beispiel:** Der von V an K verkaufte bestimmte Fernseher wird bei einem unverschuldeten Brand im Geschäft des V vernichtet. Hier wird V ersatzlos frei (§ 275 I); auch die Pflicht des K zur Kaufpreiszahlung entfällt (§ 323 I 1; dazu unten Rdnr. 323).

Die „Leistungsgefahr" betrifft die Frage, ob bei Unmöglichkeit nochmals geleistet werden muß: K kann keinen anderen Fernseher verlangen (s. o.). Demgegenüber bezieht sich die *Preisgefahr (Vergütungs- oder Gegenleistungsgefahr)* auf die Frage, ob trotz Ausbleibens der Leistung die Gegenleistung erbracht werden muß (s. dazu unten Rdnr. 322). Die Preisgefahr trägt grundsätzlich der Warenlieferant; K braucht gem. § 323 I nicht zu bezahlen (Rdnr. 323) Die *Sachgefahr* schließlich meint ein sich auf das Eigentum beziehendes — insbesondere die Sachversicherung interessierendes — Risiko, das nur bedeutet, daß der Eigentümer grundsätzlich die Gefahr des Sachuntergangs trägt. § 275 ist nur bedeutsam für die Leistungsgefahr.

b) Von dem Grundsatz ersatzlosen Freiwerdens gem. § 275 gibt es vier Ausnahmen: **318** §§ 279, 281, 283 I 2, 287 S. 2.

aa) Der Schuldner wird nicht frei, wenn ihm die Lieferung einer *Gattungssache* (Rdnr. 206) schuldlos unmöglich wird (§ 279). Erst wenn die ganze Gattung erschöpft ist, gilt für den Untergang der Gattungssache wiederum § 275 (wichtig bei beschränkter Gattungsschuld — Vorratsschuld; dazu Rdnr. 209). Ist allerdings „Konkretisierung" eingetreten, d. h. hat der Schuldner das zur Lieferung der Gattungssache seinerseits Erforderliche getan (§ 243 II), gilt ebenfalls § 275: Hier ist die der Gattung nach geschuldete Sache nunmehr in eine Stückschuld übergegangen. Bei Gattungsschulden trägt also ausnahmsweise der Schuldner bis zur Konkretisierung (§ 243 II) oder bis zum Annahmeverzug des Gläubigers (§ 300 II) die Leistungsgefahr.

> **Beispiel:** Der nach Katalog gekaufte Fernseher, den V in die Wohnung des K zu bringen versprochen hatte, wird auf dem Transport durch einen nicht von V verschuldeten Unfall zerstört. Da Bringschuld vorliegt, konkretisiert sich die Gattungsschuld erst mit der Ablieferung zur Stückschuld (§ 243 II). V muß neuen Fernseher gleichen Fabrikats liefern.

bb) Der Schuldner wird nicht frei, soweit er durch das Unmöglichwerden einen *Ersatzvorteil* (z. B. Versicherungssumme) erhält (§ 281 I); es genügt ein Ersatz im wirtschaftlichen Sinne.

> **Beispiel:** Einen von V an K 1 für 20.000 DM verkauften Pkw verkauft A, ein Vertreter des V, ohne dessen Wissen an K 2 zu einem Preis von 22.000 DM und übereignet ihn an K 2. Hier kann K 1 gem. § 281 I von V unter Berücksichtigung seiner eigenen Verpflichtung von 20.000 DM (§ 323 II) 2.000 DM verlangen.

cc) Der Schuldner wird auch dann nicht frei, wenn der Gläubiger gegen ihn ein rechtskräftiges Urteil auf Leistung erwirkt hat, zu dessen Erfüllung der Gläubiger ihm fruchtlos eine Frist gesetzt hat (§ 283 I 2). Nur dann, wenn die Unmöglichkeit nach Rechtskraft unverschuldet eintritt, wird der Schuldner frei (§ 283 I 3).

dd) Schließlich haftet der Schuldner bei während des *Verzugs* eintretender Unmöglichkeit, auch wenn er schuldlos ist (§ 287 S. 2).

> **Beispiel:** Die dem K verkaufte antike Vase, die V am 14. April zu liefern versprochen hat, wird am 15. April durch einen Hund eines anderen Kunden im Geschäft des V umgestoßen und zerbricht: V haftet.

1.4.2 Vom Schuldner zu vertretendes Unmöglichwerden

319 a) Der Schuldner ist ersatzpflichtig, wenn er seine Leistung schuldhaft unmöglich macht (§ 280 I). Der Schadensersatz geht auf das Erfüllungsinteresse. Es besteht kein Leistungsanspruch mehr. Der Gläubiger ist so zu stellen, als ob der Schuldner ordnungsgemäß erfüllt hätte (*Schadensersatz wegen Nichterfüllung*, §§ 280, 249, 251 I).

b) Der Schadensersatzanspruch gegen den AGB-Verwender kann durch AGB weder ausgeschlossen noch eingeschränkt werden (zu Einzelfragen vgl. § 11 Nr. 8, 9 AGBG).

c) § 280 I gilt nur bei *einseitigen* Leistungspflichten; bei unmöglich gewordenen Leistungen im Gegenseitigkeitsverhältnis schließt § 325 die Regelung des § 280 aus.

> **Beispiele:** a) Entleiher macht die Rückgabe der entliehenen Sache schuldhaft unmöglich (§ 604 I). Hier gilt § 280, nicht § 325. b) Vermieter vereitelt die Erfüllung seiner Gebrauchsgewährungspflicht (§ 536). Hier gilt § 325, nicht § 280.

d) Bei verschuldetem, nur teilweisem Unmöglichwerden kann der Gläubiger, soweit kein Restinteresse besteht, die noch mögliche restliche Leistung ablehnen und Schadensersatz wegen Nichterfüllung der gesamten Leistung verlangen (§ 280 II 1).

320 e) Bei der Schadensersatzfrage sind für das vom Schuldner verschuldete Unmöglichwerden zwei Besonderheiten zu beachten:

aa) Nicht auf Schadensersatz, sondern weiter auf Erfüllung haftet der Schuldner bei Gattungsschulden (§ 279; Rdnr. 206). Erst bei verschuldetem Untergang der gesamten Gattung greift § 280 I.

bb) Anstelle von Schadensersatz kann der Gläubiger gem. § 281 I Ersatzvorteile fordern und, wenn diese hinter dem Wert der unmöglich gewordenen Leistung zurückbleiben, bis zur Höhe des Wertes der geschuldeten Leistung den Differenzschaden geltend machen (§ 281 II).

> **Beispiel:** Geht das dem G vom S geschuldete Bild (Wert: 10.000 DM) durch Verschulden des S unter und besteht versicherungsrechtlich Deckungsschutz lediglich in Höhe von 5.000 DM, kann G wie folgt vorgehen: Entweder er verlangt Schadensersatz in Höhe von 10.000 DM (§ 280 I), oder er verlangt gem. § 281 I Abtretung des Anspruchs von S gegen dessen Versicherung (5.000 DM) und hinsichtlich des noch offenen Schadens Ersatz in Höhe von 5.000 DM von S. Abtretung und daneben vollen Schadensersatz kann G nicht fordern.

321 f) Im Prozeß hat der Gläubiger, wenn er annehmen muß, dem Schuldner sei die Leistung unmöglich geworden, folgende Möglichkeiten:

aa) Er kann Klage auf Erfüllung erheben. Steht Unmöglichkeit oder Unvermögen inzwischen fest, kann der Gläubiger der Abweisung seiner Erfüllungsklage dadurch entgehen, daß er zum Antrag auf Schadensersatz (§ 280) oder auf Herausgabe des Erlangten (§ 281) übergeht. Klagt er sogleich auf Schadensersatz wegen Nichterfüllung, muß er den u. U. schwierigen Beweis der Unmöglichkeit führen. Die Unmöglichkeit muß beweisen, wer sich darauf beruft: der Gläubiger, der statt der Erfüllung Schadensersatz fordert; der Schuldner, von dem Erfüllung verlangt wird, der aber Unmöglichkeit behauptet. Den Schuldner trifft gem. § 282 die Beweislast für seine Nichtschuld hinsichtlich der Unmöglichkeit.

bb) Hat der Gläubiger auf Erfüllung geklagt und ein entsprechendes Urteil erwirkt, erleichtert § 283 ihm den Übergang zum Schadensersatzanspruch wegen Nichterfüllung. Nach Rechtskraft des Urteils braucht nämlich der Gläubiger dem Schuldner nur eine angemessene Frist mit der Erklärung zu setzen, daß er die Leistung nach Fristablauf ablehne; nach fruchtlosem Fristablauf kann er dann ohne weiteres Schadensersatz wegen Nichterfüllung fordern (fingierte Unmöglichkeit).

1.5 Besonderheiten bei gegenseitigen Verträgen

Bei der Unmöglichkeit der Leistung ist ein grundlegender Doppelaspekt zu beachten. Er betrifft zum einen die Frage, wie sich die Unmöglichkeit auf die Leistungspflicht des Schuldners (z. B. Rückgabe der entliehenen Sache) auswirkt (und zwar auf die Leistungspflicht jeder Art, also auch auf solche im gegenseitigen Vertrag, z. B. Übereignungspflicht beim Kauf); zum anderen geht es darum, ob und wie die Unmöglichkeit der Leistung im gegenseitigen Vertrag die *Gegenleistungspflicht* beeinflußt (z. B. Kaufpreiszahlung). Die erste Frage war schon Gegenstand der bisherigen Ausführungen über die Unmöglichkeit der Leistung, die grundsätzlich auch für die Leistungspflicht des Schuldners bei gegenseitigen Verträgen gelten. Nun geht es noch um das bisher nicht behandelte Schicksal der Gegenleistungspflicht, das sich nur beim gegenseitigen Vertrag (z. B. Kaufpreiszahlung) ergeben kann. Hierfür sind maßgebend die §§ 323—325, die sich — mit Ausnahme des § 325 (der bei gegenseitigen Verträgen unter Verdrängung von § 280 zugleich das Schicksal von Leistung und Gegenleistung regelt) — allein mit der Frage befassen, was mit der Gegenleistungspflicht geschieht.

322

1.5.1 Von keinem Vertragspartner zu vertretendes nachträgliches Unmöglichwerden

a) Wird die aus einem gegenseitigen Vertrag dem Schuldner obliegende Leistung unmöglich und hat keiner der Vertragspartner die Unmöglichkeit zu vertreten, so wird der Schuldner von der Leistung frei (§ 275), *verliert aber den Anspruch auf die Gegenleistung* (§ 323 I 1). Entfällt also die Leistungspflicht (§ 275), besteht auch keine Gegenleistungspflicht. Der Gläubiger trägt grundsätzlich die Leistungs-, der Schuldner die Gegenleistungsgefahr: ohne Leistung keine Gegenleistung.

323

> **Beispiele:** a) Das von V an K verkaufte Haus brennt nach Kaufabschluß ab. V wird ersatzlos frei (§§ 433 I, 275); auch K wird frei: keine Gegenleistungspflicht aus § 433 II. Eine etwaige Anzahlung erhält K gem. §§ 323 III, 812 ff. zurück. b) War bereits übereignet und übergeben und brennt das Haus erst dann ab, sind §§ 275, 323 nicht anwendbar. Hier hat V seine Verpflichtungen aus dem Kaufvertrag erfüllt. K muß zahlen. Er trägt als Eigentümer die Gefahr des zufälligen Untergangs.

b) Bei teilweiser, von keinem Vertragspartner zu vertretender Unmöglichkeit wird der Schuldner, soweit Unmöglichkeit vorliegt, von der Leistung frei; im übrigen muß er leisten. Die Gegenleistung mindert sich entsprechend der Preisminderung bei einer mangelhaften Kaufsache in folgendem Verhältnis: der wahre Wert der ganzen Leistung verhält sich zu dem wahren Wert der noch möglichen Leistung wie die vereinbarte Gegenleistung zur geminderten Gegenleistung (vgl. §§ 323 I 2. Halbs., 472, 473).

c) Wird die Herausgabe des Ersatzvorteils gem. § 281 verlangt, muß auch die Gegenleistung erbracht werden (§ 323 II 1), freilich gemindert in dem genannten Verhältnis, wenn der Ersatzvorteil weniger wert ist als die Leistung (§ 323 II).

d) Die ganz oder teilweise erbrachte Gegenleistung kann als ungerechtfertigte Bereicherung zurückgefordert werden (§§ 323 III, 812 ff.); da das Schuldverhältnis bestehenbleibt, handelt es sich hier um eine bloße Rechtsfolgenverweisung.

Beispiel: Der gekaufte Fernseher, der ins Haus geliefert werden sollte, wird ohne Verschulden des Lieferanten auf dem Transport bei einem Unfall zerstört: Lieferant muß den Kaufpreis zurückzahlen (§§ 323 III, 812).

e) Die Grundregel des § 323, wonach der Schuldner bei unmöglich gewordener Leistung die Gegenleistungsgefahr trägt, gilt nicht ausnahmslos. Aus Gründen gerechter Risikoverteilung sind folgende *Besonderheiten* zu beachten:

aa) War der Gläubiger mit der Leistung im Annahmeverzug (dazu Rdnr. 339), muß er trotz Ausbleibens der Leistung die Gegenleistung erbringen (§ 324 II). Der Gläubigerverzug verlagert also die Preisgefahr vom Schuldner auf den Gläubiger, und zwar selbst dann, wenn der Schuldner den Untergang der Sache leicht fahrlässig verursacht hat (§§ 300 I, 324 II).

bb) Ist die Kaufsache dem Käufer bereits übergeben (§ 446 I), so muß der Käufer sie trotz Untergangs bezahlen.

cc) Das gleiche gilt, wenn ein gekauftes Grundstück noch nicht übergeben, die Umschreibung im Grundbuch aber erfolgt ist (§ 446 II).

dd) Wird bei Hol- oder Schickschuld Versendung der Kaufsache vereinbart, muß der Käufer auch dann zahlen, wenn die Sache unterwegs untergeht. Die Sache reist auf Risiko des Käufers (§ 447 I; Rdnr. 406 f.).

ee) Der Dienstverpflichtete behält den Lohnanspruch trotz vorübergehender Verhinderung, wenn der Grund zwar in seiner Person liegt, ihn aber kein Verschulden trifft (§ 616 I; z. B. Krankheit).

324 f) Bei *dauerndem Leistungshindernis* findet stets Unmöglichkeitsrecht Anwendung, also auch dann, wenn das Leistungshindernis der Gläubigersphäre entstammt (u. U. Anspruch des Schuldners aus § 324). *Gläubigerverzug* (Rdnr. 339 ff.) liegt hingegen nur dann vor, wenn der Gläubiger nicht gewillt ist, die (erbringbare) Leistung anzunehmen, oder wenn ein vorübergehendes Annahme- oder Mitwirkungshindernis besteht. Dauernde Leistungsverhinderung schließt Gläubigerverzug aus.

1.5.2 Vom Gläubiger zu vertretendes nachträgliches Unmöglichwerden

325 a) Da es hier der Gläubiger selbst ist, der die Unmöglichkeit verschuldet, bleibt er trotz Ausbleibens der Leistung (§ 275) *zur Gegenleistung verpflichtet* (§ 324 I 1). Das Gesetz geht davon aus, daß die Leistung als erbracht gilt, weil der Gläubiger die Leistungsunfähigkeit des Schuldners durch schuldhaften Verstoß gegen seine eigenen Belange herbeigeführt hat.

Beispiel: V bringt vereinbarungsgemäß das gekaufte Porzellanservice zu K, kommt aber wegen unterlassener Schneeräumung auf dem Grundstück des K ohne eigenes Verschulden zu Fall: K muß das zerbrochene Porzellan bezahlen (§ 324 I 1; Gegenleistungsgefahr).

b) Einen *Ersatzvorteil* muß der frei gewordene Schuldner gem. § 281 I herausgeben. Erspart er durch die vom Gläubiger verschuldete Unmöglichkeit Ausgaben oder Arbeitsaufwand oder unterläßt er böswillig die anderweitige Verwendung seiner frei gewordenen Arbeitskraft, so muß er sich dies auf die von ihm beanspruchte Gegenleistung anrechnen lassen (§ 324 I 2; vgl. auch §§ 255, 649).

> **Beispiel:** Infolge von K verschuldeter Unmöglichkeit — fehlerhaftes Hantieren mit der ge-
> kauften Sache, die dadurch bei V zerstört wird — erspart V die Kosten der vereinbarten Ver-
> sendung der Kaufsache; diese Kosten kann K vom Kaufpreis absetzen.

c) Der vom Gläubiger zu vertretenden Unmöglichkeit wird eine von ihm nicht zu vertretende Unmöglichkeit dann gleichgestellt, wenn er sich im *Annahmeverzug* befindet
(§ 324 II).

> **Beispiel:** A holt die von ihm telefonisch bestellten Theaterkarten zu einem einmaligen Gast-
> spiel nicht ab: Annahmeverzug (§§ 293, 295 S. 1). Unwiederholbarkeit des Gastspiels begrün-
> det nachträgliche Unmöglichkeit der Leistung. A muß, obwohl er die Unmöglichkeit nicht zu
> vertreten hat, zahlen, da er sich im Annahmeverzug befand.

1.5.3 Vom Schuldner zu vertretendes nachträgliches Unmöglichwerden

Wird bei einem gegenseitigen Vertrag die dem Schuldner obliegende Leistung infolge
eines von ihm zu vertretenden Umstands unmöglich, hat der Gläubiger regelmäßig ein
vierfaches *Wahlrecht:*

326

a) *er kann Schadensersatz wegen Nichterfüllung* (nach der Differenz- oder nach der
 Austauschmethode; dazu Rdnr. 390) verlangen (§ 325 I 1);
b) statt des Schadensersatzes kann er den *Rücktritt* erklären (§§ 325 I 1, 327);
c) statt des Schadensersatzes oder des Rücktritts kann er sich darauf berufen, daß er
 von der Gegenleistungspflicht frei geworden ist, also den Vertrag einfach für erle-
 digt erklären (§§ 325 I 3, 323 I);
d) anstelle der Rechte zu a) bis c) kann er unter Aufrechterhaltung der Gegenleistung
 den *Ersatzvorteil* verlangen (§§ 325 I 3, 323 II, 281).

Diese vier Möglichkeiten konkurrieren alternativ (vgl. dagegen § 280: nur Schadensersatz wegen Nichterfüllung; Rdnr. 319). Der Gläubiger muß sich also entscheiden,
welcher Weg für ihn jeweils der günstigste ist. Mit der Annahme der Schadensersatzleistung (nicht schon mit der Geltendmachung) sind das Rücktrittsrecht und der Anspruch auf Ersatzvorteile ausgeschlossen. Mit der Annahme des Ersatzvorteils geht
das Rücktrittsrecht, nicht jedoch der Schadensersatzanspruch, verloren. Die Erklärung des Rücktritts beseitigt die Ansprüche auf Schadensersatz, es verbleiben dann
nur die Rechte aus §§ 346 ff. Zu beachten ist, daß in § 325 nicht nur wie in §§ 323,
324 über das Schicksal der Gegenleistung im Fall des Unmöglichwerdens der Leistung
befunden wird, sondern auch über das Schicksal der Leistung selbst.

Es empfiehlt sich, die Rechtslage i. d. R. hier wie folgt zu prüfen: Vorweg ist zu klären, ob eine einfache Leistungspflicht (z. B. Rückgabe der Leihsache, § 604) oder eine Pflicht in einem gegenseitigen Vertrag unmöglich geworden ist. Dann gilt im ersten
Fall § 275 (zu beachten: §§ 279, 243 II, 300 II) oder § 280; im zweiten Fall gelten entweder § 275 (für die Leistung) und §§ 323, 324, 446, 447 (für die Gegenleistung) oder
aber § 325 (anstelle des § 280) für die Leistung und für die Gegenleistung, und zwar
entsprechend der Verschuldenslage. Für das mehrfache Wahlrecht bei § 325 sind die
wirtschaftlichen Interessen zu berücksichtigen. Entscheidet sich der Gläubiger für
Schadensersatz wegen Nichterfüllung, sind die Schadensermittlungsmethoden (Rdnr.
390) wichtig. Sodann ist von Belang, ob der Schaden konkret oder abstrakt zu berech-
nen ist (Rdnr. 243).

Bei teilweisem Unmöglichwerden, das der Schuldner zu vertreten hat, findet nach § 325 I 2 die Regelung des § 280 II sowie Rücktrittsrecht Anwendung.

1.5.4 Von beiden Vertragspartnern zu vertretendes nachträgliches Unmöglichwerden

327 Das beiderseits zu vertretende nachträgliche Unmöglichwerden der Leistung ist in §§ 323 ff. nicht besonders geregelt. Je nach dem Überwiegen des Vertretenmüssens ist daher entsprechend § 324 oder § 325 zu verfahren, wobei dann aber § 254 analog anzuwenden ist (Milderung der Pflicht zur Gegenleistung). § 323 scheidet hier aus. Unberührt bleibt auch im Fall der beiderseits verschuldeten Unmöglichkeit die Pflicht des Schuldners der unmöglich gewordenen Leistung, einen Ersatzvorteil gem. § 281 herauszugeben.

> **Beispiel:** Die verkaufte Ware geht teils durch unsachgemäße Verpackung des V, teils beim unvorsichtigen Auspacken durch K zu Bruch. Angenommen, das Verschulden des V überwiegt. Hier kann K Schadensersatz wegen Nichterfüllung verlangen oder den Rücktritt erklären (§ 325). V verliert zwar seinen Kaufpreisanspruch aus § 324 nicht, doch mindert sich dieser in dem Maß, in dem V im Verhältnis zu K für die Unmöglichkeit der Leistung verantwortlich ist (entspr. § 254).

1.6 Vorübergehende Unmöglichkeit

328 Ist eine Leistung voraussichtlich nur vorübergehend unmöglich, ist nicht Unmöglichkeitsrecht, sondern *Verzugsrecht* (unten Rdnr. 329) anwendbar. Dagegen verbleibt es, wenn eine anfängliche Unmöglichkeit, die zunächst als dauernde erschien, nachträglich unerwartet behoben wird, bei der Nichtigkeit des Vertrags; s. aber § 308.

> **Beispiel:** Die Geschäftspartner glauben an die Behebbarkeit des Hindernisses, schließen im Vertrauen darauf den Vertrag, werden aber in ihrem Vertrauen enttäuscht: Abwicklung nach §§ 306, 812 ff. Allerdings sind die Partner, bis sich die Unbehebbarkeit herausstellt, entsprechend § 308 II gebunden.

2. Schuldnerverzug

2.1 Voraussetzungen des Schuldnerverzugs

329 Schuldnerverzug liegt vor, wenn der Schuldner die geschuldete, ihm mögliche und fällige Leistung trotz Mahnung (Regelfall) nicht erbringt und die Nichtleistung zu vertreten hat. Verzug setzt also zunächst voraus, daß die Forderung des Gläubigers fällig ist.

a) Der Schuldner gerät regelmäßig in Verzug, wenn der Gläubiger ihn *gemahnt* hat (§ 284 I), nicht schon ohne weiteres, wenn er bei Eintritt der Fälligkeit nicht leistet. Mit der Mahnung (empfangsbedürftige geschäftsähnliche Handlung; Rdnr. 63) verlangt der Gläubiger die sofortige Erfüllung. Die Zusendung einer Rechnung gilt nicht als Mahnung; sie verfolgt nur den Zweck, dem Schuldner die Höhe seiner Verpflichtung mitzuteilen. Mahnung vor Eintritt der Fälligkeit (§ 284 I) oder in bedingter Form ist unwirksam.

b) Ohne Mahnung tritt Verzug ein, wenn die Erfüllungszeit kalendermäßig fest bestimmt ist oder zwar von einer Kündigung abhängt, aber, sobald die Kündigung erfolgt, aus dem Kalender berechnet werden kann (§ 284 II).

330

> **Beispiel:** Darlehnsrückzahlung „drei Wochen nach Kündigung".

Eine Mahnung ist entbehrlich, wenn der Schuldner im voraus erklärt hat, er werde unter keinen Umständen leisten (*ernsthafte und endgültige Erfüllungsverweigerung;* vgl. dazu Rdnr. 333, 388).

Das gleiche gilt, wenn der Schuldner auf Mahnung verzichtet oder zusagt, die Leistung an einem bestimmten Tag zu erbringen. Ein AGB-Verwender kann nicht durch AGB von der Mahnung freigestellt werden (§ 11 Nr. 4 AGBG).

c) Der Schuldner gerät nicht in Verzug, solange die Vornahme der ihm obliegenden Leistung infolge von Umständen unterbleibt, die er nicht zu vertreten hat (§ 285).

331

> **Beispiele:** a) Der Schuldner verweigert die Leistung aufgrund einer ihm zustehenden Einrede (z. B. §§ 273, 320). b) Der Gläubiger ist in Annahmeverzug (dazu Rdnr. 339), gibt also selbst den Anlaß zum Ausbleiben der Leistung: kein Schuldnerverzug.

d) Der Verzug ist erst beseitigt, wenn die dem Schuldner obliegende Leistung bewirkt oder dem Gläubiger wenigstens angeboten wird. Der Verzug entfällt nicht rückwirkend.

2.2 Folgen des Schuldnerverzugs

a) Der Schuldner haftet während des Verzugs für *jedes* Verschulden (§ 287 S. 1). Wird die Leistung während des Verzugs durch Zufall unmöglich, ist er auch hierfür haftbar und wird nur frei, wenn der Schaden auch bei rechtzeitiger Leistung eingetreten wäre (§ 287 S. 2).

332

> **Beispiel:** Der zu liefernde Pkw wird während des Verzugs gestohlen. Dies hat der Lieferant, der sonst nach § 275 frei würde, zu vertreten (§ 287).

b) Der Schuldner muß bei Geldforderungen 4 % Verzugszinsen als Mindestschaden vergüten (§§ 288 I, 289 S. 1; höherer Zinssatz bei beiderseitigem Handelsgeschäft — § 352 I HGB — oder entsprechender Vereinbarung; vgl. § 288 I 2).

c) Der Schuldner muß den gesamten Schaden ersetzen, den der Gläubiger dadurch erleidet, daß der Schuldner in Verzug geraten ist (§ 286 I).

> **Beispiel:** Kosten des anwaltlichen Mahnschreibens sind kein verzugsbedingter Schaden, wenn dadurch der Verzug erst begründet wird, sie sind aber aus positiver Forderungsverletzung (Rdnr. 335 ff.) erstattungsfähig.

Verzugsschaden liegt bei Geldforderungen auch insoweit vor, als der dem Gläubiger erwachsene Verzugsschaden die Zinsvergütung, die der Schuldner ohnehin gewähren muß, übersteigt (§ 288 II 2).

> **Beispiel:** Gläubiger arbeitet mit Bankkredit (Zinssatz 10 %): verzugsbedingter Schaden (soweit Gläubiger mit der ausbleibenden Zahlung des Schuldners den Kredit reduziert hätte).

d) Unter Ablehnung der Leistung kann der Gläubiger *Schadensersatz wegen Nichterfüllung* verlangen, wenn die Leistung infolge des Verzugs für ihn nicht mehr von Interesse ist (§ 286 II 1). Der Schadensersatzanspruch tritt hier an die Stelle des Erfüllungsanspruchs. Der Nichterfüllungsschaden enthält auch den — sonst nach § 286 I liquidierbaren — Verzögerungsschaden. Soweit eine Leistung bereits erbracht ist, gilt Rücktrittsrecht (§ 286 II 2). Soweit § 286 II nicht greift, kann der Gläubiger nach § 283 sein Ziel erreichen: ist der Schuldner rechtskräftig zur Leistung verurteilt, kann der Gläubiger ihm zur Bewirkung der Leistung eine angemessene Frist mit der Erklärung bestimmen, daß er die Annahme der Leistung nach Ablauf dieser Frist ablehne (§ 283 I 1). Bleibt die Leistung innerhalb dieser Frist aus, wird dies als Fall der Unmöglichkeit der Leistung behandelt (fingierte Unmöglichkeit). Der Gläubiger hat jetzt keinen Erfüllungsanspruch mehr; er kann Schadensersatz wegen Nichterfüllung verlangen. Ein Rücktrittsrecht hat der Gläubiger hier nicht. Beachte: Der Schuldner wird von der Schadensersatzpflicht frei, wenn die Leistung infolge eines Umstands unmöglich wird, den er nicht zu vertreten hat (§ 283 I 3; vgl. aber § 287 S. 2).

333   e) Für *gegenseitige Verträge* (dazu Rdnr. 191) gilt § 326, nicht § 286 II. Der Schuldner muß es hiernach unter bestimmten Umständen dulden, daß der Gläubiger die Nachholung der Leistung als verspätet zurückweist. So ist bei gegenseitigen Verträgen, wenn ein Vertragspartner mit der ihm obliegenden Gegenleistung (Hauptleistung) in Verzug gerät, der andere Partner befugt, dem säumigen Schuldner zur Nachholung der Leistung eine angemessene Nachfrist (unangemessene Frist setzt angemessene in Lauf) unter der Androhung zu bestimmen, daß er nach fruchtlosem Ablauf der Frist die Annahme der Leistung ablehne; ist die Nachfrist verstrichen, ohne daß der Schuldner die Leistung nachgeholt hat, so steht dem Gläubiger ein *Wahlrecht* zu: er kann nunmehr *Schadensersatz wegen Nichterfüllung* fordern oder, wenn ihm dies besser zusagt, *vom Vertrag zurücktreten*. Unwirksam ist die Bestimmung in AGB, durch die sich der AGB-Verwender eine unangemessen lange oder nicht ausreichend bestimmte Nachfrist vorbehält (§§ 10 Nr. 2, 11 Nr. 4 AGBG). Dagegen ist der Anspruch auf Nachholung der Leistung und auf Schadensersatz wegen weiterer Verspätung nunmehr ausgeschlossen (§ 326 I).

Hat der Gläubiger an der Nachholung der Leistung infolge des Verzugs kein Interesse mehr, steht ihm das Recht auf Schadensersatz wegen Nichterfüllung bzw. ein Rücktrittsrecht zu, ohne daß es zuvor einer Nachfrist oder einer Androhung der Zurückweisung der Leistung bedarf (§ 326 II).

> **Beispiel:** Lieferung nur begrenzt haltbarer Ware; Saisonartikel (trotz Absatzmöglichkeit im „Schlußverkauf").

Ebensowenig schutzwürdig ist der Schuldner, wenn er auf Nachfristsetzung verzichtet oder die Vertragserfüllung ernstlich und endgültig verweigert. Eine Nachfristsetzung ist dann entbehrlich. Beachte: Ein Ausschluß der Rechte gem. § 326 ist durch AGB zugunsten des Verwenders nicht statthaft (§ 11 Nr. 8, 9 AGBG).

2.3 Besonderheiten

334   Ist der Anspruch auf Herausgabe einer Sache *rechtshängig* (§ 261 ZPO: Klageerhebung), so richten sich die Haftung für Verschlechterung oder Unmöglichkeit der Herausgabe, die Verpflichtung zur Herausgabe von Nutzungen und ihrer Vergütung sowie die Ansprüche wegen Verwendungsersatzes nach den Bestimmungen des Eigentümer-Besitzer-Verhältnisses (§§ 292, 987 ff.; dazu Rdnr. 785 ff., 800 ff.).

Beispiele: a) V klagt auf Herausgabe eines Mietwagens gegen M, der diesen seit längerem — vertragslos — besitzt. V hat Anspruch auf Nutzungsherausgabe (vgl. § 987; dazu Rdnr. 787), während M Ersatz für notwendige Wartungskosten, nicht aber etwa für nützliche Verwendungen verlangen kann (vgl. § 994 II). b) Der Wagen wird bei M gestohlen. Hier hat M aus dem Gesichtspunkt der Rechtshängigkeitshaftung für schuldhafte Verschlechterung und verschuldeten Untergang des Wagens einzustehen (§ 989; dazu Rdnr. 790), während er aus Verzug bereits für Zufall haftet (§ 287). Rechtshängigkeit begründet zwar regelmäßig, nicht aber in jedem Fall Verzug (z. B. nicht bei unverschuldetem Rechtsirrtum des Schuldners; strenge Anforderungen!).

3. Positive Forderungsverletzung

3.1 Begriff und Grundsituationen

a) Die Bestimmungen über Unmöglichkeit, Schuldnerverzug und Mängelgewährleistung erfassen nicht sämtliche Fälle möglicher Störungen der Erfüllung einer Verbindlichkeit. Der Begriff „positive Forderungsverletzung" (engere Bezeichnung: „positive Vertragsverletzung") substituiert daher als Auffangtatbestand die im BGB nicht geregelte sorgfaltswidrige Schlechterfüllung einer Hauptleistungspflicht sowie Nebenpflichtverletzungen. Es handelt sich um einen „dritten Tatbestand" neben Unmöglichkeit und Verzug einerseits und Mängelgewährleistung andererseits. Als Rechtsgrundlage wird vielfach überflüssigerweise noch auf eine entsprechende Anwendung der §§ 280, 286, bei gegenseitigen Verträgen der §§ 325, 326 verwiesen, zunehmend jedoch gewohnheitsrechtliche Anerkennung oder wenigstens eine — nach § 242 — erreichte Rechtsfortbildung angenommen; inzwischen spricht auch das Gesetz selbst von „Vertragsverletzung" (vgl. § 11 Nr. 7 AGBG).

335

b) Erforderlich ist dieser Anspruchstatbestand also deshalb, weil das Unmöglichkeits- und Verzugsrecht zu „eng" ist und das Gewährleistungsrecht nicht alle Schäden, die infolge von Schlechtleistungen auftreten können, zureichend erfaßt. Die Haftung aus positiver Forderungsverletzung hat damit die Funktion eines subsidiären Haftungstatbestands, der die sonst bestehenden Haftungslücken ausfüllt.

> **Beispiel:** A liefert B schlechte Äpfel, die zum Verderben eines Teils des Bestands bei B führen (durch Zusammenlagerung). Das BGB gibt nur die Rechte aus §§ 459 ff. Ansprüche aus unerlaubter Handlung erfordern vom Geschädigten zu beweisendes Verschulden (§ 823) oder scheitern oft an der Entlastungsmöglichkeit nach § 831. Das Bedürfnis für einen dem Gläubiger günstigeren Haftungsgrund ist daher unabweisbar.

c) Typisch für die positive Forderungsverletzung sind *Schlechterfüllungen der Hauptleistungspflicht,* sofern durch die nicht ordnungsgemäße Erfüllung ein das Erfüllungsinteresse übersteigender Schaden entsteht.

336

> **Beispiel:** A nimmt ein Taxi zum Bahnhof, erleidet aber durch Verschulden des Fahrers eine Unfallverletzung.

Ferner ist kennzeichnend die *Verletzung vertraglicher Nebenpflichten,* insbesondere Nichtbeachtung von Schutz- und Sorgfaltspflichten anläßlich der Leistungserbringung (dazu Rdnr. 257) sowie Fälle der Mißachtung nachwirkender Treupflichten (zu einer weiteren Fallgruppe s. unten Rdnr. 338).

d) Der Anspruch aus positiver Forderungsverletzung setzt voraus, daß die entsprechende Pflicht aus dem Schuldverhältnis *schuldhaft verletzt* wird (§§ 276, 278); das Verschulden wird entsprechend §§ 282, 285 vermutet, wenn die Schadensursache im Bereich des Schuldners liegt. Es braucht sich nur auf die Pflichtverletzung als solche, nicht auf den daraus entstehenden Schaden zu beziehen. Die Haftung aus positiver Forderungsverletzung ist, soweit es sich um Begleitschäden handelt, neben Gewährleistungsansprüchen anwendbar (vgl. dazu Rdnr. 402).

3.2 Rechtsfolgen

337 Rechtsfolge der positiven Forderungsverletzung ist im Normalfall der Anspruch auf Ausgleich des durch die Pflichtwidrigkeit adäquat entstandenen Schadens (negatives Interesse). Der Anspruch besteht neben dem Erfüllungsanspruch.

> **Beispiel:** Fehlerhaft konstruierte Maschine explodiert nach Lieferung und zerstört Teile der Werkshalle.

Ausnahmsweise kann, wenn die Vertragswidrigkeit den Vertragszweck derart gefährdet, daß dem vertragstreuen Partner unter Berücksichtigung aller Umstände des Falles nach Treu und Glauben die Fortsetzung des Vertrags und damit insbesondere die Bewirkung der ihm obliegenden Gegenleistung nicht mehr zugemutet werden kann, dieser zur Verweigerung der Erfüllung und — wahlweise — zum Ersatz des durch die Pflichtverletzung entstandenen Schadens oder zum Rücktritt vom Vertrag berechtigt sein; gleichgestellt ist der Fall, daß der Gläubiger wegen der Pflichtverletzung kein Interesse an der Vertragsdurchführung mehr hat (entspr. § 326 II); Nachfristsetzung (§ 326 I) ist hier entbehrlich. Bei schon in Vollzug gesetzten Dauerschuldverhältnissen hat der Gläubiger nur ein Kündigungsrecht (dazu Rdnr. 311).

3.3 Sonderproblem: Haftung Dritter aus positiver Forderungsverletzung

338 Gegen Dritte kann sich ein Anspruch aus positiver Forderungsverletzung daraus ergeben, daß sie an den Vertragsverhandlungen beteiligt waren und nach Vertragsabschluß fortbestehende Aufklärungspflichten verletzt haben. Insbesondere kann eine Eigenhaftung des Vertreters aus positiver Forderungsverletzung zu bejahen sein, wenn er z. B. gerade dafür ein besonderes Vertrauen in Anspruch genommen hatte, daß er auf die ordnungsgemäße Durchführung des Vertrags maßgeblichen Einfluß haben werde (BGH NJW 1978, S. 1374).

4. Gläubigerverzug

4.1 Begriff

339 Gläubigerverzug (Annahmeverzug) ist Nichtannahme der Schuldnerleistung oder Unterlassung einer sonstigen zur Erfüllung erforderlichen Mitwirkung des Gläubigers. Die Mitwirkung ist keine Pflicht des Gläubigers (Ausnahme: §§ 433 II, 640), so daß Annahmeverzug grundsätzlich keine Schadensersatzansprüche des Schuldners auslöst (vgl. jedoch § 304; dazu unten Rdnr. 345). Zur Abgrenzung von der Unmöglichkeit s. Rdnr. 324.

4.2 Voraussetzungen des Gläubigerverzugs

a) Es muß der Zeitpunkt eingetreten sein, in dem der Schuldner *leisten darf* (vgl. **340** § 271 II); Fälligkeit ist — anders als beim Schuldnerverzug (Rdnr. 329 ff.) — nicht erforderlich.

> **Beispiel:** K hat von V Waren gekauft, lieferbar „im Mai". V bietet sie am 5. Mai an; K verweigert die Annahme. Hier gerät K sofort in Annahmeverzug, auch wenn seine Forderung auf Lieferung der Ware erst am 31. Mai fällig wird.

b) Der Schuldner, der den Gläubiger in Verzug setzen will, muß ihm die Leistung *anbieten* (§ 293); er muß *zur Leistung bereit und imstande* sein (§ 297). Das Angebot muß im allgemeinen tatsächlich erfolgen: der Schuldner muß alles tun, was von seiner Seite zu der geschuldeten Leistung gehört (§ 294). Regelmäßig muß er die Leistung so bewirken, daß der Gläubiger nichts weiter zu tun braucht, als zuzugreifen und die angebotene Leistung anzunehmen. Nur wenn der Gläubiger im voraus erklärt hat, daß er die Leistung nicht annehmen wird, oder wenn er die Mitwirkung, die ihm bei der Leistung obliegt, unterläßt, ist ein tatsächliches Angebot nicht erforderlich: dann genügt es, daß der Schuldner dem Gläubiger die Leistung „wörtlich" anbietet bzw. ihn zur Mitwirkung bei der Leistung auffordert — es sei denn, der Schuldner ist außerstande, die Leistung sofort zu bewirken (§§ 295, 297).

> **Beispiel:** V fordert K, wie vereinbart, zur Abholung des nach Katalog gekauften Fernsehers auf, hat ein solches Gerät aber nicht vorrätig.

c) *Ohne* Angebot der Leistung von seiten des Schuldners tritt Verzug ein, wenn der Gläubiger bei der Leistung *mitzuwirken* hat (Obliegenheit im eigenen Interesse, keine Rechtspflicht) und die *Zeit* für seine Mitwirkung kalendermäßig fest bestimmt ist oder zwar von einer Kündigung abhängt, aber, sobald die Kündigung erfolgt, aus dem Kalender berechnet werden kann (§ 296); ausgenommen ist auch hier der Fall, daß der Schuldner außerstande ist, die Leistung seinerseits zu bewirken.

> **Beispiel:** A erscheint vereinbarungswidrig nicht am 15. April bei seinem Schneider zur Anprobe des bestellten Maßanzugs.

d) Der Gläubiger gerät nur dann nicht in Verzug, wenn er vorübergehend an der **341** Annahme der ihm vom Schuldner angebotenen Leistung verhindert ist, vorausgesetzt, daß die Leistungszeit unbestimmt war oder der Schuldner zu vorzeitiger Leistung berechtigt ist, es sei denn, der Schuldner hatte die Leistung eine angemessene Zeit vorher angekündigt (§ 299). Dagegen ist im übrigen eine Behinderung des Gläubigers belanglos.

> **Beispiel:** K kann die ihm vereinbarungsgemäß ins Haus geschuldete Ware nicht annehmen, weil er krank zu Bett liegt und die Haustür nicht öffnen kann: Gläubigerverzug.

Schuldner- und Gläubigerverzug werden also in dieser Beziehung höchst verschieden behandelt; während jener ausgeschlossen ist, wenn der Schuldner an rechtzeitiger Vornahme der Leistung durch Umstände verhindert war, die er nicht zu vertreten braucht, tritt Gläubigerverzug, von den erwähnten Ausnahmen abgesehen, sogar dann ein, wenn dem Gläubiger die rechtzeitige Annahme der Leistung durch nicht zu vertretende Umstände unmöglich ist.

e) Der Gläubiger gerät in Verzug auch dann, wenn er zur Annahme der Leistung zwar bereit ist, aber trotz Aufforderung des Schuldners eine eigene Leistung anzubieten unterläßt, die er Zug um Zug gegen die Leistung des Schuldners zu bewirken hat (§ 298).

> **Beispiel:** V teilt K mit, daß er bei Anlieferung des Fernsehers gleich kassieren wolle. K will das Gerät annehmen, vorerst jedoch nicht zahlen: Annahmeverzug.

342 f) Der Gläubiger beseitigt seinen Verzug (aber ohne Rückwirkung), wenn er sich zur Annahme oder sonstigen Mitwirkung bereit erklärt und dazu imstande ist. Das Gesetz selbst schweigt zur Frage der Beendigung des Gläubigerverzugs.

> **Beispiele:** a) V versucht vergeblich, das von K bestellte Klavier bei diesem abzuliefern. Alsdann geht das Klavier bei einem von V verschuldeten Verkehrsunfall zu Bruch. Kein Annahmeverzug mehr, da Leistung unmöglich geworden. V hat den Aufwendungsersatzanspruch aus § 304. b) Nach erfolglos versuchter Lieferung des Klaviers erklärt sich K zur Annahme bereit: Beendigung des Gläubigerverzugs unter gleichzeitiger Herbeiführung des Leistungsverzugs des V durch die in der erklärten Annahmebereitschaft den Umständen nach liegende Mahnung, falls nicht § 285 greift. Solange der Annahmeverzug des Gläubigers andauert, ist Leistungsverzug des Schuldners ausgeschlossen.

4.3 Folgen des Gläubigerverzugs

343 a) Der Gläubiger kann während des Annahmeverzugs den Schuldner nur für *Vorsatz* und *grobe Fahrlässigkeit* haftbar machen (§ 300 I); für Geldschulden kann er keine Zinsen fordern (§ 301). Hat der Schuldner Nutzungen herauszugeben, so kann der Gläubiger für die Zeit des Annahmeverzugs nur solche Nutzungen beanspruchen, die der Schuldner tatsächlich gezogen, und nicht auch solche, die er schuldhaft zu ziehen versäumt hat (§ 302).

b) Der Gläubiger trägt im Fall der *Gattungsschuld,* sobald der Schuldner ihm eine zur Gattung gehörende Sache vergeblich angeboten hat, die *Leistungsgefahr* (§ 300 II). Das will besagen: wenn in der Zeit des Annahmeverzugs die Leistung der vergeblich angebotenen Sache infolge von Umständen, die der Schuldner nicht zu vertreten braucht, unmöglich wird, steht dem Gläubiger kein Recht auf die möglich gebliebene Leistung aus der Gattung zu. Mit Annahmeverzug hat der Schuldner für sein Unvermögen zur Leistung der (ausgesonderten!) Gattungssache nicht mehr nach § 279, sondern nach § 275 einzustehen. Zu beachten ist aber, daß in zahlreichen Fällen der Schuldner — nach den allgemeinen Regeln über die Unmöglichkeit der Leistung bei Gattungsschulden — auch dann von der Haftung frei wird, wenn ein Annahmeverzug des Gläubigers nicht gegeben ist.

> **Beispiel:** Bei Gattungsschulden wird die Leistung einer Einzelsache, die der Schuldner aus der geschuldeten Gattung für den Gläubiger ausgeschieden hatte, infolge von Umständen, die der Schuldner nicht zu vertreten braucht, nachträglich unmöglich. Hier greift § 275.

In Fällen dieser Art geht also die Gefahr nicht erst mit dem Annahmeverzug, sondern schon mit der Ausscheidung der Sache aus der Gattung auf den Gläubiger über (vgl. bereits Rdnr. 208). § 300 II bleibt erheblich für Fälle, in denen eine Gattungsschuld trotz Annahmeverzugs (z. B. Gläubiger einer Gattungs-Bringschuld oder Gattungs-Schickschuld erklärt, er lehne die Annahme ab) noch nicht konkretisiert ist; hier würde nach § 279 der Schuldner weiter auf Leistung haften, während er nach § 300 II frei wird.

c) Der Schuldner kann unter bestimmten Voraussetzungen die volle oder teilweise   **344**
Freistellung von der Leistungspflicht herbeiführen. Wenn ein Grundstück herauszugeben ist, kann er den Besitz des Grundstücks aufgeben; doch muß er dies, wenn tun-
lich, dem Gläubiger zuvor androhen (§ 303). Wenn Geld, Wertpapiere, sonstige Urkunden oder Kostbarkeiten herauszugeben sind, kann er den Gegenstand der Leistung bei einer öffentlichen Hinterlegungsstelle hinterlegen (§§ 372, 378). Wenn andere Sachen herauszugeben sind, kann er sie unter Einhaltung bestimmter Förmlichkei-
ten verkaufen (Selbsthilfeverkauf, vgl. Rdnr. 288) und den Erlös dem Gläubiger zur
Verfügung stellen (§§ 383 I, 378). Zum Annahmeverzug des Käufers beim Handels-
kauf vgl. §§ 373, 374 HGB.

d) Der Gläubiger kann während des Annahmeverzugs die Einrede des nichterfüllten   **345**
Vertrags und des Zurückbehaltungsrechts nur beschränkt geltend machen (zur Behandlung von Nutzungen vgl. §§ 302, 247, 292, 987 ff.).

e) Wenn die dem Gläubiger gebührende Leistung infolge von Umständen, die weder
er noch der Schuldner zu vertreten braucht, während des Annahmeverzugs unmöglich
wird, wird zwar der Schuldner befreit, der Gläubiger bleibt jedoch zur Vornahme der
ihm selbst vertragsgemäß obliegenden Gegenleistung nach wie vor verpflichtet
(§ 324 II). Damit entfällt die „Gegenseitigkeit" des Vertrags. Die Preis- oder Vergü-
tungsgefahr, die gem. § 323 I der Schuldner zu tragen hätte, geht also beim gegenseitigen Vertrag während des Annahmeverzugs auf den Gläubiger über.

f) Der Gläubiger hat dem Schuldner für die Mehraufwendungen, die er für das
erfolglose Angebot sowie die Aufbewahrung und Erhaltung des Schuldgegenstands
machen mußte, Ersatz zu leisten (§ 304).

> **Beispiel:** V fährt wiederholt zur Wohnung des K, um gekaufte Waren abzuliefern, weiß aber,
> daß dieser für Monate verreist ist. Annahmeverzug des K. Bei dieser Sachlage waren die Mehr-
> aufwendungen aber nicht erforderlich.

Literaturhinweise:

Beuthien, Zweckerreichung und Zweckstörung im Schuldverhältnis, 1969.
Brox, Allgemeines Schuldrecht, Rdnr. 230−314.
Honsell, JuS 1979, S. 81 ff. (zur beiderseitigen Unmöglichkeit).
Larenz, Schuldrecht I, §§ 8, 21−23, 25.
Medicus, Schuldrecht I, §§ 33−36, 42.
Weimar, Das BGB in Fällen, Bd. 2a, Fälle zu §§ 275, 279−289, 293−304, 306−308, 323−325.

BGH JuS 1978, S. 345 (zur positiven Forderungsverletzung).
BGH NJW 1978, S. 1374 (zur Haftung Dritter aus positiver Forderungsverletzung).

Kontrollfragen:

1. L will entsprechend der Bestellung des Bauunternehmers U einen Kran an diesen ausliefern. U
   teilt ihm mit, er wisse mit dem Kran im Augenblick nichts anzufangen, er nehme nur Platz weg; er
   verweigere die Annahme. Die Rechnung solle der L allerdings fertigmachen zwecks Bezahlung des
   Krans. L will den Kran loswerden; er setzt dem U eine Frist zur Abnahme, die jedoch fruchtlos
   verstreicht. Er fordert nun Schadensersatz wegen Nichterfüllung. Zu Recht?

2. Welches sind die Voraussetzungen eines Anspruchs aus positiver Forderungsverletzung?

3. Welchen unterschiedlichen Inhalt können Rechtsfolgen aus positiver Forderungsverletzung haben?

4. Ist eine Haftung Dritter aus positiver Forderungsverletzung möglich?

5. A hat bei L 10 Kisten Apfelsinen bestellt; Liefertermin 15. 1. 1986. Als L zum vereinbarten Termin liefern will, ist weder A noch einer seiner Angestellten anzutreffen. Die Apfelsinen sind zu diesem Zeitpunkt — ohne daß L davon wußte — zum großen Teil verdorben. L nimmt die Apfelsinen wieder mit und lagert sie in seinen Räumen. Kann er die Kosten hierfür ersetzt verlangen?

Antworten zu den Kontrollfragen finden Sie auf S. 282.

VI. Erstreckung von Schuldverhältnissen auf Dritte und Personenwechsel

1. Verträge zugunsten Dritter

346   a) Ein Vertrag zugunsten Dritter liegt vor, wenn sich in einem Vertrag der eine Partner von dem anderen eine Leistung an einen Dritten versprechen läßt (ohne dabei im Namen des Dritten als dessen Vertreter zu handeln), § 328. Man nennt jenen Vertragspartner dann — im Gegensatz zu dem Dritten, dem „Leistungsempfänger" — den „Versprechensempfänger". Das Verhältnis zwischen Versprechendem und Versprechensempfänger ist das Deckungsverhältnis, das zwischen diesem und dem Dritten ist das Valutaverhältnis.

347   b) Zu unterscheiden sind *echte* und *unechte* Verträge zugunsten Dritter. Nur beim echten (berechtigenden) Vertrag zugunsten Dritter ist dem Dritten ein eigenes Forderungsrecht eingeräumt.

> **Beispiel:** Die O legt für ihre Enkelin ein Sparbuch an, das sie dieser zum 16. Geburtstag schenken will. Nun ist Berechtigter gegenüber der Bank im Normalfall, wer die Einlage als Leistung erbringt; hier ist es anders, da die Leistung erkennbar der Enkelin — als eigenes Forderungsrecht — zukommen soll (sie soll das Sparbuch erhalten); somit liegt ein echter Vertrag zugunsten Dritter vor (vgl. dazu BGHZ 66, S. 8).

Ist der Dritte nur die Stelle, an die der Schuldner seine Leistung zu bewirken hat, besteht die Verpflichtung des Schuldners, an den Dritten zu leisten, nur gegenüber dem Versprechensempfänger; dem Dritten selbst steht kein Forderungsrecht gegenüber dem Schuldner zu. Der Dritte kann also, wenn die Leistung ausbleibt, gegen den Schuldner nichts unternehmen. Der Vertrag kann aber dahin auszulegen sein (§ 328 II), daß der Dritte ein eigenes Recht auf die Leistung erwerben soll und daher unabhängig vom Versprechensempfänger in eigener Person beispielsweise mahnen, kündigen, Schadensersatz fordern kann.

348   c) Für einige Arten von Verträgen greifen besondere *Auslegungsregeln* ein. Hat jemand einem anderen versprochen, dessen Gläubiger zu befriedigen, so wird dem Gläubiger ein Recht auf Erfüllung dieses Versprechens im Zweifel versagt, das Recht steht vielmehr allein dem Versprechensempfänger zu (§ 329). Wenn in einem Lebensversicherungsvertrag der Versicherer die Zahlung der Versicherungssumme an einen Dritten verspricht oder wenn bei einer Vermögensübernahme der Übernehmer Leistungen an Dritte zum Zweck ihrer Abfindung zusagt oder wenn bei einer Schenkung dem Beschenkten Leistungen an Dritte auferlegt werden, erwächst dem Dritten im Zweifel ein eigenes Leistungsrecht (§ 330).

d) Die Vertragspartner können sich vorbehalten, das Recht des Dritten ohne dessen Zustimmung ab-   **349**
zuändern oder aufzuheben; sie können auch dem Dritten das Recht unwiderruflich zuwenden
(§ 328 II). Wie der Rechtserwerb des Dritten im Einzelfall vonstatten geht, ist im Wege der Vertragsauslegung festzustellen. Besonders geregelt ist nur, daß dann, wenn die dem Dritten zugedachte Leistung erst nach dem Tod des Versprechensempfängers erfolgen soll, der Rechtserwerb des Dritten im
Zweifel erst eintritt, wenn der Versprechensempfänger stirbt (§ 331 I). Erhält der Dritte das ihm zugedachte Recht ohne sein Zutun, kann er es zurückweisen; tut er es, gilt sein Rechtserwerb rückwirkend
als nicht erfolgt (§ 333).

e) Einwendungen des Versprechenden aus dem Deckungsverhältnis wirken auch ge-   **350**
gen den Dritten (§ 334).

> **Beispiele:** a) Der Versprechende beruft sich gegenüber dem Dritten auf Nichtigkeit des
> Deckungsverhältnisses. Der Dritte muß das gegen sich gelten lassen (§ 334). b) Der Verspre-
> chende rechnet mit einer Forderung gegen den Versprechensempfänger gegenüber der Geld-
> forderung des Dritten auf. Hier ist die Aufrechnung unwirksam, da es an der Gegenseitigkeit
> der Forderungen fehlt (dazu Rdnr. 289).

f) Neben dem Dritten ist im Zweifel auch der Versprechensempfänger berechtigt   **351**
(§ 335). Doch kann er lediglich fordern, daß die Leistung dem Dritten, nicht daß sie
ihm selbst gewährt wird. Hierbei verbleibt es im Zweifel auch dann, wenn der Dritte
den Rechtserwerb zurückweist; die Rechtsstellung des Versprechensempfängers ist
alsdann die eines Gläubigers, dem die Annahme der geschuldeten Leistung unmöglich
geworden ist.

g) *Schuldverträge zu Lasten Dritter* gibt es nicht, da hier sonst ein Eingriff in das   **352**
Selbstbestimmungsrecht vorläge. Ebensowenig zulässig sind grundsätzlich *Verfügungsverträge zugunsten Dritter* (h. M.); das gilt auch für solche des Schuldrechts
(Erlaß, Aufrechnung; str.). Verfügungen zugunsten Dritter sind nur ausnahmsweise
statthaft (z. B. §§ 414, 267).

2. Verträge mit Schutzwirkung für Dritte

Als am Schuldverhältnis zwischen Gläubiger und Schuldner grundsätzlich Unbeteilig-   **353**
ten entstehen für Dritte in der Regel keine Rechte und Pflichten. Neben den gesetzlich
geregelten Fällen (z. B. §§ 556 III, 581 II) und den rechtsgeschäftlich vereinbarten
Drittwirkungen (Vertrag zugunsten Dritter, Rdnr. 346 ff.) sind unter bestimmten
Voraussetzungen sog. Verträge mit Schutzwirkung für Dritte anerkannt. Verträge
dieser Art setzen vor allem eine bestimmte Leistungsnähe sowie ein Schutz- bzw. Fürsorgeverhältnis voraus. *Leistungsnähe* bedeutet, daß der Dritte den Gefahren einer
Pflichtverletzung durch den Schuldner in ähnlicher Weise ausgesetzt sein muß wie der
Gläubiger selbst. Für das *Schutz-* und *Fürsorgeverhältnis* wird ein besonderes Interesse des Gläubigers am Schutz des Dritten verlangt (z. B. § 618), der Gläubiger muß
gleichsam für Wohl und Wehe des Dritten mitverantwortlich sein (str.). Schließlich
werden die *Erkennbarkeit* von Leistungsnähe und Fürsorgeverhältnis für den Schuldner und die Schutzbedürftigkeit des Dritten verlangt. Im Falle der Verletzung von
Vertragspflichten durch den Schuldner steht dem Dritten ein eigener Schadensersatzanspruch zu.

> **Beispiel:** Vermieter V läßt die — wie er allein weiß — seit langem schadhafte Brüstung des Bal-
> kons der Wohnung des Mieters M nicht ausbessern. Eines Tages befinden sich auf dem Bal-

kon der Sohn des M (der auch in dessen Wohnung wohnt) und ein flüchtiger Bekannter. Beide lehnen an der Brüstung; infolge der Schadhaftigkeit bricht diese durch, beide Personen stürzen ab und verletzen sich. Die Rechtsprechung geht hier davon aus, daß in den Schutzbereich des Mietvertrags sämtliche Angehörigen des Mieters sowie z. B. Dienstboten, nicht aber beliebige Besucher und Gäste einbezogen seien. Von den genannten Personen könnte also nur der Sohn des M Schadensersatz verlangen, da V nach Vertragsgrundsätzen Obhuts- und Fürsorgepflichten verletzt hat und ihn aufgrund § 538 wegen Mängeln der Mietsache eine Schadensersatzpflicht trifft. Dem verletzten Bekannten des M stehen gegen V lediglich Ansprüche aus unerlaubter Handlung zu (Rdnr. 573 ff.).

Die Schutzwirkung für Dritte beruht auf einer ergänzenden Auslegung des Vertrags, der die Leistungspflicht des Schuldners begründet (BGH NJW 1984, S. 356; str.).

3. Forderungsübertragung

Praktisch bedeutsamster Fall der Auswechslung des Gläubigers ist die Abtretung (§ 398; zu besonderen Formen des Forderungsübergangs s. unten Rdnr. 366).

3.1 Voraussetzungen der Abtretung

354   a) Eine Forderung kann von dem bisherigen auf einen neuen Gläubiger durch regelmäßig formfreien Vertrag übertragen werden (*Zession*, § 398). Der Schuldner muß sich den Gläubigerwechsel gefallen lassen. Er kann sich den Gläubiger nicht aussuchen. Der Abtretungsvertrag enthält eine Verfügung über die Forderung. Das zugrunde liegende Kausalverhältnis ist häufig ein Kauf. Tritt jemand eine ihm zustehende Forderung nacheinander an verschiedene Personen ab, ist nur die erste Abtretung wirksam (Prioritätsprinzip); im übrigen verfügt der Zedent als Nichtberechtigter, ohne daß jedoch einem der nachfolgenden Zessionare ein gutgläubiger Forderungserwerb möglich ist (vgl. § 405). Wer eine nicht bestehende Forderung verkauft, haftet nach §§ 437, 440 (Rdnr. 392 ff.).

b) Die Abtretung kann auch bedingt oder befristet erfolgen, also schon zu einer Zeit vorgenommen werden, zu der die abzutretende Forderung noch nicht entstanden ist; Voraussetzung ist freilich, daß die Forderung spätestens *im Zeitpunkt ihrer Entstehung bestimmbar* ist.

> **Beispiel:** Z tritt seiner Bank zur Sicherung eines gewährten Kredits sämtliche Forderungen gegen seine Kunden bis zu einer Höhe von 50.000 DM ab. Hier fehlt es an der Bestimmbarkeit der künftigen Forderung, wenn der Forderungsbestand erheblichen Schwankungen unterliegt.

355   c) Eine Übertragung der Forderung ist *ausgeschlossen*, wenn die Leistung an einen anderen als den ursprünglichen Gläubiger nicht ohne Veränderung ihres Inhalts erfolgen kann (z. B. Unterhaltsansprüche) oder wenn die Abtretung durch Vereinbarung zwischen dem Gläubiger und dem Schuldner rechtsgeschäftlich ausgeschlossen ist (§ 399). Ein solcher vertraglicher Abtretungsausschluß macht die Abtretung unwirksam, doch führt die Zustimmung des Schuldners zur Wirksamkeit der Abtretung (entspr. § 185). Nicht abtretbar sind auch unselbständige Ansprüche, die einem anderen Rechtsgeschäft zu dienen bestimmt sind, z. B. Pfandrecht (Rdnr. 685), Hypothek (Rdnr. 722), Anspruch auf Rechnungslegung (Rdnr. 252), Gestaltungsrecht (Rdnr. 8 ff.).

Bei gewissen Forderungen ist die Abtretung trotz Zustimmung des Schuldners ausgeschlossen. Vor allem gilt dies für *unpfändbare* Forderungen: namentlich Lohn- und Gehaltsforderungen sind nur abtretbar, soweit sie pfändbar sind (§ 400; §§ 850 ff. ZPO).

3.2 Schutz des Schuldners

a) Der Schuldner braucht dem Altgläubiger gegenüber die Abtretung erst dann gegen sich gelten zu lassen, wenn er davon Kenntnis erlangt hat (§ 407 I). Zugunsten des Schuldners wird also angenommen, daß die Verfügungsmacht des Altgläubigers über die abgetretene Forderung bis zu diesem Zeitpunkt fortdauert. Demgemäß kann der Schuldner, bis er von der Abtretung erfährt, *befreiend* an den Altgläubiger leisten (§ 407 I); ebenso kann er in dieser Zeit gegenüber dem Altgläubiger kündigen und eine ihm vom Altgläubiger zugegangene Kündigung als wirksam ansehen; er kann in dieser Zeit z. B. mit dem Altgläubiger wirksam einen Stundungs- oder einen Erlaßvertrag abschließen. Im Fall der Leistung an den bisherigen Gläubiger geht der Neugläubiger zunächst leer aus; nach § 816 II kann er aber von dem Altgläubiger Herausgabe des Erlangten fordern. Ist inzwischen dem Schuldner und dem Altgläubiger nach der Abtretung ein Rechtsstreit über die Forderung anhängig geworden, so muß der Neugläubiger ein in diesem Prozeß ergehendes rechtskräftiges Urteil gegen sich gelten lassen, es sei denn, daß der Schuldner bei Eintritt der Rechtshängigkeit die Abtretung gekannt hat (§ 407 II; vgl. auch §§ 265, 325 ZPO). **356**

b) Tritt der Altgläubiger die abgetretene Forderung später nochmals an einen Dritten ab, so wird zugunsten des Schuldners dem Dritten für die Zeit nach der zweiten Abtretung die Verfügungsmacht über die Forderung zugeschrieben wie dem Altgläubiger für die Zeit nach der ersten Abtretung, es sei denn, daß dem Schuldner die Unwirksamkeit der zweiten Abtretung bekannt gewesen ist (§ 408 I: Schuldnerschutz wie bei § 407). Demgemäß kann der Schuldner, bis er diese Kenntnis erwirbt, auch hier befreiend an den Scheingläubiger leisten, kündigen, mit ihm einen Erlaßvertrag abschließen usw. **357**

c) Zeigt der Altgläubiger dem Schuldner an, daß er die Forderung abgetreten habe, muß er dem Schuldner gegenüber die angezeigte Abtretung gegen sich gelten lassen, auch wenn sie nicht erfolgt oder nicht wirksam ist. **358**

aa) Der Schuldner kann also jetzt an den neuen Gläubiger leisten (§ 409). Der Anzeige steht es gleich, wenn der Gläubiger eine Urkunde über die Abtretung dem in der Urkunde bezeichneten neuen Gläubiger ausgestellt hat und diese dem Schuldner vorliegt (vgl. dazu § 403). Die Anzeige kann nur mit Zustimmung desjenigen zurückgenommen werden, der als der neue Gläubiger bezeichnet worden ist (§ 409 II). Leistet der Schuldner nach § 409 an den „Neugläubiger", der die Forderung nicht wirksam erworben hat, so wird er auch hier befreit. Den Ausgleich zwischen Alt- und Neugläubiger schafft wiederum § 816 II (vgl. oben Rdnr. 356).

bb) Ohne Abtretungsanzeige (§ 409 I 1) bzw. ohne Vorlage der Abtretungsurkunde ist der Schuldner zur Leistung an den Neugläubiger nicht verpflichtet (§ 410 I 1, II); ebenso ist eine Kündigung oder Mahnung, die der Neugläubiger in dieser Zeit vornimmt, unwirksam, dies freilich nur unter der Voraussetzung, daß sie ohne Vorlegung der entsprechenden Urkunde erfolgt und der Schuldner sie aus diesem Grund unverzüglich zurückweist.

3.3 Einwendungen und Einreden des Schuldners

359 Die rechtliche Stellung des Schuldners darf durch die Zession nicht verschlechtert werden.

a) Einwendungen und Einreden gegen die Forderung muß der Neugläubiger daher auch dann gegen sich gelten lassen, wenn sie im Zeitpunkt der Abtretung gegenüber dem Altgläubiger begründet waren (§ 404). Es ist ausreichend, wenn das Schuldverhältnis im Zeitpunkt der Abtretung rechtliche Grundlage der Einwendungen oder Einreden ist.

> **Beispiel:** Im Zeitpunkt der Abtretung bestand bereits ein Anfechtungsrecht des Schuldners S (§ 123). Dies kann S auch nach erfolgter Abtretung noch ausüben. Ist der Adressat der Anfechtungserklärung (Altgläubiger) nicht auffindbar, kann die bloße Anfechtbarkeit ausreichen (str.).

b) Hatte der Schuldner eine Urkunde über seine Schuld ausgestellt, so ist, wenn die Forderung unter Vorlegung eben dieser Urkunde abgetreten wird, der Einwand, daß die Eingehung oder Anerkennung des Schuldverhältnisses nur zum Schein erfolgt sei, gegen den Neugläubiger nur wirksam, wenn dieser bei der Abtretung den Sachverhalt kannte oder kennen mußte (§ 405). Entsprechendes gilt, wenn die Abtretung der Forderung durch Vereinbarung zwischen Gläubiger und Schuldner ausgeschlossen ist und in der Schuldurkunde nichts von der Unabtretbarkeit erwähnt ist (§§ 405, 399). Diese Bestimmung ermöglicht nicht den Erwerb einer nichtbestehenden Forderung, stellt aber den „Neugläubiger" gegenüber dem Schuldner praktisch so, als ob er die Forderung erworben hätte. Der Nachmann erwirbt dann die Forderung vom Berechtigten.

360 c) Gegen die abgetretene Forderung kann der Schuldner mit einer Gegenforderung unbeschränkt aufrechnen, wenn die Gegenforderung gegen den Neugläubiger gerichtet ist. Dagegen ist dies, wenn die Gegenforderung gegen den Altgläubiger geht, unzulässig, falls der Schuldner die Gegenforderung erst erworben hat, als die Abtretung bereits erfolgt war, und er bei dem Erwerb die Abtretung gekannt hat oder wenn die Gegenforderung zwar schon vor der Abtretung erworben, aber erst nach der Abtretung und auch später als die abgetretene Forderung fällig wurde und dem Schuldner bei Eintritt der Fälligkeit die Abtretung bekannt war (vgl. § 406). Soweit die Aufrechnung zulässig ist, stellt § 406 eine Ausnahme von der erforderlichen Gegenseitigkeit der Forderungen dar (vgl. dazu Rdnr. 289). Grund: Dem Schuldner soll die Aufrechnungsmöglichkeit erhalten bleiben.

d) Dem Verhältnis zwischen Alt- und Neugläubiger kann der Schuldner keine Einwendungen gegen den Neugläubiger entnehmen, außer sie stellen die Wirksamkeit der Abtretung selbst in Frage.

3.4 Sonderfragen

361 Besteht für die abgetretene Forderung ein Pfandrecht, so geht es auf den Neugläubiger über; das gleiche gilt für die Rechte aus einer dem Altgläubiger bestellten Bürgschaft und für ein Vorzugsrecht des Altgläubigers (§ 401 I, II). Grund: Die den Hauptanspruch sichernden Rechte sind nach der Abtretung für den bisherigen Gläubiger praktisch wertlos. Zu beachten ist, daß § 401 nicht für die Sicherungsübereignung (dazu Rdnr. 662) und die Sicherungszession (dazu Rdnr. 362, 679) gilt, da es sich hierbei nicht um akzessorische Rechte handelt; umstritten ist der Übergang von Rechten aus einem Garantievertrag (dazu Rdnr. 374).

Der Altgläubiger hat dem Neugläubiger sachgemäß Auskunft über die Forderung zu geben; er ist verpflichtet, ihm die Beweisurkunden, die er in Händen hat, auszuliefern sowie ihm auf Verlangen eine öffentlich beglaubigte Urkunde über die Abtretung auszustellen (§§ 402, 403).

3.5 Sicherungsabtretung und Inkassozession

Im modernen Wirtschaftsleben haben sich Sonderformen der Abtretung entwickelt. **362** Die wichtigsten Erscheinungsformen sind im folgenden dargestellt (zum Factoring s. Rdnr. 424).

a) Die Abtretung von Forderungen erfolgt häufig zur Sicherung gewährter Vorteile, z. B. Sicherung eines Kredits (*Sicherungsabtretung*). Der Sicherungsempfänger wird Gläubiger der Forderung (Vollrechtsinhaber), ermächtigt aber i. d. R. den Abtretenden (Zedenten) zur Einziehung (§§ 185 I, 362 II; vgl. auch Rdnr. 679 ff.).

> **Beispiel:** Eheleute S erhalten von der Landeskreditanstalt ein zinsloses Darlehn über 8.000 DM, das jungen Familien gewährt wird. Zur Sicherung der Rückzahlungsforderung treten sie den jeweils pfändbaren Teil ihres Einkommens ab.

b) Im *Innenverhältnis* (eigennütziges Treuhandverhältnis) bestimmt die getroffene Si- **363** cherungsabrede die Rechte und Pflichten, insbesondere das Einziehungsrecht des Gläubigers und den Rückübertragungsanspruch des Schuldners. Ist eine Abrede über das Einziehungsrecht hinsichtlich der abgetretenen Forderung nicht getroffen, so ist der Gläubiger — im Innenverhältnis! — zur Einziehung nur bei nichtbefriedigter fälliger Forderung befugt (entspr. §§ 1282, 1228 II). Bis dahin ist der Altgläubiger zur Einziehung der Forderung dem Kreditgeber gegenüber berechtigt und verpflichtet. I. d. R. hat der Schuldner bei Wegfall des Sicherungszwecks aus der Abrede einen *schuldrechtlichen Anspruch auf Rückübertragung*; vereinbart werden kann auch eine Abtretung unter auflösender Bedingung der Tilgung: dann ist bei Tilgung *automatischer Rückfall* der Forderung die Folge (vgl. auch Rdnr. 681).

c) Eine Sonderform der Sicherungsabtretung ist die *Globalzession*. **364**

> **Beispiel:** Z tritt an die B-Bank alle gegenwärtigen und künftigen Forderungen gegen seine Kunden mit den Anfangsbuchstaben A-K ab.

Rechtliche Schwierigkeiten ergeben sich vor allem dann, wenn die Globalzession zugunsten einer Bank mit verlängertem Eigentumsvorbehalt eines Warenlieferanten zusammentrifft; hier gilt grundsätzlich das Prioritätsprinzip, allerdings kann § 138 modifizierende Wirkungen entfalten (im einzelnen Rdnr. 684).

d) Bedeutsam ist ferner die *Mantelzession*.

> **Beispiel:** Zur Sicherung eines Kredits verpflichtet sich Z gegenüber B zur Abtretung von Forderungen gegen Kunden des Z in Höhe des Kredits. Die Abtretung wird vorgenommen durch Übersendung von Zessionslisten.

e) Die *Inkassozession* ist — wie die Sicherungsabtretung — fiduziarisches (treuhände- **365** risches) Geschäft (vgl. dazu auch Rdnr. 177 f.); der Treuhänder (Zessionar) wird Vollrechtsinhaber, im Innenverhältnis hat er die Rechte des Treugebers (Zedent) zu wahren. Zu beachten ist, daß geschäftsmäßige Inkassozession genehmigungsbedürftig ist (vgl. § 1 I RechtsberatungsG).

Beispiel: Übertragung ärztlicher Honorarforderungen an ärztliche Verrechnungsstelle zwecks Forderungseinzugs.

Von der Inkassozession abzugrenzen ist das *Inkassomandat* (Einziehungsermächtigung): dieses ist zulässig als Einwilligung zur Verfügung (§ 185 I; h. M.). Es handelt sich um eine Ermächtigung zur Geltendmachung der Forderung im eigenen Namen. Die Forderung selbst bleibt hier bei demjenigen, der die Einwilligung zur Einziehung erteilt (vgl. BGHZ 70, S. 393).

3.6 Sonstige Fälle des Forderungsübergangs

366   a) Besondere Regeln gelten für die Übertragung von Forderungen aus Wertpapieren sowie für hypothekarisch gesicherte Forderungen (vgl. dazu Rdnr. 660 f., 722 ff.).

b) Außer durch Vertrag kann eine Forderung von dem bisherigen Gläubiger auf einen anderen auch durch staatlichen Hoheitsakt übertragen werden. Wichtigster Fall: Zwangsvollstreckung des Vollstreckungsgläubigers in eine Forderung des Vollstreckungsschuldners, die diesem gegen einen Dritten zusteht (vgl. §§ 829, 835 ZPO). Die Übertragung der Forderung kann hier in der Art erfolgen, daß das Vollstreckungsgericht auf Antrag des Vollstreckungsgläubigers diesem die gepfändete Forderung durch Beschluß an Zahlungs Statt überweist. Mit Zustellung des Überweisungsbeschlusses an den Dritten geht die Forderung auf den Vollstreckungsgläubiger über (§ 835 I, II ZPO). Folge: Soweit die Forderung besteht, ist der Gläubiger als befriedigt anzusehen (§ 835 II ZPO). Im übrigen kommen die meisten Regeln über die rechtsgeschäftliche Forderungsabtretung entsprechend zur Anwendung (§ 408 II); die Zustellung des Überweisungsbeschlusses hat eine ähnliche Wirkung, wie wenn die Abtretung der Forderung vom Altgläubiger dem Schuldner schriftlich angezeigt wird (§ 836 I, II ZPO). In der Praxis überwiegt die Überweisung der Forderung „zur Einziehung" (§§ 835 f. ZPO). Bedeutung: kein Forderungsübergang, sondern nur Einziehungsermächtigung des Gläubigers!

c) Ein Gläubigerwechsel kann auch kraft Gesetzes stattfinden.

Beispiele: a) Eine Forderung geht mit dem Tod des Gläubigers auf dessen Erben über (§ 1922 I). b) Der bisherige Gläubiger wird von einem Dritten kraft eigenen Rechts durch Erfüllung, Leistung an Erfüllungs Statt, Hinterlegung oder Aufrechnung befriedigt: hier geht die Forderung, soweit die Befriedigung reicht, mit der Maßgabe auf den Dritten über, daß dieser den Übergang nicht zum Nachteil des Altgläubigers geltend machen darf (§ 268 III). — Auf den Forderungsübergang kraft Gesetzes kommen die meisten Regeln der Forderungsabtretung entsprechend zur Anwendung (§ 412). Ausgenommen ist die Regelung, daß der Einwand des Scheingeschäfts zugunsten des Neugläubigers beschränkt wird (§§ 412, 405). c) Weitere bedeutsame Fälle: Übergang eines Schadensersatzanspruchs auf den privaten Versicherer (§ 67 VVG) bzw. auf den öffentlich-rechtlichen Versicherungsträger (§ 1542 RVO); Übergang der Gläubigerforderung auf den ausgleichsberechtigten Gesamtschuldner (§ 426 II) und der Forderung gegen den Hauptschuldner auf den Bürgen gem. § 774 I (dazu Rdnr. 524). d) Im Fall der §§ 571, 581 (dazu Rdnr. 458) tritt der Erwerber an die Stelle des Vermieters (Verpächters) in die sich aus dem Mietverhältnis (Pachtverhältnis) ergebenden Rechte und Pflichten ein. Grund: Schutz des Mieters und Pächters. Der Erwerber hat Anspruch auf den Miet- bzw. Pachtzins, soweit dieser seit dem Eigentumserwerb fällig geworden ist (über Vorausverfügungen vgl. §§ 573, 574). e) Im Fall des § 613 a I tritt bei rechtsgeschäftlichem Übergang eines Betriebs oder eines Betriebsteils auf einen anderen Inhaber dieser in die Rechte und Pflichten der bisherigen Arbeitsverhältnisse ein. Grund: Zugehörigkeit des Arbeitnehmers zum Betrieb ist schutzwürdiger als das Rechtsverhältnis zu der Person des bisherigen Arbeitgebers. In den Beispielen d) und e) handelt es sich um Fälle einer gesetzlichen Vertragsübernahme (dazu Rdnr. 373).

4. Schuldübernahme

4.1 Begriff und Voraussetzungen

Eine Schuld kann von dem bisherigen auf einen neuen Schuldner durch Vertrag über- **367**
tragen werden (Schuldübernahme). Dieser Vertrag enthält eine Verfügung über die
Schuld (Schuldnerwechsel ist inhaltliche Änderung der Forderung; s. Rdnr. 73).

a) Daß der Altschuldner — als durch die Schuldübernahme Begünstigter — am Abschluß des Vertrags teilnimmt, ist nicht erforderlich. Wenn Gläubiger und Neuschuldner es vereinbaren, wird der Altschuldner aus seiner Schuld entlassen, auch ohne daß
er es weiß oder will (§ 414; praktisch sehr selten).

b) Ist die Schuldübernahme allein zwischen Alt- und Neuschuldner vereinbart, ist dazu die Genehmigung des Gläubigers erforderlich. Sie darf frühestens erfolgen, wenn einer der Vertragspartner dem Gläubiger die Schuldübernahme mündlich oder schriftlich mitgeteilt hat (§ 415 I 2). Die Genehmigung kann spätestens binnen einer Frist erfolgen, die einer der Vertragspartner dem Gläubiger bestimmt; wird
die Genehmigung binnen der Frist nicht erteilt, so gilt sie als verweigert (§ 415 II 2).
Die Länge der Frist hängt von demjenigen Partner ab, der die Frist bestimmt. Bis zur
Genehmigung können die Partner die Schuldübernahme beliebig rückgängig machen
(§ 415 I 3). Wird die Genehmigung verweigert, so gilt die Schuldübernahme als
nicht erfolgt (§ 415 II 1). In der gescheiterten Schuldübernahme kann aber eine Erfüllungsübernahme (§ 329; dazu Rdnr. 372) oder ein Schuldbeitritt (Rdnr. 370) in Form eines Vertrags zugunsten des Gläubigers liegen (§ 328). Zu unterscheiden ist die Schuldübernahme von der Bürgschaft (Rdnr. 520) und vom Garantievertrag (Rdnr. 374).

4.2 Rechtsfolgen der Schuldübernahme

a) Die Wirkung der Schuldübernahme besteht darin, daß der Neuschuldner mit Ab- **368**
schluß des Übernahmevertrags gegenüber dem Gläubiger haftet, der bisherige Schuldner von der Haftung frei wird. Genehmigung des Gläubigers hat Rückwirkung
(§ 184).

b) Einwendungen gegen die übernommene Schuld muß der Gläubiger gegen sich gelten lassen, auch wenn sie seinem Verhältnis zum Altschuldner entsprungen sind
(§ 417 I 1). In der Schuldübernahme liegt häufig ein Anerkenntnis der übernommenen Schuld; ob dadurch Einwendungen, die bereits vorher begründet waren, beseitigt
werden sollen, ist Auslegungsfrage.

c) Der Übernehmer der Schuld kann mit eigenen Forderungen gegenüber dem Gläubiger aufrechnen, nicht aber mit solchen des Altschuldners (§ 417 I 2).

d) War für die Forderung ein Pfandrecht oder eine Bürgschaft bestellt, so erlöschen
durch die Schuldübernahme beide; doch gilt eine Ausnahme, wenn Pfandschuldner
oder Bürge ihre Einwilligung in die Schuldübernahme erklärt haben (§ 418 I). Ein
Vorzugsrecht des Gläubigers im Konkurs des Altschuldners kann im Konkurs des
Neuschuldners nicht geltend gemacht werden (§ 418 II).

e) Solange die Genehmigung der Schuldübernahme durch den Gläubiger aussteht
oder sobald sie vom Gläubiger verweigert wird, ist die Schuldübernahme als solche

nicht wirksam und demgemäß der Altschuldner dem Gläubiger nach wie vor haftbar (vgl. Rdnr. 367); der Schuldübernehmer ist aber persönlich dem Altschuldner gegenüber verpflichtet, dafür zu sorgen, daß diesem die Fortdauer seiner Schuld nicht schadet; insbesondere kann der alte Schuldner verlangen, daß der Schuldübernehmer ihn durch Erfüllung der Forderung oder in anderer Art von seiner Schuld befreit (*Erfüllungsübernahme*; s. a. Rdnr. 372).

f) Der Neuschuldner kann seinem Verhältnis zu dem bisherigen Schuldner keine Einwendungen gegen den Gläubiger entnehmen (§ 417 II), es sei denn, daß sie die Wirksamkeit der Schuldübernahme selbst in Frage stellen.

369 g) Für die Schuldübernahme bei hypothekarisch gesicherten Forderungen gelten einige Sondervorschriften (§ 416). Diese Vorschrift bezweckt, den Schuldübergang zu erleichtern, um die Trennung von dinglicher und persönlicher Haftung zu vermeiden.

> **Beispiel:** K erwirbt von V ein Grundstück und übernimmt in Anrechnung auf den Kaufpreis die für eine Darlehnsforderung der B-Bank von V bestellte Hypothek. Eine solche „Übernahme" ist als Übernahme auch der persönlichen Schuld auszulegen. Hier gibt § 416 einen Weg, der die Herbeiführung der Genehmigung des Gläubigers erleichtern soll: das Schweigen des Gläubigers auf die Mitteilung des Übernehmers gilt als Genehmigung, wenn der Gläubiger nicht innerhalb von sechs Monaten die Genehmigung verweigert (§ 416 II 2).

h) Neben der rechtsgeschäftlichen Schuldübernahme gibt es einen Schuldübergang auch kraft Gesetzes; so gehen die Schulden des Erblassers auf den Erben über (§ 1967).

4.3 Verwandte Geschäfte

4.3.1 Schuldbeitritt

370 Es kann vertraglich bestimmt werden, daß jemand eine bestehende Schuld neben dem bisherigen Schuldner übernimmt; man spricht in diesem Fall von Schuldbeitritt (Schuldmitübernahme, kumulative Schuldübernahme). Schuldner und Mitübernehmer werden Gesamtschuldner (dazu Rdnr. 377). Der Vertrag kann, weil er, anders als die befreiende Schuldübernahme, dem Gläubiger keinerlei Nachteil bringt, auch ohne dessen Genehmigung allein zwischen Alt- und Neuschuldner abgeschlossen werden (§ 328). Für zum Zeitpunkt des Beitritts gegebene Einwendungen gilt § 417 analog, ansonsten finden die §§ 422 ff. Anwendung (dazu unten Rdnr. 378). — Der Schuldbeitritt kann auch auf Gesetz (§§ 25 HGB, 419, 556 III, 2382) beruhen.

4.3.2 Vermögensübernahme

371 a) Übernimmt jemand vertraglich das ganze oder nahezu gesamte Vermögen eines anderen, so tritt er kraft Gesetzes in die zur Zeit der Übernahme auf dem Vermögen lastenden Schulden des anderen ein (§ 419 I); doch beschränkt sich seine Haftung auf den Bestand des übernommenen Vermögens (und die ihm aus dem Vertrag zustehenden Ansprüche; str.) in derselben Art, wie die Haftung eines Erben für die Nachlaßschulden bei einem geringfügigen Nachlaß sich auf dessen Bestand beschränkt (vgl. §§ 1990, 1991).

b) Bei der Veräußerung ist die *Kenntnis des Übernehmers, daß es sich um das ganze Vermögen handelt*, erforderlich (h. M.). Grund: Warnung des Übernehmers vor den Haftungsfolgen. Ohne die Kenntnis der Tatsache, daß es sich um das ganze Vermögen handelt, liegt keine „Vermögens"-Übernahme, sondern allenfalls Übernahme einzelner Vermögensstücke vor (vgl. BGHZ 55, S. 107).

c) Eine Abrede zwischen dem Übernehmer und dem anderen, die die Haftung ausschließt oder mindert, ist unwirksam (§ 419 II, III). Vermögensübernehmer und Veräußerer haften gesamtschuldnerisch.

4.3.3 Erfüllungsübernahme

Die Erfüllungsübernahme begründet Rechte des Schuldners, indem der Übernehmer verpflichtet wird, den Schuldner von der Verbindlichkeit freizustellen (§ 329). Da ein eigenes Recht des Gläubigers nicht begründet wird, liegt hier kein Fall des Schuldnerwechsels vor.

372

4.3.4 Vertragsübernahme und Vertragsbeitritt

a) Die Vertragsübernahme ist durch einen Wechsel eines Vertragspartners gekennzeichnet, d. h. der Schuldner oder auch der Gläubiger (vgl. z. B. § 571; Rdnr. 458) wird durch einen anderen ersetzt. Die Vertragsübernahme kann kraft Gesetzes eintreten (§§ 571, 581 II, 613 a) oder durch Rechtsgeschäft (i. d. R. Zustimmung aller Beteiligten erforderlich: „dreiseitiger" Vertrag) vorgenommen werden. Es handelt sich nicht um eine bloße Verbindung von Schuldübernahme und Forderungsübergang: das Schuldverhältnis als Ganzes wird mobilisiert.

373

b) Vertragsbeitritt bedeutet Eintritt in ein bestehendes Schuldverhältnis durch einen weiteren Vertragspartner. Der beitretende Partner wird Gesamtschuldner, während er die Rechte durch Zession erwirbt.

4.3.5 Garantievertrag

Der selbständige Garantievertrag ist ein einseitig verpflichtender Vertrag eigener Art (§ 305) mit dem Inhalt, daß ein Garant gegenüber dem Garantienehmer für einen bestimmten wirtschaftlichen Erfolg einzustehen hat. Als Erscheinungsformen unterscheiden wir die *Eigenschafts-* und die *Leistungsgarantie.*

374

> **Beispiele:** a) Der Hersteller eines Klebstoffes sichert vertraglich die Tauglichkeit zum Kleben von Styropor-Platten zu: Eigenschaftsgarantie. b) A zahlt an der Kasse eines Warenhauses mit Euroscheck (unter Vorlage der Scheckkarte): Leistungsgarantie (OLG Nürnberg NJW 1978, S. 2513; a. M.: Vertrag zugunsten des Schecknehmers – vgl. Rdnr. 346).

Der selbständige Garantievertrag ist vom Bestand des zugrunde liegenden Schuldverhältnisses und vom Leistungsvermögen des Schuldners unabhängig. — Die Vorschriften über die Bürgschaft (§§ 765 ff.) sind nicht anwendbar (zur Abgrenzung gegenüber der Bürgschaft vgl. Rdnr. 521).

Literaturhinweise:

Bähr, NJW 1983, S. 1473 ff. (zur Abtretung).
Jauernig/Vollkommer, § 328 Anm. III (zum Vertrag mit Schutzwirkung für Dritte); *Jauernig/Stürner*,
§ 398 Anm. 6–9 (zu Sonderformen der Abtretung).
Larenz, Schuldrecht 1, §§ 17, 34, 35.
Ziegler, JuS 1979, S. 328 ff. (zum Vertrag mit Schutzwirkung für Dritte).

BGH NJW 1984, S. 356 (zum Vertrag mit Schutzwirkung für Dritte).
BGH NJW 1975, S. 1168 (zur Scheckgarantie).

Kontrollfragen:

1. Welches sind die Voraussetzungen für Ansprüche aus Verträgen mit Schutzwirkung für Dritte?
2. Welche Fälle der Gläubiger- und Schuldnerauswechslung kennen Sie?

Antworten zu den Kontrollfragen finden Sie auf S. 283.

VII. Mehrheit von Gläubigern und Schuldnern

1. Mehrheit der Gläubiger

375   Eine Forderung kann zu gleicher Zeit mehreren Personen gemeinsam als *Mitgläubigern* zustehen. Eine solche Gläubigergemeinschaft (gemeinschaftliche Forderungsberechtigung) kommt in mannigfacher Art vor. Wir unterscheiden die Gesamtgläubigerschaft (§§ 429 III, 428, 432), die Gläubigergemeinschaft zur gesamten Hand (§§ 705, 1415, 2032), die Gläubigergemeinschaft nach Bruchteilen (§§ 741 ff.) und die Teilgläubigerschaft (entspr. § 420). Doch soll von der gemeinschaftlichen Forderungsberechtigung im einzelnen erst im Gemeinschaftsrecht die Rede sein (Rdnr. 548 ff.).

2. Mehrheit der Schuldner

2.1 Arten der Schuldnermehrheit

376   Bei der Mehrheit von Schuldnern sind zu unterscheiden: Gesamtschuldnerschaft und Schuldnergemeinschaft.

a) Schuldner können in der Art verpflichtet sein, daß der Gläubiger die Leistung, die ihm nur einmal zukommt, von jedem einzelnen Schuldner ganz fordern darf (§ 421). Die Schuldner sind dann *Gesamtschuldner*. Die gesamtschuldnerische Haftung kann mit der Forderung entstehen: Gehen mehrere in einem Vertrag eine Verpflichtung ein, so ist im Zweifel anzunehmen, daß sie diese Verpflichtung als Gesamtschuldner trifft (§ 427). Begehen mehrere gemeinsam eine unerlaubte Handlung, dann sind sie als Gesamtschuldner verpflichtet (§ 840 I). Schulden mehrere eine unteilbare Leistung, so ist ihre Verpflichtung, wenn nichts anderes bestimmt ist, gleichfalls gesamtschuldnerisch (§ 431).

b) Eine *Schuldnergemeinschaft* liegt vor, wenn sich eine Forderung gegen mehrere Personen gemeinsam richtet: die Leistung ist nur von allen gemeinsam zu erbringen. Die Schuldnergemeinschaft findet sich nur bei den Gesamthandsgemeinschaften

(§§ 705, 1415, 2032). Für eine Gesamthandsschuld haften die Gesamthänder gemeinsam mit dem gesamthänderisch gebundenen Sondervermögen. Neben der Haftung der Gesamthand besteht oft eine gesamtschuldnerische Haftung der einzelnen Gesamthänder.

> **Beispiele:** a) Erbengemeinschaft (§ 2058). b) Offene Handelsgesellschaft (§ 128 HGB).

c) Eine Mehrheit von Schuldnern kann u. U. auch nachträglich herstellbar sein (vgl. dazu bereits Rdnr. 370).

2.2 Gesamtschuldnerschaft

2.2.1 Wesen der Gesamtschuld

Die h. M. fordert für die Bejahung gesamtschuldnerischer Haftung mehr, als das Gesetz in § 421 S. 1 erkennen läßt: es müsse ein *innerer Zusammenhang der Haftungsgründe* im Sinne einer *Zweckgemeinschaft* gegeben sein; hierzu wird als ausreichend betrachtet die *Identität des Leistungsinteresses;* die Verpflichtungen müssen also nicht völlig deckungsgleich sein (a. M. verlangt Gleichstufigkeit der Verpflichtungen).   **377**

> **Beispiele:** a) D stiehlt dem E einen Ring und schenkt ihn der F, die ihn für gutes Geld versetzt: gesamtschuldnerische Haftung kraft Zweckgemeinschaft (str.) gegenüber E, der Ansprüche aus unerlaubter Handlung (z. B. §§ 992, 823) gegen D und, falls er die Verfügung der F genehmigt, aus § 816 I 1 gegen diese geltend machen kann (BGHZ 52, S. 43). b) Mieter M 1 ist ausgezogen, ohne die Schönheitsreparaturen auszuführen, wozu er vertraglich verpflichtet war; im Vertrag des Vermieters mit dem Neumieter M 2 ist ebenfalls die Verpflichtung des M 2 zur Durchführung erforderlicher Schönheitsreparaturen enthalten: keine gesamtschuldnerische Haftung von M 1 und M 2, da keine Zweckgemeinschaft vorliegt.

2.2.2 Rechtswirkungen der Gesamtschuld

a) Bei einer Gesamtschuld sind die Schuldner dem Gläubiger grundsätzlich *unabhängig voneinander verpflichtet* (§ 425 I). Der Gläubiger kann jeden einzelnen für sich allein wegen der ganzen Schuld mahnen und ihm kündigen, Mahnung und Kündigung wirken aber nur gerade gegenüber dem einzelnen von ihr betroffenen Schuldner. Ebenso braucht der Gläubiger nicht alle Schuldner zusammen zu verklagen, sondern kann die auf die ganze Leistung gerichtete Klage gegen einen einzelnen Schuldner richten; das Urteil wirkt dann nicht gegenüber den übrigen Schuldnern. Dem entspricht es, daß der Verzug eines Schuldners die anderen Schuldner nicht berührt, daß das unverschuldete nachträgliche Unvermögen eines Schuldners zur Leistung nur ihn befreit, daß, wenn in der Person eines Schuldners Forderung und Schuld zusammentreffen, die anderen Schuldner verpflichtet bleiben (§ 425 II).   **378**

b) Die Erfüllung durch einen Gesamtschuldner hingegen wirkt auch zugunsten der übrigen Schuldner; gleiches gilt für die Leistung an Erfüllungs Statt, die Hinterlegung und die Aufrechnung (§ 422 I). Bei der Aufrechnung ist vorausgesetzt, daß sie gerade durch den Schuldner erfolgt, dem die aufgerechnete Gegenforderung zusteht (§ 422 II). Annahmeverzug des Gläubigers gegenüber einem Gesamtschuldner wirkt auch für die übrigen Schuldner (§ 424). Ein zwischen dem Gläubiger und einem Gesamtschuldner vereinbarter Erlaß wirkt wenigstens dann auch für die anderen Schuldner, wenn dies der Absicht der Vertragsschließenden entspricht (§ 423).   **379**

380   c) In ihrem Verhältnis zueinander sind Gesamtschuldner, soweit nicht ein anderes bestimmt ist, *zu gleichen Anteilen* verpflichtet (§ 426 I 1). Hiernach kann jeder Schuldner von dem oder den anderen fordern, daß sie ihre Anteile zur Befriedigung des Gläubigers aufbringen. Ferner kann jeder Schuldner, der zur Befriedigung des Gläubigers mehr aufgewendet hat, als seinem Anteil entspricht, anteilige Erstattung der Mehrleistung verlangen. In Höhe des Erstattungsanspruchs geht die Forderung des Gläubigers (mit etwaigen bestellten Sicherheiten) kraft Gesetzes auf ihn über, jedoch mit der Beschränkung, daß er den Übergang nicht zum Nachteil des Gläubigers geltend machen kann (§ 426 II). Wenn der auf einen Schuldner entfallende Anteil von ihm nicht zu erlangen ist, ist der Ausfall von den übrigen Schuldnern zu gleichen Teilen zu tragen (§ 426 I 2).

Literaturhinweise:

Brox, Allgemeines Schuldrecht, Rdnr. 428–444.
Dilcher, JZ 1967, S. 110 ff. (zu Begriff und Funktion der Gesamtschuld).
Larenz, Schuldrecht I, § 37 (zur Gesamtschuld).
Medicus, JuS 1980, S. 698 ff. (zur Gläubigermehrheit).
Rüßmann, JuS 1974, S. 292 ff. (zur Abgrenzung der Gesamtschuld von anderen Schuldnermehrheiten).
Selb, Schadensbegriff und Regreßmethoden, 1963.
Thiele, JuS 1968, S. 149 ff. (zu Gesamtschuld und Gesamtschuldnerausgleich).
Weimar, Das BGB in Fällen, Bd. 2a, Fälle zu §§ 420–432.

Kontrollfragen:

1. Ist für die gesamtschuldnerische Haftung Voraussetzung, daß die Pflichten in Inhalt und Umfang identisch sind?
2. Kennen Sie gesetzliche Fälle der Gesamtschuld?

Antworten zu den Kontrollfragen finden Sie auf S. 283.

C. Schuldrecht — Besonderer Teil — Einzelne Schuldverhältnisse —

I. Veräußerungsverträge

1. Kauf

1.1 Zustandekommen und Gegenstand des Kaufvertrags

a) Der Kaufvertrag (§§ 433 ff.) ist ein gegenseitiger Vertrag, der nach allgemeinen Grundsätzen durch Annahme eines Angebots zustande kommt (§§ 145 ff.). Er ist grundsätzlich formfrei, außer der Schutz der Vertragspartner vor übereilten Entschlüssen gebietet etwas anderes, wie dies insbesondere für den Grundstückskauf gilt (§ 313). **381**

b) Gegenstand des Kaufvertrags können bewegliche und unbewegliche Sachen (§ 433 I 1), Rechte (§ 433 I 2) und andere verkehrsfähige Güter sein.

> **Beispiele:** a) R verkauft seine Anwaltskanzlei: Verkauf einer Rechts- und Sachgesamtheit. b) A schließt mit dem S-Versorgungsunternehmen einen Stromlieferungsvertrag: weder Sach- noch Rechtskauf, aber Kauf eines sonstigen verkehrsfähigen Gutes. c) S verkauft seinen Lottoschein an G, weil er dem leichtgläubigen G weismachen kann, er habe das Gefühl, daß mit diesem Schein bei der nächsten Ziehung „was drin" sei: Verkauf eines sonstigen verkehrsfähigen Gutes (Gewinnchance).

1.2 Pflichten des Verkäufers

1.2.1 Pflichten beim Sachkauf

a) Die Verkäuferpflicht geht hier auf *Besitz-* und *Eigentumsverschaffung* (§ 433 I). Die Eigentumsverschaffung hat nach §§ 929 ff. (vgl. Rdnr. 632 ff.) bzw. — bei Grundstücken — nach §§ 873, 925 (vgl. Rdnr. 704 ff.) zu erfolgen, die Besitzverschaffung (das Gesetz spricht von „Übergabe") muß § 854 I oder II genügen (Ausnahme, wenn Übergabesurrogat vereinbart ist, §§ 930, 868, 931; vgl. Rdnr. 637 ff.). Der Verkäufer hat die Kosten der Übergabe zu tragen (vgl. im übrigen § 448). **382**

b) Außerdem bestehen für den Verkäufer *Neben(leistungs)pflichten,* insbesondere Auskunfts- und Aufklärungspflichten (vgl. dazu Rdnr. 257). **383**

> **Beispiele:** a) Gesetzlicher Fall der Auskunftspflicht: § 444. b) Der Gebrauchtwagenverkäufer muß den Käufer über nicht ganz unerhebliche Unfälle aufklären. c) Wer ein Pflanzenschutzmittel verkauft, muß auf etwaige schädliche Nebenwirkungen hinweisen (BGH LM § 433 Nr. 49).

Ferner treffen den Verkäufer Schutzpflichten.

> **Beispiel:** Bis zum Gefahrübergang (dazu Rdnr. 386) muß der Verkäufer die Kaufsache sorgsam behandeln, lagern usw.

Schließlich können aus entsprechenden Vereinbarungen weitere Nebenpflichten erwachsen. Ist insoweit nichts vereinbart, ist die Verkehrsanschauung maßgebend.

> **Beispiel:** a) Der Verkäufer verpflichtet sich zur Versendung, Verpackung oder Versicherung der Ware. b) Unterlassung von Wettbewerb bei Praxisverkauf.

1.2.2 Pflichten beim Rechtskauf und beim Kauf sonstiger vermögenswerter Güter

384 Beim Rechtskauf ist der Verkäufer zur *Rechtsverschaffung* verpflichtet. Berechtigt das verkaufte Recht zum Besitz der Sache, so ist auch Besitzverschaffung geschuldet (vgl. z. B. §§ 31 WEG, 1036 I, 1093 I). — Bei den „sonstigen Gütern" besteht eine Verschaffungspflicht, die sich nach dem konkreten Gegenstand der Leistungspflicht richtet.

> **Beispiel:** R verkauft seine in gemieteten Räumen untergebrachte Anwaltskanzlei an A. Hier gehört zur Verschaffungspflicht des R die Einweisung in die Geschäftsräume, die Bekanntgabe des Klientenstamms sowie ein Einwirken auf den Vermieter, damit dieser den Mietvertrag mit A fortsetzt.

1.3 Pflichten des Käufers

385 Der Käufer hat den Kaufpreis zu zahlen und die Kaufsache abzunehmen (§ 433 II). Die *Kaufpreiszahlung* hat durch Geldzahlung (vgl. dazu Rdnr. 213) zu erfolgen; bargeldlose Geldübermittlung ist möglich und — bei Distanzgeschäften — üblich. Die *Abnahme* geschieht durch Hinnahme — bei beweglichen Sachen — und (zusätzlich) durch Entgegennahme der Auflassung (dazu Rdnr. 704) bei Grundstücken. Die Abnahmeverpflichtung ist regelmäßig nur *Nebenpflicht* (Vertragszweck ist entscheidend). Ist Versendung vereinbart, so trägt der Käufer die hierfür entstehenden Kosten (§ 448 I), beim Grundstückskauf fallen ihm ebenfalls die Kosten zur Last (§ 449 I). Auskunfts- und Schutzpflichten des Käufers sind selten (anders z. T. beim Kauf unter Eigentumsvorbehalt, vgl. Rdnr. 408, und beim Kauf auf Probe, vgl. Rdnr. 426). Vertraglich kann sich der Käufer zur Erfüllung von Nebenpflichten verpflichten.

> **Beispiel:** K verpflichtet sich, Verpackungskosten zu tragen und die Kaufsache abzurufen.

1.4 Leistungsstörungen beim Kaufvertrag

1.4.1 Unmögliche und verzögerte Leistungserbringung

386 Da der Kauf ein gegenseitiger Vertrag ist, sind hinsichtlich der Hauptverpflichtungen insbesondere des Verkäufers §§ 320 ff. grundsätzlich anwendbar.

a) Geht die Kaufsache unter, geht es um zwei voneinander zu trennende grundlegende Fragen: erstens darum, ob der Käufer trotzdem noch den Anspruch auf die Leistung des Verkäufers hat (sog. *Leistungsgefahr*), zweitens darum, ob der Verkäufer noch den Kaufpreis fordern kann (sog. *Gegenleistungs-, Vergütungs-* oder *Preisgefahr*).

aa) Wenn die Kaufsache, ehe der Verkäufer sie geliefert hat, infolge eines Umstands, den weder er noch der Käufer zu vertreten hat, untergeht, wird der Verkäufer von der Pflicht zur Lieferung der Sache (§ 275), der Käufer von der Pflicht zur Zahlung des Kaufpreises befreit (§ 323 I). Von einem bestimmten Zeitpunkt ab hat jedoch der zufällige Untergang der verkauften Sache befreiende Wirkung allein für den Verkäufer: dieser braucht die Kaufsache nicht zu liefern, der Käufer muß trotzdem zahlen. Man sagt, daß in diesem Zeitpunkt die *Gefahr des Untergangs der Kaufsache* vom Verkäufer *auf den Käufer übergeht*. Als Zeitpunkt des Gefahrübergangs gilt grundsätzlich die Übergabe der Kaufsache (§ 446 I): Gefahrübergang und Übergabe fallen hier zusammen. Doch ist in bestimmten Fällen der Gefahrübergang auf einen anderen Zeitpunkt verlegt.

> **Beispiele:** a) Verkauft ist ein Grundstück; vor der Übergabe läßt V dem K das Grundstück auf, und K wird als Eigentümer im Grundbuch eingetragen. Hier geht die Gefahr bereits mit der Eintragung auf K über (§ 446 II). b) Zum Versendungskauf (§ 447), bei dem ebenfalls der Zeitpunkt des Gefahrübergangs vorverlegt ist, vgl. unten Rdnr. 406. §§ 446 I, II, 447 regeln nur die Gegenleistungsgefahr, nicht die Leistungsgefahr. Es handelt sich um Spezialvorschriften zu § 323, die nur anwendbar sind, wenn die Leistung des Verkäufers durch einen von keinem der Vertragspartner zu vertretenden Umstand unmöglich wird.

bb) Die Regelung, daß die Gefahr des Untergangs der Kaufsache mit dem Zeitpunkt des Gefahrübergangs den Käufer trifft, gilt auch beim *Gattungskauf.* Doch ist dabei vorausgesetzt, daß die Verpflichtung des Verkäufers sich nachträglich auf eine einzelne zur Gattung gehörende Sache beschränkt hat *(Konkretisierung, § 243 II)* und gerade diese Sache untergegangen ist oder aber daß der Untergang die Gattung als Ganzes betroffen hat. Nur bei diesen Fallgestaltungen kann man beim Gattungskauf wirklich von einem Untergang der verkauften Sache sprechen (vgl. dazu schon Rdnr. 208). Beim Gefahrübergang durch Übergabe, Eintragung ins Grundbuch oder Absendung hat sich regelmäßig in dem für den Gefahrübergang maßgebenden Zeitpunkt die Verpflichtung des Verkäufers von selbst auf eine einzelne zur Gattung gehörende Sache beschränkt. Das gilt auch beim Gefahrübergang durch Befreiung des Verkäufers von der Übergabepflicht.

387

> **Beispiel:** A hat bei der Buchhandlung B eine Textausgabe des BGB, von der diese zehn Stück vorrätig hat, telefonisch bestellt, und B hat die Bestellung angenommen. Auf Bitten des A wird ihm der Eile wegen das Buch sofort durch einen Boten zugeschickt; unterwegs wird es zufällig zerstört. Hier trägt A die Gefahr; durch die Übergabe des Buches an den Boten ist die Schuld des Verkäufers auf das dem Boten ausgehändigte Stück beschränkt und zugleich die Gefahr auf A übergegangen.

Anders kann es beim *Gefahrübergang wegen Annahmeverzugs* des Käufers liegen (vgl. § 300 II). Denn dieser Verzug tritt häufig ein, ohne daß sich die Lieferungspflicht des Verkäufers auf eine bestimmte Einzelsache beschränkt hat; er genügt aber regelmäßig für sich allein nicht, um die Gefahr des Untergangs einer nur der Gattung nach bestimmten Sache auf den Käufer übergehen zu lassen.

> **Beispiele:** a) A hatte versprochen, das Buch persönlich bei der Buchhandlung B abzuholen, hat dies aber trotz Aufforderung unterlassen und ist dadurch in Annahmeverzug geraten. Hier trägt A die Gefahr nur, wenn B erkennbar ein bestimmtes Stück von den zehn Textausgaben für A aussondert und gerade dieses Stück zufällig zerstört wird. Dagegen verbleibt die Gefahr bei B, wenn eine solche Aussonderung nicht erfolgt und nun alle Exemplare durch einen Zufall verbrennen; nur wenn außer jenen verbrannten überhaupt keine anderen Stücke vorhanden sind, trägt A die Gefahr des Brandes auch in diesem Fall. Hier führt der Annahmeverzug des A dazu, daß B für sein Unvermögen nicht mehr nach § 279 einzustehen hat; vielmehr gilt § 275 (vgl. Rdnr. 209). b) V schuldet Ware und Absendung in Spezialsäcken des K, die dieser jedoch nicht zur Verfügung stellt. V kann daher nicht verpacken und versenden, also nicht das seinerseits zur Leistung Erforderliche (§ 243 II) tun. Die Leistungspflicht des V beschränkt sich hier nach § 300 II auf die bereitgestellte Menge. c) Von S dem G geschuldetes Geld kommt bei diesem nicht an (Schickschuld, § 270 I, II, IV). S muß nochmals leisten (Ausnahme von § 243 II), er trägt die Verlustgefahr: bedeutsam für § 300 II, weil hier eine Gefahrtragung durch Konkretisierung (§ 243 II) regelmäßig nicht eintritt. Geld reist auf Gefahr des Schuldners (§ 270 I).

388 b) Gerät der Verkäufer mit der Lieferung der Kaufsache in *Verzug,* steht dem Käufer ein *Wahlrecht* zu. Er kann die Erfüllung des Vertrags fordern oder aber erklären, daß er die Lieferung als verspätet zurückweise.

aa) Er kann diese Wahl jedoch nur in der Weise treffen, daß er dem Verkäufer eine angemessene *Nachfrist* zur Lieferung der Kaufsache setzt, mit der Erklärung, daß er nach Fristablauf die Annahme ablehne (§ 326 I 1); dadurch unterscheidet sie sich von einer bloßen Mahnung. Die *Ablehnungsandrohung* muß deutlich hervortreten lassen, daß nach Fristablauf die Leistung endgültig abgelehnt wird.

> **Beispiel:** B schreibt dem L: „Ich muß mir das Recht zum Rücktritt vorbehalten, wenn Ihre versprochene und längst überfällige Lieferung nicht bis zum 30. 9. 1986 eintrifft." Diese Erklärung erfüllt die an eine Ablehnungsandrohung i. S. des § 326 I gestellten Anforderungen nicht.

Dies bedeutet einerseits, daß der Verkäufer bis zum Ablauf der Nachfrist zur Lieferung berechtigt und verpflichtet bleibt, andererseits, daß, wenn der Verkäufer nicht bis zum Ablauf der Frist geliefert hat, sowohl sein Recht als auch seine Pflicht zur Vertragserfüllung nunmehr erlöschen.

bb) Ausnahmsweise ist die Nachfristsetzung entbehrlich, wenn die Lieferung infolge des Verzugs kein Interesse für den Käufer hat (§ 326 II) oder wenn der Verkäufer seinerseits die Nachlieferung endgültig abgelehnt hat.

> **Beispiel:** A, Inhaber eines Warenhauses, benötigt kurzfristig neue Bikinis, da der Sommer überraschend sonnig und seine Lagerbestände darauf nicht eingerichtet sind. B sagt Lieferung bis spätestens 15. 7. zu. Bis Ende August hat er immer noch nicht geliefert. Der Sommer ist vorbei: Interessewegfall (§ 326 II), da die Saisonware „Bikini" nicht rechtzeitig eintraf.

Eine Nachfristsetzung wäre eine bloße Förmelei bei ernsthafter und endgültiger Erfüllungsverweigerung seitens des Verkäufers; im übrigen ist hier schon der sonst erforderliche Leistungsverzug entbehrlich, die Rechte aus § 326 I können u. U. bereits vor Fälligkeit der Forderung ausgeübt werden (BGH NJW 1986, S. 661).

> **Beispiel:** V verspricht vertraglich Lieferung eines Reisebusses bis zum 31. 1. 1986. Anfang Januar läßt er mehrfach schriftlich und mündlich den Käufer wissen, er habe kein Interesse mehr an dem Geschäft, er werde den Bus nicht liefern (vgl. dazu schon Rdnr. 330, 333).

cc) Ferner kann der Käufer, falls er sich für Zurückweisung der Nachlieferung rechtmäßig entschieden hat, nach seinem Belieben entweder trotz Zurückweisung der Nachlieferung den Kaufvertrag im übrigen aufrechterhalten oder aber den Rücktritt vom Vertrag erklären (§ 326 I 1). Unwiderruflich ist diese Wahl, wenn sie auf Rücktritt gerichtet ist. Dagegen kann der Käufer, wenn er am Vertrag trotz Zurückweisung der Nachlieferung weiterhin festhalten will, seinen Entschluß noch ändern und schließlich doch den Rücktritt erklären. Der Käufer wird sich zweckmäßigerweise für den Rücktritt erst entscheiden, wenn er die Sachlage klar überblickt, da der Rücktritt ihm nur selten einen Vorteil bietet, den er nicht auch bei Aufrechterhaltung des Vertrags erzielen könnte. Der Verkäufer kann dem Käufer eine angemessene Frist für seine Entscheidung bestimmen. Läßt der Käufer sie verstreichen, verliert er sein Rücktrittsrecht.

389 c) Nach Verzugsrecht kann der Käufer von dem in Verzug geratenen Verkäufer *Schadensersatz* fordern.

aa) Dieser Ersatz gestaltet sich verschieden, je nachdem, wie der Käufer von seinem vorgenannten Wahlrecht Gebrauch macht. Drei mögliche Grundsituationen sind zu beachten. Nimmt der Käufer die Lieferung des Verkäufers trotz der Verspätung an, kann er zusätzlich zur Lieferung Ersatz dafür verlangen, daß die Lieferung verspätet kommt: *Schadensersatz wegen verspäteter Erfüllung* (§ 286 I). Weist der Käufer die Nachlieferung des Verkäufers als verspätet zurück, hält er im übrigen aber am Vertrag fest, so entbindet er den Verkäufer nicht von seiner Ersatzpflicht; dann kann er anstelle der Lieferung Ersatz dafür verlangen, daß die Lieferung nicht erfolgt: *Schadensersatz wegen Nichterfüllung* (§ 326 I). Weist der Käufer nicht bloß die Nachlieferung als verspätet zurück, sondern erklärt er den Rücktritt vom Vertrag, so kann er Ersatz dafür verlangen, daß er den nun wegen des Verkäuferverzugs rückgängig gemachten Vertrag überhaupt abgeschlossen hat: *Ersatz des negativen Interesses*. Im Gesetz ist dieser Anspruch nicht erwähnt; er ist aber ebenso zu rechtfertigen wie der Ersatzanspruch wegen Verschuldens bei Vertragsabschluß (dazu Rdnr. 195).

bb) Der Inhalt des Anspruchs auf Schadensersatz wegen Nichterfüllung richtet sich **390** grundsätzlich nach der sog. *Differenzmethode*, d. h. der Gläubiger hat einen Anspruch auf Ersatz seines Interesses an der Erfüllung des ganzen Vertrags; ersparte Gegenleistungen sind jedoch abzuziehen. Hat der Gläubiger seine Leistungspflichten schon erfüllt, so beläuft sich der Schaden auf die ausstehende Leistung des anderen Teils (BGHZ 20, S. 343; BGH VersR 1980, S. 454); um das bereits Geleistete zurückzuerhalten, bleibt nur die Möglichkeit des Rücktritts (vgl dazu Rdnr. 388). Die Schadenshöhe wird konkret berechnet (vgl. Rdnr. 243), so daß die gesamte Schadensentwicklung unter Einschluß vorgenommener Deckungsgeschäfte und im Zusammenhang damit erlittener Verluste zu berücksichtigen ist. Eine abstrakte Berechnung kann insbesondere im Handelsverkehr erfolgen.

> **Beispiel:** Es besteht die Erwartung, daß der Kaufmann, der eine Ware zur Weiterveräußerung geliefert erhalten sollte, sie zum Marktpreis hätte absetzen können, so daß er als abstrakten Schaden die Differenz zwischen Vertrags- und Marktpreis fordern kann.

d) Die Rechte aus § 326 I stehen auch dem Verkäufer zu. Es genügt freilich nicht, daß **391** der Käufer z. B. die Abnahme der Kaufsache verweigert; § 326 I verlangt den Verzug mit einer Hauptleistungspflicht, und eine solche ist die Abnahme grundsätzlich nicht (im übrigen vgl. Rdnr. 385).

1.4.2 Rechtsmängelhaftung des Verkäufers

a) Ein *Rechtsmangel* liegt vor, wenn der verkaufte Gegenstand nicht frei von Rechten **392** ist, die von Dritten gegen den Käufer geltend gemacht werden können (§ 434). Ein Rechtsmangel ist dagegen nicht anzunehmen beim Erwerb gem. §§ 932 ff. oder bei einem Eigentumserwerb, der nur durch Genehmigung des Berechtigten eintritt (dazu Rdnr. 393). Das Eigentum muß *lastenfrei* übertragen werden.

> **Beispiele:** a) V hat Wertsachen, die er U zur Verwahrung übergeben hatte, an K verkauft und nach § 931 übereignet (vgl. Rdnr. 640). Nachträglich stellt sich heraus, daß U die Sachen bereits vorher dem gutgläubigen G verpfändet hatte (dazu Rdnr. 685). Hier kann K verlangen, daß V die Sachen von dem Pfandrecht befreit. b) Anders wäre es, wenn U die Sachen erst später verpfändet hätte: denn dann hätte V seine Verpflichtung, K das Eigentum lastenfrei zu verschaffen, im Zeitpunkt der Veräußerung erfüllt; daß die Sachen später mit einem Pfandrecht belastet wurden, geht V nichts mehr an.

393 b) Die Haftung des Verkäufers (Rechtsverschaffungspflicht) richtet sich nach den §§ 440 I, 320 ff.

aa) *Anfängliches Unvermögen* (vgl. Rdnr. 315) zur rechtsmängelfreien Lieferung hat der Verkäufer *stets* zu vertreten *(Garantiehaftung)*. Wichtigster Fall: Die verkaufte Sache gehört dem Verkäufer nicht und eine Genehmigung des Eigentümers (§ 185) ist nicht zu erwarten. Hier ist die Rechtsverschaffung dem Verkäufer schon anfänglich subjektiv unmöglich. In Fällen dieser Art passen die §§ 323—325 nicht, da dort nur die nachträgliche Unmöglichkeit, das Unmöglichwerden, geregelt ist. Die Verweisung auf die §§ 323—325 in § 440 I ist nur eine Rechtsfolgenverweisung, d. h. die tatbestandlichen Voraussetzungen der §§ 323—325 brauchen nicht erfüllt zu sein. Praktisch wichtig: auf ein Verschulden des Verkäufers (§ 325) kommt es nicht an. Dies bedeutet *Haftung auf Schadensersatz ohne Verschulden oder Rücktrittsrecht in den Fällen anfänglicher subjektiver Unmöglichkeit der Rechtsverschaffung*. Der Käufer kann also ohne weiteres den Nichterfüllungsschaden ersetzt verlangen oder vom Vertrag zurücktreten (§§ 433 I, 440 I, 325, 327). Ein solcher Fall liegt auch vor, wenn die Genehmigung zur Verfügung über den Kaufgegenstand durch den wirklichen Eigentümer erst nach Vertragsabschluß endgültig verweigert wird. Beim Verkauf von Forderungen und Rechten (§ 437) hat der Verkäufer auch anfängliche *objektive* Unmöglichkeit zu vertreten, soweit der Bestand des Rechts möglich ist (h. M.); § 437 enthält insoweit eine Abweichung von der Regel des § 306 (s. Rdnr. 314).

> **Beispiele:** a) Im Rahmen eines Factoring-Vertrags (Forderungskauf, vgl. Rdnr. 424) tritt S an seine Bank u. a. die Forderung an den Kunden A ab. Die Forderung ist allerdings von A bereits wirksam angefochten: S haftet nach §§ 437 I, 440 I. b) S hat auch die — nicht angefochtene — Forderung gegen K an die Bank abgetreten. Als diese die Forderung einziehen will, stellt sich heraus, daß K zahlungsunfähig ist: Haftung des S nur bei besonderer Vereinbarung (§ 438). c) Soll die Rechtsverschaffung zur Sachherrschaft führen, dann bedeutet der Rechtskauf praktisch Sachübertragung: Nießbrauch, auch OHG-Anteil, Aktienpaket, wenn dem Inhaber ein sachlicher Einfluß auf das Gesellschaftsvermögen gegeben wird (nicht also bei der einzelnen Aktie!). Insoweit gilt die Sachmängelhaftung, nicht die schärfere Rechtsmängelhaftung.

bb) Die Haftung entfällt, wenn der Käufer den Mangel kannte (§ 439 I). Ausnahme: Bei Belastung des Kaufgegenstands mit einer Hypothek (Rdnr. 722 ff.), Grund- oder Rentenschuld (Rdnr. 756 ff., 766) oder mit einem Pfandrecht (Rdnr. 685 ff.) schadet die Kenntnis des Käufers von diesen Belastungen nicht (§ 439 II), so daß der Verkäufer nach §§ 434, 435 verpflichtet bleibt. Grund: Der Verkäufer verwendet den Kaufpreis regelmäßig zur Tilgung der gesicherten Forderung, während der Käufer nicht für fremde Schuld einstehen will.

394 c) Ist dem Verkäufer die Rechtsverschaffungspflicht erst *nach* Vertragsabschluß unmöglich geworden, sind für die Rechte des Käufers drei Fallgruppen zu unterscheiden:

aa) Die nachträglich unmöglich gewordene Rechtsverschaffung hat weder der Verkäufer noch der Käufer zu vertreten: Verkäufer wird von der Leistung frei (§ 275), während der Käufer den Kaufpreis nicht zu zahlen braucht (§§ 440 I, 323 I, vgl. auch Rdnr. 323). Anders bei Übergang der Preisgefahr auf den Käufer nach §§ 446, 447 oder bei Annahmeverzug des Käufers (§ 324 II): Käufer muß hier zahlen.

bb) Der Käufer hat die nachträglich unmöglich gewordene Rechtsverschaffung zu vertreten: Leistungsfreiheit des Verkäufers (§ 275), Käufer muß aber zahlen (§§ 440 I, 324 I).

cc) Die nachträgliche Unmöglichkeit der Rechtsverschaffung ist vom Verkäufer zu vertreten (häufigster Fall): hier kann der Käufer Schadensersatz wegen Nichterfüllung verlangen oder vom Vertrag zurücktreten (§§ 440 I, 325 I 1), aber nur unter den weiteren Voraussetzungen des § 440 II—IV (s. Rdnr. 395).

d) Zwei wichtige Einschränkungen sind bei der Haftung für nachträglich unmöglich gewordene Rechtsverschaffung zu beachten: **395**

aa) Das Rücktrittsrecht entfällt, wenn der Käufer sich schuldhaft außerstande gesetzt hat, die ihm übergebene Kaufsache dem Verkäufer zurückzugewähren oder wenn ein anderer Umstand eintritt, der auch der Ausübung eines vertragsmäßig begründeten Rücktrittsrechts entgegenstehen würde (§§ 327 S. 1, 351).

bb) Beim Kauf einer beweglichen Sache ist bestimmt, daß bei einem Rechtsmangel der Verkäufer zu Schadensersatz wegen Nichterfüllung nach § 325 oder § 326 nur verpflichtet ist, wenn der Käufer ihm die Sache zurückgewährt oder, falls dieser nicht im unmittelbaren Besitz der Sache ist, aber ihre Herausgabe von dem unmittelbaren Besitzer fordern kann, seinen Herausgabeanspruch dem Verkäufer abtritt (§§ 440 II, IV), wenn der Käufer dem Dritten die Sache mit Rücksicht auf dessen besseres Recht herausgibt (§ 440 II), wenn der Käufer den Dritten beerbt oder dessen Recht anderweit erwirbt oder ihn abfindet bzw. von dem Dritten beerbt wird (§ 440 III) oder wenn die Sache untergeht (§ 440 II). Das bedeutet, daß der Käufer, wenn er die Sache inzwischen weiterveräußert hat, den Anspruch auf Schadensersatz regelmäßig nur dann geltend machen kann, falls sein Rechtsnachfolger ihn in den Stand setzt, die Kaufsache entweder dem Verkäufer oder dem Drittberechtigten herauszugeben (sog. Eviktionsprinzip). Grund: Schadensersatz ohne „Entwehrung" erscheint unbillig. Das Rücktrittsrecht des Käufers wird aber durch § 440 II nicht berührt.

1.4.3 Sachmängelhaftung des Verkäufers

Der Verkäufer hat Gewähr dafür zu leisten, daß die verkaufte Sache im Zeitpunkt des **396** Gefahrübergangs mangelfrei i. S. der §§ 459 ff. ist. Ist die Sache mit Mängeln behaftet, so muß der Verkäufer dafür einstehen (§§ 459 ff.). Der Verkäufer soll allerdings, wenn er eine mangelhafte Sache verkauft hat, nicht stets mit der Erfüllungspflicht belastet bleiben; er hat immerhin, wenn auch schlecht, den Kaufgegenstand geleistet. Soweit es sich um den Sachmangel handelt, soll der Verkäufer daher weder weiterhin auf Erfüllung noch auf Schadensersatz wegen Nichterfüllung haften. Dies gilt jedoch nur für den Stückkauf, den die §§ 459 ff. als Regelfall zugrunde legen. Anders ist es beim Kauf einer fehlerhaften Gattungssache: der Erfüllungsanspruch bleibt bestehen (vgl. § 480; Rdnr. 400).

a) Voraussetzung der Geltendmachung von Ansprüchen aus der Sachmängelhaftung ist zunächst, daß ein *wirksamer Kaufvertrag über eine Sache* vorliegt. Beim *Rechtskauf* werden §§ 459 ff. entsprechend angewandt, wenn dieser bei wirtschaftlicher Betrachtungsweise auch zur Sachherrschaft berechtigen soll (vgl. Beispiel c) Rdnr. 393).

Beispiel: U verkauft sein Unternehmen mit Firma (§ 25 HGB).

397 b) Weitere Voraussetzung ist die *Mangelhaftigkeit* der Kaufsache; es muß ein Fehler vorliegen oder eine zugesicherte Eigenschaft fehlen (§ 459 I, II).

aa) Ein *Fehler* ist beim *Stückkauf* (vgl. Rdnr. 206) anzunehmen, wenn eine für den Käufer *nachteilige, jedoch nicht völlig unerhebliche Abweichung der Ist- von der vertraglichen oder gewöhnlichen Sollbeschaffenheit gegeben ist, die den Wert oder die Gebrauchstauglichkeit der Sache aufhebt oder mindert* (subj.-obj.-Theorie; a. M. will nur objektive Abweichungen von der Normalbeschaffenheit gelten lassen).

> **Beispiele:** a) A kauft ein „renovierungsbedürftiges" altes Haus; es stellt sich heraus, daß es abrißreif ist: Fehler i. S. des § 459 I 1 (*Qualitätsabweichung*). Anders, wenn das Haus „zum Abbruch" gekauft wurde, da hier eine besondere vertragliche Zweckbestimmung vorliegt. b) K bestellt eine genau bezeichnete Konzertgitarre (Einzelstück) und erhält eine Wandergitarre geliefert; Fehler i. S. des § 459 I 1 (*Identitätsabweichung*). c) U verkauft seine Schuhfabrik an E, wobei die Partner von einer möglichen Jahresproduktion von 90.000 Paar Schuhen ausgingen. Die Erwartung erwies sich als unrealistisch. Zur Sollbeschaffenheit gehörte hier eine bestimmte Kapazität, also liegt ein Fehler i. S. des § 459 I 1 vor. Anders, wenn ein Umsatz in bestimmter Höhe vorausgesetzt worden wäre: dieser ist von Faktoren abhängig, die außerhalb der Kaufsache selbst liegen.

398 bb) Beim *Gattungskauf* (Rdnr. 207) ist ein Fehler anzunehmen, wenn die Sache *nicht von mittlerer Art und Güte* ist (h. M.; a. M. bejaht Erfüllungstauglichkeit, wenn die Abweichung nicht so erheblich ist, daß der Verkäufer die Genehmigung für ausgeschlossen halten mußte). Gehört die gelieferte Sache nicht der geschuldeten Gattung an, so ist sie generell erfüllungsuntauglich (*Falschlieferung*). Der Käufer behält seinen Erfüllungsanspruch. Anstelle von Gewährleistungsrecht tritt Nichterfüllungsrecht (§§ 440 I, 320 ff.).

> **Beispiel:** A bestellt beim Musikhaus M eine Westerngitarre Marke „Gibson"; geliefert erhält er eine Westerngitarre Marke „Johnstone", die im Preis gleich, in Verarbeitung und Klang der „Gibson"-Gitarre ähnlich und ansonsten ohne Fehler ist. Hier liegt eine Artabweichung vor, damit ist die Sache erfüllungsuntauglich.

Beim Gattungskauf verbleibt dem Käufer freilich die Möglichkeit, bei Lieferung erfüllungsuntauglicher Ware seinerseits die Konkretisierung der geschuldeten Sache herbeizuführen, indem er z. B. Wandlung oder Minderung geltend macht (§ 462) und damit die Ware als Kaufsache behandelt.

399 cc) Gewährleistungsrechte hat der Käufer auch dann, wenn der Sache eine *zugesicherte Eigenschaft* fehlt (§ 459 II). Unter *Eigenschaften* sind die *wertbildenden Faktoren* zu verstehen; die *Zusicherung* ist regelmäßig der vertraglichen Vereinbarung zu entnehmen, kann sich aber auch aus den besonderen Umständen des Falles ergeben.

> **Beispiel:** K ersteht im Autohaus S einen Gebrauchtwagen, an dessen Windschutzscheibe ein Zettel mit Beschaffenheitsangaben befestigt ist; darauf heißt es u. a.: „km-Stand: 58.000". Später stellt sich heraus, daß der Wagen 158.000 km Gesamtlaufleistung hat und ein AT-Motor eingebaut ist, der bereits 75.000 km „auf dem Buckel" hat: stillschweigende Eigenschaftszusicherung dahingehend, daß sich die Gesamtlaufleistung nur auf 58.000 km beläuft, im Hinblick auf die Fachkunde des Verkäufers und seine Vertrauensstellung gegenüber dem Kunden.

400 c) Gesetzliche Gewährleistungsansprüche sind beim Stückkauf *Wandlung* und *Minderung*; das Recht auf *Nachbesserung* (§ 476a) kann vertraglich vereinbart werden (Grenze: § 11 Nr. 10 b AGBG). Schlägt der Nachbesserungsversuch fehl, so kann noch Wandlung oder Minderung verlangt werden.

d) Zur Ausübung des Wandlungsrechts (§ 462) ist eine *Wandlungserklärung* notwendig; der Anspruch aus § 462 ist — trotz § 467, der nicht auf § 349 verweist — unmittelbar auf Begründung eines Rückgewährschuldverhältnisses gerichtet (h.M.; anders die — überholte — Vertragstheorie). Die Wandlung ist damit Gestaltungsakt.

Auch zur Geltendmachung des Minderungsrechts ist eine entsprechende Erklärung erforderlich (§ 462). Sobald sich der Verkäufer mit dem Wandlungs- oder Minderungsverlangen einverstanden erklärt, kann der Käufer nicht mehr zwischen den Gewährleistungsrechten wählen (§ 465). Er kann dann nur das gewählte Recht verfolgen.

e) Beim *Gattungskauf* kann statt Wandlung oder Minderung *Nachlieferung* verlangt werden (§ 480 I). Allerdings kann der Gläubiger auch die gelieferte fehlerhafte Sache als erfüllungsuntauglich zurückweisen und auf Erfüllung bestehn. (§§ 433 I 1, 243 I; vgl. schon Rdnr. 398); erfüllt der Verkäufer seine Verschaffungspflicht (§ 279; vgl. Rdnr. 382) nicht, so hat der Käufer die Rechte aus §§ 320, 323 ff.

f) *Schadensersatz* wegen eines Sachmangels kann nur unter den Voraussetzungen der §§ 463, 480 II verlangt werden.   **401**

aa) Erforderlich ist das *Fehlen einer zugesicherten Eigenschaft* oder das *arglistige Verschweigen eines Fehlers*. Arglist ist gegeben, wenn der Verkäufer mit der Möglichkeit rechnete, daß der Mangel unbekannt war, und er wußte, daß der Käufer den Vertrag sonst nicht eingehen würde. Entsprechendes muß gelten, wenn eine *nicht vorhandene Eigenschaft vorgespiegelt* wird. Beim Gattungskauf ist § 463 durch § 480 II modifiziert: maßgebend ist nicht der Zeitpunkt des Kaufabschlusses, sondern der Zeitpunkt, in dem die Gefahr übergehen würde, wenn die Sache mangelfrei wäre.

bb) Rechtsfolge der §§ 463, 480 II ist, daß *Schadensersatz wegen Nichterfüllung* (statt der Wandlung oder Minderung) verlangt werden kann. Der Käufer kann wählen: behält er die mangelhafte Sache, so ist er berechtigt, die Wertdifferenz zur einwandfreien Sache zu fordern. Weist er die Sache zurück, so kann er den gesamten durch die Nichterfüllung entstandenen Schaden geltend machen (z. B. Rückzahlung des Kaufpreises als Mindestschaden, entgangener Gewinn usw.).

cc) Häufig geht es in der Praxis um die Ersatzfähigkeit von *Mangelfolgeschäden*; dabei handelt es sich um Schäden, die nicht an der Sache selbst, sondern am sonstigen Vermögen des Käufers entstehen.   **402**

> **Beispiel:** P kauft im Autohaus S ein Scheinwerferglas für seinen Pkw. Trotz genauer Angaben und entsprechender Eigenschaftszusicherung erhält er ein Glas für einen Pkw zwar gleichen Typs, aber neuerer Bauart. Der Unterschied ist kaum zu bemerken. Nach dem Einbau des Glases fällt dieses nach kurzer Zeit aus der Fassung und Regenwasser dringt ins Innere der Lampe. Der Reflektor rostet und muß ersetzt werden: Mangelfolgeschaden.

Nach h. M. sind Mangelfolgeschäden im Rahmen der §§ 463, 480 II erstattungsfähig, wenn die Auslegung der Zusicherung ergibt, daß diese den Käufer auch gegen Folgeschäden absichern sollte. Gleiches gilt — wegen fehlender Schutzwürdigkeit des Verkäufers — für den Fall des arglistigen Verschweigens eines Fehlers oder des Vorspiegelns nicht vorhandener Eigenschaften (s. dazu *Diederichsen*, AcP 165, S. 150 ff.).

Nicht unter § 463 fallende Mangelfolgeschäden können wegen *positiver Forderungsverletzung* ersetzt verlangt werden, wenn die Pflichtwidrigkeit in der Verletzung einer über die bloße Verschaffungspflicht hinausgehenden Vertragspflicht besteht.

Beispiel: Lieferant L hatte sich ausdrücklich zu einer sorgsamen Überprüfung der zu liefernden Kaufsache verpflichtet. Unterläßt er schuldhaft die Überprüfung, muß er für den daraus entstehenden Schaden einstehen.

403 g) Die Ansprüche aus §§ 462, 463, 480 verjähren gem. § 477. Nach Fristablauf ist aber bei rechtzeitiger Mängelrüge die Verweigerung des Kaufpreises insoweit möglich, als der Käufer aufgrund der Wandlung oder Minderung dazu berechtigt gewesen wäre (§ 478 I 1).

404 h) Der Mangel i. S. des § 459 I oder II muß im Zeitpunkt des Gefahrübergangs vorhanden sein (§§ 446, 447). Die Geltendmachung von Gewährleistungsansprüchen ist ausgeschlossen, wenn der Käufer den Mangel kennt oder infolge grober Fahrlässigkeit nicht kennt (§ 460); grob fahrlässige Unkenntnis ist indes unschädlich bei Zusicherung oder Arglist (§ 460 S. 2). Ansprüche sind ferner ausgeschlossen bei vorbehaltloser Annahme (§ 464) und bei Weiterbenutzung der Sache in Kenntnis des Mangels (entspr. § 464, i.d.R. wird aber nur ein Ausschluß des Wandlungsanspruchs zu bejahen sein, nicht auch des Minderungs- oder Schadensersatzanspruchs); anders dann, wenn die Weiterbenutzung im Interesse des Verkäufers liegt. Ferner ist die Wandlung ausgeschlossen, wenn der Käufer den Untergang oder die Unmöglichkeit der Herausgabe oder eine wesentliche Verschlechterung des Kaufgegenstands verschuldet hat (§ 467 i.V.m. § 351). — Ein *vertraglicher Ausschluß* der Gewährleistungsrechte ist grundsätzlich möglich (vgl. jedoch § 476); *Freizeichnungsklauseln* in AGB sind nur in den Grenzen des § 11 Nr. 10, 11 AGBG zulässig.

Beispiel: Bei den im Gebrauchtwagenhandel gebräuchlichen Freizeichnungsklauseln nimmt die Rechtsprechung i.d.R. einen Verstoß gegen § 9 AGBG nicht an, setzt allerdings die Anforderungen für die Annahme einer konkludenten Zusicherung (vgl. Rdn. 399) gering an oder bejaht arglistiges Verschweigen (§§ 463, 476), was den Gewährleistungsausschluß nichtig macht (dazu BGHZ 74, S. 383; BGH NJW 1982, S. 435).

i) Ist der Kauf für beide Geschäftspartner ein Handelsgeschäft (§§ 343 ff. HGB), gelten Sonderregelungen, insbes. trifft den Käufer unter bestimmten Voraussetzungen eine Untersuchungs- und Rügepflicht (§§ 377 ff. HGB, lesen!).

1.4.4 Verhältnis der §§ 459 ff. zu anderen Anspruchsnormen

405 a) Für die allgemeinen Regeln über Leistungsstörungen gilt, daß bei Sachmängeln § 306 unanwendbar ist, also bei unbehebbarem Mangel, der schon bei Kaufabschluß vorliegt. Ansonsten gelten die §§ 275, 323, 325—327 bis zum Eintritt des Gefahrübergangs. Die Anfechtung nach §§ 123, 119 I ist möglich, da die §§ 459 ff. insoweit keine Sondervorschriften enthalten; anders bei § 119 II, der nur vor Gefahrübergang anwendbar ist (u. U. kann aber ein vereinbarter Gewährleistungsausschluß auf die Anfechtungsmöglichkeit nach § 119 II erstreckt sein). Bei Verzug des Verkäufers gelten §§ 326, 286 I.

b) Bei fahrlässiger Verletzung vertraglicher Offenbarungspflichten sind Ansprüche aus culpa in contrahendo neben §§ 459 ff. möglich, für arglistiges Verschweigen eines Fehlers oder Vorspiegeln einer nicht vorhandenen Eigenschaft stellen §§ 463, 480 II eine Spezialregelung dar (zu Ansprüchen aus positiver Forderungsverletzung oben Rdnr. 402).

c) Deliktsansprüche werden nicht beschränkt. In der Lieferung einer mangelhaften

Sache liegt selbst keine Eigentumsverletzung. Anders, wenn eine mangelfreie Sache mit abgegrenztem mangelhaftem Teil geliefert wird und der mangelhafte Teil nach Eigentumsübergang zur Beschädigung oder Zerstörung der Sache führt (str.).

d) Die Einrede aus § 320 ist nach Gefahrübergang ausgeschlossen; Käufer kann statt dessen einredeweise wandeln oder mindern.

1.5 Sonderform: Der Versendungskauf

a) Regelmäßig wird beim Versendungskauf der gesetzliche Erfüllungsort für die Verpflichtungen des Verkäufers nicht an den Ort verlegt, an den die Kaufsache zu versenden ist; vielmehr bleibt der Erfüllungsort da, wo er sein würde, wenn der Verkäufer die Versendung nicht übernommen hätte, also im Zweifel am Wohn- oder Geschäftssitz des Verkäufers (*gewöhnlicher* Versendungskauf; § 269). Die Versendungspflicht ist hier eine bloße Nebenverpflichtung des Verkäufers. Indessen können die Beteiligten die Zusendung der Kaufsache auch in einer Weise regeln, daß der Erfüllungsort an den Bestimmungsort der Kaufsache verlegt wird (*verschärfter* oder *qualifizierter* Versendungskauf). Eine solche Vereinbarung ergibt sich aber nicht schon daraus, daß der Verkäufer die Kosten der Zusendung übernimmt (§ 269 III):

406

> **Beispiel:** K in Kassel hat bei V in Villingen eine Maschine bestellt. Hier liegt ein gewöhnlicher Versendungskauf vor, wenn die Partner vereinbart haben, „die Maschine hat V nach Kassel zu senden", „die Maschine ist von V auf eigene Kosten nach Kassel zu senden". Dagegen liegt ein verschärfter Versendungskauf vor, wenn verabredet ist: „Erfüllungsort Kassel" oder „die Maschine ist von V auf eigene Kosten und Gefahr nach Kassel zu senden".

b) Beim gewöhnlichen Versendungskauf geht die Gefahr schon mit der *Absendung* der Kaufsache auf den Käufer über; er trägt die Gefahr zufälligen Untergangs beim Transport. Ob die Versendung von einem Ort an einen anderen oder innerhalb eines Ortes von Haus zu Haus, ob sie durch eigene Leute des Verkäufers oder etwa per Post oder Bahn erfolgt, macht keinen Unterschied. Die Gefahr geht auf den Käufer über, sobald der Verkäufer die Sache „dem Spediteur, dem Frachtführer oder der sonst zur Ausführung der Versendung bestimmten Person oder Anstalt ausgeliefert hat" (§ 447 I).

c) Beim verschärften Versendungskauf geht die Gefahr erst mit der *Übergabe auf den Käufer* über, also dann, wenn der Käufer die Ware am Bestimmungsort in Empfang nimmt.

407

> **Beispiel:** V soll die von ihm an K verkauften Waren dem auswärts wohnenden K per Bahn zusenden. Hier trägt im Fall des gewöhnlichen Versendungskaufs K die Gefahr aller Unfälle, die bei der Beförderung zum Bahnhof, beim Verladen, bei der Beförderung auf der Bahn bis zur Ablieferung bei K vorkommen. K muß, wenn ein solcher Unfall eintritt, die Waren gleichwohl bezahlen. Indes hat V, solange die Waren sich in der Obhut seiner eigenen Leute befinden, für das Verschulden der Leute als seiner Erfüllungsgehilfen einzustehen. Dagegen sind die Bahn und deren Leute nicht als Erfüllungsgehilfen des V anzusehen. Doch muß V Ersatzansprüche, die ihm aus dem mit der Bahn abgeschlossenen Frachtvertrag erwachsen, an K abtreten. Er kann die Ersatzansprüche aber auch für Rechnung des K in eigenem Namen geltend machen; die Bahn kann nicht einwenden, daß er selbst, da die Gefahr der Waren auf den Käufer übergegangen ist, nicht geschädigt sei (vgl. dazu schon Rdnr. 234).

d) Die Kosten der Versendung fallen mangels abweichender Vereinbarung beim gewöhnlichen Versendungskauf dem Käufer, beim verschärften Versendungskauf dem Verkäufer zur Last (vgl. § 448).

1.6 Besondere Arten des Kaufes

1.6.1 Kauf unter Eigentumsvorbehalt

408 a) Der Eigentumsvorbehalt ist Mittel zur Sicherung des Verkäufers, der eine Leistung erbringt, bevor der Käufer die seine erfüllt.

> **Beispiel:** K kauft ein Fernsehgerät bei W; es wird vereinbart, daß K auf den Kaufpreis 200 DM anzahlt und den Rest in 16 Monatsraten à 100 DM abträgt; es wird ferner vereinbart, daß W sich das Eigentum an dem Gerät bis zur vollständigen Kaufpreiszahlung vorbehält.

Es liegt ein *unbedingter Kaufvertrag* vor; die Übereignungsverpflichtung wird durch den Vorbehalt ergänzt; der Kaufpreis ist gestundet, soweit dies vereinbart wird. Die Vereinbarung, daß das Eigentum erst mit vollständiger Kaufpreiszahlung übergehen soll, beinhaltet eine aufschiebende Bedingung (Auslegungsregel des § 455). *Bedingt ist also allein die Übereignung.* Der Verkäufer bleibt (auflösend bedingt) Eigentümer und ist gem. § 161 II 1 in seiner Verfügungsbefugnis beschränkt.

b) Der Eigentumsvorbehalt wird meist schriftlich vereinbart oder folgt aus den AGB. Unter Umständen ist er stillschweigend vereinbart.

> **Beispiel:** Die Partner stehen in ständiger Geschäftsbeziehung und sind noch nie anders verfahren, als daß der Vorleistende sich das Eigentum vorbehielt.

Eine dem Käufer erst nachträglich zugegangene Vorbehaltserklärung (z. B. Vermerk auf Warenbegleitpapier) kann einen bedingungslosen Eigentumsübergang noch verhindern. Wirkungslos ist jedoch der Vorbehalt, wenn er erst nach Übergabe der Ware — z. B. auf der Rechnung — erklärt wird.

409 c) Sachenrechtlich führt der Eigentumsvorbehalt dazu, daß der Vorbehaltskäufer das Vollrecht — zunächst — nicht erwirbt, denn die Übereignung ist aufschiebend bedingt (§§ 929, 158 I). Der Käufer erlangt vielmehr nur ein *Anwartschaftsrecht* (dazu unten Rdnr. 673), das in dem Maße, in dem er den Kaufpreis (ratenweise) tilgt, zum Vollrecht erstarkt.

410 d) Sonderformen des Eigentumsvorbehalts sind der *Kontokorrentvorbehalt* — hier erfolgt Eigentumsübergang erst, wenn sämtliche Forderungen des Verkäufers aus Geschäften mit dem Käufer befriedigt sind —, der *Konzernvorbehalt* — Eigentumsübergang erst, wenn alle Forderungen der Unternehmen des Verkäuferkonzerns gegen den Käufer erfüllt sind —, der *verlängerte* Eigentumsvorbehalt — hier darf der Käufer weiterveräußern (§§ 929, 185 I) —, der *weitergeleitete* Eigentumsvorbehalt — der Käufer wird zur Veräußerung unter Eigentumsvorbehalt ermächtigt —, der *nachgeschaltete* Eigentumsvorbehalt — der Käufer veräußert unter eigenem Vorbehalt — und der *uneigentliche* Eigentumsvorbehalt — der Käufer wird Volleigentümer, nur darf er vor vollständiger Kaufpreisentrichtung nicht veräußern, will er sich nicht schadensersatzpflichtig machen; zu sachenrechtlichen Einzelproblemen vgl. Rdnr. 670 ff.

411 e) Die Gefahr des zufälligen Untergangs trägt der Vorbehaltskäufer (§ 446 I 1). Ist der Käufer mit der Tilgung des Kaufpreises in Verzug, so kann der Verkäufer vom Vertrag *zurücktreten* (§ 455 i.V.m. § 346). Im Fall des Rücktritts wird der Eigentumsvorbehalt wirkungslos. Ist *Abzahlungskauf* vereinbart (dazu unten Rdnr. 412), so ist die *Rücknahme* der Sache als Rücktritt anzusehen (§ 5 AbzG). Nach Verjährung der Kaufpreisforderung ist Rücknahme analog § 223 I möglich. — Liegen die Voraussetzungen des § 326 I vor, kann anstelle des Rücktritts (§§ 455, 346) Schadensersatz wegen Nichterfüllung gefordert werden.

1.6.2 Der Abzahlungskauf nach dem AbzG

a) Ein Abzahlungskauf, auf den das AbzG Anwendung findet, liegt vor, wenn der **412** *Kauf einer beweglichen Sache,* hinsichtlich des Kaufpreises *Ratenzahlung* und zugunsten des Verkäufers ein *Rücktrittsvorbehalt* wegen Nichterfüllung der Käuferverpflichtungen vereinbart ist (§ 1 I AbzG). Die Willenserklärung des Käufers bedarf der *Schriftform* (§ 1 a AbzG). Die Urkunde muß folgende Mindestangaben enthalten: den Barzahlungs- und den Teilzahlungspreis sowie Betrag, Zahl und Fälligkeit der einzelnen Raten, ferner den effektiven Jahreszins (§ 1 a I AbzG; zum Begriff des effektiven Jahreszinses vgl. § 1 a I 5 AbzG). Sind diese Voraussetzungen nicht erfüllt, kommt der Vertrag erst mit Übergabe der Kaufsache an den Käufer und nur zum Barzahlungspreis zustande (§ 1 a III AbzG; zu weiteren Einzelheiten s. § 1 a AbzG). Die Vereinbarung eines Eigentumsvorbehalts (Rdnr. 408) ist nicht erforderlich. Das AbzG findet keine Anwendung, wenn der Käufer Kaufmann ist (§ 8 AbzG); ein Minderkaufmann untersteht dem Schutz des AbzG.

Es ist im Einzelfall jeweils konkret zu prüfen, ob ein *Abzahlungsgeschäft* vorliegt. Er- **413** forderlich ist ein *einheitliches Geschäft mit Teilzahlungsabrede,* wobei die Einheitlichkeit nach dem konkreten Vertrag zu beurteilen ist. Mehrere Sachen sind nur dann als zusammengehörend gekauft, wenn eine Sache nicht ohne die andere sinnvoll verwendet werden kann; entscheidend hierfür ist der Wille der Vertragspartner unter Berücksichtigung der Verkehrsanschauung.

> **Beispiele:** a) Bezug einer Buchreihe ist nur Sukzessivlieferungsgeschäft (vgl. Rdnr. 191) und kein Abzahlungskauf. b) Der Vertrag über die Lieferung eines mehrbändigen Lexikons ist dagegen ein Abzahlungsgeschäft, wenn Ratenzahlung und Rücktrittsvorbehalt vereinbart ist.

b) Die Kauferklärung des Käufers (und damit das Abzahlungsgeschäft) wird erst **414** wirksam, *wenn der Käufer nicht binnen einer Woche schriftlich widerruft* (§ 1 b I AbzG). Die Wochenfrist beginnt mit der Aushändigung der Vertragsabschrift, die Namen und Anschrift des Widerspruchsempfängers enthält und in der über das Widerrufsrecht ausdrücklich und drucktechnisch deutlich *belehrt* wird (§ 1 b II 2 AbzG); die rechtzeitige Absendung des Widerrufs wahrt die Frist (§ 1 b II 1 AbzG). Die Belehrung ist vom Käufer gesondert zu unterschreiben (zu Einzelheiten s. §§ 1 b, 1 c AbzG). Fehlt die Belehrung, erlischt das Widerrufsrecht erst mit vollständiger Kaufpreisentrichtung (§ 1 b II 5 AbzG) bzw. Darlehnsrückzahlung beim B-Geschäft (vgl. dazu Rdnr. 418).

Das Widerrufsrecht ist unverzichtbar und kann vertraglich nicht ausgeschlossen werden (§ 1 b VI AbzG). Es entfällt, wenn der Verkäufer dem Käufer ein Rückgaberecht von mindestens einer Woche nach Erhalt der Ware uneingeschränkt und schriftlich einräumt (§ 1 b V AbzG).

c) Im Fall des Widerrufs hat jeder Vertragspartner dem anderen die empfangenen Leistungen zurückzu- **415** gewähren (§ 1 d I 1 AbzG).

aa) Es handelt sich um ein gesetzliches Abwicklungsverhältnis. Das Widerrufsrecht wird durch Untergang oder Verschlechterung der Sache nicht berührt (§ 1 d I 2 AbzG); gleiches gilt für den Fall des Abhandenkommens der Kaufsache (str.). Hat der Käufer den Untergang oder die Verschlechterung der Sache zu vertreten, so hat er dem Verkäufer den Wert oder die Wertminderung zu ersetzen (§ 1 d I 3 AbzG). Ist die Belehrung über den Widerruf unterblieben, so ist die Haftung des Käufers im Fall des Untergangs oder der Verschlechterung der Kaufsache gemildert; Maßstab ist die Sorgfalt in eigenen Angelegenheiten (§ 1 d II AbzG; vgl. dazu Rdnr. 223).

bb) Rückgewähransprüche bestehen auch hinsichtlich einer in Zahlung gegebenen Sache (vgl. dazu Rdnr. 211). Die Ausübung des Widerrufsrechts ergreift den ganzen Kaufvertrag, auch eine Abrede über eine Leistung an Zahlungs Statt. Ist die Rückübereignung der in Zahlung gegebenen Sache unmöglich (etwa wegen zwischenzeitlicher Veräußerung der Sache), so hat der Käufer einen Ersatzanspruch entsprechend § 347 S. 1.

cc) Der Verkäufer kann Nutzungsvergütung nur im Rahmen des § 1 d III 1. Halbs. AbzG, der Käufer Ersatz für notwendige Verwendungen fordern (§ 1 d IV AbzG). Diese Regelung ist unabdingbar (§ 1 d V AbzG).

416 d) Im Fall des *Rücktritts des Verkäufers* (z. B. wegen Zahlungsrückstands des Käufers) sind die empfangenen Leistungen einander zurückzugewähren (§ 1 I 1 AbzG). Wichtig ist beim häufig vereinbarten Eigentumsvorbehalt (vgl. Rdnr. 408), daß dann, wenn der Verkäufer die Sache aufgrund des vorbehaltenen Eigentums wieder an sich nimmt, dies als Ausübung des Rücktrittsrechts gilt (§ 5 AbzG).

> **Beispiele:** a) K hat ein Fernsehgerät auf Raten gekauft, gerät aber mit der Zahlung der Raten in Verzug. V erwirkt ein Urteil auf Zahlung der Restkaufpreisforderung, aus dem er die Vollstreckung betreibt, und zwar in den Kaufgegenstand (Fernseher). Die Anwendbarkeit des § 5 AbzG ist hier zu bejahen (wenngleich wegen des Wortlauts des § 5 AbzG zweifelhaft, da der Zugriff nicht aufgrund vorbehaltenen Eigentums, sondern aufgrund eines Vollstreckungstitels erfolgt); wendet man § 5 AbzG an, so verliert V mit der Vollstreckung seinen Kaufpreisanspruch; der K schuldet eine Vergütung nur nach Maßgabe des § 2 I AbzG. Eine entgegenstehende Vereinbarung (z. B. höhere Vergütung) ist gem. § 2 I 3 AbzG nichtig. b) Nimmt V die Sache dem K gegen dessen Willen weg, obwohl K sich an die Vereinbarungen des Abzahlungsgeschäfts hält, ist dies kein Fall des § 5 AbzG; denn V ist nicht rücktrittsberechtigt, solange K mit seinen Zahlungen nicht in Rückstand gerät (§ 1 I AbzG). c) Ist K im Rückstand, bedeutet die Rücknahme der Sache auch gegen den Willen des K Rücktritt gem. § 5 AbzG. K kann jetzt also keine Zahlungen mehr anbieten, um aufgrund des Kaufvertrags wieder in den Besitz der Sache zu kommen.

Verfallklauseln sind nichtig (§ 1 I 2 AbzG). Fälligkeitsklauseln, nach denen bei Nichterfüllung des Vertrags durch den Käufer der Restkaufpreis sofort zu zahlen ist, sind nur in den Grenzen von § 4 II AbzG wirksam.

417 e) Ein *Umgehungsgeschäft* (§ 6 AbzG) liegt vor, wenn jemand den Zwecken des § 1 AbzG entsprechend eine Sache gegen Teilzahlung erwerben soll, ohne daß der Schutz des AbzG eingreift. Bei solchen verdeckten Abzahlungsgeschäften werden die §§ 1—5 AbzG entsprechend angewendet. Entscheidend ist, ob bei wirtschaftlicher Betrachtungsweise der Vertrag darauf abzielt, die Zwecke eines Abzahlungsgeschäfts durch eine andere Formalgestaltung zu erreichen. Hauptanwendungsfälle sind das sog. B-Geschäft (unten Rdnr. 418 ff.) und das Finanzierungs-Leasing (Rdnr. 422).

1.6.3 Der fremdfinanzierte Abzahlungskauf (B-Geschäft)

a) Die typische Konstellation beim B-Geschäft liegt darin, daß der Käufer von einer **418** Teilzahlungsbank ein Darlehn erhält, das direkt an den Verkäufer ausgezahlt wird, und daß dadurch die Kaufpreisschuld getilgt wird.

> **Beispiel:** A kauft bei X einen Neuwagen. Für die Finanzierung vermittelt X dem A einen Teilzahlungskredit der B-Bank, mit der er ständig zusammenarbeitet. Das Darlehn wird nicht an A, sondern unmittelbar an X ausgezahlt.

b) Die verschiedenen Geschäfte — Kauf und Darlehn — können sich bei wirtschaftlicher Betrachtungsweise jedoch als einheitliches, einem Abzahlungsgeschäft vergleichbares Rechtsverhältnis darstellen, so daß gem. § 6 AbzG die Vorschriften des AbzG entsprechend gelten. Voraussetzung dafür ist, daß eine *dauernde Geschäftsbeziehung* zwischen dem Verkäufer und dem Darlehnsgeber besteht und daß eine *unmittelbare Auszahlung des Darlehns an den Händler* erfolgt. Der Verkäufer muß beim Kreditvertrag mitwirken. Regelfall: *formularmäßiger Abschluß und wechselseitige Bezugnahme der Verträge* (Kauf- und Darlehnsvertrag) *aufeinander*. Teilweise wird noch daran festgehalten, daß dem Darlehnsgeber die Kaufsache zur Sicherheit übereignet sein muß (§§ 929, 930); dies führt jedoch dazu, daß der Schutz des AbzG leicht beseitigt werden kann.

c) Hiernach unterliegt der fremdfinanzierte Abzahlungskauf den Schutzvorschriften **419** des AbzG (vgl. dazu BGH NJW 1971, S. 2303; BGHZ 83, S. 301).

> **Beispiel:** A hat bei X einen Pkw gekauft, das Darlehn für die Bezahlung stammt von B; die Voraussetzungen eines B-Geschäfts liegen vor. Hier kann A den Kauf- und den Darlehnsvertrag widerrufen; unterbleibt die Belehrung, läuft die Widerrufsfrist — wie häufig — auch nicht schon nach einer Woche ab (§ 1 b II 2 AbzG).

d) Ferner kann der Käufer bei arglistiger Täuschung durch den Verkäufer gem. § 123 (auch) den Darlehnsvertrag anfechten; der Verkäufer ist nicht Dritter i.S. des § 123 II (vgl. dazu Rdnr. 143). Außerdem können Einreden aus dem Kaufvertrag auch gegenüber dem Darlehnsrückzahlungsanspruch geltend gemacht werden (sog. *Einwendungsdurchgriff*; z. B. bei Sachmängeln, §§ 459 ff.).

> **Beispiel:** Stellt Käufer A Mängel am gelieferten Fahrzeug fest, so kann er die Einrede der Wandlung oder Minderung (§§ 462, 480) auch gegenüber dem Darlehnsrückzahlungsanspruch geltend machen, soweit Gewährleistungsansprüche nicht — wie häufig — vertraglich ausgeschlossen sind (vgl. Rdnr. 404).

Der Einwendungsdurchgriff wird auch gegen Ansprüche des Darlehnsgebers aus Bereicherungsrecht (dazu Rdnr. 522 ff.) zugelassen.

> **Beispiel:** Der Darlehnsvertrag ist nichtig, da er von der B-Bank wirksam angefochten wurde (§ 142). Die Bank verlangt vom Darlehnsnehmer A Rückzahlung der Darlehnsvaluta aus §§ 812 ff. Auch diesem Anspruch gegenüber kann A Gewährleistungsansprüche einredeweise geltend machen.

e) Stehen dem Käufer Schadensersatzansprüche aus culpa in contrahendo zu, so muß der Kreditgeber für das Verhalten des Verkäufers gem. § 278 einstehen, insbesondere dann, wenn nicht genügend auf die Risiken des finanzierten Kaufs hingewiesen wurde. Die Verletzung vorvertraglicher Aufklärungspflichten kann dazu führen, daß der Kreditgeber vom Käufer (Kreditnehmer) u. U. nichts mehr zurückverlangen kann.

f) Bei der Rückabwicklung gem. § 2 AbzG ist eine Anzahlung des Käufers zu berücksichtigen; dagegen ist die vom Kreditgeber ausgezahlte Darlehnssumme keine vom Verkäufer zu ersetzende Aufwendung i. S. des § 2 AbzG.

1.6.4 Leasing-Verträge

420 Beim Leasing handelt es sich — sehr vereinfacht — um einen Vertrag, durch den der Leasinggeber dem Leasingnehmer Sachen zum entgeltlichen Gebrauch überläßt. Man unterscheidet zwei Grundtypen: das Finanzierungs-Leasing und das Operating-Leasing.

421 a) Beim *Finanzierungs-Leasing* erfolgt eine entgeltliche Sachüberlassung zur Nutzung auf eine nach der betriebsgewöhnlichen Nutzungsdauer bemessene Zeit. Der Leasingnehmer finanziert den Leasinggegenstand einschließlich eines dem Leasinggeber zufallenden Gewinns und einschließlich der Zinsen und Kosten voll. Praktisch ersetzt der Leasinggeber (nur) den Kreditgeber; der Vorteil für den Leasingnehmer besteht in der Ersparnis eigener Investitionsmittel und in steuerlichen Vorteilen. — Die rechtliche Behandlung des Finanzierungs-Leasing ist uneinheitlich: Verträge ohne Kaufoption sind i.d.R. Miet- oder Pachtverträge (Erwerbsersatz durch Nutzungsvertrag); liegt eine Kaufoption vor, so ist ein Kaufvertrag (endgültiger Warenumsatz) anzunehmen (str.: vgl. BGHZ 71, S. 189).

422 Das AbzG ist beim Finanzierungs-Leasing nur eingeschränkt anwendbar. Der Leasingvertrag ist wirtschaftlich dann ein *verdecktes Abzahlungsgeschäft,* wenn der Leasingnehmer während einer festgelegten Vertragsdauer (Grundlaufzeit) — ohne Kündigungsrecht — die gesamten Anschaffungskosten einschließlich Gewinn und Zinsen zahlt und der Vertrag damit auf eine endgültige Veräußerung der Sache — wenn auch unter Eigentumsvorbehalt — gegen Ratenzahlung hinausläuft. Entscheidend für die Anwendung des AbzG ist, ob eine Kaufoption (als festes Erwerbsrecht) besteht oder ohne Erwerbsrecht die Eigentumsübertragung aber Endziel des Geschäfts ist. Eine Verpflichtung zum Eigentumserwerb steht dem eigenen Erwerbsrecht nicht gleich. Das AbzG entfaltet nur in solchen Vertragsverhältnissen Schutzwirkung, deren rechtliches oder wirtschaftliches Endziel der Eigentumserwerb ist (ebenso, wenn man das Finanzierungs-Leasing mit Kaufoption als Sonderform des Mietvertrags behandelt, das Geschäft aber eine Umgehung des § 1 AbzG bezweckt).

423 b) Das *Operating-Leasing* beinhaltet die Überlassung einer Sache zum kurzfristigen oder — bei unbestimmter Vertragsdauer — jederzeit kündbaren Gebrauch, insbesondere zum Zweck der Bewältigung von Spitzenbedarf. Es ist als Miet- oder Pachtvertrag zu behandeln; die Gefahr ist auf den Leasingnehmer abgewälzt. Die Kaufmerkmale treten zurück; die „Leasing-Gebühr" für die Sachnutzung tritt an die Stelle des Entgelts für den Eigentumserwerb. § 6 AbzG gilt hier nicht.

1.6.5 Factoring

424 Unter Factoring versteht man allgemein den gewerbsmäßigen Ankauf und die Geltendmachung von Forderungen anderer, verbunden regelmäßig mit der Führung der Debitorenbuchhaltung einschließlich Mahnwesens des die Forderungen abtretenden Unternehmens. Zu unterscheiden ist echtes und unechtes Factoring.

a) Das *echte* Factoring ist eine *Globalabtretung aufgrund Forderungskaufs.* Ein Vertragsteil — i. d. R. eine Bank — erklärt sich bereit, alle angebotenen Forderungen zu erwerben; der Kunde ist verpflichtet, ausnahmslos alle Forderungen gegen Abnehmer oder Auftraggeber der Factoring-Bank zum Kauf anzubieten. Die Ablehnung des Kaufs ist nur in seltenen Fällen möglich. Gleichzeitig werden sämtliche Forderungen unbedingt oder (bei späterem Ankauf) aufschiebend bedingt abgetreten. Die praktische Bedeutung besteht darin, daß dem Bankkunden 80—95 % des Sicherungsbetrags vorschußweise gutgeschrieben werden und er der Bank nur für Verität, nicht aber für Bonität der Forderungen haftet (§ 437; d. h.: der Factor trägt das Risiko der Bezahlung, sog. Delkrederefunktion). Rechtlich liegt damit ein Forderungskauf vor (§§ 433, 437).

b) Das *unechte* Factoring besteht darin, daß die Bank mit der Gutschrift Kredit gewährt und die Forderungen erfüllungshalber und zur Kreditsicherung abgetreten erhält. Das Risiko der Bonität der Forderungen (Zahlungsrisiko) bleibt beim Kunden. Das unechte Factoring ist daher nicht Forderungskauf, sondern Kreditgeschäft.   **425**

1.6.6 Kauf auf Probe, Kauf nach Probe

a) Beim Kauf *auf Probe* (*auf Besicht*, § 495) ist vereinbart, daß die Wirksamkeit des Vertrags durch eine ins freie Belieben des Käufers gestellte Billigung oder Mißbilligung des Kaufgegenstands aufschiebend oder auflösend bedingt ist.   **426**

> **Beispiel:** A unterbreitet dem B ein Vertragsangebot und schickt ihm den Kaufgegenstand bereits zu; gleichzeitig räumt er dem B eine Annahmefrist von zwei Wochen ein. Hier ist noch kein Kaufvertrag zustande gekommen, nur der Anbietende ist gebunden. Kein Fall des § 495, sondern bloße Ansichtssendung.

Ist unklar, ob Kauf auf Probe gewollt ist, so ist die Vereinbarung nach § 157 auszulegen (dazu Rdnr. 64). Im Zweifel ist ein solcher Kauf unter aufschiebender Bedingung der Billigung des Käufers abgeschlossen (z. B. wenn Einräumung eines Rücktrittsrechts ausscheidet, § 495 I 2). Für die Billigung gilt die Fristregelung des § 496. Wird die Frist versäumt, so gilt das Schweigen als Billigung (dazu Rdnr. 115).

Zu unterscheiden vom Kauf auf Probe ist der *Prüfungskauf,* der gleich dem Kauf auf Probe behandelt wird, bei dem die Billigung aber erfolgen muß, wenn die Sache mangelfrei ist.

b) Ist ein Kauf *nach Probe* vereinbart, so gelten die Eigenschaften der Probe oder des Musters als zugesichert (§ 494). Kauf auf Probe und Kauf nach Probe haben also nichts miteinander zu tun.   **427**

> **Beispiele:** a) H sendet auf Anforderung dem Textilhaus N eine Musterkollektion neuer Kleider. Danach erfolgen Bestellungen des N: Kauf nach Probe; anders, wenn die Zusendung unverbindlich und ausschließlich zum Zweck der Käuferwerbung erfolgt. In unserem Beispiel kam es gerade auf die typischen Eigenschaften der Probe an (Material, Schnitt, Farbe, Verarbeitung). b) Bei Bestellung von Ware „wie gehabt" gilt frühere Lieferung als Probe.

Beim Kauf nach Probe löst grundsätzlich jede Abweichung Gewährleistungsansprüche aus. Entspricht die gelieferte Kaufsache der Probe, so gilt die Lieferung als genehmigt. — Sichtbare Mängel der Probe lösen keine Gewährleistungsansprüche aus. *Merke:* Kauf *zur Probe* ist ein gewöhnlicher Kauf des zunächst gekauften Gegenstands mit unverbindlicher Erklärung über weitere Kaufabsichten. Die Folgekäufe sind regelmäßig Kauf *nach Probe*.

1.6.7 Wiederkauf

428 In einem Kaufvertrag kann gleichzeitig dem Verkäufer ein Wiederkaufsrecht eingeräumt sein. Durch Erklärung gegenüber dem Käufer kommt der Wiederkauf zustande (§ 497 I). Der Wiederkauf ist ein aufschiebend bedingter Vertrag (Optionsvereinbarung), er gibt dem Berechtigten kein Gestaltungsrecht. Ist kein Wiederkaufspreis vereinbart, ist der ursprüngliche Verkaufspreis zu entrichten (§ 497 II). Die Rechte des Wiederkäufers ergeben sich aus § 498, auch für den Fall der Unmöglichkeit der Herausgabe und der Verschlechterung der Kaufsache. Hat der Wiederverkäufer Zwischenverfügungen vorgenommen, ist er zu deren Beseitigung verpflichtet (§ 499). Der gekaufte Gegenstand wird dadurch praktisch einigermaßen „unveräußerlich"; daher besteht Ausschlußfrist nach § 503, die jedoch abgeändert werden kann.

1.6.8 Vor- und Ankaufsrecht

429 a) Das Vorkaufsrecht räumt dem Berechtigten die Option auf Abschluß eines Kaufvertrags mit dem Verpflichteten ein (§ 504). Der *Vorkaufsfall* tritt dann ein, wenn der Verpflichtete einen wirksamen Kaufvertrag mit einem Dritten abschließt. Der Berechtigte kann dann sein Vorkaufsrecht ausüben (einseitige — formlose — Gestaltungserklärung gegenüber dem Verpflichteten, § 505 I).

Mit der Ausübung des Vorkaufsrechts kommt zwischen dem Vorkaufsberechtigten und dem -verpflichteten ein neuer selbständiger Kaufvertrag zustande, den beide zu erfüllen haben, soweit sich nicht aus §§ 507—509 etwas anderes ergibt. Der Dritte kann Schadensersatz wegen Nichterfüllung gem. §§ 433, 440 I, 325 verlangen. Ist der Dritte Eigentümer der Kaufsache geworden, dann hat der Vorkäufer die Rechte aus §§ 433, 440 I, 325.

430 b) Vom Vorkaufsrecht zu unterscheiden sind Optionsrechte i. w. S.: Angebot mit Fristbestimmung für die Annahme; Vorvertrag, der einen Anspruch auf Abschluß eines Kaufvertrags enthält; Optionsvertrag, der dem Käufer das Recht einräumt, durch einseitige Erklärung einen Kaufvertrag mit bereits festgelegtem Inhalt mit dem dann ohne weiteres gebundenen Partner zustande zu bringen, der jedoch im Unterschied zum Vorkaufsrecht nach Anlaß und Inhalt nicht mit einem Verkauf an einen Dritten verknüpft ist. Allen diesen Gestaltungen kommt nicht die Wirkung der §§ 504, 505 zu.

2. Tausch

431 Auf den Tausch ist Kaufrecht entsprechend anzuwenden (§ 515). Die Vertragspartner verpflichten sich zum Austausch von Sachwerten oder Rechten. Es handelt sich um einen gegenseitigen Vertrag, bei dem jeder Vertragspartner hinsichtlich seiner Leistung wie ein „Verkäufer", hinsichtlich der ihm gebührenden Leistung wie ein „Käufer" anzusehen ist. Im Gegensatz zum Kaufvertrag wird also eine Kaufpreiszahlung nicht vereinbart. Jeder Partner muß dem anderen den ihm geschuldeten Gegenstand übertragen und ist zur Abnahme der Leistungen verpflichtet (wie beim Kauf, § 433 I, II). Die Rechts- und Sachmängelhaftung bestimmt sich nach §§ 440, 459 ff., wobei in Abweichung vom Kaufrecht bei der Minderung die durch den Mangel bedingte Wertdifferenz zwischen Leistung und Gegenleistung durch Geldzahlung auszugleichen ist.

Beispiele: a) A leistet einen Gegenstand, der erheblich weniger wert ist als der Gegenstand, den er von seinem Tauschpartner B erhält, gleicht aber den Wertunterschied vereinbarungsgemäß in Geld aus: Tausch wird dadurch nicht ausgeschlossen, da Geld hier nicht Hauptleistung ist. b) A erwirbt entgeltlich das Grundstück des B und veräußert zugleich sein Grundstück entgeltlich an C, während B sein Grundstück dem C für den Tausch zur Verfügung stellt. Hier liegt sog. Ringtausch vor (Tausch unter Einschaltung Dritter). c) A und B wechseln ihre Mietwohnungen; jeder zieht um in die Wohnung des anderen: Tausch, wenn neue Mietverträge abgeschlossen werden, sonst bloßer Besitzerwechsel. d) V nimmt beim Verkauf eines Neuwagens an K dessen Gebrauchtwagen in Zahlung: kein Tausch, auch kein „Doppelverkauf" mit Aufrechnungsabrede oder gemischter Vertrag aus Kauf und Tausch, sondern Kauf mit vereinbarter Annahme an Erfüllungs Statt (§§ 364 I, 365) und Ersetzungsbefugnis des K (vgl. Rdnr. 211).

3. Schenkung

3.1 Begriff und Arten

a) Schenkung ist vereinbarte unentgeltliche Vermögenszuwendung aus dem Vermögen des Schuldners (§ 516 I). *Unentgeltlichkeit* bedeutet, daß keine Verknüpfung mit einer Gegenleistung vorliegen darf.   **432**

> **Beispiele:** a) Trinkgelder. b) Übertariflicher Lohn. c) Gratifikationen. In keinem dieser Fälle liegt eine Schenkung vor.

b) Zu unterscheiden ist die *Handschenkung* vom bloßen *Schenkungsversprechen*. Bei der Handschenkung fallen schuldrechtliches Geschäft und dingliches Vollzugsgeschäft zusammen (beides jedoch erforderlich). Das Schenkungsversprechen ist formbedürftig (§ 518 I 1), nicht jedoch dessen Annahme. Formfrei ist die Handschenkung als vollzogene Schenkung: der Mangel der für das Schenkungsversprechen erforderlichen Form wird durch Erfüllung geheilt (§ 518 II).   **433**

c) Schenkungsgegenstand ist der Vermögensvorteil auf seiten des Beschenkten; der Vermögensvorteil kann im Erwerb des Eigentums an einer Sache, im Erwerb eines Rechts oder im Erlaß einer Verbindlichkeit bestehen. Schenkung ist auch möglich bei Leistung durch einen Dritten (*mittelbare* Schenkung; beachte aber, daß gerade der Schenker entreichert sein muß).   **434**

d) Wichtig ist die rechtliche Behandlung der sog. *gemischten Schenkung,* bei der die Leistung des einen Vertragspartners im Wert nur zu einem Teil durch die Leistung des anderen aufgewogen wird und es übereinstimmender Wille der Vertragspartner ist, daß der überschießende Wert unentgeltlich gegeben wird.   **435**

> **Beispiel:** Vater V veräußert das elterliche Haus an seinen Sohn S zum Preis von 50.000 DM. Der Wert des Hauses beträgt 2.000.000 DM. Beide gehen davon aus, daß es sich im wesentlichen um eine Schenkung handelt. Nach der sog. Trennungstheorie liegt hier Schenkungs- und daneben ein Kaufvertrag vor (sehr str.). Ein objektives Mißverhältnis allein genügt jedoch für diese Annahme nicht.

Richtigerweise ist auf den überwiegenden Zweck (BGHZ 30, S. 120; 77, S. 264) abzustellen. Sofern ein Rückforderungsrecht besteht, ist der Anspruch gerichtet auf Rückgabe gegen Rückerstattung des gezahlten Entgelts, sonst auf Zuzahlung.

e) Im Einzelfall kann die Abgrenzung zu Leihe, Miete und Pacht wichtig sein.   **436**

Beispiel: A überläßt dem B sein Klavier mit den Worten: „Du kannst es behalten, solange du willst". Während die kurzfristige Gebrauchsüberlassung und der Verzicht auf mögliche Mieteinnahmen i. d. R. als Leihe zu behandeln ist, wird in der längerfristigen Überlassung eine Schenkung zu sehen sein, wenn die Überlassung üblicherweise nur entgeltlich erfolgt (Paradebeispiel: Wohnrecht auf Lebenszeit).

3.2 Die Formbedürftigkeit des Schenkungsversprechens

3.2.1 Der Formzwang

437 Schenkungsversprechen — nicht Handschenkungen (s. Rdnr. 433) und Schenkungen von Todes wegen (§ 2301) — bedürfen der notariellen Beurkundung; diese kann gem. § 127 a durch Aufnahme in einen Prozeßvergleich ersetzt werden. — Zum abstrakten Versprechen vgl. § 518 I 2.

3.2.2 Heilung des Formmangels

438 Der Formmangel wird durch *Vollzug* der Schenkung geheilt (§ 518 II). Vollzug ist nicht erst gegeben mit dem Eintritt des Leistungserfolgs; es ist vielmehr auf die Vornahme der Leistungshandlung abzustellen; es genügt also befristeter oder bedingter Vollzug. Ob Vollzug der Schenkung vorliegt, ist abhängig von der Art des geschenkten Gegenstands.

Beispiel: Bei Forderungen gilt, daß mit deren Übertragung die Schenkung vollzogen ist; Ermächtigungen zur Einforderung einer Leistung bei einem Dritten genügen hingegen nicht. Wichtig ist die Rechtslage bei der Hingabe eines Schecks. Die Scheckhingabe ist eine Doppelermächtigung. Der Aussteller ermächtigt die bezogene Bank, an den Schecknehmer oder -überbringer zu zahlen, gleichfalls ermächtigt er den Schecknehmer, die Summe in eigenem Namen einzuziehen. Ist der Scheck nicht gedeckt, so liegt kein Schenkungsvollzug vor, da kein Anspruch gegen die Bank besteht. Heilung gem. § 518 tritt erst mit der Einlösung des Schecks ein.

3.3 Haftung des Schenkers

439 Der Schenker haftet nur für Vorsatz und grobe Fahrlässigkeit (§ 521); für Rechts- und Sachmängel haftet er grundsätzlich nur bei arglistigem Verschweigen (§§ 523 I, 524 I), unter bestimmten Voraussetzungen hat er jedoch wie ein Verkäufer einzustehen (§§ 523 II, 524 II).

3.4 Schenkung unter Auflage

440 Das Schenkungsversprechen kann auch unter einer Auflage erfolgen, wobei auch diese gem. § 518 formbedürftig ist. Die Abgrenzung zum entgeltlichen Vertrag ist oft nicht einfach.

Beispiel: Keine Schenkung liegt vor, wenn die als Auflage zu erbringende Leistung Wertausgleich für die Zuwendung sein soll.

Der Schenker kann die Erfüllung der Auflage verlangen (§ 525 I), wenn er vorgeleistet hat. Der Beschenkte kann dem Einreden entgegenhalten (§ 526). Wird die Auflage nicht vollzogen, so kann der Schenkungsgegenstand zurückgefordert werden (§ 527).

3.5 Rückforderungs- und Widerrufsrecht

Der Schenker hat das Recht, bei bestehender eigener Bedürftigkeit das Geschenk zu-   **441**
rückzuverlangen (§ 528 I 1 i. V. m. §§ 812 ff.). Dagegen kann der Beschenkte Einreden vorbringen (§ 529) oder die Herausgabe abwenden (Ersetzungsbefugnis,
§ 528 I 2, 3). Bei schweren Verfehlungen des Beschenkten — wozu eine subjektiv ta-
delnswerte Gesinnung kommen muß — oder bei grobem Undank des Beschenkten
kommt dem Schenker ein Widerrufsrecht zu (§ 530 I).

> **Beispiel:** S schenkt seiner Geliebten G 1 einen Wagen im Wert von 30.000 DM. G 1 ist verär-
> gert, da sie weiß, daß eine andere Geliebte des S (G 2) eine Eigentumswohnung erhalten hat.
> Sie zeigt den S (anonym) mit der (unwahren) Behauptung an, er betreibe mit seinem Unterneh-
> men unerlaubte Geschäfte: Schwere Verfehlung i. S. des § 530 I.

Pflicht- und Anstandsschenkungen können nicht zurückgefordert werden (§ 534).

> **Beispiele:** Hochzeitsgeschenke; Geschenke zur Unterstützung bedürftiger Familienangehöri-
> ger.

Literaturhinweise:

Brox/Elsing, JuS 1976, S. 1 ff. (zur Sach- und Rechtsmängelhaftung).
Ebenroth, JuS 1978, S. 588 ff. (zum Finanzierungs-Leasing).
Medicus, Schuldrecht II, §§ 72—86, 94.
Peters, NJW 1985, S. 1498 ff. (AbzG und Leasing).
Reinicke/Tiedtke, NJW 1986, S. 10 ff. (zur Deliktshaftung bei Sachmängeln).
Schwerdtner, Jura 1984, S. 593 ff. (zur Sachmängelhaftung).
Vollkommer/Koch, Jura 1980, S. 469 ff. (zum Einwendungsdurchgriff beim B-Geschäft).
Weimar, Das BGB in Fällen, Bd. 2 b, Fälle zu §§ 433—480, 494—496, 504, 516.

BGH JuS 1979, S. 140 (zur Heilung formunwirksamer Schenkung durch Scheckhingabe).
BGH JuS 1979, S. 213 (zum Verhältnis § 320 — §§ 459 ff.).
BGH JuS 1979, S. 366 u. 816 (zur nachträglichen Vereinbarung eines Eigentumsvorbehalts).
BGH JuS 1978, S. 347 (zum Kontokorrentvorbehalt).
BGH MDR 1980, S. 288 (zum Anwendungsbereich des AbzG).
BGH NJW 1986, S. 43 ff. (zum B-Geschäft).
BGH NJW 1984, S. 2816 ff. (zum Einwendungsdurchgriff).
BGH NJW 1983, S. 1605 (zur Differenzmethode).
BGH BB 1984, S. 1258 ff. (zur Schutzwirkung des AbzG).
BGHZ 87, S. 302 ff. (zur Zusicherung).

Kontrollfragen:

1. Was kommt als Gegenstand eines Kaufvertrags in Betracht?

2. Wann geht die Gefahr auf den Käufer über? Rechtsfolge des Gefahrübergangs?

3. K bestellt bei L eine Wohnzimmerschrankwand. Als L termingerecht liefert, will K nicht abnehmen, da er das Wohnzimmer noch nicht tapeziert habe; L solle später liefern. Welche Rechte
hat L? Was geschieht, wenn L die Lieferung wieder mitnimmt und er auf der Rückfahrt zum
Lager unverschuldet mit dem Wagen verunglückt und die Möbelstücke beschädigt werden?

4. K ersteht einen gebrauchten Pkw von V. Nach zwei Monaten meldet sich X, dem der Wagen gestohlen worden war, und will ihn zurückhaben. Welche Rechte hat K?

5. Welche Rechte hat Käufer K, wenn statt der von ihm bestellten Konzertgitarre eine Westerngitarre geliefert wird? Welche Rechte hat er, wenn zwar die Konzertgitarre in der bestellten Ausführung geliefert wird, der Klangkörper jedoch schadhaft ist?

6. Welche Schäden können nach § 463 ersetzt verlangt werden?

7. K kauft und erhält beim Autohaus S einen gebrauchten Pkw. Der Wagen war angeboten worden als „wenig gelaufen" (35.000 km). Nach einiger Zeit erfährt er, daß der Wagen schon 135.000 km Gesamtlaufleistung hinter sich gebracht hatte. Kann er nach § 119 II anfechten?

8. Was bedeutet „Einwendungsdurchgriff" beim fremdfinanzierten Abzahlungskauf (B-Geschäft)? Welche Voraussetzungen müssen hierfür erfüllt sein?

9. Welche gesetzlichen Regeln sind (wann?) auf Leasingverträge anwendbar?

10. A hat zu Hause ein sperriges Möbelstück, das er gerne loswerden möchte. Er transportiert es zum B und überreicht es ihm mit den Worten: „Ein kleines Geschenk zur Einweihung deines Hauses". Dem B ist das Möbel allerdings auch zu sperrig, er bittet den A, es wieder mitzunehmen. Der A weigert sich jedoch, indem er sagt: „Geschenkt ist geschenkt". Muß A das Möbelstück zurücknehmen?

11. Wenn B das Geschenk genommen hätte (Frage 10), könnte A es nach einer Woche wieder zurückfordern?

Antworten zu den Kontrollfragen finden Sie auf S. 283 ff.

II. Gebrauchsüberlassungsverträge

1. Miete

1.1 Der Mietvertrag

1.1.1 Begründung des Mietverhältnisses

442   Der Mietvertrag gehört zu den Gebrauchsüberlassungsverträgen (vgl. zur Pacht Rdnr. 464, Leihe Rdnr. 466). Miete ist die entgeltliche Überlassung einer Sache an einen anderen zum Gebrauch auf Zeit. Gegenstand des Mietvertrags können auch Sachgesamtheiten (z. B. eine möblierte Wohnung) oder Teile von Sachen (z. B. Reklameflächen im Fußballstadion) sein.

Der Mietvertrag bedarf der Schriftform, wenn ein Grundstück oder Wohnraum länger als ein Jahr zum Gebrauch überlassen werden soll (§§ 566, 580). Formmangel führt hier zu unbestimmter Laufzeit des Vertrags (§ 566 S. 2).

1.1.2 Beendigung des Mietverhältnisses

443   Das Mietverhältnis endet, wenn es für eine bestimmte Zeit eingegangen ist, mit dem Zeitablauf (§ 564 I); u. U. besteht ein Fortsetzungsanspruch nach § 564 c. Verträge mit unbestimmter Laufzeit müssen gekündigt werden (§ 564 II).

a) Die *ordentliche Kündigung* kommt nur bei Mietverhältnissen über eine unbestimmte Zeit in Betracht (§ 564 II).

aa) Ein besonderer Kündigungsgrund ist regelmäßig nicht erforderlich, doch ist die Kündigung durch den Vermieter bei der Wohnraummiete erheblich beschränkt (s. Rdnr. 444 f.). Die ordentliche Kündigung ist stets fristgebunden; die gesetzlichen Kündigungsfristen sind hinsichtlich ihrer Dauer unterschiedlich bemessen; entscheidend ist die Art des Mietgegenstands: ob es sich um Grundstücke, Räume, Wohnräume oder bewegliche Sachen handelt (vgl. § 565). Die Kündigung ist nicht formbedürftig, außer es handelt sich um bestimmte Fälle der Wohnraummiete (vgl. § 564 a). Die Kündigung bedarf auch keiner Begründung, allerdings sollen bei der Kündigung eines Mietverhältnisses über Wohnraum die Kündigungsgründe in dem Kündigungsschreiben angegeben werden (§ 564 a I 2); bei Nichtbeachtung treten die Folgen aus §§ 564 b III, 556 a I 3 ein (nur die im Kündigungsschreiben angegebenen Gründe können als „berechtigte Interessen" — dazu Rdnr. 444 — anerkannt werden, soweit weitere Gründe nicht nachträglich entstanden sind).

bb) Die ordentliche Kündigung durch den Vermieter ist bei Wohnraummiete i. d. R. nur **444** möglich, wenn dieser ein *berechtigtes Interesse* hat (§ 564 I). Ein solches liegt insbesondere vor, wenn der Mieter seine Vertragspflichten (z. B. §§ 535, 549) nicht unerheblich verletzt hat (§ 546 b II Nr. 1), wenn der Vermieter Eigenbedarf geltend machen kann (§ 564 b II Nr. 2) — es muß ein objektiver Bedarfsgrund (billigenswertes Erlangungsinteresse) gegeben sein — oder wenn eine Hinderung der wirtschaftlichen Verwertung vorliegt (§ 564 b II Nr. 3). Die Aufzählung in § 564 b II ist nicht abschließend: bei vergleichbarem Gewicht können auch andere Gründe ein berechtigtes Interesse begründen.

Liegt kein berechtigtes Interesse vor, so ist die Kündigung unwirksam; zieht der Mieter im Vertrauen auf die Wirksamkeit der Kündigung aus, so können u. U. Ansprüche aus positiver Forderungsverletzung gerechtfertigt sein.

> **Beispiel:** V hat sein Haus am Stadtrand vermietet. Er kündigt und macht Eigenbedarf mit der Begründung geltend, er wolle sein Geschäft in der Stadt aufgeben und könne in der über den Geschäftsräumen gelegenen Wohnung nicht länger wohnen, weil er aufgrund eines Knieleidens keine Treppen mehr steigen könne. Nachdem Mieter M ausgezogen ist, erfährt er, daß V sein Geschäft weiterbetreibt und auch die alte Wohnung weiterhin bewohnt; das vormals von M gemietete Haus hat V anderweitig vermietet: M kann Umzugskosten und den sonstigen umzugsbedingten Schaden ersetzt verlangen, sofern die Geltendmachung des Eigenbedarfs arglistig war.

cc) Das Kündigungsrecht des Vermieters ist ferner durch § 556 a wesentlich einge- **445** schränkt. Hiernach kann der Mieter der Kündigung *widersprechen*, wenn sie eine — auch in Ansehung des berechtigten Interesses des Vermieters — nicht zu rechtfertigende Härte für den Mieter oder seine Familie bedeutet (§ 556 a I); der Mieter kann dann vom Vermieter die Fortsetzung des Mietverhältnisses verlangen, und zwar für eine Dauer, „wie dies unter Berücksichtigung aller Umstände angemessen ist" (vgl. § 556 a I, II 1). Diese Regelung (sog. *Sozialklausel*) gilt nur für die Wohnraummiete, soweit es sich nicht um eine Vermietung nur zu vorübergehendem Gebrauch oder um die Vermietung möblierter Zimmer handelt, die Teil der vom Vermieter selbst bewohnten Wohnung sind (§ 556 a VIII).

Hat der Vermieter einen Grund zur außerordentlichen Kündigung, steht dem Mieter das Widerspruchsrecht nicht zu (§ 556 a IV Nr. 2). Das Widerspruchsrecht ist auch bei befristeten Mietverhältnissen gegeben (§ 556 b I). Der Widerspruch bedarf der Schriftform (§ 556 a V); er muß i. d. R. zwei Monate vor Beendigung des Mietverhältnisses gegenüber dem Vermieter erklärt werden (zu Einzelheiten s. § 556 a VI). Eine Härte i. S. des § 556 a I liegt schon dann vor, wenn angemessener Ersatzwohnraum zu zumutbaren Bedingungen nicht beschafft werden kann (§ 556 a I 2). Auch bei unüblichen Nachteilen, die infolge des Umzugs entstehen, kann eine Härte i. S. des § 556 a I vorliegen (z. B. besondere Aufwendungen für die Wohnung). Die Härtegründe des Mieters und die berechtigten Interessen des Vermieters sind gegeneinander abzuwägen.

> **Beispiel:** Den Eheleuten S wird ordnungsgemäß und fristgerecht (§ 565) wegen Eigenbedarfs gekündigt. Frau S ist im 8. Monat schwanger, der S steht unmittelbar vor dem Staatsexamen: dies kann einen Widerspruch rechtfertigen. Die Fortsetzung des Mietverhältnisses ist jedoch auf eine zweckentsprechende Dauer beschränkt. Im übrigen kann zur Behebung vorübergehender Umzugsschwierigkeiten gerichtlich eine angemessene Räumungsfrist zugebilligt werden (§ 721 ZPO).

Außerdem ist zu beachten: Bei Würdigung der berechtigten Interessen des Vermieters sind, soweit nicht andere Gründe nachträglich entstanden sind, nur die in dem Kündigungsschreiben angeführten Gründe zu berücksichtigen (§§ 564 a I 2, 556 a I 3; s. oben Rdnr. 443). Bei einer dem Vermieter nicht zu den bisherigen Bedingungen zumutbaren Fortsetzung des Mietverhältnisses kann der Mieter die Fortsetzung nur zu angemessenen Bedingungen erreichen (vgl. § 556 a II 2).

446   b) Bei der außerordentlichen Kündigung ist die außerordentliche befristete und die außerordentliche fristlose Kündigung zu unterscheiden.

aa) Die *außerordentliche befristete Kündigung* beendet vorzeitig solche Mietverhältnisse, die für eine bestimmte Zeit eingegangen sind oder bei denen eine die gesetzlichen Fristen übersteigende Kündigungsfrist vereinbart ist (§§ 549 I 2, 567, 569 I, 570). Dagegen führt die außerordentliche fristlose Kündigung zur sofortigen Beendigung des Mietverhältnisses.

bb) *Außerordentliche fristlose Kündigung* durch den Vermieter ist bei allen Mietverhältnissen möglich, insbesondere wenn der Mieter im Zahlungsverzug ist (§ 554 I; bei der Wohnraummiete insoweit nur unter den Voraussetzungen des § 554 II), wenn ein wichtiger Grund vorliegt (§ 554 a) oder der Mieter von der Mietsache in vertragswidriger Weise Gebrauch macht (§ 553).

> **Beispiel:** M mietet bei R einen Pkw; die Überlassung des Wagens an Dritte ist im Vertrag untersagt. M hält sich daran nicht und überläßt den Pkw seinem Freund. Hier hat M von der Mietsache in vertragswidriger Weise Gebrauch gemacht, so daß gem. § 553 gekündigt werden kann.

cc) Auch der Mieter kann ordentlich und außerordentlich kündigen.

> **Beispiel:** M mietet für eine Woche von R einen Pkw, der am zweiten Tag einen Motorschaden erleidet. Dem Verlangen des M, den Wagen umgehend zu reparieren oder einen Ersatzwagen zur Verfügung zu stellen, kommt R nicht nach. Da R seine Pflichten aus § 536 verletzt, kann M kündigen (§ 542 I 1).

1.2 Pflichten des Vermieters

447   a) Der Vermieter ist zur *Überlassung* der Mietsache — und zwar in einem zum vertragsgemäßen Gebrauch geeigneten Zustand — und zur *Erhaltung* der Mietsache

(Gebrauchsgewährung) verpflichtet (§§ 535, 536). Die Erhaltungspflichten können bei entsprechender Vereinbarung auf den Mieter abgewälzt werden; davon wird in der Praxis weitgehend Gebrauch gemacht. Die Erhaltungspflicht bezieht sich auch auf mitvermietete Einrichtungen und Gebäudeteile, die zur Benutzung durch den Mieter bestimmt sind (Treppen, Fahrstühle, Trockenplätze).

b) Die Überlassungs- und Erhaltungspflicht ist begrenzt; das Einstehenmüssen für eine bestimmte Beschaffenheit der Mietsache beschränkt sich auf die *vertragsgemäße Gebrauchsfähigkeit* (§ 536). Die Vertragsgemäßheit des Gebrauchs richtet sich nach der vereinbarten Art der Nutzung und der Verkehrssitte. **448**

> **Beispiel:** Besucher dürfen bei Wohnraummiete vorübergehend grundsätzlich (Grenze: erhebliche Störungen) aufgenommen werden; die Aufnahme auf längere Dauer ist jedoch nur bei nahen Familienangehörigen zulässig (str.). Einrichtungen (z. B. Telefon, Anschluß für Kabelfernsehen) dürfen i. d. R. angebracht, kleine Haustiere eingebracht werden, wenn nichts anderes vereinbart ist.

1.3 Pflichten des Mieters

a) Hauptpflicht des Mieters ist die Zahlung des vereinbarten Mietzinses (§ 535 S. 2). **449**

aa) Der Grundsatz freier Vereinbarkeit des Mietzinses ist eingeschränkt; die *Erhöhung des Mietpreises* ist bei Wohnraummiete nicht ohne weiteres möglich. Das gilt insbesondere für mietpreisgebundene Wohnungen (z. B. Sozialwohnungen, vgl. § 8 WohnungsbindungsG); im übrigen ist eine einseitige Anhebung nur unter besonderen Voraussetzungen zulässig (etwa wenn die umgelegten Betriebskosten steigen), ansonsten kann der Vermieter u. U. Zustimmung zur Anhebung verlangen, eine Änderungskündigung dagegen ist ausgeschlossen (vgl. dazu das Gesetz zur Regelung der Miethöhe).

bb) Die persönliche Verhinderung des Mieters an der Ausübung seines Gebrauchsrechts befreit ihn grundsätzlich nicht von der Pflicht, den Mietzins zu entrichten (§ 552); allerdings kann ein bestimmter Gebrauch Geschäftsgrundlage sein.

> **Beispiel:** M mietet ein Zimmer für zwei Tage, um die Hannover-Messe besuchen zu können; für das Zimmer ist ein „Messepreis" (also ein besonders hoher Mietzins) vereinbart. Die Messe wird aus bestimmten Gründen verschoben: Wegfall der Geschäftsgrundlage (str.; vgl. dazu bereits Rdnr. 148, 262).

b) Bei **Wohnungen** (auch bei Sozialwohnungen) kann die Leistung von Mietvorauszahlungen und Mietsicherheiten (*Kautionen*) grundsätzlich frei vereinbart werden (vgl. § 550 b; § 9 WoBindG). Die Barkaution ist banküblich zu verzinsen; zieht der Vermieter schuldhaft keine Zinsen, so ist er dem Mieter zum Schadensersatz verpflichtet (str.). Soweit der Vermieter die Kaution schon vor Beendigung des Mietverhältnisses aufrechnungsweise verbraucht hat, kann er wieder eine Auffüllung verlangen. **450**

c) *Umlagen* hat der Mieter entsprechend der vertraglichen Vereinbarung zu tragen. Umfaßt sind i. d. R. die Betriebskosten der Heizung (einschließlich Wartung und Instandhaltung), Wasser- und Abwasserabgaben, Müllabfuhrkosten. **451**

d) *Nebenpflichten* des Mieters sind die Einhaltung der Grenzen des vertragsgemäßen Gebrauchs, die Pflicht zur Rücksichtnahme auf den Vermieter, die Beachtung der allgemeinen Obhutpflicht für die Mietsache, die Unterlassung einer Untervermietung, die Duldungspflicht bei Instandhaltungs-, Verbesserungs- und Modernisierungsmaßnahmen (§§ 541 a, 541 b), die Rückgabepflicht bei Beendigung des Mietverhältnisses (§ 556 I).

1.4 Leistungsstörungen beim Mietvertrag

1.4.1 Rechts- und Sachmängelhaftung

452   Anders als beim Kauf sind die Rechtsfolgen von Sach- und Rechtsmängeln der Mietsache nicht verschieden geregelt. Dem Mieter stehen die Rechte aus §§ 537, 538 zu.

a) Als *Mangel* wird *jeder Fehler* (§ 537 I), *jedes Fehlen zugesicherter Eigenschaften* (§ 537 II) und *jeder Rechtsmangel* (§ 541) der Mietsache verstanden.

aa) Ein Fehler i. S. des § 537 I liegt vor, wenn der vertragsgemäße Gebrauch der Mietsache nicht nur unerheblich beeinträchtigt oder aufgehoben ist. Der Fehlerbegriff wird *weit gefaßt.*

> **Beispiele:** a) M mietet ein Haus, das Vermieter V ein Jahr zuvor errichtet hatte. Beim Bau des Hauses wurde ein Elektrokabel vorschriftswidrig verlegt. Nachdem M eingezogen ist, schmort das Kabel durch und es kommt zum Brand in der Wohnung. Hier liegt ein Fehler der Mietsache vor, wobei es gleichgültig ist, daß die Schadensaktualisierung der Mangelursache mit zeitlicher Verzögerung nachfolgt: es genügt, daß eine *objektive Gefahrenursache* bestand. b) Der überaus bissige Hund des V läuft im Treppenhaus umher, fällt den M an und verletzt ihn: Sachmangel der Mietsache. c) Eröffnung eines Konkurrenzgeschäfts im selben Haus: ebenfalls ein Sachmangel der Mietsache. d) Doppelvermietung: Hier bestehen Ansprüche aus der Rechtsmängelhaftung gem. §§ 537 ff. (Rdnr. 455).

bb) Eine Zusicherung i. S. des § 537 II liegt vor, wenn der Vermieter sich verpflichtet, die Gewähr für das Vorhandensein bestimmter Eigenschaften zu übernehmen. Sie liegt nicht schon in einer bloßen Beschreibung der Mietsache oder des Umfangs des vertragsgemäßen Gebrauchs.

b) Der Mieter kann die *Beseitigung* des Mangels verlangen, sofern dieser behebbar ist; kann der Mangel nicht behoben werden, ist *Kündigung* möglich (§ 542). Weitere Rechtsfolge der Mangelhaftigkeit ist eine gesetzlich eintretende *Mietzinsminderung* (§ 537 I, III).

453   c) Neben der Geltendmachung der Rechte aus § 537 kann der Mieter den Vermieter auf *Schadensersatz* in Anspruch nehmen (§ 538). Lag der Mangel bereits bei Vertragsabschluß vor, haftet der Vermieter auch *ohne Verschulden (Garantiehaftung)*; ein Mangel schon zum Zeitpunkt des Vertragsabschlusses ist auch dann gegeben, wenn eine konkrete Gefahrenquelle vorhanden ist (vgl. Bsp. a) Rdnr. 452). Tritt der Mangel erst nach Vertragsabschluß auf, so haftet der Vermieter nur, wenn er den Mangel zu vertreten hat oder mit der Mangelbeseitigung im Verzug ist (§ 538). Der Schadensersatzanspruch aus § 538 I umfaßt auch die *Mangelfolgeschäden* (sehr wichtig!). Der Mieter kann also auch mängelbedingte Vermögens- oder Gesundheitsschäden ersetzt verlangen.

d) Bei Verzug des Vermieters ist der Mieter auch *selbst* zur Mängelbeseitigung berechtigt (§ 538 II), er hat dann Anspruch auf Ersatz der Aufwendungen.

e) Die Haftung für die Sachmängel gem. §§ 537, 538 ist ausgeschlossen, wenn der **454**
Mieter die Mangelhaftigkeit kennt oder aufgrund grober Fahrlässigkeit nicht kennt
(§ 539). Grobe Fahrlässigkeit des Mieters liegt vor, wenn nach den Umständen der
Verdacht eines Mangels sich aufdrängte und der Mieter deshalb die Sache überprüfen
mußte, wobei die Mangelhaftigkeit auch bei nur oberflächlicher Überprüfung ohne
weiteres erkennbar gewesen wäre. Der Mieter verliert seine Gewährleistungsansprüche auch dann, wenn er dem Vermieter einen festgestellten Mangel nicht unverzüglich
anzeigt (§ 545).

f) Für *Rechtsmängel* gelten die §§ 538−540 entsprechend (§ 541). Voraussetzung ist die **455**
Entziehung der Mietsache durch das Recht eines Dritten (§ 541; Beispiel: Dritter
verlangt Mietsache nach § 985 heraus); dem steht es gleich, daß eine Sache gar nicht
erst überlassen werden kann (s. oben Rdnr. 452; Fall der Doppelvermietung): Schadensersatzanspruch (§§ 541, 538), außerdem Kündigungsrecht aus § 542.

1.4.2 Verhältnis der §§ 537 ff. zu den allgemeinen Vorschriften über Leistungsstörungen

Soweit die Nichterfüllung der Pflichten des Vermieters nicht auf einem Sach- oder **456**
Rechtsmangel beruht, haftet er nach §§ 325, 326; im übrigen haben jedenfalls nach
der Überlassung der Mietsache die §§ 537, 538 Vorrang, da sonst die Garantiehaftung
nach § 538 I 1. Alt. umgangen würde. Ansprüche aus positiver Forderungsverletzung
werden, soweit es sich um die Verletzung allgemeiner Schutz- und Sorgfaltspflichten
handelt, durch § 538 nicht ausgeschlossen (vgl. dazu oben Rdnr. 452: Fall des durch
den Hund verletzten Mieters).

1.5 Sachenrechtliche Gesichtspunkte

1.5.1 Ansprüche des Mieters gegen Dritte

Der Mieter kann Besitzschutzansprüche (auch) gegen Dritte geltend machen (§§ 861, **457**
862; dazu Rdnr. 791) und bei Besitzverletzungen Schadensersatz aus § 823 I (Besitz
als „sonstiges Recht", dazu Rdnr. 575) verlangen. Bei Veräußerung beweglicher Miet-
sachen kann der Mieter sein (obligatorisches) Recht zum Besitz auch gegenüber dem
Herausgabeanspruch des Dritten geltend machen und die Herausgabe verweigern
(§ 986 II; vgl. Rdnr. 778).

1.5.2 Änderung der Eigentumslage bei der Grundstücks- und Raummiete

Der Mietvertrag gilt auch gegenüber dem Erwerber, wenn dem Mieter vor der Veräu- **458**
ßerung der Mietsache bereits der Besitz eingeräumt worden ist (§ 571). Es handelt sich
um einen gesetzlichen Vertragsübergang. Bei Veräußerung vor Überlassung an den
Mieter ist dieser weniger schutzwürdig. Hier kann der Erwerber die Vermieterposition
nur vertraglich übernehmen. Hinsichtlich Vorausverfügungen gilt § 573 zugunsten
des Erwerbers.

1.5.3 Das Vermieterpfandrecht

459   a) Das Vermieterpfandrecht entsteht, wenn ein *gültiger Mietvertrag* vorliegt, mit der *Einbringung* an den pfändbaren Sachen, die dem Mieter gehören (§ 559). Eingebracht ist eine Sache, wenn sie im Zusammenhang mit dem Mietgebrauch nicht nur vorübergehend in die gemieteten Räume gebracht wird.

> **Beispiele:** a) M hat eine Wohnung mit Garage gemietet. Der — regelmäßig — in die Garage eingestellte Pkw des M ist „eingebracht" i. S. des § 559 S. 1. Das Vermieterpfandrecht entsteht aufgrund der Einbringung. b) M stellt im Hobbyraum des von ihm gemieteten Hauses eine Holztruhe her. Auch diese gilt als „eingebracht", so daß an ihr ein Vermieterpfandrecht besteht.

b) Das Vermieterpfandrecht haftet für die Forderungen aus dem Mietverhältnis (Grenze: § 559 S. 2). Für eingebrachte Sachen, die (noch) unter Eigentumsvorbehalt eines Dritten (vgl. Rdnr. 408) stehen, gilt, daß zunächst ein *Pfandrecht am Anwartschaftsrecht* des Mieters entsteht; erstarkt das Anwartschaftsrecht zum Vollrecht (i. d. R. durch vollständige Zahlung des Kaufpreises), so setzt sich das Pfandrecht an der Sache fort. — Einen *gutgläubigen Erwerb* des Vermieterpfandrechts gibt es — schon weil es ein nicht mit Besitz verbundenes Pfandrecht ist — nicht (vgl. dazu unten Rdnr. 689).

c) Das Vermieterpfandrecht gestattet dem Vermieter die Verwertung der Sache (§§ 1228 ff.). Der Vermieter darf aufgrund des Vermieterpfandrechts eine Entfernung von Sachen — u. U. gewaltsam — verhindern und bei Auszug des Mieters die Sachen in Besitz nehmen (§ 561).

d) Das Vermieterpfandrecht erlischt unter den Voraussetzungen des § 560 oder § 561 II 2; im ubrigen gelten die allgemeinen Erlöschensgründe des Vertragspfandrechts (Rdnr. 692).

1.6 Sonderfragen

1.6.1 Untervermietung

460   a) Zur Untervermietung ist der Mieter nur mit Erlaubnis des Vermieters berechtigt (§ 549 I 1). Dem Mieter von Wohnraum gibt § 549 II einen unmittelbaren Anspruch gegen den Vermieter auf Erteilung der Erlaubnis zur Untervermietung von Teilen seiner Wohnung; erforderlich ist ein nach Abschluß des Mietvertrags eingetretenes berechtigtes Interesse.

> **Beispiel:** Verkleinerung der Familie durch Tod eines Familienangehörigen.

b) Ein Anspruch auf den aus unberechtigter Untervermietung vereinnahmten Mietzins steht dem Vermieter nicht zu: § 816 I 1 oder § 687 II scheiden mangels Eingriffs in den Herrschaftsbereich des Vermieters (dieser durfte ja selbst nicht vermieten) aus. Ein Schadensersatzanspruch aus positiver Forderungsverletzung würde voraussetzen, daß der Vermieter bei Nachfrage die Untervermietung gegen Mietzinserhöhung gestattet hätte.

1.6.2 Der Beherbergungsvertrag

461   a) Der Beherbergungsvertrag ist ein *gemischter Vertrag mit mietrechtlichem Einschlag*; er kommt nach allgemeinen Grundsätzen zustande (vgl. Rdnr. 106 ff.).

Beispiel: Die Bestellung von Hotelzimmern ist i. d. R. ein Angebot auf Leistung einer beschränkten Gattungsschuld (andere Möglichkeit: Wahlschuld; vgl. dazu bereits Rdnr. 210). — Das Angebot muß (auch) zeitlich bestimmbar sein. Eine ausdrückliche Annahmeerklärung (§ 146) ist meist nicht zu verlangen, da dies nach der Verkehrssitte nicht zu erwarten ist (§ 151 S. 1); erforderlich ist allerdings, daß der Annahmewille aus einem nach außen sichtbaren Verhalten unzweideutig erkennbar ist (Bereitstellung des Zimmers, Eintragung ins Gästeverzeichnis).

b) Bei Leistungsstörungen ergeben sich Ansprüche aus §§ 537, 538 und § 541 i. V. m. §§ 537, 538 (vgl. dazu Rdnr. 452 ff.). Abzulehnen ist die Auffassung, die den Beherbergungsvertrag als Vertragsverhältnis eigener Art ansehen will und nur §§ 320 ff., nicht dagegen §§ 537 ff. für anwendbar hält. Dabei bleibt außer acht, daß der Beherbergungsvertrag im Kern Wohnraummiete ist; außerdem scheint die Garantiehaftung nach §§ 538, 541 (vgl. Rdnr. 453, 455) gerade zum Schutz von Hotelgästen besonders notwendig. **462**

c) Zur Haftung des Gastwirts für eingebrachte Sachen s. unten Rdnr. 519.

1.6.3 Die kurze Verjährungsfrist des § 558

§ 558 I umfaßt Ansprüche des Vermieters wegen Veränderungen oder Verschlechterungen der Mietsache sowie Ansprüche des Mieters auf Ersatz von Verwendungen und Wegnahmegestattung und unterwirft sie einer sechsmonatigen Verjährungsfrist. Diese erstreckt sich auch auf Ansprüche, die der Vermieter z. B. aus § 823 wegen des Zustands der Mietsache geltend machen kann. Als Ausnahmeregelung gilt § 558 I indes nicht für Mietzins- und Rückgabeansprüche. **463**

2. Pacht

2.1 Begriff und Unterschied zur Miete

Wie die Miete ist die Pacht ein gegenseitiger Vertrag. Sie ist praktisch bedeutsam vor allem im Unternehmensrecht (Betriebspacht), im gewerblichen Rechtsschutz (Lizenzverträge), aber auch in der Land- und Forstwirtschaft. Während dem Mieter nur ein Recht zum Gebrauch der Mietsache zusteht, ist der Pächter darüber hinaus berechtigt, aus der bestimmungsgemäßen Verwertung des Pachtgegenstands einen Ertrag zu ziehen (Fruchtziehungsrecht; vgl. Rdnr. 34). Mieten kann man nur Sachen, pachten auch Rechte! **464**

Beispiele: a) Überlassung von Geschäftsräumen, die nach ihrer Ausstattung als unmittelbare Ertragsquelle geeignet sind: Pachtvertrag. b) Überlassung leerer Räume zu gewerblichen Zwecken: Mietvertrag. c) Schankwirtschaft mit Wirtschaftswohnung: Pachtvertrag (wesentlicher Vertragszweck entscheidend). d) Überlassung eines Grundstücks zum Abbau von Uran-Vorkommen: Pacht, nicht etwa Kauf. e) Franchising (z. B. Know-how-Vertrag über Fertigungs- und Vertriebsverfahren): gemischter Vertrag, etwa Rechtspacht- und Dienstleistungsvertrag.

2.2 Anwendbare Vorschriften

Auf die Pacht finden die Vorschriften über die Miete entsprechende Anwendung (§ 581 II), soweit §§ 582 ff. keine Sonderregelung vorsehen. Die Pacht bedarf daher hier keiner weiteren Behandlung. **465**

3. Leihe

3.1 Der Leihvertrag

466 Inhalt der Leihe ist die unentgeltliche Gestattung des Sachgebrauchs (das ist weniger als das „Gewähren" des Gebrauchs bei der Miete; vgl. Rdnr. 447). Der Leihvertrag ist ein unvollkommen zweiseitiger Vertrag (zu den verschiedenen Vertragstypen vgl. Rdnr. 191); zunächst muß nur der Verleiher einer Leistungspflicht nachkommen. Pflichten des Entleihers entstehen erst nach der Gebrauchsüberlassung (vgl. §§ 601, 603, 604). Für den Vertragsabschluß genügt die Einigung über die unentgeltliche Gebrauchsgestattung, die Überlassung der Sache selbst ist nicht erforderlich (h. M.; Konsensualvertrag). Zum Kündigungsrecht vgl. Rdnr. 468. Sollen nicht gerade die überlassenen Sachen zurückgegeben werden, sondern nur gleichartige, liegt Darlehn (§ 607; vgl. Rdnr. 469) vor.

3.2 Pflichten des Verleihers und des Entleihers

467 Der Verleiher ist zur unentgeltlichen Gebrauchsüberlassung verpflichtet (§ 598). Bei Unmöglichkeit der Gebrauchsüberlassung haftet er — ähnlich wie der Schenker (§§ 521, 523 I, 524 I) — nur für Vorsatz und grobe Fahrlässigkeit (§ 599). Die Mängelhaftung ist beschränkt auf Fälle arglistigen Verschweigens von Fehlern (§ 600). Der Entleiher hat — anders als der Mieter — die gewöhnlichen Erhaltungskosten zu tragen (§ 601). Er darf keinen vertragswidrigen Gebrauch von der Leihsache machen (§ 603) und muß sie nach Ablauf der Leihfrist (§ 604 I), sonst bei Aufforderung durch den Verleiher zurückgeben (§ 604 III).

3.3 Kündigung

468 Das Besitzrecht des Entleihers endet — i. d. R. ohne Kündigung — nach § 604 I—III. § 605 berechtigt den Verleiher, die Leihe bei besonderen Umständen schon vor dem sich aus § 604 I—III ergebenden Zeitpunkt fristlos zu beenden. Dann entsteht ein obligatorischer Herausgabeanspruch (vgl. auch § 604 IV: Herausgabeanspruch — wie bei § 556 III — gegen den Dritten, dem die Sache zum Gebrauch überlassen ist). Dem Entleiher steht ein Kündigungsrecht nicht zu; er kann die Sache aber jederzeit zurückgeben (vgl. § 271 II).

4. Darlehn

4.1 Der Darlehnsvertrag

469 Der Darlehnsvertrag ist, soweit eine Verzinsung der Darlehnsvaluta vereinbart ist, *gegenseitiger* Vertrag; der Zins ist die Gegenleistung für die Kapitalnutzung; ansonsten handelt es sich (stets) um einen *unvollkommen zweiseitigen* Vertrag, durch den der Darlehnsgeber zur Verschaffung des Darlehns (Geld oder andere vertretbare Sachen) und der Darlehnsnehmer zur Rückerstattung von Sachen gleicher Art, Güte und Menge verpflichtet wird (§ 607 I). Der Darlehnsvertrag ist nicht erst abgeschlossen mit der Hingabe des vereinbarten Darlehns (so die überholte Realvertragstheorie), sondern bereits mit der Einigung über die Darlehnsgewährung, die nicht ein bloßer Darlehnsvorvertrag ist. Der Darlehnsvertrag gehört daher zu den Konsensualverträgen. Der Darlehnsgeber ist zur Gewährung des Darlehns verpflichtet; die Rückerstattung des Darlehns ist bloße Abwicklungspflicht. — Gem. § 607 II kann ein Schuldverhältnis in ein Darlehn umgewandelt werden (sog. Vereinbarungsdarlehn), sofern Geld oder andere vertretbare Sachen Gegenstand eines solchen Schuldverhältnisses sind.

4.2 Die Rückerstattungspflicht

Die Rückerstattungsverpflichtung entsteht, wenn der Darlehnsnehmer die Darlehns- **470** valuta „empfangen" hat (§ 607 I).

> **Beispiel:** K kauft beim Autohaus S einen Pkw, den er mit einem Teilzahlungskredit der B-Bank finanziert. Mit der Überweisung der jeweils fälligen Raten durch die B-Bank an S ist das Darlehn i. S. des § 607 I „empfangen". Auf ein Handeln gerade im Namen des Darlehnsnehmers (§ 164; vgl. dazu Rdnr. 155 ff.) kommt es also nicht an. Vielmehr liegt „Empfang" in solchen Fällen dann vor, wenn der Dritte die Darlehnsvaluta mindestens überwiegend im Interesse des Kreditnehmers erhält (vgl. zum finanzierten Abzahlungskauf Rdnr. 418).

4.3 Mängel des Darlehnsvertrags

Der Darlehnsvertrag kann wegen eines Verstoßes gegen ein gesetzliches Verbot **471** (§ 134; z. B. § 56 I Nr. 6 GewO), wegen Sittenwidrigkeit (§ 138 I) oder wegen Zinswuchers (§ 138 II) unwirksam sein.

> **Beispiele:** a) Übermäßig belastende, unübersichtliche Vergütungs- und Entschädigungsregelungen in den AGB können den Darlehnsvertrag wegen Sittenwidrigkeit nichtig machen (§ 138 I). b) Der effektive Zinssatz (eingerechnet werden alle Kosten, z. B. Vermittlungsprovisionen) liegt erheblich (mindestens um 300 %) über dem Marktzins: Wucherdarlehn, § 138 I (zu § 138 II s. Rdnr. 153). Zum Rückforderungsanspruch aus ungerechtfertigter Bereicherung vgl. Rdnr. 554.

Literaturhinweise:

Emmerich/Sonnenschein, Miete, 3. Aufl. 1986.
Löwisch/Denck, Vertragliche Schuldverhältnisse, 1978, §§ 11−13, 27.
Medicus, Schuldrecht II, §§ 87−93.
Teichmann, Schuldrecht I. Leistungsstörungen und Gewährleistung, 2. Aufl. 1981, Rdnr. 701−711.
Weimar, Das BGB in Fällen, Bd. 1, Fall zu § 138 (am Ende); Bd. 2 b, Fälle zu §§ 535−597, 598−606, 607−610.
BGH NJW 1980, S. 777 ff. (zum Verhältnis der §§ 537 ff. zu den allgemeinen Vorschriften über Leistungsstörungen).
BGHZ 80, S. 153 ff. (zum Wucherdarlehn).
BVerfG NJW 1985, S. 2633 ff. (Soziales Mietrecht und Eigentumsgarantie).

Kontrollfragen:

1. V schließt mit fünf Studenten, die sich zu einer Wohngemeinschaft zusammengefunden haben, einen Mietvertrag. Kann V von jedem einzelnen oder nur von allen gemeinsam den Mietzins for-

dern? Können die Wohngemeinschaftsmitglieder einzeln oder nur gemeinsam ihre Rechte aus dem Mietvertrag ausüben?

2. In welcher Hinsicht ist die Haftung des Vermieters für Schäden, die infolge von Mängeln der Mietsache eintreten, besonders streng ausgestaltet?

3. A bestellt im G-Hotel für den 5. Mai Zimmer Nr. 180. Die Reservierung wird bestätigt. Als A erscheint, ist das Zimmer von B belegt, der es vom 1.—10. Mai gemietet hat. Was kann A unternehmen?

4. K hat von der B-Bank einen Kleinkredit über 10.000 DM eingeräumt erhalten zu einem Zinssatz von 8 % und mit einer Laufzeit von zwei Jahren. Nachdem das Darlehn am 1. April ausgezahlt wurde, verlangt die Bank im Mai erstmals die Zahlung einer Zinsrate. Muß K jetzt bereits Zinsen zahlen?

5. Da der Diskontsatz inzwischen erhöht wurde, steigen die von K für den Kredit zu entrichtenden Zinsen auf 10 %. Kann K den Kredit sofort zurückzahlen?

6. K vereinbart mit der B-Bank einen Kredit in Höhe von 50.000 DM. Vor der Auszahlung der Darlehnsvaluta erfährt die Bank, daß der K mit einem nicht versicherten Kraftfahrzeug einen Unfall verschuldet hat und erhebliche Schadensersatzforderungen von seiten des Geschädigten gewärtigen muß. Kann die Bank, wenn ihr nun die Auszahlung des Kredits an K zu riskant erscheint, den Darlehnsvertrag rückgängig machen?

Antworten zu den Kontrollfragen finden Sie auf S. 285 f.

III. Tätigkeitsbezogene Schuldverhältnisse

1. Dienst- und Arbeitsvertrag

1.1 Abgrenzung, Zustandekommen und Beendigung

472   a) Der *Dienstvertrag* verpflichtet den einen Vertragspartner (Dienstnehmer) zur Dienstleistung, den anderen (Dienstgeber) zur Zahlung der vereinbarten Vergütung. Die Dienste müssen in *wirtschaftlicher und sozialer Selbständigkeit und Unabhängigkeit* geleistet werden. Ein besonderer Dienstvertrag ist der *Arbeitsvertrag*, der zwischen dem Arbeitgeber und dem Arbeitnehmer abgeschlossen wird. Der wesentliche Unterschied zum Dienstvertrag besteht darin, daß der Arbeitnehmer unselbständig ist und *weisungsgebundene, abhängige Arbeit* zu leisten hat. Dienstvertrag, nicht Arbeitsvertrag, liegt also vor, wenn der Dienstpflichtige selbst Unternehmer ist oder einen freien Beruf ausübt.

> **Beispiele:** a) Der Vertrag mit einem Rechtsanwalt über Rechtsberatung, Prozeßvertretung usw. ist Dienstvertrag, ebenso grundsätzlich der Behandlungsvertrag mit einem Arzt. b) Soll ein Zahnarzt einen devitalen Zahn extrahieren, handelt es sich um einen durch Dienstleistung herzustellenden Erfolg: Werkvertrag (dazu Rdnr. 480).

b) Der Dienstvertrag kommt nach allgemeinen Grundsätzen zustande (§§ 145 ff.; vgl. Rdnr. 106 ff.); er wird grundsätzlich formfrei abgeschlossen. Auch der Arbeitsvertrag kommt in dieser Art und nicht erst mit der Eingliederung in den Betrieb zustande (str.). Ein *faktisches* Arbeitsverhältnis (vgl. dazu schon Rdnr. 118) liegt vor, wenn ein Arbeitnehmer ohne wirksamen Arbeitsvertrag Arbeit leistet. Nach der Arbeitsaufnahme wirkt die Nichtigkeit oder Anfechtung des Arbeitsvertrags grundsätzlich nur für die Zukunft, da die Rückabwicklung nach Bereicherungsrecht oft an § 818 II oder III scheitert.

c) Bei Abschluß des Dienst- oder Arbeitsvertrags können den Verpflichteten *Offenbarungspflichten* treffen, deren Nichterfüllung u. U. zur Anfechtung berechtigt oder Schadensersatzansprüche aus culpa in contrahendo begründet. **473**

> **Beispiel:** U stellt die A ein; nach zwei Monaten erfährt er, daß sie im 5. Monat schwanger ist. Wenn U hier die Kündigung ausspricht, so ist diese gem. § 9 I 1 MutterschutzG nichtig. Ein Anfechtungsrecht nach § 123 steht dem U nicht zu, da es an einer entsprechenden Offenbarungspflicht der A fehlt; eine solche besteht hinsichtlich der Schwangerschaft nicht. Schwangere würden ansonsten nur schwerlich eine Arbeitsstelle finden, weil Arbeitgeber die mutterschutzrechtlichen Belastungen oft nicht übernehmen wollen. Nur wenn U die A bei der Einstellung befragt und A die Schwangerschaft wahrheitswidrig leugnet, könnte er den Vertrag anfechten. In diesem Fall steht § 9 MutterschutzG der Anfechtung nicht entgegen.

Eine Anfechtung nach § 119 II (Eigenschaftsirrtum) kommt in Betracht, wenn es um eine Eigenschaft der Person geht, die für die auszuübende Tätigkeit wesentlich ist.

> **Beispiele:** a) U stellt den A als Fahrer ein; später erfährt er, daß A seit geraumer Zeit Alkoholiker ist. b) U erlangt davon Kenntnis, daß der bei ihm tätige Prokurist mehrfach wegen Betrugs, Untreue und Unterschlagung vorbestraft ist. In beiden Fällen ist ein Anfechtungsgrund nach § 119 II gegeben.

d) Das Dienstverhältnis endet mit Zeitablauf (§ 620 I), Zweckerreichung (§ 620 II), Eintritt einer auflösenden Bedingung (§ 158; dazu Rdnr. 98), Tod des Dienstverpflichteten (§ 613; der Tod des Dienstberechtigten beendet das Dienstverhältnis dagegen nur ausnahmsweise, z. B. bei besonderer Personengebundenheit), Erreichen der Altersgrenze (je nach Tarif- oder Individualvertrag). Beendigung ist ferner möglich durch Abschluß eines Aufhebungsvertrags oder durch Anfechtung gem. §§ 119 I, II, 123 (s. Rdnr. 473). Wichtigster Fall der Beendigung des Dienstverhältnisses ist die Kündigung. Zu unterscheiden ist ordentliche (§§ 620 II, 621, 622) und außerordentliche (§§ 626, 627) Kündigung. Das Recht des Arbeitgebers zur Kündigung ist durch einzelgesetzliche Regelungen stark eingeschränkt (vgl. §§ 1, 15 KSchG, § 12 SchwerbehindertenG, §§ 102, 103 BetrVG). Eine durch den Arbeitgeber verhängte Aussperrung beendet das Dienst- oder Arbeitsverhältnis grundsätzlich nicht; sie wirkt als solche lediglich suspendierend (anders die *lösende* Aussperrung, z. B. bei rechtswidrigem Streik). **474**

1.2 Die Pflichten der Vertragsbeteiligten

1.2.1 Pflichten des Dienstnehmers/Arbeitnehmers

Hauptpflicht ist die Leistung der vereinbarten Dienste (§ 611). Die Dienste sind im Zweifel persönlich zu leisten (§ 613 S. 1). Zeit, Ort und Art der Dienstleistung werden vom Dienstberechtigten aufgrund des ihm zustehenden Weisungsrechts (Direktionsrecht) im einzelnen bestimmt (Konkretisierungsrecht). Das Weisungsrecht ist durch gesetzliche Bestimmungen und vertragliche Abreden begrenzt. Eine Befreiung von der Dienstpflicht tritt ein z. B. bei unmöglich gewordener Dienstleistung (z. B. im Krankheitsfall), ferner während des Erholungs- und Bildungsurlaubs sowie bei rechtmäßigem Streik. Darüber hinaus besteht eine Reihe von Nebenpflichten, die unter dem **475**

Stichwort *Treuepflicht* zusammengefaßt werden (nach a. M. handelt es sich auch hier um Hauptpflichten); Inhalt und Ausmaß der Treuepflicht hängen von der Art des Dienstverhältnisses ab.

> **Beispiele:** a) Schadensabwendungs-, Verschwiegenheitspflichten. b) Gebot der Interessenwahrung, Wettbewerbsverbot (insbesondere Verbot der Kundenabwerbung). c) Verbot konkurrierender Nebentätigkeiten, die die vertragliche Hauptleistung beeinträchtigen.

1.2.2 Pflichten des Dienstberechtigten/Arbeitgebers

476 Der Dienstberechtigte ist in erster Linie zur Vergütungszahlung verpflichtet; ist eine solche nicht vereinbart, so gilt § 612 I. Wichtig ist — als Pendant zur Treuepflicht des Dienstverpflichteten — die *Fürsorgepflicht* des Dienstberechtigten (vgl. § 618). Sie ist eine Nebenpflicht und bezieht sich vor allem darauf, Leben, Gesundheit sowie Sachen des Dienstverpflichteten vor Schaden zu bewahren. Bei schuldhafter Verletzung der Fürsorgepflicht kommen Schadensersatzansprüche (§§ 618 III, 842—846) sowie u. U. eine Zurückhaltung der Arbeitsleistung in Betracht.

> **Beispiel:** Arbeitnehmer A verunglückt bei einer Dienstfahrt mit seinem privaten Pkw. Vom Arbeitgeber will er Schäden am Fahrzeug ersetzt haben. Hier ist ein Anspruch aus der Fürsorgepflicht des Arbeitgebers ohne Verschulden nicht anzunehmen. Ebensowenig ist entsprechend § 670 (dazu Rdnr. 496) Ersatz zu leisten. Der Unfall liegt im Bereich des allgemeinen Lebensrisikos, das A zu tragen hat. Anders ist es bei außergewöhnlichen Schädigungen, mit denen der Arbeitnehmer nicht zu rechnen braucht. Wenn eine Verpflichtung (nicht nur eine Billigung durch den Arbeitgeber) bestand, den (Privat-) Pkw zu benutzen, kann eine Ersatzpflicht des Arbeitgebers zu bejahen sein. Im übrigen ist zu beachten, daß bei Arbeitsunfällen die gesetzliche Unfallversicherung einzustehen hat, wenn der Arbeitnehmer infolge des Arbeitsunfalls (§ 548 RVO) einen Personenschaden erlitten hat (§§ 537 ff. RVO). Diese Schäden können grundsätzlich weder gegen den Arbeitgeber noch gegen einen Arbeitskollegen geltend gemacht werden (§§ 636, 637 RVO). Für schuldhaft verursachte Personenschäden haftet der Arbeitgeber nur dann, wenn er vorsätzlich gehandelt hat oder wenn der Arbeitsunfall bei der Teilnahme am allgemeinen Verkehr entstanden ist (§ 636 I 1 RVO).

Der Arbeitgeber ist ferner zur Gewährung von Urlaub nach dem BundesurlaubsG verpflichtet; eine Erwerbstätigkeit ist dem Arbeitnehmer im Urlaub verboten (§ 8 BundesurlaubsG).

1.3 Vergütungspflicht bei unterbliebener Dienst- und Arbeitsleistung

477 a) Ist der Dienstberechtigte mit der Annahme der angebotenen Dienstleistung im Verzug, so wird der Verpflichtete frei (§ 615 S. 1).

b) Der Lohnanspruch bleibt erhalten, wenn die Dienstleistung an von keinem der Vertragsbeteiligten zu vertretenden Umständen scheiterte, die in der Sphäre des Dienstberechtigten liegen (*Betriebsrisikolehre*). Es muß ein *typisches Unternehmerrisiko* vorliegen.

> **Beispiele:** a) Aus betriebsinternen Gründen fällt eine ganze Schicht aus: typisches Unternehmerrisiko, Lohnanspruch bleibt erhalten. b) Auftragsmangel, Maschinendefekt, Stromausfall: ebenfalls Unternehmerrisiko. c) Abwehraussperrung: Lohnanspruch entfällt.

c) Ist dem Dienstverpflichteten die Leistungserbringung durch einen in seiner Person liegenden Grund unverschuldet unmöglich, so wird er von der Leistungspflicht frei, behält aber den Vergütungsanspruch, wenn die Verhinderung zeitlich nicht erheblich ist (§ 616 I 1; zu Sonderregelungen bei Krankheit von Arbeitnehmern vgl. § 616 III i. V. m. § 1 LohnfortzahlungsG; ferner § 63 HGB, § 133 c GewO, § 12 BundesbildungsG). Andere Vorschriften, die den Dienstverpflichteten von der Leistungspflicht freistellen und den Lohnanspruch unberührt lassen, finden sich z. B. im MutterschutzG und BundesurlaubsG.

1.4 Schlecht- und Nichterfüllung

Läßt sich der Dienstberechtigte eine Vertragsverletzung zuschulden kommen (z. B. Verletzung der Fürsorgepflicht), so bestehen *Schadensersatzansprüche* (Rdnr. 476). Auch hat der Dienstverpflichtete ein *Zurückbehaltungsrecht* (vgl. Rdnr. 476) hinsichtlich der Dienstleistung. Von diesen Konstellationen abgesehen ist ein Zurückhalten der Arbeitsleistung nur dann kein Vertragsbruch, wenn ein legitimer Streik durchgeführt wird. Bei vom Dienstverpflichteten zu vertretendem Ausbleiben oder bei Verspätung seiner Leistung kann der Dienstberechtigte nach §§ 325, 326 Schadensersatz wegen Nichterfüllung verlangen. **478**

1.5 Risikoverlagerung bei gefahrengeneigter Arbeit

Entsteht ein Schadensfall bei gefahrengeneigter Arbeit (vgl. dazu Rdnr. 230) und ist der Schaden gemessen am Einkommen des Arbeitnehmers unverhältnismäßig hoch, so tritt — außer bei Vorsatz und grober Fahrlässigkeit — eine Haftungsentlastung zugunsten des Arbeitnehmers ein, die sowohl für vertragliche wie gesetzliche Ansprüche (z. B. aus § 823) gilt: Bei leichter und normaler Fahrlässigkeit entfällt der Schadensersatzanspruch gegen den Arbeitnehmer. Bei Schädigung eines Dritten hat der Arbeitnehmer einen Freistellungsanspruch gegen seinen Arbeitgeber (BAG NJW 1983, S. 1693). **479**

> **Beispiel:** A fährt als Arbeitnehmer des U eine Sattelzug (typische gefahrengeneigte Arbeit). Aufgrund kurzzeitiger Unaufmerksamkeit kommt er auf abschüssiger nasser Straße mit dem Fahrzeug ins Rutschen und beschädigt den parkenden Wagen des D; auch der Sattelschlepper wird beschädigt. Kein Anspruch des U gegen A auf Ersatz des am Sattelschlepper entstandenen Schadens; der D kann von A den Schaden voll ersetzt verlangen, A hat aber einen Freistellungsanspruch gegen U in Höhe des Schadens am Fahrzeug des D.

2. Werkvertrag

2.1 Zustandekommen, Gegenstand und Beendigung

a) Der Werkvertrag wird nach allgemeinen Regeln abgeschlossen (Rdnr. 106 ff.); er ist gegenseitiger Vertrag, durch den sich der eine Vertragspartner (Unternehmer) zur Herstellung eines „Werkes", der andere (Besteller) zur Entrichtung der vereinbarten Vergütung verpflichtet (§ 631 I). **480**

b) Werk kann nach § 631 II ein gegenständliches Arbeitsprodukt als solches (*Sachwerk*, z. B. Herstellung einer Sache aus Stoffen des Bestellers) oder ein leistungsabhängiger Erfolg sein (*Tatwerk*, z. B. Beförderung durch Taxi). Im Gegensatz zum Dienst- oder Arbeitsvertrag (Rdnr. 472 ff.) wird nicht die Arbeit als solche, sondern **481** der durch sie herbeizuführende *Erfolg* geschuldet, für dessen vertragsgemäße Beschaffenheit der Unternehmer einzustehen hat (§§ 633 ff.; s. Rdnr. 487 ff.). Wie weit die Erfolgsgarantie reicht, ist oft Auslegungssache (§ 157). Regelmäßig ist nur der unmittelbar durch die unternehmerische Tätigkeit herbeizuführende Erfolg selbst, nicht auch das erhoffte endgültige Ergebnis geschuldet (z. B. ordnungsgemäße Herstellung des Gebäudes, nicht auch seine Vermietbarkeit; fachgerecht durchgeführte Operation, nicht Heilungseintritt). Sehr wichtig ist die jeweilige Abgrenzung dem Grundtyp des Vertrags nach — wegen der möglichen unterschiedlichen Rechtsfolgen.

> **Beispiele:** a) Veröffentlichung einer Werbeanzeige in der Tagespresse: Werkvertrag. b) Vertrag mit einer Bank: kein Werkvertrag, sondern Geschäftsbesorgungsvertrag (§ 675; dazu Rdnr. 502). c) Baubetreuungsvertrag: kann — je nach der inhaltlichen Ausgestaltung des Vertrags — Werkvertrag oder gemischter Vertrag sein. d) Vertrag mit Steuerberater oder Wirtschaftsprüfer: kein Werkvertrag (str.), sondern wie b), aber mit Dienstvertragscharakter (§ 611; dazu Rdnr. 472). e) Erstellung eines EDV-Programms: Werkvertrag. f) Krankenhausaufnahmevertrag: kombinierter Vertrag mit dem Krankenhausträger mit überwiegender ärztlicher Dienstleistung (Regelfall). g) Bewachter Parkplatz: kein Werkvertrag, auch nicht Miete, sondern Verwahrung (dazu Rdnr. 517 f.).

482 c) Anders als beim Kauf können beide Partner den Werkvertrag, solange dessen Erfüllung noch ganz oder teilweise aussteht, *kündigen* (§ 649).

aa) Wichtig ist das Kündigungsrecht des Bestellers; es steht ihm bis zur Vollendung des Werkes zu und ist an eine Kündigungsfrist nicht gebunden; doch muß der Besteller, ungeachtet der Kündigung, dem Unternehmer den Werklohn zahlen und darf nur abziehen, was der Unternehmer infolge der Aufhebung des Vertrags an Aufwendungen erspart oder durch anderweitige Verwendung seiner Arbeitskraft erwirbt oder zu erwerben böswillig unterläßt (§ 649 S. 2).

bb) Dem Unternehmer steht das Kündigungsrecht nur zu, wenn der Besteller die ihm obliegende Mitwirkung bei Herstellung des Werkes versäumt, obwohl der Unternehmer ihm zuvor eine angemessene Nachfrist gesetzt und ihm dabei die Kündigung angedroht hatte (§ 643 S. 1). Macht der Unternehmer von dem Kündigungsrecht Gebrauch, so ist der Besteller etwas besser gestellt, als wenn er selbst kündigt: der Unternehmer kann nämlich von ihm nur einen Teil des Werklohns nach dem Verhältnis der bereits vor der Kündigung geleisteten Arbeit sowie, wenn die Auslagen nicht schon in dem Werklohn enthalten sind, auch deren Erstattung fordern (§ 645 I 2). Unberührt bleibt ggf. fristlose Kündigung des Unternehmers bei positiver Forderungsverletzung des Bestellers.

2.2 Rechte und Pflichten der Vertragspartner

483 a) Der Unternehmer muß das Werk rechtzeitig liefern und es zu diesem Zweck *herstellen*. Er kann bei der Arbeit Gehilfen zuziehen und u. U. die ganze Arbeit dritten Personen übertragen. Dem Unternehmer steht die ihm versprochene Vergütung (Werklohn) nicht zu, wenn er das bestellte Werk nicht zustande bringt: er geht leer aus, wenn seine Bemühungen um die Herstellung des Werkes erfolglos bleiben. Der Unternehmer schuldet einen Erfolg; selbst dann hat er den Werklohn noch nicht „verdient", wenn das Werk zwar hergestellt ist, der Besteller es aber nicht *abgenommen* hat (§ 644 I 1). Die Abnahme ist eine Hauptpflicht des Bestellers (§ 640 I; anders beim Kauf, vgl. Rdnr. 385). Ein Werk ist „abgenommen", wenn es vom Unternehmer *fertig* *geliefert* und *vom Besteller im wesentlichen als Erfüllung des Vertrags angenommen ist.* Die h. M. verlangt regelmäßig sowohl die reale Entgegennahme des Werkes (Besitzübertragung) als auch die Erklärung, daß der Besteller die Leistung als vertragsgemäß in dem Sinne anerkennt, daß sie zwar nicht als Erfüllung schlechthin, wohl aber als eine der Hauptsache nach dem Vertrag entsprechende Erfüllung anzusehen ist.

> **Beispiele:** a) B hat bei U ein Gutachten über infolge Absenkung des Grundwasserspiegels entstandene Gebäudeschäden in Auftrag gegeben. Er hatte das einzige Exemplar des fertigen Gutachtens am 1. Mai persönlich bei U abgeholt und dabei erklärt: „Ich lese es in dieser Woche und werde Ihnen dann mitteilen, ob es meinen Wünschen entspricht." Bevor der B es lesen kann, wird es am 2. Mai ohne dessen Verschulden zerstört. Hier hat B das Gutachten noch nicht „abgenommen", U kann also keine Vergütung beanspruchen, auch wenn der zum Untergang des Gutachtens führende Umstand im Bereich des B liegt. Anders als im Dienstvertragsrecht (vgl. Betriebsrisikolehre Rdnr. 477) fallen dem Besteller beim Werkvertrag vor Abnahme Leistungshindernisse aus seinem Gefahrenbereich regelmäßig nicht zur Last; die Verteilung der Preisgefahr ist im einzelnen gesetzlich festgelegt (vgl. § 645). Im übrigen könnte umgekehrt auch der Besteller für zufälligen Untergang seines Stoffes in der Sphäre des Unternehmers keinen Ersatz beanspruchen. b) Vor Fertigstellung einer beim Unternehmer U in Auftrag gegebenen Scheune brennt diese durch vom Bauherrn B eingebrachtes Heu nieder. Hier hat B eine für den Untergang des Werkes ursächliche Gefährdung geschaffen, so daß er entsprechend § 645 dem U einen der bisherigen Arbeit entsprechenden Teil der Vergütung zahlen muß.

b) Der Besteller hat die vertragsgemäße *Vergütung* zu zahlen (vgl. §§ 641 I, 646). Ist **484** das Werk in Teilen abzunehmen und die Vergütung für die einzelnen Teile getrennt bestimmt, so ist die Vergütung für jeden Teil bei dessen Abnahme zu entrichten (§ 641 I 2). Ist eine Vergütungsvereinbarung bei Vertragsabschluß unterblieben, so gilt sie als stillschweigend getroffen (Fiktion), wenn der Besteller nicht erwarten konnte, daß die Werkleistung unentgeltlich erbracht würde (§ 632 I). Die Höhe der Vergütung richtet sich nach festliegenden Vergütungstaxen (z. B. Honorarsätze der Gebührenordnung für Architekten, der Bundesrechtsanwaltsgebührenordnung usw.), sonst nach der Üblichkeit (§ 632 II).

Ist das Werk ordnungsgemäß vollendet, so entsteht für den Besteller die Pflicht, das Werk abzunehmen (§ 640 I). Den Besteller können auch Mitwirkungspflichten (i. S. bloßer Obliegenheiten) bei der Herstellung des Werkes treffen (vgl. § 642 I).

> **Beispiel:** U stellt für B eine Spezialmaschine her, zu deren Fertigstellung er Daten benötigt, die nur B ermitteln kann. Unterläßt B die Mitwirkung, gerät er in Annahmeverzug (§ 644 I 2; Rdnr. 339). U hat keinen Anspruch auf Mitwirkung, auch nicht neben § 642 auf Schadensersatz aus positiver Forderungsverletzung, sondern nur auf billige Entschädigung (§ 642).

2.3 Gefahrtragung, Schlecht- und Nichterfüllung

a) Grundsätzlich trägt der Unternehmer die Gefahr bis zur Abnahme des Werkes (vgl. **485** Beispiel a Rdnr. 483).

aa) Wenn jedoch der Besteller bei der Herstellung des Werkes mitwirkt, indem er dem Unternehmer den für das Werk erforderlichen Stoff liefert oder ihm Anweisungen für die Ausführung des Werkes erteilt, und infolge eines Mangels des vom Besteller gelieferten Stoffes oder infolge der von ihm erteilten Anweisungen das Werk noch vor der Abnahme untergegangen, verschlechtert oder unausführbar geworden ist, kann der

Unternehmer einen der bereits geleisteten Arbeit entsprechenden Teil der Vergütung und Ersatz der vollen in der Vergütung nicht enthaltenen Auslagen verlangen. Der Besteller hat in diesem Fall schon vor der Abnahme die Gefahr des Werkes wenigstens zu einem Teil zu tragen (§ 645 I 1).

bb) Versendet der Unternehmer das Werk auf Verlangen des Bestellers an einen anderen Ort, so geht die Gefahr des Werkes — wie beim Kauf (vgl. Rdnr. 406) — schon mit der Auslieferung an die befördernde Person über (§ 644 II). Gerät der Besteller mit der Annahme des Werkes in Verzug, geht die Gefahr des Werkes auf ihn über (§ 644 I S. 2).

> **Beispiel:** Hätte U sein Gutachten (Beispiel a Rdnr. 483) an B auf dessen Wunsch mit der Post zugeschickt und wäre es auf dem Weg zu B verlorengegangen, so müßte B an U das volle Honorar zahlen.

486 b) Liefert der Unternehmer das Werk nicht rechtzeitig, kann der Besteller vom Vertrag zurücktreten, auch wenn der Unternehmer an der rechtzeitigen Lieferung durch Umstände gehindert ist, die er nicht zu vertreten braucht (§ 636 I; *Rücktritt ohne Verzug*). Die Vorschriften über das Wandlungsrecht des Bestellers gelten entsprechend (vgl. unten Rdnr. 487); der Rücktritt ist grundsätzlich erst statthaft, nachdem der Besteller dem Unternehmer zuvor eine angemessene *Nachfrist* gesetzt hat (§§ 636 I, 634 I).

> **Beispiel:** U soll eine Lithographie bis zum 1. März für B einrahmen, kann aber den Termin nicht einhalten, weil ohne sein Verschulden seine rechte Hand verletzt ist. Hier kann B sofort erklären, daß er vom Vertrag zurücktrete, wenn U das Bild nicht spätestens am 31. März liefere; daß etwa das Bild am 1. März nahezu fertig gerahmt war und U den ganzen März arbeitsunfähig bleibt, ändert nichts.

Bei Verzug des Unternehmers mit der Herstellung bleiben dem Besteller nach § 636 I 2 im übrigen die Rechte aus den allgemeinen Vorschriften (§§ 286 I, 326).

487 c) Der Unternehmer haftet — wie ein Verkäufer — dafür, daß das Werk nicht mit Rechten Dritter belastet (§§ 445, 434, vgl. Rdnr. 392) und daß es frei von Fehlern ist, die den Wert oder die Tauglichkeit zu dem gewöhnlichen oder nach dem Vertrag vorausgesetzten Gebrauch aufheben oder mindern, und daß es die von ihm zugesicherten Eigenschaften besitzt (§ 633 I).

aa) Eine *mangelhafte* Werkleistung liegt vor bei *jeder Abweichung von der vertraglichen Sollbeschaffenheit* (individueller Fehlerbegriff, vgl. oben Rdnr. 397).

bb) Ist das Werk nicht von ordnungsgemäßer Beschaffenheit, so hat der Besteller zunächst nur das Recht, *Beseitigung* des Mangels zu fordern; doch kann der Unternehmer die Beseitigung verweigern, wenn sie einen unverhältnismäßigen Aufwand erfordert (§ 633 I, II). Ist der Unternehmer mit der Beseitigung des Mangels im Verzug, kann der Besteller selbst den Mangel beseitigen und Ersatz der erforderlichen Aufwendungen verlangen (§ 633 III).

cc) Weitere Rechte kommen dem Besteller erst dann zu, wenn er dem Unternehmer vergeblich eine angemessene Frist zur Beseitigung des Mangels mit der Erklärung bestimmt hat, daß er nach Ablauf der Frist die Beseitigung ablehne. Der Besteller ist dann auf diese weiteren Rechte beschränkt, kann also nicht mehr die Beseitigung verlangen; doch bedarf es der Bestimmung einer solchen Frist nicht, wenn die Beseitigung unmöglich ist, wenn der Unternehmer sie verweigert hat oder wenn die sofortige

Ausübung der weiteren Rechte durch ein besonderes Interesse des Bestellers gerechtfertigt ist (§ 634 I, II). Die weiteren Rechte gehen wie beim Kauf auf *Wandlung, Minderung* oder *Schadensersatz wegen Nichterfüllung*; nur greift der Schadensersatzanspruch bei allen Mängeln des Werkes ein, die der Unternehmer vertreten muß, ohne daß, wie beim Kauf, zwischen dem Fehlen zugesicherter Eigenschaften einerseits und sonstigen Mängeln des Werkes unterschieden wird (§§ 634 I 3, 635). Ausgeschlossen ist die Wandlung (nicht aber die Minderung!) bei Mängeln, die den Wert oder die Tauglichkeit des Werkes nur unerheblich mindern (§ 634 III).

dd) Die Bemessung des Umfangs des Schadensersatzanspruchs aus § 635 hängt von **488** der Wahl des Bestellers ab. Behält er das Werk, so muß er die Vergütung zahlen, soweit diese den geltend gemachten Schaden übersteigt, d. h. es wird der Schaden ersetzt, der durch mangelhafte Erfüllung entstand. Weist der Besteller dagegen das mangelhafte Werk zurück, kann er Schadensersatz wegen vollständiger Nichterfüllung verlangen; zur Zahlung der Vergütung ist er dann nicht verpflichtet. Der Anspruch aus § 635 umfaßt nur den Schaden, der dem Werk selbst anhaftet (Mangelschaden), *nicht aber Mangelfolgeschäden* (vgl. beim Kauf Rdnr. 402; bei der Miete Rdnr. 453); diese können nur als Schaden aus positiver Forderungsverletzung geltend gemacht werden (str.), *ausgenommen, der Mangelfolgeschaden steht in einem engen und unmittelbaren Zusammenhang mit dem Mangel* (BGHZ 58, S. 85).

> **Beispiele:** a) H fertigt für B eine Maschine; es stellt sich heraus, daß diese eine geringere Leistungskapazität hat, als vertraglich vereinbart war. B erleidet deswegen einen Gewinnausfall. Der Schaden, der in der nicht ordnungsgemäßen Beschaffenheit des Werkes selbst besteht, ist ein Mangelschaden. Auch der entgangene Gewinn ist als Mangelschaden anzusehen. b) Infolge unrichtiger Berechnungen des Statikers entstehen Schäden am Bauwerk: Mangelfolgeschaden, der in engem und unmittelbarem Zusammenhang mit dem mangelhaften Werk (Statik) steht; der Fehler in der Statik konnte sich erst beim Hausbau auswirken. c) U errichtet die Fabrikationshalle des B. Infolge baulicher Mängel stürzt das Dach ein und beschädigt in der Halle befindliche Maschinen: „entfernter" Mangelfolgeschaden, der aus positiver Forderungsverletzung geltend zu machen ist.

Der Schadensersatzanspruch geht ausschließlich auf Geldersatz, nicht auf Herstellung (§ 249 S. 1), da §§ 634 I 3 2. Halbs. und 640 II eine abschließende Regelung treffen.

ee) Nimmt der Besteller das Werk in Kenntnis des Mangels vorbehaltlos ab, behält er **489** den Anspruch auf Schadensersatz wegen Nichterfüllung, während er die anderen Rechte verliert (§ 640 II). Die Verjährungsfrist beträgt regelmäßig sechs Monate, bei Arbeiten an Grundstücken ein Jahr, bei Bauwerken fünf Jahre; sie beginnt mit der Abnahme (§§ 638 I, 646). Befaßt sich der Unternehmer im Einverständnis mit dem Besteller mit der Prüfung des Vorhandenseins von Mängeln oder mit der Ausbesserung des Werkes, so ist die Verjährung so lange gehemmt, bis der Unternehmer das Ergebnis der Prüfung dem Besteller mitteilt oder ihm gegenüber den Mangel für beseitigt erklärt oder die Fortsetzung der Ausbesserung verweigert (§ 639 II). — Die werkvertragsrechtlichen Mängelansprüche schließen eine Anfechtung nach § 119 II aus. § 320 ist anwendbar, wenn z. B. das Werk abgenommen ist (§§ 640 I, 646), der Besteller aber noch einen Mängelbeseitigungsanspruch hat (§§ 634 I 3, II, 640 II). Als Sonderregelung schließen §§ 634 ff. nach Abnahme die §§ 323—325 und bei Verzug mit der Mängelbeseitigung seitens des Unternehmers auch die §§ 286, 326 aus.

2.4 Unternehmerpfandrecht

490 Dem Unternehmer steht für seine Forderungen aus dem Werkvertrag ein gesetzliches Pfandrecht an den von ihm hergestellten oder ausgebesserten beweglichen Sachen des Bestellers zu, bei Bauwerken ein Recht auf Einräumung einer Sicherungshypothek (§§ 647, 648; dazu Rdnr. 752). Besondere Fragen ergeben sich dann, wenn der Besteller nicht Eigentümer der auszubessernden Sache ist.

> **Beispiel:** A hat dem F sein Fahrzeug für längere Zeit geliehen, da er auf Auslandsreise ist. Während dieser Zeit tritt ein Motorschaden ein. F bringt den Wagen in die Werkstatt des U. Unter Vorlage des Kfz-Scheines erteilt er einen Reparaturauftrag; er unterschreibt nicht „i. A.", sondern lediglich mit einem unleserlichen Zeichen. U baut einen Austauschmotor ein. F holt den Wagen nicht ab und zahlt auch nicht die Rechnung. U will nun von A den Kfz-Brief herausverlangen und das Fahrzeug verwerten. Ein Unternehmerpfandrecht liegt hier nicht vor, da der zu U gebrachte Wagen nicht eine dem Besteller gehörende Sache ist. Gutgläubiger Pfandrechtserwerb gem. § 1257 scheidet aus; diese Vorschrift ist nur auf ein gesetzlich bereits „entstandenes" Pfandrecht entsprechend anwendbar, so daß § 1207 nicht eingreift (vgl. Rdnr. 689), gleichviel, ob gesetzliches Pfandrecht mit Besitz verbunden ist. Ein Erwerb eines Vertragspfandrechts gem. §§ 1205, 1207 ist von den Beteiligten hier nicht erkennbar gewollt. U kann den Wagen aber nach § 273 zurückbehalten, auch gegenüber A, solange F zum Besitz berechtigt ist (§ 986 I 1); später hat U gegen A Ansprüche aus § 994 (Rdnr. 800); s. dazu BGHZ 34, S. 122; 68, S. 323.

2.5 Sonderfragen

491 a) Werkverträge über *nicht abnahmefähige Werke* — d. h. über Werke, die nach ihrer Beschaffenheit eine Abnahme im Sinne des Gesetzes nicht gestatten — sind selbstverständlich keiner der Vorschriften unterworfen, die eine Abnahme voraussetzen. Demgemäß ist bestimmt, daß die Rechtswirkungen, die nach gewöhnlichem Werkvertragsrecht an die Abnahme eines Werkes geknüpft sind, bei nicht abnahmefähigen Werken regelmäßig schon mit der Vollendung des Werkes eintreten (§ 646).

492 b) Werkverträge, die auf eine *Geschäftsbesorgung* gerichtet sind, unterliegen allen Sonderregeln, die für Dienstverträge gleicher Richtung gelten (§ 675).

aa) Hiernach muß bei diesen Verträgen der Besteller dem Unternehmer außer der Vergütung auch die Auslagen erstatten, und zwar vorschußweise, ebenso wie bei gleichartigen Dienstverträgen (§§ 669, 670, 675). Von dieser Verpflichtung wird er dadurch, daß das Zustandekommen oder die Ablieferung des Werkes durch einen vom Unternehmer nicht zu vertretenden Umstand verhindert wird, nicht befreit; der Unternehmer trägt also die Gefahr zufälligen Untergangs des Werkes nur im Hinblick auf den Anspruch auf Vergütung, nicht auch hinsichtlich des Anspruchs auf Auslagenerstattung.

493 bb) Häufig fordert der Besteller bei Werkverträgen (die auf eine Geschäftsbesorgung gehen) vom Unternehmer ein Gutachten über die voraussichtlichen Kosten ein. Ein solcher *Kostenanschlag* (§ 650) ist für die Beteiligten nicht schlechthin verbindlich. Wenn seine Auslagen hinter dem Kostenanschlag zurückbleiben, darf der Unternehmer nur den wirklich verauslagten Minderbetrag, wenn seine Auslagen den Anschlag überschreiten, darf er auch den Mehrbetrag in Rechnung stellen. Dennoch ist dieser Kostenanschlag nicht ohne rechtliche Bedeutung. Denn ein Unternehmer, der bei Anfertigung des Kostenanschlags fahrlässig gehandelt hat oder der es versäumt, eine zu erwartende Überschreitung des Anschlags dem Besteller unverzüglich anzuzeigen (§ 650 II), ist schadensersatzpflichtig. Außerdem braucht der Besteller, wenn die Überschreitung wesentlicher Art ist und er aus diesem Grunde den Vertrag kündigt, dem Unternehmer nur Ersatz für die bis zur Kündigung entstandenen Auslagen sowie — entsprechend der zur Zeit der Kündigung bereits geleisteten Arbeit — einen Bruchteil der vertragsgemäßen Vergütung zu zahlen (§ 650 I). Eine Ausnahme gilt, wenn die Überschreitung des Anschlags durch neue Anweisungen des Bestellers veranlaßt wird; doch wird der Unternehmer den nicht sachverständigen Besteller auf die zu erwartende Überschreitung des Anschlags auch in diesem Fall aufmerksam machen müssen, soweit ein Zweifel darüber möglich ist.

3. Werklieferungsvertrag

Werklieferungsverträge sind Verträge, bei denen das Produkt („Werk") eine selbstän- **494**
dige Sache ist und der Unternehmer diese aus Stoffen herstellen soll, die er selbst beschafft (§ 651 I 1). Hat er für die herzustellende Sache bloß Zutaten oder Nebensa-
chen zu beschaffen, handelt es sich um einen Werkvertrag (§ 651 II).

> **Beispiel:** Errichtung eines Hauses auf dem Grundstück des Bestellers: Werkvertrag, da die
> Lieferung des Baumaterials gegenüber der Arbeitsleistung ganz wesentlich zurücktritt.

Werklieferungsverträge werden verschieden behandelt, je nachdem, ob es sich um eine vertretbare oder um eine nicht vertretbare Sache (Rdnr. 24) handelt (vgl. aber
§§ 381 II, 406 II HGB). Ist das Werk eine *vertretbare* Sache, sind die kaufrechtlichen
Regeln in vollem Umfang anwendbar (§ 651 I 2).

> **Beispiel:** Warenhaus B bestellt beim Textilwarenhersteller U 150 Konfektionsanzüge, die U
> mit eigenem Material produziert: Werklieferungsvertrag, der eine vertretbare Sache zum Ge-
> genstand hat; da die Werkleistung gegenüber der Übereignungsverpflichtung in den Hinter-
> grund tritt, ist ausschließlich Kaufrecht anwendbar.

Teilweise anders ist es, wenn das Werk eine nicht vertretbare Sache darstellt.

> **Beispiele:** a) A sucht im Textilhaus T einen Stoff aus und läßt daraus einen Maßanzug anferti-
> gen. b) B beauftragt eine Werbeagentur mit der Herstellung eines Werbefilms nach seinen
> Wünschen.

Ist Gegenstand des Werklieferungsvertrags eine *unvertretbare* Sache, so unterliegt der
Vertrag zwar gleichfalls primär dem Kaufrecht, dann jedoch mit zahlreichen Ausnahmen (§ 651 I 2). Vom Kaufrecht sind — sieht man von den handelsrechtlichen Besonderheiten (§§ 381 II, 406 II HGB) ab — nicht anwendbar:

a) die Gefahrübergangsregeln gem. §§ 466 I 1, 447 (statt dessen gelten §§ 644, 645)

b) die Gewährleistungsregeln gem. §§ 459, 460, 462—464 (statt dessen gelten
§§ 633—637)

c) die Verjährungsregeln gem. §§ 477—479 (statt dessen gelten §§ 638, 639).

Auch im übrigen gilt Werkvertragsrecht, jedoch nicht § 647 (Unternehmerpfandrecht), da der Unternehmer selbst Eigentümer bis zur Übereignung ist. Wird auf dem
Bestellergrundstück gebaut, liegt § 651 erst gar nicht vor; § 648 (Bauunternehmerhy-
pothek) ist dann deshalb anwendbar, weil es sich um einen Werkvertrag (§ 631) handelt.

4. Auftrag

4.1 Rechtsnatur und Voraussetzungen

a) Der Auftrag ist ein unvollkommen zweiseitiger Vertrag, mit dem der Beauftragte **495**
unentgeltlich zur Besorgung eines Geschäfts für den Auftraggeber verpflichtet wird
(§ 662). Der Vertrag kommt formfrei nach allgemeinen Regeln zustande. Geschäftsbesorgung i. S. des § 662 ist jede selbständige oder unselbständige, wirtschaftliche
oder nicht wirtschaftliche Tätigkeit in fremdem Interesse.

b) Den Auftrag kann der Auftraggeber jederzeit widerrufen; der Beauftragte kann jederzeit kündigen (§ 671 I), wird jedoch bei Kündigung zur Unzeit schadensersatz-

pflichtig (§ 671 II 2). Der Auftrag erlischt im Zweifel nicht mit dem Tod des Auftraggebers (§ 672). Wer als Beauftragter gutgläubig auf einen vermeintlich noch bestehenden Auftrag vertraut, wird − außer beim widerrufenen Auftrag − geschützt (§ 674).

4.2 Rechte und Pflichten aus dem Auftragsverhältnis

496   a) Der Beauftragte muß das Geschäft wie aufgetragen besorgen und nach Abschluß dem Auftraggeber Rechenschaft ablegen (§ 666). Das durch die Geschäftsbesorgung Erlangte hat er herauszugeben (§ 667).

> **Beispiel:** A will für ein Jahr in die USA reisen. Kurz vor dem Abflug übergibt er seinem Freund F 10.000 DM, die er vergessen hatte, rechtzeitig zur Sparkasse zu bringen. Er bittet F, das Geld für ihn als Termingeld (Festgeld) anzulegen. F bringt das Geld wie aufgetragen zur Sparkasse. Die angefallenen Zinsen hat er bei Fälligkeit ebenso wie das Termingeld dem A herauszugeben.

b) Trotz Unentgeltlichkeit des Auftrags kann der Beauftragte Aufwendungsersatz verlangen (§ 670), dies sogar vorschußweise (§ 669).

> **Beispiel:** Freund F kann z. B. die Fahrtkosten zur Sparkasse, wenn er die 10.000 DM dort anlegt, ersetzt verlangen, nicht jedoch z. B. eine Entschädigung für Zeitaufwand oder entgangenen Gewinn; dies folgt aus der Unentgeltlichkeit des Auftrags.

Vom Aufwendungsersatzanspruch des § 670 umfaßt sind auch *Schäden*, die der Beauftragte bei Ausführung des Auftrags erleidet (obgleich „Aufwendung" begrifflich ein freiwilliges Vermögensopfer bedeutet), soweit es sich um solche Schäden handelt, die mit einer sich aus der Auftragsausführung ergebenden erhöhten Gefahr im Zusammenhang stehen.

> **Beispiele:** a) Verkehrsunfall auf der Fahrt zur Sparkasse: kein Ersatzanspruch des F, da allgemeines Risiko. b) Verletzung bei Löschungsarbeiten oder sonstigen schadensgeneigten Aufträgen: hier hat der Auftraggeber das Schadensrisiko zu tragen.

497   c) Der Beauftragte ist nicht „sklavisch" an die Weisungen des Auftraggebers gebunden; er darf von ihnen abweichen, wenn er erwarten durfte, daß der Auftraggeber dieses Vorgehen billigen werde (§ 665 S. 1).

> **Beispiel:** A bittet F, 10.000 DM in festverzinslichen Wertpapieren anzulegen. Als F zur Sparkasse kommt, erweist sich der Zinssatz bei Anlage als Termingeld als günstiger. Kurz nachdem er ein Termingeldkonto eröffnet hat, steigt der Zinssatz für festverzinsliche Wertpapiere erheblich. Die Anlageform, zu der A den F angewiesen hatte, wäre also günstiger gewesen. Die Auftragsabweichung kann dem F zumindest dann nicht zum Vorwurf gemacht werden (§ 665 S. 1), wenn er eine nur kurzfristige Termingeldanlage wählte.

498   d) Der Beauftragte darf die Besorgung des Geschäfts nicht vollständig einem anderen übertragen (§ 664 I; bei Verstoß: Schadensersatzpflicht aus positiver Forderungsverletzung). Die Einschaltung von Hilfspersonen ist gestattet, allerdings muß der Beauftragte für deren Verschulden eintreten (§ 664 I 3 i. V. m. § 278).

499   e) Für Schäden, die der Beauftragte bei der Besorgung des Geschäfts anrichtet, haftet er ohne Möglichkeit der Haftungsmilderung, also auch bei nur leichter Fahrlässigkeit. Das Auftragsrecht kennt keine Beschränkung der Haftung auf grobe Fahrlässigkeit (vgl. z. B. § 521) oder auf die Sorgfalt in eigenen Angelegenheiten (z. B. § 690).

Beispiel: Oma S bittet den Freund F ihres Enkels, der gerade zu Besuch ist und der einen Wagen hat, eine wertvolle Vase zu V zu transportieren. F ist ein netter Mensch und erklärt sich bereit, die Fahrt zu unternehmen. Auf der Fahrt ist F einen Moment lang unaufmerksam und bemerkt eine Vereisung auf der Fahrbahn zu spät. Er schleudert leicht gegen einen Baum. Dadurch wird die — verpackte — Vase im Kofferraum beschädigt: F haftet voll.

4.3 Gefälligkeitsverhältnisse

a) Vom Auftrag unterscheidet sich ein bloßes Gefälligkeitsverhältnis dadurch, daß bei   **500**
den Beteiligten ein *Rechtsbindungswille* fehlt. Aus der Unentgeltlichkeit und (auch) aus der Fremdnützigkeit allein kann nicht allgemein gefolgert werden, daß eine Gefälligkeitshandlung und nicht ein Rechtsgeschäft vorliegt, da das BGB auch sonst unentgeltliche Verträge kennt (vgl. §§ 516, 598, 662, 688, 690). Maßgebend können daher nur die Umstände des Einzelfalls sein. Merkmale für die Annahme eines rechtsgeschäftlichen Bindungwillens bei unentgeltlichen Leistungen sind in aller Regel: *Art, Grund, Zweck* und *wirtschaftliche Bedeutung des Geschäfts*. Gefälligkeiten gehören aber nicht völlig dem rechtsfreien Bereich an. Vielmehr ist zu unterscheiden, ob nur für die Leistung oder auch für den dabei zu gewährenden Schutz ein Verpflichtungswille fehlt (BGHZ 21, S. 102).

Beispiele: a) R bittet auf dem Bahnhof den ebenfalls auf den Zug wartenden S, kurz auf seinen Koffer zu achten, während er sich eine Zeitung kauft: bloßes Gefälligkeitsverhältnis, kein Auftrag. b) W bittet den befreundeten Unternehmer U, ihm dessen Fahrer F wegen Erkrankung seines eigenen Fahrers für einen halben Tag zu überlassen, um eine wertvolle Fracht zu befördern: Bindungswille wegen des hohen Wertes des Beförderungsguts zu bejahen. c) Zusage einer Kulanzregelung: i. d. R. Bindungswille.

b) Eine Verletzung vertraglicher Schutz- und Erhaltungspflichten ist auch dort möglich, wo ein Erfüllungsanspruch auf die Hauptleistung mangels Verpflichtungswillens   **501**
fehlt. Beim Gefälligkeitsverhältnis ist die Haftung allerdings begrenzt; eine Haftung auch für leichte Fahrlässigkeit (wie beim Auftrag, vgl. Rdnr. 499) erscheint nicht gerechtfertigt; sie beschränkt sich daher auf Vorsatz und grobe Fahrlässigkeit entsprechend §§ 521, 599, bei einer Tätigkeit auch in eigenem Interesse auf Sorgfalt in eigenen Angelegenheiten (entspr. § 690; h. M.).

Beispiele: a) V bittet seine Nachbarin N, sein Kind zu ihr bringen zu dürfen und es von ihr eine Stunde lang beaufsichtigen zu lassen. N, die gleichzeitig zwei eigene Kinder zu beaufsichtigen hat, muß auf das fremde Kind in gleicher Weise achten wie auf die eigenen (vgl. § 277). b) Bei Gefälligkeitsfahrt mit Pkw reicht Unentgeltlichkeit i. d. R. nicht aus, um einen Haftungsverzicht für leichte Fahrlässigkeit anzunehmen.

c) Fehlt jeder rechtsgeschäftliche Bindungswille, entsteht kein Schuldverhältnis. Die Gefälligkeitsleistung braucht dann nicht erbracht zu werden. Soweit geleistet wird, kann man jederzeit die Leistung auch abbrechen. Beim Gefälligkeitsschuldverhältnis muß dagegen gekündigt werden (entspr. § 671 I).

5. Geschäftsbesorgung und Beratung

5.1 Geschäftsbesorgung

502 Auf einen Dienst- oder Werkvertrag, der eine Geschäftsbesorgung zum Gegenstand hat, finden einige Auftragsvorschriften entsprechende Anwendung (§ 675): §§ 663, 665—670, 672—674, 671 II. Der Begriff „Geschäftsbesorgung" ist eng zu fassen in dem Sinn, daß jede selbständige Tätigkeit wirtschaftlicher Art hierunter verstanden wird, für die der Auftraggeber sozusagen ursprünglich selbst zu sorgen gehabt hätte.

> **Beispiel:** A beauftragt den Steuerberater S, seine Einkommensteuererklärung zu bearbeiten.

5.2 Beratung

503 Nach § 676 besteht bei Erteilung eines Rates oder einer Empfehlung aus bloßer Gefälligkeit keine vertragliche Schadensersatzpflicht; es kommt (nur) eine Haftung aus unerlaubter Handlung in Betracht. Nun gibt es aber zahlreiche Fälle, in denen trotz Fehlens eines Erfüllungsanspruchs nur ein vertraglicher Ersatzanspruch wegen Verletzung bestimmter übernommener Pflichten eine allein befriedigende Lösung bringt.

> **Beispiel:** Eine Bank berät einen Nichtkunden. Hier ist regelmäßig ein Vertragsabschluß anzunehmen, wenn der Befragte erkennt, daß von der Auskunft wichtige Maßnahmen abhängen können. Wird die Beratung ausgeübt, kann sich die Bank nicht auf einen fehlenden Vertragsabschluß berufen. Man spricht hier von einem *Vertrag auf sorgfältige Auskunft.* Es wird auf das Erfüllungsinteresse gehaftet. Soweit bloße *Gelegenheitsauskünfte* ausnahmsweise keine vertragliche Bindung begründen, ist aber auch hier eine Haftung aus culpa in contrahendo oder aus sozialem Kontakt (vgl. dazu Rdnr. 193, 195) i. d. R. zu bejahen. Eine Haftung aus § 826 bei nur leichtfertig falscher Ratserteilung anzunehmen, geht zu weit.

6. Geschäftsführung ohne Auftrag

6.1 Begriff und Voraussetzungen

504 a) Geschäftsführung ohne Auftrag ist Wahrnehmung fremder Angelegenheiten ohne Auftrag oder anderweitige Berechtigung (§ 677). Es handelt sich um ein gesetzliches Schuldverhältnis.

b) Voraussetzung ist, daß ein *objektiv fremdes Geschäft* besorgt wird, der Geschäftsführer dies *weiß* und er es gerade als fremdes ausführen will (*Fremdgeschäftsführungswille*). Von objektiv fremden sind neutrale Geschäfte zu unterscheiden; neutral ist ein Geschäft, wenn es jedermann vornehmen darf.

> **Beispiele:** a) Ein Kind stürzt auf der Straße und verletzt sich. Der vorbeikommende G bringt es in seinem Wagen ins Krankenhaus. Hier liegt ein objektiv fremdes Geschäft vor, da für diese Tätigkeit eigentlich die sorgeberechtigten Eltern „zuständig" sind. b) A kauft im Warenhaus eine Uhr. Dies ist als solches ein neutrales Geschäft. c) Die Feuerwehr der Gemeinde G löscht einen Waldbrand, der durch Funken aus einer alten Dampflok der Bundesbahn ausbrach. Hier liegt (auch) ein objektiv fremdes Geschäft vor, da die Bundesbahn zum Ersatz des Brandschadens verpflichtet gewesen wäre. Daß die Feuerwehr zum Löschen verpflichtet war und daher auch einer eigenen Angelegenheit nachkam, steht nicht entgegen (str.).

Weiß der Geschäftsführer nicht um die objektive Fremdheit des Geschäfts, liegt ein Fall des § 687 I (*unechte Geschäftsführung*, s. unten Rdnr. 508) vor. Handelt er nicht mit einem entsprechenden Fremdgeschäftsführungswillen, so greift beim objektiv fremden Geschäft, das der Geschäftsführer in Kenntnis seiner Nichtberechtigung als eigenes behandelt, § 687 II ein, beim neutralen Geschäft handelt es sich schlicht um eine Eigengeschäftsführung.

Beispiele: a) Dem vorschriftmäßig mit seinem Pkw fahrenden A läuft plötzlich ein Kind vor den Wagen. Beim Versuch, durch ein Ausweichmanöver den drohenden Unfall zu verhindern, beschädigt er den am Straßenrand parkenden Pkw des B. Die Unfallvermeidung ist selbstverständlich eine Angelegenheit des A. Hier führt A aber auch ein Geschäft gegenüber dem Kind bzw. dessen Eltern, wenn der dem Kind drohende Unfall für ihn selbst ein unabwendbares Ereignis (§ 7 II StVG) gewesen wäre. b) A beutet wissentlich ein fremdes Warenzeichenrecht aus: Fall des § 687 II (s. Rdnr. 508). c) A nimmt eine unberechtigte Untervermietung vor: nicht § 687 II (vgl. schon Rdnr. 460).

6.2 Ansprüche des Geschäftsherrn und des Geschäftsführers

6.2.1 Ansprüche bei berechtigter auftragloser Geschäftsführung

a) Berechtigt ist die Geschäftsführung ohne Auftrag nur dann, wenn die Übernahme des vorgenommenen Geschäfts dem *Interesse* und dem *Willen* des Geschäftsherrn entspricht (§ 683 S. 1); der Wille geht regelmäßig vor (auch der unvernünftige; Grenze: § 679). Ist der wirkliche Wille nicht erkennbar, so ist auf den mutmaßlichen Willen abzustellen; dieser ist regelmäßig aus dem Interesse zu folgern.   **505**

Beispiele: a) Familie A ist verreist. Kurz nach der Abreise stellt N, der Nachbar dieser Familie, starken Gasgeruch fest. Da der Geruch aus der verwaisten Wohnung kommt, tritt er die Wohnungstür ein und stellt den Gasherd ab: berechtigte Geschäftsführung. b) A ißt gerne saftige, am Holzkohlengrill zubereitete Koteletts. Als er wieder einmal heftig brutzelt, durchziehen Rauchschwaden die Wohnung und dringen durch die Wohnungstür in den Hausflur. Der neu zugezogene Z kommt vorbei; er kennt die Gebräuche des A noch nicht und befürchtet Schlimmes. Er öffnet gewaltsam die Tür: unberechtigte Geschäftsführung, da Z weder dem wirklichen noch dem mutmaßlichen Willen des A entsprechend gehandelt hat.

b) Der Geschäftsherr kann vom Geschäftsführer Herausgabe der Erlangten fordern (§§ 681 S. 2, 667).

c) Der Geschäftsführer kann, wenn er berechtigt tätig wird, in erster Linie Aufwendungsersatz in dem nach den Umständen erforderlichen Umfang fordern (§§ 683, 670). Aufwendungen sind neben freiwillig erbrachten Vermögensopfern auch solche Nachteile, die aufgrund geschäftstypischer Gefahr eintreten (vgl. dazu auch Rdnr. 496); einen Ausgleich für die aufgewendete Arbeitskraft gibt es nur, wenn die vorgenommene Tätigkeit zum Gewerbe oder Beruf des Geschäftsführers gehört. Soweit z. B. bei Lebensgefahr Hilfe geleistet wird, genießt der Geschäftsführer Versicherungsschutz nach § 539 Nr. 9 a—c RVO. Für hierdurch nicht gedeckte Schäden bleiben die §§ 683, 670 als Anspruchsgrundlagen bedeutsam.   **506**

6.2.2 Ansprüche bei unberechtigter auftragloser Geschäftsführung

Steht die *Übernahme* der Geschäftsführung mit dem wirklichen oder mutmaßlichen Willen des Geschäftsherrn in Widerspruch und mußte der Geschäftsführer dies erkennen, so ist die Geschäftsführung keine berechtigte, und der Geschäftsführer ist dem   **507**

Geschäftsherrn zum Ersatz des aus der Geschäftsführung entstandenen Schadens auch dann verpflichtet, wenn ihm ein Verschulden bei der *Durchführung* des Geschäfts nicht zur Last fällt (§ 678). Der Geschäftsführer haftet also bei bloß fahrlässigem Übernahmeverschulden auch für zufällige Ausführungsschäden. Grund: Ungebetene Einmischung Dritter in den Rechtskreis einer Person soll verhindert werden. Die Rechtslage kann jedoch unterschiedlich sein, je nachdem, ob der Geschäftsherr die unberechtigte Geschäftsführung genehmigt oder nicht.

a) Bei Genehmigung steht ihm ein Anspruch auf Herausgabe des Erlangten zu (§§ 681 S. 2, 667; arg. § 684 S. 2), während der Geschäftsführer Aufwendungsersatzansprüche gem. §§ 684 S. 2, 683, 670 hat.

b) Unterbleibt die Genehmigung, so kann der Geschäftsherr Schadensersatz nach Maßgabe des § 678 verlangen; daneben sind §§ 823 ff., 812 ff. anwendbar; zu beachten ist, daß § 680 bei Gefahrenabwehr den Schadensersatzanspruch des Geschäftsherrn begrenzt. Der Geschäftsführer hat allerdings Ansprüche aus §§ 684 S. 1, 812 ff. (nicht jedoch in den Fällen des § 685). Grund: Der Geschäftsherr soll die Vorteile der Geschäftsführung nicht behalten dürfen, weil der Geschäftsführer bei unberechtigter Geschäftsführung keinen Aufwendungsersatz verlangen kann.

6.2.3 Ansprüche bei unerlaubter Eigengeschäftsführung

508 Führt jemand ein fremdes Geschäft wissentlich als eigenes (bösgläubige unechte Geschäftsführung), entsteht das gesetzliche Schuldverhältnis einer Geschäftsführung ohne Auftrag nicht (vgl. § 687). Grund: Der Handelnde verdient keinen Schutz. Der Geschäftsherr kann aber den „Geschäftsführer" an seinem Handeln festhalten und die Ansprüche aus §§ 678, 681, 682 geltend machen (§ 687 II); wichtig ist vor allem der Anspruch auf das Erlangte (§§ 687 II, 681 S. 2, 667).

> **Beispiel:** D verkauft Diebesgut an einen Unbekannten. D haftet hier dem Eigentümer gegenüber auf den aus dem Geschäft erzielten Erlös (einschließlich des Mehrwerts) aus §§ 687 II, 681 S. 2, 667. Weitere Anspruchsgrundlagen: §§ 678, evtl. 816 I 1 (185 II 1), 992, 823 I, II (i. V. m. 242 StGB), 826; 990 I 1, 989; hinsichtlich des Nutzungsentgangs vgl. §§ 990 I 1, 987. Die Ansprüche können nebeneinander geltend gemacht werden (Anspruchskonkurrenz).

Macht der Geschäftsherr die in § 687 II genannten Ansprüche geltend, muß er dem Geschäftsführer alles aus der Geschäftsführung Erlangte nach Bereicherungsrecht herausgeben (§§ 687 II, 684 S. 1, 812 ff.), nicht jedoch das aus den Ansprüchen Erlangte. Vielmehr muß der Geschäftsherr nach §§ 687 II 2, 684 S. 1 bis zur Höhe seiner Bereicherung die ihn bereichernden Aufwendungen des Geschäftsführers ersetzen.

7. Maklervertrag

7.1 Begriff und Arten

509 Der Maklervertrag verpflichtet — in der Normalform — den Makler nicht zum Tätigwerden; er ist hierzu berechtigt. Eine Tätigkeitspflicht trifft ihn beim Alleinauftrag. Nur beim Alleinauftrag ist daher der Maklervertrag ein gegenseitiger Vertrag, ansonsten ist er einseitig verpflichtender Vertrag. Im Fall des Vertragsabschlusses mit einem Dritten aufgrund erfolgreicher Vermittlung oder geglückten Nachweises ist der Auftraggeber zur Entrichtung der Vergütung verpflichtet (§ 652 I 1). Sonderregeln gelten insbesondere für Handelsmakler (§§ 93 ff. HGB) und Wohnungsvermittler (§§ 1, 7 WohnungsvermittlungsG).

7.2 Der Anspruch auf Maklerlohn

a) Der Anspruch des Maklers aus § 652 entsteht mit Abschluß des (schuldrechtlichen) **510** Vertrags über das vermittelte oder nachgewiesene Objekt; vom weiteren Bestand des Vertrags bleibt der Anspruch unberührt, es sei denn, der Vertrag wird wegen eines in ihm selbst liegenden Mangels wieder beseitigt (z. B. durch Anfechtung gem. §§ 119, 123).

> **Beispiel:** A erhält vom Makler M die Adresse des E, der eine Wohnung zu vermieten hat. Zunächst werden sich E und A einig; sie schließen mündlich einen Mietvertrag auf unbestimmte Zeit ab. Nach einem Tag kommen A Bedenken; er teilt E mit, er wolle die Wohnung nun doch nicht nehmen. E ist einverstanden, da er längst weitere Interessenten „an der Hand" hat. M hat dennoch einen Anspruch auf Vergütung, da ein Vertrag zwischen A und E zustande gekommen war (Schriftform ist nur bei einer Laufzeit von mehr als einem Jahr erforderlich, vgl. Rdnr. 442).

b) Ist die Vergütung der Höhe nach nicht vereinbart, so gilt § 653. Die Erfolgsabhängigkeit des Provisionsanspruchs gehört zum gesetzlichen Leitbild des Maklervertrags und ist deshalb durch AGB nicht abdingbar (§ 9 II Nr. 1 AGBG). Aufwendungen sind nur bei besonderer Vereinbarung zu ersetzen (§ 652 II). Bei Alleinauftrag hat der Auftraggeber die Vergabe weiterer Aufträge an andere Makler zu unterlassen; bei Verstoß: Schadensersatzpflicht (positive Forderungsverletzung). Direktabschlüsse (Eigengeschäfte) seitens des Auftraggebers sind hingegen gestattet.

c) Ansprüche eines Heiratsvermittlers (Ehemakler) auf Vergütung (§ 656 I 1) oder **511** Aufwendungsersatz sind ebensowenig durchsetzbar wie solche des Auftraggebers auf ein Tätigwerden des Maklers; vom Auftraggeber Geleistetes (oft als „Anmeldegebühr" o. ä. ausgegeben) kann nicht zurückverlangt werden (§ 656 I 2).

8. Reisevertrag

8.1 Gegenstand und Anwendungsbereich

a) Der Reisevertrag (§§ 651 a—k) bezieht sich vornehmlich auf Pauschalreisen. Voraussetzung ist, daß eine *Gesamtheit von Leistungen* angeboten wird (§ 651 a I). Es muß sich mindestens um zwei auf eine Reise bezogene Leistungen handeln. **512**

> **Beispiele:** Fahrt und Sprachkurs, Fahrt und Unterkunft.

Diese Leistungen müssen nach einem vorher festgelegten Programm angeboten werden.

b) Vertragspartner sind der Reiseveranstalter und der Reisende. *Reiseveranstalter* ist, wer eine Reiseleistung als eigene anbietet.

> **Beispiele:** a) Der X-Verlag, der die S-Zeitung herausgibt, bietet den Lesern eine Reise (incl. Unterbringung) nach Fernost an: Reiseveranstalter i. S. des § 651 a. b) Sportverein XY 05 veranstaltet für die Mitglieder eine Busfahrt an den Rhein; mit der Durchführung beauftragt er das Unternehmen V-Reisen, das auch die volle Verantwortung tragen soll. Der Sportverein ist hier nicht Reiseveranstalter i. S. des § 651 a.

Zwischen dem Reisenden und demjenigen, der Leistungsträger ist (z. B. Fluggesellschaft), kommt ein Vertrag nicht zustande; u. U. kann der Vertrag zwischen Reiseveranstalter und dem Leistungsträger eine Schutzwirkung zugunsten des Reisenden entfalten (dazu Rdnr. 353).

513   c) Von der gesetzlichen Regelung des Reisevertrags darf zum Nachteil des Reisenden nicht abgewichen werden (§ 651 k). Sind die Voraussetzungen der §§ 651 a ff. nicht gegeben, liegt häufig ein Werkvertrag (§§ 631 ff.) oder Mietvertrag (§§ 535 ff.) vor.

8.2 Rechte und Pflichten aus dem Reisevertrag

514   Hauptpflicht des Reiseveranstalters ist die mangelfreie Durchführung der Reise (§ 651 c I); ihn treffen auch bestimmte Nebenpflichten (Information des Reisenden usw.). Der Reisende hat den Reisepreis und evtl. Zusatzgebühren (z. B. Visagebühren) zu zahlen (§ 651 a I 2). Der Reisende darf einen Ersatzmann stellen, sofern der Veranstalter keinen Grund zum Widerspruch hat (§ 651 b) Der Ersatzmann ist nicht Vertragspartner und hat keine eigenen Ansprüche gegen den Veranstalter; entstehen ihm Schäden, kann er sie im Wege der Drittschadensliquidation (vgl. Rdnr. 249) durch den reiseberechtigten Vertragspartner geltend machen (str.; a. M.: Vertrag zugunsten Dritter, § 328, vgl. Rdnr. 346 ff.).

8.3 Leistungsstörungen beim Reisevertrag

515   a) Erbringt der Reiseveranstalter die Leistung nicht mangelfrei, so kann der Reisende zunächst die Rechte aus § 651 c II 1 (Abhilfeverlangen) geltend machen; sofern der Reiseveranstalter nicht innerhalb einer angemessenen Frist Abhilfe leistet, kann der Reisende diese selbst vornehmen und Aufwendungsersatz verlangen (§ 651 c III).

aa) Ein Mangel ist gegeben bei Vorliegen eines den Wert oder die Tauglichkeit der Reise zum gewöhnlichen oder vertraglich vorausgesetzten Nutzen aufhebenden oder vermindernden Fehlers oder bei Fehlen zugesicherter Eigenschaften (§ 651 c I).

> **Beispiel:** Das als „ruhig" angebotene Hotelzimmer entpuppt sich dem erholungsbedürftigen Bauarbeiter B als unmittelbar neben einer lärmenden Großbaustelle gelegen: Fehler i. S. des § 651 c I.

bb) Gesetzlich tritt eine Minderung des Reisepreises nur ein (§ 651 d I), soweit der Reisende seiner Anzeigepflicht genügt hat (§ 651 d II).

b) Bei Erheblichkeit der Beeinträchtigung oder bei Unzumutbarkeit der Reise infolge des Mangels kann der Reisende auch kündigen (§ 651 e I). Es werden damit die Fälle erfaßt, in denen z. B. eine zentrale Leistung nicht erbracht wird, wie auch solche, in denen besondere subjektive Gründe beim Reisenden selbst die Durchführung der Reise unmöglich machen (z. B. Tod eines nahen Angehörigen).

c) Hat der Reiseveranstalter den Mangel zu vertreten (§§ 276 ff.), kann der Reisende Schadensersatz wegen Nichterfüllung verlangen (§ 651 f).

d) Alle Ansprüche sind innerhalb einer bestimmten Frist geltend zu machen (§ 651 g). Haftungsbeschränkungen sind grundsätzlich zulässig (§ 651 h).

8.4 Rücktrittsrecht und Kündigung wegen höherer Gewalt

Der Reisende kann vom Vertrag vor Reisebeginn zurücktreten, muß dann aber auf **516**
Verlangen Entschädigung leisten (§ 651 i I, II). § 651 i I erfaßt auch den Fall des
Rücktritts des Reisenden wegen Krankheit. Eine Schadenspauschalierung im Vertrag
ist zulässig (§ 651 i III).

In Fällen erheblicher Erschwerung, Gefährdung oder Beeinträchtigung der Reise infolge höherer Gewalt — d. h. ohne daß das störende Ereignis in der Sphäre des einen
oder des anderen Vertragspartners liegt — ist Kündigung des Vertrags möglich
(§ 651 j I).

9. Verwahrung

9.1 Begriff und Arten

Der Verwahrungsvertrag ist — wenn er als entgeltlicher abgeschlossen wird — gegen- **517**
seitiger Vertrag; Sonderregelungen gelten im Handelsrecht (vgl. §§ 416 ff. HGB). Geschuldete Hauptleistung des Verwahrers ist die Aufbewahrung der hinterlegten Sache
(§ 688).

> **Beispiele:** a) A stellt seinen Pkw auf einem bewachten Parkplatz ab: Verwahrungsvertrag. b) B
> schließt seinen Koffer in einem Bahnhofsschließfach ein: Miete. c) Bewachte Garderobenabla-
> ge im Theater: (selbständiger) Verwahrungsvertrag.

Die Pflicht zur Verwahrung ist oft nur eine Nebenpflicht (Obhutspflicht) aus sonstigen Schuldverhältnissen (z. B. beim Krankenhausaufnahmevertrag).

9.2 Pflichten des Verwahrers und Hinterlegers

a) Der Verwahrer hat Raum und Obhut zu gewährleisten, also auch Schäden zu ver- **518**
hindern und die hinterlegte Sache erforderlichenfalls zu überwachen. Er muß den
Verwahrungsgegenstand unbeschädigt — auf Verlangen des Hinterlegers jederzeit —
zurückgeben (§§ 695, 697). Bei Nichterfüllung des Vertrags haftet der entgeltliche
Verwahrer nach § 325, bei schuldhafter Unmöglichkeit der Rückgabe nach § 280; bei
unentgeltlicher Verwahrung haftet er nur für Sorgfalt in eigenen Angelegenheiten
(§§ 690, 277).

b) Der Hinterleger hat die Vergütung zu leisten (§ 689), Anzeigepflichten zu erfüllen
(§ 694), Aufwendungen, die nicht von der vereinbarten Vergütung umfaßt sein sollen,
zu ersetzen (§ 693) und die Sache zurücknehmen (§§ 694 f.). Im übrigen haftet der
Hinterleger nach den allgemeinen Vorschriften.

9.3 Gastwirtshaftung

a) Wer gewerbsmäßig Fremde zur Beherbergung aufnimmt (nicht also der bloße **519**
Schank- und Speisewirt), haftet für von dem Gast eingebrachte Sachen (§§ 701 ff.).
Entscheidend ist nicht der Abschluß eines Beherbergungsvertrags (vgl. Rdnr. 461),
sondern die *tatsächliche Aufnahme* des Gastes. Eingebracht sind die Sachen, sobald
sie in die Obhut des Gastwirts gelangt sind.

Beispiele: a) A hat vom 5.—10. April ein Zimmer im Grand-Hotel in K bestellt. Seinen Koffer gibt er vor der Abreise mit der Bahn auf; Hotelangestellte holen aufgrund des vorweg übersandten Gepäckscheins des A den Koffer bereits am 3. April vom Bahnhof ab. Noch am gleichen Tag wird er im Hotel gestohlen. Hier haftet der Hotelier nach § 701 II Nr. 2. b) In dem Koffer befanden sich u. a. einige entliehene Bücher einer Universitätsbibliothek. Auch insoweit kann A Schadensersatz fordern (Fall einer normierten Drittschadensliquidation; vgl. Rdnr. 249).

Ein etwaiger Haftungsausschluß (Erklärung des Gastes) muß schriftlich erfolgen (§ 702 a II).

b) Die §§ 701 ff. sind grundsätzlich neben vertraglichen Ansprüchen aus dem Beherbergungsvertrag (vgl. Rdnr. 461) anwendbar.

c) Die Haftung des Gastwirts ist grundsätzlich summenmäßig beschränkt, anders bei Verschulden (§ 702 II Nr. 1) und bei Übernahme der Aufbewahrung bzw. Ablehnung der Aufbewahrung entgegen der Pflicht aus § 702 III (§ 702 II Nr. 2).

Literaturhinweise:

Bartl, Reiserecht, 2. Aufl. 1981.
Böggering, JuS 1978, S. 512 ff. (zur Abnahme beim Werkvertrag).
Brox/Elsing, JuS 1976, S. 1 ff. (zu Leistungsstörungen beim Werkvertrag).
Tempel, NJW 1986, S. 547 ff. (zum Reisevertrag).
Weimar, Das BGB in Fällen, Bd. 2 b, Fälle zu §§ 611−656, 662−704.
Weyers, AcP 182, S. 60 ff. (zum Werkvertrag).
Wiedemann, Das Arbeitsverhältnis als Austausch- und Gemeinschaftsverhältnis, 1966.

BGH JuS 1977, S. 764 (zum Unternehmerpfandrecht).
BGH DB 1979, S. 1219 (zum Vertrag auf sorgfältige Auskunft).
BAG NJW 1981, S. 937 (zum Lohnanspruch im Arbeitskampf).
BGH JZ 1986, S. 85 (zur Abtretbarkeit des Minderungsanspruchs beim Werkmangel).
OLG Hamburg NJW 1986, S. 325 (zum Partnervermittlungsvertrag).

Kontrollfragen:

1. Der gehbehinderte A bittet telefonisch den Notar N, zwecks Regelung einer Erbschaftsangelegenheit ins Haus des A zu kommen; N ist einverstanden. Als N zwei Tage darauf bei A erscheint, hat dieser es sich anders überlegt und meint, er komme gut alleine zurecht und brauche den N nicht. Bald darauf sendet N dem A eine Rechnung über eine Beratung. Muß A zahlen?

2. Die A arbeitet als medizinisch-technische Assistentin in einem Labor. Infolge ihrer Unaufmerksamkeit gehen zahlreiche Reagenzgläser und andere Arbeitsmaterialien zu Bruch, die Fertigstellung einzelner Projekte wird dadurch verzögert. Welche Folgen ihres Verhaltens hat die A zu gewärtigen?

3. Was unterscheidet — bitte stichwortartig — Kauf-, Werk- und Dienstvertrag?

4. Malermeister K beschäftigt in seinem Betrieb während der Semesterferien Studenten, da viele Fachkräfte im Urlaub sind. Er teilt die Arbeit so ein, daß zwei Studenten und ein Auszubildender ein Zimmer im Hotel des H in eigener Regie tapezieren. Das Ergebnis: Muster der Tapete steht auf dem Kopf, Tapete klebt an vielen Stellen nicht. Das Zimmer kann in diesem Zustand nicht vermietet werden. Welche Rechte hat H?

5. B, ein Freund des A, hat sich bereit erklärt, die Freundin F des A am 5. April morgens um 5.00 Uhr von Siegen zum Frankfurter Flughafen zu fahren. Am Morgen dieses Tages ruft er die F um

5.15 Uhr an und bekundet, er komme gerade erst nach Hause und habe einen fürchterlichen „Affen", fahrtüchtig sei er in keiner Weise. F versäumt den Flug; was kann sie unternehmen?

6. Auf Anfrage des A rät B ihm, sein Geld in Aktien des XY-Konzerns anzulegen. Aufgrund einer von B kaum zu übersehenden Entwicklung gerät der Konzern in eine wirtschaftliche Flaute, der Kurs der Aktien fällt. Kann A wegen der unvorteilhaften Anlage des Geldes von B Ersatz verlangen?

7. Wie unterscheiden sich Auftrag und Geschäftsführung ohne Auftrag?

8. Dem X läuft ein Kalb zu, das dem Y gehört. Er überlegt nicht lange und verarbeitet das Tier zu leckerem Braten. Welche Rechte hat Y?

9. A hat beim Reisebüro R eine Reise nach Tunis gebucht. Kurz vor Reiseantritt werden seine Kinder krank. Er teilt dem Reisebüro mit, er wolle vom Vertrag zurücktreten. Im Vertrag war in bestimmter Höhe (25 % des Reisepreises) cine Stornogebühr für den Fall vereinbart, daß der Reisende den Vertrag widerrufe. Kann R den Betrag auch dann verlangen, wenn sich ein Interessent meldet, der die Reise antreten will?

Antworten zu den Kontrollfragen finden Sie auf S. 286 f.

IV. Besondere Leistungsversprechen

1. Bürgschaft

1.1 Bürgschaftsvertrag und Bürgschaftsversprechen

Der Bürgschaftsvertrag ist einseitig verpflichtender Vertrag zur Sicherung einer fremden Forderung (§ 765). Durch den Vertrag verpflichtet sich der Bürge gegenüber dem Gläubiger eines Dritten, für die Erfüllung einer Verbindlichkeit des Dritten einzustehen. Der Dritte ist nicht Vertragsbeteiligter. Das Bürgschaftsversprechen bedarf der *Schriftform* (§ 766 S. 1; Warnungsfunktion, anders § 350 HGB); Heilung des Formmangels durch Erfüllung (§ 766 S. 2). Es muß erkennbar sein, für wen und für welche Verbindlichkeiten der Bürge einstehen will (vgl. BGH DB 1976, S. 766). **520**

> **Beispiele:** a) Die Firma des H ist in finanziellen Schwierigkeiten. Der gutgestellte Freund F will ihm beistehen und erklärt sich schriftlich bereit, für alle künftigen Verbindlichkeiten des H einzustehen (Blankobürgschaft): Verbürgung ist mangels Bestimmbarkeit von gesicherter Forderung und Gläubiger unwirksam. b) Anders, wenn F sich für alle Verbindlichkeiten aus der Geschäftsbeziehung des H zu D diesem gegenüber verbürgt hätte. c) Die von B formgerecht übernommene Bürgschaft soll erweitert werden: Schriftform muß erneut gewahrt sein. d) Anders, wenn die Bürgschaftsverpflichtung eingeschränkt werden soll: Warnungsfunktion durch Schriftform überflüssig.

1.2 Abgrenzungen

Für die Abgrenzung der Bürgschaft gegenüber anderen rechtsgeschäftlichen Sicherungen fremder Forderungen — insbesondere gegenüber dem Schuldbeitritt (vgl. Rdnr. 397) und dem Garantievertrag (vgl. Rdnr. 374) — ist entscheidend, ob ein *fremdes* oder ein *Interesse* des Sicherungsgebers an der Sicherstellung des Gläubigers **521** besteht. Fehlt ein eigenes wirtschaftliches Interesse des Sicherungsgebers, liegt i. d. R. Bürgschaft vor (zuletzt BGH NJW 1986, S. 580).

1.3 Arten der Bürgschaft

522   a) Regeltyp der Bürgschaft ist der in § 765 niedergelegte: der Bürge hat für die fremde Schuld einzustehen, aber nur dann, wenn der Hauptschuldner nicht zahlt und die Zwangsvollstreckung keinen Erfolg brachte. Wird er vorher in Anspruch genommen, so hat er die *Einrede der Vorausklage* (§ 771; anders §§ 349, 343, 351 HGB).

b) Anders verhält es sich, wenn eine *selbstschuldnerische* Bürgschaft vorliegt (§ 773 I Nr. 1): Hier kann der Gläubiger den Bürgen in Anspruch nehmen, ohne daß diesem die Einrede aus § 771 zusteht. Der Verzicht auf diese Einrede bedarf der Schriftform (§ 766).

c) Ein *Ausfallbürge* haftet von vornherein nur subsidiär; er wird von seiner Leistungspflicht frei, wenn der Gläubiger den Ausfall durch Verletzung seiner Sorgfaltspflichten bei der Überwachung und Verwertung der bestehenden Sicherheiten selbst verschuldet hat.

> **Beispiel:** Gläubiger G versäumt, sich für seine Forderung gegen S an Einrichtungsgegenständen aus dem Lokal des S ausreichendes Sicherungseigentum einräumen zu lassen. Erleidet er deswegen einen „Ausfall", so hat der Ausfallbürge B hierfür nicht einzustehen.

d) *Mitbürgen* haften gesamtschuldnerisch (§ 769), *Nachbürgen* stehen für die Erfüllung der Pflichten anderer Bürgen ein, *Rückbürgen* für die Erfüllung von Regreßansprüchen des Bürgen gegen den Schuldner. Zum Kreditauftrag vgl. § 778.

1.4 Die Pflichten des Bürgen und des Gläubigers

523   Die Verpflichtung aus dem Bürgschaftsvertrag ist in Entstehung, Umfang und Fortbestand von der Hauptverbindlichkeit abhängig (*Akzessorietät*, § 767). Wird die Hauptforderung abgetreten, geht die Bürgschaft mit (§ 401); selbständig abtretbar ist die Bürgschaft nicht (§ 399). Die Art der Bürgenverpflichtung ergibt sich aus der jeweiligen rechtsgeschäftlichen Abrede (Bürgschaftsvertrag); hier ist von Belang, welcher Bürgschaftstypus (vgl. Rdnr. 522) vereinbart wurde. Den Gläubiger trifft gegenüber dem Bürgen insbesondere die Pflicht, keine falschen Angaben (z. B. über das Bürgschaftsrisiko) zu machen.

1.5 Ansprüche des Bürgen gegen den Schuldner und Gegenrechte des Bürgen

524   a) Hat der Bürge gezahlt, hat er Ausgleichsansprüche gegen den Schuldner aus dem mit diesem bestehenden Rechtsverhältnis (z. B. Auftrag, Geschäftsbesorgung); der Anspruch ergibt sich in solchen Fällen aus § 670 (zum Befreiungsanspruch des Bürgen vgl. § 775). Daneben geht die Forderung des Gläubigers, soweit der Bürge an ihn zahlt, gesetzlich auf ihn über (§ 774 I 1). Der Schuldner bleibt also dem Bürgen gegenüber verpflichtet; die Verbindlichkeit des Schuldners erlischt nicht. Er hat aber Einredemöglichkeiten gegen den Bürgen (§§ 774 I, 412, 404, 774 I 3).

b) Der Bürge kann die Einreden des Schuldners dem Gläubiger gegenüber geltend machen (§ 768 I). **525**

> **Beispiel:** Beruft sich der Bürge auf Verjährung der Hauptschuld, braucht er nicht zu zahlen.

Der Bürge darf die Befriedigung des Gläubigers verweigern, solange dem Schuldner ein Anfechtungsrecht zusteht (§ 770 I). Wird angefochten, erlischt mit der Hauptschuld auch die Bürgschaft. — Kann der Gläubiger gegen eine fällige Forderung des Schuldners aufrechnen, so hat der Bürge das Recht, die Leistung zu verweigern (§ 770 II).

2. Schuldversprechen und Schuldanerkenntnis

2.1 Rechtsnatur und Voraussetzungen

a) Durch *Schuldversprechen* (einseitig verpflichtender, „abstrakter" Vertrag) begründet der Schuldner gegenüber dem Gläubiger eine Leistungspflicht, die von einem Schuldgrund unabhängig ist (schuldbegründendes — *konstitutives* — Schuldversprechen, § 780). Entsprechendes gilt für das Schuldanerkenntnis, durch das der Schuldner vertraglich eine Schuld als bestehend anerkennt (*konstitutives Schuldanerkenntnis*, § 781). Die Vertragstypen unterscheiden sich nicht in den Rechtsfolgen; der Unterschied liegt lediglich in den Erklärungen. **526**

> **Beispiele:** a) S schuldet dem G 10.000 DM. Er unterschreibt folgende Erklärung: „Ich, S, verpflichte mich, an G 10.000 DM, zahlbar am 1. April 1985, zu bezahlen": abstraktes Schuldversprechen (§ 780), das unabhängig davon wirksam ist, ob das Grundgeschäft, aus dem die Schuld i. H. v. 10.000 DM entstand, gültig ist. b) S hätte auch erklären können: „Ich erkenne an, dem G 10.000 DM, zahlbar am 1. April 1985, zu schulden." In beiden Fällen kann G gegen S bei Fälligkeit vorgehen, ohne sich auf ein zugrunde liegendes Schuldverhältnis stützen zu müssen. Dem Schuldner sind Einwendungen aus dem Schuldverhältnis verwehrt.

Die Erklärung des Schuldners bedarf der *Schriftform* (§§ 780, 781), soweit nicht eine strengere Form vorgeschrieben ist (z. B. § 313). Ausnahmen vom Schriftformerfordernis: § 782; §§ 350 f., 355 HGB.

b) Ob die §§ 780, 781 Anwendung finden, ist oft nur durch Auslegung zu klären; dabei spricht die Nichterwähnung des Verpflichtungsgrunds — wenn auch nicht ohne weiteres — für ein Schuldversprechen bzw. -anerkenntnis i. S. der §§ 780, 781, die Bezeichnung des Schuldgrunds für ein nur bestätigendes — *deklaratorisches* — Schuldversprechen bzw. -anerkenntnis; doch kann ein solches auch ohne Erwähnung des Schuldgrunds vorliegen, wenn sich dies aus den Umständen ergibt.

> **Beispiel:** S schuldet dem G 10.000 DM aus Möbelkäufen; er ist mit der Zahlung im Verzug und hat mehrfach — nicht vorhandene — Mängel gerügt. Um sich abzusichern, läßt G den S folgende Erklärung unterschreiben: „Ich, S, anerkenne, dem G aus Lieferung 10.000 DM zu schulden." Hier sollte nur erreicht werden, daß S gegenüber Forderungen des G aus den Möbelkäufen sich nicht auf die Mangelhaftigkeit der Kaufsachen berufen kann; ein neues, abstraktes Schuldverhältnis sollte nicht begründet werden.

c) Ein zu Unrecht erteiltes abstraktes Schuldversprechen (-anerkenntnis) kann kondiziert werden (gem. § 812 II; vgl. Rdnr. 552), wenn z. B. die zu sichernde Forderung nicht bestand; der Bereicherungsanspruch ist dann gerichtet auf Befreiung von einer Verbindlichkeit oder auf einredeweise Erfüllungsverweigerung (vgl. § 821). **527**

2.2 Das Schuldbekenntnis

528 a) Läßt die Erklärung einen Willen zu rechtsgeschäftlicher Bindung nicht oder nicht hinreichend hervortreten, liegt allenfalls ein sog. Schuldbekenntnis vor.

> **Beispiele:** a) A erklärt am Unfallort in großer Aufregung, seine Schuld nicht bestreiten zu wollen, und bekundet, es komme ihm darauf an, daß keine Polizei hinzugezogen werde. Der Wille zu rechtsgeschäftlicher Bindung wird hier nicht genügend deutlich: kein deklaratorisches Anerkenntnis, wohl ein Schuldbekenntnis („Zeugnis gegen sich selbst"; str.). b) A erklärt nach dem Unfall: „Seien Sie ohne Sorge, ich komme für den Schaden auf, und zwar im vollen Umfang." Das ist ein deklaratorisches Schuldanerkenntnis, sobald der andere Unfallbeteiligte die Erklärung annimmt (vgl. BGH NJW 1982, S. 996).

b) Das bloße Schuldbekenntnis ist vom Richter frei zu würdigen (§ 286 ZPO). Ein Schuldbekenntnis kann nicht zu einer „Beweislastumkehr" führen, auch wenn dadurch erreicht wurde, daß eine Unfallaufnahme durch die Polizei erst gar nicht stattfand. Das Schuldbekenntnis ist aber regelmäßig ein gewichtiges Indiz für die schuldhafte Unfallverursachung des Erklärenden; der Einwand mitwirkenden Verschuldens und der Betriebsgefahr auf seiten des Geschädigten wird nicht abgeschnitten.

3. Inhaberschuldverschreibung und Anweisung

3.1 Inhaberschuldverschreibung

529 Die Inhaberschuldverschreibung ist ein Wertpapier, in dem der Aussteller eine Leistung an den berechtigten Inhaber verspricht (§ 793).

> **Beispiele:** Pfandbriefe, Kommunalobligationen.

Die Verpflichtung aus der Schuldverschreibung setzt eine urkundliche Verbriefung voraus (§§ 799, 126). Notwendig ist ferner die Inhaberklausel; diese enthält die Verpflichtung, an den berechtigten Inhaber zu zahlen (vgl. §§ 797, 793 I 2). Die befreiende Wirkung des § 793 I 2 wird auf den Mangel der Geschäfts- und Verfügungsfähigkeit ausgedehnt (h. M.). Da die weiteren — wertpapierrechtlichen — Fragen auch ins Sachenrecht hineinreichen, sei auf die dortigen einschlägigen Hinweise verwiesen (Rdnr. 660 f.).

3.2 Anweisung

530 a) Die Anweisung (§ 783) ist Grundform z. B. für Wechsel und Scheck (vgl. Art. 1 ff. WG, Art. 1 ff. ScheckG; zur kaufmännischen Anweisung vgl. §§ 363—365 HGB). Sie bedarf einer urkundlich verbrieften Erklärung (§ 783). Mögliche Leistungsgegenstände sind gem. § 783 Geld, Wertpapiere und andere vertretbare Sachen.

b) Die Anweisung enthält eine Doppelermächtigung (§§ 783, 185): Ermächtigung des Anweisenden an den Angewiesenen, für Rechnung des Anweisenden an den Anweisungsempfänger zu zahlen, und zugleich die Ermächtigung des Anweisungsempfängers, die Leistung bei dem Angewiesenen im eigenen Namen zu erheben. Insoweit verpflichtet die Anweisung niemanden, sie ermächtigt aber zwei Personen.

c) Erst mit der Annahme (§ 784) wird eine — selbständige und abstrakte — Verbindlichkeit begründet. Einwendungen sind nur möglich gem. § 784 I. Die Leistung ist nicht mit der Annahme, sondern erst mit der tatsächlichen Vornahme der Leistungshandlung bewirkt (§§ 787, 788).

4. Vergleich

4.1 Begriff und Voraussetzungen

a) Der Vergleich ist ein gegenseitiger Vertrag, durch den der Streit oder die Ungewißheit der Vertragspartner über ein Rechtsverhältnis im Wege gegenseitigen Nachgebens beseitigt wird (§ 779 I). Den Vergleichspartnern muß die Verfügungsbefugnis über das Rechtsverhältnis zustehen. **531**

> **Beispiel:** M hat sich mit seinem noch studierenden Sohn S zerstritten; er läßt ihn eine Erklärung unterzeichnen, in der er für alle Zukunft auf Unterhalt verzichtet: unwirksam wegen § 1614.

b) Für das gegenseitige Nachgeben genügen auch geringfügige Zugeständnisse, wirtschaftliche Gleichwertigkeit des Nachgebens ist nicht erforderlich.

c) Der Vergleich ist nur dann formbedürftig, wenn er Erklärungen enthält, die ihrerseits formbedürftig sind (z. B. §§ 313 S. 1, 766 S. 1).

d) Der Vergleich hat die Wirkung einer bindenden Feststellung, ist jedoch i. d. R. keine Novation (vgl. dazu Rdnr. 297). Frühere Einwendungen und Einreden sind ausgeschlossen.

4.2 Der Irrtum über die Vergleichsgrundlage

a) Es handelt sich um einen Sonderfall des Fehlens der Geschäftsgrundlage (h. M.; vgl. dazu Rdnr. 148). Voraussetzung ist zunächst ein gemeinsamer Grundlagenirrtum; es muß ein Irrtum über den als feststehend (also unstreitig) zugrunde gelegten Sachverhalt — tatsächliche oder rechtliche Verhältnisse betreffend — vorliegen. Weitere Voraussetzung ist ein Irrtum über den streitausschließenden Umstand, so daß bei Kenntnis der Sachlage der Streit nicht entstanden wäre. Sind diese Voraussetzungen gegeben, so ist der Vergleich unwirksam (§ 779 I). **532**

> **Beispiel:** S verletzt durch ungeschicktes Hantieren mit einer langen Eisenstange den G. Man setzt sich zu Vergleichsverhandlungen zusammen, bei denen der Anwalt des S bekundet, nach den Bedingungen der Haftpflichtversicherung des S gewähre diese für Schmerzensgeld keinen Deckungsschutz. G verzichtet daraufhin vergleichsweise auf Schmerzensgeld. Später stellt sich heraus, daß der Anwalt den fraglichen Passus in den Versicherungsbedingungen mißverstanden hatte (§ 779 I).

b) Eine Anfechtung des Vergleichs nach §§ 119 ff. ist nicht grundsätzlich ausgeschlossen, wohl aber insoweit, als sich der Irrtum gerade auf einen durch den Vergleich erledigten umstrittenen oder ungewissen Punkt bezieht.

5. Spiel, Wette, Auslobung

5.1 Spiel und Wette

533   Spiel ist die Verabredung zu bestimmten Leistungen unter entgegengesetzten Bedingungen. Wette ist das Versprechen einer Leistung für den Fall, daß sich die Behauptung des anderen als (sachlich) richtig erweist.

> **Beispiel:** Die Teilnahme am „Pferdelotto" ist „Spiel" und nicht „Wette", da kein ernstlicher Meinungsstreit ausgetragen wird.

Spiel und Wette begründen keine Verbindlichkeit (§ 762 I 1), sie sind nicht Grundlage eines Erfüllungs- oder Schadensersatzanspruchs, sondern begründen nur erfüllbare Nichtschulden; die Rückforderung der Leistung ist ausgeschlossen (§ 761 I 2). Ausnahme: staatlich genehmigte Lotterie (§ 763).

5.2 Auslobung

534   Auslobung bedeutet Versprechen einer Belohnung für die Vornahme einer Handlung, insbesondere für die Herbeiführung eines Erfolgs (§ 657). Es handelt sich um ein einseitiges, nicht empfangsbedürftiges Rechtsgeschäft (kein Vertrag).

> **Beispiel:** Anzeige in Tageszeitung, in der eine Belohnung für das Auffinden und Zurückbringen der verlorenen Geldbörse versprochen wird.

Den Anspruch auf die Belohnung hat, wer zuerst die Handlung vornimmt (§ 659 I), gegebenenfalls muß geteilt werden (§§ 659 II, 660).

Für das Preisausschreiben (z. B. Architektenwettbewerb) gilt die Sondervorschrift des § 661, wobei eine sachliche Überprüfung durch ein Gericht ausgeschlossen ist. Ist das Preisrätsel so einfach, daß es praktisch von jedermann auch bei geringer Aufmerksamkeit „gelöst" werden kann, liegt nur eine unverbindliche Ausspielung vor (§§ 762, 763; str.).

Literaturhinweise:

Below, Recht der Kreditsicherheiten, 1984.
Berg, JuS 1975, S. 681 ff. (zur Geschäftsführung ohne Auftrag).
Coester, JA 1982, S. 579 ff. (zum Schuldanerkenntnis).
Löwisch/Denck, Vertragliche Schuldverhältnisse, §§ 28, 29.
Medicus, Schuldrecht II, §§ 109, 112, 113, 116–119.
Weimar, Das BGB in Fällen, Bd. 2 b, Fälle zu §§ 765–778, 779, 780–782.

BGH JuS 1976, S. 603 (zu Schuldversprechen und -anerkenntnis).
BGH JuS 1980, S. 65 (zur Abgrenzung der Bürgschaft vom Garantievertrag).
BGH JuS 1979, S. 215 (zum Bestimmtheitserfordernis bei der Bürgschaft).
BGH JuS 1979, S. 368 u. 516 (zu verschiedenen Arten der Bürgschaft).
OLG Stuttgart NJW 1979, S. 222 f. (zu Schuldversprechen und -anerkenntnis).

Kontrollfragen:

1.   B verbürgt sich für die Rückzahlung eines Kredits in Höhe von 50.000 DM, den sein Freund F von der B-Bank erhalten hat. Später erhöht die Bank auf Bitten des F den Kredit auf 60.000 DM. Kann, wenn F den Kredit bei Fälligkeit nicht zurückzahlt, der gesamte Betrag von B verlangt werden?

2. A erhält von Z Ware auf Kredit geliefert. Für die Zahlung der Ware verbürgt sich B. Als Z von A Zahlung verlangt, macht dieser geltend, die Ware sei mangelhaft gewesen. Kann Z von B Zahlung verlangen?

3. Worin besteht der wesentliche Unterschied zwischen abstraktem und deklaratorischem Schuldanerkenntnis?

4. S füllt am Unfallort zusammen mit G den Unfallbericht für die Versicherung aus. Sie setzen auf das Papier zusätzlich den Passus: „Die Schuld am Unfall trägt S". Rechtswirkung?

Antworten zu den Kontrollfragen finden Sie auf S. 288.

V. Schuldrechtliche Personenvereinigungen

1. Die Gesellschaft bürgerlichen Rechts

Die folgenden Ausführungen zum Gesellschaftsrecht (§§ 705 ff.) beschränken sich im Hinblick auf das in der Reihe wisu-texte erschienene Werk von *Pleyer/Pesch* (Gesellschaftsrecht, 1975) auf einen kurzen Überblick. Das Gesellschaftsrecht hat sich in seinen praktischen Schwerpunkten vom BGB weitgehend entfernt; doch liegen seine Wurzeln nach wie vor im bürgerlichen Recht.

1.1 Der Gesellschaftsvertrag

a) Die Gesellschaft des bürgerlichen Rechts wird durch einen gegenseitigen Vertrag **535** begründet, durch den sich mehrere Personen zur Förderung eines gemeinsamen Zweckes verpflichten (§ 705). Bloße „faktische" Zusammenschlüsse stellen keine Gesellschaft nach bürgerlichem Recht dar.

> **Beispiele:** a) Die befreundeten Familien A und B wollen sich zusammentun, um gemeinsam ein Haus zu erstehen: keine Gesellschaft gem. §§ 705 ff. b) Die Wirtschaftsprüfer K und W vereinbaren eine Sozietät: hier ist eine BGB-Gesellschaft entstanden.

Kennzeichnend für den Gesellschaftsvertrag ist die *gemeinsame Verfolgung eines Zweckes;* dabei kommt jeder gesetzlich nicht verbotene Zweck in Betracht; keinesfalls erfolgt eine Beschränkung möglicher Gesellschaftszwecke auf den Betrieb eines Handelsgewerbes.

> **Beispiele:** a) Gemeinsame Urlaubsfahrt im gemieteten Pkw bei Teilung der Kosten und gemeinschaftlicher Kasse. b) Arbeitsgemeinschaft verschiedener Firmen zum Bau einer Umgehungsstraße. c) Kartell, Syndikat, Konzern, Holding, Trust: Auch für diese Formen ist die Verwendung der BGB-Gesellschaft möglich, nicht hingegen für die Fusion von Unternehmen. d) Zweifelhaft: Lebensgemeinschaft nicht verheirateter Partner (dazu *Diederichsen*, NJW 1983, S. 1017 ff.).

b) Die BGB-Gesellschaft ist *keine juristische Person.* Träger von Rechten und Pflich- **536** ten sind die einzelnen Gesellschafter (vgl. dazu schon Rdnr. 42). Die Gesellschaft hat eine „dingliche" Struktur (neben ihrer personenrechtlichen Struktur), nämlich die gesamthänderische Rechtszuständigkeit der Gesellschafter hinsichtlich des Gesellschaftsvermögens (*Gesamthandsvermögen;* Rdnr. 544). Für den Regelfall der Gesellschaftsschulden haften die Gesellschafter als *Gesamtschuldner* (vgl. § 427; Rdnr. 376). Zu unterscheiden sind *Innen-* und *Außengesellschaften*. Bei der Innengesellschaft fehlt ein gemeinsames Vermögen sowie die Vertretungsmacht der Gesellschafter (vgl. Rdnr. 161 ff.); die übrigen Gestaltungen sind „Außengesellschaften" (str.). Jedoch wird eine Innengesellschaft auch angenommen, wenn nur einer der Gesellschafter nach außen auftritt.

> **Beispiel:** Die Ehefrau A arbeitet über das gesetzliche Maß hinaus im Geschäft ihres Ehemanns unter Teilung der wirtschaftlichen Verantwortung, nach außen tritt aber nur der A als Inhaber des Geschäfts in Erscheinung: Innengesellschaft.

1.2 Rechte und Pflichten der Gesellschafter

1.2.1 Geschäftsführung und Vertretung

537   Die Geschäftsführung bezieht sich auf das Innenverhältnis der Gesellschaft, Vertretung wirkt nach außen (Außenverhältnis; vgl. §§ 164 ff.; Rdnr. 155 ff.).

a) Die *Geschäftsführung* steht grundsätzlich allen Gesellschaftern *gemeinschaftlich* zu (§ 709 I 1. Halbs.); dies macht Einstimmigkeit bei der Beschlußfassung erforderlich (§ 709 I 2. Halbs.). Der Gesellschaftsvertrag kann Mehrheitsentscheid vorsehen (§ 709 II) oder die Geschäftsführung nur einigen oder nur einem Gesellschafter übertragen (§ 710). Bei Einzelgeschäftsführung steht jedem einzelnen Gesellschafter ein — nicht abdingbares — *Widerspruchsrecht* zu (§ 711). Grund: Vermeidung divergenter Geschäftsleitung.

538   b) Mit dem Recht zur Geschäftsführung korrespondiert eine *Pflicht zur Mitwirkung* an der Geschäftsführung. Der Gesellschafter ist berechtigt, an Beschlüssen der Gesellschaft mitzuwirken (*Stimmrecht*). Von der Geschäftsführung ausgeschlossene Gesellschafter haben ein im Kern unentziehbares *Kontrollrecht* (§ 716).

c) Die genannten Rechte sind nicht übertragbar (§ 717). Grund: Ein Fremder soll das gesellschaftsrechtliche Vertrauensverhältnis nicht stören.

539   d) Wem die Geschäftsführungsbefugnis zusteht, der ist im Zweifel auch *vertretungsberechtigt*. Das Außenverhältnis richtet sich also nach dem Innenverhältnis (Ausnahme vom Grundsatz der „Abstraktheit" der Stellvertretung; vgl. aber auch z. B. § 168 S. 1; Rdnr. 174). Regelmäßig sind daher nur alle Gesellschafter zusammen vertretungsberechtigt (§§ 714, 709); im Umfang der ausgeübten Vertretungsmacht werden sie berechtigt und verpflichtet.

1.2.2 Vertragspflichten und Vermögensrechte

540   a) Der Gesellschafter ist — solange nichts Abweichendes vereinbart wird — zur Leistung des vereinbarten *Beitrags* verpflichtet (§§ 705, 706 I). Die Beiträge können in Geld, Dienstleistungen, Einbringung von Sachen, aber auch in anderen Leistungen bestehen.

> **Beispiele:** a) Gestattung des Gebrauchs von Geschäftsräumen. b) Abtretung von Forderungen.

Der Anspruch hierauf steht der Gesellschaft zu, kann aber auch — als sog. *actio pro socio* — von einem einzelnen Gesellschafter geltend gemacht werden.

> **Beispiel:** Gesellschafter G 1 hat seinen Beitrag (50.000 DM) noch nicht geleistet. Hier kann G 2 von G 1 fordern, an die Gesamtheit der Gesellschaft den Betrag zu zahlen (actio pro socio; vgl. § 709 I). Es kann aber auch die Gesamtheit der Gesellschaft durch ihre geschäftsführungs- und vertretungsbefugten Gesellschafter Zahlung verlangen.

b) Die Gesellschafter trifft eine *Zweckförderungspflicht* (§ 705). Sie haben alles zu unterlassen, was den Interessen der Gesellschaft zuwiderläuft (*Treuepflicht*).

> **Beispiele:** a) Förderung der Konkurrenz. b) Verletzung von Geheimnissen. c) Kreditschädigende Äußerungen.

c) Soweit ein Gesellschafter schuldhaft dem Gesellschaftsvertrag zuwiderhandelt, haftet er aus Schlechterfüllung (§§ 705, 709; 325, 326 entspr.). Im übrigen sind die §§ 320 ff., soweit sie auf eine Beendigung des Gesellschaftsvertrags hinauslaufen (insbes. §§ 323, 325, 326), bei der vollzogenen Gesellschaft wegen der besonderen gesellschaftsrechtlichen Vorschriften über Kündigung, Auflösung und Beendigung (vgl. §§ 723, 726) nicht anwendbar. **541**

d) Den Gesellschaftern steht ein Anspruch auf *Gewinnbezug* (§ 722) und *Ersatz von Aufwendungen* zu (§§ 713, 670). Bei Auflösung der Gesellschaft entsteht ein *Auseinandersetzungsanspruch,* der gerichtet ist auf Einzelrückerstattung (§ 732) und Wertersatz des Eingebrachten (§ 733) sowie auf Überschußverteilung (§ 734). **542**

1.3 Das Gesellschaftsvermögen

a) Das Gesellschaftsvermögen wird durch Leistung der Beiträge begründet (§ 706). Die Einbringung von Gegenständen erfolgt einzeln, bei beweglichen Sachen und Grundstücken ist Übereignung (vgl. Rdnr. 704) an die einzelnen Gesellschafter notwendig; jedoch bleibt der Einbringende Rechtsinhaber insofern, als jetzt eine gesamthänderische Bindung mit den anderen Gesellschaftern besteht. Zum Gesellschaftsvermögen gehören ferner die durch die Geschäftsführung erworbenen Gegenstände (§ 718 I) und dasjenige, was aufgrund eines zum Gesellschaftsvermögen gehörenden Rechts erworben wurde (§ 718 II). **543**

> **Beispiel:** G hat sein Pachtrecht an einem für Uran-Abbau genutzten Grundstück in das Gesellschaftsvermögen eingebracht. Die Nutzungen aus dem Abbau gehören zum Gesellschaftsvermögen.

b) Das Gesellschaftsvermögen ist *Gesamthandseigentum* (dazu näher Rdnr. 618); es handelt sich um ein dinglich gebundenes Sondervermögen, das vom sonstigen Vermögen der Gesellschafter rechtlich zu unterscheiden ist. Der Gesellschafter kann nach der gesetzlichen Regelung nicht über seinen Anteil am Gesellschaftsvermögen verfügen; das gleiche gilt für eine Verfügung über seinen Anteil an einem Einzelgegenstand des Gesellschaftsvermögens (§ 719 I). Von der Verfügungsbeschränkung hinsichtlich seines Anteils am ganzen Gesellschaftsvermögen kann aber der einzelne Gesellschafter durch Vertrag (oder Ermächtigung durch die anderen Gesellschafter im Einzelfall) befreit werden; denn die Bindung besteht nur im Interesse der Gesellschafter. Insoweit ist § 719 I abdingbar. Vermögensrechtlich wird damit ein Teilhaberwechsel ermöglicht; das gleiche kann erreicht werden durch Übertragung der ganzen Mitglied- **544** schaft bei Zustimmung aller Gesellschafter (vgl. § 717). Unabdingbar ist § 719 I jedoch insoweit, als es um das Verfügungsverbot hinsichtlich des Anteils des Gesellschafters an den einzelnen zum Gesamthandsvermögen gehörenden Gegenständen geht. Grund: Wesen der gesamthänderischen Bindung. Anderenfalls würden entgegen dem Grundsatz des numerus clausus der Sachenrechte (vgl. Rdnr. 608) in der Person des Erwerbers „neuartige" Sachenrechte begründet. Dingliche Innovationen läßt das BGB nicht zu.

1.4 Gesellschaftsschulden und Haftung des Gesellschaftsvermögens

545   a) Gesellschaftsschulden können entstehen aufgrund rechtsgeschäftlich begründeter oder gesetzlich entstehender Schuldverhältnisse. Die Verpflichtung der Gesellschaft durch Rechtsgeschäft setzt Vertretungsmacht voraus, die ihrerseits im Zweifel Geschäftsführungsbefugnis erfordert (§ 714). Überschreitet der Geschäftsführer im Einzelfall den Rahmen seiner Geschäftsführungsbefugnis oder ist ein Widerspruch (§ 711) erfolgt, so ist dies nur für das Innenverhältnis der Gesellschafter von Belang, während es nach außen grundsätzlich unbeachtlich bleibt.

546   b) Gesellschaftsgläubigern gegenüber besteht eine gesamtschuldnerische Haftung (§§ 427, 431, 840).

aa) Es haftet das *gesamte* Vermögen einschließlich des Privatvermögens der Gesellschafter, so daß die Gläubiger eine Wahlmöglichkeit haben.

bb) Haftungsbeschränkungen greifen ein bei entsprechender Vereinbarung mit den Gläubigern oder auch durch Beschränkung der Vertretungsmacht (vorausgesetzt, der Gläubiger erfährt davon).

cc) Befriedigt ein Gesellschafter aufgrund seiner persönlichen Haftung einen Gesellschaftsgläubiger, hat er gegen die Gesellschaft einen Erstattungsanspruch; subsidiär haften ihm auch die einzelnen Mitgesellschafter, jedoch nicht gesamtschuldnerisch, sondern einzeln in Höhe ihrer Verlustbeteiligung (Haftung pro rata).

c) Privatgläubiger können in das Gesellschaftsvermögen nicht vollstrecken, möglich ist aber die Pfändung von Gesellschaftsanteilen.

d) Der *Neueintritt* eines Gesellschafters führt anders als bei der OHG (§§ 128, 130 HGB) nicht zu einer persönlichen Haftung des Neugesellschafters auch für Altschulden der Gesellschaft (BGHZ 74, S. 240).

1.5 Auflösung und Beendigung der Gesellschaft

547   a) Während die „Auflösung" der Gesellschaft nur ihr Ende als „werbende" (wirtschaftende) bedeutet, bringt die „Beendigung" die Gesellschaft in allen ihren Funktionen zum Erliegen: sie erlischt.

b) Folge der Auflösung ist, daß die Gesellschaft ins Liquidationsstadium eintritt, als solche besteht sie weiter (§ 730 II 1), es tritt lediglich ein Zweckwandel ein (*Liquidationsgesellschaft*). Nach erfolgter Verteilung des Gesellschaftsvermögens (vgl. dazu §§ 731—735) ist die Gesellschaft beendet.

c) Auflösungsgründe sind: Aufhebung der Gesellschaft (vgl. § 305), Zeitablauf bei befristeter Gesellschaft (vgl. § 723), Kündigung durch einen Gesellschafter (Einzelheiten: §§ 723, 724), Zweckerreichung und Unmöglichkeit der Zweckerreichung (§ 726), Kündigung durch einen Gläubiger (§ 725), Tod (§ 727) oder Konkurs eines Gesellschafters (§ 728).

2. Die Gemeinschaft

2.1 Begriff

a) Die Gemeinschaft ist die vertraglich oder gesetzlich bestimmte Beteiligung mehrerer an einem Recht, sofern nicht die Regeln der Gesamthand gelten (§ 741: *Bruchteilsgemeinschaft*). Die Gemeinschaft dient der Wahrung und dem Ausgleich von Individualinteressen; jedes Gemeinschaftsmitglied ist Inhaber eines ideellen Anteils am Gemeinschaftsgut, das nicht wie bei der Gesellschaft (vgl. Rdnr. 544) ein verselbständigtes Sondervermögen ist.

548

b) Die Bruchteilsgemeinschaft entsteht z. B. gem. §§ 947 I, 948 (vgl. auch Rdnr. 653) oder bei gemeinsamem Erwerb des Eigentums oder eines anderen Rechts (soweit kein Gesellschaftsvertrag, keine Erben- bzw. eheliche Gütergemeinschaft vorliegt).

> **Beispiel:** Die Studenten A, B und C mieten gemeinsam eine Wohnung.

Gesetzliche Sonderfälle sind das Miteigentum (§§ 1008—1011) und das Wohnungseigentum (vgl. dazu unten Rdnr. 616, 617).

2.2 Rechte und Pflichten aus dem Gemeinschaftsverhältnis

a) Die Beteiligung mehrerer an einem Recht in Form der Gemeinschaft (§ 741) führt zu einem gesetzlichen Schuldverhältnis (str.).

549

aa) Im Zweifel sind alle Mitglieder gleichberechtigt (§ 742), jeder hat entsprechend seinem Anteil einen Anspruch auf die erzielten Früchte (§ 743 I) und — begrenzt durch die Mitberechtigung der anderen — eine Gebrauchsbefugnis (§ 743 II).

bb) Die Verwaltung steht grundsätzlich allen nur gemeinschaftlich zu, Notmaßnahmen können auch von einzelnen getroffen werden (§ 744 I, II; vgl. auch §§ 745, 746).

b) Über seinen Anteil kann jedes Gemeinschaftsmitglied verfügen, über den Gemeinschaftsgegenstand als solchen ist nur gemeinschaftliche Verfügung aller möglich (§ 747). — Eine Verpflichtung zur anteilsmäßigen Tragung der Erhaltungs-, Verwaltungs- und Benutzungskosten besteht gem. § 748.

2.3 Rechtsgeschäfte der Gemeinschaftsmitglieder

a) Von einem einzelnen Mitglied allein und in eigenem Namen getätigte schuldrechtliche Geschäfte binden nur das einzelne Mitglied. Bei gemeinsamem Handeln besteht gesamtschuldnerische Haftung (§ 421; vgl. dazu Rdnr. 376).

550

b) Forderungen aus Rechtsgeschäften stehen den Gemeinschaftsmitgliedern als Gesamtgläubigern (§ 428) zu. Im Außenverhältnis gegenüber dem Schuldner kann jedes Gemeinschaftsmitglied Leistung nur an die Gemeinschaft verlangen (§ 432).

> **Beispiel:** A, B und C haben gemeinsam ein Haus erstanden (Miteigentum nach Bruchteilen), das jetzt vermietet ist. Jeder einzelne kann Zahlung des Mietzinses nur an die Gemeinschaft

verlangen; der Anspruch auf Beteiligung am Reinertrag steht dem einzelnen gegen die anderen Gemeinschafter zu.

2.4 Ende der Gemeinschaft

551 Wer als Mitglied einer Gemeinschaft diese auflösen will, hat in diesem Zusammenhang drei Ansprüche: den auf Einwilligung in die Aufhebung (§§ 749, 758), den auf Einwilligung in einen bestimmten Teilungsplan (§§ 752—756) und den auf Vollzug des Teilungsplans (vgl. § 757). Das Aufhebungsrecht verjährt nicht (§ 758). Die Teilung wird über den Teilungsplan vollzogen, und zwar i. d. R. durch Naturalteilung (§ 752; Ausnahmen: §§ 753, 755 III, 756 S. 2).

> **Beispiel:** Einigen sich die Erben nicht, muß der Nachlaß veräußert werden (§§ 2042 ff., 753, 1228 ff.).

Literaturhinweise:

Flume, Allgemeiner Teil des Bürgerlichen Rechts, 1. Bd., 1. Teil: Die Personengesellschaft, 1977.
Hueck, Gesellschaftsrecht, 18. Aufl. 1983.
Pleyer/Pesch, Gesellschaftsrecht, 1975, Kap. B.
Ulmer, Die Gesellschaft bürgerlichen Rechts, 2. Aufl. 1986.
Weimar, Das BGB in Fällen, Bd. 2 b, Fälle zu §§ 705−758.

Kontrollfragen:

Vgl. die Fragen bei *Pleyer/Pesch*, Gesellschaftsrecht, S. 23.

Antwortnachweis zu den Kontrollfragen finden Sie auf S. 288.

VI. Ungerechtfertigte Bereicherung

Im Bereicherungsrecht geht es im wesentlichen darum, ob der Bereicherungsgläubiger (der „Entreicherte") einen Vermögensvorteil fordern (*kondizieren*) kann, den ein anderer (der „Bereicherte") zu Unrecht (*ohne rechtlichen Grund*) erlangt hat (Abschöpfungsprinzip).

Verschiedene Formen des Bereicherungsausgleichs — Leistungs- und Eingriffskondiktion (dazu Rdnr. 552 ff., 559 ff.) — sind zu unterscheiden.

1. Voraussetzungen der Leistungskondiktion

1.1 Grundsituationen der Leistungskondiktion

552 a) In die Klasse der Leistungskondiktion gehört zunächst der Fall, daß jemand auf eine Schuld leistet, der mit der Leistung bezweckte Tilgungserfolg jedoch nicht eintritt.

Beispiele: a) A empfängt eine Zahlung, die zur Tilgung einer ihm nicht zustehenden Forderung bestimmt war. A muß eine solche Leistung herausgeben sowohl dann, wenn die Forderung ihm von Anfang an nicht zugestanden hat, wie auch dann, wenn sie erst nachträglich (z. B. durch Erlaß), aber doch noch vor jener Leistung erloschen oder auf einen anderen Gläubiger übergegangen ist: Fall des § 812 I 1 1. Alt. Einer nicht bestehenden Forderung steht eine Forderung gleich, der eine dauernde Einrede — ausgenommen die Verjährungseinrede — entgegensteht (§ 813 I). Dagegen kann der Empfänger das ihm Geleistete behalten, wenn die Forderung zur Zeit der Leistung nur mit einer aufschiebenden Einrede behaftet oder noch nicht fällig war, obgleich ihm auch in Fällen dieser Art oft eine unverdiente Bereicherung zuteil wird (§ 813 II). b) Die Forderung besteht zwar in dem Augenblick, in dem die Leistung erbracht wird, fällt aber später aufgrund des Eintritts einer auflösenden Bedingung oder wegen Anfechtung (trotz § 142 I; str.) wieder weg: Fall des § 812 I 2 1. Alt.

Die Verpflichtung des Empfängers zur Herausgabe des zum Zwecke der Erfüllung einer Verbindlichkeit Geleisteten setzt nicht voraus, daß ihm bei Empfang der Leistung seine mangelnde Berechtigung bekannt gewesen ist. Dagegen fällt sie fort, wenn umgekehrt der Leistende gewußt hat, daß er zu der Leistung nicht verpflichtet war (§ 814).

Beispiel: A hat von seinem Zahnarzt Dr. B eine Rechnung über 1.750 DM erhalten, sendet ihm aber 2.000 DM zu, weil er die Rechnung als zu niedrig und Zahnärzte gemeinhin als bedürftig ansieht; später hört er, daß B höchstens 1.500 DM hätte fordern dürfen. Hier kann er 250 DM zurückverlangen, denn er hat 1.750 DM zur Erfüllung einer Forderung entrichtet, die sich in Wahrheit nur auf 1.500 DM belief. Dagegen darf B 250 DM behalten, die A über den in Rechnung gestellten Betrag hinaus gezahlt hat, da A sie nicht zur Erfüllung einer Schuld, sondern als freiwillige Mehrleistung zugewendet hat.

b) Eine weitere Variante der Leistungskondiktion erfaßt die Fälle, in denen jemand eine Leistung empfängt, die einen besonderen, rechtsgeschäftlich vorgezeichneten Erfolg, der nicht (nur) in der Schuldtilgung besteht, herbeiführen soll. Hier muß der Empfänger das Empfangene herausgeben, wenn dieser Erfolg nicht eintritt, es sei denn, daß der Eintritt des Erfolgs von Anfang an unmöglich war und der Leistende dies gewußt hat oder er selbst den Eintritt des Erfolgs gegen Treu und Glauben verhindert hat (§§ 812 I 2 2. Alt., 815). **553**

Beispiele: a) A leistet vereinbarungsgemäß eine Vorauszahlung anläßlich erwarteten Vertragsabschlusses, der sich jedoch zerschlägt: Fall des § 812 I 2 2. Alt. (vgl. schon RGZ 56, S. 317). b) Leistung auf einen formbedürftigen Vertrag in der Erwartung, daß ein formgültiger Abschluß demnächst erfolgt: Anspruch aus § 812 I 2 2. Alt. (BGH WM 1971, S. 1202). c) A erwirbt ein Grundstück in der Absicht, darauf ein Haus zu errichten. Das Grundstück erweist sich später als unbebaubar: A kann bereits geleistetes Entgelt nicht nach § 812 I 2 2. Alt. zurückverlangen (h. M.), vielmehr u. U. Irrtumsanfechtung (nach §§ 119 ff.), Berufung auf Wegfall der Geschäftsgrundlage (§ 242) oder Geltendmachung von Gewährleistungsansprüchen (z. B. § 459 I 1) möglich.

c) Ein letzter Typus der Leistungskondiktion ist nicht in § 812 I, sondern in § 817 S. 1 geregelt. Wer eine Leistung annimmt, deren Zweck gegen ein gesetzliches Verbot oder die guten Sitten verstößt, ist herausgabepflichtig. Bedeutsam ist § 817 S. 1 nur, soweit nicht §§ 134, 138 (vgl. dazu Rdnr. 150—154) eingreifen, was eine Kondiktion schon nach § 812 I 1 1. Alt. auslöst. Das heißt, daß § 817 S. 1 nur anwendbar ist, wenn der Bereicherungsanspruch aus § 812 durch §§ 814, 815 ausgeschlossen ist oder das Grundgeschäft bei nur einseitig verbotener oder sittenwidriger Leistungsannahme **554**

(z. B. § 331 StGB) gültig ist. — Zu beachten ist die Möglichkeit des Anspruchsausschlusses nach § 817 S. 2. Dabei genügt es, daß nur dem Leistenden ein Verstoß zur Last fällt (h. M.). § 817 S. 2 schließt alle Ansprüche aus §§ 812 ff. aus.

> **Beispiel:** X gewährt dem Y ein Darlehn, für das er wucherische Zinsen vereinbart (vgl. dazu Rdnr. 153, 471). Hier schließt § 817 S. 2 die Rückforderung der Darlehnsvaluta durch X vor Ablauf der vertraglich festgelegten Zeit der Überlassung des Geldes aus (RGZ 161, S. 52). Nicht zu zahlen braucht Y die Zinsen, da der Darlehnsvertrag nichtig ist und einem Bereicherungsanspruch (§§ 812 I 1 1. Alt., 818 I, II) der Ausschluß nach § 817 S. 2 entgegenstünde (BGH NJW 1983, S. 1420; a. M.: Y muß Zinsen in angemessener Höhe zahlen). Bereits gezahlte überhöhte Zinsen kann der Bewucherte nach § 817 S. 1 nur zurückverlangen, wenn er selbst nicht gleichfalls vorsätzlich sittenwidrig, sondern z. B. aus Not gehandelt hat.

1.2 Einzelne Voraussetzungen der Leistungskondiktion

555   a) Bei der Leistungskondiktion (§ 812 I 1 1. Alt.) muß eine „Leistung" vorliegen. Leistung ist *willentliche und zweckgerichtete Mehrung fremden Vermögens*. Gegenstand der Leistung kann jede Art von Vermögensvorteil sein.

b) Weitere Voraussetzung ist, daß der Empfänger „auf Kosten" des Leistenden bereichert ist. Dabei geht es um die *konkrete Bestimmung des Leistungsverhältnisses* (nicht um die bei der Leistungskondiktion entbehrliche „Unmittelbarkeit" der Vermögensverschiebung). Grundregel hierfür ist, daß die Rückabwicklung *nur zwischen Leistendem und dem Leistungsempfänger* zu erfolgen hat. Wichtig wird dies, wenn mehr als zwei Personen am Leistungsprozeß beteiligt sind.

> **Beispiele:** a) A läßt durch seinen Freund F dem B eine Vase überbringen, in der irrigen Annahme, es sei hierüber ein Kaufvertrag mit B zustande gekommen. Hier bleibt A der Leistende. b) Dem Onkel O ist bekannt, daß sein Lieblingsneffe N Schulden i. H. v. 1.000 DM bei G hat. Als er dem G den Betrag ohne Wissen des N überweist, hat G dem N die Schulden erlassen. Hier ist O Leistender und G Leistungsempfänger, obwohl O eine fremde Verbindlichkeit tilgen will (§ 267); der — vermeintliche — Rechtsgrund, auf den die Leistung erbracht wird, braucht also nicht zwischen O und G zu bestehen (str.; vgl. *Staudinger/Lorenz*, BGB, 12. Aufl. 1979, § 812 Rdnr. 43). c) X weist seine Bank an, an Y 500 DM auszuzahlen. Hier ist die Bank nur Leistungsmittler, Leistender bleibt X. d) Im Vertrag über die Übernahme des landwirtschaftlichen Anwesens des L übernimmt der Käufer die Verpflichtung, die Schwester S des L mit einem Geldbetrag in bestimmter Höhe abzufinden (echter Vertrag zugunsten Dritter, § 328, vgl. dazu Rdnr. 346 ff.). Hier ist Leistender der „Versprechensempfänger" L, der der S einen eigenen Leistungsanspruch zuwenden will (str; für eine differenzierende Betrachtungsweise BGHZ 58, S. 184).

556   c) Bedeutsam sind auch die Fälle, in denen — bei Beteiligung von mehr als zwei Personen — eines oder mehrere der Grundgeschäfte nichtig sind.

> **Beispiele:** a) X veräußert einen Pkw an Y, dieser veräußert weiter an Z. Wenn der Vertrag X – Y nichtig ist (etwa wegen erfolgreicher Anfechtung durch X, § 142 I), kann X nur von Y kondizieren; ein Zugriff auf Z ist nur möglich, soweit ein Fall des § 822 vorliegt: Y müßte — anders als hier — unentgeltlich als Berechtigter verfügt haben und dürfte selbst nicht mehr bereichert sein. b) Beide Verträge, X — Y und Y — Z, sind nichtig (*Doppelmangel*). Auch hier kann nur im Verhältnis X — Y und Y — Z rückabgewickelt werden; würde es zugelassen, daß X dem Z gegenüber ein Herausgabeverlangen aus § 812 I 1 geltend macht, so würden dem Z u. U. Gegenrechte abgeschnitten, die er einem Kondiktionsanspruch des Y entgegensetzen könnte (also *Doppelkondiktion*, kein „Durchgriff", str; dazu *v. Caemmerer*, JZ 1961, S. 388 ff.).

d) Wichtig ist ferner die Bestimmung des Leistungsverhältnisses im Fall des Irrtums   **557**
über den Leistenden.

> **Beispiel:** E bestellt bei U ein schlüsselfertiges Haus zum Festpreis von 350.000 DM, den er
> auch zahlt. U geht zu Z und kauft dort „im Namen des E" Installationsmaterial; E hat den U
> nicht beauftragt und genehmigt das Geschäft auch nicht (§ 177 I). In diesem Fall hält nun E
> den U für den Leistenden hinsichtlich des Installationsmaterials (denn er hat ein schlüsselferti-
> ges Haus bestellt), während Z glaubt, er leiste an E. Hier ist die Sichtweise des Empfängers der
> Leistung (E) maßgeblich, so daß eine Leistungskondiktion des Z gegenüber E ausgeschlossen
> ist (BGHZ 40, S. 272; str.).

e) Voraussetzung für eine Leistungskondiktion ist weiterhin, daß der Rechtsgrund   **558**
von vornherein fehlt oder weggefallen ist (§ 812 I). Das Fehlen des Rechtsgrunds zum
Behaltendürfen ist Grundlage für den Bereicherungsausgleich; über die verschiedenen
Möglichkeiten vgl. oben Rdnr. 552—554. Behaltensgrund ist entweder ein Rechtsgeschäft oder eine gesetzliche Regelung (s. dazu Rdnr. 560).

2. Voraussetzungen der Eingriffskondiktion

2.1 Grundtatbestand der Eingriffskondiktion

Die Eingriffskondiktion setzt voraus, daß ein Vermögensvorteil ohne Rechtsgrund   **559**
„in sonstiger Weise" erlangt wurde (§ 812 I 1 2. Alt.).

a) Eine Bereicherung „in sonstiger Weise" liegt vor, wenn eine Vermögensverschie-
bung erfolgt, die im *Widerspruch zum Zuweisungsgehalt einer absolut geschützten
Rechtsposition* steht (h. M.). Die Vermögensverschiebung darf nicht auf einer finalen
Vermögensdisposition − wie bei der Leistungskondiktion − beruhen.

> **Beispiele:** a) A hat ein Stückchen Land gepachtet und darauf u. a. Johannisbeersträucher ge-
> pflanzt. Als die Früchte reif sind, kommt des Nachts der Z und erntet: Fall des § 812 I 1 2. Alt.
> b) Die F läßt im Warenhaus eine Schachtel Pralinen „mitgehen" und schenkt sie dem
> M, der sie umgehend vertilgt. Der Verbrauch der Sache ist als Bereicherung „in sonstiger Wei-
> se" anzusehen; daß die Pralinen von F an M „geleistet" wurden, steht einem Anspruch des In-
> habers des Warenhauses gegen M aus § 812 I 1 2. Alt. hier nicht entgegen.

b) Im übrigen kann ein Anspruch wegen Bereicherung „in sonstiger Weise" nur dann
entstehen, wenn der Bereicherungsgegenstand dem Empfänger von niemandem geleistet worden ist (*Subsidiaritätsgrundsatz:* Vorrang der Leistungskondiktion).

c) Weitere Voraussetzung eines Anspruchs aus Bereicherung „in sonstiger Weise" ist,   **560**
daß kein Rechtsgrund vorliegt. Hier ist insbesondere bei nichtrechtsgeschäftlichem
Rechtsgrund jeweils der normative Zuweisungsgehalt zu ermitteln.

> **Beispiele:** a) § 911 berechtigt zum Verbrauch von Früchten, die von einem Baum auf das
> Nachbargrundstück fallen. b) Keinen Rechtsgrund geben dagegen §§ 946 ff. (dazu Rdnr.
> 653 ff.).

2.2 Sonderformen der Eingriffskondiktion

2.2.1 Rückgriffs- und Verwendungskondiktion

a) Die *Rückgriffskondiktion* kommt nur bei Zahlung fremder Schulden (§ 267) in Be-   **561**
tracht, falls andere Ansprüche ausscheiden. Bereicherungsgegenstand ist die *Befreiung des Schuldners von der Verbindlichkeit.*

Beispiele: a) Onkel O zahlt bei G unangewiesen die Schulden des Neffen N (§ 267). N ist gegenüber G von seiner Verbindlichkeit befreit; O kann bei N Rückgriff nehmen (§ 812 I 1 2. Alt., falls nicht Geschäftsführung ohne Auftrag nach §§ 677 ff. vorliegt). b) X glaubt irrtümlich, sein Hund habe den Y gebissen, und leistet Schadensersatz; in Wahrheit war der Hund des Z der Übeltäter. Wenn X sich aus irgendwelchen Gründen nicht bei Y schadlos halten kann (weil dieser z. B. verschwunden ist), kann er der Tilgung der — vermeintlich — eigenen Schuld nachträglich Fremdbestimmung beilegen (§§ 185, 267); dadurch wird er so behandelt, als habe er auf die Schuld des Z geleistet, so daß ihm der Rückgriff gegen Z ermöglicht wird (str; a. M. etwa *Medicus*, Schuldrecht II, § 133 II 1 c).

562 b) Mit der *Verwendungskondiktion* können Verwendungen, die jemand auf fremdes Gut macht, ersetzt verlangt werden. Der Anspruch besteht nur, wenn nicht bereits Spezialregelungen eingreifen (§§ 994 ff. — vgl. dazu Rdnr. 800 — oder §§ 683, 670 — dazu oben Rdnr. 506); vgl. dazu BGHZ 41, S. 157.

2.2.2 Bereicherungsausgleich nach Rechtsgeschäften des Nichtberechtigten

563 a) Ansprüche gegen den Nichtberechtigten setzen eine Verfügung über einen Gegenstand voraus, die *dem Berechtigten gegenüber wirksam* ist (§ 816 I 1).

Beispiele: a) A veräußert an B ein Buch, das er von C nur entliehen hatte; dem B kommt in keinem Augenblick der Gedanke, daß A nicht Eigentümer des Buches sein könnte. Die Verfügung ist gegenüber C wegen § 932 wirksam: Anspruch des C gegen A aus § 816 I 1. b) A hat das Buch bei C gestohlen und dann veräußert. Hier ist die Verfügung unwirksam (§ 935). C kann sie aber genehmigen (§ 185 II 1 1. Alt.); dies kann auch konkludent dadurch erfolgen, daß C gegen A aus § 816 I 1 vorgeht (BGH DB 1960, S. 1212).

b) Der Berechtigte kann vom Nichtberechtigten Herausgabe des Erlangten fordern (zum Umfang s. unten Rdnr. 566). Gegen den (gutgläubigen) Erwerber stehen ihm keine Rechte zu. Eine Ausnahme wird beim *unentgeltlichen Erwerb* gemacht (§ 816 I 2); bei wirksamen, aber rechtsgrundlosen Verfügungen des Nichtberechtigten (Nichtigkeit des Grundgeschäfts) wird z. T. eine Gleichstellung mit dem unentgeltlichen Erwerb befürwortet; dies ist aber abzulehnen, da die Rückabwicklung einer rechtsgrundlosen Leistung zwischen den Beteiligten des Leistungsverhältnisses zu erfolgen hat (es hat Doppelkondiktion zu erfolgen, da anderenfalls Gegenrechte abgeschnitten werden können, vgl. dazu Rdnr. 556). — Nicht anwendbar ist § 816 I 1 bei unberechtigter Überlassung einer Sache an Dritte.

Beispiel: M hat einen Wagen gemietet, den er seinerseits an F vermietet, obgleich Untervermietung vertraglich untersagt war. Da die Untervermietung keine Verfügung ist (zum Begriff vgl. Rdnr. 73), könnte § 816 I 1 allenfalls entsprechend angewandt werden. Allerdings fehlt es hier schon an einer Rechtslücke, da §§ 987 ff. (dazu unten Rdnr. 785 ff.) eingreifen (str.).

564 c) Die dem Berechtigten gegenüber wirksame *Leistungsannahme* durch einen nichtberechtigten Dritten (Scheingläubiger) regelt § 816 II. Die Leistung an den Scheingläubiger löst Bereicherungsansprüche dann aus, wenn der Leistende ihn als Gläubiger betrachtete.

Beispiel: Lieferant L hat eine Kaufpreisforderung gegen K. L tritt diese Forderung an D ab. K, der von der Abtretung nichts weiß, zahlt den Kaufpreis an L. D kann hier wegen § 407 nicht gegen K vorgehen; er kann aber nach § 816 II von L Herausgabe des Kaufpreises fordern.

2.2.3 Bereicherungsausgleich nach Rechtsverlust durch Verbindung, Vermischung und Verarbeitung

a) Dingliche Rechtsänderungen nach §§ 946 ff. (vgl. dazu Rdnr. 653 ff.) können Be- **565**
reicherungsansprüche auslösen. Dabei enthält § 951 I 1 eine Rechtsgrundverweisung
auf §§ 812 ff., so daß die Voraussetzungen des § 812 I 1 2. Alt. ausnahmslos erfüllt
sein müssen. Insbesondere muß die Rechtsverschiebung rechtsgrundlos sein.

> **Beispiele:** a) Handwerker H baut auf Veranlassung von Bauunternehmer U eigenes Installa-
> tionsmaterial im Haus des E ein: hier ist ein Rechtsgrund gegeben. b) Der Vertrag zwischen H
> und U ist unwirksam: da im Verhältnis H — U eine Leistung erfolgte, kommt nur eine Lei-
> stungskondiktion gegen U, nicht aber eine Eingriffskondiktion gegen E in Betracht (Subsidia-
> ritätsgrundsatz, vgl. Rdnr. 559). c) Ist der Vertrag zwischen U und E unwirksam, so ist —
> ebenfalls — nur eine Leistungskondiktion möglich (str.). d) Sind die Verträge H — U und U
> — E unwirksam, so ist eine Rückabwicklung nur im Verhältnis H — U und U — E möglich
> (Doppelkondiktion, vgl. oben Rdnr. 556), eine Eingriffskondiktion H — E ist damit ausge-
> schlossen. e) D hat das Mastkalb des X gestohlen und verarbeitet das Fleisch zu Braten-
> stücken, Koteletts etc. Hier ist — endlich — § 951 einschlägig: Bereicherungsausgleich nach
> §§ 951 I 1, 812 I 1 2. Alt., falls — wegen § 950 — der Wert der Verarbeitung nicht erheblich
> geringer ist als der Wert des Kalbes. f) D veräußert das Kalb an Y, der die Weiterverarbeitung
> als Fleischer vornimmt: Anspruch des X gegen Y aus §§ 951 I 1, 812 I 1 2. Alt., wobei un-
> schädlich ist, daß im Verhältnis D — Y eine Leistung erfolgte. X kann auch genehmigen und
> nach § 816 I 1 gegen D vorgehen (vgl. Rdnr. 563).

b) Soweit §§ 994 ff. anwendbar sind (dazu Rdnr. 800), ist der Rückgriff auf § 951
versperrt, da diese Vorschriften Sonderregelungen enthalten (vgl. BGHZ 41, S. 157).

3. Inhalt und Umfang des Bereicherungsanspruchs

3.1 Herausgabe des Bereicherungsgegenstands

a) Soweit der Bereicherungsgegenstand noch im Vermögen des Bereicherungsschuld- **566**
ners vorhanden ist, geht der Anspruch auf *Herausgabe des Gegenstands* (§ 818 I). Es
hat also — je nach Sachlage — Rückübereignung (§§ 929, 873, 925), Besitzverschaffung (§ 854), Aufhebung der Verbindlichkeit (§ 397) oder Rückübertragung der Forderung (§ 398) zu erfolgen.

b) Kann der Gegenstand nicht herausgegeben werden, so ist *Wertersatz* zu leisten **567**
(§ 818 II). Ersetzt werden muß der *gemeine* Wert, und zwar ist maßgeblich für den
Zeitpunkt der Wertermittlung der Eintritt der Bereicherung; nicht verlangt werden
kann also der höhere Veräußerungserlös (im Fall des § 816 I; anders BGHZ 29, S. 157: das
Erlangte einschließlich des erzielten Gewinns sei herauszugeben; vgl. auch Rdnr. 508).

3.2 Nutzungen und Surrogate

Nutzungen (s. Rdnr. 35) und Surrogate können gem. § 818 I herausverlangt werden. **568**

> **Beispiel:** Gebrauchsvorteile aus dem Bereicherungsgegenstand sind Nutzungen, der Losge-
> winn ist Surrogat. Kein Surrogat i. S. des § 818 I ist dasjenige, was aufgrund eines Rechtsge-
> schäfts über den Bereicherungsgegenstand erlangt wurde (Veräußerung, Vermietung,
> Tausch).

3.3 Wegfall der Bereicherung und Berücksichtigung der Gegenleistung

569   a) Wegfall der Bereicherung liegt vor, wenn weder der Bereicherungsgegenstand noch dessen Wert sich im Vermögen des Empfängers befindet.

> **Beispiel:** A hat von S 2.000 DM geschenkt erhalten; S war zum Zeitpunkt der Schenkung geschäftsunfähig, was dem A jedoch nicht erkennbar war. Er hat das Geld für eine Reise zum Nordkap verbraucht: § 818 III.

b) Im Rahmen des § 818 III sind auch Vermögensnachteile, die in ursächlichem Zusammenhang mit dem Bereicherungserwerb stehen, zu berücksichtigen.

> **Beispiele:** a) A hat von D einen Pkw erstanden, der — was A nicht wußte — gestohlen war; soweit er notwendige Reparaturen durchführen ließ, sind die Kosten hierfür abzugsfähig. — Gleiches gilt, wenn etwa Zoll zu entrichten war oder wenn die Gewinnung von Nutzungen und Früchten Kosten anfallen ließ. b) Nicht abzugsfähig gem. § 818 III sind z. B. die Kosten der Rückgabe des Bereicherungsgegenstands sowie das an einen Dritten gezahlte Entgelt.

570   c) Hat der Bereicherungsschuldner eine Gegenleistung erbracht, so sind die — durch den Austausch verknüpften — Leistungen bei der Rückabwicklung zu berücksichtigen (sog. *Saldotheorie).*

aa) Das bedeutet, daß bei gleichartigen Leistungen eine Verrechnung zu erfolgen hat: nur demjenigen, der mehr hingegeben als bekommen hat, steht ein Bereicherungsanspruch zu. Bei ungleichartigen Leistungen hat jeder Partner Anspruch auf Rückgewähr der Leistung Zug um Zug gegen die Herausgabe der Gegenleistung.

571   bb) Wichtig sind die Fälle — und dies ist der eigentliche Anwendungsbereich der Saldomethode —, in denen ein Beteiligter zur Rückgewähr außerstande ist.

> **Beispiel:** X hat einen gebrauchten Pkw für 7.500 DM an Y veräußert, der nur 5.000 wert war. Der Kaufvertrag sei unstreitig wegen Einigungsmangels (§ 155) unwirksam. Y will die gezahlten 7.500 DM zurückhaben; der Wagen ist inzwischen von unbekannten Dritten zerstört worden. In diesem Fall ist das Geleistete herauszugeben, und zwar wertmäßig dem Saldo angepaßt; d. h., daß beim Anspruch des Y auf Rückzahlung des geleisteten Kaufpreises der Sachwert zum Abzugsposten wird. Der Anspruch reduziert sich demnach auf 2.500 DM.

Nach der Saldomethode ist jedoch nicht zu verfahren, wenn vorgeleistet wurde — denn wer vorleistet, tut dies auf eigene Gefahr (str.) —, ferner wenn der eine Partner minderjährig war oder wenn der Verkäufer eine arglistige Täuschung verübte.

> **Beispiel:** A ersteht beim Autohaus S eine gebrauchte „Ente". Er ficht den Vertrag erfolgreich an, da er dem Verkäufer nachweisen kann, daß dieser arglistig einen Unfall verschwiegen hatte (§§ 123, 142). Wird der Wagen dem A gestohlen, so ist hier der Sachwert ausnahmsweise von seinem Bereicherungsanspruch nicht abzuziehen. — Ist die Rückgabe deswegen unmöglich, weil der Wagen von A schuldhaft „gegen einen Baum gesetzt" wurde und dabei Totalschaden am Fahrzeug entstand, so ist sein Bereicherungsanspruch gegen S entspr. § 254 gemindert (str; vgl. BGHZ 53, S. 144; 57, S. 137).

Keine Saldierung erfolgt auch dann, wenn die Entwertung erst nach Rechtshängigkeit des Rückgewähranspruchs eingetreten ist (BGHZ 72, S. 252).

4. Die verschärfte Haftung des Bereicherungsschuldners

a) Nach Eintritt der Rechtshängigkeit (§ 261 ZPO) haftet der Bereicherungsschuldner nach allgemeinen Vorschriften (§ 818 IV). Damit wird auf §§ 275 ff. (s. Rdnr. 317), 284 ff. (s. Rdnr. 329), insbesondere auf §§ 291, 292 verwiesen.   **572**

b) Ebenso haftet der Empfänger des Bereicherungsgegenstands verschärft — d. h. ohne Entreicherung (§ 818 III) einwenden zu können und ohne die Möglichkeit der Saldierung — bei Kenntnis der Rechtsgrundlosigkeit (§ 819 I) und bei Gesetzes- oder Sittenwidrigkeit (§ 819 II).

Literaturhinweise:

Beuthien, Jura 1979, S. 532 ff. (zur Saldotheorie).
Dauner, JZ 1980, S. 495 ff. (zu § 817 S. 2).
Hassold, Zur Leistung im Dreipersonenverhältnis, 1981.
Hüffer, JuS 1981, S. 263 ff. (zur Eingriffskondiktion).
Koppensteiner/Kramer, Ungerechtfertigte Bereicherung, 1975.
Lieb, in: Münchener Kommentar zum BGB, 2. Aufl. 1985, §§ 812 ff.
Reuter/Martinek, Ungerechtfertigte Bereicherung, 1983.
Weimar, Das BGB in Fällen, Bd. 2 b, Fälle zu §§ 812–822.
Wolf, AcP 166, S. 188 ff. (zur Verwendungskondiktion).

BGH JuS 1979, S. 663 (zu Grenzen der Saldotheorie).

Kontrollfragen:

1. Definieren Sie den bereicherungsrechtlichen Begriff „Leistung".
2. Wann ist eine Bereicherung „in sonstiger Weise" gegeben?
3. Die Weiden der Bauern A und B liegen unmittelbar nebeneinander. Eines Tages gelingt es den Kühen des A, von dessen Weide auf die Weide des B vorzudringen und diese abzugrasen. Welche Rechte hat B gegen A?
4. Was ist das „Erlangte" i. S. des § 816 I 1?

Antworten zu den Kontrollfragen finden Sie auf S. 288 f.

VII. Unerlaubte Handlungen

1. Begriff

a) Eine unerlaubte Handlung (deliktisches Verhalten) liegt vor, wenn jemand durch widerrechtliches und — regelmäßig — schuldhaftes Verhalten einem Dritten einen — rechtlich ersatzfähigen — Schaden zufügt. Die hieran anknüpfende Haftung (Deliktshaftung) gliedert sich in drei Hauptgruppen: Verletzungen von Rechtsgütern (Lebensgüter und absolute Rechte, § 823 I), Verletzungen von Schutzgesetzen (§ 823 II) und sittenwidrige Schädigungen (§ 826). Daneben gibt es besondere Tatbestände der uner-   **573**

lauben Handlung (dazu Rdnr. 590 ff.). Eine einzelne unerlaubte Handlung kann in mehrere dieser Gruppen zugleich fallen.

> **Beispiel:** A will seinen Konkurrenten B schädigen und setzt dessen Haus in Brand. Darin liegt eine Eigentumsverletzung (§ 823 I), zugleich eine Brandstiftung (§ 306 StGB), also die Verletzung eines Schutzgesetzes (§ 823 II), sowie außerdem eine sittenwidrige Schädigung i. S. des § 826.

b) Das Verhalten des Schädigers kann in einem *Tun* oder in einem *Unterlassen* bestehen.

> **Beispiel:** Wenn A durch einen Dachziegel vom Haus des B verletzt wird, liegt eine unerlaubte Handlung nicht nur vor, wenn B den Ziegel herunterwirft (positives Tun), sondern auch, wenn A deshalb verletzt wird, weil B pflichtwidrig nicht dafür sorgt, daß der Dachziegel ausreichend befestigt ist (Unterlassung).

c) Die unerlaubte Handlung muß in den deliktsrechtlich geschützten Rechtskreis eines Dritten eingreifen und ihm Schaden zufügen (zum Schadensbegriff vgl. bereits oben Rdnr. 233 ff.).

2. Haftung bei Verletzung von Rechtsgütern (§ 823 I)

2.1 Der äußere Tatbestand

574 a) Geschützte Rechtsgüter sind nach § 823 I Leben, Körper, Gesundheit, Freiheit, Eigentum sowie „sonstige" Rechte. Eine *Eigentumsverletzung* ist gegeben, wenn die Sachsubstanz vernichtet oder teilweise zerstört wird; auch ohne Substanzverletzung kann in der Entwertung oder Gebrauchsminderung (z. B. bei Beeinträchtigung durch Immissionen, insbes. Lärmbelästigung), sofern eine gewisse Intensität und Dauer des Eingriffs gegeben ist, eine Verletzung des Eigentums liegen (BGHZ 55, S. 153).

> **Beispiel:** Umweltschützer blockieren das Auslaufen eines Schiffes mit giftigen Chemikalien, die ins Meer abgelassen werden sollen, für mehrere Wochen: Eigentumsverletzung.

Keine Eigentumsverletzung ist dagegen die bloße Wertminderung.

> **Beispiel:** S legt neben dem Wohngrundstück des N einen Schrottplatz an: trotz Wertminderung des Grundstücks des N keine Eigentumsverletzung (str.).

575 b) Zu den in § 823 I geschützten „sonstigen Rechten" gehören die eigentumsähnlichen Rechte, z. B. beschränkte dingliche Rechte an Sachen (z. B. Pfandrechte, Hypothek, Grundschuld, vgl. Rdnr. 685 ff., 722 ff.) und andere absolute Rechte (z. B. Warenzeichen- und Gebrauchsmusterrechte); als absolut geschützte Vorstufen des Eigentums sind auch Anwartschaftsrechte (vgl. Rdnr. 673) und Aneignungsrechte (z. B. des Jagdberechtigten, § 958 II) von § 823 I umfaßt.

aa) Der *Besitz* wird wie ein „sonstiges" (eigentumsähnliches) Recht geschützt, wenn der Besitzer zur Nutzung der Sache berechtigt ist.

> **Beispiel:** X ist mit einem Mietwagen unterwegs. Als er den Wagen nachts vor einem Gasthof in A-Dorf abgestellt hat, kommt Y und durchsticht die Reifen des Fahrzeugs. Da X den Wagen als Mieter nutzen darf (vgl. § 535 S. 1), steht ihm wegen Besitzverletzung ein Ersatzanspruch aus § 823 I zu. Zur Nutzung befugt ist im übrigen in manchen Fällen auch der unrechtmäßige Besitzer (vgl. §§ 987, 988, 990 I, 993 I 2. Halbs.; dazu vgl. Rdnr. 785 ff.).

bb) Als „sonstiges Recht" anerkannt ist insbesondere das *allgemeine Persönlichkeits-* **576**
recht (Art. 1, 2 GG). Gegenstand des Persönlichkeitsrechts ist die Achtung der indivi-
duellen Persönlichkeit durch andere Bürger und den Staat. Die Feststellung, daß jemand in seinem Persönlichkeitsrecht verletzt ist, reicht hier für sich nicht aus, um die
Rechtswidrigkeit des Eingriffs zu bejahen (vgl. ansonsten Rdnr. 580); es ist eine Interessenabwägung vorzunehmen, die die Schwere des Eingriffs und die Gewichtigkeit
der Interessen, aufgrund derer der Eingriff erfolgte, einzubeziehen hat. Widerrechtlich ist der Eingriff, wenn diese Abwägung zum Nachteil des Eingreifenden ausgeht.

> **Beispiel:** Journalist W bezichtigt in einem Fernsehkommentar den Schriftsteller B der geisti-
> gen Miturheberschaft des Terrorismus. Seine Behauptung sucht er zu belegen durch Zitate an-
> geblicher Äußerungen des B. Die „Zitate" waren jedoch entstellt; sie entsprachen nicht den
> Äußerungen des B. Daß B in die Nähe der Sympathisanten des Terrorismus gerückt wurde,
> verletzt ihn in seiner Ehre. Eingriffe in die Ehre können nur bei Vorliegen vorrangiger Interes-
> sen gerechtfertigt sein (z. B. Meinungsfreiheit, Art. 5 I GG). Das Grundrecht auf Meinungs-
> freiheit schützt jedoch nicht eine unwahre Behauptung; es ist den Medien nicht gestattet, mit
> der Wahrheit leichtfertig zu verfahren und die Rechte der Betroffenen außer acht zu lassen.
> Die Abwägung ergibt ein deutliches Überwiegen der Interessen des B (zu den Rechtsfolgen der
> Persönlichkeitsverletzung s. unten Rdnr. 598, 599); vgl. dazu BGH NJW 1982, S. 635.

cc) Ebenfalls als Verletzung eines „sonstigen Rechts" verstanden wird der Eingriff in **577**
einen *eingerichteten und ausgeübten Gewerbebetrieb.* Der deliktsrechtliche Schutz
des Gewerbebetriebs umfaßt regelmäßig den gesamten gewerblichen Tätigkeitsbereich. Bei Schädigungen im Wettbewerb gelten die Vorschriften des UWG. Gefordert
wird die Unmittelbarkeit des Eingriffs (i. S. einer „Betriebsbezogenheit"): der Eingriff muß sich gegen den Betrieb als solchen richten und darf nicht nur vom Betrieb
ohne weiteres ablösbare Rechte oder Rechtsgeschäfte betreffen (BGHZ 86, S. 152).

> **Beispiel:** S zerstört das den Gewerbebetrieb des C mit Strom versorgende Kabel: kein unmit-
> telbarer (betriebsbezogener) Eingriff.

dd) Ob auch die *Ehe* als „sonstiges Recht" i. S. des § 823 I aufgefaßt werden kann, ist **578**
kontrovers. Sofern der räumlich-gegenständliche Bereich der Ehe betroffen ist, können Störungen mit Beseitigungs- und Unterlassungsansprüchen (vgl. dazu Rdnr. 598)
abgewehrt werden. Schadensersatzansprüche wegen Ehestörung sind dagegen abzulehnen (BGHZ 57, S. 229).

ee) Keine „sonstigen Rechte" i. S. des § 823 I sind relative Rechte (z. B. Forderungen)
und das Vermögen als solches (s. dazu Rdnr. 37).

c) Zum Tatbestand des § 823 I gehört die Zurechenbarkeit des Verhaltens, das für die **579**
Rechtsgutsverletzung und den eingetretenen Schaden *adäquat ursächlich* sein muß
(vgl. dazu im einzelnen Rdnr. 238 ff.).

2.2 Rechtswidrigkeit

a) Jede unerlaubte Handlung muß widerrechtlich sein. Diese Voraussetzung darf **580**
nicht ungeprüft beiseite gelassen werden, denn es gibt Fälle, in denen die Verletzung
eines Rechtsguts rechtmäßig ist. Die Rechtswidrigkeit entfällt, wenn der Verletzte in
die Verletzung (im voraus) eingewilligt hat, wenn der Schädiger zu der Verletzung ein
Recht hat, insbesondere wenn er in Notwehr (§ 227), Selbsthilfe (§ 229) oder berechtigter Geschäftsführung ohne Auftrag (§ 683; vgl. dazu Rdnr. 15 f., 19 u. 505) oder wenn
er „verkehrsrichtig" (dazu BGHZ 24, S. 21 und *Weimar*, JuS 1962, S. 133 ff.) gehandelt
hat.

Beispiele: a) A tötet den kranken Hund des B, weil dieser ihn darum gebeten hatte. b) Dr. A operiert den X am Meniskus: rechtmäßiger Eingriff nur dann, wenn X wirksam eingewilligt hat (das setzt insbesondere eine Aufklärung über Risiken und Folgen des Eingriffs voraus; vgl. oben Rdnr. 220). c) A veräußert die Sachen des B, weil er ein Pfandrecht an den Sachen hat, also zu deren eigenmächtiger Verwertung in den Formen der §§ 1233—1240 befugt ist (vgl. Rdnr. 693). d) A bricht die Haustür seines Nachbarn B auf, weil aus dem Haus Hilferufe eines Kindes zu hören sind und sonst niemand dort anwesend ist (vgl. Rdnr. 505). e) A zerschlägt die Fensterscheibe eines in Brand geratenen Eisenbahnwagens, um sich zu retten. f) A tötet B in rechtmäßiger Notwehr.

581   b) Bei der Unterlassung ist stets zu prüfen, ob eine *Pflicht zum Tätigwerden* bestand. Nur die pflichtwidrige Unterlassung ist rechtswidrig. Handlungspflichten können sich aus dem Gesetz (z. B. §§ 1626, 1631), aus Verträgen, die besondere Fürsorgepflichten begründen, aus konkreter Lebensbeziehung (Verwandtschaft, Lebensgemeinschaft, Freundschaft, Übernahme der Aufsicht) ergeben. Eine Pflicht zur Schadensabwendung kann auch aus vorangegangenem Tun folgen. Wer eine Gefahrenquelle schafft oder unterhält, muß die erforderlichen und zumutbaren Vorkehrungen treffen, um die Gefahren nicht wirksam werden zu lassen (*Verkehrssicherungspflicht).*

Beispiele: a) Wer seinen Wagen abstellt, ohne das Lenkradschloß einrasten zu lassen, verstößt gegen Verkehrssicherungspflichten (vgl. auch § 7 III 1 StVG) und haftet für Schäden, die ein etwaiger Dieb mit dem Fahrzeug anrichtet. b) Wer einen gefährlichen Stoff herstellt, muß das Produkt so gestalten (ggf. sichere Verpackung, warnende Hinweise u. dgl.), daß auch bei üblicherweise vorkommender Unvorsichtigkeit Schäden vermieden werden.

2.3 Verschulden

582   a) Die unerlaubte Handlung muß nach § 823 I schuldhaft begangen sein. Für eine unerlaubte Rechtsgutsverletzung (§ 823 I) genügt auch eine geringe Fahrlässigkeit (§ 276 I 2). Das Verschulden des Schädigers muß sich nur darauf beziehen, daß er ein fremdes Rechtsgut verletzt, nicht auch auf den Schaden, der aus der Verletzung des Rechtsguts jeweils entstanden ist und ggf. in Zukunft noch entsteht.

583   b) Verschulden setzt Verschuldensfähigkeit (Deliktsfähigkeit) voraus (vgl. dazu im einzelnen Rdnr. 224).

In Ausnahmefällen kann auch bei fehlender Verantwortlichkeit eine Ersatzpflicht anzunehmen sein, wenn die Billigkeit einen Schadensausgleich erfordert (§ 829). Dabei kommt es insbesondere auf Art und Umfang des Schadens, auf die Vermögensverhältnisse und die besonderen Sachverhaltsumstände an.

3. Haftung bei Verletzung eines Schutzgesetzes (§ 823 II)

3.1 Der äußere Tatbestand

584   § 823 II setzt die Verletzung eines Schutzgesetzes voraus. Als solches kommt nur eine Rechtsnorm in Betracht, die auch den *einzelnen* und nicht nur die Allgemeinheit schützt. Als Schutzgesetze sind vor allem die Strafgesetze anzusehen, aber auch manche Rechtsverordnungen (z. B. Bauordnungen) und zahlreiche Einzelgesetze (z. B. GerätesicherheitsG; KreditwesenG, soweit einzelne Vorschriften den Schutz von

Bankkunden bezwecken). Es ist stets zu prüfen, ob gerade der Verletzte zum ge-schützten Personenkreis gehört und ob das geltend gemachte — verletzte — Interesse von der Schutznorm umfaßt ist (vgl. Rdnr. 240).

> **Beispiele:** a) Wenn die öffentliche Hand aufgrund gesetzlicher Regelung zur Berücksichtigung des günstigsten Angebots verpflichtet ist, soll damit nicht der Anbieter geschützt, vielmehr sollen haushaltsrechtliche Grundsätze verwirklicht werden. b) Wenn bei der Bauplanung Fehler unterlaufen, ist der Bauherr durch § 330 StGB nur hinsichtlich Leib und Leben geschützt. Treten als Folge des fehlerhaften Verhaltens (auch) Vermögens- und Eigentumsschäden auf, so ist ein Anspruch aus § 823 II jedenfalls i. V. m. § 330 StGB nicht gegeben.

3.2 Rechtswidrigkeit

Die Verletzung eines Schutzgesetzes ist grundsätzlich schon dann rechtswidrig, wenn der Schädiger gegen das Schutzgesetz verstößt. Andere Umstände brauchen nicht hin-zutreten. Liegt ein Rechtfertigungsgrund vor, entfällt die Verbotswirkung des Schutz-gesetzes.   **585**

3.3 Verschulden

Bei Verletzung eines Schutzgesetzes ist hinsichtlich des Verschuldens wie folgt zu un-terscheiden: Verlangt das Schutzgesetz für den Eintritt der in ihm vorgesehenen Rechtsfolge ein Verschulden, also Vorsatz oder Fahrlässigkeit, ist dies auch für § 823 II maßgebend. Verbietet dagegen das Schutzgesetz auch eine schuldlose Zuwider-handlung, so verbleibt es für § 823 II dabei, daß die unerlaubte Handlung schuldhaft, also wenigstens fahrlässig, begangen sein muß (§ 823 II 2); es genügt, daß sich das Verschulden auf die Verletzung des Schutzgesetzes als solches bezieht, während im übrigen der Schädiger für den Schadenseintritt dann auch ohne Verschulden — wie bei § 823 I — einzustehen hat.   **586**

4. Haftung bei sittenwidriger Schädigung (§ 826)

4.1 Der äußere Tatbestand

a) Das Verhalten des Schädigers muß einen Verstoß gegen die *guten Sitten* darstellen. Ein solches Verhalten liegt vor, wenn es das „Anstandsgefühl aller billig und gerecht Denkenden" verletzt (vgl. dazu Rdnr. 150). Es hat eine abwägende Beurteilung zu er-folgen, bei der vor allem die mit der Handlung verfolgte Zweckrichtung, das Verhält-nis von Mittel und Zweck und die Schwere der eingetretenen Folgen einzubeziehen sind. Der Maßstab ist dabei ein objektiver.   **587**

> **Beispiele:** a) Im Bayerischen Wald liegt der Schnee über 150 cm hoch. Hintersdorf ist bis auf weiteres von der Außenwelt abgeschnitten. A hat ein kleines Lebensmittelgeschäft — das ein-zige in Hintersdorf. Als B sich mit lebensnotwendigen Nahrungsmitteln versorgen will, wei-gert sich A, etwas zu verkaufen, da B auch sonst nicht bei ihm kaufe: sittenwidriges Verhalten des A. b) X hat mit Y einen Kaufvertrag über seinen gebrauchten Wagen abgeschlossen, aber noch nicht übereignet. Da es sich um ein Liebhaberfahrzeug handelt, ist auch Z brennend in-teressiert. Er bietet dem X einen höheren Preis und erklärt sich bereit, für Regreßansprüche des Y gegen X einzustehen. X verkauft und übereignet an Z: sittenwidrige Verleitung zum Vertragsbruch (vgl. schon RGZ 81, S. 86).

b) § 826 schützt — anders als § 823 I (vgl. oben Rdnr. 578) — auch das Vermögen als solches.

4.2 Rechtswidrigkeit

588   Ist das Verhalten sittenwidrig, so ist es auch rechtswidrig. Liegt ein Rechtfertigungsgrund vor, ist es schon nicht sittenwidrig.

4.3 Verschulden

589   Das Verschulden bei § 826 setzt *vorsätzliches* Handeln voraus (zum Vorsatzbegriff vgl. Rdnr. 222). Der Vorsatz muß sich (nur) auf die Schädigung des Verletzten beziehen, nicht auch auf die Sittenwidrigkeit der Schädigung; jedoch müssen dem Schädiger die Tatsachen, die die Sittenwidrigkeit begründen, bekannt sein. Er muß sein Verhalten also nicht selbst als sittenwidrig empfinden.

> **Beispiel:** A bringt den B durch einen fahrlässig falschen Rat dazu, völlig unnötig eine kostspielige geschäftliche Reise zu machen: die Fahrtkosten kann B nicht ersetzt verlangen, da kein Schädigungsvorsatz vorliegt. Ersatz für den nur fahrlässig herbeigeführten Vermögensschaden kann B auch nach § 823 I nicht erreichen (Rdnr. 578).

5. Besondere Tatbestände der unerlaubten Handlung

Bestimmte Schadenssachverhalte sind als besondere Tatbestände der unerlaubten Handlung vertypt; einige sollen im folgenden dargestellt werden.

5.1 Haftung für unerlaubte Handlungen Dritter

5.1.1 Die Geschäftsherrnhaftung

590   a) Bei widerrechtlicher Schädigung durch eine Hilfsperson gilt für die Haftung § 831, der im Gegensatz zu § 278 eine *selbständige Anspruchsgrundlage* darstellt. § 831 regelt die Haftung des Geschäftsherrn für seine *Verrichtungsgehilfen* (unternehmerisches Betriebsrisiko). Der Verrichtungsgehilfe ist im wesentlichen weisungsgebunden.

> **Beispiele:** Arbeitnehmer: Vertreter, dem konkrete Aufgaben übertragen sind; nicht: Anwalt, Mitgesellschafter; zur Weisungsunterworfenheit s. BGHZ 45, S. 311.

b) Die Verletzungshandlung muß objektiv widerrechtlich sein und *in Ausführung der Verrichtung* geschehen.

> **Beispiel:** Bauarbeiter entwendet während seiner Arbeit am Neubau Baumaterial: kein unmittelbarer innerer Zusammenhang mit der zu verrichtenden Arbeit.

591   c) § 831 I 2 gibt dem Geschäftsherrn die Möglichkeit des *Entlastungsbeweises.* Dadurch ist die Bedeutung des § 831 als Haftungsnorm erheblich herabgesetzt.

aa) Möglich ist zunächst die *Widerlegung der Verschuldensvermutung* (§ 831 I 2 Fall 1). Dazu muß der Geschäftsherr nachweisen, daß er die nötige Sorgfalt bei der Auswahl des Verrichtungsgehilfen angewandt hat; die Anforderungen sind hier von Fall zu Fall unterschiedlich; sie sind durchweg sehr streng.

Beispiel: Bei der Auswahl von Personen, deren Tätigkeit mit Gefahren für die öffentliche Sicherheit verbunden ist (z. B. Busfahrer), genügt für eine Entlastung nicht, daß nach Sachkunde und technischen Fähigkeiten ausgesucht wurde; die Bewerber müssen auch in anderer Hinsicht — z. B. hinsichtlich des Verantwortungsbewußtseins — überprüft werden.

Auch genügt nicht die sorgfältige Auswahl allein, sondern es ist nachfolgend eine *Überwachung* der Tätigkeit des Gehilfen notwendig. Bei Großbetrieben genügt es, daß sich der Leiter für eine Zwischenperson entlastet, die ihrerseits den Gehilfen eingestellt hat (dezentralisierter Entlastungsbeweis). Vom Leiter wird aber der Nachweis ausreichender Organisation gefordert. Der Warenproduzent (s. dazu Rdnr. 594) muß bezüglich aller Gehilfen, für die er sich nicht nach § 831 I 2 entlastet hat, beweisen, daß sie den schadensbegründenden Mangel nicht verursacht haben können.

bb) Der Geschäftsherr kann auch die Ursächlichkeitsvermutung (§ 831 I 2 Fall 2) widerlegen.

Beispiel: Geschäftsherr weist nach, daß der Schaden auch von einer sorgfältig ausgewählten und überwachten Personen verursacht worden wäre (BGHZ 12, S. 96).

5.1.2 Die Aufsichtshaftung

Wen gesetzlich oder vertraglich eine Aufsichtspflicht hinsichtlich einer Person trifft, haftet für den Schaden, den der Aufsichtsbedürftige widerrechtlich einem anderen zufügt (§ 832). Die Vorschrift ist dem § 831 nachgebildet. Nach § 832 I 2 ist der Entlastungsbeweis möglich. Der Aufsichtspflichtige haftet also ebenso wie der Geschäftsherr für vermutetes eigenes Verschulden. Auf ein Verschulden des Aufsichtsbedürftigen kommt es nicht an (es wird wegen §§ 827, 828 regelmäßig auch fehlen).

592

Beispiele: Eltern, Vormund, Kindergärtnerin, Lehrer an Privatschulen.

5.2 Kreditgefährdung

Schädigt jemand einen anderen dadurch, daß er der Wahrheit zuwider Tatsachen behauptet oder verbreitet, die dessen Kredit zu gefährden oder sonstige Nachteile für dessen Erwerb oder Fortkommen herbeizuführen geeignet sind, so tritt die Ersatzpflicht schon dann ein, wenn der Schädiger die Unwahrheit seiner Angaben zwar nicht gekannt hat, aber hätte kennen müssen (§ 824 II). Wichtig ist die Einschränkung, daß die Äußerung sich unmittelbar mit dem Wirkungskreis des von ihr Betroffenen befassen muß.

593

Beispiel: Die verbreitete Tatsache muß in enger Beziehung zu den Verhältnissen des Betroffenen, z. B. zu seiner beruflichen Betätigung, zu seiner gewerblichen Leistung usw., stehen.

5.3 Produzentenhaftung

Die Produzentenhaftung ist heute ein selbständiger, richterrechtlich differenziert gestalteter Anspruchstatbestand, der seine Grundlage in § 823 findet.

594

a) Unter Produzentenhaftung versteht man die Haftung des Warenherstellers für Schäden, die als Folge von Mängeln am Produkt (*Produktfehler,* auch *Konstruktionsfehler*) oder infolge mangelhafter Information über Ge- und Verbrauch beim Käufer (*Instruktionsfehler*), der die Ware von einem Händler bezieht, entstehen. We-

gen der Zwischenschaltung des Händlers scheiden vertragliche Ansprüche des End-
verbrauchers gegen den Produzenten in aller Regel aus, es sei denn, man nimmt aufgrund des finalen Warenkontakts (z. B. Distribution bei Markenartikeln) eine rechtliche Sonderverbindung zwischen Hersteller und Verbraucher (nach Art sozialtypi-
schen Verhaltens im Massenverkehr) an.

b) Die Schadensursache kann im Produktionsbereich oder im Informationsbereich
liegen.

> **Beispiele:** a) P stellt eine Schlagbohrmaschine her, die sich bei Benutzung als nicht betriebs-
> sicher erweist: Fehler im Produktionsbereich. b) Autohersteller XY hat ein neues Modell ent-
> wickelt. Nach einiger Zeit kommen Reklamationen, die die Sicherheit der Bremsanlage be-
> mängeln. Sind die Fehler trotz sorgfältiger Kontrolle nicht vermeidbar, so ist XY verpflichtet,
> die weitere Entwicklung sorgsam zu beobachten, notfalls die Wagen zurückzurufen. Unterläßt
> er das, kann dies zur Schadensersatzpflicht nach § 823 I führen. c) U stellt ein Haartonikum
> her, das eine chemische Substanz enthält, die Allergien auszulösen vermag; weist U nicht —
> etwa durch eine entsprechende Verpackungsaufschrift — darauf hin, so liegt ein Fehler im In-
> formationsbereich vor.

c) Eine Haftung des Produzenten aus § 823 II setzt die Verletzung eines entsprechenden Schutzgesetzes voraus (z. B. LebensmittelG, ArzneimittelG, GerätesicherheitsG
usw.). Zu beachten ist, daß VDE-Vorschriften und DIN-Normen keine Schutzgesetze
sind.

d) Produzentenhaftung ist Verschuldenshaftung. Für Unglücksschäden durch unver-
meidbare „Ausreißer" haftet der Hersteller daher nicht. Liegt ein Produktfehler vor,
der den Schaden verursacht hat, trifft den Hersteller die Beweislast dafür, daß ihn
hinsichtlich des Mangels kein Verschulden trifft. Bei Produktfehlern aus dem
Organisations- und Gefahrenbereich des Herstellers kann sich dieser nur entlasten,
wenn er nachweist, daß weder ihn noch einen seiner Verantwortungsträger ein Verschulden trifft (*Beweislastumkehr;* vgl. auch Rdnr. 591).

5.4 Tierhalterhaftung

595   Für durch ein Tier verursachte Personen- und Sachschäden haftet der Halter des Tie-
res ohne Verschulden (§ 833 S. 1); ausgenommen sind Tiere, die dem Beruf, der Erwerbstätigkeit oder dem Unterhalt des Tierhalters zu dienen bestimmt sind (§ 833 S. 2).
Insoweit gilt Haftung aus vermutetem Verschulden (wie in §§ 831, 832). Halter ist
derjenige, der — unabhängig von der Eigentümerstellung — das Tier in eigenem Interesse für längere Zeit in Obhut hat. Der Schaden muß durch eine „typische Tierge-
fahr" entstanden sein (BGH NJW 1976, S. 2130).

> **Beispiel:** Der herumstreunende Bastard B, dessen Halter der X ist, deckt die reinrassige
> Chow-Chow-Hündin C, ohne daß deren Frauchen F es verhindern kann. Der BGH hat den
> Anspruch der F gegen X auf Ersatz von Kosten zur Unterbrechung der Schwangerschaft be-
> jaht (bedenklich).

5.5 Gebäudehaftung

596   Für die von Gebäuden — Einsturz, Ablösung von Gebäudeteilen — ausgehenden
Gefahren gelten Sonderregeln mit Verlagerung der Beweislast (Einzelheiten:
§§ 836—838).

6. Gefährdungshaftung

Gefährdungshaftung setzt eine Spezialvorschrift voraus. Es handelt sich um eine Haftung ohne Verschulden. Grund: Ausgleich für das Erlaubtsein eines gefährlichen Tuns.   **597**

> **Beispiele:** § 833 S. 1 (vgl. oben Rdnr. 595), § 7 StVG, §§ 1, 2 HPflG, § 84 ArzneimittelG.

Wer einen gefährlichen Betrieb eröffnet und unterhält, kann Ansprüchen auf Ersatz von Schäden, die typische Verwirklichung der riskanten Tätigkeit sind, nicht mit einer Entlastung begegnen. Die Gefährdungshaftung ist also von der Haftung aus vermutetem Verschulden (z. B. §§ 831, 832) grundlegend zu unterscheiden.

7. Ergänzende Fragen zum haftungsrechtlichen Instrumentarium

7.1 Schadensersatz-, Unterlassungs- und Beseitigungsansprüche

Die unerlaubte Handlung führt dazu, daß der Schädiger dem Geschädigten Schadensersatz zu leisten hat (§§ 823 ff.).   **598**

a) Der Anspruch steht dem Geschädigten zu. Ist der Schaden durch eine Handlung, die von mehreren Personen gemeinschaftlich begangen wurde, verursacht worden, gelten sie als Mittäter und haften als Gesamtschuldner (§§ 830 I 1, 840). Das gleiche gilt, wenn sich nicht ermitteln läßt, wer von mehreren Beteiligten den Schaden durch seine Handlung verursacht hat (§ 830 I 2). Anstifter und Gehilfen stehen Mittätern gleich (§ 830 II). Der Rückgriff unter den mehreren Verantwortlichen bestimmt sich nach allgemeinen Regeln (§§ 840 I, 426).

b) Der Anspruch zielt auf Schadensersatz ab. Er unterliegt daher den allgemeinen für den Schadensersatz geltenden Regeln (vgl. Rdnr. 218 ff.), soweit nicht für einzelne Arten unerlaubter Handlungen Sondervorschriften bestehen (s. unten Rdnr. 601 ff.). Der Schadensersatz kann herabgesetzt oder ausgeschlossen werden, wenn neben dem Verhalten des Schädigers andere Umstände, für die der Schädiger nicht verantwortlich gemacht werden kann, insbesondere ein Mitverschulden des Verletzten oder seiner Gehilfen, mitgewirkt haben (vgl. Rdnr. 231, 602).

c) Nicht weniger wichtig als der Ausgleich eingetretener Schäden kann die *Abwehr drohender Schädigungen* sein.   **599**

aa) Zu diesem Zweck gewährt das BGB bestimmte *Unterlassungsansprüche* (vgl. §§ 1004 I 2, 1027, 1065, 1227 usw.). Ein deliktischer („ergänzender") Unterlassungsanspruch entsprechend § 1004 (dazu unten Rdnr. 780 f.) ist allgemein anerkannt; er umfaßt den Schutz der in §§ 823 I, II, 824, 826 geschützten Rechte und Rechtsgüter. Erforderlich ist ein widerrechtlicher Eingriff in eines der Rechtsgüter oder Rechte und die Besorgnis künftiger Eingriffe (*Wiederholungsgefahr*). Verschulden ist bezüglich der Eingriffe nicht erforderlich. Auch eine nur drohende Verletzungshandlung kann genügen; die (konkrete) Bedrohung wird in diesem Fall wie ein widerrechtlicher „Eingriff" behandelt. — Der Anspruch ist gegen den Störer zu richten, gegen denjenigen also, der die Eingriffsursache setzt.

bb) Entsprechend § 1004 I wird ferner ein *Beseitigungsanspruch* gewährt, wenn ein schuldlos rechtswidriger Eingriff erfolgt und die Beeinträchtigung fortdauert. Wiederholungsgefahr ist hier nicht erforderlich. Bei schuldhaftem Eingriff ergibt sich der Beseitigungsanspruch aus § 823 I (i. V. m. § 249 S. 1).

> **Beispiel:** A ist von B in einer Zeitung verleumdet worden. Hier kann A fordern, daß B diesen Schaden durch einen Widerruf in der Zeitung wenigstens zu einem Teil beseitigt; mit einer bloßen Abfindung in Geld braucht er sich nicht zufrieden zu geben.

600   d) Wenn es sich nicht um eine Haftung aus vermutetem Verschulden oder um eine Gefährdungshaftung handelt, obliegt regelmäßig dem Verletzten der Nachweis, daß dem Schädiger ein Verschulden zur Last fällt (Ausnahme: Produzentenhaftung, Rdnr. 594).

e) Ansprüche aus unerlaubter Handlung unterliegen einer besonderen Verjährung (§ 852 I).

7.2 Einzelregelungen zu Art und Umfang der Ersatzpflicht

Art und Umfang der Ersatzpflicht bestimmen sich im allgemeinen nach §§ 249 — 255 (zu den Einzelheiten s. Rdnr. 218 ff.). Für den Bereich der unerlaubten Handlungen werden diese Vorschriften durch bestimmte Einzelregelungen ergänzt.

601   a) Bei einer unerlaubten Handlung, die sich gegen die Person des Verletzten richtet, umfaßt die Ersatzpflicht auch die Nachteile, die sich als Folge der Tat für das Fortkommen und den Erwerb des Verletzten ergeben (§ 842). Im Fall einer Körperverletzung oder Gesundheitsbeschädigung muß, wenn dadurch die Erwerbsfähigkeit des Verletzten aufgehoben oder gemindert oder eine Vermehrung seiner Bedürfnisse eingetreten ist, Ersatz geleistet werden, in der Regel durch eine Geldrente. Je nach den Umständen kann der Verletzte fordern, daß der Schädiger die Rente für die Zukunft sicherstellt (§ 843 I, II). Aus wichtigen Gründen kann der Verletzte anstelle der Geldrente eine Abfindung in Kapital verlangen (§ 843 III). Die Ansprüche werden nicht dadurch ausgeschlossen, daß ein anderer dem Verletzten Unterhalt zu gewähren hat (§ 843 IV).

602   b) Im Falle der Tötung muß der Täter die Kosten der Beerdigung ersetzen (§ 844 I) und jedem, der von dem Getöteten kraft Gesetzes Unterhalt fordern konnte, diesen Anspruch aber infolge der Tötung verliert, hierfür Ersatz gewähren. Die Höhe des Ersatzes bestimmt sich nach der mutmaßlichen Lebensdauer des Getöteten und nach der Länge der Zeit, während der er unterhaltpflichtig gewesen wäre (§ 844 II). Dieselbe Pflicht hat er gegenüber allen, die einen gesetzlichen Unterhaltsanspruch gegen den Getöteten zwar noch nicht erworben hatten, aber, wäre er am Leben geblieben, erworben haben würden (§ 844 II). Ferner hat er jedem Dritten, der für sein Hauswesen oder Gewerbe kraft Gesetzes von dem Verletzten Dienste fordern konnte, Ersatz zu leisten, soweit dem Dritten die Dienste infolge der Tat entgehen (§ 845). Jeder Dritte, der infolge der Tötung einen Ersatzanspruch geltend macht, muß es sich gefallen lassen, daß der Täter sich zwecks Ausschlusses oder Minderung seiner Haftung auf ein persönliches Verschulden des Getöteten beruft (§ 846).

603   c) Für einen Schaden, den der an Körper, Gesundheit oder Freiheit Verletzte erleidet, ist auch dann Geldersatz zu leisten, wenn der Schaden kein Vermögensschaden ist (§ 847 I). Im Streitfall hat das Prozeßgericht die Höhe der Entschädigung nach billigem Ermessen zu bestimmen (§ 847 I). Der Anspruch ist weder vererblich noch veräußerlich, es sei denn, daß er vertraglich anerkannt oder rechtshängig geworden ist. Auch bei Persönlichkeitsrechtsverletzungen kann – trotz § 253 – ein Schmerzensgeld verlangt werden, wenn es sich um einen schwerwiegenden Eingriff handelt und der Betroffene auf andere Weise keine hinreichende Genugtuung erlangen kann (BGH NJW 1971, S. 698).

> **Beispiel:** Schauspielerin S ist auf einem Bild in einem Aufklärungsbuch in inniger Umarmung mit einem Partner zu sehen. X, der ein — angeblich — sexuell anregend wirkendes Elixier herstellt und vertreibt, wirbt in ganzseitigen Anzeigen in einer Illustrierten für sein Produkt, wobei er einen Ausschnitt des Bildes aus dem Aufklärungsbuch verwendet. Die S hatte dazu nie

ihre Zustimmung gegeben. Hier ist der S nicht mit Gegendarstellungsrechten (§§ 823 I, 249 S. 1) oder Unterlassungsansprüchen gedient; vielmehr kann sie entsprechend § 847 Entschädigung wegen Verletzung ihres Persönlichkeitsrechts fordern.

d) Im Fall der Sachentziehung ist der Täter auch für den zufälligen Untergang der Sache, für eine aus anderen Gründen eintretende zufällige Unmöglichkeit der Herausgabe und für eine zufällige Verschlechterung der Sache ersatzpflichtig, es sei denn, daß dieser Schaden auch ohne die Entziehung eingetreten sein würde (§ 848). **604**

Literaturhinweise:

v. Bar, Verkehrspflichten, 1980.
Buchner/Roth, Unerlaubte Handlungen, 2. Aufl. 1984.
Deutsch, Jura 1983, S. 617 ff. (zur Gefährdungshaftung).
Diederichsen, VersR 1984, S. 797 ff. (zur Produzentenhaftung).
Fabricius, AcP 160, S. 273 ff. (zum „sonstigen Recht" i. S. des § 823 I).
Honsell, JA 1983, S. 101 ff. (zu § 823 II).
Jayme, Die Familie im Recht der unerlaubten Handlungen, 1971.
Kupisch/Krüger, Deliktsrecht, 1983.
Löwisch, Der Deliktsschutz relativer Rechte, 1970.
Möschel, JuS 1977, S. 1 ff. (zum Eigentumsschutz nach § 823 I).
Sack, BB 1985, S. 813 ff. (zur Produzentenhaftung).
Schwerdtner, Das Persönlichkeitsrecht in der deutschen Zivilrechtsordnung, 1971.
Staudinger/Schäfer, BGB, 12. Aufl. 1985, §§ 823 ff.
Stoll, Richterliche Rechtsfortbildung und gesetzliche Überarbeitung des Deliktsrechts, 1984.
Weimar, Das BGB in Fällen, Bd. 2 b, Fälle zu §§ 823–853.

BVerfG NJW 1980, S. 2072 f. (zum allgemeinen Persönlichkeitsrecht).
BGH JuS 1979, S. 214 (zur Eigentumsverletzung).
BGH NJW 1963, S. 484 (zum Eingriff in den Gewerbebetrieb).
BGH VersR 1981, S. 161 (zum Besitz als „sonstiges Recht" i. S. des § 823 I).
BGH JuS 1979, S. 142 (zur Kreditgefährdung).
BGH NJW 1971, S. 698 ff. (zum Schmerzensgeldanspruch bei Persönlichkeitsrechtsverletzung).

Kontrollfragen:

1. Die Stiftung „V-Test" untersucht (vergleichend) Hifi-Kompaktanlagen einer bestimmten Preiskategorie. Das Produkt der Firma T erhält die Note „mangelhaft" insbesondere deshalb, weil die von den Prüfern der „V-Test" durchgeführten Messungen der Leistungskapazität und Eingangsempfindlichkeit der Geräte eine Abweichung (nach „unten") von der Angabe der Firma T ergaben. T will gegen die Stiftung „V-Test" vorgehen, weil jede technisch andere Messung auch abweichende Ergebnisse erbringe. Welche Ansprüche könnte T haben?

2. Welche Rechtsfolgen können sich aus Verletzungen des allgemeinen Persönlichkeitsrechts ergeben?

3. Welche Fallkonstellation läuft unter der Bezeichnung „Produzentenhaftung"?

4. Was sind „Verkehrssicherungspflichten", was geschieht, wenn sie auf andere Personen übertragen werden?

Antworten zu den Kontrollfragen finden Sie auf S. 289 f.

D. Sachenrecht

I. Allgemeine Grundlagen

1. Funktionen des Sachenrechts

605 a) Sachenrechtliche Regelungen finden sich vorwiegend im 3. Buch des BGB, dem Sachenrecht, aber nicht nur dort. Sachenrechtlich bedeutsame Vorschriften enthalten auch andere Teile des BGB — vgl. z. B. §§ 90 ff., 1362, 1416 —, ferner einzelne Verfahrensgesetze — vgl. z. B. §§ 868, 898, 771 ZPO, 43 KO — und spezielle Gesetze, vor allem das WohnungseigentumsG (WEG) und die ErbbaurechtsVO.

b) Regelungsaufgabe des Sachenrechts ist in erster Linie die Ordnung der Beherrschungsrechte (§§ 903 ff., vgl. Rdnr. 716 ff.) über Sachen (§§ 90 ff., vgl. Rdnr. 20 ff.). Darüber hinaus ist die Regelung von Rechten an Rechten (vgl. §§ 1068 ff., 1273 ff.) Gegenstand des Sachenrechts.

606 c) Mit der Zuordnung von Beherrschungsbereichen erfüllt das Sachenrecht zugleich eine *Konfliktvermeidungsfunktion* (*Friedensfunktion*). Dazu bedarf es auch der sachenrechtlichen Bestimmung entsprechender Pflichten. Dies gilt vor allem dann, wenn mehrere an ein und demselben Gegenstand berechtigt sind, und im übrigen allgemein dann, wenn der Zuweisungsgehalt eines einzelnen Sachenrechts durch einen Dritten eingriffsweise gestört wird. Dem Schutz der Sachenrechte, aber auch ihrer Verwirklichung dienen in erster Linie *dingliche Ansprüche*.

2. Grundbegriffe und Grundprinzipien

2.1 Fahrnis und Liegenschaft

607 Das BGB trennt zwischen Fahrnis und Liegenschaft (vgl. §§ 929, 873). Das Liegenschaftsrecht betrifft die Rechte an Grundstücken, das Fahrnisrecht die Rechte an beweglichen Sachen.

2.2 Der numerus clausus der Sachenrechte

608 Um rechtlich klare Verhältnisse zu schaffen, muß das Gesetz die möglichen, u. U. mit anderen Rechten zusammentreffenden dinglichen Rechte genau festlegen.

a) Es werden zu diesem Zweck keine anderen als die gesetzlich typisierten Berechtigungen zugelassen (*Typenzwang*).

> **Beispiel:** Dingliche Rechte an beweglichen Sachen sind nach der Regelung des BGB nur Eigentum, Nießbrauch und Pfandrecht; als dingliche Rechte an Grundstücken läßt es nur Eigentum, Erbbaurecht, Vorkaufsrecht, Dienstbarkeiten, Reallasten, Hypotheken, Grund- und Rentenschulden zu.

b) Auch inhaltlich legt das Gesetz die zugelassenen Berechtigungen regelmäßig fest (*Typenfixierung*).

> **Beispiel:** Die Befugnisse des Hypothekars sind genau fixiert, §§ 1120 ff.; vgl. auch § 866 ZPO.

Es besteht also zwar Abschlußfreiheit, aber — anders als im Schuldrecht — keine unbeschränkte inhaltliche Gestaltungsfreiheit.

2.3 Absolutheits-, Publizitäts- und Bestimmtheitsgrundsatz

a) Der *Absolutheitsgrundsatz* besagt, daß dingliche Rechte jedermann gegenüber wirken; dies ist eine Auswirkung der „absoluten" Beherrschungsmöglichkeit durch den dinglich Berechtigten. Ins Gesetz umgesetzt ist dieses Prinzip vor allem durch den Schutz gegen Eigentums- und Besitzbeeinträchtigung (§§ 985, 1004, 861 f., 1007). Der Schutz gilt entsprechend bei Inhabern sog. beschränkter dinglicher Rechte (vgl. §§ 1065, 1227, 1027; dazu Rdnr. 702, 694). Der Absolutheitsanspruch bedingt eine — prinzipielle — Unteilbarkeit der Rechtsstellung; so darf der Miteigentümer alle sich aus dem Eigentum ergebenden Schutzrechte ausüben (dazu unten Rdnr. 616). **609**

b) Der *Publizitätsgrundsatz* gewährleistet die Erkennbarkeit der dinglichen Rechte und die Offenkundigkeit von Rechtsveränderungen; an ihn werden in bestimmten Grenzen Vermutungswirkungen (zugunsten gutgläubiger Dritter) geknüpft, denen zufolge regelmäßig angenommen werden kann, daß demjenigen, der eine bewegliche Sache in Besitz hat oder der bei unbeweglichen Sachen im Grundbuch als Eigentümer eingetragen ist, die Sache zu Eigentum gehört (§§ 1006, 891). Es handelt sich um Rechtsscheinswirkungen (Vertrauenstatbestände). Wer daher unter diesen Voraussetzungen eine Sache erwirbt, wird — sofern er redlich ist — Eigentümer, auch wenn der Veräußerer Nichtberechtigter ist (§§ 932 ff.; 891 ff.). **610**

> **Beispiel:** A hat eine Sache von B entliehen. X, der am Erwerb der Sache interessiert ist, hat keinen Anlaß, an der Eigentümerstellung des A zu zweifeln. Wenn A an X veräußert, wird X Eigentümer. B bekommt seine Sache nicht wieder und muß sich anderweitig an A schadlos halten (z. B. Schadensersatzanspruch nach §§ 604, 280; Bereicherungsanspruch nach § 816 I 1, dazu Rdnr. 563).

Entsprechendes gilt im Liegenschaftsrecht: wer von demjenigen erwirbt, der im Grundbuch eingetragen ist, dem aber das eingetragene Recht nicht zusteht, der wird aufgrund seines guten Glaubens beim Erwerb geschützt (§§ 891 ff.). Aber nur die Offenkundigkeit (Besitz bei beweglichen Sachen, Eintragung im Grundbuch bei Grundstücksrechten) gewährleistet die Legitimation der beschriebenen Erwerbskonsequenzen (zu Rechtsscheinswirkungen im übrigen vgl. z. B. §§ 172, 370, 405, 808, 2366).

c) Ein weiteres Prinzip legt fest, daß dingliche Rechte grundsätzlich nur an bestimmten („einzelnen") Gegenständen möglich sind (*Bestimmtheitsgrundsatz*). **611**

> **Beispiele:** a) Pfandrechte können nur an einzelnen Gegenständen, nicht aber am Gesamtvermögen einer Person bestellt werden. b) Veräußert A aus seinem mit 100 Fässern Heringen bestückten Warenlager 50 Fässer an B, ohne daß bei der Veräußerung bestimmt wird, um welche Fässer aus dem Gesamtbestand es sich handelt, ist die Übereignung gescheitert. Das Geschäft kann allerdings dahin umgedeutet werden, daß nunmehr A und B hälftiges Miteigentum an dem Gesamtbestand zusteht (Rdnr. 616).

2.4 Das Abstraktionsprinzip

612 a) Das BGB trennt *Verpflichtungsgeschäft* (z. B. Kauf) und *Verfügungsgeschäft* (z. B. Übereignung). Diese Unterscheidung erfolgt aus Gründen der Rechtssicherheit: die Verfügung soll zweckfrei und vom — zugrunde liegenden — Kausalgeschäft unabhängig sein. Eine ohne Rechtsgrund vollzogene Rechtsänderung ist regelmäßig nur aufgrund eines Anspruchs aus ungerechtfertigter Bereicherung (vgl. Rdnr. 552 ff.) korrigierbar, der i. d. R. nach sachenrechtlichen Regeln zu erfüllen ist.

> **Beispiel:** Trotz nichtigen Kaufvertrags wird der Käufer durch Übereignung grundsätzlich — zu Ausnahmen unten Rdnr. 613 — Eigentümer der Kaufsache. Macht der Verkäufer Ansprüche aus § 812 I geltend, so muß der Käufer die Sache an den Verkäufer zurückübereignen (nicht bloß „herausgeben", vgl. Rdnr. 566). Daß der Käufer die Sache zu Eigentum erworben hat, bedeutet also nicht, daß er sie auch behalten darf.

b) Der Abschluß des obligatorischen (schuldrechtlichen) Geschäfts (z. B. Verkauf einer Sache) „verpflichtet" zur Vornahme der Erfüllung, des dinglichen Geschäfts (z. B. Übereignung). Die Verpflichtung wirkt also nur *schuldrechtlich,* eine dingliche Wirkung hat sie nicht. Will der Käufer seinen schuldrechtlichen Anspruch auf Übereignung sichern, so muß er entweder — bei beweglichen Sachen — ein *Veräußerungsverbot* im Wege der einstweiligen Verfügung erwirken (§§ 135, 136; vgl. Rdnr. 80, 154) oder — bei Grundstücken — eine Vormerkung (§ 883) ins Grundbuch eintragen lassen.

> **Beispiel:** a) V verkauft eine Bohrmaschine an K 1 und dieselbe — ohne dessen Wissen — an K 2. Er übereignet die — von K 1 bei V belassene — Maschine an K 2. K 2 wird in diesem Fall Eigentümer: K 1 kann nur von V Schadensersatz verlangen (§§ 433, 440). b) Erhält K 1, nachdem er die Maschine kaufte und bei V beließ und bevor K 2 sie erwarb, von der Unzuverlässigkeit des V Kenntnis, so kann er ein gerichtliches Veräußerungsverbot erwirken. Er ist damit allerdings nicht umfassend geschützt: K 2 wird trotz des Veräußerungsverbots Eigentümer, falls er gutgläubig ist (§§ 136, 135 II). c) Sicherer ist der Schutz vor Doppelverkäufen beim Grundstückskauf: wenn der Anspruch auf Auflassung durch eine Vormerkung gesichert ist, kann sich der zweite Käufer nicht auf Nichtwissen berufen, sofern die Vormerkung im Grundbuch eingetragen und damit für jedermann ersichtlich ist (Rdnr. 706).

613 c) Dem dinglichen Geschäft können eigene Mängel anhaften: Es wird etwa irrtümlich eine andere als die verkaufte Sache übereignet (§ 119 I). Fehlt dem Geschäftspartner z. B. die Geschäftsfähigkeit, ist das dingliche Geschäft allein schon wegen eines in ihm selbst liegenden Mangels nach § 105 nichtig. Wird ein Kauf nach §§ 119 II, 123 mit Erfolg angefochten, so ergreift die Anfechtung auch regelmäßig das Verfügungsgeschäft: das abstrakte dingliche Geschäft kommt dann ebenso zu Fall wie das zugrunde liegende obligatorische Geschäft.

> **Beispiel:** A hat an B eine Werkzeugmaschine unter Stundung des Kaufpreises veräußert und auf dessen Werksgelände befördern lassen. Nachdem die Übergabe durchgeführt ist, hört A, daß B vor dem Konkurs steht, und eilt sofort zu dem in der Nähe wohnenden Prokuristen des B, um diesem die Anfechtung des Geschäfts zu erklären (§ 119 II: Irrtum über die Zahlungsfähigkeit des Käufers beim Kreditkauf). Hier ist anzunehmen, daß die Übereignung von der Anfechtung nicht ausgenommen sein soll (vgl. dazu BGH DB 1966, S. 818).

Gleiches gilt bei Nichtigkeit des Grundgeschäfts wegen Wuchers (§ 138 II) oder — allerdings nicht in jedem Fall — wegen Sittenwidrigkeit (§ 138 I; BGH NJW 1973, S. 615).

Beispiel: Auf Sittenwidrigkeit hin überprüft wird z. B. (auch) das dingliche Geschäft bei Sicherungsübereignungen (insbesondere, soweit ein Zusammentreffen mit verlängertem Eigentumsvorbehalt vorliegt): vom Fehler des Grundgeschäfts ist dann auch das dingliche Geschäft betroffen (Rdnr. 667), das damit selbst sittenwidrig sein kann.

Literaturhinweise:

Baur, Sachenrecht, §§ 1, 2 I 1; 4, 5 IV.
Schwab, Sachenrecht, §§ 1, 2.
Weimar, Das BGB in Fällen, Bd. 1, Fälle zu §§ 135, 136, 142; Bd. 3 b, Fälle zu §§ 883 – 888.
BGH NJW 1984, S. 803 (zur Übertragung des Eigentums an Sachgesamtheiten).

Kontrollfragen:

1. Was sagt Ihnen die Bezeichnung „numerus clausus der Sachenrechte"?
2. Nennen Sie bitte die Grundprinzipien des Sachenrechts und skizzieren Sie kurz deren Inhalt.

Antworten zu den Kontrollfragen finden Sie auf S. 290.

II. Die Struktur von Eigentum und Besitz

1. Das Eigentum

1.1 Begriff

a) *Eigentum* ist — im Unterschied zu den *beschränkten* dinglichen Rechten (Rdnr. 615) — ein *unbeschränktes* dingliches Beherrschungsrecht (*dingliches Vollrecht*) über eine bewegliche oder unbewegliche Sache. Es ist seinem Inhalt nach ein Nutzungs- und Verwertungsrecht. Sein Wesensgehalt ist verfassungsrechtlich geschützt (Art. 14 I, 19 II GG).   **614**

b) Eigentum ist privates Recht. Auch das Eigentum der öffentlichen Hand — z. B. an Straßen, Schulen, Gebäuden etc. — ist „privatrechtliches" Eigentum; ein besonderes „öffentliches" Eigentum gibt es nicht. Es ist aber zu beachten, daß das öffentliche Recht das Privateigentum zum Teil stark einschränkt (z. B. Sachen im Gemeingebrauch, öffentliches Baurecht, umweltrechtliche Restriktionen). Auch private Rechte Dritter können den Inhalt des Eigentums begrenzen (vgl. § 903).

c) Der Eigentümer kann *beschränkte dingliche Rechte* einräumen. Das BGB hat die zulässigen Formen beschränkter dinglicher Rechte vertypt; zulässig (numerus clausus der Sachenrechte, vgl. Rdnr. 608) sind: Nießbrauch, Grunddienstbarkeit, beschränkte persönliche Dienstbarkeit, Reallast, Grundpfandrechte, Pfandrechte an beweglichen Sachen und Rechten, dingliches Vorkaufsrecht, Erbbaurecht. In der Praxis sind darüber hinaus atypische Formen anerkannt: Sicherungsübereignung (Rdnr. 662 ff.), Eigentumsanwartschaftsrecht (Rdnr. 673 ff.), Sicherungsabtretung (Rdnr. 679 ff.).   **615**

1.2 Arten

1.2.1 Alleineigentum und „schlichtes" Miteigentum

616 a) Das Eigentum ist Alleineigentum, wenn an der Sache keine eigentumsrechtliche Mitberechtigung Dritter besteht (dazu Rdnr. 614).

b) Schlichtes Miteigentum entsteht durch Vereinbarung oder gesetzlich — etwa nach §§ 947, 948. Es handelt sich um einen Unterfall der Gemeinschaft nach Bruchteilen (dazu Rdnr. 548). Jedem Berechtigten steht ein bestimmter „ideeller" Anteil der Sache zu (§§ 1008—1011), über den er frei verfügen kann. Über die Sache „insgesamt" kann ein einzelner Miteigentümer nur mit dem oder den anderen Miteigentümern gemeinsam verfügen (§ 747 S. 2). Rechte gegen Dritte stehen dagegen — freilich nur zugunsten aller Miteigentümer — jedem Miteigentümer bezüglich der ganzen Sache zu (§ 1011). — Verwaltung und Nutzung sind in §§ 743—746 geregelt (vgl. auch § 1010).

617 c) Wichtig ist die Struktur des Wohnungseigentums (§§ 1 ff. WEG). *Wohnungseigentum* ist echtes Eigentum, und zwar eine Mischung von Alleineigentum (§§ 903 ff.) an Räumen (Sondereigentum) und Miteigentum (§§ 1008 ff.) am Grundstück und an seinen wesentlichen Bestandteilen (gemeinschaftliches Eigentum). Das Miteigentum steht — trotz des wirtschaftlichen Übergewichts des Sondereigentums — im Vordergrund; daher unterliegt das Wohnungseigentum, soweit nicht das WEG oder Vereinbarungen der Wohnungseigentümer entgegenstehen (§ 10 WEG), denselben Regeln wie schlichtes Miteigentum. Das Wohnungseigentum gewahrt ein Gebrauchs- und Nutzungsrecht (§§ 13 ff. WEG). Über sein Wohnungseigentumsrecht kann der Wohnungseigentümer frei verfügen (§ 747 S. 1).

1.2.2 Gesamthandseigentum

618 Die Berechtigung mehrerer an derselben Sache kann rechtlich auch anders als beim schlichten Miteigentum gestaltet sein. Dies hängt vom Entstehungstatbestand der Berechtigung ab.

> **Beispiel:** Gründung einer BGB-Gesellschaft (dazu Rdnr. 535). Hier entsteht Gesamthandseigentum.

Beim Gesamthandseigentum gehört die Sache zu einem Vermögen, das mehreren zur gesamten Hand zusteht (exemplarisch: § 718). Gesamthandsvermögen liegt auch bei der Erbengemeinschaft (§§ 2032 ff.) und der Gütergemeinschaft (§§ 1415 ff.) vor. Im Unterschied zum (schlichten) Miteigentum steht die Nutzungs- und Verwertungsbefugnis den Gesamthändern nur gemeinsam zu.

2. Der Besitz

2.1 Begriff

619 *Besitz* ist — im Unterschied zum Eigentum — kein Beherrschungsrecht, sondern bedeutet nur — das ist der Regelfall — die *tatsächliche Beherrschung einer Sache*. Besitz ist also bloßes Sachverhältnis, das allerdings bei den einzelnen Besitzarten unterschiedlich strukturiert sein kann. Der Besitz in seinen verschiedenen Arten ist als

„faktische" Seite zahlreicher Sachenrechte von ganz erheblicher Bedeutung. Seine Funktion ist konstitutiv für viele dingliche Erwerbstatbestände. Seine Beeinträchtigung ist oft auch Merkmal der Verletzung des dinglichen Rechts.

2.2 Arten

2.2.1 Allein- und Mitbesitz

a) Alleinbesitzer ist derjenige, der durch andere in seiner Besitzstellung nicht beschränkt ist. Eine Unterart des Alleinbesitzes ist der Teilbesitz (§ 865).   **620**

b) Beim Mitbesitz (§ 866) ist zu unterscheiden: „Schlichter" Mitbesitz liegt vor, wenn jeder Mitbesitzer die tatsächliche Sachherrschaft ausüben kann, aber auf die anderen Mitbesitzer Rücksicht nehmen muß. Dagegen ist „gesamthänderischer" Mitbesitz gegeben, wenn die Ausübung des Besitzes nur gemeinschaftlich erfolgen kann.

> **Beispiele:** a) Die Mieter M 1, M 2 und M 3 dürfen alle die Waschküche des Hauses benutzen: schlichter Mitbesitz. b) Antiquar A hat seine wertvollsten Bücher, die er als „eiserne Reserve" behalten will, in einem Schließfach der B-Bank deponiert: kein Mitbesitz, sondern — nach der Verkehrsanschauung — Alleinbesitz des A (anders *Werner*, JuS 1980, S. 175 ff.).

2.2.2 Eigen- und Fremdbesitz

Eigenbesitzer ist, wer eine Sache als ihm gehörend besitzt (§ 872); er muß gleichsam   **621**
wie ein Eigentümer besitzen. Beim Fremdbesitzer fehlt eine solche Willensrichtung.

> **Beispiel:** Der verwertungsberechtigte Sicherungseigentümer ist Eigenbesitzer, der Käufer unter Eigentumsvorbehalt Fremdbesitzer.

2.2.3 Besitzer und weisungsabhängiger Nichtbesitzer

Selbst wenn jemand eine zwar unmittelbare tatsächliche Beziehung zu einer ihm über   **622**
lassenen Sache hat, bestimmt das Gesetz, daß dennoch diese Person nicht Besitzer ist, wenn sie hinsichtlich der Sache weisungsabhängig ist (§ 855). Dann ist allein der Weisungsberechtigte Besitzer. Die weisungsabhängige Person (z. B. Arbeiter, Angestellter) nennt man *Besitzdiener* (besser: Besitzwart).

> **Beispiel:** Der Gabelstaplerfahrer ist nicht Besitzer des von ihm zur Arbeitsverrichtung benutzten Geräts, sondern nur „Besitzdiener". Gebraucht er es zweckwidrig — z. B. bei seinem eigenen Neubau —, macht er sich damit selbst zum Besitzer, falls nicht § 856 II vorliegt.

2.2.4 Unmittelbarer und mittelbarer Besitz

a) *Unmittelbarer* Besitz setzt einen *tatsächlichen Beherrschungszusammenhang* vor   **623**
aus. Dieser verlangt eine gewisse räumliche Beziehung zur Sache, die von einiger Dauer sein muß. Unerheblich ist, ob ein Recht zum Besitz besteht.

> **Beispiel:** Mieter M behauptet nach Auslaufen des Mietvertrags gegenüber dem Vermieter wahrheitswidrig, den zweiten Schlüssel verloren zu haben: M ist Besitzer des Schlüssels.

b) Der *mittelbare* Besitzer läßt die Sachherrschaft durch einen anderen ausüben   **624**
(§ 868); die Beziehung zur Sache wird durch den unmittelbaren Besitzer vermittelt (*Besitzmittler*). Voraussetzung ist unmittelbarer Fremdbesitz eines anderen; dieser muß seinen Besitz von der Rechtsstellung des mittelbaren Besitzers (*Oberbesitzer*) ab-

leiten. Die Besitzposition des unmittelbaren Besitzers muß zeitlich begrenzt sein; dem mittelbaren Besitzer muß also ein Herausgabeanspruch zustehen. Das zwischen dem unmittelbaren und dem mittelbaren Besitzer bestehende *Besitzmittlungsverhältnis* (*Besitzkonstitut*) muß *konkret bestimmt* sein.

> **Beispiele:** a) Der Mieter ist unmittelbarer Fremdbesitzer, er vermittelt den Besitz dem Vermieter ("mittelbarer Besitzer"). Bei Vertragsende (Besitzberechtigung "auf Zeit", § 868) hat der Vermieter einen Herausgabeanspruch (§ 556 I). b) War der Mietvertrag unwirksam, ändert dies das Besitzmittlungsverhältnis als solches nicht; es genügt der Besitzmittlungswille des Mieters (vgl. § 868: „als" Mieter; so auch BGH NJW 1955, S. 499).

625 c) Mittelbarer Besitz kann auch durch ein sog. *antizipiertes Besitzkonstitut* begründet werden.

> **Beispiel:** A erwirbt eine Sache von D und verschafft seinem Vertragspartner B aufgrund eines bereits zuvor vereinbarten Besitzmittlungsverhältnisses mittelbaren Besitz, sobald er (A) die Sache von D erhält.

d) Möglich ist ferner Erwerb mittelbaren Besitzes aufgrund Gesetzes (z. B. Erbschaft, Anordnung der Vormundschaft).

e) Der Erwerb mittelbaren Besitzes ist auch durch *Abtretung des Herausgabeanspruchs* (§ 870) möglich.

626 f) Entfallen kann der mittelbare Besitz dadurch, daß der unmittelbare Besitzer seiner Besitzstellung verlustig geht (freiwillig oder unfreiwillig). Gleiches gilt, wenn der Besitzmittler den mittleren Besitzer (Oberbesitzer) erkennbar nicht mehr als solchen anerkennt (s. a. BGH WM 1979, S. 771).

> **Beispiel:** M hat ein Buch von A geliehen; nach einiger Zeit trägt er auf der Innenseite des Einbanddeckels seinen Namen ein.

Ist der mittelbare Besitz gem. § 870 erlangt, so geht er mit Wegfall des Herausgabeanspruchs verloren.

2.2.5 Originär und derivativ erworbener Besitz und Verlust des Besitzes

627 a) Unmittelbarer Besitz kann originär oder abgeleitet erworben werden.

aa) *Originärer* Besitzerwerb (§ 854 I) setzt die *Erlangung der tatsächlichen Beherrschung* und einen zumindest *generellen Besitzbegründungswillen* des Erwerbers voraus (h. M.).

> **Beispiele:** a) Wenn eine unbestellte Ansichtssendung zugeschickt wird, wird der Empfänger erst mit dem Entschluß, diese zu behalten, Besitzer. b) Stellen Besucher im Hausflur Fahrräder gegen den Willen des Hauseigentümers ab, wird dieser nicht Besitzer der Fahrräder.

628 bb) Beim *abgeleiteten* Besitzerwerb (§ 854 I) ist ein einverständliches Geben und Nehmen der Sache erforderlich (*konsentierter Besitzwechsel*). Auf seiten des Erwerbers genügt ein *genereller Besitzbegründungswille*. Abgeleiteter Besitzerwerb ist — vereinfacht — auch durch *bloße Einigung* (Rechtsgeschäft!) möglich (§ 854 II). Dies setzt voraus, daß der Erwerber ohne weitere Gestattung des bisherigen Besitzers oder eines Dritten den Besitz tatsächlich ausüben kann (vgl. dazu BGHZ 27, S. 360).

> **Beispiel:** A will B Besitz an seinem Wagen verschaffen, der einige Kilometer entfernt steht. Es genügt, wenn er zu B sagt: „Geh in die XY-Straße Ecke VIP-Straße; dort steht der Wagen, Schlüssel sind im Handschuhfach." Ist B einverstanden, liegt Besitzerwerb gem. § 854 II vor.

b) Gem. § 857 geht der Besitz auf den Erben über. Der Erbe rückt mit dem Erbfall in **629** die besitzrechtliche Stellung des Erblassers ein (Publizitätsverzicht, vgl. Rdnr. 610).

> **Beispiel:** E ist unmittelbarer Besitzer einer Vase; er stirbt. Damit ist sein Erbe unmittelbarer Besitzer der Vase, auch ohne die Sachherrschaft schon „real" erlangt zu haben. Veräußert z. B. ein nichterbberechtigter Angehöriger des Erben die Vase, so kann der Erwerber, auch wenn er gutgläubig ist, kein Eigentum erwerben, da die Vase − wegen § 857 − dem Erben abhanden gekommen ist (§ 935).

c) Vertretung (§§ 164 ff.) beim Besitzerwerb ist ausgeschlossen, wenn die Erlangung der **630** Sachherrschaft notwendig ist (§ 854 I); die Übergabe der Sache an den „Besitzdiener" verschafft dagegen dem Weisungsberechtigten („Besitzherr") unmittelbaren Besitz (vgl. § 855). Möglich ist Vertretung bei rechtsgeschäftlichem Besitzerwerb, also in den Fällen der §§ 854 II, 868, 870.

> **Beispiel:** X kauft im Auftrag des Y ein Buch in der Buchhandlung des Z; Z übergibt dem X das Buch. Wegen § 868 wird hier Y mittelbarer und X unmittelbarer Besitzer, vorausgesetzt, der X hat wirklich den Willen, für den Y den Besitz an dem Buch zu erwerben. Auf die Kenntnis des Z kommt es nicht an.

d) Besitzverlust (§ 856) erfolgt beim unmittelbaren Besitz entweder durch freiwillige **631** Aufgabe des Beherrschungsverhältnisses oder „auf andere Weise" — d. h. unfreiwillig. Erforderlich ist nur ein *natürlicher* (im Gegensatz zum rechtsgeschäftlichen) *Besitzaufgabewille,* den auch Geschäftsunfähige (z. B. Kinder im Alter unter sieben Jahren) haben können. Eine bloß vorübergehende Verhinderung in der Ausübung beendet den Besitz nicht (§ 856 II; s. schon RGZ 51, S. 23).

> **Beispiel:** A bleibt auch dann unmittelbarer Besitzer seiner Einrichtungsgegenstände usw., wenn er morgens seine Wohnung verläßt und erst abends oder nach ein paar Tagen zurückkehrt. Auch längere Abwesenheit beendet nicht den Besitz an abgeschlossenen Räumen.

Literaturhinweise:

Baur, Sachenrecht, §§ 3 II, 6−8.
Hoche/Westermann, JuS 1961, S. 73 ff. (zum Besitzerwerb und -verlust durch Besitzdiener).
Leisner, NJW 1975, S. 233 (zur Sozialbindung des Eigentums nach privatem und öffentlichem Recht).
Pawlowski, AcP 165, S. 395 ff. (zu Substanz- und Funktionseigentum).
Weimar, Das BGB in Fällen, Bd. 3 a, Fälle zu §§ 854−857, 865−871, 903, 1008−1011.

BGHZ 44, S. 3 (zur Erkennbarkeit des Besitzerwerbswillens).
BVerfGE 58, S. 300 (zur inneren Struktur der Eigentumsgarantie).

Kontrollfragen:

1. Wie unterscheiden sich Eigentum und Besitz?
2. Dem B läuft auf seinem Landgut der Hund des E zu, der sich auch in der Folge dort aufhält. B ist an dem Tier nicht interessiert. Ist er Besitzer des Hundes geworden?

Antworten zu den Kontrollfragen finden S. 290.

III. Rechte an beweglichen Sachen und Rechten

1. Das Eigentum an beweglichen Sachen

1.1 Eigentumserwerb durch Einigung und Übergabe

632   a) Im Regelfall erwirbt man Eigentum an einer beweglichen Sache, wenn man den unmittelbaren Besitz an der Sache übertragen erhält (*Traditionsprinzip*) und dabei mit dem Berechtigten über den Eigentumsübergang *einig* ist (§ 929 S. 1). Die erforderliche *Übergabe* wird vollzogen durch Erlangung des Besitzes mit dem Willen des Vorbesitzers (§ 854 I) oder durch schlichte Einigung über den Besitzübergang (§ 854 II), die mit der Einigung über den Eigentumsübergang zusammenfallen kann.

> **Beispiele:** a) A überreicht der fünfzehnjährigen B einen Blumenstrauß zum Geburtstag. Die B nimmt dankend an. Hier liegt eine Übereignung durch Einigung über den Eigentumsübergang und Übertragung des unmittelbaren Besitzes vor. Daß die B beschränkt geschäftsfähig ist, schadet nicht. Sie ist imstande, Besitz zu erwerben; im übrigen verhilft ihr § 107 zur Erlangung des Eigentums (vgl. Rdnr. 50). b) A erlaubt der B, sich in seinem Garten die letzten fünfzehn Rosen zu schneiden. Die B führt dies sofort aus. Hier liegt eine schenkweise Übereignung vor; der Sachverhalt enthält eine Einigung in dreifacher Hinsicht: Einigung über den Eigentumsübergang, Einigung über den Besitzerwerb (§ 854 II), Einigung über die Unentgeltlichkeit der Zuwendung (§ 516). Um eine einseitige Aneignungsgestattung handelt es sich nicht (dazu unten Rdnr. 652).

633   b) *Einigung* bedeutet, daß die Partner darin übereinstimmen, daß die Besitzübertragung zum Zweck der Eigentumsübertragung erfolgen soll. Die Einigung muß im Zeitpunkt der Besitzübertragung vorhanden sein, kann also vorher oder gleichzeitig erklärt werden. Einigung und Übergabe bilden im Fall des § 929 S. 1 zusammen den Tatbestand der *Übereignung* (sachenrechtliches Verfügungsgeschäft).

634   c) Die Übertragung von Eigentum an beweglichen Sachen ist grundsätzlich unabhängig von dem zugrunde liegenden Verpflichtungsgeschäft (vgl. schon Rdnr. 612). Jedoch kann in manchen Fällen dem Geschäft der Wille der Partner zu entnehmen sein, daß die Übereignung nur gelten soll, wenn das Kausalgeschäft wirksam bzw. erfüllt ist.

> **Beispiel:** In Kaufhäusern angebotene Sachen werden grundsätzlich unter der (stillschweigenden) Bedingung vollzogener Barzahlung in die Hand des Käufers gegeben, während der Kunde seinerseits einen Geldschein zum Wechseln nur unter der (stillschweigenden) Bedingung hingibt, daß der Überschuß zurückgegeben wird. In Einzelfällen ist auch die Frage von Bedeutung, ob die Nichtigkeit oder Anfechtbarkeit des Grundgeschäfts sich auf die Übereignung erstreckt (vgl. dazu oben Rdnr. 613).

635   d) Eine Übereignung durch Einigung und Übergabe liegt i. d. R. auch vor, wenn die gekaufte Sache dem Käufer zugesandt wird. Eigentum geht hier meist erst bei Ablieferung an den Empfänger über. Die Vertragspartner können jedoch den Zeitpunkt des Eigentumsübergangs vorverlegen.

> **Beispiel:** Bei Übereignung im Wege eines Besitzkonstituts (§ 930) oder der Abtretung des Herausgabeanspruchs (§ 931) geht der Eigentumsübergang einer realen Übergabe der Sache voraus.

636   e) Auf seiten des Erwerbers wie des Veräußerers kann dieser selbst tätig werden oder ein Vertreter (vgl. jedoch Rdnr. 630); dazu *Müller*, JZ 1982, S. 777 ff.

aa) Handelt der Vertreter im Namen des Vertretenen (offene, direkte Stellvertretung), geht das Eigentum unmittelbar auf den Vertretenen über (§ 164). Der Vertreter erwirbt, wenn er hinsichtlich der Sache weisungsabhängig ist (vgl. § 855), für den Vertretenen unmittelbaren Besitz; wenn er zu ihm in einem Besitzmittlungsverhältnis der in § 868 bezeichneten Art steht (vgl. Rdnr. 624), erwirbt der Vertretene mittelbaren Besitz. Die Übergabe an den Besitzmittler reicht bei § 929 S. 1 aus.

bb) Handelt der Vertreter nicht in fremdem Namen und ist dies auch nicht aus den Umständen zu entnehmen (vgl. § 164 II; Rdnr. 155), ist zu prüfen, ob das Eigentum auf den Vertreter oder auf den Vertretenen übergegangen ist. Folgende Lösungsmöglichkeiten kommen in Betracht: Der (verdeckte) Stellvertreter erwirbt zunächst für sich, überträgt aber zugleich im Wege erlaubten Selbstkontrahierens, also kraft einer Einigung mit sich selbst (§ 181; vgl. Rdnr. 173), das Eigentum auf den Geschäftsherrn. Oder: Es wird eine Einigung im Interesse desjenigen angenommen, auf dessen Rechnung sich der Eigentumserwerb vollziehen soll, etwa bei Barkäufen, bei denen es dem Veräußerer gleichgültig ist, ob er gerade der handelnden Person selbst oder über sie einem dahinter stehenden Dritten Eigentum überträgt. Fehlt das Interesse des Veräußerers, gerade dem Handelnden das Eigentum zu verschaffen, so tritt, falls § 855 oder § 868 gegeben, der Erwerb unmittelbar in der Person dessen ein, für den der (verdeckte) Vertreter handelt. Grund: Auf wessen Rechnung die Ware bezahlt wird, den geht das Geschäft „eigentlich" an und diesem soll dann das Eigentum auch zufallen.

1.2 Ersetzung und Wegfall der Übergabe

a) Einigung und Übergabe bilden nicht die einzige Möglichkeit, Eigentum an beweglichen Sachen zu übertragen. Die Übergabe kann nämlich „ersetzt" werden oder auch ganz entbehrlich sein.

637

b) Die Übergabe kann ersetzt werden durch Besitzkonstitut (§ 930) oder durch Abtretung des Herausgabeanspruchs seitens eines Veräußerers, der i. d. R. mittelbarer Besitzer ist (§ 931). Die Übergabe fällt ersatzlos weg bei Übereignung durch schlichte Einigung (dazu Rdnr. 638, 641).

aa) Die *schlichte Einigung* tritt in zwei Formen auf: Der Erwerber ist schon im Besitz der Sache (§ 929 S. 2) oder dem Erwerber wird das Eigentum von einem Veräußerer übertragen, der nicht mittelbarer Besitzer ist (vgl. § 931 i. V. m. arg. § 934), aber auch keinen Herausgabeanspruch hat.

638

> **Beispiel:** A verkauft und übereignet seine Münzsammlung an ein Museum; den größten Teil der Sammlung liefert er sofort aus (§ 929 S. 1); einige Stücke, von denen er sich nicht trennen kann, behält er zurück, da sie ihm das Museum auf Lebenszeit leihweise beläßt (§§ 930, 598); andere Stücke kann er nicht ausliefern, weil er sie einem Sachverständigen zur Prüfung der Echtheit zugeschickt hat; er übereignet sie daher durch Abtretung seines Herausgabeanspruchs (§ 931); andere sind ihm von seinem Neffen gestohlen, der sie aber inzwischen verloren hat; diese übereignet er durch schlichte Einigung (entspr. § 931); ein Stück endlich hatte er dem Museum schon früher leihweise überlassen, er übereignet es jetzt nach § 929 S. 2 ebenfalls durch schlichte Einigung.

bb) Bei der Übereignung durch *Besitzkonstitut* (§ 930) müssen die Partner ein Besitzmittlungsverhältnis (§ 868) vereinbaren (Rdnr. 624). Es genügt also nicht, daß sie einfach bestimmen, der Veräußerer solle künftig für den Erwerber besitzen („abstraktes"

639

Konstitut); sie müssen zugleich ein Miet-, Leih-, Verwahrungs- oder ähnliches Verhältnis begründen („individualisiertes" Konstitut). Im übrigen ist es wiederum nicht erforderlich, daß gerade das von den Beteiligten gewählte Rechtsverhältnis *gültig* zustande kommt. Wenn nur irgendein Herausgabeanspruch obligatorischer Art zwischen ihnen besteht, so genügt ein solcher für das eigentumsübertragende Besitzkonstitut. Die Beteiligten müssen bei Vereinbarung des Besitzmittlungsverhältnisses über den Eigentumsübergang einig sein, denn nur die *Übergabe,* nicht auch die Einigung über den Eigentumsübergang wird durch das Konstitut ersetzt.

> **Beispiel:** V verkauft an K einen Pkw auf Kredit und übereignet ihn sofort. Hinterher erfährt er, K sei in Zahlungsschwierigkeiten, und erreicht, daß K ihm den Pkw „unter Beibehaltung des Besitzes" zurückübereignet, bis er den Kaufpreis bezahlen könne. Soll damit ein „nachträglicher Eigentumsvorbehalt" vereinbart sein, könnte ein solcher unwirksam sein. Dem würde man sich anzuschließen haben, wenn man an dem Standpunkt festhalten wollte, daß der Eigentumsvorbehalt nicht zur Besitzmittlung ausreicht; denn dann wäre in Ermangelung eines „ähnlichen Verhältnisses" (§ 868) kein wirksames Besitzkonstitut zustande gekommen. Indessen wird es fast stets anzunehmen sein, daß die Rückübereignung nur zur Sicherung des Verkäufers für den Eingang des Kaufpreises erfolgen soll. Dann liefert die schuldrechtliche Abrede über die Sicherungsübereignung das erforderliche Besitzmittlungsverhältnis. Es besteht daher kein Grund, die Wirksamkeit des Besitzkonstituts und somit des ganzen nachträglichen Sicherungsgeschäfts anzuzweifeln (str.; vgl. dazu *Soergel/Mühl,* BGB, 11. Aufl. 1978, § 930 Rdnr. 32. – S. auch unten Rdnr. 665).

Nicht notwendig ist, daß der Verkäufer selbst schon im Besitz der Sache ist, die er durch Besitzkonstitut veräußern will. Vielmehr genügt es, daß die Beteiligten auch für den Fall eines erst künftigen Besitzerwerbs des Veräußerers schon im vorhinein ein Besitzmittlungsverhältnis vereinbaren, also gleichsam den Rahmen für die Übereignung einer erst künftig zu erwerbenden Sache schaffen. Nur ist hier erforderlich, daß die Beteiligten beim Besitzerwerb des Veräußerers noch darüber einig sind, daß Eigentum übergehen soll (*antizipiertes Besitzkonstitut;* s. a. Rdnr. 665).

> **Beispiel:** Bei der Übereignung eines Warenlagers durch Besitzkonstitut vereinbaren A und B, daß der Erwerber A auch Eigentümer zukünftiger — noch anzuschaffender — Warenvorräte des B werden soll. Wenn B diese Waren dann in sein Lager schafft, werden sie Eigentum des A, sofern sie so bezeichnet sind, daß sie sich jederzeit aussondern lassen (vgl. Rdnr. 611).

Eine ähnliche Wirkung wird erreicht, wen der Veräußerer namens des Erwerbers eine an ihn selbst gerichtete Übereignungsofferte annimmt (§ 181; dazu Rdnr. 173).

640 cc) Die Übertragung des Eigentums durch *Abtretung des Herausgabeanspruchs* (§ 931) setzt voraus, daß ein Dritter dem Veräußerer den Besitz vermittelt und daß der Veräußerer den schuldrechtlichen Herausgabeanspruch aus dem Besitzmittlungsverhältnis dem Erwerber abtritt (vgl. § 870). Damit verschafft er ihm das Eigentum und den aus dem Eigentum fließenden dinglichen Herausgabeanspruch, den der Erwerber nunmehr neben dem obligatorischen geltend machen kann, und zwar natürlich unter Ausschluß des Veräußerers (anders beim Grundbuchberichtigungsanspruch, vgl. Rdnr. 783).

> **Beispiel:** V hat ein Buch an L verliehen. Er kann dem D Eigentum an dem Buch verschaffen, indem er sich mit diesem über den Eigentumserwerb einigt und ihm seinen Herausgabeanspruch (§ 604) gegen den L abtritt. Mit dem Eigentumserwerb erhält D auch den Herausgabeanspruch gegen L aus § 985, der nicht gesondert abtretbar, sondern nur Folge des Eigentumserwerbs ist (vgl. BGH NJW 1959, S. 1536).

Hat der Besitzmittler seinen Besitz inzwischen aufgegeben oder verloren, ohne daß der Veräußerer davon Kenntnis hat, so kann man annehmen, daß die Beteiligten ergänzend zugleich eine Übereignung durch schlichte Einigung gewollt haben.

> **Beispiel:** V veräußert an K einen Hund, den er an S verliehen hat, zu einer Zeit, als der Hund dem S soeben entlaufen war. Die Übereignung durch Abtretung des Herausgabeanspruchs ist hier „verunglückt", es bleibt aber bei einer Übereignung als schlichte Einigung.

Ist der Veräußerer nicht unmittelbarer, aber auch nicht mittelbarer Besitzer, kann er sich trotzdem mit dem Erwerber über den Übergang des Eigentums einigen.

> **Beispiele:** a) Dem E ist eine chinesiche Vase gestohlen worden. Er kann dennoch dem A das Eigentum an der Vase übertragen, wenn er sich mit A entsprechend einigt und ihm den (Herausgabe-)Anspruch aus §§ 992, 823 oder 812 gegen den Dieb D abtritt, b) Hat D die Vase in der Eile verloren, so daß E keinen Herausgabeanspruch gegen D hat, so überträgt in diesem Fall die bloße Einigung zwischen E und A diesem das Eigentum.

Bei dieser Form der Eigentumsübertragung hat sich das Gesetz am weitesten vom Traditionsprinzip (Rdnr. 632) entfernt. Dafür ist die Übereignung nach § 931 in ihren weiteren Wirkungen schwächer als die anderen Übertragungsarten. Dies zeigt sich einmal an § 986 II — dem Erwerber können alle Einwendungen entgegengehalten werden, die dem Besitzer, und zwar auch dem nur obligatorisch Besitzberechtigten, dem Veräußerer gegenüber zustanden — und zum anderen an § 936 III — das Recht eines dinglich zum Besitz Berechtigten (Nießbraucher, Pfandgläubiger) erlischt auch bei gutgläubigem Erwerb nicht (vgl. dazu Rdnr. 650).

dd) Ist der Erwerber schon im Besitz der Sache, genügt ebenfalls eine *schlichte Einigung* zwischen ihm und dem Veräußerer, um den Eigentumsübergang herbeizuführen (Übertragung *kurzer Hand,* § 929 S. 2). Daß dabei der Erwerber den Besitz gerade vom Veräußerer erlangt hat, ist nicht notwendig; vgl. im übrigen Rdnr. 638—640. **641**

1.3 Ermächtigung zur Eigentumsübertragung

Das Gesetz gesteht — wenngleich nur ausnahmsweise — bestimmten Personen die Befugnis zu, über fremdes Eigentum ohne Zustimmung des Eigentümers in eigenem Namen zu verfügen. **642**

> **Beispiele:** Der Pfandgläubiger darf das Pfand veräußern (§ 1228); der Pächter ist befugt, Inventarstücke zu veräußern (§ 588); der Gerichtsvollzieher hat Verfügungsbefugnisse z. B. aus § 815 ZPO. Zur rechtsgeschäftlichen Verfügungsermächtigung s. Rdnr. 76.

1.4 Sonderfall: Eigentumserwerb vom Nichtberechtigten

Ein Nichtberechtigter kann bei gutem Glauben des Erwerbers in der Lage sein, diesem Eigentum zu verschaffen (§§ 932 ff.). **643**

a) Dies setzt im Fall des § 932 I 1 zunächst voraus, daß der veräußernde Nichtberechtigte *unmittelbaren Besitz* an der Sache hat; § 932 I 1 bezieht sich ausdrücklich auf § 929. Tritt ein „Besitzdiener" (§ 855) als Eigentümer auf, macht er sich damit zum Besitzer; doch ist die Sache dann dem Eigentümer abhanden gekommen (Folge: § 935; vgl. Rdnr. 649). Veräußert dagegen z. B. ein Entleiher unberechtigt die geliehene Sache, so ist Eigentumserwerb möglich, da dem Verleiher die Sache nicht abhanden gekommen ist (vgl. auch § 1006 I).

644 b) Der Erwerber muß *in gutem Glauben* gewesen sein, d. h. er darf weder gewußt noch grob fahrlässig darüber geirrt haben, daß der Veräußerer nicht Eigentümer gewesen ist (§ 932 II). Das Gesetz verlangt vom Erwerber, daß er wenigstens diejenigen Nachforschungen über das Eigentum seines Vormanns anstellt, deren Unterlassen grob fahrlässig wäre. Im übrigen ergibt sich aus § 932 II, daß der gute Glaube des Erwerbers bis zum Beweis des Gegenteils als vorhanden angenommen wird. Der Erwerber hat also seinen guten Glauben nicht zu beweisen.

> **Beispiel:** A kauft von B die von diesem bewohnte und auf seinen Namen im Grundbuch eingetragene Eigentumswohnung mit Einrichtung (kein „Zubehör", daher ist nicht § 926 anzuwenden), obwohl E ihm erklärt hat, daß B vom Voreigentümer dies alles in anfechtbarer Weise (arglistige Täuschung) erworben hat. A glaubt dem E nicht, läßt sich, ohne weitere Nachforschungen anzustellen, Wohnung und Einrichtung übereignen; hier bleibt er Eigentümer der Wohnung, auch wenn nachher die Anfechtung erfolgt, während er das Eigentum an den Einrichtungsgegenständen im Falle der Anfechtung nicht erwerben konnte (vgl. § 142 II).

645 c) Beim gutgläubigen Erwerb durch schlichte Einigung (§ 929 S. 2) ist notwendig, daß der Erwerber den Besitz vom Veräußerer erlangt hatte (§ 932 I 2). Bei Vereinbarung eines Besitzkonstituts ist gutgläubiger Eigentumserwerb vom Nichtberechtigten nur dann möglich, wenn die Übergabe der Sache an den Erwerber hinzukommt (§ 933). Gutgläubiger Erwerb des Eigentums durch Abtretung des Herausgabeanspruchs ist möglich, wenn der Veräußerer mittelbarer Besitzer ist (§ 934 1. Alt.; vgl. § 1006 III); ist dies nicht der Fall, so ist gutgläubiger Erwerb hier erst möglich, wenn der gutgläubige Erwerber den Sachbesitz (es genügt im Gegensatz zu § 933 mittelbarer Besitz) von dem Dritten erlangt (§ 934 2. Alt.).

646 d) Der gute Glaube des Erwerbers muß sich auf das *Eigentum* des Veräußerers beziehen.

aa) Nicht geschützt wird derjenige, der weiß, daß er zwar vom Nichteigentümer erwirbt, diesen aber aus einem anderen Grund für veräußerungsberechtigt, also z. B. für bevollmächtigt oder sonst vom Eigentümer für ermächtigt hält. Der Glaube an die Vertretungs- bzw. Verfügungsbefugnis wird nach bürgerlichem Recht nicht geschützt (vgl. aber § 366 HGB). Nicht geschützt wird grundsätzlich auch derjenige, der von einem Eigentümer erwirbt, dem aus einem bestimmten Grund die Befugnis fehlt, über die Sache zu verfügen. Auch in diesem Sinne wird also der gute Glaube an die Verfügungsmacht (hier: des Eigentümers) nicht geschützt.

> **Beispiel:** Wer von einer Ehefrau, die in gesetzlichem Güterstand lebt, eine Sache kauft und übereignet erhält, die ein Haushaltsgegenstand ist, erwirbt kein Eigentum, auch wenn er sie noch so entschuldbar für unverheiratet gehalten hat (§ 1369 I). Ebenso steht es, wenn der Gemeinschuldner bewegliche Sachen aus der Konkursmasse veräußert (anders bei Grundstücken: § 7 KO läßt die §§ 892, 893 unberührt).

bb) Jedoch kennt das Gesetz hier eine Reihe von *Ausnahmen;* es erklärt dann die Vorschriften über den Schutz desjenigen, der vom Nichtberechtigten erwirbt, z. B. die §§ 932 ff., für entsprechend anwendbar auf die Fälle, in denen jemand von einem Eigentümer erwirbt, dem die erforderliche Verfügungsmacht fehlt, z. B. beim Erwerb einer Sache, hinsichtlich deren ein Verfügungsverbot zugunsten bestimmter Personen besteht (§§ 135, 136, vgl. Rdnr. 80 ff.) oder die unter einer Bedingung zu Eigentum übertragen ist (§ 161 III, vgl. Rdnr. 102); vgl. ferner §§ 2113 III, 2129 II, 2211 II. Nicht der Mangel des Eigentums − dieses ist ja vorhanden −, sondern die *fehlende Verfü-*

gungsmacht wird in diesen Fällen durch den entsprechenden guten Glauben „ersetzt". Der Erwerber muß hier also an das Vorhandensein der Verfügungsbefugnis geglaubt haben. Nicht geschützt wird er also, wenn der Veräußerer sich z. B. als Bevollmächtigter ausgegeben hatte.

> **Beispiele:** a) O hat seinem Neffen N für den Fall des Bestehens seines Examens schon jetzt schenkweise eine Praxis eingerichtet. Am Tag vor dem Examen veräußert N das Praxisinventar. Er fällt nachher im Examen durch. Hier kann O gegen den Erwerber nur dann vorgehen, wenn dessen Annahme, daß N in der Verfügung über die veräußerten Gegenstände völlig frei sei, mindestens grob fahrlässig war (§ 161 III). b) L trägt dem V auf, eine von E entliehene Kamera zu verkaufen und zu übereignen. Tritt V gegenüber dem Erwerber D so auf, als sei er, V, der Eigentümer der Kamera, so wird D in seinem guten Glauben geschützt.

e) Ist der Veräußerer Eigentümer, beruht aber sein Eigentum auf einem anfechtbaren Rechtsgeschäft, so hat bei erfolgter Anfechtung der Erwerber vom Nichteigentümer erworben (wegen der Rückwirkung der Anfechtung, § 142 I). Gutgläubiger Erwerb ist ausgeschlossen, wenn der Erwerber die Anfechtbarkeit kannte oder kennen mußte (vgl. §§ 142 II, 122 II) und ihm dies im Falle der Anfechtung schadet (vgl. z. B. §§ 892, 893, 932 ff., 1138, 1207 ff.).   **647**

f) Der gute Glaube muß bei vorangegangener Einigung *zur Zeit der Übergabe* vorhanden sein; dem Erwerber schadet also nicht, daß er nach der Übergabe den guten Glauben verliert. Auch im Fall der Übereignung unter einer aufschiebenden Bedingung entscheidet die Zeit der Übergabe, nicht die des Eintritts der Bedingung. Grund: Mit der Einigung und der Übergabe hat der Erwerber die Anwartschaft auf das Eigentum bereits erworben.   **648**

> **Beispiel:** Eine Metallwarenfabrik (GmbH) kauft für ihre Werksküche eine Spülmaschine von A am 1. Juli auf Probe (§ 495). Dem derzeitigen Geschäftsführer B ist bereits vor der Übergabe von dritter Seite mitgeteilt worden, daß A die Maschine von C nur unter Eigentumsvorbehalt erworben und noch nicht bezahlt habe (§ 455). Wenige Tage nachher wird B entlassen und sein Nachfolger D billigt den Kauf der Spülmaschine, ohne von der vorgenannten Mitteilung Kenntnis erlangt zu haben. Obwohl die GmbH zur Zeit des Eintritts der Bedingung in der Person ihres Geschäftsführers D gutgläubig war (§ 166 I), muß sie die Maschine auf Verlangen des C doch herausgeben, wenn sich herausstellt, daß A nicht bezahlen kann. Der GmbH hilft es nichts, daß sie nach der Übergabe gutgläubig geworden ist.

g) Trotz guten Glaubens kann man bewegliche Sachen nicht erwerben, wenn sie dem Eigentümer oder dessen Besitzmittler *gestohlen, wenn sie verloren gegangen* oder sonst *abhanden gekommen* sind (§ 935 I).   **649**

aa) Der Eigentümer muß sich vielmehr *freiwillig* ihres Besitzes begeben haben. Nur bei bestimmten, wegen ihrer Verkehrsfähigkeit besonders bevorzugten Sacharten, nämlich bei Geld und Inhaberpapieren (dazu Rdnr. 661), ferner bei beweglichen Sachen, die in öffentlicher Versteigerung erworben werden (§ 935 II), ist es gleichgültig, auf welche Weise sie aus dem Besitz des Eigentümers gekommen sind: ob sie also freiwillig weggegeben oder ob sie abhanden gekommen sind. In sonstigen Fällen kann also der Eigentümer, wenn er den Besitz unfreiwillig verloren hat, die Sache jedem Besitzer abfordern, und zwar gleichgültig, ob dieser das Abhandenkommen kannte oder kennen konnte (vgl. jedoch den Schutz des Erwerbers nach § 56 HGB, § 2366).

bb) Besonders ist darauf zu achten, daß überall dort, wo das Gesetz die Regeln des Gutglaubensschutzes für „entsprechend" anwendbar erklärt, auch § 935 einbezogen ist.

Beispiel: V verkauft und übereignet an K eine Maschine unter Eigentumsvorbehalt (§ 455) mit Dreimonatsziel; am letzten Tag der Frist nimmt er sie eigenmächtig aus dessen Werkstatt fort, um sie zu einem höheren Preis an D zu veräußern; kurz darauf erscheint K und zahlt. Hier hätte D, seinen guten Glauben vorausgesetzt, ohne Rücksicht auf die Eigentumsanwartschaft des K Eigentum erlangt (§ 161 III), wenn nicht die Maschine diesem abhanden gekommen wäre (entspr. § 935 I 1). Der K ist hier schutzwürdiger als der (gutgläubige) D.

cc) Der Glaube des Erwerbers wirkt Wunder: Er erzeugt in der Person des Erwerbers Eigentum; das Eigentum des früheren Berechtigten erlischt. Dieses neue Eigentum ist nun ebenso wirksam, wie wenn es auf einer Veräußerung durch den wahren Eigentümer beruht hätte. Demnach kann der Erwerber die Sache als nunmehr Berechtigter weiter übereignen, und zwar auch an solche Personen, die Kenntnis davon haben, daß er zuvor die Sache vom Nichteigentümer erworben hatte.

1.5 Lastenfreier Erwerb

650   Sofern eine veräußerte Sache mit dem Recht eines Dritten (z. B. Pfandrecht, Nießbrauch, Anwartschaftsrecht, vgl. Rdnr. 685 ff., 700 ff.) belastet ist, erlischt dieses Recht mit dem Erwerb des Eigentums (§ 936 I 1).

a) Erste Voraussetzung hierfür ist der Erwerb des Eigentums an der Sache vom Eigentümer oder vom Nichteigentümer.

b) Ferner muß der Erwerber im Hinblick auf das Nichtbestehen des Rechts *gutgläubig* sein (§ 936 II), d. h. er darf die Belastung weder positiv kennen noch grob fahrlässig nicht kennen; sein guter Glaube wird vermutet.

Beispiel: V hat in seiner von X gemieteten Wohnung eine chinesische Vase stehen, an der K interessiert ist. Man wird sich einig; V verkauft und übereignet die Vase an K. Hier muß K damit rechnen, daß dem X ein Vermieterpfandrecht (§ 559) an der Vase zusteht, so daß das Pfandrecht des X nicht erlischt (§ 936 II; vgl. BGH NJW 1972, S. 43).

c) Voraussetzung lastenfreien Erwerbs ist auch, daß der Erwerber entsprechend den §§ 932—934 den Besitz erlangt (§ 936 I 2, 3). Lastenfreier Erwerb bei Vereinbarung eines Besitzkonstituts ist daher ausgeschlossen, solange nicht die Übergabe erfolgt.

Beispiel: M hat einen wertvollen Schrank in seine Mietwohnung eingebracht. Er erhält von der B-Bank ein Darlehn und übereignet zur Sicherung des Rückforderungsanspruchs den Schrank an die Bank. M ist hieran nicht dadurch gehindert, daß an seinem Schrank ein Vermieterpfandrecht besteht; mangels Übergabe (es wird ein Besitzkonstitut vereinbart, § 930) kann die Bank aber nicht gutgläubig lastenfreies Eigentum erwerben (§ 936 I 3); dies ist erst möglich, wenn Übergabe erfolgt und sie mit dem Vermieterpfandrecht ausnahmsweise nicht rechnen mußte (§ 936 I 3, II).

d) Voraussetzung des gutgläubigen lastenfreien Erwerbs ist schließlich, daß die Sache nicht dem Inhaber des Rechts abhanden gekommen ist (entspr. § 935; für Ausnahmen gilt § 935 II entsprechend).

e) Ist die Sache nach § 931 oder §§ 931, 934 übereignet worden und besitzt sie der Dritte mittel- oder unmittelbar, so erlöschen dessen beschränkte dingliche Rechte an der Sache nicht (§ 936 III).

1.6 Erwerb des Eigentums an Erzeugnissen und sonstigen Bestandteilen einer Sache

Wenn Erzeugnisse oder sonstige Bestandteile einer Sache (vgl. Rdnr. 27 ff.) von der „Muttersache" getrennt werden, entstehen neue Sachen; vor der Trennung können sie nicht Gegenstand besonderer Rechte sein. Wer ihr Eigentümer wird, regeln die §§ 953 ff. Ob er solche Sachen behalten darf, ist eine ganz andere Frage, die sich z. B. nach § 1039 oder auch nach §§ 987 ff. bestimmt. **651**

a) Grundsätzlich wird mit der Trennung der Eigentümer der Muttersache auch Eigentümer der Erzeugnisse und der sonstigen Bestandteile der Sache (§ 953); doch geht dem Eigentümer der — vermeintlich oder wirklich — dinglich Fruchtziehungsberechtigte vor (§§ 954, 955), diesem gegenüber vorrangig wiederum ist der persönlich (obligatorisch) Berechtigte (vgl. Aneignungsgestattung, § 956; s. unten Rdnr. 652).

> **Beispiele: a)** Dem N ist von E ein Nießbrauch (vgl. dazu Rdnr. 770) am Freizeitgelände des E bestellt worden. N wird Eigentümer z. B. der dort geernteten Äpfel (§ 954). **b)** E bestellt dem N einen Nießbrauch; später stellt sich heraus, daß E — was N nicht wußte und nicht wissen konnte — entmündigt war; der Vormund des E genehmigt nicht. N wird als gutgläubiger Nutzungsbesitzer dennoch Fruchteigentümer (§ 955 II). **c)** E hat dem P Ackerland verpachtet: P wird mit dem Abernten der Feldfrüchte deren Eigentümer (§ 956 I 1).

b) Fruchterwerb durch den Nichteigentümer ist also einmal möglich bei *dinglicher Nutzungsberechtigung* (§ 954), wobei der Umfang des Fruchtziehungsrechts sich nach dem vereinbarten Nutzungsrecht richtet.

c) Ferner kann derjenige, der die Muttersache redlich als eigene oder als — vermeintlich — Nutzungsberechtigter besitzt, Eigentümer der gezogenen Früchte werden (§ 955). Maßgeblicher Zeitpunkt für die Bestimmung der Redlichkeit ist der Augenblick der Besitzerlangung; danach hindert nur noch positive Kenntnis der Nichtberechtigung den Eigentumserwerb (§ 955 I 2).

Für die Beurteilung der Stellung des Früchteziehenden als Eigen- bzw. Nutzungsbesitzer kommt es auf den Trennungszeitpunkt an.

Wenn die Muttersache abhanden gekommen ist, können — in Abweichung von § 935 — deren Sachfrüchte dennoch gutgläubig erworben werden.

> **Beispiel:** Dem E ist dessen trächtige Sau entlaufen. D veräußert sie an den gutgläubigen X. Die Sau wirft zehn muntere Ferkel. Erst später erfährt X davon, daß die Sau dem E entlaufen war. Hier wird X zwar nicht Eigentümer der Sau (wegen § 935), wohl aber der Ferkel (§ 955 I); die h. M. lehnt eine entsprechende Anwendung des § 935 auf die Sachfrüchte zu Recht ab.

d) Die dritte Möglichkeit des Fruchterwerbs durch den Nichteigentümer ist die *Aneignungsgestattung* nach § 956. Hier sind zwei Fälle auseinander zu halten: Im einen Fall ist dem Berechtigten der Besitz an der Muttersache sowie an den zur Trennung bestimmten Erzeugnissen überlassen; er erwirbt Eigentum mit der Trennung (§ 956 I 1 1. Alt.). Im anderen Fall hat der Berechtigte keinen Besitz an der Muttersache; dann erwirbt er erst mit der Besitzergreifung der Erzeugnisse daran Eigentum (§ 956 I 1 2. Alt.). **652**

Der Fruchterwerb aufgrund einer Aneignungsgestattung ist abgeleiteter (derivativer) Erwerb des Eigentums, der sich über §§ 929 ff. durch Trennung bzw. Besitzergreifung vollendet; dem Begünstigten wird nicht einfach ein dingliches Aneignungs- oder Erwerbsrecht eingeräumt (str.; BGHZ 27, S. 360; dazu *Medicus*, JuS 1967, S. 385 ff.).

1.7 Eigentumserwerb aufgrund Umbildung und normierter Anwartschaftslagen

1.7.1 Verbindung, Vermischung, Vermengung, Verarbeitung

653 Während unter den Voraussetzungen des § 93 (s. Rdnr. 27) bei Verbindung beweglicher Sachen zu einer einheitlichen Sache der bisherige Eigentümer sein Eigentum verliert, regelt § 947 I, II, wer nunmehr Eigentümer der neuen Sache wird.

a) Ist keine der verbundenen Sachen als „Hauptsache" anzusehen, so entsteht Miteigentum der bisherigen Eigentümer (§ 947 I).

> **Beispiel:** A und B bauen gemeinsam eine Maschine; die benötigten Materialien gehören teils dem A, teils dem B: A und B werden Miteigentümer.

Ist eine Sache „Hauptsache", so wird deren Eigentümer Alleineigentümer der verbundenen Sache (§ 947 II). „Hauptsache" ist eine Sache dann, wenn die übrigen Bestandteile fehlen könnten, ohne daß das Wesen der Sache beeinträchtigt würde.

> **Beispiel:** A ist im Warenhaus des E angestellt. Er entwendet aus dem Lager einige Tapetenrollen und renoviert damit sein Eigenheim: A wird Alleineigentümer.

Liegt Miteigentum vor, so gelten die §§ 1008, 1009 I, 1011, 741 ff. (Rdnr. 616).

654 b) Handelt es sich um eine Vermischung oder Vermengung beweglicher Sachen und ist eine Trennung nicht oder nur unter unverhältnismäßig großem Aufwand durchführbar, so gelten die Vorschriften über die Verbindung (§§ 948, 947).

> **Beispiel:** Zur Verfeinerung von Speisen verwendet X in der Küche seiner Gastwirtschaft Sojasauce, die dem Y gehört: die Speise ist Hauptsache, X Alleineigentümer.

Eine praktisch wichtige Sonderbestimmung findet sich in § 419 HGB (lesen!).

655 c) Eine wesentliche Durchbrechung des Grundsatzes, daß stoffliche Veränderungen der Sache das Eigentum nicht berühren, legt § 950 fest. Zugunsten des Verarbeiters (Herstellers) wird hier ein — möglicher — Interessenkonflikt zwischen Stofflieferant und Verarbeiter entschieden. Die Verarbeitung ist Realakt, so daß die für Rechtsgeschäfte geltenden Bestimmungen — betreffend die Geschäftsfähigkeit, Stellvertretung usw. — nicht anwendbar sind. Als Verarbeitung gelten auch die in § 950 I 2 genannten Tätigkeiten (gesetzliche Fiktion).

aa) Voraussetzung des § 950 ist die Herstellung einer „neuen" Sache.

> **Beispiel:** Der Schneider fertigt aus dem Stoff unter Hinzufügung weiterer Materialien (Garn, Futter, Knöpfe) ein Kleidungsstück.

Der Wert der Verarbeitung darf nicht erheblich geringer sein als der des — angelieferten — Stoffes.

bb) Rechtsfolge des § 950 ist der Erwerb des Eigentums durch den Hersteller, und zwar unabhängig von dessen Gut- oder Bösgläubigkeit; der Stofflieferant verliert Eigentum und/oder am Stoff bestehende dingliche Rechte (§ 950 II). „Hersteller" ist der Inhaber des Betriebs, aus dem die neue Sache hervorgegangen ist.

656 d) Wer einen Rechtsverlust nach §§ 946—950 erleidet, kann die „Bereicherung" herausverlangen: § 951. Es handelt sich hierbei um eine Rechtsgrundverweisung auf das Bereicherungsrecht, so daß dessen Anspruchsvoraussetzungen (§§ 812 ff.) erfüllt sein müssen. Gemeint ist hier stets ein Fall der Bereicherung „in sonstiger Weise" (§ 812 I 1 2. Alt.; vgl. oben Rdnr. 565).

1.7.2 Aneignung, Ersitzung, Fund

a) Die *Aneignung* erfolgt durch Ergreifen des Eigenbesitzes an einer Sache, die eigentümerlos ist **657**
(§ 958); damit wird originär Eigentum erlangt. Rechte Dritter erlöschen nicht (vgl. aber § 945).

aa) Die Aneignung ist Realakt, so daß — wie bei der Besitzergreifung und -aufgabe (vgl. Rdnr. 628,
631) — die Vorschriften über die Geschäftsfähigkeit ohne Bedeutung sind; es genügt die „natürliche"
Willensfähigkeit (str.). Die Frage, ob eine Sache eigentümerlos ist, bestimmt sich nach §§ 959—964.

> **Beispiel:** Der modebewußten F bricht unterwegs ein Absatz ihrer hochhackigen Pumps ab;
> voller Zorn wirft sie die Schuhe in einen in der Nähe befindlichen Abfallkorb: die F gibt den
> Besitz an den Schuhen auf, in der Absicht, auf ihr Eigentum daran zu verzichten (Derelik-
> tion); die Schuhe werden eigentümerlos (§ 959). Dereliktion ist Rechtsgeschäft.

bb) Der Eigentumserwerb durch Ergreifen des Eigenbesitzes an einer eigentümerlosen Sache ist
ausgeschlossen, wenn das Aneignungsrecht eines anderen verletzt wird (z. B. des Jagdrechtsinhabers)
oder wenn die Aneignung gesetzlich verboten ist (z. B. aufgrund des NaturschutzG).

b) Wer eine bewegliche Sache zehn Jahre in Eigenbesitz hat, erwirbt das Eigentum (§ 937 I), wenn er **658**
sie für eine eigene hielt (*Ersitzung*). Hierbei wird guter Glaube vermutet. Bösgläubigkeit muß nachgewiesen werden; sie liegt vor bei Wissen um das fehlende Eigentum beim Erwerb oder bei grob fahrlässiger Unkenntnis sowie bei Erlangung positiver Kenntnis von der Nichtberechtigung während der Be-
sitzzeit (§ 937 II).

c) Auch beim *Fund* (§§ 965 ff.) kann es unter bestimmten Voraussetzungen zum Eigentumserwerb **659**
kommen. Finder ist, wer eine verlorene Sache wahrnimmt und sie an sich nimmt.

aa) Im Normalfall wird eine verlorene Sache nicht eigentümerlos und der Finder darf sie auch nicht
behalten; Eigentum erwirbt er nur dann, wenn der Verlierer sich nicht meldet (Einzelheiten:
§§ 973 ff.; zu den Pflichten des Finders s. §§ 965 ff., zu Ansprüchen des Finders §§ 970 ff.).

bb) Verloren ist eine Sache dann, wenn sie dem Besitzer (zufällig) abhanden kommt und er nicht weiß,
wo sie sich befindet; die Sache muß außerdem besitzlos sein.

> **Beispiele:** a) A liest auf einer Parkbank sitzend die Zeitung. Als er weitergeht, vergißt er seine
> Aktentasche, erinnert sich aber bald daran und weiß auch, wo sie zu finden ist: kein Besitzver-
> lust i. S. des § 965. b) Während A auf der Bank sitzt, wird ihm von D die Tasche gestohlen:
> jedenfalls solange der D Besitz an der Tasche hat (§ 854 I), ist sie nicht „verloren". c) Dieb D leert die Tasche und wirft sie dann achtlos weg: vorsätzliche Besitzaufgabe ist kein
> Verlust i. S. des § 965. d) Eigentümerlos wäre die Tasche nur, wenn der Eigentümer selbst den
> Besitz in der Absicht aufgibt, auf das Eigentum an ihr zu verzichten (§ 959).

cc) Nach dem Eigentumserwerb des Finders setzt eine auf drei Jahre befristete Bereicherungshaftung
ein (§ 977).

1.8 Erwerb des Eigentums an Schuldurkunden

a) § 952 stellt die wichtige Regel auf, daß der Gläubiger einer Forderung gleichzeitig **660**
Eigentümer des Papiers ist, in dem die Forderung verbrieft ist: *der Rechtsinhaber ist
Eigentümer der Urkunde.*

aa) § 952 gilt für Schuldscheine jeder Art, gleichgültig, ob sie Beweiszwecken dienen
(Schuldschein), ob sie darüber hinaus legitimierende Bedeutung haben (Sparbuch)
oder ob ihnen konstitutive Wirkung zukommt (s. Rdnr. 661). Außerdem ist der Anwendungsbereich erstreckt auf Urkunden über Rechte, kraft deren eine Leistung gefordert werden kann, insbesondere auf Hypotheken-, Grundschuld- und Rentenschuld-
briefe (§ 952 II). Zur Anwendung auf Kfz-Brief s. BGHZ 34, S. 134.

bb) Der Gläubiger der Forderung wird Papiereigentümer mit der Entstehung des Rechtes und der Ausstellung der Urkunde; auf die Fälligkeit der Forderung kommt es nicht an. Wer Rechtsinhaber und damit Eigentümer der Urkunde ist, ist oftmals nicht leicht bestimmbar.

Beispiele: a) Die O legt ein Sparbuch an und vereinbart mit der Bank, daß Kontoinhaber ihre Enkelin E sein soll. Hier ist Gläubiger und Eigentümer des Sparbuchs die E (§ 328; trotz § 335 wird sie Papiereigentümer). b) G hatte ein Sparguthaben bei der B-Bank. Nach seinem Tod erben E 1, E 2 und E 3. Hier steht das verbriefte Recht mehreren gemeinschaftlich zu, und das Eigentum an der Urkunde richtet sich nach der gemeinschaftlichen Berechtigung an der Forderung. c) S hatte über die Forderung des G einen Schuldschein ausgestellt; er tilgt die Forderung des G. In diesem Fall hat S jedenfalls einen schuldrechtlichen Anspruch auf Rückgabe der Urkunde (§ 371). Auch kann automatischer Rückfall des Eigentums auf den S anzunehmen sein (entspr. § 952; str.).

661 b) Damit erfaßt § 952 Fälle, in denen das Recht *am* Papier dem Recht *aus* dem Papier folgt: dazu gehören Schuldscheine und Rektapapiere (str.), ferner die Papiere des § 808, insbesondere auch das Sparbuch (s. auch oben Rdnr. 660)..

Andere Wertpapiere als die vorgenannten Rektapapiere — die Inhaberpapiere (Inhaberaktien, Schuldverschreibungen auf den Inhaber) und Orderpapiere (Wechsel, Scheck) — folgen anderen Regeln: Dort folgt das Recht *aus* dem Papier dem Recht *am* Papier. Daher ist hier Einigung und Übergabe bzw. -ersatz gem. §§ 929 ff. notwendig, bei den Orderpapieren zusätzlich Indossament. — Ebensowenig gilt § 952 für die Legitimationspapiere des § 807.

2. Sicherungs- und Nutzungsrechte an beweglichen Sachen und Rechten

2.1 Die Sicherungsübereignung

In der Praxis sind — weitgehend anstelle des herkömmlichen Pfandrechts insbesondere an beweglichen Sachen (§§ 1204—1258; vgl. Rdnr. 685 ff.) — atypische Sicherungsformen entwickelt worden; vor allem die Sicherungsübereignung hat heute das Faustpfand weitgehend ersetzt.

2.1.1 Bedeutung, Arten und Gegenstand

662 a) Während die Verpfändung einer Sache gem. §§ 1204 ff. i. d. R. erfordert, daß sie an den Gläubiger übergeben wird, ermöglicht die Sicherungsübereignung einen brauchbaren Ersatz für das — im BGB nicht vorgesehene — „besitzlose" rechtsgeschäftliche Pfandrecht an beweglichen Sachen. Zur Sicherung einer Forderung des Gläubigers (*Sicherungsnehmer*) gegen den Schuldner wird von diesem oder einem Dritten (*Sicherungsgeber*) eine Sache i. d. R. unter Vereinbarung eines Besitzkonstituts (§ 930; vgl. Rdnr. 624) übereignet; das hat zur Folge, daß die Sache beim Sicherungsgeber verbleibt und er sie weiter nutzen kann. Die Sicherungsübereignung wird vorwiegend im Interesse des Sicherungsnehmers, des Treuhänders, vorgenommen, der das Sicherungsgut (Treugut) zu eigenem Recht erwirbt (eigennützige Treuhand; vgl. Rdnr. 177).

Beispiel: K ersteht einen Pkw Marke XY zum Preis von 20.000 DM beim Autohaus V. Zur Finanzierung räumt ihm die T-Bank einen Teilzahlungskredit ein. Zur Sicherung ihres Anspruchs auf Rückzahlung der Darlehnsvaluta (§ 607 I) läßt sich die T-Bank das Fahrzeug übereignen, wobei vereinbart wird, daß dem K der Besitz am Wagen belassen werden soll, K aber den Kfz-Brief der T-Bank zu übergeben hat. Für den Fall, daß der K mit der Rückzahlung der Darlehnsvaluta in Rückstand kommt, soll die T-Bank berechtigt sein, den sicherungsweise übereigneten Wagen zu verwerten.

b) Die einzelnen Arten der Sicherungsübereignung, die in der Praxis anerkannt sind, ähneln gewissen Rechtsformen beim Eigentumsvorbehalt (vgl. Rdnr. 410). Es gibt die *einfache* Sicherungsübereignung, bei der der Sicherungsgeber die Sache behalten und nicht weiterveräußern darf; ferner gibt es die *verlängerte* Sicherungsübereignung, die dem Sicherungsgeber die Weiterveräußerung des Sicherungsguts im gewöhnlichen Geschäftsverkehr gestattet (§ 185 I).   **663**

> **Beispiel:** Händler H, der eine Maschine dem L zur Sicherheit übereignet hat, ist befugt, diese an einen Käufer zu veräußern, wenn eine entsprechende Vereinbarung vorliegt; diese berechtigt den H jedoch nicht, das Sicherungsgut an einen Dritten zu Sicherungszwecken zu übereignen.

Wichtig ist auch der Typ der Sicherungsübereignung mit *Kontokorrentklausel,* die die künftigen Forderungen des Sicherungsnehmers aus Geschäftsverbindungen mit dem Schuldner oder dem Dritten absichert, sowie die Sicherungsübereignung mit *Konzernklausel,* die zur Sicherung der Forderungen sämtlicher Gläubiger des Schuldners bestellt wird, die demselben Konzern wie der Sicherungsnehmer angehören.

c) Gegenstand der Sicherungsübereignung können neben beweglichen Sachen auch Anwartschaftsrechte aus bedingter Übereignung sein, während bei Grundstücken i. d. R. die sicherungsweise Bestellung eines Grundpfandrechts erfolgt (Rdnr. 722 ff.).

2.1.2 Sicherungsvertrag und Sicherungsübereignung

a) Mit dem Abschluß des (schuldrechtlichen) Sicherungsvertrags verpflichtet sich der Sicherungsgeber, eine Sache zur Sicherheit an den Sicherungsnehmer zu übereignen. Im Sicherungsvertrag wird der Sicherungszweck festgelegt; diese Zweckbestimmung begrenzt die Rechtsmacht des Sicherungsnehmers. Aus dem Sicherungsvertrag treffen ihn bestimmte Pflichten.   **664**

> **Beispiele:** a) Soweit nichts Abweichendes vereinbart ist, ist die Verpflichtung zur Herausgabe des Sicherungsguts, solange der Sicherungsgeber seine Pflichten erfüllt, ausgeschlossen (Begrenzung der Eigentümerstellung). b) Der Sicherungsnehmer ist — wenn es zur Verwertung kommt — zur Wahl der schonendsten und bestmöglichen Verwertungsart verpflichtet. c) Soweit keine andere Vereinbarung erfolgt, muß der Sicherungsnehmer bei Erlöschen der Forderung die Sache zurückübereignen (dazu BGH NJW 1984, S. 1184). d) Ist der Sicherungsvertrag unwirksam, so kann der Sicherungsgeber aus ungerechtfertigter Bereicherung (§ 812 I 1 1. Alt.) die Rückübereignung der Sache verlangen (vgl. Rdnr. 552, 566; s. auch Rdnr. 666).

Die Sicherungsabrede begründet neben der Verpflichtung zur Sicherungsübereignung auch Pflichten des Sicherungsgebers in anderer Hinsicht.

> **Beispiele:** a) Der Sicherungsgeber muß das Sicherungsgut sorgsam behandeln. b) Im Fall der Pfändung des Sicherungsguts hat er dies dem Sicherungsnehmer anzuzeigen.

b) Die Sicherungsübereignung erfolgt nach § 930.   **665**

aa) Die Ersetzung der Übergabe durch ein *Besitzkonstitut* (§ 930) ist der Normalfall.

Das Besitzkonstitut muß nach h. M. *konkret* vereinbart sein (§ 868). Bestimmungen, die die Vereinbarung eines Besitzkonstituts beinhalten, sind oft im Sicherungsvertrag selbst enthalten (Rdnr. 639; vgl. auch das Beispiel in BGH NJW 1979, S. 2308).

bb) Es ist auch ein *antizipiertes* Besitzkonstitut zulässig, solange die Gegenstände, an denen der Gläubiger (Sicherungsnehmer) Sicherungseigentum erwerben soll, so hinreichend bestimmt sind, daß sie von anderen Gegenständen unterschieden werden können (vgl. BGHZ 28, S. 16).

> **Beispiele:** a) T und W vereinbaren schriftlich, daß T zur Sicherung einer Darlehnsforderung des T gegen W dem T das Sicherungseigentum an allen von H an W gelieferten Sachen erlangen soll: die Sicherungsübereignung ist wirksam. b) T und W treffen schriftlich die gleiche Vereinbarung wie zu a), nur heißt es abweichend, daß der T Sicherungseigentum an allen dem W gelieferten Waren erhalten solle. Das reicht für die Bestimmbarkeit nicht aus. Diese muß sich hinreichend aus dem Vertrag ergeben: es genügt z. B. die Nennung des Herstellers der Ware (vgl. oben Beispiel a), während der sich z. B. aus den geführten Lagerbüchern ergebende Warenbestand keine genügende vertragsspezifische Bestimmbarkeit ermöglicht.

cc) Ist die Sicherungsübereignung als auflösend bedingt (§ 158 II) vereinbart, erwirbt der Sicherungsgeber ein *Anwartschaftsrecht auf den Rückfall* des Eigentums an ihn, ist also gegen Zwischenverfügungen gem. § 161 II geschützt.

666   c) Der Sicherungsvertrag ist häufig störungsanfällig.

> **Beispiele:** a) Besteht die Forderung, die gesichert werden soll, von Anfang an nicht, so berührt dies die Wirksamkeit der Sicherungsübereignung grundsätzlich nicht; es besteht aber ein Rückgewähranspruch aus dem Sicherungsvertrag bzw. aus ungerechtfertigter Bereicherung. b) Anders bei auflösend bedingter Sicherungsübereignung; hier bleibt, wenn keine Forderung bestand und sie auch nicht mehr entstehen kann, der Sicherungsgeber Eigentümer.

Die Nichtigkeit des Sicherungsvertrags (insbes. wegen Sittenwidrigkeit, § 138 I; vgl. dazu unten Rdnr. 667) ergreift die („abstrakte") Sicherungsübereignung nur in Ausnahmefällen (s. a. Rdnr. 613).

> **Beispiel:** Das Besitzkonstitut war als Teil der Sicherungsabrede, also im Verpflichtungsgeschäft, vereinbart; angenommen, diese Vereinbarung ist nichtig; dann ergreift die Nichtigkeit der Vereinbarung des Besitzkonstituts auch die Sicherungsübereignung als dingliches Geschäft: es fehlt dann ja zur wirksamen Übereignung eine gem. § 930 erforderliche wesentliche Abrede (h. M.).

2.1.3 Zulässigkeitsschranken gem. § 138 I

667   Die Grenzen zulässiger Sicherungsgeschäfte bestimmt ganz wesentlich § 138 I. Wichtig sind hier zwei Grundsituationen: einmal *wirtschaftliche Knebelung* des Sicherungsgebers, zum anderen *Täuschung über die Kreditwürdigkeit* des Sicherungsgebers. Im ersten Fall liegt eine Rücksichtslosigkeit gegenüber dem Schuldner vor, im zweiten Fall handelt es sich um eine Gläubigergefährdung, wobei sich der Sicherungsnehmer bewußt sein muß, daß durch den Umfang und die Unerkennbarkeit der Sicherung spätere Kreditgeber einen Schaden erleiden können (BGHZ 10, S. 228; 19, S. 17).

> **Beispiel:** A hat von der B-Bank einen Kredit erhalten. Der Bank ist bekannt, daß A hochverschuldet ist und zahllose Gläubiger auf die Begleichung offener Rechnungen warten. Sie läßt sich zur Sicherung ihres Anspruchs auf Darlehnsrückzahlung den gesamten Warenbestand, auch den künftigen, zur Sicherheit übereignen: dies ist ein übermäßiges Sicherungsgeschäft,

das den anderen Gläubigern keine Haftungsobjekte mehr beläßt und zudem — wegen der Übereignung nach § 930 — nach außen nicht erkennbar ist, so daß über die Kreditwürdigkeit des A ein falsches Bild entsteht.

Hier ist die Sicherungsübereignung nach § 138 I nichtig, soweit nicht eine Anfechtung gem. §§ 3, 4 AnfechtungsG oder §§ 30 ff. KO in Betracht kommt (str.).

2.1.4 Verlust des Sicherungseigentums

Der Sicherungsnehmer kann das Sicherungseigentum verlieren durch Verfügung des Sicherungsgebers über das Sicherungsgut (Erwerb des Dritten gem. §§ 932 ff. oder mit Genehmigung, § 185), ferner durch Verwertung des Sicherungsguts (vgl. unten Rdnr. 669). Ist die Forderung z. B. durch Erfüllung erloschen, so besteht der Sicherungszweck nicht mehr; damit hat der Sicherungsgeber einen *Anspruch auf Rückübereignung*, während bei auflösend bedingter Übereignung das Eigentum *automatisch* zurückfällt (§ 158 II; vgl. schon oben Rdnr. 665).

668

2.1.5 Verwertung des Sicherungsguts

Voraussetzungen und Art der Verwertung werden in der Praxis häufig im Sicherungsvertrag vereinbart. Abweichungen hiervon berühren indes nicht die Wirksamkeit der Verwertung selbst (z. B. die Veräußerung des Sicherungsguts), können aber Schadensersatzpflichten im Innenverhältnis zwischen Sicherungsgeber und -nehmer auslösen.

669

Die Befugnis zur Verwertung setzt regelmäßig die Fälligkeit der gesicherten Forderung voraus. Wird die Forderung nicht erfüllt, so kann der Sicherungsnehmer Herausgabe der Sache (§ 985) zum Zweck der Verwertung verlangen. Auf die Verwertung sind die Regeln über die Pfandverwertung entsprechend anzuwenden (§§ 1233 ff.). Der Sicherungsnehmer ist verpflichtet, die schonendste und gewinngünstigste Art der Verwertung zu wählen.

2.2 Der Eigentumsvorbehalt

2.2.1 Bedeutung und Gegenstand

a) Der Eigentumsvorbehalt ist in der Praxis eines der gängigsten Sicherungsmittel. Wie bei der Sicherungsübereignung erlangen die Beteiligten eine rechtliche Stellung, die in mancher Hinsicht derjenigen bei der Bestellung eines Pfandrechts vergleichbar ist. Der Sicherungsberechtigte (z. B. Vorbehaltsverkäufer) behält das Sicherungs- und Verwertungsrecht, während der andere Teil (z. B. Vorbehaltskäufer) i. d. R. den Besitz und das Nutzungsrecht an der Sache erhält (zu den verschiedenen Arten des Eigentumsvorbehalts vgl. bereits oben Rdnr. 410).

670

Gegenstand des Eigentumsvorbehalts (vgl. § 455) können nur bewegliche Sachen, nicht aber Grundstücke sein. Grund: Bedingte oder befristete Auflassungen sind unwirksam (§ 925 II).

2.2.2 Vereinbarung des Eigentumsvorbehalts und aufschiebend bedingte Übereignung

671 a) Da der Kaufvertrag gem. § 433 den Verkäufer zur unbedingten Übereignung verpflichtet, bedarf die Verpflichtung zur zunächst (nur) bedingten Übereignung einer entsprechenden Vereinbarung im Kaufvertrag (vgl. schon Rdnr. 408); der Eigentumsvorbehalt muß darüber hinaus nicht ausdrücklich im Rahmen der sachenrechtlichen Einigung selbst erklärt werden (zu den Möglichkeiten stillschweigender und nachträglicher Vereinbarung vgl. oben Rdnr. 408). Wird allerdings der Eigentumsvorbehalt nur einseitig erklärt, fehlt eine wirksame den Vorbehalt herbeiführende dingliche Einigung. Ist der Käufer mit der Vorbehaltserklärung des Verkäufers einverstanden, erwirbt er damit bei Übergabe bedingtes Eigentum (Anwartschaftsrecht; vgl. schon Rdnr. 101). Ist eine kaufrechtliche Vereinbarung über den Eigentumsvorbehalt nicht erfolgt, dann hat der Verkäufer seine Pflichten aus § 433 von vornherein nicht erfüllt, wenn er nur bedingt zu übereignen versucht.

> **Beispiel:** A hat von B ein Moped gekauft, kann es aber noch nicht sofort bezahlen. Von einem Vorbehalt des Eigentums durch B war nicht die Rede. Kurz vor der Übergabe erklärt B, er habe es sich überlegt, die Sache sei zu riskant und er wolle sich das Eigentum an dem Moped bis zur Zahlung des Kaufpreises durch A vorbehalten. Ohne die Reaktion des A abzuwarten, übergibt er diesem das Moped. Hier kann A (unbedingte) Übereignung verlangen; denn er ist aufgrund des bisherigen Sachverhalts nicht Eigentümer geworden; ebensowenig hat er Vorbehaltseigentum erworben (dazu BGHZ 64, S. 395).

Eine nach Eigentumsübergang einseitig gebliebene Vorbehaltserklärung ist ohne Bedeutung; wohl können die Vertragspartner die Umwandlung des Volleigentums in bedingtes Eigentum nachträglich vereinbaren (vgl. BGH NJW 1953, S. 217 m. Anm. Raiser).

672 b) Hat der Verkäufer – entsprechend der vertraglichen Vereinbarung – bedingt übereignet, so hat er, da der geschuldete Leistungserfolg die Eigentumsverschaffung ist, den Kaufvertrag *noch nicht vollständig erfüllt*. Wichtig ist diese Frage namentlich dann, wenn Vorbehaltskäufer oder -verkäufer in Konkurs fallen.

> **Beispiel:** Im Konkurs des Vorbehaltskäufers kann der Vorbehaltsverkäufer die Vorbehaltssache aussondern (§ 43 KO; vgl. BGHZ 55, S. 20; str.). Im Konkurs des Vorbehaltsverkäufers kann der Konkursverwalter wählen, ob er die Erfüllung verlangen will oder nicht (§ 17 KO; vgl. BGH NJW 1962, S. 2296; str.).

Erfolgt die Übereignung – wie meist – aufschiebend bedingt, bleibt der Vorbehaltsverkäufer (auflösend bedingt) Eigentümer, bis mit Bedingungseintritt der Vorbehaltskäufer – automatisch – Eigentümer wird, ohne daß es darauf ankommt, wer die Sache zu diesem Zeitpunkt im unmittelbaren Besitz hat (zum Kauf unter Eingentumsvorbehalt vgl. auch Rdnr. 408 ff.).

2.2.3 Die dingliche Stellung von Vorbehaltskäufer und -verkäufer

673 a) Schon vor Bedingungseintritt hat der Vorbehaltskäufer eine dinglich gesicherte Erwerbsposition, die auch wirtschaftlich um so bedeutender wird, je mehr Ratenzahlungen er geleistet hat. Diese Stellung bezeichnet man als *Anwartschaftsrecht;* es handelt sich um eine „Vorstufe des Eigentums", die im Vergleich zum Vollrecht ein „wesensgleiches Minus" darstellt (BGHZ 29, S. 16). Das Eigentumsanwartschaftsrecht ist als *subjektives dingliches Recht* anerkannt, ohne daß dies dem numerus clausus der Sachenrechte (vgl. Rdnr. 608) widerspricht.

b) Das Anwartschaftsrecht ist als solches *übertragbar,* insoweit verfügt der Vorbehaltskäufer nicht als Nichtberechtigter i. S. des § 185 I.   **674**

aa) Häufig ist ihm die Veräußerung der Anwartschaft schuldrechtlich untersagt. Sachenrechtlich ist dies jedoch ohne Bedeutung: die Veräußerung des Anwartschaftsrechts kann wirksam erfolgen (ggf. ist aber eine Schadensersatzpflicht gegenüber dem Vollrechtsinhaber begründet).

bb) Die Übertragung des Anwartschaftsrechts erfolgt entspr. §§ 929 ff. (und nicht gem. §§ 413, 398!). Der mit Bedingungseintritt erfolgende Eigentumsübergang ist ein Direkterwerb; einer Zustimmung des Veräußerers bedarf es nicht.

cc) Veräußert der Anwartschaftsberechtigte das Vollrecht (Eigentum) an der Sache, handelt er, da er nicht Vollrechtsinhaber ist, als Nichtberechtigter; der Erwerber kann nach §§ 932 ff. Eigentum erwerben, der Vollrechtsinhaber nach § 185 die Veräußerung genehmigen.

dd) Veräußert ein Nichtberechtigter das einem Dritten an der Sache zustehende Anwartschaftsrecht, kann es gutgläubig erworben werden (entspr. §§ 932 ff., h. M.; a. A. *Flume,* AcP 161, S. 395 ff.); anders, wenn ein Anwartschaftsrecht an der Sache überhaupt nicht besteht, da hier kein Bedingungseintritt möglich ist (BGH NJW 1970, S. 699).

> **Beispiele:** a) X hat von Y einen Verstärker geliehen, den dieser unter Eigentumsvorbehalt gekauft hat. X überträgt dem Z, dem der wahre Sachverhalt ohne grobe Fahrlässigkeit unbekannt war, „sein" Anwartschaftsrecht; von zehn Raten seien – was zutrifft – noch zwei offen: Z erwirbt hier entspr. § 932 das Anwartschaftsrecht. b) X veräußert die von Y entliehene Sache an Z; er, X, habe die Sache von A unter Eigentumsvorbehalt gekauft, zwei Raten seien noch offen: Z erwirbt weder ein Anwartschaftsrecht noch das Eigentum (da er den X nicht für den Eigentümer hielt!). c) X hat ein Radiogerät unter Eigentumsvorbehalt von Y gekauft. Dem Z gegenüber behauptet er, Eigentümer des Geräts zu sein; Z hat keinen Anlaß zum Zweifel: er wird Eigentümer gem. § 932, wenn ihm die Sache von X übereignet wird.

c) Das Anwartschaftsrecht kann gepfändet werden, und zwar durch die Pfändung der Sache und des Rechts (§§ 808, 857 ZPO; h. M.). Vorbehaltsverkäufer und -käufer haben das Recht, einer Pfändung zu widersprechen (§ 771 ZPO).   **675**

d) Der Schutz des Anwartschaftsrechts ist durch § 823 I („sonstiges Recht", vgl. Rdnr. 575) gewährleistet. Der Vorbehaltskauf ist „ähnliches Verhältnis" i. S. des § 868 (Rdnr. 624) und gewährt ein obligatorisches Recht zum Besitz i. S. des § 986 (Rdnr. 778), solange der Käufer vertragstreu ist. Darüber hinaus wird die Existenz eines dinglichen, gegenüber jedermann wirkenden Besitzrechts überwiegend bejaht.   **676**

e) Der Vorbehaltsverkäufer bleibt bis zum Bedingungseintritt zwar Eigentümer, ist aber infolge der bedingten Eigentumsübertragung *in seiner Verfügungsbefugnis beschränkt;* Zwischenverfügungen sind gem. § 161 I 1 unwirksam, soweit sie den Rechtserwerb des bedingt Berechtigten vereiteln. Gutgläubige werden jedoch geschützt (§§ 161 III, 932 ff.); bei Übereignung nach § 931 erlischt das Anwartschaftsrecht jedoch nicht (§ 936 III).   **677**

2.2.4 Beendigung des Eigentumsvorbehalts

678   a) Der Eigentumsvorbehalt endet bei vollständiger Zahlung des Kaufpreises; dann erstarkt das Anwartschaftsrecht zum Vollrecht, der Vorbehaltskäufer wird Eigentümer.

b) Weiterer Erlöschenstatbestand ist der Bedingungsausfall; dieser ist gegeben, wenn die Vertragspartner den Kaufvertrag einvernehmlich aufheben, wenn der Vorbehaltsverkäufer berechtigt vom Vertrag zurücktritt (§ 455) oder die Rechte aus § 326 erfolgreich geltend macht.

c) Der Eigentumsvorbehalt erlischt auch mit der Weiterveräußerung der Sache, wenn der Erwerber Eigentum erlangt (gem. § 185 bzw. §§ 932 ff.; s. oben Rdnr. 674).

d) Veräußert ein Anwartschaftsberechtigter an einen Dritten unter Eigentumsvorbehalt weiter, erwirbt dieser Eigentum erst mit der Vollzahlung des Kaufpreises an den Eigentümer.

> **Beispiel:** A verkauft und übereignet unter Eigentumsvorbehalt an B eine Ware, ohne einer Weiterveräußerung zuzustimmen. Veräußert nun B seinerseits unter Eigentumsvorbehalt an C, so erwirbt dieser Eigentum, erst wenn auch B seinen Zahlungsverpflichtungen voll nachgekommen ist.

e) Der Eigentumsvorbehalt kann auch durch Verzicht erlöschen; dafür genügt eine einseitige, empfangsbedürftige Willenserklärung des Vorbehaltskäufers; eines Vertrags bedarf es nicht. Grund: Der Vorbehaltsverkäufer erlangt nur einen Vorteil (str.).

f) Gegen ein Erlöschen des Eigentumsvorbehalts durch Verarbeitung (z. B. Einbau des gelieferten Baumaterials in einen Neubau) schützt sich der Vorbehaltsverkäufer i. d. R. durch Vereinbarung eines sog. verlängerten Eigentumsvorbehalts (dazu Rdnr. 410 und *Serick*, BB 1975, S. 381 ff.).

2.3 Die Sicherungsabtretung

2.3.1 Bedeutung und Arten

679   a) Bei der Sicherungsabtretung tritt der Schuldner (*Sicherungsgeber*) dem Gläubiger (*Sicherungsnehmer*) zur Sicherung einer Forderung eine ihm gegen einen Dritten (*Drittschuldner*) zustehende Forderung ab („dingliche Einigung", § 398; vgl. schon Rdnr. 362). Die Sicherungsabtretung ist eine weitere Form nichtpfandrechtlicher Sicherung, die heute weitgehend an die Stelle der Forderungsverpfändung getreten ist; die — gesetzlich gewollte — Offenlegung der Verpfändung wird damit umgangen (§ 1280; vgl. Rdnr. 691).

b) Die Sicherungsabtretung kann als eigenständige vereinbart werden oder mit anderen Sicherungsgeschäften verknüpft sein.

> **Beispiel:** A vereinbart mit B, daß der A Sicherungseigentümer bestimmter Waren des B werden soll; gleichzeitig wird B zur Weiterveräußerung der Waren ermächtigt (sog. verlängerte Sicherungsübereignung, vgl. Rdnr. 663), und B tritt im voraus seine Kaufpreisansprüche gegen bestimmte Warenkäufer zur Sicherheit an A ab.

680   c) Die Vertragspartner können auch eine sog. *Globalzession* vereinbaren, wobei sämtliche gegenwärtigen und künftigen Forderungen des Schuldners (Sicherungsgebers) abgetreten werden (vgl. auch Rdnr. 364). Davon zu unterscheiden ist die *Mantelzes-*

sion, bei der sich der Sicherungsgeber verpflichtet, in Kredithöhe Forderungslisten zu übersenden (vgl. auch Rdnr. 364). Mit der Übersendung der Listen werden die darin bezeichneten Forderungen sicherungsweise abgetreten.

d) Gegenstand der Sicherungsabtretung können Forderungen sein, die auf Geld oder sonstige Leistungen gerichtet sind, sowie andere übertragbare Rechte.

2.3.2 Sicherungsabrede und Abtretungsvorgang

a) In der Sicherungsabrede regeln Schuldner und Gläubiger i. d. R. die Voraussetzungen der Forderungsverwertung durch den Zessionar (Sicherungsnehmer); ist keine Vereinbarung getroffen, so sind die §§ 1282, 1228 II entsprechend anwendbar. Ist der Sicherungszweck weggefallen, besteht grundsätzlich eine *schuldrechtliche Pflicht zur Rückübertragung* der Forderung; wie bei der Sicherungsübereignung kann auch hier eine durch den Sicherungszweck auflösend bedingte Abtretung vorliegen (vgl. oben Rdnr. 668). Im Innenverhältnis kann vereinbart werden, daß der Sicherungsgeber einziehungsberechtigt sein soll und Leistung an sich verlangen darf (§§ 185 I, 362 II; sog. *stille Zession*).   **681**

b) Der Drittschuldner kann dem Sicherungsnehmer Einwendungen aus dem Innenverhältnis zwischen Schuldner und Gläubiger nicht entgegenhalten (BGH NJW 1974, S. 180).

c) Die Abtretung als Verfügungsgeschäft setzt zunächst voraus, daß die Forderung abtretbar ist (vgl. schon Rdnr. 355).   **682**

> **Beispiel:** Es darf kein Abtretungsverbot gem. §§ 399, 400 (i. V. m. §§ 850 ff. ZPO) vorliegen.

d) Die Sicherungsabtretung ist grundsätzlich formfrei (§ 398), anders nur dann, wenn die Abtretung formgebunden ist (vgl. z. B. § 1154; § 15 GmbHG, § 68 AktG).

e) Soweit Gegenstand der Sicherungsabtretung künftige Forderungen sind, müssen diese zumindest *bestimmbar* sein: Entstehungsgrund der Forderung und Umfang der Abtretung müssen im Augenblick der Abtretung feststehen, so daß im Zeitpunkt des Entstehens der Forderung die Person des Schuldners und der Inhalt der Forderung zweifelsfrei bestimmt werden können.   **683**

> **Beispiel:** A tritt dem B alle Forderungen gegen künftige Kunden mit den Anfangsbuchstaben A—K ab: Bestimmbarkeit gegeben (vgl. bereits Rdnr. 354).

f) Der Drittschuldner ist nach §§ 404—409 geschützt (vgl. dazu Rdnr. 356 ff.).

2.3.3 Die Grenze zulässiger Sicherungsabtretung

In der Praxis kommt es häufig zur Kollision einer Globalzession mit einem verlängerten Eigentumsvorbehalt (vgl. bereits Rdnr. 364).   **684**

> **Beispiel:** X bezieht — unter Eigentumsvorbehalt — Blech von Y. X verarbeitet dieses Material weiter, Y gestattet die Weiterveräußerung (§ 185 I), läßt sich aber Forderungen aus dem Weiterverkauf im voraus abtreten. X erhält außerdem von der B-Bank ein Darlehn. Zur Sicherung der Rückzahlung hat sich die B-Bank alle künftigen Forderungen gegen die Kunden des X abtreten lassen.

Entscheidende Frage ist in derartigen Fällen, wer den Vorrang genießt: der Warenlieferant oder der Geldgeber. Grundsätzlich muß vom *Prioritätsgrundsatz* ausgegangen werden, der über § 138 I eingeschränkt ist: die Abtretung ist nichtig, wenn die Beteiligten der Globalzession sich in verwerflicher Gesinnung über die mit dem Warenlieferanten getroffenen Vereinbarungen hinweggesetzt haben. Wenn also die Globalzession nach dem Parteiwillen auch Forderungen umfassen soll, die der Schuldner seinen Warenlieferanten abtreten muß und auch tatsächlich abtritt, so ist die Zession nichtig, falls die Bank mit der Kollision rechnen mußte (verwerfliche Gesinnung). Grund der Modifikation des Prioritätsgrundsatzes ist, daß aufgrund der Globalzession der Kreditnehmer (und Sicherungsgeber) zu ständigen, schwerwiegenden *Vertragsverletzungen* gegenüber Warenlieferanten gezwungen würde. Die Kreditwirtschaft hat vielfach durch Vertragsklauseln zu vermeiden gesucht, daß die Kollision mit verlängerten Eigentumsvorbehalten zur Nichtigkeit der Globalzession führt; die Rechtsprechung betrachtet lediglich sog. *dingliche Verzichtsklauseln* als ausreichend, mit denen die Bank dem verlängerten Eigentumsvorbehalt der Warenlieferanten den uneingeschränkten Vorrang einräumt (BGH NJW 1974, S. 942).

2.4 Pfandrechte an beweglichen Sachen und Rechten

Neben den modernen (atypischen) Formen der Forderungssicherung kommt auch dem Pfandrecht in erster Linie eine *Sicherungsfunktion* zu. Innerhalb des BGB ist es die „klassische" Gestalt des Sicherungsrechts. Seine Vorschriften haben eine erhebliche praktische Bedeutung insbesondere für die gesetzlichen Pfandrechte des Unternehmers (§ 647), des Vermieters (§ 559), des Verpächters (§ 585), des Pächters (§ 590) sowie für die Pfandrechte des Kommissionärs, Spediteurs, Frachtführers und Lagerhalters (§§ 397, 410, 440, 421 HGB).

2.4.1 Begriff, Gegenstand und allgemeine Wirksamkeitsvoraussetzungen

685 a) Mit der Einräumung eines Pfandrechts an einer beweglichen Sache gem. § 1204 I wird diese zur Sicherung einer Forderung in einer Weise belastet, daß der Gläubiger berechtigt ist, sich aus der Sache zu befriedigen. Hiervon zu unterscheiden ist das der Pfandrechtsbestellung zugrunde liegende Kausalverhältnis.

> **Beispiel:** A ist mit seinem Wagen auf der Landstraße liegen geblieben, weil der Tank leer war. Er geht mit dem Reservekanister zur nächsten Tankstelle und läßt fünf Liter Benzin einfüllen. Da er seine Geldbörse im Wagen liegen gelassen hat, gibt er dem Tankstelleninhaber T seine Armbanduhr; dieser Vorgang enthält die Bestellung eines Pfandrechts an der Uhr. Wenn A nicht umgehend wiederkommt, um seine Schuld zu begleichen, darf T sich an der Uhr schadlos halten (zur Verwertung selbst s. unten Rdnr. 696).

b) Verpfänder und Schuldner müssen nicht identisch sein; auch ein Dritter kann eine Sache zur Sicherung einer Forderung des Gläubigers gegen einen Schuldner verpfänden.

c) Pfandgegenstand können vertretbare, verbrauchbare und andere bewegliche Sachen sein, insbes. auch die Verpfändung von Geld ist möglich. Zu beachten ist, daß die Unpfändbarkeit (vgl. § 811 ZPO) eine Verpfändung der Sache nicht hindert.

> **Beispiel:** Das Zubehör eines Grundstücks (§§ 97 f.) kann verpfändet werden, ist aber nicht pfändbar (§ 865 II ZPO), soweit es der Hypothekenhaftung unterliegt (Rdnr. 738).

d) Als Pfandgegenstand kommt nur eine *bestimmte* (einzelne) Sache in Betracht (*Spezialitätsgrundsatz,* vgl. Rdnr. 611).

> **Beispiel:** Bei Sachgesamtheiten — z. B. einem Warenlager — ist Einzelverpfändung erforderlich; anders, wenn (nur) Zusammenfassung unter einer Gesamtbezeichnung erfolgt und die Verpfändungsvoraussetzungen hinsichtlich jeder einzelnen Sache erfüllt sind.

e) Der Bestand eines Pfandrechts setzt eine wirksame Forderung voraus (*Akzessorietätsgrundsatz*); allerdings ist die Bestellung des Pfandrechts auch zur Sicherung künftiger oder bedingter Forderungen möglich, sofern der Entstehungsgrund (nicht notwendig auch die Höhe) der Forderung *bestimmbar* ist (§ 1204 II; vgl. BGHZ 86, S. 340). **686**

> **Beispiel:** Die Forderungen des L gegen B aus künftigen Warenlieferungen können durch Bestellung eines Pfandrechts gesichert werden.

Die gesicherte Forderung muß auf Geld gerichtet sein oder in eine Geldforderung übergehen können (vgl. § 1228 II).

> **Beispiel:** W ist von der S-Zeitung verleumdet worden. Er hat einen Anspruch auf Widerruf gem. §§ 823 I, 249 S. 1 (vgl. Rdnr. 599). Diese Forderung kann nicht durch ein Pfandrecht gesichert werden.

2.4.2 Entstehung und Erlöschen des Pfandrechts

a) Das Pfandrecht an einer beweglichen Sache kann durch Einigung und Übergabe (*Verpfändung*) bestellt werden (*Vertragspfandrecht,* § 1205 I 1); schlichte Einigung kann genügen, wenn der Pfandgläubiger die Sache bereits besitzt (§ 1205 I 2). Anstelle der Übergabe genügt die Übertragung des mittelbaren Besitzes, wenn der Eigentümer nur mittelbarer Besitzer ist; die Verpfändung muß aber dem unmittelbaren Besitzer angezeigt werden (§ 1205 II). Übergabeersatz durch Besitzkonstitut (§ 868) ist dagegen nicht möglich. Ausnahmsweise genügt auch die Einräumung des Mitbesitzes unter den Voraussetzungen des § 1206. **687**

b) Ist der Verpfänder nicht Eigentümer der Sache und stimmt der Eigentümer der Verpfändung nicht zu (§ 185), so ist dennoch entsprechend §§ 932, 934, 935 *gutgläubiger Erwerb* des Pfandrechts möglich (§ 1207). Ein an der Sache bestehendes älteres Recht tritt nach § 1208 zurück (gutgläubiger Erwerb des *Vorrangs*). **688**

c) Aufgrund Gesetzes kann ein Pfandrecht ebenfalls zur Entstehung gelangen. **689**

> **Beispiele:** Vermieterpfandrecht (§ 559), Unternehmerpfandrecht (§ 647) usw.

Gesetzliche Pfandrechte sind vielfach besitzlose Pfandrechte (vgl. z. B. § 559). Gutgläubiger Erwerb gesetzlicher Pfandrechte ist nicht möglich, da eine entsprechende Anwendung der §§ 1207 ff. über § 1257 voraussetzt, daß das gesetzliche Pfandrecht bereits entstanden ist, und das Gesetz den guten Glauben grundsätzlich nur bei rechtsgeschäftlichem Erwerb schützt (str.; im Ergebnis zutreffend BGHZ 34, S. 153).

> **Beispiel:** M bringt in die von V gemietete Wohnung Möbelstücke ein, die er von E auf Raten gekauft und noch nicht vollständig bezahlt hat und an denen E sich bis zur Zahlung der letzten Rate das Eigentum vorbehalten hat. Hier entsteht kein Vermieterpfandrecht nach § 559, da die Möbelstücke dem Mieter nicht gehören. V erwirbt auch nicht gutgläubig ein Pfandrecht daran (str.). Allerdings erwirbt er ein Pfandrecht am Anwartschaftsrecht (vgl. BGH NJW 1965, S. 1475 und bereits Rdnr. 459).

d) Durch Pfändung entsteht ein *Pfändungspfandrecht* (§ 804 ZPO). Zu beachten ist, daß hier ohne Rücksicht auf die Eigentumsverhältnisse am Pfand eine öffentlich-rechtliche Pfandverstrickung entsteht; diese enthält ein Veräußerungsverbot i. S. der §§ 135, 136 (Rdnr. 80).

690 e) Eine *Verpfändung von Rechten* erfolgt nach den Vorschriften, die für die Übertragung des Rechts gelten (§ 1274 I 1).

aa) Soweit dazu die Übergabe einer Urkunde erforderlich ist, sind die Vorschriften über die Bestellung des Faustpfands anzuwenden (§ 1274 I 2).

> **Beispiel:** Eine durch Briefhypothek (vgl. Rdnr. 727) gesicherte Forderung wird durch schriftliche Erklärung unter formloser Annahme und Briefübergabe (§§ 1274 I 2, 1205 f.), eine durch Buchhypothek (vgl. Rdnr. 728) gesicherte Forderung durch entsprechende Einigung und Grundbucheintragung (§ 873) verpfändet.

691 bb) Wenn zur Übertragung der Forderung eine schlichte Abtretung genügt, ist eine *Anzeige* des Gläubigers der verpfändeten Forderung an den Schuldner notwendig (§ 1280). Grund: Schuldnerschutz durch Offenlegung der Verpfändung. Die Anzeige ist Wirksamkeitsvoraussetzung der Verpfändung. Praktisch ist die Verpfändung von Forderungen durch die Sicherungszession ersetzt, mit der das Anzeigeerfordernis umgangen wird (vgl. Rdnr. 679). Für die Bestellung des Pfandrechts an Wertpapieren gelten die §§ 1292 ff.

cc) Gutgläubiger Erwerb des Pfandrechts an Rechten ist grundsätzlich nur möglich, wenn das verpfändete Recht selbst oder das miterfaßte Sicherungsrecht vom Nichtberechtigten erworben werden kann (vgl. §§ 1138, 1155, 892; 2366); an nicht existenten Forderungen kann dagegen nicht aufgrund guten Glaubens ein Pfandrecht erworben werden. Das Pfandrecht an Rechten kann auch kraft Gesetzes erworben werden (vgl. § 1287 S. 1).

dd) Sehr bedeutsam ist das Pfändungspfandrecht an Rechten (§§ 857, 828 ff. ZPO).

692 f) Das Pfandrecht erlischt mit Wegfall der gesicherten Forderung (Akzessorietätsgrundsatz) und bei Abtretung der Forderung ohne das Pfandrecht (§§ 1250 II, 1252), weiterhin bei Pfandrückgabe (§§ 1253, 1254), durch Aufgabeerklärung (§ 1255), Konsolidation (§ 1256) und lastenfreien Erwerb der Pfandsache seitens eines Dritten (§ 936; dazu Rdnr. 650).

2.4.3 Rechte und Pflichten aus der Bestellung eines Pfandrechts; der Schutz des Pfandgläubigers

693 a) Das Pfandrecht gibt dem Pfandgläubiger ein Recht zum Besitz der Sache; nutzungsberechtigt ist er nur bei besonderer Vereinbarung (§ 1213).

b) Das Recht zur Befriedigung aus der Pfandsache entsteht mit der *Pfandreife* (§ 1228 II), die grundsätzlich bei Fälligwerden der Forderung eintritt (nicht erst mit Verzug des Schuldners); bei anderen Forderungen als Geldforderungen ist der Zeitpunkt der Umwandlung in eine Geldforderung maßgebend. Sind mehrere Pfandgegenstände vorhanden, so darf der Pfandgläubiger zwar unter diesen auswählen (§ 1230 S. 1); er darf aber nur so viele verwerten, als zu seiner Befriedigung erforderlich sind (§ 1230 S. 2; bei Zuwiderhandlung: § 1243 II). Ist der Eigentümer des Pfandgegenstands gleichzeitig der persönliche Schuldner, so schuldet er Zahlung (aus der persönlichen Schuld) und haftet pfandrechtlich auf Duldung des Pfandverkaufs; der vom Schuldner personenverschiedene Pfandeigentümer muß dagegen nur die Verwertung der Pfandsache dulden; ihm steht ein Ablösungsrecht gem. § 1249 zu.

c) Verpfänder und Pfandeigentümer (die nicht personengleich sein müssen; vgl. dazu Rdnr. 685) können gegen das dingliche Recht auf Befriedigung aus der Pfandsache die Einrede haben, die dem Schuldner und einem Bürgen nach § 770 zustehen (§ 1211; vgl. auch §§ 768, 1137). Darüber hinaus können Einreden aus dem persönlichen Rechtsverhältnis zwischen dem Verpfänder und dem Pfandgläubiger erhoben werden, desgleichen ist die Berufung auf das Nichtbestehen des Pfandrechts möglich.   **694**

> **Beispiel:** Eigentümer E macht gegen den Pfandverkauf geltend, die Pfandbestellung sei mangels Einigung unwirksam: Einwendung gegen das Bestehen des Pfandrechts.

d) Der Pfandgläubiger ist gegen Beeinträchtigungen entsprechend einem Eigentümer geschützt (§ 1227); für den Pfandgegenstand und die Erzeugnisse gilt u. a. § 985, für Schadensersatz die §§ 989 ff. (dazu Rdnr. 790).

2.4.4 Das gesetzliche Schuldverhältnis zwischen Pfandgläubiger und Verpfänder

Mit der Verpfändung entsteht ein gesetzliches Schuldverhältnis zwischen Pfandgläubiger und Verpfänder. Daraus ist der Pfandgläubiger zur sorgsamen Verwahrung der Pfandsache verpflichtet, er kann in bestimmten Fällen anzeigepflichtig sein usw. Bei schuldhafter Pflichtverletzung ist er ersatzpflichtig (im einzelnen vgl. §§ 1215 ff.). Nach Erlöschen des Pfandrechts ist die Sache dem Verpfänder zurückzugeben (§ 1223 I). Der Pfandgläubiger ist zum Sicherungsverkauf berechtigt, wenn eine wesentliche Wertminderung oder drohender Verderb der Pfandsache zu besorgen sind (§§ 1219 ff.); bei drohendem Verderb kann auch der Verpfänder tätig werden und − gegen Sicherheitsleistung − Herausgabe verlangen (§ 1218). Der Pfandgläubiger kann Verwendungsersatzansprüche geltend machen (§§ 1216, 1226).   **695**

2.4.5 Der Pfandverkauf

a) Die Pfandverwertung erfolgt durch Pfandverkauf (§ 1228 I). Voraussetzungen des Pfandverkaufs sind die Pfandreife (§ 1228 II; vgl. dazu Rdnr. 693) und der Besitz des Pfandgläubigers an dem Pfandgegenstand (sonst Herausgabeverlangen, vgl. §§ 1231, 1232). Weitere Voraussetzungen des Pfandverkaufs sind die Androhung des Pfandverkaufs gegenüber dem Pfandeigentümer nach Eintritt der Pfandreife (§ 1234 I) und der Ablauf der Wartefrist (ein Monat nach der Androhung, § 1234 II).   **696**

b) Der Pfandverkauf erfolgt durch *öffentliche Versteigerung* (§ 1235 I); *freihändiger Verkauf* (durch einen Handelsmakler oder Gerichtsvollzieher) ist nur zulässig, wenn der Pfandgegenstand einen Börsen- oder Marktpreis hat (§§ 1235 II, 1221; vgl. dazu auch § 385). Zum Verfahren lies §§ 1236—1241.

Der Pfandverkauf kann auch in anderer Weise erfolgen, wenn Pfandeigentümer und Pfandgläubiger eine entsprechende Vereinbarung treffen (§ 1245 I 1) oder wenn das Amtsgericht im Interesse der Beteiligten eine abweichende Art der Verwertung bestimmt (§ 1246 II).

c) Durch den Pfandverkauf wird der Pfandgläubiger verpflichtet, dem Ersteher die Pfandsache zu übereignen; für Sachmängel haftet er grundsätzlich nicht (anders beim freihändigen Verkauf, vgl. § 461). Mit erfolgtem Pfandverkauf erlöschen die an der Pfandsache bestehenden Rechte (§ 1242 II).

d) *Gutgläubiger Erwerb* des Pfandgegenstands ist möglich gem. § 1244. Diese Vorschrift ist indes unanwendbar, wenn nicht einmal die äußere Form des Pfandverkaufs gewahrt ist. Für die Einhaltung   **697** der äußeren Form des Pfandverkaufs ist notwendig, daß die Sache als Pfand veräußert wird und die Veräußerung im Wege öffentlicher Versteigerung erfolgt (wenn es sich nicht um eine Sache handelt, die einen Markt- oder Börsenpreis hat). Bei Unrechtmäßigkeit des unter Wahrung der äußeren Form durchgeführten Pfandverkaufs schadet nur die Bösgläubigkeit des Erwerbers (§§ 1244, 932 II); § 935 ist nicht entsprechend anwendbar, so daß ein Abhandenkommen ohne Bedeutung ist. Unrechtmäßig ist der Pfandverkauf, wenn kein (wirksames) Pfandrecht besteht oder eine für den Pfandverkauf geltende wesentliche Vorschrift verletzt ist (vgl. § 1243).

> **Beispiel:** D verpfändet eine Uhr, die der E verloren hat, zur Sicherung einer Darlehnsrückforderung an A. Da D bis zum vertraglich festgelegten Zeitpunkt nicht zahlt, läßt A die Uhr öffentlich versteigern (freihändiger Verkauf ebenfalls möglich). Durch Zuschlag kommt ein Kaufvertrag mit dem meistbietenden Z zustande (§ 156 S. 1), der die Uhr auch übereignet erhält. Hier stand gem. §§ 1207, 935 zu keinem Zeitpunkt dem A ein Pfandrecht an der Sache zu (§ 1244 1. Alt.). Sofern der Z davon nichts wußte und auch nichts wissen mußte (§ 932 II), wird er — trotz des unfreiwilligen Besitzverlusts des E — Eigentümer.

698 e) Der dem Pfandgläubiger zur Befriedigung zustehende Erlös wird dessen Eigentum. Soweit der Gläubiger befriedigt wird, erlischt seine Forderung (§ 1247 S. 1). Kraft dinglicher Surrogation tritt im übrigen der Erlös an die Stelle des Pfandes (§ 1247 S. 2); das bedeutet insbesondere, daß der frühere Eigentümer der Pfandsache Eigentum am Erlösüberschuß erlangt; sofern nachrangige Pfandrechte vorhanden sind, setzen sie sich am Erlös fort.

699 f) Der Pfandverkauf oder der freihändige Verkauf ist auch die gesetzlich vorgesehene Art der Verwertung verpfändeter Wertpapiere (§§ 1293, 1295). Für andere Pfandrechte an Rechten gilt das nicht; hier ist grundsätzlich nur die Zwangsvollstreckung möglich (§ 1277), anders bei Verpfändungen von Forderungen: hier sind wahlweise Einziehungsrechte gegeben (§§ 1281–1287). Bei einem Pfändungspfandrecht an Rechten ist zur Befriedigung des Gläubigers ein gerichtlicher Überweisungsausschuß notwendig (§ 835 ZPO).

2.5 Der Nießbrauch

Der Nießbrauch ist ein dingliches Nutzungsrecht, das an beweglichen und unbeweglichen Sachen (§§ 1030 ff.) und Rechten (§§ 1068 ff.), am Vermögen (§§ 1085 ff.), an einer Erbschaft (§ 1089) und einem Handelsgeschäft mit Firma (§ 22 II HGB) bestellt werden kann.

2.5.1 Nießbrauch an beweglichen Sachen

700 a) Zur Entstehung gelangt der Nießbrauch an beweglichen Sachen durch Einigung und Übergabe. Gutgläubiger Erwerb ist möglich (§ 1032), ebenso die Ersitzung (§ 1033). Die Übergabe kann durch schlichte Einigung (Übergabe kurzer Hand, § 929 S. 2; vgl. Rdnr. 641), durch Besitzkonstitut (§ 930; vgl. Rdnr. 639) und Abtretung des Herausgabeanspruchs (§ 931; vgl. Rdnr. 640) ersetzt werden (§ 1032).

b) Der Nießbrauch erlischt mit dem Tod des Nießbrauchers (§ 1061 S. 1; es vererbt sich der Fremdbesitz, § 857) oder — falls der Nießbrauch einer juristischen Person zusteht — mit deren Erlöschen (§ 1061 S. 2), durch Verzicht (§ 1064) oder Konsolidation (§ 1063).

701 c) Der Nießbraucher ist zum Besitz der Sache berechtigt (§ 1036), er darf sie nutzen, aber nicht verwerten (Verbot des Eingriffs in die Sachsubstanz, § 1037 I). Das Eigentum an Sachfrüchten erwirbt er mit der Trennung kraft seines dinglichen Rechts; das gilt auch für übermäßige Fruchtziehung (§ 1039).

d) Der Nießbrauch ist als höchstpersönliches Recht nicht übertragbar, die Ausübung des Nießbrauchs kann Dritten überlassen werden (§ 1059).

e) Der Nießbraucher ist gegen Beeinträchtigungen geschützt, indem er Ansprüche als Besitzer gem. §§ 861, 862, 1007 geltend machen kann (vgl. Rdnr. 791 ff.); entsprechend einem Eigentümer hat er außerdem Herausgabe- und Unterlassungsansprüche (§ 1065; vgl. Rdnr. 777, 780) und, soweit er geschädigt ist, Schadensersatzansprüche (entspr. §§ 989 ff.; vgl. Rdnr. 790). **702**

2.5.2 Nießbrauch an Rechten und am Vermögen

Der Nießbrauch kann an Vermögensrechten aller Art bestellt werden (Form: § 1069), die geeignet sind, Nutzungen zu gewähren (§ 1068 I). **703**

> **Beispiele:** Forderungen (vgl. dazu die Sondervorschriften der §§ 1074 ff.), Erbteile, auch Mitgliedschaftsrechte (GmbH-Anteile, Aktien).

Der Nießbrauch am Vermögen entsteht durch Bestellung des Nießbrauchs an den einzelnen zum Vermögen gehörenden Gegenständen (§ 1085). Notwendig sind Einigung über die Nießbrauchsbestellung und Übergabe (bei beweglichen Sachen), Einigung und Eintragung (bei Grundstücken) oder die sonst für die Übertragung vorgeschriebene Form (bei Rechten). Besonders wichtig ist der *Unternehmensnießbrauch*; dieser setzt voraus, daß das Unternehmen das Vermögen des Bestellers ausmacht, sonst gelten §§ 1030 ff. Die Einweisung des Nießbrauchers in den „Tätigkeitsbereich" des Unternehmens erfolgt nicht nach den Nießbrauchsvorschriften, sondern beruht auf einer Verpflichtung aus dem Kausalgeschäft (vgl. im übrigen § 22 HGB; s. auch oben Rdnr. 21).

Literaturhinweise:

Baur, Sachenrecht, §§ 49−62.
Brox, JuS 1984, S. 657 ff. (zum Anwartschaftsrecht).
Raiser, Dingliche Anwartschaften, 1961.
Schwab, Sachenrecht, §§ 29−43, 66−71, 76, 77.
Serick, Eigentumsvorbehalt und Sicherungsübereignung, Bd. I 1963, Bd. II 1965, Bd. III 1970, Bd. IV 1976, Bd. V 1982.
Weber, Sicherungsgeschäfte, 3. Aufl. 1986, §§ 6−10.
Weimar, Das BGB in Fällen, Bd. 3 a, Fälle zu §§ 929−984, 1030−1089, 1204−1257, 1273, 1279.
Wiegand, JuS 1974, S. 201 ff., 545 ff. (zum gutgläubigen Erwerb beweglicher Sachen).
BGH JuS 1978, S. 271 (zur Sittenwidrigkeit der Globalzession).
BGH JuS 1979, S. 366 (zur nachträglichen Vereinbarung des Eigentumsvorbehalts).

Kontrollfragen:

1. Auf welche vier Arten kann Eigentum an beweglichen Sachen übertragen werden?

2. A leiht dem B seine Filmkamera. B veräußert sie an D. Wird D Eigentümer?

3. Welche Vorschriften gelten für gesetzliche Pfandrechte? Können gesetzliche Pfandrechte gutgläubig erworben werden?

4. Durch welche Institute sind das Mobiliarpfandrecht und das Pfandrecht an Rechten weitgehend verdrängt worden? Was ist für diese Institute charakteristisch, insbesondere: was unterscheidet sie vom Pfandrecht?

Antworten zu den Kontrollfragen finden Sie auf S. 290 f.

IV. Rechte an Grundstücken

1. Das Eigentum an Grundstücken

1.1 Erwerb durch Einigung und Eintragung

704   Für den Erwerb des Eigentums an Grundstücken ist eine *dingliche Einigung* über die Rechtsänderung *(Auflassung)* und die *Eintragung* ins Grundbuch erforderlich (§§ 873 I, 925).

a) Die Einigung ist ein unmittelbar auf die dingliche Rechtsänderung gerichteter Vertrag; sie ist Wirksamkeitsvoraussetzung für die Rechtsänderung (*materielles Konsensprinzip*).

aa) Als dinglicher Vertrag ist die Einigung vom zugrunde liegenden Kausalgeschäft zu unterscheiden; sie ist „abstrakt" und daher grundsätzlich vom Bestand des Kausalgeschäfts unabhängig. Die dingliche Einigung begründet als solche keinen Anspruch auf Eigentumsverschaffung; dieser Anspruch kann vielmehr nur auf das der Einigung zugrunde liegende Kausalgeschäft gestützt werden.

bb) Die Einigung über den Wechsel des Eigentums an einem Grundstück bedarf nach § 925 I der *Beurkundung* durch einen Notar; ein Gericht ist nur dann zur Entgegennahme der Auflassung zuständig, wenn diese in einem gerichtlichen Vergleich erklärt wird (vgl. § 925 I 3). Ohne materielle Bedeutung für die Wirksamkeit der Auflassung ist die Sollvorschrift des § 925 a, derzufolge bei Entgegennahme der Auflassung die Vorlage der Urkunde über das schuldrechtliche Geschäft (§ 313) zu erfolgen hat (bloße „Ordnungsvorschrift").

cc) Unter eine Bedingung oder Zeitbestimmung kann die Auflassung nicht gestellt werden (§ 925 II); der Verkauf eines Grundstücks „unter Eigentumsvorbehalt" ist also nicht möglich (Sicherungsmöglichkeit: Kaufpreishypothek auf die Restschuld; zur Hypothek vgl. Rdnr. 722 ff.).

705   dd) Die Einigung *bindet* die Vertragspartner vor der Eintragung ins Grundbuch nur dann, wenn ihre Erklärungen notariell beurkundet, vor dem Grundbuchamt abgegeben oder dort eingereicht sind oder wenn der Berechtigte eine formgerechte Eintragungsbewilligung dem anderen Teil ausgehändigt hat (§ 873 II). Grund der gelockerten Bindung ist der Schutz des Veräußerers vor unbedachten Einigungserklärungen. Notarielle Beurkundung der Auflassung bindet also stets. Liegen die genannten Voraussetzungen nicht vor, kann die Einigung noch vor der Eintragung widerrufen werden (vgl. § 873 II). Soweit eine Bindungswirkung eingetreten ist, beschränkt sie nur das Widerrufsrecht der Partner, entfaltet aber keine Wirkung gegen Dritte.

> **Beispiel:** E verkauft sein Grundstück an A. Nach der Einigung übergibt E dem A eine ordnungsgemäße Eintragungsbewilligung (vgl. dazu Rdnr. 708). Vor Stellung des Antrags auf Eintragung der Rechtsänderung beim Grundbuchamt erklärt E jedoch dem B die Auflassung und erwirkt die Eintragung des B als neuen Eigentümers im Grundbuch. Die bindende Einigung des E mit A wirkt hier nicht als Verfügungsbeschränkung, so daß B Eigentümer wird.

706   Der Grundstückskäufer kann sich durch Eintragung einer *Auflassungsvormerkung* sichern (§ 883). Die Vormerkung bedarf der Bewilligung des von ihr Betroffenen (§ 885 I 1; § 19 GBO); die Vormerkung ist auch einzutragen aufgrund einer einstweiligen Verfügung (§ 885 I 1; § 935 ZPO) oder aufgrund eines vollstreckbaren Urteils, das zur Bewilligung verurteilt (§ 895 ZPO). Die Vormerkung sichert einen schuldrechtlichen Anspruch auf dingliche Rechtsänderung und wirkt als *Verfügungsverbot* (§ 883 II). Eine „Grundbuchsperre" tritt jedoch nicht ein.

> **Beispiel:** Hat A nach Auflassung des ihm von E verkauften Grundstücks eine Vormerkung eintragen lassen, so ist jede vormerkungswidrige Verfügung des E über das Grundstück dem A gegenüber unwirksam. Ein Dritterwerber (B) muß der Eintragung des A oder — soweit bereits erfolgt — der Löschung der eigenen Eintragung zustimmen (§ 888 I).

ee) Wirksamkeitsvoraussetzung der Einigung ist die Verfügungsbefugnis des Berechtigten im Zeitpunkt der Verfügung; diese muß bestehen bis zum Eintritt der Bindungswirkung der Einigung und zum Zeitpunkt der Stellung des Eintragungsantrags beim Grundbuchamt (vgl. § 878). **707**

> **Beispiele:** a) E läßt ein Grundstück an A auf und übergibt eine ordnungsgemäße Eintragungsbewilligung; der Antrag auf Eintragung im Grundbuch ist gestellt. Danach wird E wegen Verschwendung (§ 114) entmündigt. Dies ist bedeutungslos für die Eintragung des A als Eigentümer. b) M und F leben im gesetzlichen Güterstand der Zugewinngemeinschaft (§ 1363). In der Zeit ihrer Ehe erwerben sie drei Grundstücke, die im wesentlichen ihr ganzes Vermögen darstellen. Als der M von E ein gutes Angebot erhält, will er alle drei Grundstücke veräußern. Hier ist das (absolute) Veräußerungsverbot des § 1365 zu beachten. Wenn der Erwerber den M für ledig hielt, ist das ohne Belang. Dem Ehepartner fehlt insoweit die — freilich durch Zustimmung des anderen Ehegatten herstellbare — Verpflichtungs- und Verfügungsfähigkeit.

b) Die Eintragung — als weitere Voraussetzung wirksamer Rechtsänderung — wird vom Grundbuchamt vorgenommen, wenn ein *Antrag auf Eintragung* bzw. Änderung der Eintragung und eine öffentlich beglaubigte *Eintragungsbewilligung* des bisher Eingetragenen vorliegt (vgl. §§ 13, 19, 29, 33 GBO); das Grundbuchamt prüft außer bei der Auflassung und der Bestellung eines Erbbaurechts nicht, ob eine wirksame Einigung erfolgt ist *(formelles Konsensprinzip).* Ist der Eintragungsantrag vom Erwerber gestellt, so entsteht eine Anwartschaft auf den Rechtserwerb. **708**

c) Einer behördlichen Genehmigung bedarf die Grundstücksveräußerung in bestimmten Fällen aus bodenpolitischen Gründen bei land- und forstwirtschaftlichen Grundstücken nach dem GrundstücksverkehrsG und bei Baugrundstücken nach dem StädtebauförderungsG. Erfolgt die Genehmigung nicht, ist die Veräußerung unwirksam. **709**

Einschränkungen der freien Veräußerlichkeit von Grundeigentum bestehen — neben der Vormerkung (vgl. oben Rdnr. 706) — auch durch Vorkaufsrechte nach §§ 1094 ff. (Rdnr. 767 ff.) sowie gesetzliche Vorkaufsrechte als Mittel staatlicher Bodenpolitik nach §§ 24 ff. BBauG. Eine Beschränkung der Veräußerungsmöglichkeit ist auch dadurch erreichbar, daß ein Ankaufsrecht vereinbart und dieses durch eine Vormerkung gesichert wird.

1.2 Entbehrlichkeit von Einigung und/oder Eintragung

a) Weder einer Einigung noch einer Eintragung bedarf es, wenn ein Grundstück geerbt wird; der Erbe wird Eigentümer mit dem Erbfall (§ 1922). — Sofern Ehepartner Gütergemeinschaft vereinbaren, werden Grundstücke mit dem Vertragsabschluß gemeinsames Vermögen der Ehepartner (§ 1416). — Wer in der Zwangsversteigerung den Zuschlag erhält, wird damit bereits Eigentümer (§ 90 ZVG). **710**

b) Keiner Einigung, wohl aber einer Eintragung bedarf es bei der *Buchersitzung* (§ 900). Dabei erwirbt der zu Unrecht Eingetragene das Eigentum am Grundstück, wenn er 30 Jahre lang eingetragen war und das Grundstück in Eigenbesitz (vgl. dazu Rdnr. 621) hatte. Auf Gutgläubigkeit kommt es nicht an (anders bei der Ersitzung beweglicher Sachen, § 937 II).

c) Wer 30 Jahre lang ein Grundstück in Eigenbesitz hatte, erwirbt das Eigentum, wenn niemand oder nicht der wahre Eigentümer eingetragen war, der Eigenbesitzer ein Ausschlußurteil erwirkt und sich als Eigentümer eintragen läßt (vgl. § 927).

Beispiel: Die Auflassung ist unterblieben, weil die Erben des Verkäufers unbekannt sind.

1.3 Sonderfall: Erwerb des Grundstücks vom Nichtberechtigten

711 Der Erwerb des Grundstücks vom Nichtberechtigten findet seine Grundlage in dessen Eintragung als „Berechtigter" im Grundbuch (*öffentlicher Glaube des Grundbuchs*).

a) Die Eintragung bewirkt zunächst die *Vermutung, daß das Grundbuch die eingetragenen Grundstücksrechte richtig wiedergibt* (§ 891 I, II).

> **Beispiele:** a) Wenn der NE als Eigentümer des Grundstücks Siegen, Sandstraße 20 b eingetragen ist, dann wird vermutet, daß er der wahre Berechtigte ist (§ 891 I). b) Wenn für H eine Hypothek auf das Grundstück des NE eingetragen war, aber inzwischen Löschung erfolgte, so wird vermutet, daß die Hypothek nicht mehr besteht (§ 891 II).

Positiv wird also vermutet, daß ein Recht, das eingetragen ist, auch tatsächlich besteht und daß es dem Eingetragenen zusteht (§ 891 I). Negativ wird vermutet, daß gelöschte Rechte nicht mehr bestehen (§ 891 II).

b) Die Vermutung der Übereinstimmung des Grundbuchinhalts mit der materiellen Rechtslage (§ 891) ist *widerleglich*; zur Widerlegung muß nachgewiesen werden, daß das eingetragene Recht nicht besteht und nicht auf andere Weise, als im Grundbuch angegeben, entstanden sein kann. Die Möglichkeit des Bestehens (§ 891 I) oder Nichtbestehens (§ 891 II) ist auszuschließen (einschränkend BGH NJW 1979, S. 1656; NJW 1984, S. 2157).

712 c) Die Vermutung erstreckt sich auf alle *eintragungsfähigen* Rechte, also nicht auf solche Rechte, die gar nicht hätten eingetragen werden dürfen (z. B. Mietrecht), wohl aber auf eintragungsfähige Verfügungsbeschränkungen (z. B. Testamentsvollstreckung). Angaben über Sacheigenschaften und Angaben über persönliche Verhältnisse nehmen nicht oder nur begrenzt an der Vermutungswirkung des Grundbucheintrags teil.

> **Beispiele:** a) Wenn im Grundbuch das eingetragene Grundstück z. B. als „Industriegelände" bezeichnet ist, kann der Erwerber nicht darauf vertrauen, daß das Grundstück als Industriegelände nutzbar ist. b) Anders z. B. bei Übernahme katastermäßig erfaßter Grundstücksgrenzen ins Grundbuch.

713 d) Bei welchen Rechtsvorgängen gutgläubiger Erwerb möglich ist, bestimmen §§ 892, 893:

aa) Nur *rechtsgeschäftliche* Rechtsänderungen werden geschützt.

> **Beispiel:** E erbt von T ein auf diesen im Grundbuch eingetragenes Grundstück, das ihm jedoch nicht gehört. Hier erwirbt E nicht gem. §§ 892, 893 das Grundstück zu Eigentum.

bb) Ferner betrifft § 892 nur den rechtsgeschäftlichen Erwerb *Dritter,* so daß bei wirtschaftlicher oder persönlicher Identität von Veräußerer und Erwerber guter Glaube nicht geschützt wird.

> **Beispiel:** Die X-AG veräußert ein Grundstück an A, der alleiniger Aktionär ist. Kein Schutz gem. § 892, wenn die X-AG nur „Bucheigentümer" des Grundstücks ist, das in Wirklichkeit dem E gehört (RGZ 126, S. 48).

cc) Die Wirkung des Gutglaubensschutzes gem. §§ 892, 893 besteht darin, daß die **714**
Richtigkeit und Vollständigkeit des Grundbuchs vermutet wird. Der Erwerber erlangt
das Recht so, als stimmten materielle Rechtslage und Grundbuchinhalt überein. Der
wahre Berechtigte ist auf Ausgleichsansprüche gegen den verfügenden Nichtberechtigten beschränkt (z. B. § 816 I 1). Für den Eintritt dieser Wirkung ist aktuelle Kenntnis
des Erwerbers von der Grundbucheintragung nicht erforderlich, es genügt, daß der
Grundbuchinhalt „für ihn spricht".

Gutgläubiger Erwerb ist ausgeschlossen, wenn die Unrichtigkeit des Grundbuchs dem
Erwerber bekannt ist oder wenn ein Widerspruch gegen die Richtigkeit des Grundbuchinhalts eingetragen ist. Der *Widerspruch* (§ 899; s. dazu auch Rdnr. 728, 784) beseitigt den „öffentlichen Glauben" des Grundbuchs, sobald er eingetragen ist; auf eine etwaige Nichtkenntnis des Erwerbers von der Eintragung kommt es nicht an. Zu
beachten ist, daß der Widerspruch zwar grundsätzlich gegen jeden Rechtsnachfolger
wirkt, aber nur dann, wenn er zugunsten des Berechtigten eingetragen ist.

> **Beispiel:** X ist zu Unrecht eingetragener „Eigentümer" eines Grundstücks (Bucheigentümer).
> Wahrer Eigentümer ist A. X verkauft an Y und erklärt die Auflassung. Vor der Eintragung
> des Y als neuer Eigentümer läßt X einen Widerspruch eintragen, da die von ihm erklärte Auf-
> lassung — angeblich — nichtig gewesen sei. Y, trotz des Widerspruchs als Eigentümer einge-
> tragen, veräußert bald an Z. Es stellt sich heraus, daß der Widerspruch zugunsten des X zu
> Unrecht eingetragen war; somit wird Z Eigentümer des Grundstücks, denn die Eintragung des
> Widerspruchs wirkt nicht zugunsten des wahren Berechtigten A.

Ein weiteres Erwerbshindernis ist die *Kenntnis* des Erwerbers von der Unrichtigkeit **715**
der Grundbucheintragung. Unschädlich ist die (bloß) grob fahrlässige Unkenntnis.
Anders als beim Erwerb beweglicher Sachen vom Nichtberechtigten gem. §§ 932 ff.
(vgl. Rdnr. 643 ff.) braucht der Erwerber eines Grundstücks vorhandenen Zweifeln
nicht durch Erkundigungen nachzugehen (s. aber BGH LM § 892 Nr. 5).

Maßgebend für die Beurteilung der Redlichkeit des Erwerbs ist der Zeitpunkt der Stellung des Eintragungsantrags, es sei denn, eine andere Erwerbsvoraussetzung — insbesondere die Einigung — tritt erst nachher ein (§ 892 II). Ist auf seiten des Erwerbers
ein Vertreter tätig, kommt es auf dessen Kenntnis an (§ 166 I; anders beim weisungs-
gebundenen Bevollmächtigten und unredlichen Vollmachtgeber, § 166 II; Rdnr.
168 f.).

1.4 Beschränkungen des Eigentums an Grundstücken

Inhaltlich ist das Grundeigentum vielfach begrenzt: einmal durch das Interesse der **716**
Allgemeinheit (vgl. Art. 14 II GG), zum anderen durch das Interesse der Nachbarn.
Die mögliche Kollision von Grundeigentümer-, Gemeinwohl- und insbesondere Nach-
barinteressen sucht das BGB in den §§ 904 ff. auszugleichen; flankierend dazu können sich in besonderen Fällen Pflichten unmittelbar aus dem nachbarlichen Gemeinschaftsverhältnis ergeben sowie aus bestimmten landesrechtlichen Vorschriften (vgl.
etwa das bad.-württ. Gesetz über das Nachbarrecht).

a) So kann der Eigentümer — obgleich seine Rechtsstellung sich auch auf den Raum über und unter **717**
der Grundstücksoberfläche bezieht (§ 905 S. 1) — Einwirkungen in einer ihn nicht interessierenden
Höhe oder Tiefe nicht unterbinden (§ 905 S. 2).

> **Beispiel:** E, der ein Waldgrundstück auf dem X-Berg hat, kann nicht verbieten, daß in großer
> Tiefe eine Untertunnelung erfolgt, wenn sie die Oberfläche seines Grundstücks nicht berührt.

718   b) Eine Duldungspflicht gegenüber Eingriffen trifft nach § 904 den Eigentümer, der die Einwirkung auf sein (Grund-)Eigentum deshalb hinnehmen muß, weil eine Gefahr nicht anders beseitigt werden kann (vgl. bereits Rdnr. 18).

> **Beispiel:** Das Haus des E brennt, gefährdet vom Übergreifen der Flammen sind die Häuser des X, Y und Z. Angenommen, eine Rettung dieser Häuser wäre nur möglich durch Abriß des Hauses des E und des Nachbarhauses des D (das nicht brennt), dann ist der Abriß des Hauses des E durch § 228 gerechtfertigt; das Haus des D kann gem. § 904 abgerissen werden. D kann Schadensersatz verlangen, E dagegen nicht.

Der gem. § 904 zur Duldung verpflichtete Eigentümer kann Schadensersatz verlangen (§ 904 S. 2), und zwar vom Einwirkenden; wenn dieser nicht der Begünstigte ist, so kann der Einwirkende sich unter den Voraussetzungen des § 670 oder §§ 683, 670 beim Begünstigten schadlos halten.

719   c) Der Grundstückseigentümer muß die Zuführung von *Immissionen* hinnehmen, wenn diese unwesentlich sind (§ 906 I) oder wenn sie zwar wesentlich, aber ortsüblich und unvermeidlich sind (§ 906 II). Immissionen i. S. des § 906 bedeuten die Zuführung „unwägbarer" Stoffe (vgl. § 906 I).

> **Beispiele:** a) Geräusche und Erschütterungen durch Kraftfahrzeugverkehr sind in bestimmten Grenzen als „unwesentlich" vom Eigentümer hinzunehmen (§ 906 I). b) E, der ein Häuschen in Castrop-Rauxel nahe einer Kohlenhalde sein eigen nennt, muß Kohlenstaub als ortsüblich akzeptieren (§ 906 II 1), der in Wiesbaden-Sonnenberg ansässige X dagegen nicht. c) Das Haus des A liegt neben der Schreinerei des S; die von dort ausgehenden Immissionen sind ortsüblich, wenn mehrere Handwerksbetriebe in der Nähe angesiedelt sind, die ebenfalls ihre Lautstärke haben. A kann die Lärmbelästigung jedoch unterbinden, wenn S durch wirtschaftlich tragbare Lärmschutzmaßnahmen Abhilfe schaffen könnte (§ 906 II 1). d) Ein Verbietungsrecht des Eigentümers besteht in bestimmten Grenzen — umweltrechtlich — auch bei chemischen Einwirkungen und ionisierender Strahlung. Gleiches gilt für den Besitzer (z. B. Wohnungsmieter). — Bei unzulässigen Immissionen: Anspruch aus § 1004 (s. aber § 14 BImSchG).

Der zur Duldung der Immissionen verpflichtete Eigentümer hat einen nachbarrechtlichen Ausgleichsanspruch, wenn die Einwirkung eine ortsübliche Benutzung seines Grundstücks oder dessen Ertrag über das zumutbare Maß hinaus beeinträchtigt (§ 906 II 2; s. dazu BGHZ 30, S. 273; 79, S. 45).

720   d) Soweit es sich um „wägbare" Stoffe handelt, die dem Grundstück zugeführt werden, hat der Eigentümer die Möglichkeit der Abwehr jedenfalls dann, wenn es sich um „grob-körperliche" Immissionen handelt: Hier dient neben § 1004 (Rdnr. 780 ff.) weitgehend auch das nachbarliche Gemeinschaftsverhältnis als Anspruchsgrundlage (dazu BGH NJW 1984, S. 2207).

> **Beispiel:** Das Haus des E liegt in der Nähe des Steinbruchs der Firma A. Wenn bei Sprengarbeiten immer wieder Steinbrocken auf das Grundstück des E fliegen, kann dieser Unterlassung oder — wenn dies die Existenz der Firma vernichten würde — Schadensersatz fordern. Unberührt bleibt ein Einschreiten der zuständigen Behörden gegen A aufgrund der einschlägigen öffentlich-rechtlichen Ermächtigungen.

721   e) Der Grundstückseigentümer darf keine Anlagen unterhalten, von denen mit Sicherheit eine unzulässige Einwirkung auf ein Nachbargrundstück ausgehen wird (vgl. § 907).

> **Beispiel:** E sammelt die in seinem landwirtschaftlichen Betrieb anfallende Gülle in einem offenen Bassin, das er unmittelbar an der Grenze zum Nachbargrundstück aufgestellt hat.

Vgl. zu weiteren nachbarrechtlichen Einzelheiten §§ 908—923.

2. Grundstückssicherheiten: Hypothek, Grund- und Rentenschuld, Vorkaufsrecht

2.1 Die Hypothek

2.1.1 Begriff und Rechtsnatur

a) Mit der Bestellung einer Hypothek wird ein Grundstück in der Weise belastet, daß **722** an den Hypothekengläubiger eine bestimmte Geldsumme zur Befriedigung wegen einer ihm zustehenden Forderung aus dem Grundstück zu zahlen ist (§ 1113 I). Die Hypothek ist ein *abstraktes und akzessorisches Sicherungs- und Verwertungsrecht an einem Grundstück.* Sie begründet daher keinen Zahlungs-, sondern einen Duldungsanspruch (vgl. § 1147).

b) Die Hypothekenbestellung (dazu unten Rdnr. 724) ist dingliches Vollzugsgeschäft **723** und als solches unabhängig von der zugrunde liegenden Sicherungsabrede (Verpflichtungsgeschäft; s. dazu *Soergel/Mühl*, BGB, 11. Aufl. 1978, § 1113 Rdnr. 15).

> **Beispiel:** Fällt die Sicherungsabrede weg, hat der Eigentümer des belasteten Grundstücks aus
> § 812 I 2 einen Anspruch auf Befreiung von der Belastung.

Die Hypothek ist — anders als die Grund- und Rentenschuld (Rdnr. 756, 766) — *akzessorisch,* also von der zu sichernden Forderung abhängig. Die Forderung muß auf einen bestimmten Geldbetrag lauten; die Hypothek kann auch für eine künftige oder bedingte Forderung bestellt werden (§§ 1113 I, II, 1115). Das BGB sieht in der Forderung das „Hauptrecht", in der Hypothek ein „Nebenrecht": während die Hypothek das Recht zur *Duldung* der Vollstreckung in das Grundstück zum Zweck der Befriedigung gibt (§ 1147), kann *Zahlung* nur aus der persönlichen Forderung verlangt werden. Kennzeichnend für die Akzessorietät der Hypothek ist es, daß die Hypothek nicht ohne die Forderung abgetreten werden kann (§§ 1153, 1154; vgl. die entsprechende Regelung beim Pfandrecht an beweglichen Sachen, § 1250; zu dem Fall, daß die hypothekarisch gesicherte Forderung nicht mehr besteht, vgl. §§ 1163 I, 1177 I). Ihrer Rechtsnatur nach ist die Hypothek — wie alle Grundpfandrechte — *dingliches* Verwertungsrecht: der Grundstückseigentümer haftet nur, er schuldet nicht.

2.1.2 Begründung der Hypothek

a) Die Hypothek wird bestellt durch *Einigung* und *Eintragung* in das Grundbuch **724** (§ 873 I). Ist die Einigung nichtig (z. B. infolge Anfechtung), so ist die Hypothek auch dann nicht wirksam bestellt, wenn eine Eintragung erfolgt; ebensowenig ist eine Eigentümergrundschuld (dazu Rdnr. 748) entstanden (RGZ 106, S. 139; s. a. BGH NJW 1982, S. 2767). – Zur Eintragung ist ein Antrag und die Vorlage einer Eintragungsbewilligung notwendig (§ 29 GBO); die Eintragung muß den Namen des Gläubigers, den Geldbetrag der Forderung und den Zinssatz bzw. sonstige Nebenleistungen umfassen (§ 1115).

Auch für Grundpfandrechte gelten die widerlegbare Vermutung der Richtigkeit des Grundbuchs (§ 891) und der Gutglaubensschutz gem. § 892, 893 (vgl. dazu Rdnr. 711 ff.).

b) Der Gläubiger der persönlichen Forderung und der Hypothekengläubiger müssen **725** personengleich sein, während persönlicher Schuldner und Sicherungsgeber nicht identisch zu sein brauchen (wie beim Pfandrecht, vgl. Rdnr. 685).

> **Beispiel:** Freund F kann zugunsten des A, der eine Forderung gegen B hat, eine Hypothek an seinem Grundstück bestellen, um die Forderung zu sichern.

726 c) Voraussetzung des *Erwerbs* der Hypothek ist das Bestehen der gesicherten Forderung. Bei der hypothekarischen Kreditsicherung muß also das Darlehn ausgezahlt sein (§ 607). Besteht die Forderung nicht, so steht dem Grundstückseigentümer (bis zur Entstehung der Forderung) eine Eigentümergrundschuld zu (vgl. dazu Rdnr. 727 f., 748). Eine Hypothek existiert hier mangels Forderung also nicht.

727 d) Grundtyp der Verkehrshypothek (im Gegensatz zur Sicherungshypothek, vgl. Rdnr. 752) ist die *Briefhypothek* (§ 1116 I). Wenn nicht eine besondere Vereinbarung der Geschäftspartner vorliegt, erteilt das Grundbuchamt über die Hypothek einen Hypothekenbrief (§ 1116 II). Erst mit der Übergabe des Hypothekenbriefs durch den Eigentümer erwirbt der Gläubiger die Hypothek (§ 1117 I); bis zu diesem Zeitpunkt besteht — selbst bei Vorliegen einer Forderung — nur eine Eigentümergrundschuld (§ 1163 II); die Übergabe kann durch Aushändigungsabrede (§ 1117 II) oder gewöhnliche Übergabesurrogate ersetzt werden (§ 1117 I 2). Eigentümer des Briefes ist der Hypothekengläubiger (das Recht am Papier folgt dem Recht aus dem Papier, vgl. dazu Rdnr. 661).

728 e) Eine *Buchhypothek* liegt vor, wenn die Erteilung des Hypothekenbriefs ausgeschlossen worden ist; dazu bedarf es der Eintragung ins Grundbuch (§ 1116 II 3). Der Gläubiger erwirbt in diesem Fall die Hypothek bei Vorliegen der übrigen Voraussetzungen mit der Eintragung. Ist die Hypothek eingetragen, die Forderung aber noch nicht entstanden, besteht ein erhebliches Sicherungsbedürfnis des Grundeigentümers gegenüber Zwischenverfügungen des (Hypotheken-)Gläubigers, solange die Hypothek *nicht valutiert* ist.

> **Beispiel:** A verspricht dem B ein Darlehn. Zur Sicherung wird dem A eine Hypothek — in Form der Buchhypothek — am Grundstück des B bestellt. A zahlt die Darlehnsvaluta nicht; sogleich nach der Eintragung der Hypothek ins Grundbuch tritt er die (noch nicht bestehende) Forderung auf Darlehnsrückzahlung und die Hypothek gegen gutes Geld an D ab und verschwindet.

Der Eigentümer kann sich gegen derartige Zwischenverfügungen durch Eintragung eines *Widerspruchs* sichern (§ 1139). Wird ein solcher Widerspruch innerhalb eines Monats seit Eintragung der Hypothek beantragt und eingetragen, so beseitigt die Eintragung des Widerspruchs rückwirkend den öffentlichen Glauben des Grundbuchs hinsichtlich der Hypothekeneintragung. Wird der Widerspruch erst später eingetragen, wirkt er wie ein gewöhnlicher Widerspruch gem. § 899 (Rdnr. 714).

2.1.3 Übertragung der Hypothek

729 a) Hypothek und Forderung können nur *gemeinsam* (§ 1153 II) übertragen werden (Akzessorietät); die Übertragung erfolgt durch Abtretung der Forderung; *mit der abgetretenen Forderung geht die Hypothek auf den neuen Gläubiger über* (§ 1153 I). Die Abtretung kann nicht vor Entstehung der Forderung wirksam werden.

b) Die Übertragung der Briefhypothek erfordert eine entsprechende Einigung, schriftliche Abtretungserklärung und die Übergabe des Hypothekenbriefs (§ 1154 I); die schriftliche Abtretungserklärung kann durch Eintragung der Abtretung ins Grundbuch ersetzt werden (§ 1154 II). Bei der Buchhypothek ist Einigung über den Forderungsübergang und Grundbucheintrag notwendig (§§ 1154 III, 873).

c) Da die Vorschriften über den öffentlichen Glauben des Grundbuchs auch für die **730**
Hypothek gelten (Rdnr. 724), wird vermutet, daß dem Eingetragenen das eingetragene Recht zusteht. Damit ein gutgläubiger Zessionar eine nicht valutierte Hypothek
vom Nichtberechtigten erwerben kann, erstreckt § 1138 für die Zwecke der Hypothek
die Vorschriften der §§ 891 ff. auch auf die Forderung (anders bei der Sicherungshypothek, vgl. unten bb). Im einzelnen:

aa) Ist die Einigung über die Bestellung der Hypothek nichtig, die Eintragung aber
gleichwohl erfolgt (vgl. dazu oben Rdnr. 724), so kann ein gutgläubiger Zessionar die
— nicht bestehende — Hypothek bei bestehender Forderung erwerben (§ 892). Liegt
der Hypothek jedoch keine Forderung zugrunde, so kann er die eingetragene Hypothek vom Nichtberechtigten nur gem. §§ 1138, 892 erwerben. § 1138 fingiert die Forderung um des Erwerbs der Hypothek willen, da die Hypothek ja zu ihrer Entstehung
eine Forderung voraussetzt (vgl. Rdnr. 726), eine Forderung aber wegen § 1153 II
auch für die *Abtretung* erforderlich ist. Die Fiktion erstreckt sich jedoch nur darauf,
daß die Forderung insoweit als erworben gilt, als ihr Bestehen Voraussetzung für die
Geltendmachung der Hypothek ist (vgl. § 1138: „für die Hypothek"); das bedeutet,
daß der Eigentümer dem redlichen Erwerber das Nichtbestehen der Forderung nicht
entgegenhalten kann, wenn dieser auf Duldung der Zwangsvollstreckung in das
Grundstück klagt (§ 1147; vgl. dazu Rdnr. 741); dagegen bedeutet die Fiktion nicht,
daß der Erwerber auch die (fingierte) Forderung geltend machen kann. Mit anderen
Worten: Der gutgläubige Zessionar erwirbt die Hypothek ohne Forderung. Ihm soll nur
die *Geltendmachung der Hypothek* ermöglicht werden. Sie ist hier eigentlich eine *Grundschuld* (str.; anders etwa *Staudinger/Scherübl*, BGB, 12. Aufl. 1981, § 1138 Rdnr. 2).

> **Beispiel:** A hat zugunsten des Z eine Hypothek an seinem Grundstück bestellt zur Sicherung
> einer Forderung auf Darlehnsrückzahlung. Bei Abschluß des Darlehnsvertrags war A nicht
> voll geschäftsfähig. Die Hypothek wird im Grundbuch eingetragen. Z tritt die „Forderung" an
> E ab; E wird Hypothekengläubiger. Gemäß § 1138 wird der Bestand der Forderung fingiert,
> wenn E von dem Mangel der Geschäftsfähigkeit nichts wußte und auch aus dem Grundbuch
> oder dem Hypothekenbrief ein Erwerbshinderms nicht ersichtlich war; er kann allerdings
> nicht gegen A als persönlichen Schuldner vorgehen.

bb) Nach § 1138 gelten §§ 891 ff. „für die Hypothek" auch bezüglich der Einreden
des § 1137 (z. B. Stundung der Forderung). Nicht eingetragene Einreden gegen die
persönliche Forderung erlöschen also bei gutgläubigem Erwerb der Hypothek, aber
auch nur hinsichtlich des dinglichen Rechts. Die Einrede der Wandlung etwa kann
dem gutgläubigen Erwerber bei Geltendmachung des dinglichen Rechts (§ 1147) nicht
entgegengesetzt werden, wenn sie nicht eingetragen ist. Insoweit ermöglicht § 1138
den *gutgläubigen einredefreien Erwerb der Forderung* (diese muß bestehen!).

Merke: Bei der Sicherungshypothek ist der gutgläubige Zessionar nicht nach § 1138 geschützt (vgl.
Rdnr. 752).

cc) Dem gutgläubigen Erwerber können Einreden gegen die Hypothek aus einem
Rechtsverhältnis des Eigentümers mit dem Zedenten nicht entgegengehalten werden
(§ 1157 S. 2).

> **Beispiel:** Zugunsten des A ist eine Hypothek am Grundstück des B bestellt. Es wird Stundung
> der Hypothek (für die Stundung der Forderung gilt § 1137!) vereinbart. Eine Eintragung ins
> Grundbuch oder ein Vermerk im Hypothekenbrief erfolgt nicht, ebensowenig die Eintragung
> eines Widerspruchs (§§ 899, 1140 S. 2). So kann etwa der gutgläubige D die Hypothek von A frei
> von der Stundungseinrede erwerben.

731   dd) Die Berufung auf den öffentlichen Glauben des Grundbuchs ist *ausgeschlossen*, wenn die Unrichtigkeit der Eintragung aus dem Hypothekenbrief hervorgeht (§ 1140). Der Briefinhalt geht dem unrichtigen Grundbucheintrag vor, er beseitigt den öffentlichen Glauben des Grundbuchs. Ein unrichtiger Briefinhalt ist hingegen gegenüber dem korrekten Grundbucheintrag ohne Bedeutung.

> **Beispiele:** a) E erwirbt von Z eine Hypothek, die — wie aus dem Grundbuch ersichtlich — zur Sicherung einer Forderung gegen A über 50.000 DM bestellt worden ist. Aus dem Hypothekenbrief geht hervor, daß bereits 10.000 DM von A an Z gezahlt worden sind: E erwirbt nur eine Hypothek in Höhe von 40.000 DM. b) Auf dem Hypothekenbrief sind fälschlich 60.000 DM angegeben, im Grundbuch — richtig — 50.000 DM: E erwirbt nur eine Hypothek in Höhe von 50.000 DM.

732   ee) Beim Erwerb einer Briefhypothek ist zu beachten, daß die Vorschriften über den öffentlichen Glauben des Grundbuchs in gleicher Weise gelten, wie wenn der Briefbesitzer als Hypothekengläubiger im Grundbuch eingetragen wäre, falls sich das Recht des Briefbesitzers aus einer zusammenhängenden, auf einen Gläubiger zurückgehenden Kette öffentlich beglaubigter (§ 129 I, II) Abtretungserklärungen ergibt (§ 1155). Diese Regelung bezweckt eine Erhöhung der Verkehrsfähigkeit der Briefhypothek und dient gleichzeitig zum Schutz des auf den Briefinhalt Vertrauenden. Zwar genießt der Brief keinen öffentlichen Glauben wie das Grundbuch, doch kommen die Vermutung des § 891 und der Schutz des § 892 auch dem zugute, der gutgläubig vom gem. § 1115 legitimierten Briefbesitzer erwirbt.

733   d) Geht die Forderung auf einen neuen Gläubiger über (§§ 401 I, 412), erwirbt dieser auch die Hypothek (§ 1153 I), gleichviel, ob Übergang auf Vertrag, Gesetz oder gerichtlicher Anordnung beruht.

> **Beispiel:** Pfändung und Überweisung in der Zwangsvollstreckung (§ 835 ZPO).

734   e) Wird die hypothekarisch gesicherte Forderung *getilgt*, ist hinsichtlich der Rechtsfolgen zu differenzieren:

aa) Befriedigt der Eigentümer, der zugleich persönlicher Schuldner ist, den (Hypotheken-)Gläubiger, dann erwirbt er die Hypothek (§ 1163 I 2); diese wird zur Eigentümergrundschuld (§ 1177 I). Ist der Grundstückseigentümer nicht der persönliche Schuldner, dann geht, soweit er den Gläubiger befriedigt, die Forderung gegen den persönlichen Schuldner und damit auch die Hypothek auf den Eigentümer über (§§ 1143, 1153, 1177 II), wenn der Schuldner im Innenverhältnis zur Zahlung verpflichtet ist. Ist hingegen der Eigentümer im Innenverhältnis zur Tilgung der Forderung verpflichtet, dann ist § 1143 unanwendbar; es entsteht eine Eigentümergrundschuld gem. §§ 1163 I 2, 1177 I.

735   bb) Sind persönlicher Schuldner und Grundstückseigentümer verschiedene Personen und befriedigt der Schuldner den (Hypotheken-)Gläubiger, so daß die Forderung erlischt, dann geht, wenn der Schuldner ausnahmsweise vom Grundstückseigentümer oder dessen Rechtsvorgänger für Zahlungen an den (Hypotheken-)Gläubiger Ersatz verlangen kann, die Hypothek insoweit auf ihn über (§ 1164 I; gesetzliche Forderungsauswechslung); die Hypothek dient dann (insoweit) zur Sicherung des Ersatzanspruchs.

> **Beispiel:** A hat zugunsten des H an seinem Grundstück eine Hypothek zur Sicherung eines Darlehnsrückzahlungsanspruchs bestellt. Er veräußert das Grundstück an E. A und E verein-

baren, daß E die Schuld des A gegenüber H übernimmt. A teilt dem H die Schuldübernahme nicht mit (§ 416 I 1); die Schuldübernahme schlägt damit fehl. Wenn nun der A als persönlicher Schuldner die Forderung des H (teilweise) zum Erlöschen bringt, dann geht die Hypothek insoweit auf ihn über und sichert seinen Ersatzanspruch gegen E aus § 415 III.

cc) Schließlich kann auch ein ablösungsberechtigter Dritter durch Befriedigung des Gläubigers die Hypothek gesetzlich erwerben (§§ 1150, 268 III 1, 412, 401, 1153 I). Das Ablösungsrecht eines Dritten ist gegeben, wenn er Gefahr läuft, infolge der Befriedigung des Gläubigers aus dem Grundstück ein Recht oder den Besitz am Vollstreckungsobjekt zu verlieren.

Beispiel: Ablösungsberechtigt ist ein im Rang nachstehender Grundpfandgläubiger.

f) Die Hypothek kann auch durch *Aufhebungserklärung*, der der Grundstückseigentümer zustimmen muß, *und Löschung* im Grundbuch (§ 875) zum Erlöschen gebracht werden (§ 1183; vgl. dazu noch §§ 27, 29 I 1 GBO). − Nicht zum Erlöschen der Hypothek führt dagegen der *Verzicht* des Hypothekars auf die Hypothek; diese steht vielmehr dann dem Eigentümer als Eigentümergrundschuld zu (§§ 1168 I, 1177). Die Forderung wird in ihrem Bestand vom Verzicht nicht berührt. Allerdings kann in dem Verzicht gleichzeitig ein Angebot zum Erlaß der persönlichen Forderung zu sehen sein. Sofern ein Erlaßvertrag zustande kommt, erlischt die Forderung, so daß dem Eigentümer die Hypothek als Eigentümergrundschuld zusteht (§§ 1163 I 2, 1177 I). **736**

2.1.4 Die Hypothekenhaftung

Das Grundstück haftet für die gesicherte Forderung in der Weise, daß der Eigentümer die Befriedigung des Gläubigers aus dem Grundstück zu *dulden* hat (§ 1147). **737**

a) Das Grundstück haftet mit dem Bestand, den es als solches bei der Bestellung der Hypothek hatte; wird das Grundstück danach geteilt, haftet jedes Teilgrundstück in voller Höhe und es besteht gesetzlich eine Gesamthypothek gem. § 1132 (vgl. Rdnr. 755). Grundstücksvereinigungen (§ 890 I) lassen die Hypothek an jedem Grundstücksteil unberührt. Wird ein Grundstück zum Bestandteil eines anderen (§ 890 II), so erfaßt die Hypothekenhaftung auch das zugeschriebene Grundstück; sofern hieran bereits Belastungen bestehen, gehen sie im Rang vor (§ 1131).

b) Neben dem Grundstück haften auch bewegliche Sachen und Rechte, die mit dem belasteten Grundstück eine *wirtschaftliche Einheit* bilden. **738**

aa) Die Haftung erstreckt sich gem. § 1120 auf Zubehör (§§ 97 f.) sowie auf Bestandteile und Erzeugnisse (§§ 93 ff.). Das gilt für Zubehör jedoch dann nicht, wenn es nicht im Eigentum des Grundstückseigentümers steht oder diesem nur ein Anwartschaftsrecht daran zusteht. Bestandteile und Erzeugnisse unterliegen der Haftung in jedem Fall vor der Trennung, danach nur begrenzt, nämlich dann, wenn sie nicht Eigentum des Nießbrauchers oder Pächters geworden sind (§§ 954, 956).

bb) Die Haftung für die Hypothek *erlischt* durch Veräußerung und Entfernung vom Grundstück, wenn diese vor der Beschlagnahme (durch Zwangsvollstreckung, vgl. unten Rdnr. 741) erfolgen (§ 1121 I); gleiches gilt, wenn die Bestandteile und Erzeugnisse innerhalb der Grenzen einer ordnungsgemäßen Wirtschaft vom Grundstück entfernt werden (§ 1122 I).

Beispiele: a) Das Grundstück des Landwirts L ist mit einer Hypothek zugunsten des H belastet. L erntet das auf dem Grundstück angebaute Getreide und veräußert es an M. Dann erst erwirkt H die Zwangsverwaltung (dazu unten Rdnr. 741) des Grundstücks. Der Zwangsverwalter hat wegen § 1121 I keine Möglichkeit, gegen M vorzugehen. b) L mäht das Getreide und lagert es im Getreidesilo ein, um es zu einem späteren Zeitpunkt verkaufen zu können. H erwirkt erst danach die Zwangsverwaltung: Enthaftung gem. § 1122 I. c) Auf dem Grundstück des E, das mit einer Fabrikationshalle bebaut ist, lastet eine Hypothek des H. Mustert E alte Maschinen aus, ist damit deren Zubehöreigenschaft (auch ohne Entfernung!) aufgehoben (§ 1122 II), sie werden von der Haftung für die Hypothek frei (dazu BGH NJW 1979, S. 2514).

Im Falle der Beschlagnahme vor Veräußerung oder nach Veräußerung, aber vor Entfernung, werden die Sachen mit ihrer Entfernung vom Grundstück nur dann von der Haftung für die Hypothek frei, wenn der Erwerber hinsichtlich der Beschlagnahme gutgläubig ist (§ 1121 II).

739   c) Der Hypothekenhaftung unterliegen ferner Miet- und Pachtzinsforderungen (§ 1123 I) sowie Versicherungsforderungen (§ 1127 I). Eine Enthaftung tritt hier ein mit der Verfügung über die Miet- und Pachtzinsforderungen vor Beschlagnahme (§ 1124 I) bzw. mit Zeitablauf (§ 1123 II 1), bei Versicherungsforderungen mit Wiederherstellung des versicherten Gegenstands bzw. mit der Ersatzbeschaffung (§ 1127 II).

2.1.5 Verwertung der Hypothek

740   a) Die Befugnis des Hypothekengläubigers zur Verwertung des Grundstücks ist gegeben mit der Fälligkeit der Hypothek (*Pfandreife*). Im Normalfall werden Forderung und Hypothek gleichzeitig fällig. Über den Zeitpunkt der Fälligkeit gibt regelmäßig die Sicherungsabrede Auskunft; die Hypothek kann nach Zeitablauf oder nach erfolgter Kündigung fällig sein. Auch wenn eine feste Laufzeit vereinbart ist, kann eine Kündigung aus wichtigem Grund erfolgen.

> **Beispiel:** Der Grundstückseigentümer kann die Hypothekenzinsen und Tilgungsraten über längere Zeit nicht zahlen.

Zu beachten ist, daß dann, wenn die Fälligkeit der Forderung von einer Kündigung abhängt, eine besondere Kündigung der Hypothek — trotz des Akzessorietätsgrundsatzes — notwendig ist.

741   b) Zur Durchsetzung des Verwertungsrechts in der Zwangsvollstreckung ist ein Vollstreckungstitel erforderlich. Häufig ist dies eine vollstreckbare Urkunde (§ 794 I Nr. 5 ZPO), in der sich der Eigentümer freiwillig der sofortigen Zwangsvollstreckung unterwirft; in der Praxis wird eine solche Urkunde meist bei Bestellung der Hypothek aufgenommen. Ist dies nicht der Fall, so muß der Hypothekengläubiger auf Duldung der Zwangsvollstreckung in das belastete Grundstück klagen.

c) Die Vollstreckung kann durch Zwangsversteigerung oder Zwangsverwaltung erfolgen (vgl. § 866 ZPO). Die Vollstreckung umfaßt auch mithaftende bewegliche Sachen und Rechte (§ 865 ZPO); dabei ist zu beachten, daß Zubehör nicht gepfändet werden darf (§ 865 II 1 ZPO), es kommt nur die Zwangsvollstreckung gem. §§ 864 ff. ZPO in Betracht, solange das Zubehör noch der Hypothekenhaftung unterliegt.

742   d) Der Eigentümer kann u. U. der Geltendmachung der Hypothek widersprechen (vgl. § 1160). Gegen die Klage aus der Hypothek gem. § 1147 können ihm — unabhängig davon, ob er zugleich persönlicher Schuldner ist — folgende Verteidigungsmöglichkeiten zur Verfügung stehen:

aa) Der Eigentümer kann dem Hypothekar *Einwendungen gegen die Hypothek* entgegenhalten. Er kann geltend machen, die Hypothek bestehe nicht oder stehe dem Gläubiger nicht zu.

> **Beispiele:** a) Die Hypothek ist nicht entstanden, da die dingliche Einigung wegen Wuchers nichtig ist. b) Der Eigentümer hat die Schuld beglichen, so daß nunmehr eine Eigentümer-

grundschuld besteht. c) Der vermeintliche Hypothekengläubiger hat die Forderung längst an einen Dritten abgetreten (§ 1154).

bb) Der Eigentümer kann auch *Einreden gegen die Hypothek* geltend machen, die **743** ausschließlich zu seinen Gunsten — etwa durch eine entsprechende Vereinbarung — entstanden sind (§ 1157 S. 1).

> **Beispiel:** Eigentümer E vereinbart mit Hypothekengläubiger H, daß H erst nach erfolgloser Zwangsvollstreckung beim persönlichen Schuldner S die Vollstreckung in das Grundstück betreiben dürfe.

Eine solche Vereinbarung ist eintragungsfähig; ist sie nicht eingetragen, kann sie der Eigentümer einem gutgläubigen Erwerber nicht entgegenhalten (§ 1157 S. 2: gutgläubiger einredefreier Erwerb).

cc) Der Eigentümer kann ferner rechtshindernde oder -vernichtende *Einwendungen* **744** *gegen die Forderung* vorbringen.

> **Beispiel:** Das der Forderung zugrunde liegende bzw. sie begründende Rechtsgeschäft ist wirksam angefochten und daher nichtig (§ 142).

Folge: Der Hypothekar verliert die Hypothek; diese fällt dem Eigentümer zu und wandelt sich in eine Eigentümergrundschuld (§§ 1163 I, 1177 I).

dd) Der Eigentümer kann auch die dem persönlichen Schuldner gegen die Forderung und die nach § 770 einem Bürgen (Rdnr. 525) zustehenden Einreden geltend machen (§ 1137).

> **Beispiel:** Dem persönlichen Schuldner S ist vom Gläubiger H, zu dessen Gunsten am Grundstück des E eine Hypothek besteht, die Schuld gestundet worden. Verlangt der H nun von E die Duldung der Zwangsvollstreckung in das Grundstück, so kann E das aus der Stundung sich ergebende Leistungsverweigerungsrecht des S der Geltendmachung der Hypothek entgegensetzen.

Ausgeschlossen sind die Einrede der Verjährung (§ 223 I), die Einrede der Ermäßigung der Schuld aufgrund eines Zwangsvergleichs (§§ 193 II KO, 82 II VerglO) und die Einrede der beschränkten Erbenhaftung (§§ 1975 ff., 1137 I 2).

e) Grundsätzlich kann der Eigentümer nach erfolgter Forderungsabtretung dem neu- **745** en Hypothekengläubiger (§ 1153 I) die zur Zeit der Abtretung gegen den alten Hypothekengläubiger (Zedenten) begründeten Einreden entgegenhalten. Das gilt jedoch nur dann, wenn die Einreden im Grundbuch eingetragen oder aus dem Hypothekenbrief bzw. den öffentlich beglaubigten Abtretungserklärungen i. S. des § 1155 ersichtlich sind (§ 1157 S. 2); ist dies nicht der Fall, dann erlangt ein gutgläubiger Zessionar die Hypothek einredefrei.

2.1.6 Rechtsfolgen der Befriedigung des Hypothekengläubigers

a) Wird der Hypothekengläubiger durch Zwangsvollstreckung in das Grundstück oder **746** in die mithaftenden Gegenstände befriedigt, so erlöschen Forderung und Hypothek (§ 1181 I). Auch soweit der Gläubiger nicht (voll) befriedigt ist, erlischt die Hypothek (vgl. § 91 I ZVG), nicht hingegen die Forderung, die insoweit bestehen bleibt, jedoch nicht mehr durch eine Hypothek gesichert ist.

b) Erfolgt die Befriedigung außerhalb der Zwangsvollstreckung, so bleibt die Hypo- **747** thek bestehen, wandelt sich aber u. U. in eine Eigentümergrundschuld (dazu Rdnr. 734 f.).

2.1.7 Eigentümerhypothek und Eigentümergrundschuld

748   Wie wir bereits des öfteren gesehen haben, kann dem Eigentümer eine Hypothek am eigenen Grundstück zustehen.

a) Sie kann entstehen als *ursprüngliche Eigentümerhypothek*, wenn die zu sichernde Forderung nicht entstanden ist (§ 1163 I; vgl. Rdnr. 726); Voraussetzung ist freilich eine gültige Hypothekenbestellung. Eine solche Hypothek wandelt sich — in Ermangelung einer Forderung — in eine *Eigentümergrundschuld* (§ 1177 I). Sie kann auch als *vorläufige Eigentümergrundschuld* — vor der Valutierung — entstehen (§§ 1163 I 1, II, 1177 I 1; vgl. Rdnr. 727).

b) Mit dem *Erlöschen der gesicherten Forderung* entsteht ebenfalls eine Eigentümerhypothek (§ 1163 I 2).

749   c) Eine Eigentümergrundschuld entsteht ferner durch *Verzicht* (§§ 1168, 1169; vgl. Rdnr. 736); gleiches gilt bei erfolgter *Schuldübernahme*, in die der Eigentümer nicht einwilligt (§§ 414, 418). — Möglich ist auch der Erwerb durch Buchersitzung (zum Begriff Rdnr. 710), und zwar als Grundschuld (§ 1170) oder als Hypothek (§ 1171). — Gleichfalls erwirbt der Eigentümer die Hypothek, wenn Eigentum und Hypothekenrecht *zusammenfallen* (vgl. § 889).

> **Beispiel:** Der Eigentümer beerbt den Hypothekengläubiger.

750   d) Die Eigentümerhypothek entsteht gesetzlich, bedarf also keiner Eintragung; der Eigentümer kann seine Eintragung allerdings im Wege der Grundbuchberichtigung (vgl. Rdnr. 783) durchsetzen (§§ 894, 895 ZPO; Klage ist entbehrlich, wenn das Erlöschen der Forderung und der Übergang der Hypothek durch öffentliche oder öffentlich beglaubigte Urkunden nachgewiesen werden können, §§ 22, 29 GBO).

751   e) Die *wirtschaftliche Bedeutung* der Eigentümergrundschuld besteht darin, daß die Eintragung im Rang der früheren (Fremd-)Hypothek erfolgt und so den Eigentümer bei der Zwangsvollstreckung eines anderen Gläubigers sichert. — Die Eigentümergrundschuld ist ferner Kreditsicherungsmittel, da sie als Fremdgrundschuld auf Dritte übertragbar ist.

> **Beispiel:** E hat für H eine Briefhypothek für ein Darlehn über 100.000 DM bestellt, das erst später zur Auszahlung kommen soll. Es liegt also eine vorläufige Eigentümergrundschuld vor (vgl. Rdnr. 748); zur Sicherung eines Zwischenkredits, den E von Z erhält, tritt er diesem den Auszahlungsanspruch gegen H und die Eigentümergrundschuld ab (§§ 1191 I, 1154 I).

Die Eigentümergrundschuld kann zur Sicherung der Forderung eines Dritten diesem übertragen und somit wieder zur Hypothek werden (§ 1198). Ihrer Rechtsnatur nach ist die Eigentümergrundschuld ein verselbständigtes Recht an eigener Sache, nämlich am eigenen Grundstück (vgl. *Wolff/Raiser*, Sachenrecht, 10. Aufl. 1957, § 147 I 3; s. a. BGHZ 64, S. 316).

2.1.8 Sicherungshypothek

752   a) Die Sicherungshypothek ist *streng akzessorisch*; das Recht des Hypothekengläubigers bestimmt sich ausschließlich nach der gesicherten Forderung (§ 1184). Wie bei der Verkehrshypothek sind die Vorschriften über den öffentlichen Glauben zwar hinsichtlich des dinglichen Rechts anwendbar, nicht aber „in Ansehung der Forderung" (§ 1185 II). Besteht also eine Forderung nicht, so kann die Sicherungshypothek nicht gutgläubig erworben werden, da § 1138 nicht gilt (vgl. § 1185 II).

b) Die Sicherungshypothek muß im Grundbuch als solche bezeichnet werden (§ 1184 II) und ist *stets* Buchhypothek („notwendige Buchhypothek", § 1185 I).

c) Zur Entstehung gelangt die Sicherungshypothek entweder rechtsgeschäftlich oder im Wege der Zwangsvollstreckung (§§ 867, 868 ZPO) oder durch Surrogation (bei Verpfändung des Anspruchs auf Übertragung eines Grundstücks, § 1287 S. 2). Ein Bauunternehmer kann nach § 648 die Einräumung einer Sicherungshypothek verlangen (nur schuldrechtlicher Anspruch, das BGB gewährt die Hypothek selbst also nicht!).

d) Sonderformen der Sicherungshypothek sind die Höchstbetrags- und die Wertpa- **753**
pierhypothek.

aa) Bei der *Höchstbetragshypothek* wird eine Summe bestimmt, bis zu deren Höhe das Grundstück für die gesicherte Forderung haften soll; die Feststellung der Forderungshöhe bleibt vorbehalten (§ 1190 I 1). Zweck ist die Sicherung von Forderungen, die sich der Höhe nach verändern oder nicht feststehen. Der Schuldgrund muß — anders als bei der Verkehrshypothek — nicht genau angegeben werden; er darf ganz allgemein gefaßt sein.

> **Beispiel:** Zur Sicherung aller Forderungen des G gegen S aus Geschäftsverbindung wird eine (Sicherungs-)Hypothek zum Höchstbetrag von 500.000 DM eingetragen.

Die Höchstbetragshypothek gilt auch ohne ausdrückliche Bezeichnung als Sicherungshypothek (§ 1190 III). — Abweichend von der Regelung in § 1153 kann hier die Forderung auch ohne die Hypothek übertragen werden (§ 1190 IV); die Hypothek kann ohne die Forderung allerdings — auch hier — nicht übertragen werden (§ 1153 II).

bb) Die *Wertpapierhypothek* (§§ 1187, 1188) kann zur Sicherung von Forderungen **754**
aus einem Scheck oder einem Wechsel, aus einer Schuldverschreibung auf den Inhaber (§ 793; vgl. Rdnr. 661) oder aus kaufmännischen Verpflichtungsscheinen und Anweisungen (§ 363 HGB) bestellt werden. — Die Übertragung der Forderung, die nach Wertpapierrecht erfolgt, zieht die Hypothek mit (§ 1153 I). — Für den gutgläubigen Erwerb gilt für den Bestand der *Forderung*, da es sich um eine Sicherungshypothek handelt (§ 1187 S. 2), nicht der öffentliche Glaube des Grundbuchs (§§ 1185 II, 1138), wohl aber die speziellen wertpapierrechtlichen Vorschriften (vgl. Art. 16 WG; ferner § 365 HGB).

2.1.9 Gesamthypothek

Eine Hypothek kann zur Sicherung einer Forderung auch an mehreren Grundstücken **755**
bestellt werden (Gesamthypothek), wobei die belasteten Grundstücke verschiedenen Eigentümern gehören können (beachte dann die Sondervorschriften in §§ 1172 ff., 1181 II, 1182). Eine Gesamthypothek entsteht auch dann, wenn ein Grundstück durch alle Miteigentümer gemeinsam (vgl. § 747 S. 2) belastet wird (entspr. § 1132; vgl. BGHZ 40, S. 120).

Es haftet jedes Grundstück für die ganze Forderung (§ 1132 I; beachte auch § 48 GBO); möglich ist die Verteilung des Forderungsbetrags auf die einzelnen Grundstücke, so daß jedes nur noch für den jeweils bestimmten Betrag haftet (§ 1132 II).

2.2 Die (Sicherungs-)Grundschuld

2.2.1 Begriff und Rechtsnatur

756   a) Mit einer Grundschuld kann ein Grundstück in der Weise belastet werden, daß an den Berechtigten eine bestimmte Geldsumme aus dem Grundstück zu zahlen ist und ggf. auch Zinsen und andere Nebenleistungen zu entrichten sind (§ 1191 I, II).

b) Die Grundschuld ist anders als die Hypothek *nicht akzessorisch.* Das BGB hat die Grundschuld als „isoliertes" — d. h. vom Bestehen und von der Fälligkeit einer persönlichen Forderung unabhängiges — Verwertungsrecht konzipiert.

c) Diese Form der Grundschuld ist aber *weitgehend durch die Sicherungsgrundschuld verdrängt* worden, bei der die Grundschuld nach einer *schuldrechtlichen* Abrede zwischen Eigentümer und Gläubiger (Sicherungsvertrag, -abrede) zur Sicherung einer Forderung des Gläubigers bestellt wird.

aa) Der Sicherungsvertrag macht die Grundschuld jedoch nicht akzessorisch. Das dingliche Recht bleibt unabhängig von der gesicherten Forderung; daraus folgt, daß der Gläubiger die Grundschuld auch dann erwirbt, wenn die Forderung nicht besteht (§ 1163 I 1 ist nicht anwendbar; es entsteht — anders als bei der Hypothek — keine Eigentümergrundschuld, vgl. Rdnr. 726, 748), daß die gesicherte Forderung ohne die Grundschuld abgetreten werden kann und daß dem Eigentümer Einreden aus dem Schuldverhältnis zwischen dem Schuldner und dem (Grundschuld-)Gläubiger abgeschnitten sind (§ 1137 ist also unanwendbar).

bb) Die Sicherungsgrundschuld ist ein *treuhänderisches Sicherungsrecht* (vgl. Rdnr. 177, 662) insofern, als der Grundschuldgläubiger — im Innenverhältnis — die ihm zukommende Rechtsmacht (nämlich Zahlung einer Geldsumme aus dem Grundstück fordern zu können) nur im Rahmen des vereinbarten Sicherungszwecks ausüben darf. Er ist sachenrechtlich zu mehr imstande, als er schuldrechtlich u. U. darf.

d) Die Grundschuld ist — wie die Hypothek — dingliches Verwertungsrecht (vgl. Rdnr. 723).

757   e) Auf die Grundschuld sind die für die Hypothek geltenden Vorschriften entsprechend anwendbar, soweit sie nicht die Existenz einer Forderung voraussetzen (§ 1192 I).

aa) Einreden und Einwendungen können der Geltendmachung der Grundschuld daher nur begrenzt entgegengehalten werden. Es kommen solche Einwendungen in Betracht, die sich gegen das dingliche Recht als solches oder gegen die Rechtszuständigkeit desjenigen richten, der aus der Grundschuld vorgehen will.

> **Beispiele:** a) E kann geltend machen, die Grundschuld sei nicht wirksam begründet worden.
> b) Er kann sich ebenfalls darauf berufen, daß sie an D abgetreten worden sei.

Zulässig sind auch Einreden, die sich aus dem persönlichen Rechtsverhältnis zwischen dem Grundstückseigentümer und dem Gläubiger ergeben.

> **Beispiel:** E kann vorbringen, er habe die Darlehnsrückzahlungsforderung, zu deren Sicherung die Grundschuld bestellt wurde, getilgt; aus dem Sicherungsvertrag ergebe sich eine Pflicht des Gläubigers zur Rückübertragung der Grundschuld.

Gegenüber Rechtsnachfolgern des Gläubigers kann sich der Grundstückseigentümer auf die genannten Einreden und Einwendungen nur dann berufen, wenn der neue Gläubiger beim Erwerb der Grundschuld bösgläubig oder ein entsprechender Grundbucheintrag vorhanden war (vgl. § 1157).

> **Beispiel:** Eine solche Situation liegt vor, wenn die Einrede aus dem Rückübertragungsanspruch im Grundbuch eingetragen ist oder der Erwerber den Sicherungscharakter der Grundschuld und ihre mangelnde Valutierung kennt (BGHZ 59, S. 1).

bb) Die Verwertung des Grundstücks ist vom Zeitpunkt der Pfandreife an zulässig; regelmäßig ist die Kündigung durch den Eigentümer oder den Gläubiger erforderlich (§ 1193; dazu Rdnr. 765).

2.2.2 Begründung der Grundschuld

a) Die Bestellung der Grundschuld erfolgt durch *Einigung* und *Eintragung* (§ 873). Die Grundschuld kann als *Brief-* oder *Buchgrundschuld* (§§ 1192, 1116 II) bestellt werden; bei der Briefgrundschuld ist Briefübergabe erforderlich (§ 1117); solange diese unterbleibt, liegt eine vorläufige Eigentümergrundschuld vor (§ 1163 II).   **758**

b) Ins Grundbuch eingetragen werden kann nicht die zu sichernde Forderung (§ 1115 ist unanwendbar), wohl aber die Geldsumme, die aus dem Grundstück zu zahlen ist.

c) Die Grundschuld kann als Einzel- oder Gesamtgrundschuld (§§ 1192, 1132) bestellt werden; die Grundschuld kann auch in eine Hypothek umgewandelt werden (und umgekehrt, vgl. §§ 1198, 877). — Die Grundschuld kann durch einseitige Erklärung des Eigentümers und Eintragung ins Grundbuch bestellt werden, und zwar als Inhabergrundschuld und als Eigentümergrundschuld (§§ 1195, 1196). Die Eigentümergrundschuld kann auch kraft Gesetzes entstehen (vgl. Rdnr. 748 ff.).   **759**

d) Das Fehlen einer gesicherten Forderung ist für die Wirksamkeit der Grundschuld (auch der Sicherungsschuld) ohne Belang. Kein Rückgewähranspruch des Eigentümers aus § 812 I 1 (a. A. *Schwab*, Sachenrecht, § 63 II 5), sondern allenfalls aus der Sicherungsabrede oder aus § 812 I 2. — Bei unwirksamer Sicherungsabrede: § 812 I 1.   **760**

2.2.3 Übertragung der Grundschuld

a) Die Übertragung der Grundschuld kann nur durch *Übertragung des dinglichen Rechts* erfolgen (§§ 1192, 1154, 1155; § 1153 ist unanwendbar). Bei der Buchgrundschuld sind also Einigung und Eintragung erforderlich (§ 1154 III), wohingegen es bei der Briefgrundschuld der schriftlichen Abtretung oder der Eintragung der Abtretung ins Grundbuch und der Übergabe des Grundschuldbriefs bedarf (§§ 1192, 1154 I 1, II).   **761**

b) Da — im Fall der Sicherungsgrundschuld — die Forderung nach §§ 398 ff. übertragen wird, kann der Gläubiger Grundschuld und Forderung an verschiedene Personen abtreten. Dagegen sichert sich der Eigentümer und Schuldner, indem in den Sicherungsvertrag aufgenommen wird, daß Grundschuld und Forderung nur zusammen geltend gemacht und übertragen werden dürfen (§§ 413, 399); verstößt der Gläubiger dagegen, macht er sich schadensersatzpflichtig.

c) Dem neuen Grundschuldgläubiger kann diese Abrede entgegengehalten werden, wenn dieser sie kannte oder sie aus dem Grundbuch ersichtlich war (§§ 1192, 1157).   **762**

Beispiel: Ist eine entsprechende Vereinbarung getroffen, kann der Eigentümer dem Erwerber der Grundschuld bei deren Geltendmachung entgegensetzen, er sei dazu nur berechtigt, wenn ihm auch die Forderung zusteht. Voraussetzung ist die Kenntnis des neuen Grundschuldinhabers von der Abrede oder eine entsprechende Eintragung im Grundbuch (vgl. oben Rdnr. 757). Gegenüber der Forderung kann der Eigentümer dem Gläubiger nach § 404 entgegenhalten, zur Zahlung nur bei Identität von Gläubiger und Grundschuldinhaber verpflichtet zu sein.

2.2.4 Tilgung und Rückübertragung

763   a) Ist der Eigentümer nicht zugleich persönlicher Schuldner und zahlt er auf die Grundschuld, geht diese auf ihn über (Eigentümergrundschuld, entspr. §§ 1142, 1143; a. A.: entspr. §§ 1168, 1170, s. BGH NJW 1976, S. 2340); die Forderung bleibt bestehen (BGH NJW 1981, S. 1554), doch ist der Gläubiger aus der Sicherungsabrede regelmäßig verpflichtet, sie an den Eigentümer abzutreten (vgl. *Reinicke/Tiedtke*, NJW 1981, S. 2145, 2146; str.). — Zahlt der Eigentümer auf die Forderung, erlischt diese; die Grundschuld bleibt als Fremdgrundschuld bestehen.

b) Befriedigt der persönliche Schuldner den Gläubiger, führt dies zum Erlöschen der Forderung, läßt aber grundsätzlich die Grundschuld unberührt. I. d. R. ergibt sich aber aus der Sicherungsabrede ein schuldrechtlicher Anspruch des Eigentümers gegen den Gläubiger auf Übertragung der Grundschuld; der Eigentümer ist — je nach Vereinbarung — verpflichtet, die Grundschuld auf den Schuldner (weiter) zu übertragen. — Tilgt der Schuldner die Grundschuld, entsteht eine Eigentümergrundschuld.

764   c) Ob auf die Forderung — dann obligatorischer Rückübertragungsanspruch — oder auf die Grundschuld — dann Eigentümergrundschuld — gezahlt wird, hängt vom Willen des Zahlenden ab (BGH NJW 1976, S. 2340). Sind Eigentümer und persönlicher Schuldner identisch, sollen mit der Zahlung regelmäßig Grundschuld *und* Forderung getilgt werden (BGH NJW 1980, S. 2192).

2.2.5 Verwertung der Grundschuld

765   a) Die Grundschuld wird regelmäßig mit der Kündigung fällig (§ 1193, vgl. schon Rdnr. 757), ausnahmsweise auch mit Fälligkeit der persönlichen Forderung (§§ 1193 II, 1192 , 1147).

b) Die Verwertung erfolgt wie bei der Hypothek (§§ 1147, 1192 I; vgl. Rdnr. 740 ff.). Eine andere Verwertungsart als Zwangsversteigerung und -verwaltung kann vereinbart werden.

2.3 Die Rentenschuld

766   a) Mit der Rentenschuld wird ein Grundstück dergestalt belastet, daß aus dem Grundstück regelmäßig wiederkehrende Geldleistungen zu erbringen sind (§ 1199 I); es ist im Gegensatz zur Grundschuld keine Haftung für ein bestimmtes Kapital vorgesehen.

b) Der Grundstückseigentümer ist befugt, die Grundstücksbelastung durch Zahlung abzulösen (§ 1201 I); die Ablösungssumme ist vorher zu bestimmen und im Grundbuch einzutragen (§ 1199 II).

2.4 Das Vorkaufsrecht

a) Ein Grundstück kann mit einem Vorkaufsrecht belastet werden; nach dem Inhalt des Rechts ist der Berechtigte dem Grundstückseigentümer gegenüber zum Vorkauf berechtigt. Das Vorkaufsrecht kann bestellt werden zugunsten einer bestimmten — natürlichen oder juristischen — Person (*subjektiv-persönliches* Vorkaufsrecht, § 1094 I) oder zugunsten des jeweiligen Eigentümers eines anderen Grundstücks (*subjektiv-dingliches* Vorkaufsrecht, § 1094 II). Anders als die anderen beschränkten dinglichen Rechte gibt das Vorkaufsrecht kein Verwertungs- bzw. Nutzungsrecht, es erfüllt auch weniger eine Sicherungsfunktion; es gibt primär ein *dingliches Erwerbsrecht*.

767

b) Ein *Vorkaufsfall* liegt vor beim Verkauf des Grundstücks (also z. B. nicht bei einer Schenkung) an einen Dritten. Das Vorkaufsrecht gilt grundsätzlich für die erste Veräußerung (§ 1097 S. 1); wird es nicht ausgeübt, erlischt es. Bei ausdrücklicher Vereinbarung gilt es auch für mehrere oder alle Fälle der Veräußerung (§ 1097 S. 2).

c) Das dingliche Vorkaufsrecht wird durch Einigung und Eintragung begründet (§ 873). Daneben gibt es gesetzliche Vorkaufsrechte (vgl. §§ 24 ff. BBauG; 17, 69 StädtebauförderungsG).

768

d) Das Vorkaufsrecht wirkt gegenüber dem *Vorkaufsverpflichteten* wie ein schuldrechtliches Vorkaufsrecht (§ 1098 I 1; vgl. dazu Rdnr. 429 f.). Bei seiner Ausübung kommt im Fall des Verkaufs an den Dritten ein Kaufvertrag zwischen dem Vorkaufsberechtigten und dem Vorkaufsverpflichteten zu den mit dem Dritten vereinbarten Konditionen zustande. — Im Unterschied zum schuldrechtlichen Vorkaufsrecht wirkt das dingliche Vorkaufsrecht *Dritten* gegenüber wie eine Vormerkung (§ 1098 II; Durchsetzung gem. §§ 883 II, 888 I; vgl. auch Rdnr. 706).

769

3. Nutzungsrechte an Grundstücken

Nutzungsrechte an Grundstücken spielen wirtschaftlich eine bedeutende Rolle. Da *gemeinsame* Vorschriften über Grundstücks*nutzungs*rechte im BGB fehlen, sind zu unterscheiden: Grundstücksnießbrauch, Dienstbarkeiten, Reallast und Erbbaurecht.

3.1 Der Nießbrauch am Grundstück

a) Der Grundstücksnießbrauch kann rechtsgeschäftlich begründet werden; für die Bestellung sind Einigung und Eintragung erforderlich (§ 873). Er wird oft aufgrund letztwilliger Verfügungen eingeräumt (Versorgungsnießbrauch).

770

> **Beispiel:** Die F erhält einen Nießbrauch an einem Mietshaus des E. Damit wird sie ohne weiteres Gläubiger der Mietzinsforderungen; sie kann neu vermieten und auch selbst die Zuteilung einer Wohnung in dem Mietshaus zur Eigennutzung beanspruchen.

b) Abweichungen von den Regelungen über den Nießbrauch an beweglichen Sachen (Rdnr. 700 ff.) enthalten §§ 1047, 1048, 1056. Dem Nießbraucher eines Grundstücks steht, wenn er nicht eingetragen ist, der Grundbuchberichtigungsanspruch zu (§ 894; vgl. dazu Rdnr. 783).

c) Der Nießbrauch kann durch Ausschluß einzelner Nutzungen beschränkt werden (§ 1030 II). − Erweiterung des Inhalts auf Verfügungsbefugnis ist unzulässig.

> **Beispiel:** Eigentümer E will der F auch die Veräußerungsbefugnis hinsichtlich des Hauses im Wege des Nießbrauchs einräumen (sog. Dispositionsnießbrauch). Dies widerspricht § 1030 II und dem numerus clausus der Sachenrechte (Rdnr. 608). Wohl kann E die F zur Veräußerung gem. § 185 ermächtigen.

d) Der Grundstücksnießbrauch kann ausnahmsweise auch Sicherungsfunktion haben.

> **Beispiel:** Nießbraucher N soll Nutzungen auf seine Forderungen gegen den Nießbrauchsbesteller E verrechnen. Der Nießbrauch ist hier häufig durch die Tilgung einer bestehenden Hypothek auflösend bedingt.

3.2 Dienstbarkeiten

3.2.1 Grunddienstbarkeiten

771 a) Wie beim Nießbrauch werden auch durch Bestellung einer Grunddienstbarkeit (§ 1018) Nutzungsrechte eingeräumt. Die Besonderheit der Grunddienstbarkeit besteht darin, daß das Nutzungsrecht dem jeweiligen Eigentümer eines anderen Grundstücks zusteht: ein „dienendes" Grundstück wird zugunsten eines „herrschenden" belastet.

b) Die Bestellung der Grunddienstbarkeit erfolgt durch Einigung und Eintragung (§ 873). Die Belastung des dienenden Grundstücks muß für die Benutzung des herrschenden Grundstücks *vorteilhaft* sein; andere Vereinbarungen sind unzulässig (§ 1019). Art und Dauer des Vorteils sind beliebig.

> **Beispiele:** a) E will sichergehen, daß der Ausblick von seinem Grundstück nicht durch die Errichtung eines Gebäudes auf dem Nachbargrundstück des N verbaut wird. Vereinbart E mit N, daß dieser sein Grundstück nicht bebauen darf, so kann diese Vereinbarung durch die Bestellung einer Grunddienstbarkeit gesichert werden. b) Eigentümer X bestellt dem Y ein Kiesentnahmerecht. Auch wenn das Kieslager auf dem dienenden Grundstück des X bald erschöpft sein wird (der Vorteil also nur von kurzer Dauer ist), kann die Grunddienstbarkeit bestellt werden. c) Häufig ist die Bestellung des Rechts zum Betrieb einer Tankstelle („Tankstellendienstbarkeit").

772 c) Mit der Bestellung der Grunddienstbarkeit wird der Eigentümer des dienenden Grundstücks zu einem Dulden oder Unterlassen verpflichtet (§ 1018); die Verpflichtung zu positivem Handeln besteht nur in sehr engen Grenzen, vgl. dazu §§ 1020—1023. Der Eigentümer des herrschenden Grundstücks hat bei der Ausübung der Grunddienstbarkeit das Interesse des Eigentümers des dienenden Grundstücks möglichst zu schonen (§ 1020). Für den Inhalt von Grunddienstbarkeiten steckt § 1018 den Rahmen ab; die Belastung eines Grundstücks zugunsten des Eigentümers des herrschenden Grundstücks ist demnach in der Weise möglich, daß das Grundstück in einzelnen Beziehungen genutzt werden darf, daß auf dem dienenden Grundstück gewisse Handlungen untersagt sind oder die Ausübung eines Rechts ausgeschlossen ist, das sich gegenüber dem herrschenden Grundstück aus dem Eigentum am dienenden Grundstück ergibt.

Beispiele: Zugunsten eines herrschenden Grundstücks können an einem belasteten Grundstück z. B. ein Wegerecht (§ 1018 1. Alt.), ein Bebauungsverbot (§ 1018 2. Alt.) oder ein Verzicht auf Schadensersatz- oder Abwehransprüche, die zum Eigentum gehören (§ 1018 3. Alt.) — z. B. Ansprüche aus § 1004 —, als Grunddienstbarkeiten bestellt werden.

d) Gegen Beeinträchtigungen der Ausübung der Grunddienstbarkeit hat der Eigentümer des herrschenden Grundstücks die Beseitigungs- und Unterlassungsklage aus § 1027; der Besitzer des herrschenden Grundstücks kann nach § 1029 vorgehen.

3.2.2 Die beschränkte persönliche Dienstbarkeit

a) Unter beschränkten persönlichen Dienstbarkeiten (§ 1090 I) werden Dienstbarkei- 773
ten verstanden, die für eine bestimmte Person bestellt sind und nicht — wie die
Grunddienstbarkeit — zugunsten eines herrschenden Grundstücks. Das Recht geht
auf Benutzung des dienenden Grundstücks in einzelnen Beziehungen. Berechtigter
kann nur eine bestimmte natürliche oder juristische Person sein. Die Beteiligten können den Umfang der Ausübung — im Gegensatz zur Grunddienstbarkeit — beliebig
regeln, da § 1019 nicht entsprechend gilt (s. dazu auch § 1091).

Beispiele: a) Zugunsten des Rentners R wird im Grundbuch eine beschränkte persönliche Dienstbarkeit mit dem Inhalt eingetragen, daß Schreinermeister S, der Nachbar des R, auf seinem Grundstück keine Schreinerei betreiben darf. b) Vereinbarung eines Entnahmerechts für Bodenbestandteile zum Verkauf (anders bei Grunddienstbarkeit!).

b) Die §§ 1020—1024, 1026—1029 und 1061 über die Grunddienstbarkeit werden auf die beschränkte persönliche Dienstbarkeit entsprechend angewendet (§ 1090 II).

c) Neben dem dinglichen Wohnungsrecht des § 1093 sind zwei wichtige Formen be- 774
schränkter persönlicher Dienstbarkeiten außerhalb des BGB geregelt: *Dauerwohnrecht* (§ 31 I WEG) und *Dauernutzungsrecht* (§ 31 II WEG). Zwischen Eigentümer
und Berechtigtem liegt wie beim Pfandrecht ein gesetzliches Schuldverhältnis vor
(Rdnr. 695). Das Grundgeschäft ist i. d. R. ein Rechtskauf.

3.3 Reallast

a) Die Bestellung der Reallast begründet zugunsten des Berechtigten das Recht auf
wiederkehrende Leistungen aus dem Grundstück (§ 1105 I). Die Reallast ist — je nach der
vertraglichen Gestaltung — den Nutzungsrechten oder den Sicherungsrechten an Grundstücken zuzuordnen (dazu *Baur*, Sachenrecht, § 35 I 1 c).

Beispiele: a) Bauer A hat sich zur Ruhe gesetzt und seinen Hof dem Sohn B übertragen. Sie vereinbaren einen Altenteilsvertrag, der — als Reallast — die Verpflichtung des B zur Leistung einer bestimmten Menge an Milch, Butter und Getreide an A bis zu dessen Lebensende enthält. b) A und B vereinbaren die Zahlung regelmäßig wiederkehrender Geldleistungen: Rentenreallast; zulässig, da die Reallast eine Form mittelbarer wirtschaftlicher Grundstücksnutzung darstellt.

Die Bestellung der Reallast erfolgt durch Einigung und Eintragung (§ 873).

b) Wenn es im Gesetz heißt, die Leistung sei „aus dem Grundstück" zu entrichten
(§ 1105 I), so wird damit auf die *dingliche Haftung des Grundstücks* abgehoben (ähnlich auch § 1113). Der Eigentümer des Grundstücks haftet für die Reallast als solche
und für Leistungsrückstände mit dem Grundstück (§ 1105 I) und — Besonderheit der

Reallast! — auch mit seinem sonstigen Vermögen für die fällig werdenden Einzelleistungen (§ 1108).

3.4 Erbbaurecht

776 a) Das Erbbaurecht ist das Recht, auf oder unter fremdem Grund und Boden ein Bauwerk zu haben (§ 1017; § 1 I ErbbaurechtsVO). Es ist ein Nutzungsrecht an einem Grundstück und zugleich ein grundstücksgleiches Recht. Daher kann es wie ein Grundstück mit Grundpfandrechten (Rdnr. 722 ff.) belastet werden.

b) Das Erbbauwerk ist wesentlicher Bestandteil des Erbbaurechts (§ 12 ErbbaurechtsVO), so daß der Berechtigte Eigentümer des von ihm erbauten oder schon vorhandenen Hauses wird. Zu beachten ist, daß das Entgelt (Erbbauzins) nicht zum Erbbaurecht, sondern zum Grundgeschäft gehört.

Literaturhinweise:

Baur, Sachenrecht, §§ 18 B, 19−25, 29, 32−47.
Brox, JA 1984, S. 182 ff. (zum Nachbarrecht).
Ehlke, JuS 1979, S. 200 ff. (zum Anwartschaftsrecht am Grundstück).
Klinkhammer/Blanke, JuS 1973, S. 666 ff. (zu Hauptproblemen des Hypothekenrechts).
Knöpfle, JuS 1981, S. 157 ff. (zur Vormerkung).
Medicus, AcP 163, S. 1 ff. (zu Vormerkung, Widerspruch und Beschwerde).
Schwab, Sachenrecht, §§ 15, 16, 18, 26−28, 51−64, 72−74, 78−80.
Seikelmann, Die Grundschuld als Sicherungsmittel, 1963.
Thieme, JR 1953, S. 89 ff. (zur Sicherungs und Eigentümergrundschuld).
Weimar, Das BGB in Fällen, Bd. 3 b, Fälle zu §§ 873−900, 925−926, 1018−1029.
    1030−1047, 1090−1098, 1105−1112, 1113−1187.
Wiegand, JuS 1975, S. 205 ff. (zum öffentlichen Glauben des Grundbuchs).

Kontrollfragen:

1. Der geschäftsunfähige E verkauft und übereignet sein Grundstück an K 1, der im Grundbuch als neuer Eigentümer eingetragen wird und es danach an K 2 veräußert. Wird K 2 Eigentümer des Grundstücks? Was hätte der Vormund des E tun sollen?

2. Welche beschränkten dinglichen Rechte an Grundstücken kennt das BGB? Welche unterschiedlichen Funktionen kommen ihnen zu?

3. Was versteht man unter einer Verkehrshypothek, was ist das „Gegenstück" dazu? Nennen Sie die wichtigsten Arten der Hypothek.

4. Was unterscheidet Hypothek und Grundschuld? Was ist eine Sicherungsgrundschuld?

Antworten zu den Kontrollfragen finden Sie auf S. 291 f.

V. Die Ansprüche des Eigentümers und des Besitzers

1. Ansprüche des Eigentümers

1.1 Der dingliche Herausgabeanspruch

Der Eigentümer kann vom — *unrechtmäßigen* — Besitzer die Herausgabe der Sache verlangen (§ 985).

777

a) Daß nur der unrechtmäßige Besitzer zur Herausgabe verpflichtet ist, ergibt sich aus § 986; danach greift gegenüber demjenigen, der ein Recht zum Besitz hat, der Herausgabeanspruch aus § 985 nicht durch. Der Besitzer kann nämlich die Herausgabe der Sache verweigern, wenn er oder der mittelbare Besitzer, von dem er sein Recht zum Besitz ableitet, dem Eigentümer gegenüber zum Besitz berechtigt ist (§ 986 I 1).

Ist der mittelbare Besitzer (Rdnr. 624) dem Eigentümer gegenüber zur Überlassung des Besitzes an den Besitzer nicht befugt, so kann der Eigentümer von dem Besitzer die Herausgabe der Sache an den mittelbaren Besitzer oder, wenn dieser den Besitz nicht wieder übernehmen kann oder will, an sich selbst verlangen (§ 986 I 2).

> **Beispiel:** M mietet vom R-Autoverleih einen Pkw. Obgleich vertraglich Untervermietung untersagt war, vermietet M an D. Verlangt R nun von D Herausgabe des Fahrzeugs an M und weigert sich dieser, den Wagen zu nehmen (weil er sich z. B. über das Vorgehen der Firma R ärgert), so kann R Herausgabe unmittelbar an sich selbst fordern.

Der Eigentümer kann nicht nur vom unmittelbaren, sondern auch von einem nur mittelbaren Besitzer die Herausgabe der Sache verlangen, da sich dieser ja die Sache vom unmittelbaren Besitzer verschaffen kann (BGHZ 53, S. 29); alternativ kann der Eigentümer die Einräumung des mittelbaren Besitzes verlangen. Bei § 985 handelt es sich also um den Herausgabeanspruch des nicht oder nicht unmittelbar besitzenden Eigentümers gegen den (unmittelbar oder mittelbar) besitzenden Nichteigentümer.

b) Der Anspruch auf Herausgabe ist ausgeschlossen, wenn der Besitzer ein *Recht zum Besitz* hat (§ 986 I 1 1. Alt.).

778

aa) Ein solches Recht zum Besitz kann auf einem dinglichen oder obligatorischen Recht beruhen.

> **Beispiele:** Dingliche Rechte, die zum Besitz der Sache berechtigen, sind insbesondere Nießbrauch (§§ 1036 I, 1032 S. 1), Wohnungsrecht (§ 1093), Pfandrecht (§§ 1205, 1206). Obligatorische Rechte, die zum Besitz berechtigen, können sich aus Kauf, Miete usw. ergeben, ebenso aus Kauf auf Probe oder unter Eigentumsvorbehalt.

bb) Obligatorische Besitzrechte wirken auch gegenüber dem Rechtsnachfolger des Eigentümers, wenn die Veräußerung gem. § 931 erfolgt ist (§ 986 II; für dingliche — gegenüber jedermann wirkende — Rechte gilt dies ohnehin).

cc) Es genügt auch, wenn das Recht zum Besitz dem mittelbaren Besitzer (Oberbesitzer) zusteht und nur noch mittelbar zugunsten des Besitzers wirkt (§ 986 I 1 2. Alt.); das gilt jedoch nicht, wenn der mitteibare Besitzer zur Weitergabe des Besitzes nicht befugt war (§ 986 I 2).

> **Beispiel:** M hat den von ihm bei V gemieteten Pkw unberechtigt an D weitervermietet. Verlangt Eigentümer V nun Herausgabe des Wagens von D, so kann dieser sich nicht auf ein dem M gegenüber dem V zustehendes Recht zum Besitz berufen (§ 986 I 2).

779 dd) Das Recht zum Besitz (§ 986) stellt eine rechtshindernde oder rechtsvernichtende *Einwendung* (und nicht eine Einrede, vgl. dazu Rdnr. 10) dar, die im Prozeß ohne Rücksicht darauf zu beachten ist, ob sich eine der Parteien darauf beruft (s. dazu BGHZ 82, S. 13).

1.2 Der Beseitigungs- und Unterlassungsanspruch (Abwehrklage)

780 a) Nach § 1004 kann der Eigentümer gegen solche Beeinträchtigungen vorgehen, die keine Besitzentziehung oder -vorenthaltung (hierfür gelten §§ 985 ff.) darstellen; der Anspruch zielt auf Beseitigung (§ 1004 I 1) oder Unterlassung (§ 1004 I 2) der Beeinträchtigung; diese kann auf dem Verhalten eines anderen oder auf dem Zustand einer Sache beruhen, der dem Ausübungsinhalt des Eigentums widerspricht. Eine Verhaltenspflicht muß nicht verletzt sein (BGH NJW 1976, S. 416).

> **Beispiele:** a) A benutzt täglich den Weg über das Grundstück des B in der − irrigen − Annahme, es sei ein öffentlicher Weg. b) Vom Steinbruch der Firma F fliegen bei Sprengungen Steinbrocken auf das Grundstück des E. c) Nachbar N betreibt in seiner ausgebauten Garage eine Diskothek; er veräußert die Diskothek an E: der Lärm geht weiter. d) A läßt bei seinem Bauvorhaben (Hanggrundstück) den Hang abschrägen; bei einem Unwetter kommt es dadurch zu einer Erdabschwemmung, die das Nachbargrundstück beeinträchtigt.

Wichtig ist § 1004 im Grundstücksrecht, während die Vorschrift für den Schutz beweglicher Sachen praktisch zurücktritt. Grund: Hier erfolgen Beeinträchtigungen in meist anderer Weise als in der in § 1004 beschriebenen Art (vgl. aber auch zur entsprechenden Anwendung des § 1004 Rdnr. 599).

781 b) Im Unterschied zum Beseitigungsanspruch (§ 1004 I 1) setzt der Unterlassungsanspruch die Besorgnis weiterer Beeinträchtigungen voraus (*Wiederholungsgefahr*, § 1004 I 2). Der Anspruch kann — über § 1004 I 2 hinaus — auch bei erstmals drohenden Beeinträchtigungen schon gegeben sein (vgl. BGH LM § 1004 Nr. 32).

c) Dem Eigentümer zugefügte Schäden an der Sache werden nicht als „Beeinträchtigung" i. S. des § 1004 behandelt; hier kommt vielmehr eine Schadensersatzpflicht des Handelnden gem. §§ 989 ff. (Rdnr. 790) bzw. §§ 823 ff. (Rdnr. 572 ff.) in Betracht.

> **Beispiel:** Stürzt der Schornstein des Nachbarn N trotz ordnungsgemäßer Wartung zusammen und fallen Steine auf das angrenzende Grundstück des E, so kann E nach § 1004 I 1 die Beseitigung der Steine verlangen. Schadensersatzpflichtig ist N, wenn ihn ein Verschulden trifft.

782 d) Nach § 1004 II ist der Anspruch ausgeschlossen, wenn der Eigentümer duldungspflichtig ist. Duldungspflichten können sich z. B. aus §§ 906, 904 ergeben (vgl. dazu näher Rdnr. 716 ff.).

e) Die Beeinträchtigung muß in jedem Fall rechtswidrig sein, nicht dagegen auch schuldhaft begangen sein. Beseitigungs- oder unterlassungspflichtig ist der *Störer*. Dabei ist zwischen Handlungs- und Zustandsstörer zu unterscheiden. Als *Handlungsstörer* wird bezeichnet, wer durch Tun oder pflichtwidriges Unterlassen (vgl. dazu Rdnr. 573) die Beeinträchtigung unmittelbar verursacht. *Zustandsstörer* ist, wer zwar nicht unmittelbar durch eigene Handlung, aber durch sein Verhalten wenigstens mittelbar adäquat einen beeinträchtigenden Zustand herbeigeführt hat. Die nicht beherrschbar auf den Zustand einer Sache, insbesondere einer Anlage, zurückzuführende Beeinträchtigung begründet keine Störereigenschaft (BGH NJW 1984, S. 2207).

Beispiele: a) A lädt Müll auf dem Grundstück des E ab: A ist Handlungsstörer. b) Aus der Gaststätte des G dringt unerträglicher Lärm zum Haus des E. Obgleich es die Besucher der Gaststätte sind, die den Lärm produzieren, ist G Handlungsstörer, wenn er es pflichtwidrig unterläßt, auf eine Herabsetzung der Lautstärke hinzuwirken. c) G mag seine Gaststätte nicht mehr betreiben und verpachtet sie an D; das Anwesen des E ist (weiterhin) starken Lärmbelästigungen ausgesetzt. Hier ist G Zustandsstörer, da er den störenden Zustand veranlaßt hat und gegen den Lärm nichts unternimmt; D ist Handlungsstörer. d) Das Haus des N wird vom Blitz getroffen; Gebäudeteile fallen auf das Nachbargrundstück des E: ein bloßes Naturereignis, das die Störung hervorrief; allein das Eigentum an der Sache begründet noch keine Haftung, vielmehr muß die Einwirkung beherrschbar auf eine von Menschenhand geschaffene oder gehaltene Anlage zurückgehen (str.). § 1004 begründet also keine unbegrenzte Garantenstellung auch bei Einwirkung von Naturkräften (vgl. BGHZ 29, S. 314).

1.3 Der Anspruch auf Grundbuchberichtigung

a) Der Grundbuchberichtigungsanspruch (§ 894) dient dem Schutz des im Grundbuch nicht oder nicht richtig eingetragenen Berechtigten. Den Anspruch hat auch derjenige, dessen Recht durch die Eintragung einer nicht bestehenden Belastung oder Beschränkung beeinträchtigt ist. **783**

b) Voraussetzung des Anspruchs ist die *Unrichtigkeit des Grundbuchs*. Diese muß ein Grundstücksrecht, ein Recht daran oder eine Verfügungsbeschränkung betreffen. — Unrichtig ist das Grundbuch, wenn Buchinhalt und materielle Rechtslage nicht übereinstimmen.

Beispiele: a) Rechtsänderung ohne Eintragung bei Erbfällen (§ 1922). b) Zuschlag im Zwangsversteigerungsverfahren (§ 90 ZVG) ohne Eintragung des Eigentumswechsels. c) Anfechtung der dinglichen Einigung bei einem eingetragenen Recht. d) Fehlerhafte Eintragung durch den Grundbuchbeamten.

Wer durch die Unrichtigkeit des Grundbuchs in seiner dinglichen Rechtsstellung beeinträchtigt ist, kann von demjenigen, der durch die Berichtigung betroffen wird, Zustimmung zur Grundbuchberichtigung verlangen.

Beispiel: Der wahre Berechtigte E kann vom irrtümlich als Eigentümer des Grundstücks eingetragenen D Zustimmung zur Berichtigung verlangen.

c) Wenn die Zustimmung erteilt wird, nimmt das Grundbuchamt die Berichtigung auf Antrag des Berechtigten vor; wird sie verweigert, muß der Berechtigte auf Berichtigungsbewilligung klagen (vgl. § 894 ZPO). Nicht erforderlich ist die Zustimmung des Betroffenen, wenn dem Berechtigten der Nachweis der Unrichtigkeit des Grundbuchs durch öffentliche Urkunden gelingt (§§ 22, 29 GBO).

d) Zur Sicherung des Berichtigungsanspruchs kann ein *Widerspruch* eingetragen werden (§ 899; vgl. auch Rdnr. 714, 728). Auf Antrag erfolgt die Eintragung, wenn die Bewilligung durch den von der Berichtigung Betroffenen erteilt wird (§ 899 II 1); ferner kann Eintragung aufgrund einstweiliger Verfügung erreicht werden (§ 899 II 2). Auch von Amts wegen kann ein Widerspruch einzutragen sein (vgl. § 53 I 1 GBO). **784**

Ist der Widerspruch eingetragen, wirkt er zwar nicht als „Grundbuchsperre", auch nicht als Verfügungsbeschränkung, zerstört aber den öffentlichen Glauben des Grundbuchs als Grundlage gutgläubigen Erwerbs vom Nichtberechtigten (vgl. Rdnr. 711 ff.). Verfügungen des im Grundbuch eingetragenen Scheinberechtigten sind dem durch den Widerspruch Geschützten gegenüber („relativ") unwirksam.

Beispiele: a) A ist im Grundbuch als Eigentümer eingetragen, B ist wahrer Eigentümer. A veräußert trotz eines zugunsten des B eingetragenen Widerspruchs an C; C wird eingetragen (keine Grundbuchsperre!): kein Erwerb des Eigentums durch C; dieser muß die Berichtigung des Grundbuchs dulden und die Berichtigungsbewilligung erteilen. b) A ist im Grundbuch als Eigentümer eingetragen; A ist jedoch ebensowenig wie B, zu dessen Gunsten ein Widerspruch eingetragen ist, Berechtigter. Eigentümer ist in Wirklichkeit C. Veräußert nun A an Z, so ist gutgläubiger Erwerb durch diesen möglich, da C durch die Eintragung des Widerspruchs nicht geschützt ist.

1.4 Der Anspruch auf Nutzungsherausgabe und Schadensersatz

1.4.1 Anwendungsbereich der §§ 987—993

785 a) Dem Eigentümer stehen Ansprüche aus §§ 987 ff. nur zu, wenn — neben weiterer Voraussetzungen — der Besitzer (Fremd- oder Eigenbesitzer) kein Besitzrecht hat (*Vindikationslage*).

b) Die Regelung erfaßt den redlichen (gutgläubigen) und den unredlichen (bösgläubigen) sowie den deliktischen Besitzer; diese Differenzierung ist für den Umfang der Ansprüche wichtig.

aa) *Unredlich* ist der Besitzer, wenn er beim Erwerb des Besitzes weiß oder grob fahrlässig nicht weiß, daß er zum Besitz nicht berechtigt ist; gleichgestellt ist der Fall, daß der Besitzer nachträglich positive Kenntnis von seiner fehlenden Besitzberechtigung erlangt (vgl. § 990 I 2). Erhält der „Besitzdiener" (Rdnr. 622) für den „Besitzherrn" den Besitz, so genügt die Unredlichkeit des „Besitzherrn"; ist dieser redlich, so wird ihm eine etwaige Unredlichkeit des „Besitzdieners" allerdings zugerechnet (entspr. § 166; vgl. BGHZ 32, S. 53).

bb) Als *deliktischer* Besitzer wird behandelt, wer den Besitz durch schuldhaft verbotene Eigenmacht (Rdnr. 791) oder strafbare Handlung erlangt hat (vgl. § 992).

786 c) Im Verhältnis des Eigentümers zum Besitzer geht, solange die „Vindikationslage" (Rdnr. 785) besteht, die Sonderregelung der §§ 987 ff. anderen Anspruchsgrundlagen vor; insbesondere treten die §§ 823 ff. demgegenüber zurück. Dies ergibt sich aus §§ 992, 993 I 2. Halbs., nach denen der gutgläubige Eigenbesitzer, der sich zu Unrecht für den Eigentümer hält, auch dann nicht haftet, wenn er die Sache schuldhaft vernichtet, beschädigt oder aus einem anderen Grund nicht herausgeben kann.

Ausnahmsweise tritt trotz bestehender „Vindikationslage" eine Haftung nach § 823 I ein, wenn ein Fremdbesitzer, der aufgrund eines ihm in Wirklichkeit nicht zustehenden Rechts (z. B. unwirksamer Mietvertrag) für einen anderen besitzt, die Sache schuldhaft vernichtet, verschlechtert oder sonst nicht herausgeben kann (sog. *Exzeß des vermeintlich berechtigten Fremdbesitzers*). Er soll wie ein „normaler" Fremdbesitzer nach § 823 I haften, der sich z. B. bei wirksamem Mietvertrag ja auch nicht auf die günstigeren §§ 987 ff., insbesondere § 993 I 2. Halbs., berufen kann.

Beispiele: a) Wer einen Pkw mietet und ihn schuldhaft zerstört, haftet aus Mietvertrag und nach § 823 I wegen Eigentumsverletzung. b) War der Mietvertrag unerkannt nichtig (z. B. wegen verdeckten Einigungsmangels, vgl. Rdnr. 122), haftet der Besitzer — trotz bestehender „Vindikationslage" — bei verschuldetem Untergang nach § 823 I („Exzeß" des Fremdbesitzers). Grund: Der unrechtmäßige, wenn auch redliche Fremdbesitzer kann bei Überschreitung seines vermeintlichen Besitzrechts nicht besser stehen als ein rechtmäßiger Besitzer. Er soll aber auch nicht schlechter stehen: daher verjährt der Anspruch aus § 823 I hier trotz § 852 in der kurzen Zeit des § 558 (vgl. dazu BGHZ 47, S. 53).

1.4.2 Anspruch auf Nutzungsherausgabe

a) Soweit der Besitzer *redlich* ist, haftet er auf die Herausgabe von Nutzungen (zum Nutzungsbegriff Rdnr. 35) nur für die Zeit nach Rechtshängigkeit; zuvor gezogene Nutzungen gebühren ihm, soweit sie den Regeln einer ordnungsgemäßen Wirtschaft entsprechend gezogen wurden (§ 993 I).   **787**

> **Beispiel:** Wenn A, der ein Grundstück aufgrund vermeintlichen Besitzrechts besaß, an diesem „Raubbau" getrieben hat, gebühren ihm die Nutzungen nicht („Übermaßfrüchte").

Ist dagegen der Besitz unentgeltlich erlangt worden, so sind alle gezogenen Nutzungen nach Bereicherungsgrundsätzen herauszugeben (§ 988; zur Gleichstellung von rechtsgrundlosem und unentgeltlichem Erwerb vgl. Rdnr. 563).

Vom Zeitpunkt der Rechtshängigkeit an haftet der redliche Besitzer auf Herausgabe sämtlicher gezogener Früchte (§ 987 I) und auf Schadensersatz wegen schuldhaft entgegen den Regeln einer ordnungsgemäßen Wirtschaft nicht gezogener Früchte (§ 987 II).

b) Der *unredliche* Besitzer haftet auf Nutzungsherausgabe wie der redliche Besitzer nach Rechtshängigkeit (§ 990 I); sofern die Verzugsvoraussetzungen (§§ 284 ff.) eingetreten sind, haftet er über § 990 II für den zufälligen Untergang (§ 287 S. 2), für Schäden wegen Vorenthaltung der Sache (§ 286 I) und für unterbliebene Fruchtziehung, die nur dem Eigentümer zustand.   **788**

c) Der *deliktische* Besitzer haftet für Nutzungen nach den Vorschriften über unerlaubte Handlungen (§ 992); da es sich um eine Rechtsgrundverweisung handelt, müssen die Voraussetzungen der §§ 823 ff. erfüllt sein, insbesondere ist Verschulden bei der Besitzverschaffung und späteren Eigentumsverletzung erforderlich.   **789**

1.4.3 Der Schadensersatzanspruch des Eigentümers

a) Auf Schadensersatz haftet der *redliche* Besitzer vor Rechtshängigkeit überhaupt nicht (§ 993 I; zur Ausnahme beim Fremdbesitzerexzeß vgl. Rdnr. 786), danach haftet er für jedes Verschulden (§ 989). Anders verhält es sich, wenn der Besitzer seinen Besitz von einem mittelbaren Besitzer ableitet und er diesem gegenüber ersatzpflichtig ist; in diesem Fall ist der (unmittelbare) Besitzer auch vor Rechtshängigkeit Schadensersatzansprüchen des Eigentümers ausgesetzt (§ 991 II).   **790**

> **Beispiel:** A hält sich — irrig — für den Eigentümer eines wertvollen Buches, das dem B gehört. Verleiht A das Buch an C und entfernt dieser z. B. einige Seiten, so haftet C dem B gegenüber aus § 991 II, da er auch dem A gegenüber haften müßte.

b) Ist der Besitzer beim Besitzerwerb *unredlich*, so haftet er für jedes Verschulden (§ 990 I 1), im übrigen vom Zeitpunkt des Eintritts der Bösgläubigkeit an (§ 990 I 2).

c) Der *deliktische* Besitzer haftet nach den Vorschriften über unerlaubte Handlungen (§ 992); gem. § 848 muß er auch für Zufallsschädigungen einstehen. Ist er zugleich unredlicher Besitzer — dies ist häufig der Fall —, so haftet er auch nach § 990 I, II.

2. Ansprüche des Besitzers

2.1 Der Anspruch wegen Besitzentziehung und Besitzstörung

Der Besitzschutz (§§ 858 ff.) ist gegen eine Besitzentziehung oder -störung durch verbotene Eigenmacht gerichtet; ein durch verbotene Eigenmacht erlangter Besitz ist fehlerhaft (§ 858 II 1).

791 a) *Verbotene Eigenmacht* liegt vor, wenn die Besitzentziehung oder -störung ohne (nicht notwendig gegen) den Willen des unmittelbaren Besitzers erfolgt, sofern die Besitzbeeinträchtigung nicht ausnahmsweise gesetzlich erlaubt ist. Gleichgültig ist, ob ein dingliches oder obligatorisches Recht auf Besitzeinräumung oder auf Duldung der Beeinträchtigung besteht (RGZ 146, S. 182).

> **Beispiel:** Hat A dem B ein Buch geliehen, ohne daß eine Zeit für den Ablauf der Leihfrist festgelegt ist und ohne daß die Leihfrist aus dem Zweck des Gebrauchs bestimmbar ist, so kann A das Buch jederzeit von B zurückfordern (§ 604 III); er darf es aber dem B nicht eigenmächtig wegnehmen.

aa) Der eigenmächtige Eingriff in fremden Besitz ist z. B. aufgrund der Regeln über Notstand (§§ 228, 904), Notwehr (§ 227) und erlaubte Selbsthilfe (§ 229) sowie aufgrund öffentlich-rechtlicher Vorschriften (insbesondere über das Tätigwerden der Polizei, des Gerichtsvollziehers — vgl. §§ 758, 808, 883 ff. ZPO — usw.) gestattet.

bb) Verschulden des Handelnden, insbesondere das Bewußtsein der Rechtswidrigkeit, ist für die verbotene Eigenmacht nicht erforderlich.

> **Beispiel:** Wenn A eine Sache bei B hinterlegt hat und er sein Rückforderungsrecht (§ 695) so versteht, daß er damit jederzeit und ohne Wissen des B befugt sei, die Sache wieder an sich zu nehmen, dann liegt in der „Abholung" verbotene Eigenmacht unabhängig davon, ob der dem A bei der Beurteilung der Rechtslage unterlaufene Irrtum diesem vorgeworfen werden kann (dazu bereits RGZ 67, S. 389).

792 cc) Eine Besitzentziehung ist anzunehmen, wenn dem Besitzer die tatsächliche Sachherrschaft nicht nur vorübergehend entzogen wird. Besitzstörung ist gegeben bei einer „in anderer Weise" als durch Besitzentziehung erfolgenden Besitzbeeinträchtigung (insbesondere durch physisches und psychisches Einwirken).

dd) Voraussetzung ist weiterhin, daß die Besitzentziehung oder -störung ohne den Willen des unmittelbaren Besitzers geschieht. Für das Einverständnis ist (nur) natürlicher, kein rechtsgeschäftlicher Wille erforderlich (str.; vgl. schon Rdnr. 631). Das Einverständnis muß regelmäßig zur Zeit der Vornahme der eigenmächtigen Handlung gegeben sein, eine vorweggenommene Gestattung kann also u. U. genügen.

793 b) Der durch verbotene Eigenmacht erlangte Besitz ist *fehlerhaft* (§ 858 II 1); dies kann der bisherige Besitzer und dessen Rechtsnachfolger geltend machen. Zu beachten ist, daß derjenige, der fehlerhaft besitzt, anderen Personen als dem ehemaligen Besitzer und dessen Rechtsnachfolger gegenüber vollen Besitzschutz genießt.

> **Beispiel:** Selbst ein Dieb braucht nicht tatenlos zuzusehen, wenn ihm die Beute später entwendet wird.

Wer den fehlerhaft Besitzenden beerbt, muß die Fehlerhaftigkeit gegen sich gelten lassen (§ 858 II 2 1. Alt.); wer auf andere Weise Besitznachfolger wird, besitzt seinerseits nur dann fehlerhaft, wenn er beim Erwerb der Sache die Fehlerhaftigkeit des Besitzes seines Vorgängers kennt.

c) Die Ansprüche aus §§ 861, 862 sind begründet, wenn verbotene Eigenmacht verübt **794** worden ist; man spricht hier von *possessorischen* Ansprüchen. Der Beklagte kann sich demgegenüber *nicht* auf ein Recht zum Besitz (sog. petitorische Einwendung) berufen (§ 863), sondern nur dartun, verbotene Eigenmacht liege nicht vor.

> **Beispiel:** K hat von V eine gebrauchte Schreibmaschine gekauft, die V ihm bringen sollte. Da V nach einiger Zeit keine Anstalten dazu macht, geht K zu ihm und holt die Schreibmaschine eigenmächtig ab. Klagt nun V aus § 861 I gegen K, so ist dieser mit der Einwendung ausgeschlossen, er habe einen Anspruch auf Besitzverschaffung gegen V; ebensowenig vermag er sich — falls das Eigentum bereits übertragen war und V die Sache nur noch verwahrte — darauf zu berufen, er sei Eigentümer (§ 863; prozessual wird allerdings eine „petitorische Widerklage" zugelassen; dazu BGH NJW 1979, S. 1358).

Erst wenn durch ein rechtskräftiges Urteil festgestellt ist, daß dem Beklagten ein dingliches Recht an der Sache, das ihn zum Besitz berechtigt, zusteht, kann er sich darauf berufen, weil damit der Besitzanspruch des Klägers erloschen ist (vgl. § 864 II).

d) Ist der Besitz durch verbotene Eigenmacht entzogen, kann auf *Wiedereinräu-* **795** *mung des Besitzes* geklagt werden (§ 861, sog. *Besitzentziehungsklage*). Dieses Recht steht gem. § 869 auch dem mittelbaren Besitzer zu, wenn dem unmittelbaren Besitzer der Besitz entzogen ist; der Anspruch ist in diesem Fall gerichtet auf Wiedereinräumung des Besitzes an den unmittelbaren Besitzer (vgl. im übrigen § 869 S. 2 2. Halbs.).

e) Liegt eine Besitzstörung vor, so kann der Besitzer auf *Beseitigung der Störung* klagen **796** (§ 862 I 1, sog. *Besitzstörungsklage*); sind weitere Störungen zu besorgen, auch auf Unterlassung (§ 862 I 2).

> **Beispiel:** S lädt auf dem am Waldesrand gelegenen unbebauten Grundstück, das P von E gepachtet hat, Müll ab: Klage auf Beseitigung (§ 862 I 1); stellt sich S auf den Standpunkt „Grund und Boden ist für alle da" und steht zu befürchten, er werde auch künftig seinen Müll auf dem gepachteten Grundstück abladen, so kann P (auch) auf Unterlassung klagen (§ 862 I 2).

f) Zum Erlöschen der Besitzschutzansprüche durch Zeitablauf vgl. § 864 I.

2.2 Das Selbsthilferecht des Besitzers

a) Gegen die Ausübung verbotener Eigenmacht steht dem unmittelbaren Besitzer ein **797** *Selbsthilferecht* zu (§ 859), das für den Besitzer auch der „Besitzdiener" ausüben kann (§ 860). Besteht ein Besitzmittlungsverhältnis (vgl. Rdnr. 624), so darf nur der unmittelbare Besitzer zur Selbsthilfe gem. § 859 schreiten; der mittelbare Besitzer ist auf die für ihn modifizierten Besitzschutzansprüche der §§ 861, 862 verwiesen (§ 869 S. 1) und kann ggf. nach §§ 227 ff. vorgehen.

b) Solange die Besitzbeeinträchtigung droht oder die Störung noch andauert, ist die Befugnis zur *Besitzwehr* gegeben (§ 859 I; es handelt sich hierbei um eine besondere Form der Notwehr gem. § 227; vgl. Rdnr. 15). Ist die noch andauernde Störung zugleich eine Besitzentziehung, so greift § 859 II, III ein. Besitzwehr ist nur im Rahmen des Notwendigen rechtmäßig. Ist die Besitzentziehung bereits durch Begründung des unmittelbaren Besitzes beim Entziehenden vollendet, so ist das Recht zur Besitzkehr gegeben, das unter engen Voraussetzungen auf eigenmächtige Wiederverschaffung des Besitzes gerichtet ist (§ 859 II, III; hier liegt eine besondere Form der Selbsthilfe gem. § 229 vor; vgl. Rdnr. 19).

> **Beispiel:** Wenn D dem E den Koffer stiehlt, darf E ihm nachlaufen und dem D den Koffer wegnehmen (§ 859 II); das gleiche Recht könnte ein Gepäckträger, dem der Koffer abgenommen wird, für den E ausüben (§ 860).

2.3 Die Ansprüche aus früherem Besitz

798 § 1007 verleiht dem früheren rechtmäßigen oder gutgläubigen Besitzer einen petitorischen (vgl. oben Rdnr. 794) Herausgabeanspruch gegen den neuen Besitzer, wenn dieser beim Erwerb des Besitzes bösgläubig (§ 1007 I) oder die Sache dem früheren Besitzer abhanden gekommen war (§ 1007 II). Gegenüber den Ansprüchen aus § 1007 I, II kann der Besitzer — anders als bei den Besitzschutzklagen gem. §§ 861, 862 (s. oben Rdnr. 795, 796) — sich auf ein Recht zum Besitz berufen.

Dem Besitzer stehen als Gegenansprüche Verwendungsersatzansprüche zu (§ 1007 III i. V. m. §§ 994 ff.; vgl. dazu Rdnr. 800 ff.).

2.4 Sonstige Ansprüche: Schadensersatz und Bereicherung

799 a) Schuldhafte Besitzbeeinträchtigung kann — als Verletzung eines „sonstigen Rechts" — eine Schadensersatzpflicht nach § 823 I auslösen (vgl. dazu näher Rdnr. 575). Jedoch gehen die Schadensersatzansprüche aus dem Eigentümer-Besitzer-Verhältnis i. d. R. vor (vgl. oben Rdnr. 790), wenn eine Vindikationslage besteht.

b) Der Besitz kann Gegenstand einer Leistungskondiktion sein (§ 812 I 1 1. Alt.; dazu Rdnr. 552 ff.).

> **Beispiel:** L veräußert und übergibt ein von E geliehenes Buch an K; eine Übereignung ist noch nicht erfolgt. Ist der Kaufvertrag L — K nichtig, so kann L den Besitz nach § 812 I 1 1. Alt. herausverlangen.

Auch eine Eingriffskondiktion (§ 812 I 1 2. Alt.) kann gegeben sein, wenn ein Recht zum Besitz mit bestimmtem Zuweisungsgehalt (dazu Rdnr. 559) beeinträchtigt wird.

> **Beispiele:** a) M hat von E ein Geschäftshaus gemietet, an dessen Stirnseite D unberechtigt Reklametafeln anbringt: bis zur Beseitigung aufgrund der Besitzstörungsklage aus § 862 kann „Entschädigung" nach § 812 I 1 2. Alt. verlangt werden. b) Firmeninhaber A benutzt die freie Giebelfläche des seinem Betrieb benachbarten Hauses des B zu Werbezwecken, indem er allabendlich bei einbrechender Dunkelheit mittels eines Projektors auf die Giebelfläche seine Firmenreklame überstrahlt. Eine eigentliche Besitzstörung liegt darin anders als im Fall a) nicht ohne weiteres, wohl aber eine dem Zuweisungsgehalt des Eigentums widersprechende Nutzung der Giebelfläche, so daß hier eine Eingriffsbereicherung infolge unbefugter Nutzung in Betracht kommt (§ 812 I 1 2. Alt.).

2.5 Verwendungsersatzansprüche des Besitzers

800 a) Ist der Besitzer *redlich*, so kann er für die Zeit vor der Rechtshängigkeit notwendige Verwendungen ersetzt verlangen (§ 994 I 1). Notwendige Verwendungen sind solche, die zur Erhaltung und ordnungsgemäßen Bewirtschaftung der Sache objektiv erforderlich sind. Gewöhnliche Erhaltungskosten können für die Zeit, für die dem Besitzer die Nutzungen verbleiben, nicht verlangt werden (§ 994 I 2).

> **Beispiel:** Die Kosten, die A, der sich bei nichtiger Veräußerung gutgläubig für den Eigentümer des dem B gehörenden Pkw hielt, für regelmäßige Inspektion und Instandsetzungsarbeiten aufwandte, sind nicht zu ersetzen. Nach § 993 I verbleiben ihm die Nutzungen.

Gleiches gilt für Lasten (§ 995). Nur außergewöhnliche Lasten muß der Eigentümer ersetzen (§ 995 S. 2).

> **Beispiel:** Hypothekenzinsen können als gewöhnliche Lasten nicht ersetzt verlangt werden.

b) Andere Verwendungen als notwendige kann der redliche und unverklagte Besitzer **801** nur dann vom Eigentümer ersetzt verlangen, wenn sie im Zeitpunkt der Wiedererlangung der Sache durch den Eigentümer werterhöhend wirken (nützliche Verwendungen, § 996).

c) Dem *unredlichen* Besitzer steht Ersatz für notwendige Verwendungen nach den Grundsätzen der Geschäftsführung ohne Auftrag (§§ 683, 679, 684) zu; gleichgestellt ist der gutgläubige Besitzer nach Eintritt der Rechtshängigkeit (§ 994 II).

d) Der Besitzer kann die genannten Ansprüche klageweise geltend machen, wenn der **802** Eigentümer die Sache zurückerlangt oder er die Verwendung genehmigt (§ 1001 S. 1). Der Ersatzanspruch erlischt jedoch, wenn der Eigentümer die wiedererlangte Sache zurückgibt, sofern er nicht vorher genehmigt hat (§ 1001 S. 2).

e) Außer der Möglichkeit, Klage zu erheben, hat der Besitzer noch andere Möglichkei- **803** ten, den Ersatz von Verwendungen zu erreichen: es steht ihm ein Zurückbehaltungsrecht an der herausverlangten Sache zu, sofern er sie nicht durch eine vorsätzliche unerlaubte Handlung erlangt hat (§ 1000) oder die Verwendungen absolut oder im Verhältnis zu den herausverlangten Nutzungen geringfügig sind (§ 242; h. M.). Der Besitzer hat ferner ein Recht zur Befriedigung aus der Sache, wenn der Eigentümer trotz angemessener Fristsetzung die Verwendung nicht genehmigt (§ 1003).

2.6 Das Wegnahmerecht des Besitzers

a) Hat der Eigentümer der Hauptsache an einer damit vom Besitzer zu wesentlichem **804** Bestandteil verbundenen Sache gem. §§ 946, 947 II Eigentum erworben (vgl. dazu Rdnr. 653), dann hat der Besitzer — auch der unredliche und der redliche nach Eintritt der Rechtshängigkeit — ein Wegnahmerecht aus § 997 I.

> **Beispiel:** Der vermeintliche Eigentümer B hat in „seinem" Haus in einigen Räumen die Wände mit Holz verkleiden lassen. Der wahre Eigentümer E wird auch Eigentümer der Wandvertäfelung gem. §§ 946 I, 94. B hat nach § 997 ein Wegnahmerecht. Dieses Recht enthält die Befugnis zur Abtrennung und Aneignung der zu wesentlichem Bestandteil verbundenen Sache. E muß dulden, daß B die Wandtäfelung wieder „abtrennt" und sie sich selbst aneignet.

b) Unter den Voraussetzungen des § 997 II ist das Wegnahmerecht ausgeschlossen.

c) Der Besitzer kann nicht Bereicherungsausgleich nach § 951 I 1 fordern (vgl. dazu Rdnr. 565, 656), da § 997 eine abschließende Sonderregelung darstellt.

d) Verbindet der Besitzer eine eigene Sache mit der fremden zu deren nicht wesentlichem Bestandteil, bleibt er Eigentümer. Er kann sie also jederzeit wegnehmen oder herausverlangen (§ 985); allerdings kann das im Wegnahmerecht enthaltene Abtrennungsrecht (nicht das Aneignungsrecht) wichtig bleiben, wenn die Abtrennung nur unter Beschädigung der Hauptsache möglich ist. Ersatzpflicht trifft den Besitzer auch dann aus § 258 S. 1. Soweit ein besonderes Wegnahmerecht besteht (z. B. nach § 547 a), scheidet § 997 aus (vgl. Weimar, ZMR 1964, S. 69 ff.).

Literaturhinweise:

Baur, Sachenrecht, §§ 9, 11, 12, 18 C.
Gast, JuS 1985. S. 611 ff. (zum System des Eigentumsschutzes).
Pinger, Funktion und dogmatische Einordnung des Eigentümer-Besitzer-Verhältnisses, 1973.
Schwab, Sachenrecht, §§ 9–11, 17, 44–47.
Weimar, Das BGB in Fällen, Bd. 3 a, Fälle zu §§ 858–869, 985–1003, 1007; Bd. 3 b, Fälle zu §§ 894, 1004.

Kontrollfragen:

1. Kann der Eigentümer auch dann vom Besitzer Schadensersatz und/oder Nutzungsherausgabe verlangen, wenn dieser zum Besitz berechtigt ist?

2. B hat sich über mehrere Jahre hinweg für den rechtmäßigen Eigentümer eines mit einem Wohnhaus bebauten Grundstücks gehalten, das er von D, der im Grundbuch als Eigentümer eingetragen war, erworben hatte. Während dieser Zeit ließ B alle zwei Jahre die Fensterrahmen streichen, ferner ließ er das inzwischen baufällig gewordene Haus grundlegend renovieren. Nun stellt sich heraus, daß in Wahrheit E der Eigentümer des Grundstücks ist. Kann B von E, der seine Rechte aus dem Eigentum geltend macht, die Erstattung von Auslagen verlangen, die infolge der Durchführung der genannten Arbeiten angefallen sind?

3. Der A nimmt den B jeden Morgen in seinem Wagen mit zur Arbeit. Eines Tages verliert A die Gewalt über sein Fahrzeug, kommt von der Straße ab und überschlägt sich; er ist sofort tot. Der B kommt mit leichten Prellungen davon. Er nimmt den Aktenkoffer des A an sich, da er weiß, daß sich darin wichtige Dokumente, Wertpapiere und auch Bargeld befinden, und versteckt den Koffer in einem nahegelegenen Gebüsch, um ihn später abholen und an sich nehmen zu können. Hat er verbotene Eigenmacht verübt?

Antworten zu den Kontrollfragen finden Sie auf S. 292 f.

E. Hinweise zur Bearbeitung von Klausuren

I. Überlegungen im Vorstadium der Lösung

1. Arbeit am Sachverhalt

Die Grundregel lautet: den Sachverhalt — wenn nötig mehrfach — gründlich lesen! Das klingt banal, ist es aber nicht. Wer den Sachverhalt nicht richtig verstanden hat, der kann keine gelungene Falllösung liefern. — Unzulässig ist es, den Sachverhalt zu erweitern oder zu „quetschen", um zu erreichen, daß die Lösung, die dem Kandidaten vorschwebt, „paßt". Ebensowenig darf im Sachverhalt etwas einfach „unterstellt" werden. Ein nicht klarer Sachverhalt ist — in Grenzen — der Auslegung zugänglich.

Zwei für die Klausurlösung zentrale Punkte sind durch genaue Sachverhaltslektüre zu klären: 1. *Was (wonach)* ist gefragt? 2. *Wer* will etwas, *was* genau will er, *von wem* will er dies?

Zu Punkt 1: Nur die gestellten Fragen sind zu untersuchen und zu beantworten! Wer nicht gestellte Fragen behandelt, arbeitet am Sachverhalt vorbei. Was gefragt ist, steht i. d. R. am Ende des Klausurtextes.

> **Beispiele:** Kann S von G den gezahlten Betrag von 1000 DM zurückverlangen? — Wie ist die Rechtslage?

Die Frage nach der Rechtslage ist sachverhaltsbezogen zu konkretisieren. Regelmäßig geht es hier darum, ein bestimmtes Anspruchsinteresse der Beteiligten zu ermitteln. Wenn festgestellt ist, was gefragt ist, führt dies i. d. R. sogleich zur Heranziehung der (möglicherweise) einschlägigen Rechtsgrundlagen.

> **Beispiele:** a) Wenn gefragt ist, ob K vom Vertrag loskommen kann, dann können z. B. Kündigungs-, Anfechtungs- oder Rücktrittsmöglichkeiten zu erörtern sein. b) Wenn gefragt ist, ob G Zahlung von S verlangen kann, dann müssen auf dieses Leistungsverlangen bezogene Anspruchsgrundlagen geprüft werden.

Zu Punkt 2: Die Feststellung, welcher Beteiligte von wem etwas will, ist besonders wichtig, wenn mehrere Personen beteiligt sind; hier kann die Anfertigung einer Skizze die Übersicht erleichtern. Bei Beteiligung mehrerer Personen sind die Rechtsbeziehungen i. d. R. in *Zwei-Personen-Verhältnisse* aufzulösen, die *getrennt* untersucht werden müssen.

> **Beispiel:** Also nicht: „K könnte von V und X Herausgabe nach § 985 verlangen." Sondern: „Zunächst ist zu prüfen, ob K von V Herausgabe . . . verlangen kann." Dieser Anspruch ist im folgenden durchzuprüfen. Anschließend ist die Beziehung K — X zu untersuchen.

2. Sichtung entscheidungsrelevanter Rechtssätze

Welche Rechtssätze — z. B. Anspruchsnormen — jeweils zu prüfen sind, richtet sich a) nach deren Voraussetzungen für eine bestimmte Rechtsfolge und b) nach dem Sachverhalt.

> **Beispiel:** Wenn „Herausgabe" verlangt wird, ist — je nach dem konkreten Anspruchsgegenstand — an Vorschriften zu denken, deren Rechtsfolge eine entsprechende Herausgabe statuiert, z. B. §§ 687 II 1, 681 S. 2 i. V. m. 667; 985, 1007, 2018. Davon scheidet eine ganze Reihe von vornherein regelmäßig aus (wenn z. B. kein Anhaltspunkt für ein Auftragsverhältnis vorliegt, erübrigt sich insoweit eine Prüfung des § 667). Auch unter dem Gesichtspunkt des Schadensersatzes kann der Schuldner — je nach Sachlage — zur „Herausgabe" verpflichtet sein.

Von den oft mehreren, auf den ersten Blick in Betracht kommenden Anspruchsnormen sind in die schriftliche Ausarbeitung nur diejenigen aufzunehmen, die *sinnvollerweise* untersucht werden können, d. h. deren Prüfung aufgrund des gegebenen Sachverhalts für einen Rechtskundigen regelmäßig naheliegt.

II. Die Ausarbeitung der Lösung

1. Aufbaufragen

a) Das jeweilige Anspruchsinteresse ist entsprechend dem Grundsatz der Zwei-Personen-Verhältnisse (s. o.) im einzelnen zu prüfen.

> **Beispiel:** V hat an K einen Schrank verkauft; K soll den Kaufpreis vereinbarungsgemäß in Raten zahlen. V hat sich bis zur Zahlung der letzten Rate das Eigentum an dem Schrank vorbehalten. Es wird vereinbart, daß der Schrank von V einstweilen verwahrt werden soll. Bevor K die letzte Rate zahlt, verkauft und übereignet V den Schrank an D; erst danach zahlt K die letzte Rate. Welche Rechte hat K? — Zum Aufbau der zu prüfenden Rechtsbeziehungen und Ansprüche lassen sich hier folgende Gliederungsaspekte überlegen:
>
> I. Anspruch des K gegen D auf Herausgabe des Schrankes (§ 985)?
>
> II. Ansprüche des K gegen V:
>
> 1. aus §§ 440 I, 325 I 1 auf Schadensersatz wegen Nichterfüllung der Pflichten aus dem Kaufvertrag?
> 2. aus §§ 440 I, 325 I 1, 327, 346 ff. auf Rückgewähr der empfangenen Leistung?
> 3. aus §§ 688, 695, 280 I auf Schadensersatz wegen Nichterfüllung der Rückgabepflicht aus Verwahrung?
> 4. aus §§ 688, 695, 281 I auf Herausgabe des als Ersatz Erlangten bzw. auf Abtretung des Ersatzanspruchs?
> 5. aus § 160 I auf Schadensersatz?
> 6. aus §§ 687 II 1, 681 S. 2, 667; 678 auf Herausgabe des Erlangten bzw. auf Schadensersatz?
> 7. aus § 816 I 1 auf Herausgabe des Erlangten?
> 8. aus § 823 I auf Schadensersatz wegen schuldhafter Verletzung des mittelbaren Besitzes bzw. des Anwartschaftsrechts?
> 9. aus § 826 auf Schadensersatz wegen sittenwidriger Schädigung?
>
> III. Anspruchskonkurrenzen.

b) Soweit *Ansprüche* (im Unterschied zu den unter c) beschriebenen Fällen) zu prüfen sind − und dies ist häufig der Fall −, ist folgendes zu beachten:

aa) Auszugehen ist von einer *Anspruchsgrundlage* (*Anspruchsnorm*). Es darf also in der Klausur grundsätzlich nicht mit „allgemeinen" Erörterungen begonnen werden; diese würden, weil sie nicht anspruchsbezogen sind, sozusagen „in der Luft hängen". Nur eine anspruchsorientierte Untersuchung kann gewährleisten, daß die für die Lösung relevanten Fragen erkannt und damit überflüssige Erörterungen vermieden werden. Diese Vorgehensweise (*systematische Methode der Anspruchsprüfung*) schließt eine „historische" Betrachtung, soweit sie innerhalb der Anspruchsprüfung unumgänglich ist, nicht aus.

> **Beispiel:** Es ist zu prüfen, ob der Kaufpreisanspruch des V gerechtfertigt ist (§ 433 II; systematischer Ansatz). Dies hängt davon ab, ob ein Kaufvertrag zustande gekommen ist. Daran schließt sich eine Würdigung der verschiedenen Erklärungen von V und K an, die im Laufe z. B. einer längeren Korrespondenz abgegeben wurden (notwendige „historische" Betrachtung). Ergebnis: Vertrag ist zustande gekommen, daher Kaufpreisanspruch gegeben (§ 433 II).

Wichtig ist auch, jedenfalls zunächst nur von *einer* Anspruchsgrundlage (es können freilich mehrere, u. U. notwendig kombinierte Einzelnormen dabei zu untersuchen sein, vgl. §§ 440 I, 325 I 1, 327 S. I, 346 ff.) auszugehen.

Unzutreffend ist es, wenn z. B. so begonnen wird: „A könnte seinen Anspruch auf §§ 433 II, 812 I 1 stützen." Entweder unterscheidet der Verfasser hier nicht zwischen vertraglichen und bereicherungsrechtlichen Ansprüchen (und das wäre schlimm!), oder er verstößt bei dieser „Parallelprüfung" gegen den Grundsatz der „Einzelanspruchsprüfung".

bb) Bei der Anspruchsprüfung ist eine *Rangfolge* zu beachten: Zuerst sind *vertragliche* Ansprüche bzw. solche aus vertragsähnlichen Rechtsbeziehungen (z. B. Ansprüche aus culpa in contrahendo) zu prüfen. Danach sind — freilich nur soweit sie überhaupt in Betracht kommen — *dingliche* Ansprüche zu erörtern. Erst im Anschluß daran werden *bereicherungsrechtliche* und *deliktische* Ansprüche untersucht. Also ist der vertragliche Schadensersatzanspruch stets vor einem damit möglicherweise konkurrierenden deliktischen Ersatzanspruch zu prüfen.

c) Manchmal kommt es vor, daß ein Klausurfall nicht (ausschließlich) die Prüfung von Anspruchsgrundlagen verlangt. Dies trifft einmal dann zu, wenn gefragt ist, ob etwa bestimmte *Gestaltungsrechte* (insbes. Anfechtung, Kündigung) ausgeübt werden können. Zum anderen kann nur nach der *dinglichen Rechtslage* gefragt sein („Wer ist Eigentümer?"). Dann sind mögliche Änderungen der Rechtslage im wesentlichen nach ihrem historischen Ablauf zu verfolgen („historische" Methode).

Aber auch bei dieser Vorgehensweise wird zweckmäßig zumindest ein *systematischer* Ansatz den „historischen" Betrachtungen vorgeschaltet.

> **Beispiel:** „Ob E Eigentum erworben hat, hängt nach § 929 S. 1 davon ab, ob . . ." (folgt Darlegung der Voraussetzungen dieser Vorschrift).

d) Die Anspruchsnormen (bzw. Einwendungen) und die übrigen Rechtssätze, die zu prüfen der konkrete Fall Anlaß gibt, müssen in logisch aufeinanderfolgenden Teilschritten untersucht werden. Die Untersuchung hat sich auf alle gesetzlichen Tatbestandsmerkmale zu beziehen, soweit sie entscheidungserheblich sind.

aa) Grundsätzlich sind *alle* nach Sachlage sinnvollerweise in Betracht kommenden Anspruchsgrundlagen zu prüfen, auch wenn sie im Ergebnis einen voneinander abweichenden Anspruchsinhalt nicht haben, aber miteinander in Anspruchskonkurrenz stehen können. Hält der Bearbeiter eine Anspruchsnorm zwar für gegeben, hat er aber andere, ebenfalls naheliegende Anspruchsmöglichkeiten nicht geprüft, so ist der Klausurfall noch nicht abschließend gelöst.

Anspruchskonkurrenz liegt vor, wenn und soweit Rechtssätze sich ihrem Inhalt und systematischen Zusammenhang nach einander nicht ausschließen, sondern in bezug auf das intendierte Anspruchsziel — wenigstens teilweise — nebeneinander anwendbar sind. Die Identität der Rechtsfolgen — z. B. Verpflichtung zur Herausgabe einer Sache — kann bei den einzelnen Anspruchsnormen von unterschiedlichen Voraussetzungen abhängig sein (vgl. etwa § 985 einerseits, § 812 andererseits).

> **Beispiel:** Bei einer auf § 985 gestützten Klage, die auf Herausgabe einer beweglichen Sache gerichtet ist, muß der Kläger, der die Sache nicht besitzt (vgl. § 1006), sein Eigentum dartun und es im Streitfall beweisen, falls nicht § 1006 II greift, während bei § 812 als Klagestütze der Herausgabeanspruch am nicht behaupteten bzw. nicht bewiesenen oder fehlenden Eigentum nicht scheitert; hier wäre, wenn die Voraussetzungen für einen Herausgabeanspruch nach § 812 gegeben sind, im Streitfall eine Beweisaufnahme zur Frage des Eigentums des Klägers nicht erforderlich.

Die Prüfung *mehrerer* zielidentischer Anspruchsnormen ist demnach in erster Linie wegen der Darlegungs- und ggf. Beweislast geboten und arbeitstechnisch wichtig. Da im übrigen das Verteidigungsvorbringen des Beklagten nicht gegenüber einer jeden der konkurrierenden Anspruchsnormen erheblich zu sein braucht, ergibt sich aus der Prüfung der konkurrierenden, entscheidungsrelevanten Anspruchsnormen, mit welcher dieser Normen der Kläger im Einzelfall sein Anspruchsziel „auf kürzestem Wege" (Minimumvoraussetzungen) erreichen kann.

bb) Grundsätzlich muß jedes Tatbestandsmerkmal einer herangezogenen Norm auch geprüft werden. Ergibt sich im Einzelfall, daß ein zum gesetzlichen Tatbestand der Norm gehörendes Merkmal auf den Fall nicht zutrifft, kann die weitere Prüfung der Anspruchsgrundlage i. d. R. abgebrochen werden. Ist aber unsicher, ob ein Tatbestandsmerkmal zu bejahen bzw. zu verneinen ist, dann kann die Ungewißheit durch eine *zusätzliche* Begründung reduziert, das Ergebnis also sozusagen „auf zwei Beine gestellt" und damit sicherer gemacht werden.

> **Beispiele:** a) Ist es zweifelhaft, ob bei § 823 II das verletzte Schutzgesetz den geltend gemachten Schaden erfaßt, läßt sich aber ein Verschulden des Schädigers jedenfalls ausschließen, ist eine solche „Auffangbegründung" zu empfehlen. b) Läßt sich etwa darüber streiten, ob die geltend gemachte Anfechtung des Vertrags durchgreift, liegen aber andere Nichtigkeitsgründe vor, die nicht kontrovers sind, läßt sich das Ergebnis (nämlich: kein Erfüllungsanspruch) sicherer machen, wenn es auf diese anderen Nichtigkeitsgründe gestützt wird. Das heißt nicht, daß die zweifelhafte Anfechtung gar nicht zu erörtern wäre.

2. Darstellungsmodus

a) Der Bearbeiter hat regelmäßig ein Gutachten anzufertigen. Die Klausurlösung ist daher im den Rechtsfindungsprozeß im einzelnen darstellenden *Gutachtenstil* (im Gegensatz zum ergebnisbetonten, vorwiegend rechtfertigenden *Urteilsstil*) zu erarbeiten; der Bearbeiter muß sich schrittweise an das Ergebnis *herantasten* und dabei zeigen, *wie* er es im einzelnen findet: über Etappen oft sehr zahlreicher deduktiver Einzeloperationen („Mikroschritte"); er soll es nicht als bereits gefundenes vorweg bringen und nachträglich die es tragenden Gründe darlegen.

> **Beispiel:** A könnte einen Anspruch auf Zahlung von 1000 DM gegen B aus § 433 II haben. Voraussetzung hierfür ist, daß . . . Diese Voraussetzung wäre erfüllt, wenn . . . Dies ist hier aber nicht der Fall, da . . . Also hat A keinen Anspruch aus § 433 II gegen B. — Im Vordergrund steht hier die „Suche" nach dem Ergebnis, das nicht von vornherein festliegt.

An der gutachtenmäßigen Bearbeitung braucht nicht sklavisch festgehalten zu werden. So darf der Verfasser insbesondere im Zusammenhang mit der Darstellung von Teilergebnissen durchaus auch den *Urteilsstil* verwenden.

> **Beispiel:** A könnte den Ring von B nach § 985 herausverlangen. Dies setzt voraus, daß . . . (folgt Angabe der Anspruchsvoraussetzungen des § 985). A ist Eigentümer des Ringes geblieben, da B daran kein Eigentum erwerben konnte. Gem. § 935 ist nämlich der Erwerb des Eigentums an abhanden gekommenen Sachen auch bei gutem Glauben des Erwerbers ausgeschlossen. Im vorliegenden Fall hatte D den Ring gestohlen und an B veräußert und übergeben. Also kann A den Ring von B herausverlangen (§ 985).

Der Gebrauch des Konjunktivs ist typisch für den Gutachtenstil, er sollte jedoch nicht übertrieben werden. Insbesondere bei schwierigeren Fragen fördert er die — wünschenswerte — Offenlegung und damit die Überprüfbarkeit der juristischen Argumentation, vor allem wenn es um Wertungsfragen geht, bei denen der Prozeß des „Abwägens" möglichst transparent zu gestalten ist.

b) In zahlreichen Fällen steht weniger die Suche nach dem richtigen Ergebnis im Vordergrund, als vielmehr die Suche nach einer *Begründung* für ein an sich feststehendes — weil von niemandem bezweifeltes — Ergebnis.

> **Beispiel:** Der Sohn S des Betriebsinhabers B, der dem elterlichen Hausstand nicht mehr angehört (und deshalb gem. § 1619 zur Mitarbeit im Haushalt und Geschäft der Eltern nicht mehr verpflichtet ist), arbeitet gegen ein geringes Taschengeld im väterlichen Geschäft, weil er aufgrund entsprechender Zusagen des B damit rechnet, den Betrieb einmal zu erben. S fordert von B eine angemessene Entschädigung, nachdem er erfährt, daß B den Betrieb einem Dritten vermacht hat. Kein Zweifel: die Zuerkennung eines Entgeltanspruchs ist die billige und gerechte Lösung. Aber: Wie ist die Forderung rechtlich zu begründen? Zu prüfende Begründungsmöglichkeiten: Dienstvertrag (vgl. § 612: Auffangtatbestand), Gesellschaftsvertrag (§ 705), faktisches Arbeitsverhältnis, Vertragsvollzug mit Erklärungswirkung, ungerechtfertigte Bereicherung gem. § 812 1 2 2. Alt., Wegfall der Geschäftsgrundlage.

Hier steht jedenfalls nicht das Ergebnis, sondern seine *Begründung* im Mittelpunkt der Fallösung. Auch Klausuren mit Schwerpunkten allein in der Begründung kann es also geben; insoweit wiederum ist der apodiktische „Urteilsstil" nicht angebracht.

Literaturhinweise:

Eisenmann/Gnauk/Käß, Rechtsfälle aus dem Wirtschaftsprivatrecht für Studenten der Rechts- und Wirtschaftswissenschaften, 1983.
Fabricius, Der Rechtsfall im Privatrecht, 4. Aufl. 1984.
Hanau/Schilken, Die bürgerlich-rechtlichen Ansprüche, 1986.
Leonhard, Anleitung für die juristische Übungs- und Prüfungsarbeit, 10. Aufl. 1967.
Medicus, Bürgerliches Recht. Eine nach Anspruchsgrundlagen geordnete Darstellung zur Examensvorbereitung, 12. Aufl. 1984 (Nachdruck 1986).
Werner, Fälle und Lösungen für Anfänger im Bürgerlichen Recht, 4. Aufl. 1984.
Wieser, Übungen im Bürgerlichen Recht für Anfänger, 3. Aufl. 1986.

Weitere Literaturhinweise zur Klausurentechnik s. oben S. XXIV.

Antworten zu den Kontrollfragen

Im folgenden werden Hinweise für die Lösung der Kontrollfragen gegeben; der Anfänger kann auf diese Weise den Stand seines Grundwissens überprüfen. Der Rechtsstoff wird nicht erschöpfend behandelt, dem Leser soll — in knappester Form — nur ein elementarjuristischer Zugang zur Fragestellung eröffnet und der Einstieg in den unverzichtbaren „Minimalgehalt" ihrer Beantwortung vermittelt werden.

Abschnitt A: Allgemeiner Teil des BGB

II. Kap.: Subjektive Rechte

Frage 1: **Was ist ein „subjektives Recht", was versteht man unter „Anspruch"?**

Das subjektive Recht ist die dem einzelnen vom objektiven Recht (Rechtsordnung) verliehene Rechtsposition. Der Anspruchsbegriff bezeichnet sowohl die materielle Berechtigung als auch deren Durchsetzbarkeit (Rdnr. 2, 3, 12).

Frage 2: **Welcher Unterschied besteht zwischen einem absoluten und einem relativen Recht?**

Absolute Rechte wirken gegenüber jedermann, relative nur gegenüber bestimmten Personen (Rdnr. 6).

Frage 3: **Ist das Anfechtungsrecht nach §§ 119, 123 ein Gestaltungsrecht?**

Ja; denn mit der Ausübung des Anfechtungsrechts wird die Wirksamkeit eines Rechtsgeschäfts beseitigt; die Gestaltungswirkung bestimmt § 142 (Rdnr. 8).

Frage 4: **Gibt der Verstoß gegen Treu und Glauben (§ 242) eine Einrede oder begründet er eine Einwendung?**

Treu und Glauben (§ 242) ist allgemeiner Bestimmungsmaßstab für die Gestaltung der Schuldverhältnisse; daraus können sich Einwendungen, nicht „Gegenrechte" ergeben (Rdnr. 10).

Frage 5: **In welchen Bestimmungen ist das Verbot der unzulässigen Rechtsausübung gesetzlich verankert?**

§§ 826, 226, 242 (Rdnr. 14).

Frage 6: **Nennen Sie die Voraussetzungen zulässiger Notwehr.**

Angriff, Rechtswidrigkeit, Gegenwärtigkeit, rechtlich geschütztes Interesse, Erforderlichkeit der Abwehrhandlung (Rdnr. 15, 16).

Frage 7: **Was unterscheidet § 228 und § 904?**

§ 228 regelt die durch eine gefahrdrohende Sache entstandene Notstandssituation, § 904 die Gefahrenabwehr durch Einwirkung auf eine (neutrale) Sache, von der die Gefahr selbst nicht ausgeht (Rdnr. 17, 18).

III. Kap.: Rechtsgegenstände und Gegenstandsverbindungen

Frage 1: **Was sind vertretbare, was unvertretbare Sachen?**

Vertretbare Sachen sind ersetzbar (fungibel, Einzelkriterien s. § 91), unvertretbare nicht (Rdnr. 24).

Frage 2: **Was ist bei einer Sachgesamtheit in schuldrechtlicher und sachenrechtlicher Hinsicht zu beachten?**

Schuldrechtlich kann ein Sachinbegriff (Sachgesamtheit) als solcher zur Veräußerung bestimmt werden, sachenrechtlich kann nur ein Einzelgegenstand übertragen werden (Rdnr. 26).

Frage 3: **Ist das Dach eines Hauses wesentlicher Bestandteil des Grundstücks, auf dem das Haus steht?**

Ja, § 94 (Rdnr. 28).

Frage 4: **Kann Eigentum an Zubehör selbständig übertragen werden?**

Grundsätzlich ja; Ausnahmen in §§ 926, 1031 (Rdnr. 32, 33); vgl. auch §§ 314, 1096.

Frage 5: **In welcher Hinsicht ist das Vermögen einheitlicher Gegenstand, in welcher nicht?**

Das Vermögen kann nicht als einheitlicher Gegenstand betrachtet werden insofern, als über das Vermögen als solches nicht verfügt werden kann; ein entsprechender Verpflichtungsvertrag ist aber möglich (§ 311). Die Übertragung selbst kann nur durch Einzelakte erfolgen. Einheitlicher Gegenstand ist das Vermögen als Sondervermögen, z. B. bei der Erbschaft (Rdnr. 37). Wirtschaftlich sehr bedeutsam ist die Verschmelzung und Umwandlung von Kapitalgesellschaften; diese Rechtsvorgänge sind spezialgesetzlich geregelt (AktG, UmwandlungsG). Bei der Umwandlung von Kapitalgesellschaften in solche einer anderen Rechtsform liegt keine Vermögensübertragung vor. Grund: Die Rechtspersönlichkeit bleibt hier bestehen (vgl. §§ 362 ff. AktG).

IV. Kap.: Rechtssubjekte

Frage 1: **Was unterscheidet die Rechtsfähigkeit natürlicher und juristischer Personen hinsichtlich ihrer Entstehung?**

Die Rechtsfähigkeit natürlicher Personen beginnt „automatisch" mit beendeter Geburt; bei juristischen Personen ist ein − konstitutiv wirkender − Hoheitsakt notwendig: die gerichtliche Eintragung oder staatliche Verleihung der Rechtsfähigkeit (§§ 21, 22; vgl. Rdnr. 39, 42).

Frage 2: **A, B und C haben eine GmbH gegründet und sind deren Geschäftsführer. Sie wollen ein Grundstück für die GmbH erwerben; wer wird im Grundbuch als Eigentümer eingetragen? Wie wäre es, wenn für den Zusammenschluß die Rechtsform der bürgerlichrechtlichen Gesellschaft oder der OHG gewählt worden wäre?**

Da die (eingetragene) GmbH eine juristische Person ist, besitzt sie eine eigene Rechtspersönlichkeit und ist als solche als Eigentümer einzutragen. Heranzuziehen sind die Spezialregelungen in §§ 13 I, 35 I, 36 GmGHG. Die BGB-Gesellschaft ist dagegen nicht rechtsfähig; einzutragen sind mithin die einzelnen Gesellschafter (Gesamthandseigentum). Anders ist es − trotz fehlender Rechtsfähigkeit − bei der OHG (§ 124 I HGB; für die KG gilt dies ebenfalls, §§ 161 II, 124 I HGB).

V. Kap.: Geschäftsfähigkeit und ihre Arten

Frage 1: **A hat im Zustand der Volltrunkenheit (Blutalkoholgehalt 3,5 ‰) einen Vertrag über die Lieferung eines Lexikons unterschrieben. Als er wieder nüchtern wird, ist er — vom Verkäufer daraufhin angesprochen — damit einverstanden, daß das Geschäft gelten soll. Ist der Vertragsabschluß gültig?**

Grundsätzlich ist Neuvornahme erforderlich. Die Bestätigung in Kenntnis der Nichtigkeit ist jedoch als Neuvornahme zu beurteilen, § 141 I (Rdnr. 48).

Frage 2:   **Die 16jährige T will durch eine Schönheitsoperation ihre Stupsnase korrigieren lassen. Kann sie das ohne elterliche Einwilligung?**

Hier ist zu differenzieren: Die T kann in die Operation als solche (nämlich in den Eingriff in ihre körperliche Integrität) einwilligen; hierbei ist — entsprechend § 828 — auf die Einwilligungsfähigkeit abzustellen, die bei einer Sechzehnjährigen erwartet werden darf (es kommt freilich auf den Einzelfall an). Der Behandlungsvertrag mit dem Arzt bzw. der Vertrag mit dem Krankenhaus ist indes ein Rechtsgeschäft, das der T nicht nur rechtlichen Vorteil bringt und somit der Zustimmung ihrer Eltern bedarf (§§ 107, 108; Rdnr. 50 ff.).

VI. Kap.: Rechtsgeschäfte

Frage 1:   **Was unterscheidet Willenserklärung und Rechtshandlung?**

Eine Willenserklärung setzt den erkennbaren Willen voraus, daß eine Rechtswirkung herbeigeführt werden soll. Die Rechtshandlung dagegen kann des finalen Moments entbehren (sie muß es nicht!) und dennoch Rechtswirkungen hervorbringen (Rdnr. 62). Bei den Rechtshandlungen lassen sich rechtmäßige und rechtswidrige unterscheiden. Da es keine gemeinsamen Rechtsgrundsätze für die Behandlung der Rechtshandlungen gibt, ist die Eigenart des einzelnen Handlungstyps im konkreten Fall entscheidend.

Frage 2:   **Was wird mit der gewöhnlichen Auslegung eines Rechtsgeschäfts festgestellt, wozu dient die ergänzende Vertragsauslegung?**

Die gewöhnliche Auslegung stellt den Umfang und den Inhalt eines Rechtsgeschäfts fest. Mit der ergänzenden Vertragsauslegung werden (ergänzbare) Lücken in der vertraglichen Vereinbarung gefüllt (Rdnr. 64 ff.).

Frage 3:   **Worin besteht die unterschiedliche Wirkung von Verpflichtung und Verfügung?**

Das Verpflichtungsgeschäft wirkt schuldrechtlich, das Verfügungsgeschäft „dinglich" im weitesten Sinne, z. B. §§ 929, 398, 414. Die Verfügung verpflichtet nicht; sie ist „abstrakt" und wirkt auf ein Recht oder Rechtsverhältnis unmittelbar ein (Rdnr. 73 ff.).

Frage 4:   **In welchen Fällen ist die Verfügung eines anderen als des Rechtsinhabers wirksam?**

Im Fall der Ermächtigung (§ 185 I) und den in § 185 II 1 aufgeführten Fällen sowie bei gutgläubigem Erwerb vom Nichtberechtigten (z. B. § 932; vgl. Rdnr. 76, 77).

Frage 5:   **G hat eine Forderung gegen S; sie hatten vereinbart, daß die Abtretung der Forderung an einen Dritten ausgeschlossen sein sollte. Ist eine solche Vereinbarung rechtlich zulässig? Wenn ja, welche Wirkung hat das vereinbarte Abtretungsverbot?**

Die Vereinbarung des Abtretungsverbots gestattet § 399 2. Alt.; dies ist eine Ausnahme von § 137 S. 1. Die abredewidrige Verfügung über die Forderung ist absolut unwirksam (Rdnr. 84, 355).

Frage 6:   **Ist für die Wirksamkeit einer telefonisch abgegebenen Willenserklärung Voraussetzung, daß der Erklärungsempfänger sie akustisch richtig versteht?**

Die telefonische Erklärung gilt als unter Anwesenden abgegeben (§ 147 I 2). Daher muß nach h. M. die Erklärung richtig verstanden werden (zur abw. Ansicht Rdnr. 87).

Frage 7:   **Wie ist der Inhaber eines aufschiebend bedingten Rechts gegen Beeinträchtigungen dieses Rechts geschützt?**

Er hat Ansprüche gegen den — nur noch beschränkt — Berechtigten auf Schadensersatz (§ 160 I). Zwischenverfügungen sind jedermann gegenüber unwirksam (§ 161 I), doch ist gutgläubiger Erwerb nicht ausgeschlossen (§ 161 III; vgl. Rdnr. 102).

VII. Kap.: Der Vertrag

Frage 1:   **A geht in einen Selbstbedienungsladen, nimmt dort eine im Regal ausliegende Tube Zahnpasta, zahlt an der Kasse. Wann ist ein Vertrag zustande gekommen?**

Warenauslagen im Selbstbedienungsladen stellen rechtlich eine Aufforderung zur Abgabe von Kaufofferten dar. Das Angebot zum Abschluß eines Vertrags ist im Vorzeigen der Ware an der Kasse, die Annahmeerklärung im Eintippen des Preises in die Registrierkasse zu sehen (Rdnr. 106).

Frage 2:   **Nennen Sie die Voraussetzungen, unter denen Schweigen auf ein Bestätigungsschreiben die Bedeutung einer Zustimmung erlangt.**

Jeder Beteiligte muß mindestens wie ein Kaufmann am Wirtschaftsleben teilnehmen; Voraussetzung ist weiter, daß kein unverzüglicher Widerspruch erfolgt, daß der Absender redlich ist, daß das Schreiben unmittelbar nach Abschluß der Vertragsverhandlungen abgesendet wird (vgl. im einzelnen Rdnr. 116).

Frage 3:   **Was unterscheidet offenen und versteckten Dissens?**

Beim offenen Dissens haben sich die Geschäftspartner über einen Punkt, zu dem mindestens ein Partner eine Vereinbarung erkennbar erzielen wollte, nicht geeinigt; Folge: im Zweifel kein Vertragsabschluß (§ 154 I). Nehmen die Partner bei einem von ihnen als abgeschlossen angesehenen Vertrag eine Einigung über den fraglichen Punkt irrig an (versteckter Dissens), so gilt das Vereinbarte, sofern anzunehmen ist, daß der Vertrag auch ohne eine Bestimmung über diesen Punkt abgeschlossen sein würde (§ 155). Bei mangelnder Einigung über den Hauptpunkt kommt also kein Vertrag zustande (Rdnr. 119, 120).

VIII. Kap.: Fehlerhaftigkeit von Rechtsgeschäften

Frage 1:   **A mietet in einem Hotel in der S-Straße in Mainz ein Zimmer, um den Rosenmontagszug, der normalerweise hier vorbeigeführt wird, von dort aus zu betrachten. Ein solcher „Fensterplatz" ist von Zuschauern begehrt und nur gegen hohes Entgelt zu haben. Wegen starker Schneefälle wird die abschüssige S-Straße für den Umzug unpassierbar. A muß hinaus auf die Straße, um etwas zu sehen. Muß er dennoch den (hohen) Mietzins zahlen?**

Es lassen sich die Grundsätze über den Wegfall der Geschäftsgrundlage anwenden mit dem Ergebnis, daß A den normalen Mietzins zu zahlen hat, nicht aber auch den „Rosenmontagszuschlag"; sonst könnte der Fall nur nach Unmöglichkeitsrecht entschieden werden (Rdnr. 148).

Frage 2:   **B gibt dem einfältigen S ein Darlehn, das mit monatlich 10 % zu verzinsen ist. Ist das (gesamte) Geschäft nichtig?**

Bei dieser Sachlage handelt es sich um ein Wucherdarlehn (§ 138 II, vgl. Rdnr. 153). Nach § 139 könnte das nichtige Geschäft als unter Vereinbarung eines angemessenen Zinses zustande gekommen anzusehen sein. Lehnt man dies ab, weil eine solche Regelung nicht dem mutmaßlichen Willen des B entspricht, liegt Totalnichtigkeit des Geschäfts vor.

Frage 3:   **S ist Geschäftsmann und stark verschuldet. Die B-Bank gewährt ihm ein Darlehn, vereinbart aber mit ihm, daß S der B-Bank sämtliche Forderungen (einschließlich der künftigen) gegen seine Kunden abtritt, damit die Bank (zum Nachteil der — zahlreichen — anderen Gläubiger des S) besonders abgesichert ist. Ist das Geschäft rechtlich in Ordnung?**

Nein; übermäßige Sicherungen sind sittenwidrig (§ 138 I; vgl. Rdnr. 150, 684); zumindest gilt dies dann, wenn praktisch alle Haftungsobjekte den anderen Gläubigern des S entzogen werden und gegenüber Neugläubigern des S dessen Kreditunwürdigkeit verschleiert wird.

IX. Kap.: Vertretung

Frage 1:   A, Vorstand des X-Vereins e.V., schafft für das Vereinshaus bei V eine Bar aus Teakholz an, obgleich erst kurz zuvor eine Mitgliederversammlung beschlossen hatte, daß
auf eine Bar vorläufig verzichtet werden sollte. Ist ein Vertrag zwischen V und dem Verein zustande gekommen?

Da A alleiniger Vorstand ist, kann er grundsätzlich Geschäfte mit Wirkung für und gegen den Verein
vornehmen (§ 26 II; bei mehrköpfigem Vorstand kann Einzelvertretung satzungsmäßig bestimmt werden). Beschränkungen der Vertretungsmacht — wie hier durch Beschluß der Mitgliederversammlung
— wirken grundsätzlich nur vereinsintern (Innenverhältnis) und nicht gegenüber Dritten, es sei denn,
die Beschränkung ist im Vereinsregister eingetragen und dem Dritten nicht zumindest fahrlässig unbekannt (vgl. §§ 70, 68; vgl. Rdnr. 180).

Frage 2:   **Wen treffen die Rechte und Pflichten aus einem Treuhandgeschäft?**

Den Treuhänder und dessen Vertragspartner; der Treugeber (Geschäftsherr) ist aus dem Geschäft
belastet und berechtigt erst dann, wenn er selbst in das Geschäft „eintritt" (Wesen der „indirekten"
Vertretung, Rdnr. 177).

Abschnitt B: Schuldrecht — Allgemeiner Teil

II. Kap.: Begründung von Schuldverhältnissen

Frage 1:   **Welche typischen Entstehungstatbestände bei Schuldverhältnissen kennen Sie?**

Rechtsgeschäft (Rdnr. 190), sozialer Kontakt (der „vertragliche Ansprüche ohne Vertrag" begründet;
Rdnr. 192) und Verwirklichung eines gesetzlichen Tatbestands (z. B. Geschäftsführung ohne Auftrag,
ungerechtfertigte Bereicherung, unerlaubte Handlung; Rdnr. 193).

Frage 2:   **Ist das AGBG anzuwenden, wenn die Deutsche Bundespost Partner eines privatrechtlichen Vertrags ist und die AGB hinnimmt?**

Nein, § 24 I Nr. 2 AGBG (vgl. Rdnr. 198); die Bundespost ist ein Sondervermögen des Bundes, das
selbständig am Rechtsverkehr teilnimmt (vgl. Rdnr. 44).

III. Kap.: Schuldverhältnis und Leistung

Frage 1:   **Welches sind — in Stichworten — die Voraussetzungen der Zurechnung der Folgen eines
schadensstiftenden Ereignisses?**

Zurechnungsvoraussetzungen sind im wesentlichen adäquate Verursachung, Rechtswidrigkeit und
Verschulden. Das Verschuldenserfordernis kann ausnahmsweise entbehrlich sein (vgl. Rdnr. 221).
Sollen die Folgen einem anderen als dem Handelnden zugerechnet werden, so ist eine besondere ge-
setzliche Regelung erforderlich (z. B. §§ 31, 278, 831; Rdnr. 225 ff.).

Frage 2:   **Wofür muß der Schuldner einstehen (Haftungsmaßstab)?**

Grundsätzlich für Vorsatz und Fahrlässigkeit. Es gibt jedoch gesetzliche und vertragliche Haftungsbeschränkungen (Rdnr. 228 ff.). Haftungsmildernd wird berücksichtigt, daß innerhalb eines Arbeitsverhältnisses die Arbeit besonders gefährlich ist, so daß mit Fehlhandlungen gerechnet werden
muß (Rdnr. 230). Hat der Geschädigte den Schadenseintritt schuldhaft mitverursacht, kann dies die
Haftung ebenfalls beeinflussen (§ 254; Rdnr. 231).

Frage 3:   Was ist ein Vermögensschaden? In welcher Hinsicht ist dieser Begriff erweitert worden?

Vermögensschaden ist die Differenz zwischen der wirklichen und der hypothetischen Vermögenslage (Rdnr. 233). Auch ohne sichtbare Vermögenseinbuße wird ein Vermögensschaden bejaht, wenn ein Schaden unter Hinzutreten wertender Faktoren festgestellt werden kann (normativer Schaden, Rdnr. 235), wenn Vorhaltekosten (Rdnr. 236) entstanden sind (nur in engen Grenzen ersatzfähig!) oder solche Güter betroffen sind, die trotz ihrer Natur als Immaterialgüter käuflich erworben werden können (Kommerzialisierungsgedanke, Rdnr. 237).

Frage 4:   In welcher Hinsicht sind die Terme Adäquanz, Schutzzweck der Norm, Rechtswidrigkeitszusammenhang und rechtmäßiges Alternativverhalten bedeutsam?

Sie begrenzen Art und Tragweite dessen, für das der Schädiger einstehen muß: nicht jede äquivalent gesetzte Schadensursache führt zu einer Ersatzpflicht (Rdnr. 239 ff.).

Frage 5:   A gibt bei B eine Schreibmaschine in Verwahrung, die er von M geliehen hatte. Kann A Schadensersatzansprüche gegen B geltend machen, wenn dieser die Maschine fahrlässig beschädigt?

Ja; es handelt sich um einen Fall zufälliger Schadensverlagerung. Der A kann den Schaden, der dem M entstanden ist, von B ersetzt verlangen (Drittschadensliquidation, Rdnr. 249). Haftungsmilderung nach § 690, falls nicht eine Vergütung für die Verwahrung hier als vereinbart gilt (vgl. § 689).

Frage 6:   K hat bei V einen neuen Wagen bestellt. Wenige Tage nach der Bestellung läßt er V wissen, er wolle „mit der Sache" nichts mehr zu tun haben, er werde den Pkw, falls er geliefert werde, nicht abnehmen. Diese Äußerungen werden noch mehrfach schriftlich und mündlich wiederholt. Rechtslage?

K hat mit der ernsthaften und endgültigen Ablehnung der Lieferung seine Pflicht zur Leistungstreue (§ 242) verletzt (Rdnr. 257). V kann — auch ohne daß im übrigen die Verzugsvoraussetzungen erfüllt sein müssen — Rechte aus § 326 I geltend machen (vgl. noch Rdnr. 330, 333, 388).

Frage 7:   Ist die Nichterfüllung des Vertrags prozeßtechnisch eine Einrede oder eine Einwendung?

Es handelt sich um eine Einrede. Die Nichterfüllung des Vertrags ist nur zu berücksichtigen, wenn diese Tatsache geltend gemacht wird. Materiellrechtlich müssen Forderungen aus gegenseitigen Verträgen nur Zug um Zug gegen Erbringung der Gegenleistung erfüllt werden (§ 320), falls nicht einer der Partner vorleistungspflichtig ist. Die Einrede aus § 320 schränkt im Prozeß die Verurteilung ein (Leistung Zug um Zug, § 322 I, Rdnr. 263).

IV. Kap.: Beendigung der Schuldverhältnisse

Frage 1:   Worin besteht die Rechtswirkung der Ausstellung einer Quittung?

Die (echte) Quittung begründet einen Rechtsschein, aufgrund dessen der Überbringer als ermächtigt gilt, die Leistung zu empfangen (fingierte Empfangsermächtigung). Mit der Leistung an den Überbringer der Quittung erlischt die Verbindlichkeit. Anders ist es, wenn die Quittung dem Gläubiger abhanden gekommen (str.) oder wenn sie gefälscht ist (Rdnr. 282).

Frage 2:   Hindert die Anfechtbarkeit der Gegenforderung die Aufrechnung?

Nein; die Aufrechnung ist ausgeschlossen, wenn die Gegenforderung nicht frei von Einreden ist (§ 390, vgl. Rdnr. 291). Die bloße Anfechtbarkeit ist unbeachtlich, die nach der Aufrechnung erfolgte Anfechtung beseitigt die Gegenforderung rückwirkend (§ 142 I).

Frage 3:   Was ist ein Dauerschuldverhältnis und wie endet es?

Ein Dauerschuldverhältnis (vgl. Rdnr. 191) ist dadurch gekennzeichnet, daß die zu erbringende Leistung selbst in einem länger andauernden Verhalten besteht. Typisches Beispiel ist die Miete: zur Überlassungspflicht tritt die Pflicht zur Erhaltung der Mietsache in einem zum vertraglich vereinbarten Gebrauch geeigneten Zustand hinzu (§ 536). — Das Dauerschuldverhältnis endet regelmäßig durch Ablauf der festgelegten Zeit oder durch Beendigungskündigung. Die Kündigung ist auch als außerordentliche möglich (Rdnr. 311); die Voraussetzungen der außerordentlichen Kündigung sind hier die gleichen wie bei außerordentlicher Kündigung von anderen Schuldverhältnissen (Rdnr. 309).

V. Kap.: Leistungsstörungen im Schuldverhältnis

Frage 1:   L will entsprechend der Bestellung des Bauunternehmers U einen Kran an diesen ausliefern. U teilt ihm mit, er wisse mit dem Kran im Augenblick nichts anzufangen, er nehme nur Platz weg; er verweigere die Annahme. Die Rechnung solle der L allerdings fertigmachen zwecks Bezahlung des Krans. L will den Kran loswerden; er setzt dem U eine Frist zur Abnahme, die jedoch fruchtlos verstreicht. Er fordert nun Schadensersatz wegen Nichterfüllung. Zu Recht?

Nein; denn § 326 I verlangt, daß Verzug mit einer Hauptleistungspflicht vorliegt, und eine solche stellt die Abnahmepflicht beim Kauf grundsätzlich nicht dar. Etwas anderes gilt, wenn eine abweichende Vereinbarung erfolgt oder der Schuldner mit der Abnahmeverweigerung die Erfüllung des gesamten Vertrags (also auch der Zahlung) verweigert; dies liegt hier gerade nicht vor, da U zahlungswillig ist (vgl. Rdnr. 330, 330, 385).

Frage 2:   Welches sind die Voraussetzungen eines Anspruchs aus positiver Forderungsverletzung?

Pflichtverletzung im Rahmen eines gesetzlichen oder vertraglichen Schuldverhältnisses, Verschulden, Nichtvorliegen von Verzug oder Unmöglichkeit (Rdnr. 335, 336).

Frage 3:   Welchen unterschiedlichen Inhalt können Rechtsfolgen aus positiver Forderungsverletzung haben?

Die positive Forderungsverletzung kann einen Anspruch auf Schadensersatz begründen (Normalfall), der sich auf alle unmittelbaren und mittelbaren Nachteile des schädigenden Verhaltens erstreckt, oder — bei Wegfall des Interesses am Fortbestand des Vertrags — ein Recht zum Rücktritt entstehen lassen (vgl. Rdnr. 337).

Frage 4:   Ist eine Haftung Dritter aus positiver Forderungsverletzung möglich?

Eine Haftung Dritter aus positiver Forderungsverletzung setzt ein eigenes wirtschaftliches Interesse des Dritten oder eine besondere Vertrauensstellung des Dritten im Rahmen der Vertragsabwicklung voraus (Rdnr. 338).

Frage 5:   A hat bei L 10 Kisten Apfelsinen bestellt; Liefertermin; 15. 1. 1986. Als L zum vereinbarten Termin liefern will, ist weder A noch einer seiner Angestellten anzutreffen. Die Apfelsinen sind zu diesem Zeitpunkt — ohne daß L davon wußte — zum großen Teil verdorben. L nimmt die Apfelsinen wieder mit und lagert sie in seinen Räumen. Kann er die Kosten hierfür ersetzt verlangen?

Nein. Der Schuldner muß dem Gläubiger die Leistung so anbieten, wie sie zu bewirken ist (§ 294); nur dann gerät der Gläubiger (A) mit der Annahme in Verzug. Da die gelieferten Apfelsinen nicht von mittlerer Art und Güte waren (§ 243 I), fehlt schon das Angebot einer qualitätsentsprechenden Leistung. L hat keinen Anspruch auf Erstattung der Lagerkosten (vgl. Rdnr. 340 ff.).

VI. Kap.: Erstreckung von Schuldverhältnissen auf Dritte und Personenwechsel

Frage 1: Welches sind die **Voraussetzungen** für Ansprüche aus Verträgen mit Schutzwirkung für Dritte?

Ein Vertrag mit Schutzwirkung für Dritte ist gegeben, wenn in den Vertrag ein am Vertrag selbst nicht beteiligter Dritter einbezogen ist. Die „Einbeziehung" erfordert Leistungsnähe, Schutz- und Fürsorgeverhältnis, Erkennbarkeit von Leistungsnähe und Fürsorgeverhältnis und Schutzbedürftigkeit des Dritten (Rdnr. 353).

Frage 2: Welche Fälle der Gläubiger- und Schuldnerauswechslung **kennen Sie?**

Gläubigerauswechslung: Abtretung (§ 398, vgl. Rdnr. 354 ff.), gesetzlicher Forderungsübergang (§ 412), Übertragung der Forderung durch Überweisung an Zahlungs Statt (§ 835 ZPO, Rdnr. 366). Schuldnerwechsel: Schuldübernahme (§§ 414 ff., Rdnr. 367). Auswechslung des Gläubigers bzw. Schuldners erfolgt vertraglich oder gesetzlich (z. B. §§ 1922, 1967). Ein Vertrag als solcher geht auf einen Dritten über in den Fällen der §§ 571, 613 a (gesetzlicher Vertragsübergang; vgl. Rdnr. 373).

VII. Mehrheit von Gläubigern und Schuldnern

Frage 1: Ist für die gesamtschuldnerische Haftung Voraussetzung, daß die Pflichten in Inhalt und Umfang identisch sind?

Nein. Identität von Leistungsinhalt und -umfang ist nicht notwendig; es genügt eine an der Grenze zur inhaltlichen Gleichheit liegende enge Verwandtschaft. Der Entstehungsgrund muß nicht der gleiche sein (vgl. Rdnr. 377).

Frage 2: Kennen Sie gesetzliche Fälle der Gesamtschuld?

Z. B. §§ 42 II 2 2. Halbs., 53 2. Halbs., 54 S. 2 2. Halbs., 419 I, 556 III, 840 I.

Abschnitt C: Schuldrecht — Besonderer Teil — Einzelne Schuldverhältnisse —

I. Kap.: Veräußerungsverträge

Frage 1: Was kommt als Gegenstand eines Kaufvertrags in Betracht?

Kaufgegenstand können bewegliche und unbewegliche Sachen sein, ferner Rechte und andere verkehrsfähige Güter (Rdnr. 381).

Frage 2: Wann geht die Gefahr auf den Käufer über? Rechtsfolge des Gefahrübergangs?

Grundsätzlich geht die Sachgefahr mit der Übergabe der Kaufsache auf den Käufer über (§ 446 I), bei Grundstücken bereits mit der Eintragung, wenn sie vor der Übergabe erfolgt (§ 446 II), beim gewöhnlichen Versendungskauf mit der Übergabe an die Transportperson (Rdnr. 386). Nach Gefahrübergang trägt der Käufer die Gefahr des zufälligen Sachuntergangs.

Frage 3: K bestellt bei L eine Wohnzimmerschrankwand. Als L termingerecht liefert, will K nicht abnehmen, da er das Wohnzimmer noch nicht tapeziert habe; L solle später liefern. Welche Rechte hat L? Was geschieht, wenn L die Lieferung wieder mitnimmt und er auf der Rückfahrt zum Lager unverschuldet mit dem Wagen verunglückt und die Möbelstücke beschädigt werden?

Die Abnahme ist keine Hauptpflicht, daher kann L keine Rechte aus § 326 I herleiten. Die Erfüllung der Pflicht aus § 433 II kann aber eingeklagt (und nach § 887 ZPO vollstreckt) werden (Rdnr. 385). L kann, da K sich im Gläubigerverzug befindet (§ 293), die (nicht hinterlegungsfähigen) Sachen auch versteigern lassen (§§ 383, 384). Die Gefahr des zufälligen Untergangs oder der Beschädigung der Kaufsache trägt ebenfalls K (§ 300 II). L wird durch den Unfall ersatzlos frei (§ 275), behält aber den Kaufpreisanspruch (§ 324 II).

Frage 4:   K ersteht einen gebrauchten Pkw von V. Nach zwei Monaten meldet sich X, dem der Wagen gestohlen worden war, und will ihn zurückhaben. Welche Rechte hat K?

V schuldet dem K die Verschaffung des von Rechten Dritter freien Eigentums an dem Pkw (§§ 433, 434). Da V seiner Verkäuferpflicht nicht nachgekommen ist, kann K auf Erfüllung bestehen (nur sinnvoll, wenn der X zum Verzicht auf das Eigentum — evtl. gegen Entgelt — bereit wäre). Im übrigen stehen dem K die Rechte aus §§ 440 I, 320 ff. zu. K wird sich zweckmäßig für Schadensersatz entscheiden (vgl. Rdnr. 392 ff.).

Frage 5:   Welche Rechte hat Käufer K, wenn statt der von ihm bestellten Konzertgitarre eine Westerngitarre geliefert wird? Welche Rechte hat er, wenn zwar die Konzertgitarre in der bestellten Ausführung geliefert wird, der Klangkörper jedoch schadhaft ist?

Sofern nicht ein Einzelstück bestellt ist, handelt es sich um eine Gattungsschuld. Wird statt der Konzert- eine Westerngitarre geliefert, so kann K die Lieferung zurückweisen und Neulieferung verlangen. Allerdings kann er die Gitarre auch annehmen und die Rechte aus § 462 geltend machen. Wird eine Gitarre des bestellten Typs geliefert, ist das Stück aber nicht von mittlerer Art und Güte, so kann K Gewährleistungsrechte geltend machen (§§ 462, 480), er kann aber statt dessen auch auf Erfüllung bestehen (§§ 433 I 1, 243 I; Rdnr. 398).

Frage 6:   Welche Schäden können nach § 463 ersetzt verlangt werden?

Sind die Voraussetzungen des § 463 erfüllt, so können Mangel- und Mangelfolgeschäden ersetzt werden. Bei Fehlen zugesicherter Eigenschaften ist erforderlich, daß die Zusicherung auch gegen Folgen der eingetretenen Art absichern soll (Rdnr. 402).

Frage 7:   K kauft und erhält beim Autohaus S einen gebrauchten Pkw. Der Wagen war angeboten worden als „wenig gelaufen" (35.000 km). Nach einiger Zeit erfährt K, daß der Wagen schon 135.000 km Gesamtlaufleistung hinter sich gebracht hatte. Kann er nach § 119 II anfechten?

Nein, nach Gefahrübergang auf den Käufer stellen die §§ 459 ff. eine Spezialregelung gegenüber § 119 II dar (Rdnr. 405).

Frage 8:   Was bedeutet „Einwendungsdurchgriff" beim fremdfinanzierten Abzahlungskauf (B-Geschäft)? Welche Voraussetzungen müssen hierfür erfüllt sein?

„Einwendungsdurchgriff" bedeutet, daß der Käufer einer Sache die Einreden, die ihm gegen den Verkäufer zustehen, ausnahmsweise auch gegen den Darlehnsrückzahlungsanspruch des Kreditgebers geltend machen kann. Voraussetzung ist, daß bei wirtschaftlicher Betrachtungsweise ein einheitliches Geschäft vorliegt; dies ist regelmäßig der Fall, wenn Verkäufer und Kreditgeber in dauernder Geschäftsbeziehung stehen, das Darlehn unmittelbar an den Verkäufer ausgezahlt wird, der Kreditvertrag formularmäßig unter Beteiligung des Verkäufers abgeschlossen wird und beide Verträge (Kauf- und Darlehnsvertrag) aufeinander Bezug nehmen (Rdnr. 418 f.).

Frage 9:   Welche gesetzlichen Regeln sind (wann?) auf Leasingverträge anwendbar?

Sieht der Leasing-Vertrag eine Kaufoption vor, so sind im wesentlichen auch die §§ 433 ff. anwendbar; ist keine Kaufoption vorgesehen, bestimmt sich der Vertrag nach Miet- bzw. Pachtrecht (§§ 535 ff., Rdnr. 421). Dies sind mögliche, nicht jedoch ausschließliche Leasing-Typen, die in der Praxis vielfach erheblich nuanciert sind. Häufig findet man die Bezeichnung „Mietkauf". Hier wird — Regelfall — die bisher gezahlte Miete ganz oder teilweise auf einen vorher bestimmten Kaufpreis angerechnet. Trotz der Kaufoption werden Kaufrecht und Mietrecht (in ihren anwendbaren Teilen) zumeist allerdings „getrennt" angewendet. „Berührungspunkt" ist die Ausübung der Kaufoption, in der regelmäßig eine fristlose (zulässige) Kündigung des Mietkaufs als Mietverhältnis liegt. Zu beachten ist § 6 AbzG.

Frage 10: **A hat zu Hause ein sperriges Möbelstück, das er gerne loswerden möchte. Er transportiert es zu B und überreicht es ihm mit den Worten: „Ein kleines Geschenk zur Einweihung deines Hauses". Dem B ist das Möbel allerdings auch zu sperrig, er bittet den A, es wieder mitzunehmen. Der A weigert sich jedoch, indem er sagt: „Geschenkt ist geschenkt". Muß A das Möbelstück zurücknehmen?**

Ja. Schenker und Beschenkter müssen über die unentgeltliche Zuwendung einig sein (§ 516). Daran fehlt es hier (vgl. Rdnr. 432 f.). Rücknahmepflicht des A wegen gescheiterter Vertragsanbahnung, aber auch gem. §§ 862 I 1, 823 I, 249 S. 1.

Frage 11: **Wenn B das Geschenk genommen hätte (Frage 10), könnte A es nach einer Woche wieder zurückfordern?**

Nein; denn die Schenkungsabrede ist Rechtsgrund zum Behaltendürfen, so daß Ansprüche aus §§ 812 ff. nicht durchgreifen. Die Schenkung ist nicht wegen Formverstoßes (§ 518) nichtig, da eine Handschenkung (sofortiger Vollzug, Rdnr. 433, 438) vorliegt.

II. Kap.: Gebrauchsüberlassungsverträge

Frage 1: **V schließt mit fünf Studenten, die sich zu einer Wohngemeinschaft zusammengefunden haben, einen Mietvertrag. Kann V von jedem einzelnen oder nur von allen gemeinsam den Mietzins fordern? Können die Wohngemeinschaftsmitglieder einzeln oder nur gemeinsam ihre Rechte aus dem Mietvertrag ausüben?**

Für alle Pflichten aus dem Vertrag, insbesondere auf Zahlung des Mietzinses, haften die Fünf als Gesamtschuldner (Tilgungsgemeinschaft, §§ 421 ff.), so daß der Vermieter von jedem ganz oder teilweise die Zahlung verlangen, sie aber nur einmal erhalten kann (vgl. Rdnr. 376 ff.; eine andere Vereinbarung ist möglich). Bezüglich der Rechte aus dem Vertrag (Rdnr. 447 f.) sind die Mieter Gesamtgläubiger (§ 428); sie bilden eine Gemeinschaft. Ob eine Gesellschaft bürgerlichen Rechts vorliegt (dann wären die §§ 705 ff. vorrangig anwendbar, die Fünf also Gesamthandsgläubiger), ist nach Sachlage nicht hinreichend feststellbar.

Frage 2: **In welcher Hinsicht ist die Haftung des Vermieters für Schäden, die infolge von Mängeln der Mietsache eintreten, besonders streng ausgestaltet?**

Der Vermieter haftet nach näherer Regelung des § 538 — u. U. auch ohne Verschulden — für Mangel- und Mangelfolgeschäden (Rdnr. 453); bei Rechtsmängeln haftet er entsprechend §§ 538, 537 (§ 541; Rdnr. 455).

Frage 3: **A bestellt im G-Hotel für den 5. Mai Zimmer Nr. 180. Die Reservierung wird bestätigt. Als A erscheint, ist das Zimmer von B belegt, der es vom 1.—10. Mai gemietet hat. Was kann A unternehmen?**

Ein Mietvertrag mit dem Inhaber des G-Hotels kam zustande (Bestätigung der Reservierung als Annahmeerklärung). A kann nicht Besitzeinräumung von B verlangen, da dieser rechtmäßiger Besitzer ist. Allerdings kann er gegen den Hotelier gem. §§ 541, 538 vorgehen (Schadensersatz), da ein Rechtsmangel vorliegt (Rdnr. 455), und kündigen (§ 542).

Frage 4: **K hat von der B-Bank einen Kleinkredit über 10.000 DM eingeräumt erhalten zu einem Zinssatz von 8 % und mit einer Laufzeit von zwei Jahren. Nachdem das Darlehn am 1. April ausgezahlt wurde, verlangt die Bank im Mai erstmals die Zahlung einer Zinsrate. Muß K jetzt bereits Zinsen zahlen?**

Zinsen muß K erst nach einem Jahr zahlen (§ 608), wenn nicht etwas anderes vereinbart ist.

Frage 5: **Da der Diskontsatz inzwischen erhöht wurde, steigen die von K für den Kredit zu entrichtenden Zinsen auf 10 %. Kann K den Kredit sofort zurückzahlen?**

Nein, da auch die B-Bank ein Interesse an der Einhaltung der Laufzeit hat; anderes gilt nur für unverzinsliche Darlehn (§ 609 III).

Frage 6: **K vereinbart mit der B-Bank einen Kredit in Höhe von 50.000 DM. Vor der Auszahlung der Darlehnsvaluta erfährt die Bank, daß der K mit einem nicht versicherten Fahrzeug einen Unfall verschuldet hat und erhebliche Schadenssatzforderungen von seiten des Geschädigten gewärtigen muß. Kann die Bank, wenn ihr nun die Auszahlung des Kredits an K zu riskant erscheint, den Darlehnsvertrag rückgängig zu machen?**

Ja, eine solche Situation rechtfertigt den Widerruf des Darlehnsversprechens (§ 610).

III. Kap.: Tätigkeitsbezogene Schuldverhältnisse

Frage 1: **Der gehbehinderte A bittet telefonisch den Notar N, zwecks Regelung einer Erbschaftsangelegenheit ins Haus des A zu kommen; N ist einverstanden. Als N zwei Tage darauf bei A erscheint, hat dieser es sich anders überlegt und meint, er komme gut alleine zurecht und brauche den N nicht. Bald darauf sendet N dem A eine Rechnung über eine Beratung. Muß A zahlen?**

Wäre A mit der Annahme der von N angebotenen Dienste in Verzug geraten (§§ 293, 295), müßte A im Normalfall die Vergütung zahlen (§ 615). Indem A jedoch darauf hinwies, er brauche N nicht mehr, hat er diesem gegenüber die Kündigung ausgesprochen; diese wurde sofort wirksam (§§ 621 Nr. 5, 627). N kann folglich nur Ersatz der Fahrtkosten verlangen (§ 304). Annahmeverzug macht als solcher nicht schadensersatzpflichtig.

Frage 2: **Die A arbeitet als medizinisch-technische Assistentin in einem Labor. Infolge ihrer Unaufmerksamkeit gehen zahlreiche Reagenzgläser und andere Arbeitsmaterialien zu Bruch. Die Fertigstellung einzelner Projekte wird dadurch verzögert. Welche Folgen ihres Verhaltens hat die A zu gewärtigen?**

Die A muß mit Schadensersatzansprüchen seitens ihres Dienstherrn rechnen, da sie die ihr obliegenden Schutz- und Treuepflichten (vgl. Rdnr. 475) — hierzu zählt auch der sorgsame Umgang mit Arbeitsmaterialien — verletzt hat. Wegen ihrer Unachtsamkeit braucht die A auch trotz der dadurch eingetretenen Folgen eine Kündigung aus wichtigem Grund (§ 626) noch nicht zu befürchten.

Frage 3: **Was unterscheidet — bitte stichwortartig — Kauf-, Werk- und Dienstvertrag?**

Beim Kaufvertrag stehen die Übergabe und Übereignung der Sache an den Käufer im Mittelpunkt, beim Werkvertrag die Herstellung eines Werkes. Der Dienstvertrag ist tätigkeitsbezogen, der Erfolg als solcher ist nicht geschuldet. Der Werkunternehmer muß das bestellte Werk vollständig herstellen, schuldet also damit den Erfolg dieser Tätigkeit (Rdnr. 483).

Frage 4: Malermeister K beschäftigt in seinem Betrieb während der Semesterferien Studenten, da viele Fachkräfte im Urlaub sind. Er teilt die Arbeit so ein, daß zwei Studenten und ein Auszubildender ein Zimmer im Hotel des H in eigener Regie tapezieren. Das Ergebnis: Muster der Tapete steht auf dem Kopf, Tapete klebt an vielen Stellen nicht. Das Zimmer kann in diesem Zustand nicht vermietet werden. Welche Rechte hat H?

H kann dem M eine Frist zur Nachbesserung (§ 633 II 1) setzen und gleichzeitig androhen, daß er nach Fristablauf die Beseitigung der Mängel ablehnen werde (§§ 634 I, 640 II). Bei fruchtlosem Fristablauf kann er wandeln oder mindern (§§ 634 I, II); statt dessen kann er auch Schadensersatz gem. § 635 verlangen. § 635 umfaßt regelmäßig nicht ohne weiteres auch den Mietzinsausfall; es muß vielmehr geprüft werden, ob ein Mangel- oder Mangelfolgeschaden vorliegt; Mangelfolgeschäden werden nur dann über § 635 als ersatzfähig angesehen, wenn sie in engem und unmittelbarem Zusammenhang mit dem Mangel stehen; anderenfalls ist ein Anspruch aus positiver Forderungsverletzung gegeben. Daher kann H von K in jedem Falle Schadensersatz verlangen (Rdnr. 487 f.)

Frage 5: B, ein Freund des A, hat sich bereit erklärt, die Freundin F des A am 5. April morgens um 5.00 Uhr von Siegen zum Frankfurter Flughafen zu fahren. Am Morgen dieses Tages ruft er die F um 5.15 Uhr an und bekundet, er komme gerade erst nach Hause und habe einen fürchterlichen „Affen", fahrtüchtig sei er in keiner Weise. F versäumt den Flug; was kann sie unternehmen?

B kann jederzeit kündigen (§ 671 I), auch zur Unzeit. Allerdings kann die F Schadensersatz fordern (§ 671 II 2, Rdnr. 495); B kann sich nicht auf einen wichtigen Grund zur Kündigung berufen (§ 671 II 1).

Frage 6: Auf Anfrage des A rät B ihm, sein Geld in Aktien des XY-Konzerns anzulegen. Aufgrund einer von B kaum zu übersehenden Entwicklung gerät der Konzern in eine wirtschaftliche Flaute, der Kurs der Aktien fällt. Kann A wegen der unvorteilhaften Anlage des Geldes von B Ersatz verlangen?

Nein, da eine bloße Gefälligkeit vorlag (§ 676). Der B handelte allenfalls leicht fahrlässig, als er den Rat erteilte. Mangels geschäftlichen Kontakts finden hier die Grundsätze über Verträge auf sorgfälge Auskunft (Rdnr. 503) keine Anwendung.

Frage 7: Wie unterscheiden sich Auftrag und Geschäftsführung ohne Auftrag?

Beim Auftrag wird jemand im Einverständnis und im Interesse des Auftraggebers tätig. Geschäftsführung ohne Auftrag bedeutet demgegenüber einen Eingriff in einen fremden Rechtskreis („Einmischungstatbestand", Rdnr. 504).

Frage 8: Dem X läuft ein Kalb zu, das dem Y gehört. Er überlegt nicht lange und verarbeitet das Tier zu leckerem Braten. Welche Rechte hat Y?

X ist unechter Geschäftsführer ohne Auftrag, Y kann u. a. die Rechte aus § 687 II geltend machen.

Frage 9: A hat beim Reisebüro R eine Reise nach Tunis gebucht. Kurz vor Reiseantritt werden seine Kinder krank. Er teilt dem Reisebüro mit, er wolle vom Vertrag zurücktreten. Im Vertrag war in bestimmter Höhe (25 % des Reisepreises) eine Stornogebühr für den Fall vereinbart, daß der Reisende den Vertrag widerrufe. Kann R den Betrag auch dann verlangen, wenn sich ein Interessent meldet, der die Reise antreten will?

Nein; hier sind Auslagen erst gar nicht entstanden, allenfalls kann R die Vergütung geleisteter Arbeit verlangen (vgl. Rdnr. 516).

IV. Kap.: Besondere Leistungsversprechen

Frage 1: B verbürgt sich für die Rückzahlung eines Kredits in Höhe von 50.000 DM, den sein Freund von der B-Bank erhalten hat. Später erhöht die Bank auf Bitten des F den Kredit auf 60.000 DM. Kann, wenn F den Kredit bei Fälligkeit nicht zurückzahlt, der gesamte Betrag von B verlangt werden?

Nein; der Bürge muß zwar entsprechend dem Bestand der Hauptverbindlichkeit einstehen (§ 767 I), er haftet jedoch nicht für nachträgliche Erweiterungen des Umfangs der Hauptverbindlichkeit (§ 767 I 3), es sei denn, die Bürgschaft selbst wird vertraglich geändert.

Frage 2: A erhält von Z Ware auf Kredit geliefert. Für die Zahlung der Ware verbürgt sich B. Als Z von A Zahlung verlangt, macht dieser geltend, die Ware sei mangelhaft gewesen. Kann Z von B Zahlung verlangen?

B kann gegenüber der Forderung des Z die Gewährleistungseinreden des A geltend machen (§ 768 I 1, Rdnr. 525).

Frage 3: Worin besteht der wesentliche Unterschied zwischen abstraktem und deklaratorischem Schuldanerkenntnis?

Die §§ 780, 781 ermöglichen den Abschluß selbständiger, einseitig verpflichtender Verträge, die vom Grundgeschäft losgelöst („abstrakt") sind. Das deklaratorische Schuldanerkenntnis dagegen bezieht sich gerade auf die zugrunde liegende Leistungsverpflichtung und wirkt schuldbestätigend. Schuldner verliert regelmäßig die Einreden aus dem Schuldverhältnis (Rdnr. 526). Zu beachten ist, daß das kaufmännische Bestätigungsschreiben, auch wenn vorher kein wirksamer Vertragsabschluß erfolgt war, kein Schuldanerkenntnis darstellt; wenn der Empfänger es widerspruchslos hinnimmt, hat es aber — wichtig! — sehr wohl rechtserzeugende Wirkung (vgl. Rdnr. 116).

Frage 4: S füllt am Unfallort zusammen mit G den Unfallbericht für die Versicherung aus. Sie setzen auf das Papier zusätzlich den Passus: „Die Schuld am Unfall trägt S." Rechtswirkung?

Ein Schuldanerkenntnis i. S. des § 781 scheidet aus, da ja auf den Schuldgrund verwiesen wird (vgl. Rdnr. 426). Auch für die Annahme eines nur deklaratorischen (schuldbestätigenden) Anerkenntnisses fehlen hinreichende Anhaltspunkte, die einen entsprechenden Rechtsbindungswillen des S genügend erkennen lassen. Die Erklärung des S kann aber im Streitfall bei der Beweiswürdigung zu berücksichtigen sein (Schuldbekenntnis, Rdnr. 528).

V. Kap.: Schuldrechtliche Personenvereinigungen

Fragen: Vgl. die Fragen bei *Pleyer/Pesch*, Gesellschaftsrecht, 1975, S. 23.

Antworten zu diesen Fragen finden Sie ebenda, S. 111 f.

VI. Kap.: Ungerechtfertigte Bereicherung

Frage 1: Definieren Sie den bereicherungsrechtlichen Begriff „Leistung".

Leistung ist jede zweckgerichtete Mehrung fremden Vermögens (Rdnr. 555).

Frage 2: Wann ist eine Bereicherung „in sonstiger Weise" gegeben?

Eine Bereicherung „in sonstiger Weise" setzt eine („eingriffsweise") Vermögensverschiebung voraus, die im Widerspruch zum Zuweisungsgehalt des betroffenen Rechts steht (Rdnr. 559).

Frage 3: **Die Weiden der Bauern A und B liegen unmittelbar nebeneinander. Eines Tages gelingt es den Kühen des A, von dessen Weide auf die Weide des B vorzudringen und diese abzugrasen. Welche Rechte hat B gegen A?**

B kann aus § 812 I 1 2. Alt. (Eingriffskondiktion) vorgehen. Die Bereicherung des A besteht in der Ersparnis eigener Aufwendungen für die Fütterung der Kühe. Ferner ist ein Anspruch auf Entfernung der Kühe nach §§ 862, 1004 (dazu näher Rdnr. 791 ff.) und, soweit ein Schaden entstanden ist, eine Haftung aus § 833 gegeben.

Frage 4: **Was ist das „Erlangte" i. S. des § 816 I 1?**

§ 816 I 1 ist auf Herausgabe der Gegenleistung für die Hingabe des (fremden) Gegenstands gerichtet. Es ist also (nur) die Gegenleistung herauszugeben, auch dann, wenn sie wertmäßig hinter dem zurückbleibt, was der Berechtigte durch die Verfügung des Nichtberechtigten verloren hat. Hat der Nichtberechtigte einen den objektiven Sachwert übersteigenden Verkaufserlös erzielt, kann dieser nicht nach § 816 I 1 herausverlangt werden (str.), sondern etwa nach §§ 687 II, 681, 667 (vgl. Rdnr. 567).

VII. Kap.: Unerlaubte Handlungen

Frage 1: **Die Stiftung „V-Test" untersucht (vergleichend) Hifi-Kompaktanlagen einer bestimmten Preiskategorie. Das Produkt der Firma T erhält die Note „mangelhaft" insbesondere deshalb, weil die von den Prüfern der „V-Test" durchgeführten Messungen der Leistungskapazität und Eingangsempfindlichkeit der Geräte eine Abweichung („nach unten") von der Angabe der Firma T ergaben. T will gegen die Stiftung „V-Test" vorgehen, weil jede technisch andere Messung auch abweichende Ergebnisse erbringe. Welche Ansprüche könnte T haben?**

In Betracht kommt ein Anspruch aus § 823 I, gerichtet auf Schadensersatz und/oder Beseitigung, ggf. auch auf Unterlassung (entsprechend § 1004 i. V. m. § 823 I, Rdnr. 599); eine Verletzung des Rechts am „eingerichteten und ausgeübten Gewerbebetrieb" (Rdnr. 577), die hier auf den ersten Blick in Frage kommt, setzt — in Anbetracht des Rechts auf freie Meinungsäußerung (Art. 5 GG) — voraus, daß die Stiftung „V-Test" sich überhaupt nicht um eine sachkundige und neutrale Durchführung des Tests sowie um sachliche Richtigkeit des Testergebnisses bemüht hat; dafür bestehen hier keine Anhaltspunkte. Auch § 824 (Rdnr. 593) scheidet als Anspruchsgrundlage aus, da die vorgenommene Benotung keine Tatsachenbehauptung, sondern letztlich ein Werturteil beinhaltet. Ebensowenig ist ein Anspruch aus § 826 gegeben, da Anhaltspunkte schon für eine „sittenwidrige" Schädigung nicht ersichtlich sind; außerdem erfordert § 826 Vorsatz (vgl. Rdnr. 589), der hier ebenfalls nicht, auch nicht als bedingter Vorsatz, erkennbar ist.

Frage 2: **Welche Rechtsfolgen können sich aus Verletzungen des allgemeinen Persönlichkeitsrechts ergeben?**

Aus § 823 I kann ein Anspruch auf Beseitigung der Beeinträchtigung (Gegendarstellung) gegeben sein, ebenso ein Schadensersatzanspruch; entsprechend § 847 wird — u. U. — auch ein Schmerzensgeld zuzubilligen sein (Rdnr. 576, 599).

Frage 3: **Welche Fallkonstellation läuft unter der Bezeichnung „Produzentenhaftung"?**

Typische Konstellation ist, daß der Käufer bei bestimmungsgemäßer Verwendung der Kaufsache einen Schaden erleidet, der infolge eines (Produktions- oder Informations-)Fehlers eintritt, der Verkäufer aber deshalb nicht haftet, weil ihn als bloßen Weiterveräußerer am Schadenseintritt kein Verschulden trifft (so daß Ansprüche aus culpa in contrahendo oder positiver Forderungsverletzung ausscheiden); vertragliche Ansprüche gegen den Warenhersteller sind regelmäßig mangels einer rechtlichen Sonderverbindung nicht gegeben (Rdnr. 594), so daß der Geschädigte auf Ansprüche aus unerlaubter Handlung (mit gebotener Beweislastumkehr beim Verschulden) verwiesen ist.

Frage 4: **Was sind „Verkehrssicherungspflichten", was geschieht, wenn sie auf andere Personen übertragen werden?**

Verkehrssicherungspflichten entstehen, wenn eine Gefahrenquelle für andere geschaffen oder unterhalten wird. Es müssen dann Vorkehrungen getroffen werden, die erforderlich und wirtschaftlich zumutbar sind, um die Realisierung der Gefahr zu verhindern. Wird durch Nichtbeachtung einer Verkehrssicherungspflicht eines der Lebensgüter oder Rechte des § 823 I schuldhaft verletzt, dann ist nach § 249 Ersatz zu leisten (Rdnr. 581). – Bei Übertragung der Verkehrssicherungspflicht wandelt sich diese in eine Aufsichtspflicht; der Übernehmer einer fremden Verkehrssicherungspflicht haftet nunmehr aus eigener Rechtsstellung. Die Aufsichtspflicht selbst kann im allgemeinen nicht wiederum Dritten überlassen werden. Im Grunde bleibt die Aufsichtspflicht eine modifizierte Verkehrssicherungspflicht.

Abschnitt D: Sachenrecht

I. Kap.: Allgemeine Grundlagen

Frage 1: **Was sagt Ihnen die Bezeichnung „numerus clausus der Sachenrechte"?**

Es handelt sich um eine gegenständliche Beschränkung der allgemeinen Vertragsfreiheit auf die sachenrechtlich zugelassenen Rechtstypen und deren Inhaltsgestaltung (Rdnr. 608).

Frage 2: **Nennen Sie bitte die Grundprinzipien des Sachenrechts und skizzieren Sie kurz deren Inhalt.**

a) Absolutheitsgrundsatz: dingliche Rechte wirken gegenüber jedermann; b) Publizitätsgrundsatz: die dingliche Berechtigung muß erkennbar sein; c) Bestimmtheitsgrundsatz: dingliche Rechte können nur an bestimmten Einzelsachen bestehen; d) Abstraktionsgrundsatz: Verpflichtungs- und Verfügungsgeschäft sind grundsätzlich unabhängig voneinander (Rdnr. 609 ff.).

II. Kap.: Die Struktur von Eigentum und Besitz

Frage 1: **Wie unterscheiden sich Eigentum und Besitz?**

Eigentum ist die rechtliche, Besitz die tatsächliche Beherrschung einer Sache (vgl. §§ 903, 854; Rdnr. 614, 623). Es gibt auch Ausprägungen des Besitzes ohne „reale" Beherrschung der Sache; andererseits fehlt im Fall des § 855 trotz Innehabung der Sache ein Besitz desjenigen, der in bezug auf die Sache der Weisungsbefugnis eines anderen unterliegt; nur dieser ist dann Besitzer (Rdnr. 622).

Frage 2: **Dem B läuft auf seinem Landgut der Hund des E zu, der sich auch in der Folge dort aufhält. B ist an dem Tier nicht interessiert. Ist er Besitzer des Hundes geworden?**

Nein; denn B hat keinen Besitzbegründungswillen (Rdnr. 627); die nur scheinbare Zugehörigkeit des Hundes zum „Bereich" des B läßt Besitz nicht entstehen, auch wenn B in bezug auf das Tier nichts weiter unternimmt.

III. Kap.: Rechte an beweglichen Sachen und Rechten

Frage 1: **Auf welche vier Arten kann Eigentum an beweglichen Sachen übertragen werden?**

Durch Einigung und Übergabe (§ 929 S. 1, Rdnr. 632), durch schlichte Einigung des veräußernden Eigentümers mit dem Besitzer (Übergabe „kurzer Hand", § 929 S. 2; Rdnr. 641), durch Einigung und Vereinbarung eines Besitzmittlungsverhältnisses (§ 930, Rdnr. 639) und durch Einigung und Abtretung des Herausgabeanspruchs (§ 931, Rdnr. 640). Gegenstand der Einigung ist stets die Eigentumsübertragung.

Frage 2:   **A leiht dem B seine Filmkamera. B veräußert sie an D. Wird D Eigentümer?**

Ja, wenn D gutgläubig ist. B war unmittelbarer Besitzer der Leihsache (§ 854 I); für den Besitzer spricht die — widerlegliche — Vermutung, daß er auch Eigentümer der Sache ist (§ 1006). Durch Einigung und Übergabe (Rdnr. 632) wird D Eigentümer, es sei denn, er wußte, daß B nicht Eigentümer der Kamera war, oder er wußte infolge grober Fahrlässigkeit davon nichts (§ 932 I, II; Rdnr. 643 ff.).

Frage 3:   **Welche Vorschriften gelten für gesetzliche Pfandrechte? Können gesetzliche Pfandrechte gutgläubig erworben werden?**

Über § 1257 gelten die §§ 1204 ff. (vgl. Rdnr. 689). — Beispiele: Vermieter-, Pächter- und Unternehmerpfandrecht (§§ 559, 590, 647), Pfandrecht des Gastwirts (§ 704); ferner §§ 397, 404, 410, 440, 457 HGB. — Gutgläubiger Erwerb ist ausgeschlossen (s. Rdnr. 689).

Frage 4:   **Durch welche Institute sind das Mobiliarpfandrecht und das Pfandrecht an Rechten weitgehend verdrängt worden? Was ist für diese Institute charakteristisch, insbesondere: was unterscheidet sie vom Pfandrecht?**

Sicherungsübereignung (Rdnr. 662 ff.), Sicherungsabtretung (Rdnr. 679 ff.), Eigentumsvorbehalt (Rdnr. 670 ff.). Diese Institute übernehmen Sicherungsfunktionen praktisch wie ein Pfandrecht. Dem Sicherungsgeber verbleibt jeweils die Nutzungsbefugnis. Anders als das Pfandrecht erfordern die genannten Institute keine pfandrechtliche Publizität (daraus erklärt sich ihre wirtschaftliche Bedeutung!).

IV. Kap.: Rechte an Grundstücken

Frage 1:   **Der geschäftsunfähige E verkauft und übereignet sein Grundstück an K 1, der im Grundbuch als neuer Eigentümer eingetragen wird und es danach an K 2 veräußert. Wird K 2 Eigentümer des Grundstücks? Was hätte der Vormund des E tun sollen?**

E konnte mangels Geschäftsfähigkeit das Grundstück nicht übertragen (§ 105 BGB); sowohl die schuldrechtliche Vereinbarung wie die dingliche Einigung sind nichtig. Da K 1 aber im Grundbuch als Eigentümer eingetragen ist, gilt er für den gutgläubigen K 2 als (wahrer) Eigentümer (§§ 891, 892), so daß dieser bei Auflassung und Umschreibung im Grundbuch Eigentümer wird (Rdnr. 711 ff.). — War für E ein Vormund bestellt, konnte dieser gegen die Eintragung des K 1 Widerspruch eintragen lassen (§§ 894, 899); dadurch wird der öffentliche Glaube des Grundbuchs zerstört (Rdnr. 714).

Frage 2:   **Welche beschränkten dinglichen Rechte an Grundstücken kennt das BGB? Welche unterschiedlichen Funktionen kommen ihnen zu?**

Das BGB kennt folgende beschränkte dingliche Rechte an Grundstücken: a) Nießbrauch (§§ 1030 ff.), Dienstbarkeiten (§§ 1018 ff.), Reallast (§§ 1105 ff.); b) Hypothek (§§ 1113 ff.), Grundschuld (§§ 1191 ff.), Rentenschuld (§ 1199 ff.); c) dingliches Vorkaufsrecht (§§ 1094 ff.). Die erste Gruppe verleiht dem Inhaber Nutzungsrechte, die zweite dient Sicherungszwecken und gibt Verwertungsrechte; das dingliche Vorkaufsrecht hat ebenfalls Sicherungsfunktion und verschafft dem Berechtigten darüber hinaus ein Erwerbsrecht.

Frage 3:   **Was versteht man unter einer Verkehrshypothek, was ist das „Gegenstück" dazu? Nennen Sie die wichtigsten Arten der Hypothek.**

Die Verkehrshypothek (Rdnr. 727) ist im Unterschied zur Sicherungshypothek (Rdnr. 753) die „gewöhnliche" Form der Hypothek. Die Verkehrshypothek ist akzessorisch, die Sicherungshypothek streng akzessorisch, d. h. sie ist stets vom Bestehen einer Forderung abhängig. Eine mangels Forderung nicht bestehende, aber eingetragene Verkehrshypothek kann gutgläubig erworben werden (Forderungsfiktion nur um der Hypothek willen, § 1138); dies ist bei der Sicherungshypothek ausgeschlossen (§ 1185 II). Auch muß bei der Sicherungshypothek der Gläubiger das Bestehen der Forderung behaupten und beweisen, er kann sich nicht lediglich auf den Grundbucheintrag berufen (§ 1184). — Die wichtigsten Arten der Hypothek sind Briefhypothek (§§ 1116 I, 1163 II; Rdnr. 727), Buchhypothek (§ 1116 II; Rdnr. 728), Sicherungshypothek (§§ 1184, 1185; Rdnr. 753), Gesamthypothek (§ 1132; Rdnr. 755) und Höchstbetragshypothek (§ 1190; Rdnr. 754).

Frage 4:   Was unterscheidet Hypothek und Grundschuld? Was ist eine Sicherungsgrundschuld?

Auf die Grundschuld finden die Vorschriften über die Hypothek nur grundsätzlich Anwendung (§ 1192 I); denn im Unterschied zur Hypothek ist die Entstehung der Grundschuld von einer Geldforderung nicht abhängig, sie ist — anders als die Hypothek — nicht akzessorisch, sondern „abstrakt" (Rdnr. 756). — Bei der Sicherungsgrundschuld wird schuldrechtlich vereinbart, daß sie zur Sicherung einer Forderung bestellt werden soll; dadurch wird die Grundschuld sachenrechtlich nicht akzessorisch; der Eigentümer kann Rückübertragungsansprüche aus der Sicherungsabrede oder aus ungerechtfertigter Bereicherung haben (vgl. im einzelnen Rdnr. 763 f.). Auch kann der Bestand der Forderung zur Bedingung für den Bestand der Grundschuld gemacht werden. Der Rückgewähranspruch aus § 812 kann wahlweise auf Übertragung der Grundschuld an den Eigentümer (§§ 1192, 1154), Verzicht (§§ 1192, 1157, 1169, 1168) — in diesen beiden Fällen entsteht Eigentümergrundschuld! — oder auf Aufhebung (§§ 1192, 1183, 875) gehen (letzterenfalls erlischt die Grundschuld: nachstehende Rechte rücken also auf!).

V. Kap.: Die Ansprüche des Eigentümers und des Besitzers

Frage 1:   Kann der Eigentümer auch dann vom Besitzer Schadensersatz und/oder Nutzungsherausgabe verlangen, wenn dieser zum Besitz berechtigt ist?

Grundsätzlich nicht. Die §§ 987 ff. geben nur Ansprüche gegen den nichtberechtigten Besitzer („Vindikationslage" erforderlich; Rdnr. 785). Ansprüche des Eigentümers gegen den zum Besitz Berechtigten richten sich jeweils nach dem Rechtsverhältnis, das den Besitz rechtfertigt (z. B. Miete, Leihe, Pacht, Verwahrung), und daneben nach Deliktsrecht. — Keine andere Beurteilung ist geboten, wenn der rechtmäßige Besitzer sein Besitzrecht schuldhaft überschreitet (Exzeß des berechtigten Fremdbesitzers, Rdnr. 786); in diesem Fall sind die §§ 987 ff. unanwendbar (str.). Keine Anwendung finden die Vorschriften über das Eigentümer-Besitzer-Verhältnis auch dann, wenn der in Wahrheit nichtberechtigte Fremdbesitzer gutgläubig seine Besitzberechtigung annimmt und die Grenzen des — vermeintlichen — Besitzrechts schuldhaft überschreitet (Exzeß des vermeintlichen Fremdbesitzers); Haftung nach § 823 I.

Frage 2:   B hat sich über mehrere Jahre hinweg für den rechtmäßigen Eigentümer eines mit einem Wohnhaus bebauten Grundstücks gehalten, das er von D, der im Grundbuch als Eigentümer eingetragen war, erworben hatte. Während dieser Zeit ließ B alle zwei Jahre die Fensterrahmen streichen, ferner ließ er das inzwischen baufällig gewordene Haus grundlegend renovieren. Nun stellt sich heraus, daß in Wahrheit E der Eigentümer des Grundstücks ist. Kann B von E, der seine Rechte aus dem Eigentum geltend macht, die Erstattung von Auslagen verlangen, die infolge der Durchführung der genannten Arbeiten angefallen sind?

Für notwendige Verwendungen kann der gutgläubige B Ersatz verlangen (§ 994 I 1). Die vorgenommene Renovierung des ganzen Hauses fällt hierunter. Da es auf eine Erhöhung des Sachwerts nicht ankommt, würde sich daran auch dann nichts ändern, wenn das Haus zwischenzeitlich abgebrannt wäre. Die Kosten für das Anstreichen der Fensterrahmen sind hingegen nicht ersatzfähig, da es sich um gewöhnliche Unterhaltungskosten handelt (§§ 994 I 2, 995; Rdnr. 800).

Frage 3:   **Der A nimmt den B jeden Morgen in seinem Wagen mit zur Arbeit. Eines Tages verliert A die Gewalt über sein Fahrzeug, kommt von der Straße ab und überschlägt sich; er ist sofort tot. Der B kommt mit leichten Prellungen davon. Er nimmt den Aktenkoffer des A an sich, da er weiß, daß sich darin wichtige Dokumente, Wertpapiere und auch Bargeld befinden, und versteckt den Koffer in einem nahegelegenen Gebüsch, um ihn später abholen und an sich nehmen zu können. Hat er verbotene Eigenmacht verübt?**

Ja, denn nach dem Tod des A ist der Besitz am Koffer sofort auf dessen Erben übergegangen (§ 857; vgl. Rdnr. 629); es bedarf weder einer Besitzergreifung durch den oder die Erben noch einer Kenntnis vom Erbfall. Indem der B ohne Willen des oder der Erben diesen den Besitz entzieht, handelt er widerrechtlich und verübt verbotene Eigenmacht (§ 858 I; Rdnr. 791).

Abkürzungen

a.A., a.M.	andere(r) Ansicht, andere(r) Meinung
AbzG	Gesetz betreffend die Abzahlungsgeschäfte
AcP	Archiv für die civilistische Praxis
AG	Aktiengesellschaft
AGBG	Gesetz zur Regelung des Rechts der Allgemeinen Geschäftsbedingungen
AktG	Aktiengesetz
Alt.	Alternative
Art.	Artikel
BAG	Bundesarbeitsgericht
BB	Der Betriebsberater
BBauG	Bundesbaugesetz
Bd.	Band
BetrVG	Betriebsverfassungsgesetz
BGB	Bürgerliches Gesetzbuch
BGH	Bundesgerichtshof
BGHZ	Entscheidungen des Bundesgerichtshofes in Zivilsachen
BVerfGE	Entscheidungen des Bundesverfassungsgerichts
DB	Der Betrieb
EheG	Ehegesetz
entspr.	entsprechend
e. V.	eingetragener Verein
ff.	folgende
G	Gesetz
GBO	Grundbuchordnung
GewO	Gewerbeordnung
GG	Grundgesetz
GmbH	Gesellschaft mit beschränkter Haftung
GmbHG	Gesetz betreffend die Gesellschaften mit beschränkter Haftung
GWB	Gesetz gegen Wettbewerbsbeschränkungen
HPflG	Haftpflichtgesetz
HGB	Handelsgesetzbuch
h. A., h. M.	herrschende Ansicht, herrschende Meinung
i. d. R.	in der Regel
i. H. v.	in Höhe von
i. S.	im Sinne
i. V. m.	in Verbindung mit
i. w. S.	im weiteren Sinne
JA	Juristische Arbeitsblätter
JR	Juristische Rundschau
Jura	Juristische Ausbildung
JuS	Juristische Schulung
JZ	Juristenzeitung
KG	Kommanditgesellschaft

KO	Konkursordnung
KSchG	Kündigungsschutzgesetz
LM	Das Nachschlagewerk des Bundesgerichtshofes in Zivilsachen, herausgegeben von Lindenmaier-Möhring
LuftfzRG	Gesetz über Rechte an Luftfahrzeugen
LuftVG	Luftverkehrsgesetz
MDR	Monatsschrift für Deutsches Recht
NJW	Neue Juristische Wochenschrift
NJW-RR	NJW-Rechtsprechungsreport Zivilrecht
OHG	Offene Handelsgesellschaft
OLG	Oberlandesgericht
Rdnr.	Randnummer
RGZ	Entscheidungen des Reichsgerichts in Zivilsachen
RVO	Reichsversicherungsordnung
s.	siehe
s. a., s. o.	siehe auch, siehe oben
ScheckG	Scheckgesetz
SchiffsRG	Gesetz über Rechte an eingetragenen Schiffen und Schiffsbauwerken
StGB	Strafgesetzbuch
StPO	Strafprozeßordnung
str.	streitig
StVG	Straßenverkehrsgesetz
StVZO	Straßenverkehrs-Zulassungs-Ordnung
UWG	Gesetz gegen den unlauteren Wettbewerb
VerglO	Vergleichsordnung
VersR	Versicherungsrecht
vgl.	vergleiche
VO	Verordnung
VVG	Gesetz über den Versicherungsvertrag
WEG	Gesetz über das Wohnungseigentum und das Dauerwohnrecht (Wohnungseigentumsgesetz)
WG	Wechselgesetz
WiStG	Gesetz zur Vereinfachung des Wirtschaftrechts (Wirtschaftsstrafgesetz)
WM	Wertpapiermitteilungen
ZMR	Zeitschrift für Miet- und Raumrecht
ZPO	Zivilprozeßordnung
ZVG	Gesetz über die Zwangsversteigerung und die Zwangsverwaltung

Verzeichnis der Gesetzesstellen

Sachverzeichnis

(Die Zahlen beziehen sich auf die Randnummern im Text)

wïsu - texte

Die Lehrbuchreihe für den Wirtschaftsstudenten

Betriebswirtschaft

Produktions- und Kostentheorie
Von Prof. Dr. D. Adam. 2. überarbeitete Auflage 1977. 192 Seiten, kart. DM 26,80

Finanzwirtschaft der Unternehmung I
Von Prof. Dr. O. Fischer. 1977. 204 Seiten, kart. DM 26,80

Finanzwirtschaft der Unternehmung II
Von Prof. Dr. O. Fischer. 1982. 208 Seiten, kart. DM 36,80

Kosten- und Leistungsrechnung
Von Prof. Dr. J. Kloock, Prof. Dr. G. Sieben und Prof. Dr. T. Schildbach. 3. Auflage 1984. 292 Seiten, kart. DM 34,80

Informationssysteme – Grundbegriffe der EDV und Systemanalyse
Von Prof. Dr. H. Meffert unter Mitarbeit von Dr. J. Bartsch. 1975. 148 Seiten, kart. DM 24,80

Betriebswirtschaftliche Entscheidungstheorie
Von Prof. Dr. G. Sieben und Prof. Dr. T. Schildbach. 2. Auflage 1980. 184 Seiten, kart. DM 24,80

Marketing
Von Prof. Dr. B. Tietz. 1978. 536 Seiten, kart. DM 38,40

Konzernrechnungslegung
Von Prof. Dr. K. v. Wysocki und Prof. Dr. M. Wohlgemuth. 3. Auflage 1986. 440 Seiten, kart. DM 65,–

Volkswirtschaft/Finanzwissenschaft

Instrumentarium der Geldpolitik
Von Prof. Dr. D. Dickertmann und Dipl.-Vw. Dr. A. Siedenberg. 4. Auflage 1984. 248 Seiten, kart. DM 34,80

Regionale Wirtschaftspolitik
Von Prof. Dr. D. Fürst, Prof. Dr. P. Klemmer und Dipl.-Vw. Dr. K. Zimmermann. 1976. 196 Seiten, kart. DM 24,80

Entwicklungstheorie und -politik – Band I: Entwicklungstheorie
Von Prof. H. Hesse und Dr. H. Sautter. 1977. 220 Seiten, kart. DM 29,80

Finanzwissenschaftliches System der Besteuerung
Von Dipl.-Kfm. Dr. H.-D. Hessler. 1976. 224 Seiten, kart. DM 27,80

Grundlagen der mikroökonomischen Theorie
Von Dr. W. Hoyer und Prof. Dr. R. Rettig. 2. Auflage 1984. 328 Seiten, kart. DM 38,80

Einführung in die Wirtschaftsgeschichte
Von Prof. Dr. B. Kirchgässner. 1979. 240 Seiten, kart. DM 28,80

Neue Politische Ökonomie
Von Prof. Dr. G. Kirsch. 2. Aufl. 1983. 236 Seiten, kart. DM 36,80

Außenwirtschaftspolitik
Von Prof. Dr. B. Külp. 1978. 200 Seiten, kart. DM 28,80

Wohlfahrtsökonomik I – Die Wohlfahrtskriterien
Von Prof. Dr. B. Külp und Prof. Dr. E. Knappe. 2. Auflage 1984. 208 Seiten, kart. DM 36,80

Wohlfahrtsökonomik II – Maßnahmen und Systeme
Von Prof. Dr. B. Külp. 1976. 184 Seiten, kart. DM 24,80

Finanzpolitik I – Grundfragen fiskalpolitischer Lenkung
Von Prof. Dr. K. Mackscheidt und Dipl.-Vw. Dr. J. Steinhausen. 3. Auflage 1978. 196 Seiten, kart. DM 24,80

Finanzpolitik II – Grundfragen versorgungspolitischer Eingriffe
1977. 212 Seiten, kart. DM 24,80

Makroökonomische Theorie
Von Prof. Dr. R. Rettig und Priv.-Doz. Dr. D. Voggenreiter. 5. Aufl. 1985. 296 Seiten, kart. DM 31,80

Finanzwissenschaft
Von Prof. Dr. B. Rürup und Prof. Dr. H. Körner. 2. Auflage 1985. 264 Seiten, kart. DM 36,80

Staatswirtschaftliche Planungsinstrumente
Von Prof. Dr. B. Rürup und Prof. Dr. K.-H. Hansmeyer. 3. Auflage 1984. 168 Seiten, kart. DM 24,80

Wachstumstheorie
Von Prof. Dr. G. Schmitt-Rink. 1975. 152 Seiten, kart. DM 21,80

Verteilungstheorie
Von Prof. Dr. G. Schmitt-Rink. 1978. 176 Seiten, kart. DM 28,80

Theorie der Wirtschaftspolitik
Von Prof. Dr. M. E. Streit. 3. Auflage 1983. 348 Seiten, kart. DM 38,80

Sozialpolitik
Von Prof. Dr. J. Zerche und Prof. Dr. F. Gründger. 1982. 160 Seiten, kart. DM 34,80

Rechtswissenschaft

Grundkurs im BGB in Fällen und Fragen
Von Prof. Dr. U. Diederichsen. 3. Auflage 1984. 112 Seiten, kart. DM 18,80

Öffentliches Recht
Von Prof. Dr. M. Kloepfer und M. Malorny. 3. Aufl. 1984. 224 Seiten, kart. DM 31,80

Arbeitsrecht
Von Dr. Dr. G. Löwisch und Prof. Dr. M. Löwisch. 2. Auflage 1980. 144 Seiten, kart. DM 24,80

Gesellschaftsrecht
Von Prof. Dr. K. Pleyer und G. Pesch. 1975. 152 Seiten, kart. DM 20,80

Handels- und Wertpapierrecht
Von Prof. Dr. K. Pleyer und Ass. B. Elsner. 1978. 128 Seiten, kart. DM 17,80

Bürgerliches Recht (I–III)
Von Prof. Dr. Dr. R. Weimar und Dr. P. Schimikowski. 2. Aufl. 1986. Ca. 340 Seiten, kart. ca. DM 34,–

Allgemeines

Das Studium der Wirtschaftswissenschaften
Von Dr. F. Hanfland. 1978. 144 Seiten, kart. DM 19,80

Erhältlich im Buchhandel!

Werner-Verlag

Postfach 85 29 · 4000 Düsseldorf 1

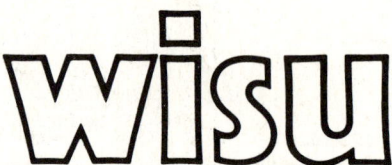